U0632246

# 方言箋疏

〔清〕錢　繹　撰集

李發舜　黄建中　點校

中華書局

圖書在版編目（CIP）數據

方言箋疏／（清）錢繹撰集；李發舜，黃建中點校 . —2 版 . —北京：中華書局，2013.10（2020.7 重印）
ISBN 978 - 7 - 101 - 07678 - 3

Ⅰ．方⋯　Ⅱ．①錢⋯②李⋯③黃⋯　Ⅲ．漢語方言 - 古方言 - 訓詁　Ⅳ．H171

中國版本圖書館 CIP 數據核字（2010）第 221648 號

| 書　　　名 | 方言箋疏 |
| --- | --- |
| 撰 集 者 | 〔清〕錢　繹 |
| 點 校 者 | 李發舜　黃建中 |
| 責 任 編 輯 | 張力偉　陳　喬 |
| 出 版 發 行 | 中華書局 |
| | （北京市豐臺區太平橋西里 38 號　100073） |
| | http://www.zhbc.com.cn |
| | E-mail：zhbc@ zhbc.com.cn |
| 印　　　刷 | 北京市白帆印務有限公司 |
| 版　　　次 | 1991 年 11 月北京第 1 版 |
| | 2013 年 10 月北京第 2 版 |
| | 2020 年 7 月北京第 4 次印刷 |
| 規　　　格 | 開本／700×1000 毫米　1/16 |
| | 印張 34½　插頁 2　字數 440 千字 |
| 印　　　數 | 5501 - 6400 册 |
| 國 際 書 號 | ISBN 978 - 7 - 101 - 07678 - 3 |
| 定　　　價 | 88.00 元 |

# 目　録

# 點校前言

方言箋疏十三卷,清錢繹撰集。

繹字子樂,號小廬,江蘇嘉定(今屬上海市)人。其伯父錢大昕、父錢大昭,均爲清代乾嘉年間的音韻文字訓詁學大家,著述甚夥。繹材智開敏,少承家學,與其兄東垣、弟侗,潛研經史、金石,俱有成就,時人稱爲"三鳳"(見清史稿錢大昭傳)。繹一生居鄉不仕,以著述終老。撰有十三經斷句考一卷、説文解字讀若考三卷及闕疑考一卷、九經補韻考正一卷、釋大及釋小各一卷、釋曲一卷、訓詁類纂一百零六卷等。晚年,在其弟錢侗箋疏方言的基礎上,件繫條録,補其未盡,删其重複,詳其未及,辨其未安,完成方言箋疏十三卷,凡二十餘萬言。

方言,舊本題曰輶軒使者絕代語釋別國方言,大多認爲是漢代揚雄(公元前五三——公元一八年)所著。據揚雄與劉歆來往書信記載,原爲十五卷,隋書經籍志以後定爲十三卷。劉歆七略及漢書藝文志蓋因當時其書未成,皆未著録。方言仿爾雅之體例,類集古今各地同義詞語,大部分注明通行範圍。取材或來自古代典籍,或爲直接調查所得,因此可以看出漢代語言分佈情況,是我國第一部漢語方言比較詞彙專書,對於我們研究漢語史,有着極其重要的參考價值。到了晉代,始有郭璞爲方言作注。璞字景純,晉河東聞喜(今屬山西)人,生於公元二七六年,卒於公元三二四年。璞精於音義訓詁,他用晉代方言與揚雄方言相比較,指出漢晉兩代方言的異同與流變，這在漢語史的研究上是一個極大的貢獻。到了清代，隨着"考據之學"的興盛，方言爲越來越多的學者所重視。戴震首先根據永樂大典本方言，同明本校勘，又"廣搜羣籍之引用方言及注者，交互參訂。改正譌字二百八十一，補脱字二十七，删衍字十七，逐條詳證之"（見戴震方言疏證序），於是成爲清代第一個校本。盧文弨曾高度評價説："方言至今日而始有善本，則吾友休寧戴太史東原氏之爲也。義難通者而有可通者通之，有可證者臚而列之。""自宋以來諸刻，洵無出其右者。"（見盧文弨重校方言序）爾後，又有盧文弨採用不同的方言刻本和校本，互相參訂，撰成重校方言，甚爲詳審。這是清代的第二個校本。後來，錢繹、錢侗兄弟二人，在戴震方言疏證、盧文弨重校方言的基礎上，折衷綜合，擇善而從，又採集段玉裁、王念孫、錢大昕、錢大昭等諸家之説，博引羣書，撰集方言箋疏十三卷。其成就淩轢前人，藉厚資深，焕爲林藪。

　　方言箋疏，肇由錢繹之弟錢侗草創，後經錢繹修改完成。在錢繹的方言箋疏序裏有一段記載："方言箋疏之作也，余弟同人實首創之，未及成而即世。其本藏之篋笥者，十有餘年。及賦梅姪弱冠後，始出以示余。余閲其本，簡眉牘尾，如黑蟻攢集，相雜於白蟬趁趁之中，幾不可復辨。余憫其用力之勤，而懼其久而散佚也，乃取而件繫之，條録之，凡未及者補之，複出者删之，未盡者詳之，未安者辨之，或因此而及彼者，則觸類而引伸之。譬之築室，其基址材木陶埴之資，則同人已具之。若陰陽向背、體立覆蓋、牆垣黝堊、户牖門橜，則予實成之。竭數年心力，始得脱稿。"箋疏的成就是多方面的。對於方言正文及郭注，錢繹吸取了戴震、盧文弨、丁杰、王念孫等人的校勘成果，又用唐玄應衆經音義（即一切經音義）進行參校，使之頓還舊觀，更趨完善。錢氏在箋疏中，襲用王念孫廣雅疏證的體例，博引羣書,詮釋字義,並將戴震方言疏證、盧文弨重校方言、王念孫廣雅疏證、段玉裁説文解字注、錢大昭廣雅疏義的有關材料類集於方言相應條目之下,這對於研究方言的人來説,的確是便利萬分。錢氏在綜合前人材料的基礎上,不斷獲得新的發現,來進一步校正戴震、盧文弨兩家的錯誤。如:方言卷六"閻笘,開也。東齊開户謂之閻笘,楚謂之闓"條中之"笘"字,各本誤作"笘",戴震誤改作"苦"。錢氏斷然採取王念孫之説,根據影宋鈔本、皇甫本廣雅、衆經音義引字林、士喪禮下篇、左傳、説文繫傳等訂正作"苫"。其説甚碻。又卷四"屝、屨、麤,履也"條下之"廯"字,盧文弨誤改作"屦"。錢氏根據玉篇訂正作"廯",指出"盧氏不察,據誤本廣雅改'廯'作'屦'"。這些見解極爲精到,俾得方言正文精之又精。錢氏以詮解方言正文及郭注的詞義爲核心,旁及古代天文曆算、地理沿革,直至名物典章制度。特别是用漢晉兩代方言,與清代吳地的某些方言相聯繫,從中覓尋它們的淵源關係。如:方言卷四"無裥袴謂之襣",箋疏曰:"今吳俗謂韝管爲裥,音如統,即'裥'字。"卷五"鍑或謂之鑊",箋疏曰:"今吳俗猶謂釜爲鑊,古之遺語與。"又同卷"甂,自關而東謂之甌,或謂之鶯,或謂之酢餾",箋疏曰:"今人以火乾煮物曰炸,音與'飵'相近。又吳人以物入釜微煮之曰溜,聲如鏤。蓋飵餾或用釜,或用甂,因名甂爲酢餾矣。"卷十三"無升謂之刁斗",箋疏曰:"説文'銚,温器也',音'以沼切'。今俗以銅與瓦爲之以煮物謂之銚子,讀徒弔切,即銚也。"這些吳方言材料的保存,是我們今天研究漢語史之必所取資。

　　方言箋疏是總結前人研究成果的大彙編,爲我們提供了極爲豐富的材料。但毋庸諱言,本書也存在一些不足之處:校勘失誤,隨意改字。如:方言卷十"喵、孎,短也。江湘之會謂之喵。凡物生而不長大，亦謂之鮆，又曰瘠。桂林之中謂短矲。矲，通語也”，郭璞注：“言矲偕也。”錢氏不察廣韻及御覽所引，臆改爲“矲雉”，誤之甚遠。錢氏在詮釋方言正文的時候，也有張冠李戴的錯誤出現。如：卷五“瓵、瓶、甌、㼰、甈、甇、甂、瓮、甌甄、甀，罌也。靈桂之郊謂之瓵，其小者謂之瓶”條中的“靈桂”，箋疏曰：“漢書地理志‘蒼梧郡富川’，晉志屬臨賀郡。酈道元水經灕水注云：‘靈谿水出臨賀富川縣北符靈岡，南流逕其縣東，又南注於灕水。’今廣西平樂府富川縣是。縣東南一百二十里有桂嶺，與湖廣江華、廣東連山二縣接界，即古臨賀嶺也，一名萌渚嶠。南康記：‘五嶺第四嶺曰臨賀。’”謬之甚矣！周祖謨先生方言校箋曰：“‘靈桂’，御覽卷七五八引作‘酃桂’。酃者酃縣，桂者桂陽。見漢書地理志長沙國及桂陽郡。今湖南衡陽郴縣地也。”其說極是。錢氏箋疏重在彙集前人研究方言的各家之說，但大都未交待來源及出處。如：方言卷十“參、蠡，分也。齊曰參，楚曰蠡，秦晉曰離”條，箋疏曰：“‘參’者，間厠之名。曲禮曰：‘離坐離立，毋往參焉。’”録自王念孫廣雅疏證釋詁一。卷五“甑，陳楚宋魏之間或謂之簞，或謂之㰚，或謂之瓢”條，箋疏曰：“然則瓢也、瓠也、瓠瓤也、匏也，實一物也。‘瓠瓤’，或作‘壺盧’，或作‘瓠瓢’。古今注則謂‘壺盧’爲‘瓠之無柄者，有柄者爲懸匏’，陶弘景本草注則謂‘瓠瓢’亦是‘瓠類，小者名瓢’，集韻則謂‘匏而圓者’爲‘瓠甌’，今吳人則謂圓者爲‘瓠瓤’。”録自廣雅疏證釋草。又卷四“扉、屨、𪨷，履也”條，箋疏曰：“晉蔡謨曰：今時所謂履者，自漢以前皆名屨。左傳‘踊貴屨賤’，不言履賤。禮記‘戶外有二屨’，不言二履。賈誼曰‘冠雖敝，不以苴履’，亦不言苴屨。詩曰：‘糾糾葛屨，可以履霜。’屨、舄者一物之別名，履者足踐之通稱。”録自段玉裁説文解字注履部。凡此等等，不一而足。讀者在使用本書時，當細加審辨，窮究其源。顯然，錢氏這種掠人之美的做法，也是我們今天治學所不足取的。箋疏在資料的引用上，也不太嚴謹，多有譌誤。如：卷一"黨、曉、哲，知也。楚謂黨，或曰曉，齊宋之間謂之哲"條，箋疏引廣雅"堂，明也"，將"堂"誤作"黨"；卷二"嫢、笙、揳、摻，細也"條，箋疏引左思吳都賦，將"吳都"誤作"魏都"；卷三"庸、恣、比、侹、更、佚，代也。齊曰佚，江淮陳楚之間曰侹，餘四方之通語也"條，箋疏引昭十六年左氏傳，將"十六"誤作"十二"。這些錯誤可能由多種原因造成，或是錢氏本身弄錯，或是刻板致誤。總之，這些引用材料的舛誤，給讀者帶來了很大的不便（我們在整理該書的工作中，已據原書將引書的錯誤一一改正）。

方言箋疏的版本，傳世者有三：一爲紅蝠山房本，一爲廣雅書局本，一爲南寧徐乃昌積學齋叢書本。據范希曾的書目答問補正記載，還有杭州局本，遺憾的是此次點校，我們未能見到。紅蝠山房本刊刻於清光緒庚寅年間（公元一八九〇年），廣雅書局本、徐氏積學齋叢書本也竣事於同年。廣雅書局本與積學齋叢書本是同一個類型的本子，只是積學齋叢書本改正了一些明顯錯字，顯得稍精而已。紅蝠山房本與廣、徐二本有着較大的差異：廣、徐二本刪去了箋疏部分的許多内容，而且對於方言正文的分段，也不大一致。通過比較，我們認定，紅蝠山房本就其内容而言，最爲完備，所以它的價值也遠在廣、徐二本之上。

我們這次整理方言箋疏，採用安陸程逸賓先生收藏的紅蝠山房本（華中師範大學中文系資料室藏）爲工作底本，以廣雅書局本（簡稱廣本）、徐氏積學齋叢書本（簡稱徐本）同它對校。概括來説，在點校中大抵遵循下列幾項原則：

一、底本不誤，而它本誤者，一律不出校記。

二、方言正文及郭注之譌、脱、衍、倒，底本誤而其他二本不誤者，則據以改正。三本俱誤者，則根據四部叢刊影宋本、戴震方言疏證本、盧文弨重校方言本改正，並一律出校記。

三、箋疏部分的引書文字有譌誤者，則根據原書逕改，一般不出校記。極個別地方改動引書文字，若影響錢氏文義者，酌情出校。在整理工作中，我們一一核對了原書，改正引書錯誤，共計兩千四百七十條。

四、爲了讀者閱讀方便，我們對箋疏中的引書，都加上了詳細篇名和出處，共計三千二百餘條。

五、在改動底本的地方，凡當刪去的文字，加上圓括號（　），凡當增補和改正的文字，加上方括號〔　〕。

六、本書的避諱字，如："玄"作"元"，"丘"作"邱"，"昭"作"曜"，"弘"作"宏"等等，我們全部改回。

七、我們對箋疏部分，以字頭爲單位，進行分段提行，以清眉目。

八、我們在書後編製了方言箋疏索引，凡方言正文字詞，全部收錄，以備讀者查檢。同時，還附上了參校方言箋疏的詳細書目，標明版本，以供讀者參考。

九、方言文字古奧，有些斷句頗費斟酌，在點校時，我們參考了周祖謨先生的方言校箋，特此説明。

在整理工作中，我們曾得到華中師範大學圖書館、湖北省圖書館的大力支持，特別是華中師大中文系資料室胡金枝同志爲我們提供了底本以及其他材料。稿成之後，中華書局張力偉同志悉心審閲，芟除紛謬，多所是正，我們在此一併謹申衷心的謝意。

由於我們水平不高，識見寡陋，對點校古籍素乏經驗，況知也無涯，且時間倉促，紕漏實多，望讀者批評指正。

　　　　　　　　　　　　　　　　　點校者
　　　　　　　　　　　　一九八五年九月於武漢

# 凡　例

一、方言舊本，刻於各種叢書者，多有舛譌，卽永樂大典本，亦間有之。近時惟戴東原、盧召弓兩家本，校訂稍精，而亦互有所見，不免參差。今參衆家本而詳究之，以折其衷，擇善而從，則戴盧兩本居多。

一、古今地理，稱名代易，繁稱博引，轉致迷眩。今惟據漢晉地理志説文括地志及水經注，指明今爲某省、某府、某縣而已。其近人地理各種，概不泛引，以免多歧。

一、今本方言各不同，晉唐人書注中，有同引方言而彼此互異者，有或以郭注而誤爲方言正文者，今就所見者並列各條下，間有疑義，則辨析之，然必確有所據，不敢妄逞臆見，指鹿爲馬。

一、他書所引方言而今本無其文者，詳其文義的，係脱落當補者，則旁列於條下，以清眉目，不敢羼混，而於箋疏中申明之。

一、所引諸書頗夥，間有舛誤，未及詳審者，博雅君子其教正之。

# 毛　序

嘉定錢少詹事辛楣先生，問學閎深，達於天人，爲海内碩儒。先生之弟可盧徵士三子：長既勤東垣，次子樂繹，季同人侗。俱有文行，余皆識之。而與子樂尤習。子樂以開敏之材智，承家學之淵源，究窮經術，先後成十三經漢學句讀、孟子義疏。又與弟同人疏揚子方言，都二十餘萬言，義沈而體大，識邃而説創。又工篆、隸、真書，當其雅質，往往不愧漢唐人。性和易謙慎，長者多言其似少詹事、徵士二先生。先大父簡州公與二先生交厚，先子又學于少詹事，子樂固余丈人行，年齒又長，而素重余。自少至今，講説日親，遂成故舊。余屢遠遊，以性寡合，知友不過數人，家居則惟子樂、敦夫、子仁、子劼、子仁之兄損之丈與賢子潛夫而已。子仁家西谿上，與子樂諸賢居近。余居城中，少遠。遠遊歸，輒主子仁家。子仁昆仲父子喜賓客談讌，諸賢亦樂就，余益往復論辨理道文學，務窮極奥賾浩博。或不合，率固争執不下，氣至理得，則又互規美矜異。酒酣則間縱談神仙鬼怪，或徵引故老瑣事里諺相戲謔爲樂。竊謂古之直諒多聞，與魏晉賢者聚處莫過焉。既而損之丈、子劼、潛夫先後亡，敦夫爲教諭，官潁州之太和。里居惟余與子仁、子樂三人，雖間尋舊樂，而豪縱之氣，多不如前。甚至默然相對，移時別去，不特死生存亡之痛，有慨於中，而三人亦衰病，畏劇談狂飲，頹然老矣。嘉慶十八年，余與子樂同應鄉試。子樂屬爲其農夫像讚，已諾之，忽忽二十七八年，子樂屢以爲言。道光二十年六月望後，余自蘇州歸，重見於子仁家，復固乞之。夫子樂文學著述之精贍，余誠不逮。至於困躓伏處，蒙時俗訕笑，爲兒曹輩所侮，二人無異焉。然則讚子樂者，莫余宜也。詞曰：學通古訓，藝高儒雅。謙謝方聞，退甘椎野。形頎而眉庬，目耽而言訥。儒也農歟？迷郵之楬。寶山毛嶽生。

# 自　序

　　方言箋疏之作也，余弟同人實首創之，未及成而卽世。其本藏之篋笥者，十有餘年，及賦梅姪弱冠後，始出以示余。余閱其本，簡眉牘尾，如黑蟻攢集，相襍於白蟫趁趁之中，幾不可復辨。余憫其用力之勤，而懼其久而散佚也，乃取而件繫之，條錄之，凡未及者補之，複出者删之，未盡者詳之，未安者辨之，或因此而及彼者，則觸類而引伸之。譬之築室，其基址材木陶埴之資，則同人已具之。若陰陽向背、體立覆蓋、牆垣黝堊、户牖門橛，則予實成之。竭數年心力，始得脱稿。自後時加釐正而塗乙纂改者，又十之六。書成後，間嫌有繁宂處，思欲更爲删節，重複鈔寫。多事卒卒，殊少暇晷，兼之手戰目眩，不能捉管，蓋是時余年亦已耄矣。同邑吳子嘯庚與余爲忘年交，於儕輩中獨好訓詁之學，余出此稿示之，囑爲參訂，頗有條理，且錄清本貽余，後爲壽陽祁相國索去。吳子又爲余錄有此本，我子孫其弆之，毋任鼠傷蟲蝕也。昔毛西河有弟纂易傳，未卒業而歿，西河爲續成之，今所傳仲氏易卽其本也。余之學視西河，無能爲役，而事適相類，亦愈以增鴒原之感矣。爰述其緣起，及成書之本末如此。時咸豐建元辛亥仲春嘉定錢繹自序。

# 輶軒使者絕代語釋別國方言序

晉郭璞撰　　嘉定錢繹撰集

　　蓋聞方言之作，出乎輶軒之使，所以巡遊萬國，采覽異言，車軌之所交，人跡之所蹈，靡不畢載，以爲奏籍。周秦之季，其業隳廢，莫有存者。劉歆與揚子書云："詔問三代周秦軒車使者、遒人使者，以歲八月巡路，求代語、僮謠、歌戲。"又揚子答劉歆書云："常聞先代輶軒之使奏籍之書，皆藏於周秦之室；及其破也，遺棄無見之者。"又云：翁孺"猶見輶軒之使所奏言"。暨乎揚生，沈淡其志，歷載構[1]綴，乃就斯文。是以三五之篇著，而獨鑒[2]之功顯。劉歆與揚子書云："屬聞子雲獨採集先代絕言，〔異國〕殊語，以爲十五卷，其所解略多矣，而不知其目。非子雲淡雅之才，沈鬱之志[3]，不能經年銳精以成此書。良爲勤矣！"又子雲答書云："成帝好之，遂得盡意。故天下上計孝廉及内郡衛卒會者，雄常把三寸弱翰，齎油素四尺，以問其異語；歸即以鉛摘次之於槧，二十七歲於今矣。而語言或交錯相反，方復論思，詳悉集之，燕其疑。"葛洪西京雜記〔卷三〕："揚子雲好事，嘗懷鉛提槧，從諸計吏，訪殊方絕域四方之語，以爲裨補輶軒所載。"按：漢書揚雄傳備列雄所著書，獨無方言。常璩華陽國志及藝文志小學類亦但有訓纂一篇。儒家有"雄所序三十八篇"。注云"太玄十九，法言十三，樂四，箴二"，"雜賦十二篇"，亦不及方言。東漢一百九十年中，未有稱揚子作方言者。至漢末應劭風俗通義序始稱"周秦〔常〕以歲八月遣輶軒之使，求異代方言，還奏籍之，藏於祕室。及嬴氏之亡，遺脱漏棄，無見之者。蜀人嚴君平有千餘言，林閭翁孺才有梗概之法。揚雄好之，

---

〔1〕"構"原作"搆"，據四部叢刊影宋本、盧文弨重校方言本改。
〔2〕"鑒"原作"覽"，據四部叢刊影宋本、盧文弨重校方言本改。
〔3〕"志"吳琯古今逸史本作"思"。

天下孝廉、衞卒交會，周章質問，以次注續。二十七年，爾乃治正”。又勁注漢書引揚雄方言一條，是稱揚子作方言，實自勁始。至魏孫炎注爾雅，吳薛綜述二京解，晉杜預注左傳，張載、劉逵注三都賦，皆遞相證引。沿及東晉郭氏，遂注其書。後儒稱揚子方言，蓋由於是。郭氏云“三五之篇著”，與歆書十五篇之數正合。而隋書經籍志云“方言十三卷”，舊唐書稱“別國方言十三卷”，是并十五爲十三，斷在郭注後隋以前無疑矣。又風俗通義序取答書語，詳具本末，云方言“凡九千字”。今計本文實萬一千九百餘字，蓋子雲此書本未成也。觀其答劉歆書言“交錯相反，方復論思，詳悉集之”，又云張伯松“屬雄以此篇目頗示其成者”，又云如可“寬假延期，必不敢有愛”。其曰“方復論思，詳悉集之”，則正在構綴時也。曰“頗示其成者”，則尚有未成者也。曰“寬假延期，必不敢有愛”，則謂他時成書之後也。書中自十二卷以下，大率皆僅舉其字，不言何方，其明證也。當歆求書時，撰集未備，歆欲借觀未得，故七錄不載，漢志亦不著錄。至卷帙字數之不同，或子雲既卒之後，侯芭之徒搜其遺稿，私相傳述，不免輾轉附益，如徐鉉之增説文，故字多於前。厥後傳其學者，以漢志無方言之名，而小學家有別字十三篇，不著撰人名氏，恐其假借影附，故證其實出於揚子，遂并爲一十三卷，以就其數，故卷減於舊歟。至宋志又云十四卷，當因劉歆書及揚子答書向附籍末者，亦別爲卷，而併數之，無可疑也。**故可不出户庭，而坐照四表；不勞疇咨，而物來能名。**何休公羊傳〔宣公十五年〕注云：“五穀畢入，民皆居宅”，“男女同巷，相從夜績”，“從十月盡，正月止，男女有所怨恨相從而歌，飢者歌其食，勞者歌其事，男年六十，女年五十，無子者官衣食之，使之民間求詩，鄉移於邑，邑移於國，國以聞於天子，故王者不出牖户，盡知天下”。漢書食貨志〔上〕云：“孟春之月”，“行人振木鐸徇於路，以采詩，獻之太師，比其音律，以聞於天子。故曰王者不窺牖户而知天下。”答劉歆書又云：“其不勞戎馬高車，令人君坐幃幕之中，知絶遐異俗之語。”孟子離婁篇趙岐章指云：“物來能名，事至不惑。”**考九服之逸言，標六代之絶語，類離詞之指韻，明乖途而同致。辨章風謡而區分，曲通萬殊而不雜；真洽見之奇書，不刊之碩記也。**答劉歆書又云：“張伯松曰：‘是懸諸日月不刊之書也。’”**余少玩雅訓，旁味方言，**

復爲之解，觸事廣之，演其未及，摘其謬漏；庶以燕石之瑜，補琬琰之瑕，俾之瞻涉者，可以廣寤多聞爾。

# 輶軒使者絕代語釋別國方言箋疏卷第一

　　按：諸書稱引及史志著録，皆謂之方言。舊唐書經籍志〔上〕則謂之別國方言，蓋以其文冗贅，並從省文，實則一書。又宋洪邁容齋隨筆稱爲輶軒使者絕域語釋別國方言，考書中所載，並無絕域重譯之言，而半爲南楚江湘之間代語〔1〕。郭注以爲“凡以異語相易謂之代”。蓋洪氏偶爾〔2〕誤記，故作“絕域”。今從舊題。**漢揚雄撰**〔3〕漢書列傳：“揚雄字子雲，蜀郡成都人也。”“少〔而〕好學”，“博覽無所不見”，“口吃不能劇談，默而好深湛之思，清静無爲，少嗜欲，不汲汲於富貴，不戚戚於貧賤”。“自有大度，非聖哲之書不好也；非其意，雖富貴不事也。”“年四十餘，自蜀來〔至〕遊京師，大司馬〔車騎將軍〕王音奇其文雅，召〔以〕爲門下史，薦雄待詔”，甘泉、校獵、長楊等，輒奏賦以風，“除爲郎，給事黄門”。“年七十一，天鳳五年卒。”案：子雲答劉歆書云：“雄始能草文，先作縣邸銘、王佴頌、階闥銘及成都城四隅銘。蜀人有楊莊者爲郎，誦之於成帝，成帝好之，以爲似相如，雄遂以此得外見。”又文選甘泉賦李周翰注云：“揚雄家貧好學，每製作慕相如之文，嘗作縣竹頌。成帝時，直宿郎楊莊誦此文，帝曰：‘此似相如之文。’莊曰：‘非也，此臣邑人揚子雲。’帝卽召見，拜爲黄門侍郎。”與傳所稱互異，當是傳誤也。**晉郭璞注**晉書列傳：“郭璞字景純，河東聞喜人也。”“璞少好經術，博學有高才，而訥於言〔論〕。”“好古文奇字，妙於陰陽算曆。”終尚書郎、記室參軍，贈弘農太守。

黨、曉、哲，知也。楚謂之黨，注 黨朗也，解寤貌。或曰曉，齊宋之間謂

---

〔1〕 廣本、徐本“語”下有“云云”二字。
〔2〕 “爾”廣本、徐本作“然”。
〔3〕 “撰”廣本作“紀”。

之哲。

　　**箋疏**“知”，通作“智”。廣雅〔釋詁三〕：“黨、曉、哲，惁也。”“惁”，隸省作“智”。荀子正名篇：“知有所合謂之智。”白虎通義〔情性〕：“智者，知也，獨見前聞，不惑於事，見微知著也。”釋名〔釋言語〕云：“智（者），知也，無所不知也。”“智”與“知”，聲近義同。

　　“黨”者，荀子非相篇“文而致實，博而黨正”，楊倞注：“致，至也。‘黨’與‘讜’同，謂直言也。”案：“致”與“黨”，相對成文，致爲至，黨宜訓知，言文而不流於虛僞，博而能知其邪正也。注以“直言”釋之，疏矣。廣雅〔釋詁一〕：“黨，美也。”“善也。”“美”與“知”，義相近。美謂之黨，亦謂之媛，猶知謂之懬，亦謂之黨。卷十二：“懬，知也。”釋名〔釋言語〕：“善，演也，演盡物理也。”“善”與“知”，義亦相近，故相親愛謂之知，亦謂之善。呂氏春秋貴公篇“夷吾善鮑叔〔牙〕”，是也。相親暱謂之善，亦謂之黨。禮記襍記〔下〕“大功以下，既葬適人，人食之，其黨也食之，非其黨弗食也”，鄭注：“黨，猶親也。”哀元年左氏傳“無田從黨”，是也。“黨”與“讜”通。逸周書祭公解：“王拜手稽首黨言。”孟子〔公孫丑上〕“禹聞善言”，趙岐注引皋陶謨：“禹拜讜言。”今書作“昌言”，史記夏本紀作“美言”，義並通也。今人謂知爲懂，其“黨”聲之轉歟。知謂之黨，不知亦謂之儻，以相反爲義也。莊子山木篇“侗乎其無識，儻乎其怠疑”，是也。

　　注“黨朗”，疊韻字。廣韻〔蕩韻〕：“爣朗，火光寬明”也。“爣”與“黨”同。解瘡謂之黨，昏昧亦謂之矘。説文：“矘，目無精直視也。”光明謂之黨朗，不明亦謂之儻朗。潘岳射雉賦“畏映日之儻朗”，徐爰注：“儻朗，不明之狀。”楚辭遠遊“時曖曃其矘莽兮”，王逸注：“日月晻黮而無光也。”“矘莽”與“儻朗”同，亦以相反爲義也。“爣”、“儻”、“矘”、“黨”，聲並相近。

　　“曉”者，卷十三：“曉，明也。”説文同。漢書息夫躬傳：“外有直項之名，内實駭不曉〔政〕事。”荀子富國篇：“百姓曉然皆知其污漫暴亂。”列子仲尼篇：“智者之言，固非愚者之所曉。”孫綽遊天台山賦：“之者以路絕而莫曉。”是曉爲知也。

　　“哲”者，説文：“哲，知也。”大雅下武篇“世有哲王”，鄭箋：“哲，知也。”楚辭離騷王逸注同。“知”、“哲”，一聲之轉。釋言：“哲，智也。”衆經音義卷二十引云：“齊宋之間謂智爲哲。”又卷二十二引此文，玄[1]應云：“哲，謂照了也。”法言問明篇：“或問哲，曰：旁明厥思。”應劭注漢書五行志〔中之上〕云：“哲，明也。”“明”與“知”同義。明謂之哲，知亦謂之哲。知謂之曉，明亦謂之曉。知謂之黨，猶明亦謂之堂[2]也。廣雅〔釋詁四〕：“堂，明也。”

虔、儇，慧也。　注 謂慧了。秦謂之謾，注 言謾詑。晉謂之㦟，宋楚之間謂之倢，注 言便倢也。楚或謂之㤎。　注 亦今通語。自關而東趙魏之間謂之黠，或謂之鬼。　注 言鬼眽也。　音義 儇，音翾[3]。謾，莫錢反，又亡山反。詑，音大和反。㦟，音悝，或莫佳反。㤎，他和反。○盧氏文弨云：“郭氏注爾雅三卷，又有音義一卷，則知此書之音，亦必不與注相襍厠，後人取便讀者，遂并合之。以郭（氏）音古雅難曉，又附益以近人所音，如通志載有吳良輔方言釋音一卷，此書當有捃摭及之者。”案：舊本或先音後注，或先注後音，皆襍厠各句或各字之下，其非郭氏原本信然，特無從考辯。今退音於各條之末，以從一例。其舛譌者，則辯正之，仍必詳其所自，不敢臆改。一本刪“莫錢反”三字，非。又舊本先音詑，後音謾，亦誤倒，今從盧校本改正。

　　箋疏 説文：“慧，儇也。”成十八年左傳“周子有兄而無慧”，杜注：“〔不慧，蓋世所謂白痴〕。”

　　〔注〕“謂慧了”者，後漢書孔融傳：“小而聰了，大未必奇。”“了”，通作“憭”。説文：“憭，慧也。”卷（十）三注云：“慧憭，皆意精明”也。

　　“虔”者，卷十二“虔，謾也”，注：“謂慧黠也。”廣雅〔釋詁一〕：“虔、謾、黠，慧也。”

　　説文：“儇，慧也。”廣雅同。齊風還篇“揖我謂我儇兮”，毛傳：“儇，利

<hr>

〔1〕“玄”原避清康熙玄燁諱作“元”，今改回。下皆同。
〔2〕“堂”原作“黨”，據廣本、徐本改。
〔3〕“儇音翾”原無，據四部叢刊影宋本、盧文弨重校方言本補。

也。”荀子非相篇“鄉曲之儇子”，楊倞注引方言“儇，疾也，慧也”，云：“與喜而譞義同，輕薄巧慧之子也。”文選左思吳都賦“儇佻坌並”，劉逵注引方言：“儇、佻，疾也。”案：卷十二“儇、虔，謾也。佻，疾也”，即申釋此條之義，故楊倞劉逵並牽連及之。説文：“譞，慧也。”“趮，疾也。”“獧，疾跳也。”荀子不苟篇“小人”“喜則輕而翾”，注：“如小鳥〔之〕翾然。或曰與‘懁’同。”淮南主術訓：“辨慧懁給。”“儇”、“翾”、“懁”、“譞”、“趮”、“獧”，聲義並同。

　　“謾”者，廣雅〔釋詁一〕：“謾，慧也。”説文：“謾，欺也。”蓋人用慧黠以欺謾人，故慧亦謂之謾也。説文兔部“逸”字注云：“兔謾訑善逃〔也〕。”“訑”，言部作“詑”，音“大和切”。淮南説山訓：“媒但者，非學謾佗。”“佗”與“詑”通。説文：“沇州謂欺曰詑。”

　　注云“謾詑”，倒言之則曰“詑謾”。楚辭九章〔惜往日〕“或詑謾而不疑”，洪興祖補注：“詑謾，皆欺也。”

　　“懇”者，廣雅〔釋詁一〕：“懇，慧也。”玉篇、廣韻〔皆韻〕並同。盧氏云：“今（俗）以小兒慧者曰乖，當即‘懇’之轉音。”郭氏“音悝”，玉篇：“悝，疾也。”義亦相近也。

　　“倢”，與“捷”、“擸”並同。廣雅〔釋詁一〕：“捷，慧也。”又〔釋言〕：“倢，敏，亟也。”説文：“亟，敏疾也。”集韻〔葉韻〕“捷”，或從“人”作“倢”。楚辭離騷：“夫唯捷徑以窘步。”豫九四“朋盍簪”，陸績注云：“捷，疾也。”重言之則曰“捷捷”。大雅烝民篇“征夫捷捷”，毛傳：“捷捷，言樂事也。”正義云：“捷捷〔者〕，舉動敏疾之貌。”小雅巷伯篇“緝緝翩翩，謀欲譖人”，傳云：“緝緝，口舌聲。”又“捷捷幡幡”，傳云：“捷捷，猶緝緝也。”正義曰：“相與謀欲爲讒譖之言以害人”，“若言不誠實，則所言不巧”，是捷捷爲敏捷巧利之意也。通作“截截”。秦誓“惟截截善諞言”，傳云：“惟察察便巧善爲辨佞之言。”釋文引馬融曰：“截截，辭語截削省要也。”説文：“諞，〔便〕巧言也。周書曰：‘截截善諞言。’論語曰：‘友諞佞。’”今本作“便佞”。鄭注云：“便，辯也，謂佞而辯。”又“㢩”字注引周書曰：“㢩㢩巧言。”潛夫論救邊篇云：“淺淺善靖言。”文十二年公羊傳引作“諓諓善竫言。”越語〔下〕：“又安知是諓諓者乎？”

公羊釋文引賈逵注："諓諓，巧言也。"鹽鐵論論誹篇云："疾小人諓諓面從，以成人之過也。"然則"戔戔"、"淺淺"、"諓諓"，卽"截截"，亦卽"捷捷"。語言巧利謂之截截，舉動敏疾謂之捷捷，其義一也。

"譎"者，廣雅〔釋詁一〕："譎，慧也。"玉篇同。説文："沇州人謂欺曰訑。""譎"與"訑"，聲義並同。燕策〔一〕曰："寡人甚不喜訑者言也。"王氏念孫廣雅疏證云："大雅民勞篇：'無縱詭隨，以謹無良。'詭，古讀若果。隨，古讀若譎。隨，其假借字也。毛傳：'詭隨，詭人之善，隨人之惡者，以謹無良，慎小以懲大也。'正義云：'大於詭隨，詭隨者尚無所縱，則無良〔者〕謹慎矣。'案：詭隨，叠韻字，不得分訓詭人之善，隨人之惡。詭隨卽無良之人，亦無大惡小惡之分，蓋謂譎詐欺謾之人也。"

"黠"、"鬼"者，廣雅〔釋詁一〕："黠、鬼，慧也。"玉篇："黠，慧也。"卷十〔二〕"儇、虔，謾也"，注云："謂慧黠也。"史記貨殖傳云："桀黠奴。"漢書趙充國傳"召先零諸豪三十餘人，以尤桀黠，皆斬之"，顏師古注："黠，惡也。"蓋謂奸惡也。大戴禮〔文王〕官人篇"畸鬼者不仁"，盧辨注："恃禱祀而不自脩也。"荀子脩身篇"倚魁之行"，楊倞注："倚，奇也。""魁，大也。""謂偏僻狂怪之行。"案："倚魁"與"畸鬼"同，皆叠韻字，猶詭隨也。注家皆失之。

注云"鬼脈"者，卷十"脈，慧也"，注云："今名黠鬼脈。"潘岳射雉賦云"靡聞而驚，無見自覭"，徐爰注引方言注云："俗謂黠爲鬼脈，言雉性驚鬼黠。""脈"、"覭"並與"脈"同。

**娥、𡣪，好也。秦曰娥，**注 言娥娥也。**宋魏之間謂之𡣪，**注 言𡣪𡣪也。**秦晉之間，凡好而輕者謂之娥。自關而東河濟之間謂之媌，**注 今關西人亦呼好爲媌。**或謂之姣。**注 言姣潔也。**趙魏燕代之間曰姝，**注 亦四方通語。**或曰**〔１〕**姝。**注 言姝容也。**自關而西秦晉之故都曰妍。**注 秦舊都，今扶風雍丘也。晉舊都，今太原晉陽縣也。其俗通呼好爲妍。**好，其通語也。**音義 𡣪，音盈。媌，莫交反。姣，音狡。姝，昌朱反，

─────────

〔１〕"曰"原作"謂之"，據廣本、徐本改。

又音株。姅，音蜂。妍，五千反。一作忏。○案"音株"上，舊本無"又"字，今從戴本補。俗本無"一作忏"三字，盧本有之，云凡言"一作某者，疑出於晁公武子止氏。案：晁讀書志云：'予傳方言本於蜀中，後用國子監刊行本校之，多所是正，其疑者兩著之。'据斯言則〔知〕爲晁〔氏〕所加無疑矣。"今亦無考，姑仍其舊。

　　**箋疏**"娥"者，說文："秦晉謂好曰娙娥。"卷二云"美貌謂之娥"，注云："言娥娥也。"列子楊朱篇："鄉有處子之娥姣者。"史記外戚傳："邢夫人號娙娥。"漢先生郭輔碑："娥娥三妃，行追太姒。"古詩十九首："娥娥紅粉妝。"宋玉神女賦："其狀我我，何可極言。""娥"與"我"，字異義同。

　　"嬴"者，廣雅〔釋詁一〕："嬴，好也。"廣韻〔清韻〕："嬴，美好貌。"史記趙世家：吳廣女名"娃嬴"。重言之則曰"嬴嬴"。廣雅〔釋訓〕："嬴嬴，容也。""嬴"、"嬴"，古今字。古詩十九首"盈盈樓上女"，李善注："'盈'與'嬴'〔同〕，古字通。"

　　"自關而東河濟之間謂之嫶"者，史記高帝紀"沛公西畧地入關。與諸將約，先入定關中者王之"，索隱引韋昭[1]云："函谷，武關也。"又三輔舊事云："西以散關爲界，東以函谷爲界，二關之中謂之關中。"漢書地理志〔上〕："弘農郡弘農，故秦函谷關。"晉書地理志〔上〕："弘農郡漢置，弘農本函谷關。漢武帝遷於新安。"今河南陝州靈寶縣是。關西，謂靈寶及閿鄉以西也。

　　說文："嫶，目裏好也。"列子周穆王篇"簡鄭衛之處子娥嫶靡曼者"，張湛注："娥嫶，妖好也。"

　　"姣"者，說文："姣，好也。"廣雅〔釋詁一〕："嫶、姣，好也。"玉篇："姣，妖媚也。"荀子非相篇"古者，桀紂長巨姣美"，楊倞注："姣，好也。"列子楊朱篇云："豐屋美服，厚味姣色。"楚辭九歌〔東皇太一〕："靈偃蹇以姣服。"史記蘇秦傳："後有長姣美人。"鹽鐵論殊路篇："夫醜者自以爲姣，故不飾。"通作

---

〔1〕"昭"原避父錢大昭諱作"曜"，今改回。下皆同。

“佼”。陳風月出篇“佼人憭兮”，釋文：“佼，字又作‘姣’，好也。”墨子尚賢中篇：“面目佼好則使之。”

“姝”者，說文：“姝，好也。”邶風干旄篇：“彼姝者子。”宋玉神女賦：“貌豐盈以莊姝兮。”說文“娧，好也”，引詩“靜女其娧”。又“袾，好佳也”，亦引詩“靜女其袾”。今邶風靜女篇作“姝”，毛傳：“姝，美色也。”廣雅〔釋詁一〕：“袾、姝，好也。”“姝”、“娧”、“袾”，古字並通。

“姤”者，廣雅〔釋詁一〕：“姤，好也。”卷十三“姚娧，好也”，注云：“謂姤娧也。”說文：“娧，好也。”鄭風丰篇“子之丰兮”，毛傳：“丰，豐滿也。”釋文：“方言作‘姤’。”“丰”、“姤”亦同。

注“言姤容”者，玉篇：“姤容，好貌。”廣韻〔鍾韻〕：“丰茸，美好”也。“姤容”、“姤娧”、“丰茸”，皆語之轉耳，義並同也。

“自關而西秦晉之故都曰妍”者，史記秦本紀“德公元年，初居雍城大鄭宮”，徐廣曰：“今縣在扶風。”正義引括地志：“岐州雍縣南七里故雍城，秦德公大鄭宮城也。”漢書地理志〔上〕：“右扶風雍，秦惠公都之。”晉書地理志“扶風郡雍縣”，今陝西鳳翔府鳳翔縣是其處。雍縣故城在縣南。班固云：雍縣“有五畤”，亦在今縣南。雍山在縣西北三十里，雍水出焉。漢書地理志〔上〕：“太原郡晉陽，故〔詩〕唐國，周成王滅唐，封弟叔虞。”晉志作“太原國晉陽”。今山西太原府太原縣其地也。縣甕山在縣西南十里，一名龍山。班固曰：“晉陽龍山在西北。”“晉水所出，東入汾。”今山麓有晉祠，祀唐叔虞，卽水發源處。

廣雅〔釋詁一〕：“妍，好也。”玉篇同。陸機文賦序：“妍蚩好惡，可得而言。”李善注：“妍蚩，亦好惡也。”說文：“妍，慧也。”“慧”與“好”，義相近。

“妍”一作“忓”，廣雅〔釋詁一〕：“忓，好也。”“善也。”曹憲並音“汗”。玉篇：“忓，善也。”“善”與“好”，義亦相近。下卷二云：“婞，好也。”玉篇同。又音“午漢切”。“婞”與“忓”，聲近義同。

烈、栵，餘也。　注　謂遺餘也。陳鄭之間曰栵，晉衞[1]之間曰烈，秦晉之間曰肄，　注　傳曰：“夏肄是屏。”或曰烈。　音義　栵，五割反。肄，音謚。

箋疏　“烈，餘”，釋詁文。説文：“烈，餘也。”[2]大雅雲漢序“宣王承厲王之烈”，鄭箋同。通作“裂”。齊語：“戎車待游車之裂，戎士待陳妾之餘。”“餘”、“裂”對义，是裂亦餘也。韋昭注：“裂，殘也。”説文：“裂，繒餘也。”家君曰：漢書終軍傳“關吏與軍繻”，蘇林注：“繻，帛邊也。舊關出入皆以傳。傳煩，因裂繻頭合以爲符信也。”既濟六四“繻有衣袽”，集解引盧氏云：“繻〔者〕，布帛端末之識也。”端末，猶帛邊。春秋傳“紀裂繻”字“子帛”，皆取“餘”之義。又通作“㓨”。廣雅〔釋詁三〕：“㓨，餘也。”左思魏都賦“秦餘徙㓨”。玉篇：“㓨，音力制反。”王念孫云：“小雅都人士篇‘垂帶而厲’，毛傳‘厲’謂‘帶之垂者’。蓋垂帶之餘以爲飾，故下云‘帶則有餘’也。‘厲’與‘㓨’，亦同義。”“厲”、“烈”，古同聲。祭法“厲山氏”，昭二十九年左氏傳作“烈山氏”。大雅思齊篇“烈假不瑕”，唐公房碑作“厲蠱不遐”。其證也。

“栵”者，爾雅〔釋詁〕：“栵，餘也。”説文作“櫱”，云“伐木餘也”，引商書盤庚篇曰：“若顛木之有甹櫱。”或作“𡧦”，古文作“𣎵”，又作“栬”。又“甹”字注，引書作“甹栵”。家君曰：“栵”即“栬”之譌。今書作“由櫱”。商頌長發篇“苞有三櫱”，毛傳：“櫱，餘也。”漢書敍傳〔下〕劉德注引作“栵”。云：“謂木斫髡而復栵生也。”魯語〔上〕“山不槎栵”，韋昭注：“〔以〕株生曰栵。”張衡東京賦“尋木起於櫱栽”，薛綜注：“‘櫱’與‘栵’，古字同。”又“山無槎栵”，注云：“斬而復生曰栵。”淮南俶真訓：“一人養之，十人拔之，則必無餘栬。”又本經訓“山無峻幹，林無柘梓”，高誘注釋“柘”爲“桑”，訓“梓”爲“滋生”。則非木名。蓋“梓”亦即“栬”字，傳寫之譌。桑柘易生之物，而無餘栵，極言其焚削也。玉藻篇“公子曰臣孼”，鄭注：“孼當爲栵。”説文：“衣服歌謠草木之怪謂之䄏，禽獸蟲蝗〔之怪〕謂之蠥。”漢書五行志〔中之上〕：“凡

---

草物之類謂之妖。妖猶夭胎,言尚微。蟲豸之類謂之孼。〔孼〕則牙孼矣。"
說文:"劈,斷也。"斷而復萌,亦其餘也。又"櫱,牙米也"。牙米與庶孼同
意。又"歺,剮骨之殘也。讀若櫱岸之櫱"。骨之殘謂之歺,猶木之餘謂之
杍也。

　　注"謂遺餘""遺"字,舊本誤作"烈"。卷二"孑、藎,餘也",注云:"謂遺
餘。"今據以改正。

　　"肄"、"餘",語之轉也。廣雅釋木:"肄,杍也。"周南汝墳篇"伐其條
肄",毛傳:"肄,餘也。斬而復生曰肄。"襄二十九年左氏傳"夏肄是屛",杜
注:"肄,餘也。"又:"女叔侯曰:杞,夏餘也。"是肄爲餘也。曲禮〔上〕"斂髮
無髢",鄭注:"髢,髮也,毋垂餘如髮也。""髢,或爲肆。"玉藻"肆束及帶",鄭
注:"肆讀爲肄。肄,餘也。""髢"、"肆",義並與"肄"同。盧氏云:"肆"即
"肄"字,"肄、餘音以自反,讀以世反〔者〕誤。"

## 台、胎、陶、鞠,養也。　注 台,猶頤也。晉衛燕魏曰台,陳楚韓鄭之間曰鞠,秦或曰陶,汝潁梁宋之間曰胎,或曰艾。　注 爾雅云:"艾,養也。"音義 台,音怡。○案:爾雅疏引"怡"作"頤"。

　　箋疏 "台"之言頤也。序卦傳:"頤者,養也。"爾雅釋詁同。說文"臣,
顄也。象形",篆文作"頤",籀文作"䫲"。釋名〔釋形體〕:"頤,養也,動於
下,止於上,上下咀物以養人也。"廣雅〔釋詁一〕:"頤,養也。"案:"頤"訓爲
"養",既見爾雅,則廣雅之"頤",當爲"台"字,"台"與"臣"通。說文:"宧,養
也。室之東北隅,食所居"也。又"飴,米櫱煎也。"吕氏春秋孟冬紀〔異用〕
云:"仁人之得飴,以養疾侍老也。"淮南說林訓:"柳下惠見飴,曰可以養
老。"以食養人謂之台,亦謂之頤;室之可藏食者謂之宧,食之可養人者謂之
飴,義並相因也。

　　"胎"者,釋詁:"胎,始也。"衆經音義卷一引爾雅:"胎,始養也。"蓋引舊
注之文,誤脱"注"字耳。釋文云:"胎,本〔或〕作'台'。""胎"從"台"聲,台訓
爲養,故胎亦訓養也。

　　"陶"者,廣雅〔釋詁一〕:"陶,養也。"太玄玄攡云"資陶虛無,而生乎

規”，范望注：“陶，養也。”

“鞠”者，小雅蓼莪篇“母兮鞠我”，毛傳：“鞠，養也。”爾雅〔釋詁〕：“育，養也。”周頌思文篇“帝命率育”，鄭箋：“育，養也。”夏小正“雞桴粥”，傳：“粥，養也。”周官脩閭氏“與其國粥”，鄭注：“粥，養也。”“鞠”、“育”、“粥”，古並同聲。“鞠”之言穀也。廣雅〔釋詁一〕：“穀，養也。”小雅小弁篇“民莫不穀”，甫田篇“以穀我士女”，鄭箋並云：“穀，養也。”爾雅〔釋言〕：“穀，生也。”又〔釋天〕云“東風謂之谷風”，孫炎注：“生長之風。”“鞠”、“穀”、“谷”，聲義並同。道德經〔第六章〕“谷神不死”，河上公本作“浴”，注：“浴，養也。”“浴”與“鞠”，聲亦相近。生爲養之始，故“養”與“始”義相近。養謂之台，亦謂之胎，猶人之始謂之胎。錫之始謂之飴，養謂之鞠，猶人之始謂之育，酒之始謂之籟也。説文“籟，酒母也”，是也。

説文：“汝水出弘農盧氏還歸山，東入淮。”漢書地理志〔上〕云：“汝南郡定陵高陵山，汝水出，東南至新蔡入淮。”淮南地形訓：“汝出猛山。”水經〔汝水〕“汝水出河南梁縣勉鄉西天息山”，注：“地理志曰出高陵山，卽猛山也。亦言出南陽魯陽縣之大盂山，又言出弘農盧氏〔縣〕還歸山。博物志曰：汝出燕泉山，並異名也。”史記正義引括地志云：源出汝州魯山縣西伏牛山，亦名猛山，至豫州郾城縣名濆。海內東經“汝水出天息山，在梁勉鄉西南，入淮極西北。一曰淮在期思北”，郭注：“今汝水出南陽魯陽縣大盂山，東北至河南梁縣，東南經襄城潁川汝南，至汝陰褒信縣入淮。淮極，地名。期思縣屬弋陽。”案：水經云“汝水，東至原鹿縣，南入於淮”，注云：“所謂汝口，側水有汝口戍，淮汝之交會也。”汝陰郡褒信，見晉書地理志。又期思屬弋陽郡，漢志期思弋陽並屬汝南郡。今考汝源出天息山，由許州郾城縣，流入汝寧府西平縣，此古汝水舊道也。元末因汝水泛溢爲蔡害，於汝寧府舞陽堨斷，故汝遂以潕水，及西平縣西雲莊諸山水，爲汝水上源，及明嘉靖中，西平水斷，汝水衹上承遂平瀤瀙諸水，流繞汝寧府城而東下，蓋汝源變易，今古不同矣。

説文：“潁水，出潁川陽城乾山，東入淮。”漢書地理志〔上〕：“潁川郡陽城陽乾山，<u>潁水</u>所出，東至<u>下蔡</u>入淮。”<u>水經</u>〔<u>潁水</u>〕“<u>潁水</u>出<u>潁川陽城縣</u>西北<u>少室山</u>”，注引<u>地理志</u>云云。又云：“今<u>潁水</u>有三源奇發：<u>右水</u>，出<u>陽乾山</u>之<u>潁谷</u>。”“<u>中水</u>，導源<u>少室通阜</u>，東南流逕<u>負黍</u>。”〔“<u>負黍</u>”〕在<u>潁川陽城縣</u>西南二十七里”，“東與<u>右水</u>合。<u>左水</u>出<u>少室</u>南（山）谿，東合<u>潁水</u>，故作者互舉二山”也。<u>海内東經</u>“<u>潁水</u>出<u>少室山</u>”，“入淮西<u>鄢</u>北”，<u>郭</u>注：“今<u>潁水</u>出<u>河南陽城縣乾山</u>，東南經<u>潁川汝陰</u>，至<u>淮</u>南<u>下蔡</u>，入淮。<u>鄢</u>，今<u>鄢陵縣</u>，屬<u>潁川</u>。”“<u>鄢</u>”，<u>漢志</u>作“<u>傿</u>”，<u>晉志</u>作“<u>鄔</u>”，並同。<u>經</u>又云“<u>少室山</u>在<u>雍氏</u>南”，“一曰<u>緱氏</u>”，注：“<u>縣</u>屬<u>河南</u>。”案：<u>漢晉志</u>並云“<u>河南郡緱氏</u>”，今<u>河南河南府偃師縣</u>是也，東南與<u>少室</u>接。

“艾”者，<u>小雅南山有臺篇</u>“保艾爾後”，<u>鴛鴦篇</u>“福禄艾之”，<u>毛傳</u>並云：“艾，養也。”<u>釋文</u>：“徐又音刈。”“刈”與“乂”同。<u>益稷</u>：“萬邦作乂。”<u>周頌思文篇正義</u>引<u>鄭</u>注云：“乂，養也。”

注引<u>爾雅</u>“艾，養也”，<u>釋詁文</u>。

**憮、俺、憐、牟，愛也。韓鄭曰憮，晉衛曰俺**，注 俺憸，多意氣也。**汝潁之間曰憐，宋魯之間曰牟，或曰憐。憐，通語也。** 音義 憮，亡輔反。俺，音淹。

箋疏 <u>説文</u>：“愛，行貌”也。心部：“㤅，惠也。”“憮、俺、憐、牟”之訓愛，當爲惠㤅字。經典通作“愛”。

“憮”、“俺”者，下文又云：“憮，愛也。<u>宋衛邠陶</u>之間曰憮，或曰俺。”<u>説文</u>：“憮，愛也。<u>韓鄭</u>曰憮。”<u>釋言</u>“憮、敉，撫也”，注：“憮，愛撫也。”“撫”與“憮”同。<u>釋詁</u>“悔，愛也”，注云：“悔，<u>韓鄭</u>語。”案：“憮”、“悔”，古同聲。<u>方言</u>之“憮”，<u>爾雅</u>之“悔”，實一字也。<u>説文</u>：“悔，憮也。讀若侮。”<u>小雅小旻篇</u>“民雖靡膴”，<u>韓詩</u>作“腜”。<u>大雅緜篇</u>：“周原膴膴。”<u>劉逵</u>注<u>魏都賦</u>引作“腜腜”。<u>李善</u>曰：“<u>韓詩</u>作‘腜腜’。”其例也。愛謂之憮，亦謂之悔；猶撫謂之憮，亦謂之敉也。“悔”與“掩”亦同。憮俺，猶撫掩也。<u>釋訓</u>“矜憐，撫掩之也”，<u>郭</u>注：“撫掩，猶撫拍，謂慰卹也。”又卷六：“掩，薆也。”“薆”與“愛”，古字通。“俺”、“愛”，語聲之轉耳。

　　"憐"者,下文:"憐,愛也。陳楚江淮之間曰憐。"又卷七:"憐職,愛也。言相愛憐者,吳越之間謂之憐職。"下文又云:"憮、憐,哀也。"釋名〔釋言語〕:"哀,愛也,愛乃思念〔之〕也。"呂氏春秋報更篇"人主胡可以不務哀士",高注:"哀,愛也。""哀"與"愛",聲義並相近。故愛謂之憮,哀亦謂之憮,哀謂之憐,愛亦謂之憐。釋詁疏全引此條文,"或曰"上有"秦"字,誤衍。

　　"牟"之言悈也。釋詁:"悈,愛也。"廣雅〔釋詁一〕:"牟,愛也。"字通作"恈"。玉篇:"恈,貪愛也。"荀子榮辱篇"恈恈然唯利飲食之見,是狗彘之勇也",又云"恈恈然唯利之見,是賈盜之勇也",楊倞注"恈恈,愛欲之貌",引方言:"牟,愛也。宋魯之間曰牟。""牟"與"恈"同。

**悷、憮、矜、悼、憐,哀也。** 　注 悷,亦憐耳。**齊魯之間曰矜,陳楚之間曰悼,趙魏燕代之間曰悷,自楚之北郊曰憮,秦晉之間或曰矜,或曰悼。** 　音義 悷,音陵。

　　箋疏 廣雅〔釋詁一〕:"悷、憮,哀也。"卷六:"悷,憐也。""悷"、"憐",聲之轉,故注云:"悷,亦憐耳。"

　　"憮"之言撫也。釋訓"矜憐,撫掩之也",注云:"撫掩,猶撫拍,謂慰郵也。"餘詳卷六"悷、悈,憐也"條。

　　"矜"者,呂刑篇"矜我一日",釋文引馬融云:"矜,哀也。"宣十五年公羊傳:"吾聞〔之〕,君子見人之厄則矜之。"經典多以"哀矜"連文,是"矜"、"哀"同義也。案:"矜",古音讀如鄰。毛詩與天、臻、民、旬、填字叶。小雅鴻鴈篇"爰及矜人",毛傳:"矜,憐也。"釋言:"矜,苦也。"義並同也。釋文本作"齡"。廣雅〔釋詁一〕亦作"齡,哀也","齡"與"矜"同。

　　"悼"者,檜〔風〕羔裘篇"中心是悼",鄭箋:"悼,猶哀傷也。"曲禮〔上〕"七年曰悼",鄭注:"悼,〔憐〕愛也。"愛猶哀也。逸周書謚法解:"年中早夭曰悼。"獨斷云:"中身早折曰悼。"皆哀其年壽之短促也。

　　"憐"者,説文:"憐,哀也。"案:凡相憐者必相愛,故釋名〔釋言語〕曰:"哀,愛也,愛乃思念〔之〕也。"呂氏春秋報更篇云"人主胡可以不〔務〕哀士”，<u>高注</u>：“哀，愛也。”<u>檀弓</u>〔下〕：“哭而起，則愛父也。”“愛”與“哀”聲近，義亦相通。哀謂之憮，亦謂之憐，故愛謂之憮，亦謂之憐也。上文云：“憮、憐，愛也。”

咺、唏、忉、怚，痛也。凡哀泣而不止曰咺，哀而不泣曰唏。於方：則<u>楚</u>言哀曰唏，<u>燕</u>之外鄙，注 鄙，邊邑名。<u>朝鮮洌水</u>之間，注 <u>朝鮮</u>，今<u>樂浪郡</u>是也。<u>洌水</u>，在<u>遼東</u>。少兒泣而不止曰咺。 注 少兒，猶言小兒。自<u>關</u>而西<u>秦晉</u>之間，凡大人少兒泣而不止謂之唴，哭〔1〕極音絕亦謂之唴。<u>平原</u>謂啼極無聲謂之唴哴。 注 今<u>關</u>西語亦然。<u>楚</u>謂之噭咷，<u>齊宋</u>之間謂之唴，或謂之怒。 音義 咺，香遠反。唏，虛几反。忉，音的，一音灼。洌，音烈。唴，丘〔2〕尚反。哴，音亮。噭咷，叫逃兩音，字或作“㕮”，音求。唴，音蔭。怒，奴歷反。

箋疏 “咺”者，<u>説文</u>：“<u>朝鮮</u>謂兒泣不止曰咺。从口，宣省聲。”<u>漢書外戚傳</u>〔上〕“悲愁於邑，喧不可止兮”，<u>顏師古</u>注：“<u>朝鮮</u>之間謂小兒泣不止〔名〕爲喧，音許遠反。”“喧”與“咺”通。卷十二：“爰，哀也。”<u>楚辭九章</u>〔懷沙〕“曾傷爰哀，永歎喟兮”，“爰”、“咺”，古同聲通用。<u>齊策</u>“狐咺”，<u>漢書古今人表</u>作“狐爰”，其證也。下卷“逞、苦、了，快也”，注云：“今<u>江東</u>人呼快爲怚。”音“相緣反”。<u>説文</u>：“快，喜也。”痛與泣謂之咺，快亦謂之怚，相反爲義也。“咺”、“怚”，聲亦相近。

<u>尚書大傳</u>：“<u>武王</u>勝<u>殷</u>”，“釋<u>箕子</u>(之)囚，<u>箕子</u>不忍(爲)<u>周</u>之釋，走之<u>朝鮮</u>。<u>武王</u>聞之，因以<u>朝鮮</u>封之”。<u>淮南人間訓</u>“東結<u>朝鮮</u>”，<u>高誘</u>注：“<u>朝鮮</u>，<u>樂浪</u>。”<u>漢書地理志</u>〔下〕“<u>樂浪郡</u>，<u>武帝</u>元封三年開”。“屬<u>幽州</u>”，<u>應劭</u>曰：“故<u>朝鮮</u>國也。”<u>晉書地理志</u>〔上〕：“<u>樂浪郡朝鮮</u>，<u>周</u>封<u>箕子</u>地。”案：今<u>奉天府</u>東南<u>海城</u>蓋<u>平復州寧海</u>等，其地也。<u>海内北經</u>云“<u>朝鮮</u>在<u>列陽</u>東，海北山南。<u>列陽</u>屬<u>燕</u>”，注云：“<u>朝鮮</u>，今<u>樂浪縣</u>，<u>箕子</u>所封也。列亦水名也，今在<u>帶</u>

---

〔1〕“哭”原作“器”，據<u>廣本</u>、<u>徐本</u>改。
〔2〕“丘”原作“正”，據<u>廣本</u>、<u>徐本</u>改。

方,帶方有列口縣。"

漢書地理志〔下〕:"遼東郡望平,大遼水出塞外,南至安市入海,行千二百五十里。""玄菟郡高句驪遼山,遼水所出,西南至遼隊入大遼水。"

又"樂浪郡吞列分黎山,列水所出,西至黏蟬入海,行八百二十里"。又"含資,帶水西至帶方入海"。又"帶方、列口"並屬樂浪郡。晉書地理志〔上〕"列口"屬"帶方郡"。"列"與"洌"同。

"唏"者,説文:"哀痛不泣曰唏。"史記十二諸侯年表、淮南説山訓並云"紂爲象箸而箕子唏"。張衡思玄賦:"慨含唏而增愁。"成十六年公羊傳"悕矣",何休注:"悕,悲也。"説文:"歍,歆也。歆,歍也。"合言之則曰"歍歆"。枚乘七發:"噓唏煩酲。"衆經音義卷五引倉頡篇:"歍歆,泣餘聲也。"字亦作"噓唏"。"唏"、"悕"、"歆",字異義同。痛謂之唏,笑亦謂之唏,相反爲義也。説文:"唏,笑也。"

"忉"、"怛"者,廣雅〔釋詁二〕:"忉、怛,痛也。"衆經音義卷五:"忉,痛也。"玉篇同。後漢書楚王英傳:"既知審實,懷用悼忉。""悼"與"忉"通。説文:"怛,憯也。憯,痛也。"廣雅〔釋詁二〕:"怛、蛆,痛也。"檜〔風〕匪風篇"中心怛兮",毛傳:"怛,傷也。"正義:"怛者,驚痛之言,故爲傷也。"表記云:"中心憯怛。"楚辭哀時命:"疾憯怛而萌生。"史記屈原賈生傳:"疾痛慘怛。"漢書外戚傳〔上〕云:"思若流波,怛兮在心。"衆經音義卷一云:"毒螫,式亦反,字林:蟲行毒也。關西行此音。又音呼各反,山東行此音。蛆,知列反,南北通語也。"又卷十引字林云:"蛆,螫也。"僖二十二年左氏傳疏引通俗文:"蠍毒傷人曰蛆。"玉篇:"蛆,奴葛切,痛也。"又云:"蜇,陟列切,蟲螫也。又作'蛆'。"列子楊朱篇"蜇於口,慘於腹",張湛注云:"慘、蜇,痛也。""怛"與"蛆",聲相近。心有所痛謂之怛,身有所痛[1]謂之蛆,其義一也。

"哴哴"者,説文:"秦晉謂兒泣不止曰哴。"廣雅〔釋詁三〕:"哴、哴,悲也。"衆經音義二引"哴"作"悢"。玄應音"力尚反",云:"悢悢然愁悲也。"

_____

〔1〕 "痛"原作"傷",據廣本、徐本改。

“哴”、“喨”、“悢”，古字並通。合言之則曰“哴哴”。

“嗷咷”者，說文：“嗷，嗷呼也。”曲禮〔上〕“毋嗷應”，鄭注：“嗷，號呼之聲也。”昭二十五年公羊傳“昭公於是嗷然而哭”，何休注：“嗷然，哭聲貌。”說文引作“誻”，云：“高聲也。一曰大嘑也。”“誻”與“嗷”通。又通作“謷”。說文：“謷，痛呼也。”重言之曰“嗷嗷”。文選謝靈運登石門最高頂詩：“嗷嗷夜猿啼。”曹植襍詩：“飛鳥繞樹翔，嗷嗷鳴索羣。”說文：“楚謂兒泣不止曰嗷咷。”易同人九五、旅上九皆言“號咷”。太玄樂次三：“號咷倚户。”“嗷咷”，與“號咷”同義。楚辭〔九思〕傷時云“聲嗷誂兮清和”，王逸注：“嗷誂，清暢貌”也。“嗷誂”，與“嗷咷”亦同。哭聲謂之嗷咷，歌聲亦謂之嗷咷。漢書韓延壽傳“嗷咷楚歌”，是也。

“喑”之言瘖也，謂瘖啞無聲也。史記淮陰侯傳“項王喑噁叱咤”，漢書作“意烏猝嗟”，晉灼注云：“意烏，恚怒〔聲〕也。”莊子庚桑楚“兒子終日嗥而嗌不嗄”，司馬彪注：“楚人謂啼極無聲爲嗄。”釋文：音“於邁反”，“崔本作‘喝’，〔云〕：‘啞也。’”郭氏子虛賦注云：“喝，言悲嘶也。”道德經老子“終日號而不嗄”，釋文：“嗄，當作‘噎’。”玉篇作“不嚘嚘”。“喑”、“意”、“噎”、“啞”、“嗄”、“喝”、“嚘”，聲轉字異，義並同也。

“怓”，與上“忉”同聲。廣雅〔釋詁二〕：“怓，痛也。”小雅小弁篇：“我心憂傷，怓焉如擣。”下云：“怓，傷也。”玉篇：“傷，痛也。”“傷”與“傷”同，義相通也。

悼、怮、悴、愮，傷也。　注 詩曰：“不愮遺一老。”亦恨傷之言也。自關而東汝潁陳楚之間通語也。汝謂之怮，秦謂之悼，宋謂之悴，楚潁之間謂之愮。　音義 愮，魚各反。

箋疏 “傷”，廣雅〔釋詁二〕作“傷”。說文：“傷，憂也。”“傷”與“傷”通。

“悼”者，廣雅〔釋詁二〕：“悼，傷也。”衞風氓篇“躬自悼矣”，毛傳：“悼，傷也。”淮南修務訓“楚欲攻宋，墨子聞而悼之”，高誘注：“悼，傷也。”

“怮”者，說文：“怮，憂也。”小雅小弁篇：“我心憂傷，怮焉如擣。”文選陸機贈弟士龍詩云：“行矣怨路長，怮焉傷別促。”說文：“惆，憂皃。讀與怮同。”周南汝濆篇“惄如調飢”，釋文引韓詩作“愵”。衆經音義卷十六云：“愵，古文‘惄’、‘恧’二形。”王褒洞簫賦“憤伊鬱而酷恧”，李善注引倉頡篇：“恧，憂兒。”玉篇同，音“奴的切”。“愵”、“恧”，並與“惄”同。

　　“悴”者，廣雅〔釋詁二〕：“悴，傷也。”曹植朔風詩：“繁華將茂，秋霜悴之。”説文：“悴，憂也。讀與易萃卦同。”小雅雨無正篇：“憯憯日瘁。”陸機歎逝賦“戚貌瘁而尠歡”，李善注引倉頡篇：“瘁，憂也。‘瘁’與‘悴’〔古字〕通。”

　　“憖”者，廣雅〔釋詁二〕：“憖，傷也。”文十二年左氏傳“兩君之士，皆未憖也”，杜注：“憖，缺也。”釋文：“魚覲反，缺也。”亦引此文同。正義曰：“憖者，缺之貌。今人猶謂缺爲憖也。”此以憖爲傷，傷卽缺也。説文：“齾，缺齒也。”音“五轄切”。“齾”、“憖”，聲義並同。又春秋昭十一年經，季孫意如，會七國大夫於厥憖。公羊傳作“屈銀”，是“厥憖”、“屈銀”與“缺齾”亦同。

　　注引詩曰云云者，小雅十月之交篇文。丁氏杰云：“自關而東”上，似脱一“傷”字。

慎、濟、𤺺、惄、溼、桓，憂也。　注𤺺者，憂而不動也。宋衞或謂之慎，或曰𤺺。陳楚或曰溼，或曰濟。自關而西秦晉之間或曰惄，或曰溼。自關而西秦晉之間，凡志而不得，欲而不獲，高而有墜，得而中亡，謂之溼，　注溼者，失意潛沮之名。或謂之惄。　音義𤺺，作念反。沮，一作“阻”。

　　箋疏“慎”者，廣雅〔釋詁一〕：“慎，憂也。”楚辭七諫〔怨世〕“哀子胥之慎事”，王逸注：“死不忘國，故言慎事。”是慎爲憂也。廣雅〔釋詁四〕又云：“慎，恐也。”“恐”與“憂”，義相近。

　　“濟”者，廣雅〔釋詁一〕：“濟，憂也。”又〔釋詁四〕云“懠，愁也”，曹憲音“在細反”。大雅板篇“天之方懠”，毛傳：“懠，怒也。”楚辭離騷“反信讒而齌怒”，王逸注：“齌，疾也。”“濟”、“懠”、“齌”，聲義並同。盧氏云：“濟者，憂其不濟也。古人語每有相反者。”

　　“𤺺”者，廣雅〔釋詁一〕：“𤺺，憂也。”廣韻〔鹽韻〕：“𤺺，閉目内思”也。

音“潛”。“思”與“憂”，義亦相近，故爾雅〔釋詁〕云：“憂，思也。”“暗”之言潛也，即下注云“失意潛沮”也。爾雅〔釋詁〕：“慘，憂也。”陳風月出篇“勞心慘兮”，釋文：“慘，憂也。”小雅正月篇“憂心慘慘”，毛傳：“慘慘，猶戚戚也。”大雅抑篇“我心慘慘”，毛傳：“慘慘，憂不樂也。”説文：“憯，痛也。”廣雅〔釋詁二〕同。“痛”與“憂”，義亦相近，故衆經音義卷二十二引説文作“憯，憂〔貌〕也”。楚辭九辯云“憯悽增欷兮”，王逸注云：“愴痛感動，歎累息也。”洪興祖補注音“七感切”。“暗”、“慘”、“憯”，聲義並相近。

注云“憂而不動”者，即閉目内思之意也。

“怒”者，説文：“怒，憂也。”小雅小弁篇云：“怒焉如擣。”召南汝墳篇：“怒如調飢。”韓詩作“㥹”。説文：“㥹，憂貌。讀與怒同。”陸機贈弟士龍詩“行矣怨路長，怒焉傷別促”，李善注引方言曰：“㥹，憂也。自關而西秦晉之間或曰怒。”上“怒”字作“㥹”，今各本並作“怒”。按：唐人注，所引凡與本書字異而聲義並同者，多改從本書，以便省覽。觀諸經正義中，所引釋詁、釋言文自見，而文選一書爲尤甚。戴氏不察，輒據之以改“怒”作“㥹”，非是。王褒洞簫賦“憤伊鬱而酷㥹”，李善引倉頡篇：“㥹，憂貌。”玉篇同，音“奴的切”。衆經音義卷十六云：“㥹，古文‘怒’、‘㥹’二形。”是“㥹”、“㥹”並與“怒”同。

“溼”者，廣雅〔釋詁一〕：“溼，憂也。”説文：“溼，幽溼也。”“隰，下入也。”釋名〔釋地〕：“下溼曰隰，隰，蟄也。”王充論衡氣壽篇：“兒生，號啼之聲鴻朗高暢者壽，嘶喝溼下者夭。”荀子修身篇“卑溼重遲貪利，則抗以高志”，楊倞注：“溼，亦謂自謙下如地之下溼然也。方言：‘溼，憂也。自關而西，凡志而不得，欲而不獲，高而有墜，行而中亡，皆謂之溼。’”亦謂之怒。又不苟篇“小人通則驕而偏，窮則棄而㑃”，楊注：“㑃當爲‘溼’。方言〔云〕：‘溼，憂也。’字書無‘㑃’字。”楊注兩引，“溼”並作“濕”，“憂”並作“優”，古字通。盧校本據此，改“溼”作“濕”，非是。今從舊本。盧氏云：“濕”，當音“他合反，今吳越語猶然”。吳俗語憂溼溼者，音如忒。又案：今俗以窮極無賴爲㜺疲，即其義矣。或曰賴疲。下卷云“賴，儢也。南楚之外曰賴”，注云：“賴亦惡名。”是也。湮訓爲幽湮，故聲之卑小者謂之湮，情性之鄙陋者謂之湮，行誼之污下者、意念〔1〕之潛沮者，皆謂之湮，其義一也。墨子經〔上〕篇云：“使，謂故。”説〔上〕云：“使，令謂。謂也不必成濕。故也，必待所爲之成也。”案：説文：“故，使爲之也。”不必成濕，是志而不得，欲而不獲，高而有墜，得而中亡之意也。

“桓”者，廣雅〔釋詁一〕：“桓，憂也。”上文“咺，痛也”，“咺”與“桓”，“痛”與“憂”，義亦相近。桓之爲憂，與“湮”同意。梓材篇“既勤垣墉”釋文引馬融注：“牆卑曰垣，高曰墉。”吳語云：“君有短垣，而自踰之。”牆壁卑隘謂之垣，意志潛沮謂之湮，其義一也。“垣”與“桓”通。

**鬱悠、懷、怒、惟、慮、願、念、靖、慎，思也。晉宋衞魯之間謂之鬱悠。** 注 鬱悠，猶鬱陶也。惟，凡思也；慮，謀思也；願，欲思也；念，常思也。 **東齊海岱之間曰靖；** 注 岱，太山。 **秦晉或曰慎，凡思之貌亦曰慎，** 注 謂感思者之容。 **或曰怒。**

箋疏 “鬱悠”者，廣雅〔釋詁二〕：“鬱悠，思也。”重言之曰“鬱鬱”、曰“悠悠”。楚辭九辯“獨悲愁其傷人兮，憑鬱鬱其何極”，王逸注：“思念纏結，摧肺肝也。憤懣盈胸，終年歲也。”張衡思玄賦：“愁鬱鬱以慕遠兮。”鄭風子衿篇：“悠悠我思。”釋訓“悠悠，思也”，注：“皆憂思。”合言之曰“鬱悠”。哀三年左氏傳“濟濡帷幕，鬱攸從之”，杜注：“鬱攸，火氣也。”“鬱攸”與“鬱悠”同。憂思憤盈謂之鬱悠，火氣蘊積謂之鬱攸，其義一也。轉言之曰“鬱邑”。離騷“曾歔欷余鬱邑兮”，王逸注：“鬱邑，憂也。”憂亦思也。“邑”亦作“悒”。司馬遷報任少卿書“是以獨鬱悒而誰與語”，李善注：“鬱悒，不通也。”亦曰“鬱湮”。昭二十九年左氏傳：“鬱湮不育。”史記夏本紀集解引賈逵注：“鬱，滯也。湮，塞也。”亦曰“鬱伊”。後漢書崔寔傳“智士鬱伊於下”，李賢注“鬱伊，不申之貌”，引楚辭曰：“獨鬱伊而誰語。”義並與“鬱悠”同。倒言之則曰“伊鬱”。王褒洞簫賦“憤伊鬱而酷慇”，李善注：“伊鬱，不通”也。義亦同也。

〔1〕“念”廣本、徐本作“志”。

　　注“鬱悠，猶鬱陶也”者，王念孫廣雅疏證〔釋詁二〕曰：“凡經傳言‘鬱陶’者，皆當讀如皋陶之‘陶’。‘鬱陶’、‘鬱悠’，古同聲。舊讀如‘陶冶’之‘陶’，失之也。閻氏百詩尚書古文疏證云：爾雅釋詁‘鬱陶、繇，喜也’，郭注引孟子‘鬱陶思君’、禮記‘人喜則斯陶’。邢疏引孟子趙氏注‘象見舜正在牀鼓琴，愕然反辭曰：我鬱陶思君故來’。又引檀弓鄭注：‘陶，鬱陶也。’據此則〔象曰〕‘鬱陶思君〔爾〕’，乃喜而思見之詞，故舜亦從而喜曰：‘惟茲臣庶，汝其于予治。’孟子〔固〕已明言‘象喜亦喜’，蓋統括上二段情事。其先言‘象憂亦憂’，特以引起下文，非真有象憂之事也，因悉數諸書以鬱陶爲憂思之誤。念孫案：象曰‘鬱陶思君〔爾〕’，則鬱陶乃思之意，非喜之意。言我鬱陶思君，是以來見，非喜而思見之詞也。孟子言‘象喜亦喜’者，象見舜而僞喜，自述其鬱陶思舜之意，故舜亦誠信而喜之，非謂鬱陶爲喜也。凡人相見而〔1〕喜，必自道其相思之切，豈得即謂其相思之切爲喜乎？趙注‘我鬱陶思君故來’，是趙亦不以鬱陶爲喜。史記五帝本紀述象之言，亦云‘我思舜正鬱陶’。又楚辭九辯云‘豈不鬱陶而思君兮’，則鬱陶爲思，其義甚明，與爾雅〔之〕訓〔爲〕喜者不同。郭注以孟子證爾雅，誤也。閻氏必欲解鬱陶爲喜，喜而思君爾，甚爲不辭，既不達於經義，且以史記及各傳注爲非，慎矣！又案：爾雅：‘悠、傷、憂，思也。’‘悠’、‘憂’、‘思’三字同義，故鬱悠既訓爲思，又訓爲憂。管子内業篇‘鬱鬱生疾’，是鬱爲憂也。説文：‘悠，憂也。’小雅十月之交篇‘悠悠我里’，毛傳：‘悠悠，憂也。’是悠爲憂也。‘悠’與‘陶’，古同聲。小雅鼓鐘篇‘憂心且妯’，衆經音義卷十二引韓詩作‘憂心且陶’。是陶爲憂也，故廣雅釋言云：‘陶，憂也。’合言之則曰‘鬱陶’。九辯‘鬱陶而思君’，王逸注云：‘憤念蓄積，盈胸臆也。’魏文帝燕歌行云：‘憂來思君不敢忘。’又云：‘鬱陶思君未敢言。’皆以鬱陶爲憂。凡一字兩訓，而反覆旁通者，若亂之爲治，故之爲今，擾之爲安，臭之爲香，不可悉數。爾雅‘鬱陶、繇，喜也’，又云‘繇，憂也’，則繇字即有憂、喜二義。鬱陶，亦猶是

────────────

〔1〕 “而”原作“之”，今據廣本、徐本改。

也。是故喜意未暢，謂之鬱陶。檀弓正義引何氏隱義云‘鬱陶，懷喜未暢意’，是也。憂思憤盈，亦謂之鬱陶，孟子、楚辭、史記，所云是也。暑氣蘊隆，亦謂之鬱陶。摯虞思游賦云：‘戚溽暑之鬱陶兮，余安能乎留斯。’夏侯湛大暑賦云：‘何太陽之嚇曦，乃鬱陶以興熱。’是也。事雖不同，而同爲鬱積之義，故命名亦同。閻氏謂憂喜不同名，廣雅誤訓陶爲憂，亦非也。”今案：王説是也。五子之歌“鬱陶乎予心”，某氏傳云：“鬱陶，言哀思也。”釋文：“鬱音蔚，陶音桃”，“憂思也”。是音讀之誤，由來已久。字亦通作“搖”。唐類函武功引樂緯稽曜嘉云：“酌酒鬱搖，注云：‘鬱搖，喜悦也。’”亦可爲兼憂、喜二義之證。

釋詁：“懷、惟、慮、願、念、惄，思也。”懷之爲思，通見經傳。

“惄”者，小雅小弁篇“惄焉如擣”，疏引爾雅舍人注：“惄，志而不得之思也。”[1]張衡思玄賦：“惄鬱悒其難聊。”

説文：“惟，凡思也。”盤庚篇：“人惟求舊。”大雅生民篇“載謀載惟”，鄭箋：“諏謀其日，思念其禮。”案：“惟”、“維”、“唯”三字並同。詩作“維”，易作“唯”，書作“惟”。

“慮”者，説文：“慮，謀思也。”又曰：“慮難曰謀。”小雅雨無正篇云“弗慮弗圖”，鄭箋云：“慮、圖，皆謀也。”周官大司馬云“大役，與慮事”，鄭司農云：“國有大役，大司馬與謀慮其事也。”呂氏春秋孟冬紀〔安死〕“中壽不過六十，以百與六十爲無窮者之慮”，又慎大篇“管子之慮近之矣”，高注並云：“慮，謀也。”韓非子喻老篇云：“白公勝慮亂。”又〔內儲説上〕云：“越王慮伐吳。”是慮爲謀思也。

“願”者，釋詁：“願，思也。”衞風伯兮篇“願言思伯”，箋云：“願，念也。我念思伯，心不能已。”鄭風野有蔓草篇云“邂逅相遇，適我願兮”，疏云：“由不得早婚，故思相逢遇。”襄三十年左氏傳：“不憖而願大。”是願爲欲思也。

“念”者，説文：“念，常思也。”釋名〔釋言語〕：“念，黏也，意相親愛，心黏

---

[1]　案：詩小雅小弁疏無此文，當在周南汝墳疏。

著不能忘也。”秦風小戎篇云：“言念君子。”襄二十一年左氏傳引夏書曰：
“念兹在兹。”是念爲常思也。釋言：“諗，念也。”小雅四牡篇“將母來諗”，毛
傳用釋言文。魯語〔上〕曰：“使吾無忘諗。”“諗”與“念”，亦聲相近。

　　“東齊海岱之間曰靖”者，舜典云：“歲二月，東巡狩，至于岱宗。”史記封
禪書引尚書而釋之云：“岱宗，泰山也。”隱八年公羊傳疏引鄭注云：“岱宗
〔者〕，東嶽名也。”釋山云“泰山爲東嶽”，注云：“在奉高縣西北。”〔1〕漢書地
理志〔上〕：“泰山郡奉高縣，有明堂。”“博縣，有泰山廟。岱山在西北，兗州
山。”晉仍漢制。泰山，今在山東泰安府泰安縣北五里，嶽廟在縣城西北隅。

　　注“太”，戴本作“泰”，今從各本。

　　廣雅〔釋詁二〕：“靖，思也。”微子云：“自靖，人自獻于先王。”班固幽通
賦云：“靖潛處以永思兮。”張衡思玄賦“潛服膺以永靖兮”，李善注引方言：
“靖，思也。”爾雅釋詁：“靖，謀也。”周頌我將篇“日靖四方”，毛傳同。“謀”
與“思”，義相近也。

　　“慎”者，釋詁：“慎，靜也。”廣雅〔釋詁二〕：“慎、靖，思也。”漢書敍傳〔上〕
顏師古注：“靖，古‘靜’字。”王制：“凡聽五刑之訟”，必“意論輕重之序，慎測淺
深之量，以別之”。表記：“君使其臣，得志則慎慮而從之。”是慎爲思也。

敦、豐、厖、夆、憮、般、嘏、奕、戎、京、奘、將，大也，凡物之大貌曰豐。
厖，深之大也。東齊海岱之間曰夆，或曰憮。宋魯陳衞之間謂之
嘏，或曰戎。秦晉之間，凡物壯大謂之嘏，或曰夏。秦晉之間，凡
人之大謂之奘，或謂之壯。燕之北鄙，齊楚之郊或曰京，或曰將。
皆古今語也，注 語聲轉耳。初別國不相往來之言也，今或同。而
舊書雅記故俗語，不失其方，注 皆本其言之所出也。雅，爾雅也。而
後人不知，故爲之作釋也。　注 釋詁、釋言之屬。　音義 厖，鴟䲭。○盧
氏云：“音鴟䲭，此省音字，下皆仿此。觀史、漢注中，傳音亭傳，儋音儋荷，亦
不作音亭傳之傳，音儋荷之儋也。䲭，讀如蟒，一音厖。”○夆，音介。憮，海狐

---

〔1〕　案：今本爾雅郭注無此文。

反。般，般桓。賍，音賈。奘，在朗反。

　　**箋疏**“敦”者，下文云：“敦，大也。陳鄭之間曰敦。”廣雅〔釋詁一〕：“敦，大也。”爾雅釋天：“太歲在午曰敦牂。”史記〔天官書〕索隱引孫炎注：“敦，盛，牂，壯也。”淮南天文訓高注同。漢書地理志〔下〕“敦煌郡”應劭曰：“敦，大也。煌，盛也。”衆經音義卷一引倉頡解詁曰：“惇，古文‘敦’同。”玉篇：“惇，大也。”“潡，大水也。”亦通作“淳”。國語鄭語“以淳耀敦大”，韋注：“淳，大也。”“惇”、“淳”、“敦”，聲近義同。

　　“豐”者，卷二云：“趙魏之郊燕之北鄙，凡大人謂之豐人。”又云：“燕趙之間言圍大謂之豐。”象傳云：“豐，大也。”序卦傳：“豐者，大也。”周頌豐年篇“豐年多黍多稌”，毛傳：“豐，大”也。鄭箋：“豐年，大有年也。”考工記函人“舉而眂之，欲其豐也”，鄭注：“豐，大也。”楚語〔上〕“彼若謀楚，其亦必有豐敗也哉”，韋注：“豐，〔猶〕大也。”説文“寷，大屋也”，引易“寷其屋”。今本作“豐”。“豐”與“寷”通。唐本説文“豐”從“豆”、從“山”，“丰”聲，蜀本作“丰”聲，“山”取其高大。案：大射儀鄭注：“豐以承尊也，説者以爲若井鹿盧，其爲字從豆曲聲，近似豆，大而卑矣。”與古本説文説正合。今本經二徐改定，所謂“從豆象形”者，乃二徐臆改，不足據也。至其字，或從“曲”，或從“丰”，雖未可定，要知“曲”從“丰”，“丰”從二“丰”。凡從“丰”之字，皆有“大”義。説文“封，爵諸侯之土也”，籒文從“丰”作“垈”。周頌烈文篇“無封靡于爾邦”，毛傳：“封，大也。”昭二十八年左氏傳“謂之封豕”，疏引賈逵注：“時人謂之大豬。”淮南本經訓“封豨脩蛇”，高注“封豨，大豕”。離騷“又好射夫封狐”，王逸注：“封狐，大狐也。”“莑”、“逢”並從“夆”，“夆”從“丰”。洪範“子孫其逢”，馬注：“逢，大也。”儒行篇“衣逢掖之衣”，釋文：“逢掖，大掖也。”説文：“㵯，大笑也。讀若詩曰‘瓜瓞菶菶’。”“曲”、“丰”二字，許所失收，其爲訓“大”無疑也。“逢”、“㵯”、“莑”，聲並與“豐”相近。

　　“厖”者，釋詁：“厖，大也。”説文：“厖，石大也。”成十六年左氏傳“民生敦厖”，杜注：“敦，厚也。厖，大也。”周語〔上〕云“敦厖淳固”，韋注同。司馬相如封禪文“湛恩厖鴻”，李善注：“厖、鴻，皆大也。”後漢書朱穆傳“人不敦庬”，酷吏傳論“古者敦庬”，李賢注並云：“敦庬，厚大也。”通作“痝”。素問評熱病論云：“面胕痝然。”又癰風論：“痝然浮腫。”“痝”與“庬”同。淮南説林訓“蚳象之病，人之寶也”，高注：“蚳，大蛤，中有珠。”玉篇：“胧，身大也。”僖五年左氏傳：“狐裘庬茸。”邶風旄丘篇作“蒙戎”。商頌長發篇：“爲下國駿庬。”大戴禮衛將軍文子篇作“恂蒙”，盧氏注云：“詩爲‘駿龐’。”荀子榮辱篇作“駿蒙”，楊倞注：“蒙讀爲庬。”秦風小戎篇“蒙伐有苑”，鄭箋：“蒙，庬也。”玉篇：“矇，大也。字亦作‘胧’。”卷二云：“矇、庬，豐也。自關而西，秦晋之間凡大貌謂之矇，或謂之庬。”“痝”、“胧”、“蚳”、“蒙”、“矇”，聲並與“庬”相近。

　　“夰”者，説文：“夰，大也。从大，介聲。”祝睦後碑云：“夰然清皓，漸心於道。”釋詁：“介，大也。”邢疏引方言：“東齊海岱之間謂之介。”是本亦作“介”也。晋六二“受兹介福，于其王母”，虞注：“介，大也。”小雅甫田篇“攸介攸止”，釋文引王注同。昭二十四年左氏傳“而問於介衆”、又哀十四年傳“逢澤有介麇焉”杜注，張衡思玄賦“遇九皋之介鳥兮”舊注，司馬相如封禪書“以登介丘”服虔注，並同。釋器：“圭大尺二寸，謂之玠。”説文：“玠，大圭也。周書曰：‘稱奉介圭。’”今顧命篇作“介圭”。“夰”、“介”、“玠”，古字並通。衆經音義卷十五引字指云：“礚硞，雷大聲也。”案：介訓爲大，亦訓爲小。豫六二“介于石”，虞注：“介，纖也。”釋文：“介”古亦作“砎”，馬融本作“扴”，云：“扴，觸小石聲。”地官司市“胥師，賈師，涖於介次”，鄭注：“介次，市亭之屬，別小者也。”卷二云：“齘，怒也。小怒曰齘。”賈誼鵩鳥賦“細故蔕芥”，師古注：“小鯁也。”莊子逍遥篇釋文引李注：“芥，小草也。”廣韻〔黠韻〕：“髂骱，小骨。礚硞，小石。”皆以相反爲義也。説文：“夰，讀若蓋。”宋玉高唐賦“礘震天之礚礚”，揚子甘泉賦“登長平兮雷鼓礚”，李善注引字指：“礚，大聲也。”王褒洞簫賦云“聲礚礚而澍淵”，李善注引字林云：“礚，大聲也。”漢書司馬相如子虛賦云“礧石相擊，琅琅礚礚，若雷霆之聲”，史記作“硍礚”。説文“硍”、“礚，石聲”，音“苦蓋切”。衆經音義卷十七玄應云：“今江南凡言打物破曰礚破，亦大聲也。”“礚”、“硞”，聲並與“夰”相近，義亦同也。

“幠”，舊本作“憮”，今從盧本作“幠”。爾雅〔釋詁〕：“幠，大也。”公食大夫禮“士羞庶羞，皆有大”，鄭注：“大，以肥美者特爲臠，所以祭也，魚謂之膴。膴，大也。”天官腊人“膴胖之事”，後鄭云：“膴與大亦一也。”賈疏以爲釋詁文。小雅小旻篇“民雖靡膴”，釋文：“膴，大也。”節南山篇“則無膴仕”，鄭箋云：“無厚任用之，置之大位，重其禄也。”又巧言篇“亂如此憮”，毛傳：“憮，大也。”孔疏以爲釋詁文。後漢書崔琦傳“德用不憮”，李賢注：“憮，大也。”釋名〔釋宮室〕：“大屋曰廡，廡，幠也。”管子國蓄篇云“夫以室廡籍謂之毁成”，房玄齡注：“小曰室，大曰廡。”禮投壺篇“無幠無敖”，大戴記作“無荒無慠”。爾雅〔釋詁〕注引詩“遂幠大東”，今魯頌閟宮篇作“遂荒大東”。唐風蟋蟀篇“好樂無荒”，大雅公劉篇“豳居允荒”，毛傳並云：“荒，大也。”説文“㠩，水廣也”，引泰九二“包㠩，用馮河”。今本作“荒”。廣雅〔釋詁〕：“㠩，大也。”“荒”與“幠”，聲義同。“荒”從“㠩”聲，“㠩”從“亡”聲。“幠”從“無”聲，“無”亦從“亡”聲。幠轉爲荒，猶亡轉爲無也。

“般”者，廣雅〔釋詁一〕：“般，大也。”公孫丑篇“般樂怠敖”，盡心篇〔下〕“般樂飲酒”，趙岐注並云：“般，大也。”士冠禮注云：“弁名出於槃；槃，大也，言所以自光大也。”説文：“鞶，覆衣大巾也。或以爲首鞶。”“鞶，大帶也。”屯初九“磐桓”，釋文云：“本亦作‘盤’，又作‘槃’。”訟上九“或錫之鞶帶”，釋文引王肅作“槃”。口訣義引馬融曰：“鞶帶，大帶衣也。”李善注文選嘯賦引聲類云：“磐，大石也。”荀子富國篇“則國安於盤石”，楊倞注：“盤石，盤薄大石也。”枚乘七發“軋盤涌裔”，李善注：“盤，謂盤礴，廣大貌。”義並與“般”同。説文：“伴，大貌。”大學“心廣體胖”，鄭注：“胖，猶大也。”漢書李陵傳“一半冰”，顔師古注：“半讀曰判。判，大片也。”衆經音義卷二：“判，古文‘胖’。又作‘胖’同。”“伴”、“胖”、“判”、“半”，聲並與“般”相近。

“嘏”者，釋詁：“嘏，大也。”説文：“嘏，大遠也。”小雅賓之初筵篇“錫爾純嘏”，大雅卷阿篇“純嘏爾常矣”，毛傳並云：“嘏，大也。”特牲饋食禮“進聽嘏”，鄭注：“受福曰嘏。嘏，長也，大也。待尸授之以長大之福也。”玉篇：

“嘏”，音“加下切，大也”。禮運篇“脩其祝嘏”，釋文：“嘏本〔或〕作‘假’，古雅反。”〔又〕“祝嘏莫敢易其常古，是爲大假”，鄭注：“假，亦大也。”又家人九五“王假有家”，釋文引馬融注：“假，大也。”音“更白反”。“徐古牙反。”又通作“格”。少牢饋食禮“以嘏于主人”，鄭注：“嘏，大也。予主人以大福。”“古文‘嘏’爲‘格’。”士冠禮“孝友時格”，注云：“今文‘格’爲‘嘏’。”是“假”、“格”，並與“嘏”通也。

“奕”者，釋詁：“奕，大也。”説文同。太玄格次六云：“往小來奕。”漢書敍傳〔下〕“奕世弘業”，顏師古曰：“奕，大也。”通作“亦”。周頌豐年篇“亦有高廩”，噫嘻篇“亦服爾耕”，鄭箋並云：“亦，大也。”疏云：“亦，大。釋詁文。彼亦作‘奕’，音義同。”重言之曰“奕奕”。小雅巧言篇“奕奕寝廟”，毛傳：“奕奕，大貌。”大雅韓奕篇“奕奕梁山”，毛傳：“奕奕，大也。”又通作“繹”。魯頌閟宮篇：“新廟奕奕。”周官隸僕注作“繹繹”。玉篇：“繹，大也。”揚子甘泉賦“望通天之繹繹”，李善注引韓詩章句云：“繹繹，盛貌。”“盛”與“大”同義。繹繹猶奕奕矣。

“戎”者，釋詁：“戎，大也。”盤庚篇“乃不畏戎毒于遠邇”，某氏傳：“戎，大也。”大雅緜篇“戎醜攸行”，周頌烈文篇“念茲戎功”，毛傳並云：“戎，大也。”定八年穀梁傳：“大弓者，武王之戎弓也。”釋畜“馬八尺爲駥”，釋文作“戎”，云：“本或作‘駥’。”釋草“戎菽謂之荏菽”，邢疏引孫炎注：“大豆也。”案：“荏”從“任”聲，“任”從“壬”聲。釋詁：“壬，大也。”邶風燕燕篇“仲氏任只”，毛傳：“任，大也。”“戎”與“任”，並訓大，故“戎菽”聲轉而爲“荏菽”。生民疏引樊光舍人李巡及郭氏，皆云：“今以爲胡豆。”案：周書諡法解云：“胡，大也。”廣雅〔釋詁一〕同。是胡豆猶言大豆。與“戎菽”、“荏菽”同義。〔生民〕疏又引郭氏云：“春秋‘齊侯來獻戎捷’，穀梁傳曰‘戎菽’也。管子亦云：‘北伐山戎，出冬葱與戎菽，布之天下。’今之胡豆〔是〕也。”郭用舊説，誤會“胡”、“戎”二字之義，以爲來自山戎，故名“胡豆”。果如所言，齊桓伐山戎，始布其種，則后稷所藝，何時既絕，至齊桓而復布其種耶？且禮有“戎車”，不可謂之“胡車”，明“戎菽”以“大”得名也。“戎”之言重也，凡物之大者必重。儒行篇“引重鼎，不程其力”，鄭注：“重鼎，大鼎也。”襄四年左氏傳：“武不可重。”史記晉世家集解引服虔注：“重，大也。”言武事不可大任。“重”、“戎”，古同聲。

“京”者，釋詁：“京，大也。”大雅文王篇“裸將于京”，毛傳：“京，大也。”桓九年公羊傳：“京者何？人也。”文九年穀梁傳：“京，大也。”莊二十二年左氏傳“莫之與京”，史記陳杞世家集解引賈逵注，張衡東京賦“京邑翼翼”薛綜注，並同。大雅皇矣篇“依其在京”，毛傳：“京，大阜也。”管子輕重丁篇“有新成囷京者二家”，房玄齡注：“大囷曰京。”“京”之言景也。釋詁：“景，大也。”小雅楚茨篇“以介景福”，鄭箋：“景，大也。”鄘風定之方中篇“景山與京”，毛傳：“景山，大山。”白虎通義封禪篇：“景星者，大星也。”“景”與“京”，聲有輕重耳。揚子羽獵賦“騎京魚”，顏師古注：“京，大也。或讀爲‘鯨’。鯨，大魚也。”漢書賈誼傳“横江湖之鱣鯨”，如淳曰：“鱣、鯨，皆大魚也。”臣瓚曰：“鯨魚，長者長數里。”淮南覽冥訓“鯨魚死而彗星出”，高注：“鯨魚，大魚，長數里。”説文“鱷，海大魚也。春秋傳曰：‘取其鱷鯢’”，或作“鯨”。宣十二年左氏傳杜注：“鯨鯢，大魚名。”疏引裴淵廣州記云：“鯨鯢，長百尺。雄曰鯨，雌曰鯢，目即明月珠，故死即不見眼睛也。”周處風土記：“鯨鯢，海中大魚也。俗説出入〔穴〕即爲潮水。”説文“麐，大鹿也，牛尾一角”，或作“麎”。衆經音義卷十六引字林：“麐似鹿而大，一角也。”案：中山經“尸山，其獸多麐”，郭注：“似鹿而小，黑色。”漢書地理志〔下〕“山多塵麐”，顏師古云：“塵似鹿而大，麐似鹿而小。”獸之大者謂之麐，小者亦謂之麐，猶魚之大者謂之鯢，小者亦謂之鯢也。釋魚：“鯢，大者謂之鰕。”莊子外物篇“守鯢鮒”，釋文引李頤注：“鯢鮒，皆小魚也。”亦以相反爲義也。左傳“取其鯨鯢”，猶言取其大小，與孟子〔梁惠王下〕“反其旄倪”同意。旄爲老，倪爲小，猶言老小，非有異義也。注家不得其解，淺人又造“雄鯨雌鯢”之説，惑人甚矣。大謂之京，自尊大亦謂之矜，其義一也。表記云“君子不矜而莊”，鄭注：“矜謂自尊大也。”通作“鹷”，廣雅〔釋詁一〕：“鹷，大也。”説文“衾，大被也。”聲亦與“京”相近。

“奘”者，説文：“奘，駔大也。”通作“壯”。釋詁：“壯，大也。”月令：“仲夏之月，養壯佼。”楚辭天問“何壯武厲”，王逸注云：“壯，大也。”太玄玄告“四時不俱壯”，范望注同。莊子天下篇“不可與莊語”，釋文：“一本作壯，大也。”釋天：“太歲在午曰敦牂。”史記天官書索隱引孫炎云：“敦，盛；牂，壯也。言萬物盛壯。”説文：“奘，妄彊大也。”“牀，安身之坐者。从木，爿聲”，徐鉉曰：“牀從木，爿則牁之省，象人裹身有所倚箸。〔至於〕牆、壯、戕、狀之屬，並當從牀省聲。李陽冰言：木右爲片，左爲爿，音牆，〔且〕説文無‘爿’字，其書亦異，〔故知其〕妄也。”今按：“爿”即“疒”字。説文“疒，倚也，人有疾病，象（人）倚箸之形”，音“女戹切”，古文作“𤕫”。玉篇同，又音“牀”。廣韻〔麥韻〕：“疒，疾也。尼戹切，又仕莊切。”是“爿”即“疒”字，“疒”與“疾”，聲義並同。篆文“爿”當作“疒”，不從“一”，古文作“𤕫”，所謂象人倚箸之形。“牆”、“壯”、“戕”、“牀”等字，並從“疒”聲。籀文“牆”作“牆”、“𤖄”二形，即從古文“疒”。又“牆”，堯廟碑作“〔痛〕”，韓敕後碑作“痛”。“莊”，孫叔敖碑作“㽵”。“裝”，王純碑作“㾗”。其明證也。李謂左木爲爿，徐謂説文無“爿”字，皆非也。

“將”與“奘”同。釋詁：“將，大也。”周南樛木篇“福履將之”，周頌我將篇“我將我享”，毛傳並云：“將，大也。”鄭風溱洧篇“伊其將謔”，周頌臣工篇“將受厥明”，鄭箋並云：“將，大也。”豳風破斧篇“哀我人斯，亦孔之將”，毛傳：“將，大也。”鄭箋云：“此言周公之哀我民人，其德〔亦〕甚大也。”孔子閒居“無體之禮，日就月將”，鄭注：“就，成也；將，大也。使民之傚禮，日有所成，至月則大矣。”定十四年左氏傳“闔廬傷將指”，杜注：“其足大指見斬。”子罕篇“固天縱之將聖”，孔安國注云：“言天固縱（之以）大聖之德。”射義“幼壯孝弟”，鄭注：“壯或爲將。”内則篇“炮取豚若將”，鄭注：“將當爲‘牂’。牂，牝羊也。”凡物之牝者必大。“壯”、“牂”字並與“將”通。

“夏”者，釋詁：“夏，大也。”下又云：“夏，大也。自關而西秦晉之間，凡物之壯大而愛偉之謂之夏，周鄭之間謂之假。”周頌時邁篇“肆于時夏”，毛傳：“夏，大也。”鄭箋云：“樂歌大者稱夏。”襄二十九年左氏傳：“爲之歌秦，曰：‘此之謂夏聲。夫能夏則大，大之至也。’”太平御覽二十三引崔靈恩三禮義宗云：“夏，大也。至此之時，物乃長大，故以爲名。”荀子正論篇“令行於諸夏之國謂之王”，楊倞注：“夏，大也。中原之大國。”呂氏春秋慎行篇“夏海之窮”，高注：“夏海，大冥也。”秦風權輿篇“於我乎，夏屋渠渠”，毛傳：“夏，大也。”鄭箋云：“言君始於我厚，設禮食大具以食我。”淮南本經訓“乃至夏屋宮駕”，高注：“夏屋，大屋也。”説林訓云：“大厦成而燕雀相賀。”“厦”與“夏”同。鄉飲酒義“夏之〔爲〕言假也，養之長之假之，仁也”，鄭注：“假，大也。”漢書律暦志〔上〕：“假（大）也，物假大，乃宣平。”“假”與“夏”，聲近義同，故秦晉之間謂之夏，周鄭之間謂之假矣。

“初別國不相往來之言”云云者，揚子自明作此方言之恉也。戴氏云雅記故俗：“謂舊書常記故俗之語，不失其方，而後人不知，故爲作方言以釋之。郭氏皆誤。”丁氏杰曰：“漢書敍傳〔下〕‘函雅故，通古今’，故如詩魯故、韓故之‘故’，與‘詁’同。‘雅’當如郭氏解。若以‘雅’爲常，下節‘古雅’訓古常，尤不成辭，且‘舊書’二字，亦不類漢人句法。”盧氏云：“‘書雅’當連文，‘記’謂記載，‘故’謂訓故，‘俗語’，鄉俗之語。‘爲之作釋’，乃自明（其）作書之意，此則不當如郭所云耳。”釋名〔釋典藝〕云：“爾雅，爾，昵也；昵，近也，雅，義也；義，正也，五方之言不同，皆以近〔正〕爲主也。”張晏漢書〔藝文志〕注云：“爾，近也。雅，正也。”論衡是應篇云：“爾雅之書，五經之訓故。”漢書藝文志云：書有大、小夏侯解故，詩有魯故、韓故、齊后氏故、孫氏故、毛詩故訓傳。通作“詁”。説文：“詁，訓故言也。”“古，故也。从十口，識前言者也。”大雅蒸民篇“古訓是式”，毛傳〔“古，故訓。”鄭箋：〕“故訓，先王之遺典也。”爾雅釋文引張揖雜字云：“詁者，古今之異語也。”詩釋文云：“詁、故皆是古義，所以兩行，然前儒多作詁解，而章句有故言。郭〔景純〕注爾雅則作‘釋詁’，樊光孫炎等〔爾雅本〕皆爲‘釋故’。”是也。釋詁邢疏引郭注云“謂作釋詁、釋言之屬”，比今本多“謂作”二字。

假、徦、注古“格”字。懷、摧、詹、戾、艐，注古“屆”字。至也。邠唐冀兗之間曰假，或曰徦。　注邠，今在始平漆縣。唐，今在太原晉陽縣。齊

楚之會郊 注 兩境之間。或曰懷。摧、詹、戾，楚語也。 注 詩曰"先祖于摧"，"六日不詹"，"魯侯戾止"之謂也。此亦方國之語，不專在楚也。**赧**，宋語也。皆古雅之別語也，注 雅，謂風雅。今則或同。 音義 假，音駕。○盧氏云："本亦音格。"

箋疏 說文："假，非真也。一曰至也。虞書曰：'假于上下。'古額切。"周頌噫嘻正義引鄭注云："言堯德光耀，及（于）四海之外，至于天地。"今書作"格"。家人九五"王假有家"，釋文：音古白切，至也。徐古雅反。渙爻辭"王假有廟"，釋文"庚白反"，云："梁武〔帝〕音賈。"說文又云："徦，至也。古雅切。"益稷篇"祖考來格"，後漢書章帝紀作"假"。西伯戡黎篇"格人元龜"，史記殷本紀作"假"。"假"、"徦"、"格"，字異義並同也。

注"佫，古'格'字"，下文"佫，登也。梁益之間曰佫"，注云："佫，亦訓來。"釋詁"格，陞也"，郭注引方言："梁益曰格。"是"格"、"佫"，古今字也。

"邠今在始平漆縣"云云者，漢書地理志〔上〕："右扶風漆，漆水在縣西。枸邑，有豳鄉，詩豳國，公劉所都。"後漢興平元年，以縣置新平郡。晉書地理志〔上〕："新平郡漆，漆水在西。汾邑。"案：說文："汃，西極之水也。爾雅曰：'西至于汃國，謂之四極。'""豳"、"汃"，並與"邠"同。"汾"卽"汃"之訛也。今陝西邠州三水縣，其地也。故豳城在縣西，枸邑故城，在縣東北二十五里。又漢書地理志〔上〕："太原郡晉陽，故詩唐國。"晉仍舊制。今山西太原府晉陽縣是。

"懷"者，釋詁："懷，至也。"邶風泉水篇"有懷于衞，靡日不思"，鄭箋："懷，至（也），以言我有所至〔念〕于衞，我無日不思也。"小雅鼓鐘篇"淑人君子，懷允不忘"，鄭箋云："懷，至也。古者善人君子，其用禮樂，各得其宜，至信不可忘。"表記引詩"聿懷多福"，鄭注："聿，述也。懷，至也。言述行上帝〔之〕德，以至于多福也。"後漢書張衡傳："天爵高縣，得之在命，或不速而自懷，或羨旒而不臻。"是懷爲至也。

"摧"者，釋詁："摧，至也。"大雅雲漢篇"先祖于摧"，毛傳用釋詁文。張衡東京賦"五精帥而來摧"，薛綜注："摧，至也，言五帝總集至明堂"也。

“詹”者，釋詁：“詹，至也。”小雅采綠篇“五日爲期，六日不詹”，毛傳同。鄭箋云：“五日六日者，五月之日，六月之日也。期至五月而歸，今六月猶不至。”張衡思玄賦“黃靈詹而訪命兮”，舊注：“詹，至也。”

“會郊”者，釋詁：“會，合也。”廣雅〔釋詁三〕：“會，聚也。”鮑照蕪城賦云：“四會五達之莊。”李善舞鶴賦注云：“會，四會之道。”釋地：“邑外謂之郊。”呂氏春秋士節篇“及之國郊”，高注：“郊，境也。”故云“兩境之間”也。

“戾”者，釋詁：“戾，至也。”小雅小宛篇“翰飛戾天”毛傳，四月篇鄭箋並云：“戾，至也。”采芑篇“其飛戾天”毛傳，魯語〔上〕“天災流行，戾于敝邑”韋注，張衡東京賦“羣后旁戾”薛綜注，並同。小雅采菽篇“亦是戾矣”，毛傳訓至，鄭箋訓止。“至”與“止”義相近，故大雅抑篇“淑慎爾止”，魯頌泮水篇“魯侯戾止”，毛傳並云：“止，至也。”大學“一人貪戾”，鄭注引春秋傳曰：“登戾之。”今隱五年公羊傳作“登來之”。“來”與“戾”，聲轉義同。釋詁：“來，至也。”故至謂之徠，亦謂之懷；來謂之徠，亦謂之懷。卷二云：“徠，來也。自關而東周鄭之郊齊魯之間或曰徠，或曰懷。”

“艐”者，釋詁：“艐，至也。”説文：“艐，船著沙不行也。讀若莘。”著沙不行，亦至之意也。司馬相如大人賦“糾蓼叫奡，踢以艐路兮”，徐廣注：“艐，至也。”釋詁釋文引孫炎注：“艐，古‘屆’字。”説文：“屆，行不便也。一曰極也。”大禹謨“無遠弗屆”，某氏傳：“屆，至也。”小雅節南山篇“君子如屆，俾民心闋”，鄭箋：“屆，至也。”“如行至誠之道，則民鞠訩之心息。”小弁篇“譬彼舟流，不知所屆”，鄭箋：“屆，至也。”“狀如舟之流行，無制〔之〕者，不知終所至也。”釋言：“屆，極也。”釋詁：“極，至也。”“極”與“戒”同義，屆之言戒也。商頌烈祖篇“亦有和羹，既戒既平。鬷假無言，時靡有爭”，毛傳云：“戒，至。鬷，總。假，大也。”孔疏云：“言戒至者，謂恭肅敬戒而至，非訓戒爲至也。”家君曰：“艐”、“屆”，古同聲。“屆”與“戒”，字亦通。采菽篇“君子所屆”，晏子春秋諫上篇引詩“屆”作“誡”，是其例也。訓戒爲至，孔氏不知古訓音義相兼，以爲恭肅敬戒而至，非訓戒爲至，失之。

注“雅謂風雅”者，詩序云：“風，風也，教也。風以動之，教以化之。詩者，志之所之也。在心爲志，發言爲詩。”“詩有六義焉，一曰風”，“五曰雅”。“上以風化下，下以風刺上。主文而譎諫，言之者無罪，聞之者足以戒，故曰風。至于王道衰，禮義廢，政教失，國異政，家殊俗，而變風變雅作矣。”“是以一國之事，繫一人之本，謂之風。言天下之事，形四方之風，謂之雅。雅者，正也，言王政之所由廢興也。政有小大，故有小雅〔焉〕，有大雅焉。”

嫁、逝、徂、適，往也。自家而出謂之嫁，由女而出爲嫁也。逝，秦晉語也。徂，齊語也。適，宋魯語也。往，凡語也。

　箋疏 釋詁：“嫁，往也。”列子天瑞篇“國不足，將嫁于衞”，張湛注：“自家而出謂之嫁。”隱二年公羊傳：“婦人謂嫁曰歸。”廣雅〔釋詁一〕：“歸，往也。”滕文公篇〔下〕：“往之女家。”往，卽歸也。“歸”、“嫁”，一聲之轉。今太倉人言歸，音猶如嫁也。釋詁注及疏引此文，“由”並作“猶”。“猶”、“由”，古通字。

　“逝”者，釋詁：“逝，往也。”魏風碩鼠篇“逝將去女”、大雅抑篇“言不可逝矣”鄭箋，子罕篇“逝者如斯夫”鄭注，並同。説文：“逝，往也。讀若誓。”衆經音義卷三引郭訓古文奇字云：“𧨜，古文‘逝’字。”説文：“遳，去也。”夏小正“遳鴻雁”，傳：“遳，往也。”大有象傳“明辨晢也”，鄭本作“遳”，陸績本作“逝”。史記賈誼弔屈原賦“鳳漂漂其高遳兮”，漢書作“逝”。又禮樂志天馬歌“體容與，迣萬里”，史記樂書作“跩萬里”。“迣”、“跩”，孟康並“音逝”。“誓”、“𧨜”、“遳”、“迣”、“跩”，並與“逝”通。

　“徂”者，釋詁：“徂，往也。”説文“退，往也。齊語”，或作“徂”，籀文作“遣”。衞風氓篇“自我徂爾”，鄭箋：“退，往也。”小雅四月篇“六月徂暑”，毛傳：“徂，往也。”魯頌駧篇“思馬斯徂”，疏引王肅云：“徂，往也。”説文：“殂，往死也。”“殂”與“徂”通。亦通作“且”。鄭風溱洧篇“士曰既且”，釋文“音徂”，云：“往也。”又出其東門篇“匪我思且”，鄭箋云：“猶匪我思存也。”釋詁：“徂，存也。”是“且”亦“徂”之假借字也。

　釋詁：“如、適、之，往也。”説文：“適，之也。宋魯語。”小雅巷伯篇“誰適與謀”，鄭箋：“適，往也。”哀十四年穀梁傳“故大其適也”，范甯注：“適，猶如也,之也。"荀子王霸篇"審吾所以適人",楊倞注:"適人,往與人也。"潘岳寡婦賦"適人而所天又殞",李善注:"適,謂往嫁也。"女嫁謂之適,猶男出謂之嫁矣。

謾台、脅閡,懼也。燕代之閒[1]曰謾台,齊楚之間曰脅閡。宋衛之間凡怒而噎噎,注 噎噎,謂憂也。謂之脅閡。 注 脅閡,猶瀾沐也。南楚江湘之間謂之暉咺。 注 湘,水名,今在零陵。 音義 謾台,蠻怡二音。閡,呼隔反。噎,央媚反。咺,音香遠反。

箋疏 廣雅〔釋詁二〕:"謾台,懼也。"謾台之言慢易也。祭義:"外貌斯須不莊不敬,而慢易之心入之矣。"又云:"望其容貌,而衆不生焉。"不生慢易,有畏懼之意。是"慢易"與"畏懼",義正相因,而相反者也,故急忽謂之慢易,畏懼亦謂之謾台。

衆經音義卷四及卷十一、卷十三,凡三引方言云:"憎閡,懼也。""脅"並作"憎",各本作"脅"。廣韻〔刪韻〕"謾"字注引,與今本同。廣雅〔釋詁二〕:"脅閡,懼也。"衆經音義卷十二引亦作"憎"。玉篇:"憎,以威力相恐憎也。""憎"與"脅"同。廣雅〔釋詁四〕:"脅,怯也。"釋名〔釋言語〕:"怯,脅也,見敵恐脅也。"郊特牲:"大夫强,諸侯脅。"淮南本經訓"明於性者,天地不能脅也",高注:"脅,恐也。"玉篇:"悷,心不安也。"亦作"憪"同。廣韻〔錫韻〕:"憪,遑恐也。""憪"與"閡"亦同。合言之則曰"脅閡",亦曰"瀾沐"。卷十:"瀾沐,遑遽也。"江湘之間凡言窘猝怖遽謂之瀾沐。"廣雅〔釋訓〕:"瀾沐,怖懅也。"說文:"怵,恐也。""怵"與"沐"、"懅"與"遽"亦同。

"噎"、"噎",古同聲。王風黍離篇"中心如噎",毛傳:"噎,憂不能息也。"衆經音義卷二十二引通俗文:"塞喉曰噎。"繫辭傳〔下〕"噫!亦要存亡吉凶",崔憬注:"噫,歎聲也。"子路篇"噫!斗筲之人",集解引鄭注云:"噫,心不平之聲也。"合言之則曰"噎噎",故注云:"噎噎,謂憂也。"一本作"噎,憂也",脱"噎"字,誤。又注"閡沐"作"閡穀",亦誤。

────────────

〔1〕 編者注:閒,據《漢魏叢書》本作"間"。

“南楚江湘之間謂之嘽呾”者，淮北沛陳汝南南郡，此西楚也；彭城以東，東海吳廣陵，此東楚也；衡山九江江南豫章長沙，此南楚也。見史記貨殖傳。説文：“湘水，出零陵縣陽海山。”漢書地理志〔上〕：“零陵郡零陵陽海山，湘水所出，北至酃入江，過郡二，行二千五百〔三十〕里。”案：過郡二，謂零陵長沙也。水經〔湘水〕“湘水出零陵始安縣陽海山”，酈道元注云：“即陽朔〔山〕也。”海內東經“湘水出舜葬東南陬，西環之，入洞庭下”，郭氏注云：“今湘水出零陵營道縣陽朔山，入江。洞庭，地穴也，在長沙巴陵。今吳縣南太湖中有包山，下有洞庭，穴道潛行水底，云無所不通，號爲地脈。”案：陽朔山，在今廣西桂林府興安縣南九十里，俗謂海陽山，即陽海山，湘水出焉，北流至靈渠，分爲湘水，東逕全州，合羅、灌二水。又東流，入湖南永州府東安縣，又逕零陵合瀟水。又北流逕祁陽縣入衡州府衡陽縣，即漢酃縣，故城在縣東，自永州府道州以上，今謂之洖水，自道州以下，今謂之瀟水。説文：“嘽，喘息也。”小雅四牡篇“嘽嘽駱馬”，毛傳：“喘息之貌。”又〔説文〕“瘏，馬病也”，引詩又作“瘏瘏”。“瘏”與“嘽”，聲義並同。上云：“呾，痛也。凡哀泣而不止曰呾，朝鮮洌水之間，少兒泣而不止曰呾。”“哀”與“懼”，義相近。漢書外戚傳〔上〕：“悲愁於邑，喧不可止兮。”“喧”與“呾”同。於邑猶噎噫，語之轉耳。凡人喜則氣舒而長，恐則氣急而促，故懼而喘息謂之嘽，哀而恐懼謂之呾。合言之則曰“嘽呾”。廣雅〔釋詁二〕：“嘽呾，懼也。”列子力命篇“嘽呾、憋憋”，張湛注以“嘽呾”爲“迂緩”，與此異義。

虔、劉、慘、掩，殺也。　注 今關西人呼打爲掩。秦晉宋衞之間，謂殺曰劉，晉之北鄙亦曰劉。秦晉之北鄙，燕之北郊，翟縣之郊，謂賊爲虔。　注 今上黨潞縣，即古翟國。晉魏河內之北謂掩曰殘，楚謂之貪。南楚江湘之間謂之欺。　注 言欺〔1〕掩難厭也。　音義 掩，音廩，又洛感反。

　　　箋疏 “虔”、“劉”者，卷三云：“虔，殺也。青徐淮楚之間曰虔。”廣雅〔釋

---

〔1〕 “欺”原作“欺”，據廣本、徐本改。

詁一〕：“虔（劉），殺也。”成十三年左氏傳“虔劉我邊陲”，杜注：“虔劉，皆殺也。”左思魏都賦“席卷虔劉”，張載注同。衆經音義卷十四云：“犍，又作‘捴’、‘〔劇〕’二形同，居言反。”引字書：“犍，割也。”通俗文：“以刀去陰曰犍。”玉篇：“劇，剔也。”廣韻〔元韻〕：“劇，以刀去牛勢也。”“犍”、“捴”、“劇”，與“虔”聲同，義亦相近。釋詁：“劉，殺也。”盤庚篇“無盡劉”某氏傳，周頌武篇“勝殷遏劉”毛傳，張衡思玄賦“弔祖江之見劉”舊注，並同。殺謂之劉，用以殺人者，亦謂之劉。書顧命“一人冕執劉”，疏引鄭注：“蓋今鑱斧。”是也。猶劍爲佩刀之名，而以劍殺人卽謂之劍。莊十二年公羊傳云：“仇牧聞宋萬弒君，手劍而叱之，碎其首。”潘岳馬汧督誄序：“漢明帝時，有司馬叔持者，白日于都市，手劍父讐。”此義之相因者也。昭十四年左氏傳：“殺人不忌曰賊。”又莊三十二年云：“共仲使圉人犖，賊子般于黨氏。”是賊亦殺也。殺謂之賊，殺人者卽謂之賊。隱十一年左氏傳：“羽父使賊弒公於寪氏。”義亦相因也。

“慘”者，説文：“慘，毒也。”“憯，賊疾也。”廣雅〔釋詁三〕：“殺、憯，賊也。”是“賊”與“殺”同義。玉篇“憯，賊也”，音“山監切”。“憯”與“慘”，聲義相近。

“翟縣”者，漢書地理志〔上〕：“上黨郡潞，故潞子國。”晉於潞爲郡治。今山西潞安府潞城縣，是其處。

“惏”之言婪也。下卷二：“婪，殘也。”説文：“河內之北謂貪曰惏。”衆經音義卷一引字林：“惏，亦貪也。”大戴記保傅篇“飢而惏”，盧辯注：“惏，貪殘也。”昭二十八年左氏傳“貪惏無饜”，賈逵注云：“惏，耆食也。其人貪耆財利飲食，無知饜足。”是“惏”與“婪”同。郭氏北山經“鉤吾之山”，“有獸焉”，“名曰狍鴞，是食人”，注云：“爲物貪惏。”文選陳琳爲袁紹檄李善注引作“貪婪”。説文：“婪，貪也。杜林説，卜者黨相詐驗爲婪。讀若潭。”廣韻〔覃韻〕：“婪”與“惏”同。楚辭離騷“衆皆競進以貪婪兮”，王逸注云：“愛財曰貪，愛食曰婪。”僖二十四年左氏傳“狄固貪婪”，釋文及正義並引方言：“殺人而取其財曰惏。”今無此語，是貪婪爲愛財愛食之通名，不宜分訓也。

注“關西呼打爲掅”者，春秋宣十八年：“邾人戕繒子于繒。”穀梁傳“戕，猶殘也，挩殺也”，范甯注：“挩謂捶打。”釋文音“頂”。“打”與“掅”，聲之侈弇〔1〕耳。

“欦”、“掅”疊韻字。説文：“欦，食不滿也。讀若坎。”“歁，欲得也。”玉篇：“貪惏曰欦。”孫奭孟子音義引張鎰音“坎”。字林云：“欲得也。”楚辭哀時命：“欿愁悴而委惰。”廣雅〔釋詁二〕：“欦、欿，貪也。”説文：“臽，食肉不厭也。讀若陷。”“欿”與“欦”，聲義並同。“臽”與“欦”，聲亦相近。

嫗、憐、憮、俺，愛也。東齊海岱之間曰嫗。自關而西秦晉之間，凡相敬愛謂之嫗，陳楚江淮之間曰憐，宋衞邠陶之間曰憮，或曰俺。　注 陶唐，晉都處。　音義 嫗，欺革反。

箋疏“嫗”者，廣雅〔釋詁一〕：“嫗，敬也。”“嫗”、“敬”，聲相近。説文：“愜，謹重貌。”廣雅〔釋詁一〕“愜，愛也”，曹憲音“欺革、九力二反”。是“愜”與“嫗”同。説文：“敬，肅也。从攴茍。”“茍，自急敕也。从羊省，从包省，从口，口，猶慎言也。”玉篇：“茍，居力切。亦作‘嫗’。”是“茍”與“嫗”亦同。

“憐、憮、俺”，義見上文“憮、俺、憐，愛也”條下。

眉、黎、䑏、鮐〔2〕，老也。東齊曰眉，注 言秀眉也。燕代之北鄙曰黎，注 言面色如凍黎。宋衞兗豫之内曰䑏，注 八十爲䑏。秦晉之郊陳兗之會曰耇鮐。　注 言背皮如鮐魚。　音義 䑏，音経。耇，音垢。

箋疏“眉”者，豳風七月篇“以介眉壽”，毛傳：“眉壽，豪眉也。”正義云：“人年老者，必有豪毛秀出。”小雅南山有臺篇“遐不眉壽”，毛傳：“眉壽，秀眉也。”士冠禮“眉壽萬年”，鄭注：“古文‘眉’爲‘麋’。”大戴記王言篇：“孔子愀然揚麋曰。”荀子非相篇“伊尹之狀，而無須麋”，楊倞注：“麋，與‘眉’同。”“眉”、“麋”，古通字。

“黎”、“老”，一聲之轉。説文：“耇，老人面凍黎若垢。”釋名〔釋長幼〕：

---

〔1〕“侈弇”廣本、徐本作“輕重”。
〔2〕“鮐”原作“駘”，據廣本、徐本改。

"耇,垢也,皮色驪悴,恆〔如〕有垢者也。""或曰凍棃,皮有斑黑,如凍棃色也。"吳語"播棄棃老",韋昭注:"棃,凍棃,壽徵也。"泰誓云"今商王受,力行無度,播棄犂老",墨子明鬼篇作"棃老"。吳九真太守谷永碑"棃民"作"犂民"。"棃"、"犂",並與"棃"通。衆經音義卷六引字林:"䵟,黑黃也。"韓非子外儲説〔左上〕:"面目䵟黑。"説文:"䵂黃,一曰楚雀,其色棃黑而黃。""驪,馬深黑色。"魯頌駉篇毛傳曰:"純黑曰驪。"然則凡言"棃"者,皆"黑"之意也。老謂之棃,字當作"棃",或借"棃"、"犂"爲之。説文云"凍棃"者,謂凍而黑色。釋名或説及郭氏"凍棃"之説,皆非也。

"耋"者,曲禮〔上〕"八十九十曰耄",釋文云:"本或作八十曰耋,九十曰旄。"釋言"耋,老也",郭注云:"八十曰耋。"秦風車鄰疏引孫炎注云:"耋者,色如生鐵"也。案:説文、釋名、離九三王肅注、秦風車鄰傳、楚語韋注,並同。離九三馬融注、僖九年左氏傳服虔、杜預注,並以"七十爲耋"。釋言舍人注、宣十二年公羊傳何休注,並以"六十爲耋"。蓋耋之年齒,經典既無正文,漢人説耋亦無一定,故爾雅、方言但以耋爲老。康成注易,則云"大耋"爲"年踰七十"也,是也。

"耇鮐"者,釋詁:"鮐背、耇老,壽也。"書泰誓、詩南山有臺正義引孫炎曰:"耇,面凍棃色如浮垢,老人壽徵也。"君奭篇"耇造德不降"、魏志管寧傳注引鄭注:"耇,老也。"論衡無形篇:"人少則髮黑,老則髮白,白久則黃。""人少則膚白,老則膚黑,黑久則黯,並有垢〔矣〕。髮黃而膚爲垢,故禮曰'黃耇無疆'。"大雅行葦篇"黃髮台背",毛傳:"台背,大老也。"鄭箋:"台之言鮐也。大老則背有鮐文。"正義引釋詁舍人注:"老人氣衰,皮膚涓瘠,背若鮐魚也。"陸佃爾雅新義:"今鮫魚胎生,背皮錯戾,鮐背者,象此魚歟。"大雅行葦序正義引方言曰:"燕代北鄙,謂耇爲棃。郭〔璞〕注云:'棃,面色似棃也。'"今各本並作"燕代之北鄙曰棃。"又釋文引方言:"(色似)凍棃,〔老也〕。"〔衆經音義〕卷六引方言:"面色似凍棃也。"蓋因注文相涉而譌,或誤脱"注"字耳。

**脩、駿、融、繹、尋、延,長也。陳楚之間曰脩,海岱大野之間曰尋,** 注大野，今高平鉅野。宋衛荆吳之間曰融。自關而西秦晉梁益之間，凡物長謂之尋。周官之法，度廣爲尋，注 度爲絹帛橫廣。幅廣爲充。　注 爾雅曰："緇廣充幅。"延、永，長也。凡施於年者謂之延，施於衆長謂之永。　注 各隨事爲義。

箋疏 "脩"者，廣雅〔釋詁二〕："脩，長也。"小雅六月篇"四牡脩廣"，大雅韓奕篇"孔脩且張"，毛傳並云："脩，長也。"釋宮"陝而脩曲曰樓"，郭注："脩，長也。"俗本"脩"作"修"，石經及宋本並作"脩"。楚辭離騷："路曼曼其脩遠兮。"淮南主術訓"脩者以爲櫚榱，短者以爲〔朱儒〕枅櫨。"說山訓："拘囹圄者，以日爲脩。當死市者，以日爲短。"是脩爲長也。又地形訓："其人脩形，兌上。"又云："自西北至西南方，有修股民"，"自西南至東南方"有"修臂民"，高誘注："修，長也；股，腳也。""修臂，長臂，臂長于身。""修"與"脩"通。禹貢："厥木惟條。"唐風椒聊篇"遠條且"，毛傳："條，長也。""條"、"脩"，古同聲。

"駿"者，釋詁："駿，長也。"小雅雨無正篇"不駿其德"，周頌清廟篇"駿奔走在廟"，毛傳並云："駿，長也。"鄭箋："駿，大也。"通作"峻"。楚辭離騷："冀枝葉之峻茂兮"，王逸注："峻，長也。"淮南本經訓"山無峻榦"，高注："峻榦，長枝也。"大學"克明峻德"，鄭注："峻，大也。""大"與"長"同義。

"融"、"繹"者，釋詁："融，長也。"大雅既醉篇"昭明有融"，毛傳："融，長"也。"張衡東京賦薛綜注同。潘岳笙賦"泓宏融裔"，李善注："融裔，聲長貌。"重言之則曰"融融"。隱元年左氏傳："大隧之中，其樂也融融。"張衡思玄賦"展洩洩以肜肜"，舊注引左氏傳作"肜肜"。廣成頌云："豐肜薱蔚。""肜"、"融"，古通字。說文："繹，抽絲也。"釋天："繹，又祭也，周曰繹，商曰肜。"高宗肜日正義引孫炎注："繹，祭之明日尋繹復祭也。肜者，亦相尋不絕之意。"何休宣八年公羊傳注云："繹，〔繼〕昨日事。""肜者，肜肜不絕。"釋山"屬者嶧"，郭注："言絡繹相連屬。"廣雅〔釋器〕："繹，長襦也。"〔釋宮〕："墿，道也。""墿"與"驛"同，謂長道也，義並與"繹"同。重言之則曰"繹繹"。釋訓："繹繹，生也。"周頌載芟篇"驛驛其達"，毛傳："達，射也。"鄭箋云：

“達,出地也。”正義引釋訓作“驛驛”。“繹”與“驛”通。“繹繹”猶“融融”,“融”、“繹”一聲之轉,義亦與“長”相近。

“尋”者,廣雅〔釋詁二〕:“尋,長也。”淮南齊俗訓:“峻木尋枝。”海外北經“尋木長千里”,左思吳都賦作“樳木”,劉逵注引此文亦作“樳”。廣韻〔侵韻〕:“樳,木名,似槐。”又“尋,長也。”引山海經作“尋”。是“樳”與“尋”同。又大荒北經“有嶽之山,尋竹生焉”,郭注:“尋,大竹也。”玉篇作“籌”,云:“竹長千丈。”李善注張協七命引作“尋”。“籌”與“尋”亦通。説文云:“人手卻一寸動𧖟謂之寸口。”“中〔婦〕人手長八寸謂之咫,周尺也。”“周制寸尺咫尋常仞諸度量,皆以人之體爲法。”大戴記王言篇:“孔子曰:布指知寸,布手知尺,舒肘知尋。”考工記:匠人營溝洫。畖廣尺,深尺;隧廣二尺,深二尺;溝廣四尺,深四尺;洫廣八尺,深八尺;澮廣二尋,深二仞。説文:“尋,度人之兩臂爲尋,八尺也。”“仞,(人)伸臂一尋八尺”也。是“仞”與“尋”同。考工記凡未及丈者皆言尺,獨於澮則變文言尋仞者,以尋爲度廣,仞爲度深之名也,故方言曰“周官之法,度廣爲尋。”淮南覽冥訓高注:“度深曰仞。”昭三十二年左氏傳杜注同。此其定名也。亦謂之測。説文:“測,深所至也。”玉篇:度深曰測。淮南原道訓“深不可測”,高誘注同。猶度高謂之揣。卷十二云:“度高爲揣。”長謂之量。周官量人注云:“量,長短也。”皆爲量度之通稱,無定制也。若“尋”與“仞”,則其數有定。案:諸書之説“尋”也,魯頌閟宮篇毛傳,考工記廬人、鄉射禮記鄭注,成十二年左氏傳杜注,周語韋注,劉熙釋名〔釋兵〕,華嚴經音義下引何承天纂要,史記賈誼傳應劭注,吕氏春秋悔過篇、淮南氾論訓高注,莊子庚桑楚釋文,左思吳都賦劉逵注,衆經音義卷十二,並言“八尺曰尋”,而公食大夫禮記鄭注又云“丈六曰常,半常曰尋”,是亦八尺也。惟司馬貞史記張儀傳索隱則云“七尺曰尋”。廣韻〔侵韻〕注又云:“六尺曰尋”。“仞”之爲數亦然。旅獒篇某氏傳,莊子庚桑楚釋文引孔安國注,盡心篇趙岐注,淮南原道訓高注,孫子形篇魏武、李筌注,家語思致篇王肅注及聖證論、西山經郭注,管子乘馬篇房注,並云“八尺曰仞”。旅獒疏引鄭君説,鄉射禮記鄭注,子張篇集解引包咸注,吕氏春秋功名篇、淮南覽冥訓高注，楚辭招魂王逸注，李謐明堂制度論，華嚴經音義下引何承天纂要，祭義及莊子達生篇釋文，並云“七尺曰仞”。而漢書食貨志〔上〕引應劭注，又云：“五尺六寸。”小爾雅〔廣度〕又云：“四尺曰仞。”閒嘗考之，其以尋爲六尺，仞爲四尺及五尺六寸者，固非。而云七尺八尺者，亦紛紛互異。程氏瑤田通藝録云：尋爲八尺，仞必七尺者，何也？同一伸手度物，而廣深用之，其勢自不得不異。人長八尺，伸兩手亦八尺，用以度廣，其勢全伸而不屈，故尋爲八尺，而用以度深，則必上下其左右手，而側其身焉，身側則胸與所度之物不能相摩，於是兩手不能全伸，而成弧之形〔1〕，弧而求其弦以爲仞，必不能八尺，故七尺曰仞，亦其勢然也。繹案：其説是矣，而未盡也。蓋度廣度深之名，有定而無定，如考工記“宮中度以尋”，鄉射禮記“以鴻脰，韔上二尋”，覲禮“壇十有二尋”，雜記〔下〕“兩五尋”之類，此尋八尺之有定者也。莊子達生篇“縣水三千仞”，吕氏春秋功名篇“善釣者，出魚乎十仞之下”，此仞七尺之有定者也。若無定，則尋八尺亦可云七尺，仞七尺亦可云八尺，何以言之？公食大夫禮記云“加萑席尋”，注云：“必長筵者，以有左右饌。”吕氏春秋悔過篇：“四曰穴深尋。”左思吴都賦：“擢本千尋。”尋爲度廣之名，而施之於長於深於高，則可云八尺矣。旅獒云“爲山九仞”，子張篇云“夫子之牆數仞”，盡心篇〔下〕云“堂高數仞”，西山經“太華之山”，“其高五千仞”，楚辭招魂“長人千仞”，仞爲度深之名，而施之於長於高，亦可云七尺矣。猶度深亦爲測，而周官大司徒鄭注云：“不知深廣，故曰測。”度高曰揣，而荀子非相篇“不揣長，不揳大”，此則所謂但爲度量之通稱者也。然則無論尋與仞，皆必視其所度之物，以定尋仞之數。若泛言尋、仞，則以爲八尺者，未爲得；以爲七尺者，亦未爲失也。推之充爲幅廣之名，而鄉射禮記云“鄉侯，上個五尋”，鄭注：“上個，謂最上幅。”是幅廣亦爲尋也。淮南説山訓“鐘之與磬，近之則鐘音充”，高注：“充，大也。”是大亦稱充也。説文：“充，長也。”上云：“繹，長也。”廣雅〔釋詁四〕：“繹，充也。”凡“廣”與

---

〔1〕 “形”廣本、徐本作“勢”。

"大"與"長"之類，皆對文則異，散文則通也。

"大野"者，禹貢云："大野既豬。"史記夏本紀集解引鄭注："大野在山陽鉅野北，名鉅野澤。"漢書地理志〔上〕："山陽郡鉅野，大野澤在北。"郡國志亦云"山陽郡鉅野，有大野澤"，是也。晉書地理志〔上〕："高平國，故屬梁國，晉初分山陽置。""鉅野縣，魯獲麟所。"今山東曹州府鉅野縣，是其處。

注引爾雅者，釋天文也。云"緇廣充幅，長尋曰旐"，郭注："帛全幅，長八尺。"詩疏引孫炎注："緇，黑繒也。"言黑繒之廣充竟幅而長尋者謂之旐，是充爲幅廣之名也。

"延"者，釋詁："延，長也。"説文："延，長行也。"大誥篇："天降害于我家，不少延。"成十三年左氏傳"君亦悔禍之延"。杜注云："延，長也。"楚辭離騷云"延佇乎吾將反"，王逸注同。是施於衆長者謂之延也。説文："挺，長也。"字林、廣雅同。説文又云："梴，木長也。"商頌殷武篇"松桷有梴"，毛傳："梴，長貌。""延"、"挺"、"梴"，聲義並同。"延"之言引也。釋詁："引，長也。"大雅召旻篇"職兄斯引"，毛傳云："引，長也。"史記曹世家云：豈不欲引曹之祀者哉。漢書律曆志〔上〕："十丈爲引。""引"、"延"，一聲之轉。

戴本據嵇康養生論李善注、釋詁邢昺疏引"延，年長也"，遂改"永"爲"年"。考各本並作"永"，宋本亦如是。盧氏云："李善注文選，於阮籍詠懷詩'獨有延年術'，引方言：'延，長也。'於嵇康養生論又引作'延，年長也'。蓋卽隱括施於年者謂之延意。爾雅疏引方言遂作'延，年長也'，不出'永'字，則下文何所承乎？若上文作'延，年長也'，下文只當云'永，衆長也'，亦可矣，何必更加分疏，或遂據爾雅疏改此文，誤甚。"今從舊本。釋詁："永，長也。"訟初六"不永所事"，虞注同。舜典"歌永言"，史記作"謌長言"。唐風山有樞篇"且以永日"，毛傳："永，引也。"引亦長也。高宗肜日："降年有永有不永。"畢命："惟以永年。"是施於年者，亦謂之永也。"永"、"延"，亦一聲之轉耳。

**允、詑、恂、展、諒、穆，信也。齊魯之間曰允，燕代東齊曰詑，宋衞汝潁之間曰恂，荊吳淮汭之間曰展，** 注 汭，水口也。 **西甌毒屋黃石野**

之間曰穆。　注 西甌，駱越別種也。其餘皆未詳所在。衆信曰諒，周南召南衞之語也。　音義 訰，音諶。恂，音荀。諒，音亮。汭，音芮。甌，音嘔。

箋疏 “允”者，釋詁：“允，信也。”晉六三“衆允之”，虞注：“允，信也。”士皆信，故衆允。鄘風定之方中篇“終焉允臧”毛傳，小雅車攻篇“允矣君子”鄭箋並云：“允，信也。”舜典“惟明克允”，史記五帝紀作“惟明能信”。是“允”爲“信”也。

“訰”，釋詁作“諶”。説文：“燕代東齊謂信（曰）訰。”廣韻〔侵韻〕“訰”、“諶”並同。大雅大明篇“天難忱斯”，毛傳：“忱，信也。”正義曰：“釋詁文。”説文及漢書貢禹傳、春秋繁露如天之爲篇引並作“諶”。蕩篇“其命匪諶”，説文心部引作“忱”。“忱”、“訰”、“諶”，聲近義同，古皆通用。

“恂”，釋詁作“詢”。説文：“恂，信心也。”鄭風叔于田篇“洵美且仁”，鄭箋：“洵，信也。”疏云：“釋詁文。”衆經音義卷十六引爾雅作“恂”。“恂”、“洵”、“詢”，聲義亦同，古亦通用。大戴記衞將軍文子篇“爲下國恂蒙”，盧辯注：“恂，信也，言下國信蒙其富。詩作‘駿厖’，或古有二文，或以義賦。”鄉黨篇：“恂恂如也。”史記孔子世家集解引王肅曰：“恂恂，溫恭貌也。”索隱曰：“有本作‘逡’。”隸釋祝睦碑：“鄉黨逡逡。”劉脩碑：“其於鄉黨，遜遜如也。”子罕篇：“夫子循循然善誘人。”後漢書趙壹傳“失恂恂善誘之德”，李賢注引論語作“恂恂”。又李膺傳注、吳志步騭傳、趙岐孟子章指並同。“駿”、“逡”、“遜”、“循”，字並與“恂”通，義亦相近。

“淮汭”者，説文：“淮水，出南陽平氏桐柏大復山，東南入海。”漢書地理志〔上〕：“南陽郡平氏，禹貢桐柏大復山在東南，淮水所出，東南至（臨）淮〔浦〕入海。”水經〔淮水〕：“淮水出南陽平氏〔縣〕胎簪山，東北過桐柏山，東至廣陵淮浦縣入於海。”海內東經“淮水出餘山，餘山在朝陽東”，“入海，淮浦北”，郭注云：“今淮水出義陽平氏縣桐柏山山，東北經汝南汝陰淮南譙國下邳，至廣陵縣入海。”案：“廣陵”下脱“淮浦”二字，初學記〔卷六〕引作“淮陰”，卽“淮浦”之訛也。漢書地理志〔上〕：“臨淮郡淮浦，游水北入海。”水經云“東至廣陵淮浦縣入〔於〕海”，酈道元注云：“淮水於縣枝分，北爲游水。”
“又東北逕紀鄣故城南”，“東北入海”，是其證。義陽平氏，見晉書地理志。
説文：“汭，水相入也。”堯典：“釐降二女於媯汭。”酈道元水經河水注引馬融
云：“水所入曰汭。”閔二年左氏傳“虢公敗犬戎於渭汭”，杜注：“水之隈曲曰
汭。”通作“芮”。大雅公劉篇“芮鞫之卽”，毛傳：“芮，水涯也。”鄭箋：“芮之
言内也。”内卽水之隈曲處，故召誥疏引鄭注亦云：“汭，隈曲中也。”“芮”、
“汭”，聲義並同。

　　“展”者，釋詁：“展，信也。”張衡思玄賦“展洩洩以彤彤”，舊注：“展，信
也。”邶風雄雉篇“展矣君子”，毛傳：“展，誠也。”齊風猗嗟篇“展我甥兮”，小
雅車攻篇“展也大成”，鄭箋並同。説文：“誠，信也。”“信，誠也。”義並相通
也。又後卷七云“展、惇，信也。東齊海岱之間曰展，燕曰惇”，注云：“惇，亦
誠信貌。”“展”字兼誠信、屈伸二義，此“展”爲誠信，後則二義兼有，故注言
亦以別之，非重出也。

　　“諒”者，説文：“諒，信也。”邶風柏舟篇“不諒人只”毛傳，小雅何人斯篇
“諒不我知”鄭箋並同。衆經音義卷十七、卷二十一並引爾雅：“諒，信也。”
今釋詁作“亮”。皋陶謨“亮采有邦”，史記五帝紀集解引馬融云：“亮，信
也。”告子篇〔下〕“君子不亮”，趙岐注同。“亮”，卽“諒”之假借字。

　　“西甌”者，逸周書王會解“歐人蟬蛇”，孔晁注：“東越，歐人也。”又云
“且歐文蜃”，注：“且歐在越。”伊尹四方令曰：“正東越漚，正南甌鄧。”説文：
“閩，東南越，蛇種。”淮南人間訓：“以與越人戰，殺西嘔君譯吁宋。”“歐”、
“漚”、“嘔”，並與“甌”同。史記〔趙世家〕索隱引劉氏云：“今珠崖〔儋〕耳謂
之甌人。”正義曰：“輿地志云‘交阯，周時爲駱越，秦時曰西甌’。”海内南經
云“甌居海中”，郭注云：“今臨海（縣）永寧縣，卽東甌，在岐海中。”與下卷二
注略同。又云“閩在海中”，注云：“閩越卽西甌，今建安郡是也，亦在岐海
中。”漢書地理志會稽郡回浦，春秋戰國屬越，漢初爲東甌國，後爲縣屬會
稽，後漢永和二年置永寧縣，三國吳屬臨海郡，晉太康元年，析置永嘉郡，今
浙江溫州府永嘉樂清是其地。晉書地理志〔下〕：“建安郡，故秦閩中郡。”今

福建建寧府是其地。

"穆"者，逸周書謚法解："中情見貌曰穆。"顏延之元后哀策文"壺政穆宣"，李善注訓"穆"爲"信"。廣雅〔釋詁一〕："睦，信也。"史記司馬相如傳"旼旼睦睦"，漢書作"穆穆"。"睦"與"穆"同。又通作"繆"。金縢篇"我其爲王穆卜"，史記魯世家作"繆"，集解引徐廣曰："古書'穆'多作'繆'。"又蔡邕獨斷云："名實過爽曰繆。"此以相反爲義也。周南、召南詩譜云：周召，禹貢岐山之陽地名。案：春秋時地入於晉，戰國屬魏，後屬韓。秦置陝縣，屬三川郡。漢書地理志〔上〕"弘農郡陝縣，故虢國"，晉書地理志〔上〕同，云："周分陝東西，二相主之。"今河南陝州是。

碩、沈、巨、濯、訏、敦、夏、于，大也。　注 訏亦作"芋"，音義同耳。齊宋之間曰巨，曰碩。凡物盛多謂之寇。　注 今江東有小鳧，其多無數，俗謂之寇鳧。齊宋之郊，楚魏之際曰夥。自關而西秦晉之間，凡人語而過謂之遍，或曰僉。東齊謂之劍，或謂之弩。弩猶怒也。陳鄭之間曰敦，荆吳揚甌之郊曰濯，中齊西楚之間曰訏。　注 西楚，謂今汝南彭城。自關而西秦晉之間，凡物之壯大者而愛偉之謂之夏，周鄭之間謂之嘏。郺，齊語也。于，通語也。　音義 訏，香于反。夥，音禍。遍，于果反。嘏，音賈。郺，洛含反。

篆疏 "碩"者，釋詁："碩，大也。"說文："碩，頭大也。"邶風簡兮篇"碩人俁俁"，毛傳："碩人，大德也。"衛風考槃篇"碩人之寬"，鄭箋："碩，大也。"阮瑀爲曹操與孫權書"明棄碩交"，李善注："'碩'與'石'，古字通"用。漢書律曆志〔上〕："石〔者〕，大也，權之大〔者〕也。始於銖，兩於兩，明於斤，均於鈞，終於石，物終石大也。"匈奴傳〔下〕"石畫之臣甚衆"，鄧展注："石，大也。"案：石畫，猶碩畫也〔1〕。

漢書陳勝傳"夥，涉之爲王沈沈者"，應劭注："沈沈，宮室深邃之貌。音長含反。"讀若覃。張衡西京賦："大廈耽耽。"左思魏都賦"耽耽帝宇"，李善

---

〔1〕"石畫猶碩畫也"原脱，據廣本、徐本補。

注：“‘沈’與‘耽’，音義同。”班固答賓戲云“揚雄覃思”，顏師古〔漢書敍傳上〕注云：“覃，大也，深也。”玉篇：“譚，大也。”“沈”、“耽”、“覃”、“譚”並通。說文：“耽，耳大垂也。”玉篇同，音“丁含反”。“耽”與“沈”，亦聲近義同。

“巨”者，釋詁：“巨，大也。”大射儀“右巨指鉤弦”，鄭注：“右巨指，右手大擘。”離婁上篇趙岐注：“巨室，大家也。”張衡西京賦“巨靈贔屭”，薛綜注：“巨，大也。”說文：“鉅，大剛也。”漢書食貨志〔上〕“庶人之富者累鉅萬”，顏師古注：“鉅，大也。大萬，謂萬萬也。”“鉅”與“巨”同。

“濯”者，釋詁：“濯，大也。”大雅常武篇“濯征徐國”，毛傳：“濯，大也。”文王有聲篇“王公伊濯”，毛傳同。鄭箋云：“文王述行大王王季之王業，其事益大。”枚乘七發：“血脈淫濯。”玉篇：“灉，大雨也。”音“直卓切”。“灉”與“濯”通。重言之則曰“濯濯”。大雅靈臺篇“麀鹿濯濯”，鄭箋：“鳥獸肥盛喜樂。”趙岐注梁惠王篇〔上〕云：“獸肥飽則濯濯。”廣雅〔釋訓〕：“腜腜、濯濯，肥也。”肥謂之腜，亦謂之濯，猶大謂之憮，亦謂之濯矣。釋詁：“憮，大也。”“腜”、“憮”，古同聲。

“訏”者，釋詁：“訏，大也。”大雅生民篇“實覃實訏”，抑篇“訏謨定命”，毛傳並云：“訏，大也。”重言之則曰“訏訏”。韓奕篇“川澤訏訏”，毛傳：“訏訏，大也。”〔爾雅釋詁〕釋文：“訏，本又作‘盱’同，香于反。”鄭風溱洧篇“洵訏且樂”，漢書地理志〔下〕引作“盱”，顏師古注：“盱，大也。”豫六三“盱豫悔”，釋文引王肅注：“盱，大也。”漢書谷永傳“又廣盱營表”，晉灼注同。左思魏都賦“乃盱衡而誥曰”，劉逵注：“盱，舉眉大視也。”重言之亦曰“盱盱”。荀子非十二子篇“盱盱然”，楊倞注：“盱盱，張目之貌。”卷十三“芌，大也”，注云：“芌猶訏（同）耳。”此注云“訏亦作‘芌’，音義同”，是“芌”、“訏”，古通字。小雅斯干篇“君子攸芋”，毛傳：“芋，大也。”鄭箋：“芋，當作‘幠’。”有司徹“加幠祭于其上”，鄭注：“幠讀如殷冔之冔。”少儀“祭幠”，鄭注：“幠讀如冔。”漢書張敞傳“長安中傳張京兆眉幠”，孟康云：“幠，音詡。”說文：“詡，大言也。”禮器篇“德發揚，詡萬物”，鄭注：“詡，〔猶〕普也，徧也。”士虞禮記注云：“普，大也。”少儀“會同主詡”，正義：“詡，謂敏大言語。”重言之亦曰“詡詡”。易林離之中孚:“魴鱮詡詡。”廣雅〔釋訓〕:“詡詡,大也。”詡詡猶膴膴,亦猶訏訏、盱盱矣。家君曰:大司徒職“媺宫室”,鄭注:“謂約椓攻堅,風雨攸除,各有攸宇。”鄭注所云,皆約舉詩辭“攸宇”即“攸芋”也。鄭注禮時用韓詩,蓋韓詩“芋”作“宇”。荀子非十二子篇“矞宇嵬瑣”,楊倞注:“宇,大也。”又賦篇云:“精微乎毫毛,而大盈乎大寓。”“寓”,即籒文“宇”字。是“宇”與“芋”亦同。“芋”又音“王遇反”,其義亦爲大。説文:“芋,大葉實根駭人,故謂之芋也。”衆經音義卷四引聲類云:“芋,大葉著根之菜,見之驚人,故曰芋。大者謂之蹲鴟,甚可食也。”“訏”、“盱”、“詡”、“芋”、“宇”,古聲並相近。

“敦”、“夏”及下“嘏”,並詳“敦、豐、庬、夰,大也”條。

“于”,與上“訏”同。尚書大傳“羲伯之樂”,“名曰朱于”,鄭注:“于,大也。”檀弓〔下〕“于則于”,疏云:“于謂廣大。”文王世子篇“況于其身以善其君乎”,鄭注:“于讀爲迂。迂,猶廣也,大也。”子路篇“子之迂也”,釋文引鄭本作“于”。是“迂”與“于”同。吕氏春秋仲夏紀“調竽笙壎箎”,高注:“竽,笙之大者,古皆以匏爲之。”義亦同。

“寇”者,舜典“寇賊姦宄”,某氏傳:“羣行攻刼曰寇。”衆經音義卷七引書范甯集解:“寇,謂羣行攻剽者也。”釋鳥“鵽鳩,寇雉”,郭注云:“鵽大如鴿,似雌雉,鼠脚,無後指,歧尾。爲鳥憨急羣飛。出北方沙漠地。”案:“寇”與“戎”同義。寇訓爲多,猶戎訓爲大也。玉篇:“夠,苦侯切,多也。”廣韻〔侯韻〕同。左思魏都賦云“繁富夥夠”,李善注引廣雅:“夠,多也。”“夠”與“寇”,聲近義同。

“夥”者,説文:“齊謂多爲夥。”又旡部:“舙,屰惡驚詞也。讀若楚人名多(爲)夥。”史記陳涉世家集解引服虔云:“楚人謂多爲夥。又言‘頤’者,助聲之語也。謂涉爲王,宫殿帷帳庶物夥多,驚而偉之,故稱夥頤也。”漢書張衡傳云:“不恥禄之不夥。”字亦作“錁”。廣雅〔釋詁三〕“錁,多也”,曹憲音“乎果切”。王氏念孫云:“今人問物幾許曰幾夥”,“語之轉也。”漢書五行志云:及六畜謂之舙,言其著也。“舙”與“夥”聲同,義亦相近。

“遍”者，玉篇：“遍，過也。”説文：“譌，疾言也。”玉篇同，音“呼卦切”。“譌”與“遍”，聲義並相近。

卷七云：“斂，皆也。自山而東五國之郊曰斂。”卷十二云：“斂，劇也。”“劇”與“勮”同，亦過甚之意。又云“斂，夥也”，注云：“斂者同，故爲夥。”廣雅〔釋言〕：“斂，遍也。”義並同也。

“劎”猶“斂”也，“斂”與“劎”，聲有侈弇〔1〕耳。

“弩”者，釋名〔釋兵〕：“弩，怒也，有怒勢也。”吕氏春秋至忠篇“非怒王則疾不可治”，高注：“讀如强弩之弩。”後漢書第五倫傳云“掾史家貲多至千萬，皆鮮車怒馬”，李賢注云：“怒馬，謂馬之肥壯，其氣憤怒也。”廣雅〔釋詁二〕：“怒，健也。”又〔釋詁三〕：“怒，勉也。”廣韻〔姥韻〕：“努，努力也。”義並相近也。

“郴”與“惏”同。衆經音義卷一引字書云：“惏，或作‘婪’。”今亦作“婪”同，力南反。即“沈”聲之轉也。廣韻〔覃韻〕：“酒巡帀曰婪，出酒律。亦作‘婪’。”巡帀，猶言普徧，義亦相近也。盧氏曰：“‘陳鄭之間曰敦’至末，當接前‘曰巨曰碩’之下爲一條”，“‘凡物盛多〔謂之寇〕’至‘弩猶怒也’，當提出別爲一條，舊本皆誤”。案：如盧説，則“䑨”、“郴”二義，終屬突出，恐未必然。姑存其説，仍從舊本。

**抵、傲，會也。雍梁之間曰抵，秦晉亦曰抵。凡會物謂之傲。** 音義
抵，觸抵。傲，音致。

箋疏“抵”之言氐也。説文：“氐，至也。从氏下著一。一，地也。”史記律書：“氐者，言萬物皆至也。”廣雅〔釋詁一〕：“會、抵，至也。”“至”、“會”、“抵”三字同義。史記秦始皇紀云：“道九原，抵雲陽。”漢書尹翁歸傳“盜賊所過抵”，顏師古注：“抵，歸也。所經過及所歸投也。”是抵爲會也。又漢書文帝紀“至邸而議之”，顏師古注：“郡國朝宿之舍，在京師者率名邸。邸，至也，言所歸至也。”義亦與“抵”通。

---

〔1〕“侈弇”廣本、徐本作“輕重”。

集韻〔至韻〕引字林：“倣，會也。”通作“致”。説文：“致，送詣也。”言部：
“詣，候至也。”送詣者，送而必至其處，是會之意也。周官遂人“以下劑，致
甿”，鄭注：“致，猶會也，民雖受上田中田下田，及會之，以下劑爲率。”又大
司馬“及致，建太常”，鄭司農云：“致萬民，聚萬民也。”〔1〕“聚”與“會”同意，
故廣雅〔釋詁三〕：“會，聚也。”卷十三云：“摓，到也。”説文：“摓，刺之才至
也。”揚子甘泉賦云：“洪臺崛其獨出兮，摓北極之嶒嶸。”“摓”與“倣”同。
到，亦至也。會謂之抵，亦謂之倣，猶至謂之抵，亦謂之致，又謂之摓也。到
謂之摲，亦謂之摓，猶至謂之到，亦謂之摲也。義並相通也。釋詁：“到，至
也。”廣雅〔釋詁一〕“致、摓、摲、會、抵，至也”，是也。“抵”舊本並誤作“牴”
字，家君據廣雅改正。

**華、荂，晠也。**　注 荂亦華別名。齊楚之間或謂之華，或謂之荂。　音義
荂，音誇。

箋疏“晠”，即“盛”之異文。卷十：“晠，多也。”卷十二：“焜、曑，晠也。”
卷十三：“蘊，晠也。”廣雅並作“盛”。後漢書崔駰傳注引：“晠，多也。”衆經
音義凡四引：“焜，晠也。”“晠”並作“盛”，是“晠”與“盛”同。

“華”者，釋言“華，皇也”，郭注引釋草：“葟，華榮。”釋文音“胡瓜反”。
説文：“蕐，榮也。”玉篇同，音“胡瓜切”，又“呼瓜切”。“華”之言華美也。顧
命篇“華玉仍几”，鄭注：“華玉，五色玉也。”檀弓篇〔上〕“華而睆，大夫之簀
與”，鄭注：“華，畫也。”張衡南都賦“履躡華英”，李善注：“華英，光耀也。”又
東京賦“鏗華鐘”，薛綜注云：“華鐘，謂有篆刻〔文〕，故言華也。”皆盛之意
也。

“荂”者，説文“䔰，草木䔰也”，“或從艸從夸”作“荂”。玉篇：“荂，許俱、
妨俱二切，草華別名。又荂榮也。”又：“花，呼瓜切，今爲華荂字。”釋草“華，
荂也。華荂，榮也。木謂之華，草謂之榮”，郭注：“今江東呼華爲荂。”爾雅
以“荂”字釋“華”，當必異字異音，故郭音“誇”，與許君異也。“荂”之言夸

也。説文："夸，奢也。"亦盛之意也。説文："䠒，盛也"，引小雅常棣篇"鄂不
䠒䠒"。今本作"韡"，毛傳："韡韡，光明也。"鄭箋："鄂足得華之光明，〔則〕
韡韡然盛。"玉篇："䠒，盛貌。禹鬼切。""䠒"與"芌"，聲近義同。盧氏云：
"注中'華'字當作'芌'。"

**墳，地大也。青幽之間，凡土而高且大者謂之墳。**　注 即大陵也。

　　箋疏"墳"者，釋詁："墳，大也。"釋地："墳莫大於河墳。"釋丘："墳，大
防。"卷十三："冢，秦晉之間謂之墳。"周官〔春官序官〕冢人鄭注："冢，封土
爲丘壠，象冢而爲之。"説文："冢，高墳也。"周南汝墳篇"遵彼汝墳"，毛傳：
"墳，大防也。"潘岳射雉賦"畫墳衍而分畿"，徐爰注："青幽之間，土高且大
者，通之曰墳。"周官司烜氏"共墳燭庭燎"，鄭注："故書'墳'爲'蕡'。鄭司
農云：'蕡燭，麻燭也。'玄謂墳，大也。"内則"菽麥蕡"，釋文："蕡字又作
'黂'，大麻子。"大雅靈臺篇"賁鼓維鏞"，毛傳："賁，大鼓也。"釋樂"大鼓謂
之鼖"，説文同，字或作"韠"。周官鼓人："以鼖鼓鼓軍事。"顧命"鼖鼓"，鄭
注："鼖鼓，大鼓也。"鼖鼓，非考工記所云"鼖鼓長八尺"者。若是周鼓，何須
寶守？"明前代之物，與周鼖鼓同名耳。"義並與"墳"同。廣雅〔釋詁一〕：
"墳，分也。"衆經音義卷三引作"坋"。説文："坋，塵也。一曰大防。"盤庚篇
"用宏兹賁"，某氏傳："宏、賁，皆大也。"正義以爲釋詁文，引樊光曰："詩曰：
'有賁其首。'"今小雅魚藻篇作"有頒"，毛傳："頒，大首貌。"正義："'頒'與
'墳'字雖異，音義同。"説文："頒，大頭也。"亦引詩與今本同。廣韻〔文韻〕
"頒"，音"符分切"。與"賁"、"墳"同。釋詁〔疏〕引此文，以"地大"連文爲
句，今仍之。或又以"墳"、"地"字各爲句，亦通。説文："大，天大、地大、人
亦大，故大象人形。"廣雅〔釋詁一〕："地，大也。"管子形勢解："地之裁大，故
能兼載萬物。"道德經〔第二十五章〕云："有物混成，先天地生。""吾不知其
名，故字之曰道；强爲之名曰大。""故道大，天大，地大，王亦大。域中有四
大，而王處其一尊。"是地亦大也。

　　注"即大陵也"者，説文："陵，大阜也。""阜，大陸，山無石者。"釋名〔釋
山〕："陵，隆也，體隆高也。"義與"墳"同也。

**張小使大謂之廓，陳楚之間謂之摸。** **音義** 摸，音莫。

**箋疏**“廓”者，衆經音義卷九引孫炎注：“廓，張之大也。”郭注〔爾雅釋詁〕：“廓落宇宙。”張衡西京賦“廓開九市”，薛綜注：“廓，大也。”大雅皇矣篇“憎其式廓”，毛傳同。釋文本作“郭”，云：“本又作‘廓’。”玉篇引白虎通義云：“郭之言廓也，大也。”意林引風俗通義云：“郭，大也。”文十五年公羊傳“恢郭也”，何休注：“郭，城外大郭。”釋名〔釋宫室〕：“郭，廓也，廓落在外也。”“郭”、“廓”，古今字。檀弓〔上〕“殷人棺椁”，鄭注：“椁，大也”，“言椁大於棺也”。字亦作“槨”。白虎通義〔崩薨〕云：“槨之爲言廓，所以開廓辟土，無令迫棺也。”釋名〔釋喪制〕：“槨，廓也，廓落在表之言也。”説文：“彉，弩滿也。讀若郭。”廣雅〔釋詁一〕“彉，張也”，曹憲音“廓”。淮南兵略訓云：“疾若彉弩。”孫子兵〔法〕勢篇云：“勢如彍弩。”漢書吾丘壽王傳“十賊彍弩，百吏不敢前”，張晏音“郭”。顔師古注：“引滿曰彍。”太平御覽〔卷三四七〕引尸子云：“扜弓鞟弩。”“彍”、“鞟”，並與“彉”同。公孫丑篇〔上〕“知皆擴而充之矣”，趙岐注：“擴，廓”也。孫奭音義引丁公著云：“擴，張大也。”義並與“廓”同。

“摸”者，卷十三云：“摸，撫也。”“撫”與“憮”通。玉篇：“憮，張也。”釋詁：“憮，大也。”小雅巧言篇傳：“憮，(張)大也。”“摸”之言幕也。卷十二云：“幕，覆也。”“憮”、“幕”、“覆”，一聲之轉，故覆謂之幕，亦謂之憮。説文：“憮，覆也。”廣雅〔釋詁二〕：“幕，覆也。”〔又釋器〕：“幕，帳也。”説文：“帳，張也。”義亦通。

**嬛、蟬、𦆛、撚、未，續也。楚曰嬛。蟬，出也。** **注** 别異義。**楚曰蟬，或曰未及也。** **音義** 蟬，火全反。𦆛，音剡。撚，諾典反。

**箋疏**“嬛”者，説文“嬛，材緊也”，玉篇音“巨營切”，廣韻〔仙韻〕又音“許緣切”。説文：“緊，纏絲急也。”楚辭九思〔疾世〕“心緊絭兮傷懷”，王逸注：“糾繚也。”俗作“繾綣”。又九章〔悲回風〕云“氣繚轉而自締”，王逸注云：“思念緊卷而成結也。緊卷，一作‘繾綣’。”大雅民勞篇“以謹繾綣”，毛傳：“繾綣，反覆也。”正義：“繾綣者，牢固相著之意。”昭二十五年左氏傳“繾綣從公”，杜預注：“繾綣，不離散。”案：“繾綣”，叠韻兼雙聲字。急言之則爲嬽，轉言之則爲緊，皆續之意也。續謂之嬽，亦謂之撚，故緊謂之嬽，亦謂之撚也。衆經音義卷十四引聲類：“撚，緊也。”卷五云“所以懸樺”，“宋魏江淮之間謂之繯”，音擐甲之擐。説文“繯，落也”，廣雅〔釋器〕同。漢書揚子雲傳〔上〕“虹霓爲繯”，韋氏注：“繯，旗上繫也。”文選音義云：案説文、字林、三蒼並云：“繯，絡也。”“繯”與“嬽”，聲義並相近。

“蟺”，音“火全反”，各本並同。戴本“全”作“金”，以“火金反”爲“蟺”字之音，誤。“蟺”通作“蟺”。賈誼服鳥賦“形氣轉續兮，變化而蟺”，蘇林云：“轉續，〔相〕傳與也。”“蟺”音“蟺”，如蜩蟺之蜕化也。或曰蟺，相連也，是蟺爲續也。合言之則曰“蟺連”。玉篇：“蟺連，系續之言也。”左思吳都賦“蟺聯陵丘”，劉逵注：“蟺聯，不絶貌。”漢書揚子雲傳“有周氏之蟺嫣兮”，應劭曰：“蟺嫣，連也。”又通作“蟺”。楚辭離騷“女須之蟺援兮”，王逸注：“蟺援，猶牽引也。”又九歎〔逢紛〕云：“惟楚懷之嬋連。”“蟺”、“蟺”、“嬋”，並字異義同。

“綯”者，廣雅〔釋詁二〕“綯，續也”，玉篇同。卷六：“擱、剿，續也。秦晉續折謂之擱，繩索謂之剿。”“擱”亦音“剿”。戴、盧兩家本改“擱”作“綯”，非是。説詳卷六。淮南人間訓云：“婦人不得剿麻考縷。”又氾論訓云：“緂麻索縷。”“擱”、“剿”、“緂”，古字並與“綯〔1〕”通。

“撚”者，廣雅〔釋詁二〕：“撚，續也。”衆經音義卷十四引通俗文：“手捏曰撚。”玄應曰：“撚，兩指索之相接續也。”又引聲類：“撚，緊也。”廣韻〔銑韻〕：“撚，以指撚物”也。案：今人猶以兩指緊物爲撚矣。逸周書大武解“後動撚之”〔2〕，孔晁注：“撚，從也。”從亦續之意也。

“未”者，廣雅〔釋詁二〕：“未，續也。”戴氏因“未”與“續”義不相近，遂讀“未續”連文爲句，云：“‘未續’，應謂欲續而未結繫。廣雅‘未’亦訓‘續’，失之。”盧氏仍其説，並非是。案：上文“嬽”、“蟺”、“綯”、“撚”四字，明訓爲

---

〔1〕 “綯”原作“擱”，據文義改。
〔2〕 “逸周書大武解後動撚之”十字原無，據廬本、徐本補。

“續”，則不可云“未續”矣。蓋“未”與“末”形相似，此“未”字本作“末”，涉下“未及”之文，并訛爲“未”。張揖亦訓“未”爲“續”，則其訛已久。或廣雅本作“末”，而後亦誤爲“未”，莫可知也。子張篇“抑末也”，釋文：“末”，或本作“未”。正與此同。亦有謂“未”爲“末”者。檀弓篇〔上〕“瓦不成味”，鄭注云：“味當爲‘沫’。沫，靧也。”字從“午未”之“未”，當音“呼内反”，今釋文音“亡曷反”，則誤爲涎沫字，是也。卷十（三）云：“末，緒也。”廣雅〔釋詁一〕云：“緒，末也。”是“末”與“緒”同義。説文：“緒，絲耑也。”“耑”與“端”同。繼緒，是連續之意也。又卷十二云：“末，隨也。”易隨卦釋文云：“隨，從也。”楚辭九歌〔河伯〕“乘白黿兮逐文魚”，王逸注：“逐，從也。”廣雅〔釋詁三〕：“末、隨，逐也。”“末”訓爲“隨”，亦訓爲“續”，猶“撚”訓爲“從”，亦訓爲“續”也。孔晁注逸周書大武解“撚，從也”，是也。“蟬”、“出”，語之轉。“蟬”之轉爲“出”，猶“蟬”之轉爲“續”耳。“楚曰蟬”者，謂楚謂“出”爲“蟬”也。“或曰未及也”者，復反復以申之也。

蹋、<u>注</u> 古“蹋”字。躍、<u>跳也</u>。楚曰躑。　<u>注</u> 亦中州語。陳鄭之間曰躍，楚曰躑。自關而西秦晉之間曰跳，或曰蹋。　<u>音義</u> 蹋，他匣反。躍，逍遥。跳，音拂。躑，勑屬反。

　　<u>箋疏</u> 説文：“跳，蹶也。”“蹶，僵也。一曰跳也。”

　　“蹋”者，廣雅〔釋詁二〕：“蹋，跳也。”説文：“蹋，跋也。”“跋，進足有所擷取也。”

　　注“蹋，古‘蹋’字”，説文：“蹋，踐也。”並與“跳”之義相近。

　　“躍”者，説文：“躍，跳也。”下卷十二“搖，上也”，廣雅〔釋詁一〕同。釋天“扶搖謂之猋”，李巡注：“暴風從下升上。”管子君臣〔下〕篇：“夫水波而上，盡其搖而復下。”楚辭九章〔抽思〕：“願搖起而横奔兮。”王延壽夢賦云：“羣行而奮搖，忽來到吾前。”“搖”與“躍”，聲同義亦相近。

　　“躑”者，説文“躑，跳也”，廣雅〔釋詁二〕同。

　　“躑”者，廣雅〔釋詁二〕：“躑，跳也。”玉篇：“躑，踰也。”廣韻〔祭韻〕：“躑，躍貌。”説文：“趈，超特也。”史記賈誼傳云“鳳漂漂其高遰兮”，漢書作

“逝”。樂書“騁容與兮跇萬里”，漢書禮樂志作“逝”，如淳曰：“逝，超踰也。”孟康音“逝”。吳都賦曰：“跇踰竹柏。”枚乘七發云：“清升踰跇。”揚子羽獵賦：“亶觀夫剽禽之紲隃。”“跡”、“趣”、“遰”、“逝”、“跇”、“紲”，義同，聲並相近。

“蹠”者，説文：“楚人謂跳躍曰蹠。”廣雅〔釋詁二〕“蹠，跳也”，曹憲音“只易反”。漢書賈誼傳“又苦跂蹃”，顏師古注：“跂，古‘蹠’字。”案：説文“跻，脛肉也。一曰曲脛。讀若逵”，音“渠追切”。與“蹠”字聲義各別，顏説非也。淮南主術訓“明分以示之，則蹠、蹻之姦止矣”，高誘注：“盜蹠，孔子時人；蹻，莊蹻，楚威王之將軍，能大爲盜也。”呂氏春秋異用篇“跖與企足得飴，以開閉取楗”，高注：“蹠，盜蹠，企足，莊蹻也。”説文：“蹻，舉足行高也。”是“蹠”、“蹻”，皆以跳躍得名也。又廣雅〔釋蟲〕：“飛蟰，飛蠊也。”本草謂之“蜚蠊”，陶注：“形似蟗蟲，〔而〕輕小能飛。”廣雅〔釋草〕又云：“飛廉，木禾也。”本草云“一名輕飛”，陶注亦云：“飛廉莖輕。”按：飛廉，本風師之名，而紂臣亦名飛廉，凡此之類，其義互通矣。

**躡、郅、跂、佫、注** 佫，亦訓來。**躋、踚，登也。自關而西秦晉之間曰躡，東齊海岱之間謂之躋，魯衛曰郅，梁益之間曰佫，或曰跂。** 音義 郅，音質。跂，音企。躋，濟渡。踚，踊躍。○盧氏曰：“濟渡，當音躋攀。爾雅釋詁釋文‘躋，子兮反’，説文‘祖雞切’，皆無‘濟’音。”

箋疏“躡”者，玉篇：“躡，登也。”釋名〔釋姿容〕：“躡，懾也，登其上使懾服也。”史記始皇紀：“躡足行伍之間。”揚子甘泉賦：“躡不周之委蛇。”班固答賓戲云：“彼皆躡風塵之會。”是躡爲登也。

“郅”通作“騭”。釋詁“騭、格、陟、躋，陞也”，郭注引方言：“魯衛之間曰騭，梁益曰格。”説文：“騭，讀若郅。”是“騭”與“郅”同。洪範篇云“惟天陰騭下民”，釋文引馬融注：“騭，升也。”説文：“陟，登也。”舜典“女陟帝位”，史記五帝紀作“女登帝位”。夏小正“魚陟負冰”，傳：“陟，升也。”“郅”、“騭”、“陟”，聲近義同。

“跂”者，衛風河廣篇云：“跂予望之。”檀弓〔上〕云：“不至焉者，跂而及之。"史記高帝紀:"日夜跂而望歸。"重言之則曰"跂跂"。漢書東方朔傳:"跂跂脈脈善緣壁。"通作"企"。説文"企,舉踵也",文選歎逝賦李善注引字林同。又江賦注:"'企'與'跂'同。"

"佫"者,上云"佫,至也",注:"佫,古'格'字。"釋詁"格,陞也",郭注引此文作"格"。是"佫"與"格"同。吕刑篇"庶有格命",疏引鄭注:"格,登也。登命,爲壽考者。"是也。

注"佫亦訓來"者,下卷:"佫,來也。"

"躋"者,説文:"躋,登也。"釋詁"躋,陞也",釋文音"子兮切"。"陞",即"升"之俗字。"升"與"登",古亦通用。禮喪服注:"今之禮皆〔以〕'登'爲'升'。"廣韻〔霽韻〕"躋"音"子計切",與"隮"同,"升也"。小雅斯干篇"君子攸躋",秦風蒹葭篇"道阻且躋",毛傳並云:"躋,升也。"釋文:"躋,本又作'隮'。"士虞禮記"隮祔爾于〔爾〕皇祖某甫",鄭注:"隮,升也。""今文'隮'爲'齊'。"樂記"地氣上齊",注:"齊讀爲躋。躋,升也。"〔1〕"躋"、"隮"、"齊",古字並通。"躋",又訓墜。説文足部引商書曰"予顛躋",今微子篇作"隮"。注家皆訓墜也。通作"擠"。昭十三年左氏傳"小人老而無子,知擠于溝壑矣",杜注:"擠,隊也。""隊"與"墜"同。皆以相反爲義也。

"踚"者,卷十三"躪、拼,拔也。出休爲拼,出火爲躪",注云:"躪,一作'踚'。"又云"躪,行也",注:"言跳躪也。""踚"與"躍"同聲。廣雅〔釋詁二〕:"躍,跳也。"又〔釋詁一〕云:"躍,上也。"告子篇〔上〕:"搏而躍之。"小雅巧言篇"躍躍毚兔",釋文"躍"音"他狄反"。是讀如召南〔草蟲〕"趯趯阜螽"之"趯",毛傳:"趯趯,躍也。"廣雅〔釋訓〕:"趯趯,跳也。""躍"與"趯",古同聲而通用。

## 逢、逆,迎也。自關而東曰逆,自關而西或曰迎,或曰逢。

**箋疏** 説文:"迎,逢也。""逢",从"夆"聲。"夆,啎也。讀若縫。""啎,逆也。"周語〔上〕"道而得神,是爲逢福",韋注:"逢,迎也。"告子篇〔下〕"逢君

〔1〕"今文"至"升也"十九字原無,據廣本、徐本補。

之惡其罪大”，楚辭天問“逢彼白雉”，趙岐、王逸注並同。

“逆”者，釋言：“逆，迎也。”説文：“逆，迎也。關東曰逆，關西曰迎。”春秋隱二年：“紀裂繻來逆女。”是逆爲迎也。禹貢“逆河”、周頌般正義引鄭注：“下尾合爲逆河，言相迎受也。”今文尚書作“迎河”。“迎”、“逆”，聲轉通用。

撍、攓、摭、挻[1]，取也。南楚曰攓，陳宋之間曰摭，衞魯揚徐荆衡之郊曰撍。　注 衡，衡山，南嶽名，今在長沙。 自關而西秦晉之間，凡取物而逆謂之篡，楚部或謂之挻。 音義 撍，常含反。攓，音褰。摭，盜蹠。挻，羊羶反。

箋疏 “撍”者，廣雅〔釋詁一〕“撍，取也”，玉篇、廣韻〔覃韻〕並同。今俗謂以指摘物曰撍，音近鼆。

“攓”者，莊子至樂篇、列子天瑞篇並云：“攓蓬而指。”張湛注：“攓，拔也。”賈子新書俗激篇云：“攓兩廟之器。”史記叔孫通傳“故先言斬將搴旗之士”，索隱引方言：“南方取物爲搴。”説文“攐，拔取也，南楚語”，引楚辭離騷曰：“朝攐批之木蘭。”今本作“搴”，王逸注：“搴，取也。”廣雅〔釋詁一〕同。又九歌〔湘君〕曰“搴芙蓉兮木末”，王逸注：“搴，手取也。”“攐”、“搴”，並與“攓”通。

“摭”者，説文“拓，拾也，陳宋語”，或從“庶”作“摭”。少牢下篇：“乃摭于魚臘俎，俎釋三个，其餘皆取之。”禮器篇“有順而摭也”，正義：“摭，猶拾取也。”法言問明篇：“摭我華而不食我實。”張衡思玄賦：“摭若華而躊躇。”史記十二諸侯年表云：“各往往捃摭春秋之文以著書。”是摭爲取也。

“挻”者，廣雅〔釋詁一〕：“挻，取也。”“挻”之言引取也。

“篡”，舊本並作“篹，音饌”。釋詁：“篡，取也。”戴本改作“篡”，盧本同，以爲“篡”無“饌”音，並刪去。今從之。説文：“屰而奪取曰篡。”郭注爾雅〔釋詁〕：“篡者，奪取也。”白虎通義誅伐篇：“篡猶奪也，取也，欲言庶奪嫡、

---

〔1〕 “挻”原作“延”，據廣本、徐本改。

孽奪宗，引奪取其位。”漢書衞青傳“公孫敖與壯士往篡之”，顏師古曰：“逆
取曰篡。”後漢書逸民傳論引揚雄曰“鴻飛冥冥，弋人何篡焉”，宋衷曰：“篡，
取也。”

　　注“衡，衡山，南嶽名”者，釋山“江南衡”，郭注：“衡山，南嶽。”書疏引李
巡注：“衡，南嶽衡山也。”鄭注周官大司樂云：“衡，在荆州。”漢書地理志
〔下〕：“長沙國，秦郡，高帝五年爲國。”“湘南，禹貢衡山在東南。”晉書地理
志〔下〕：“衡陽郡，吳置，故屬長沙。”統湘南衡山，今在湖南衡州府衡山縣
西，俗謂之岣嶁山。南嶽廟在縣西北三十里。

餥、飵，食也。陳楚之内，相謁而食麥饘謂之餥，注 饘，糜也。楚曰
　飵。凡陳楚之郊南楚之外，相謁而飱，注 晝飯爲飱。謁，請也。或
　曰飵，或曰餂。秦晉之際河陰之間曰饀饂。　注 今馮翊郃陽河東龍
門是其處也。此秦語也。　注 今關西人呼食欲飽爲饀饂。　音義 餥，音非。
飵，音昨。饘，音旃。餂，音黏。饀，惡恨反。饂，五恨反。

　　箋疏“餥”者，釋言：“餥、餴，食也。”説文：“餥，餴也，陳楚之間，相謁食
麥飯曰餥。”説文：“麷，煮麥也。讀若馮。”周官籩人“朝事之籩，其實麷”，鄭
司農云：“熬麥曰麷。”釋文：“音芳弓反，徐又芳勇反。”鄭康成云：“今河間以
北，煑種麥賣之名曰逢。”“餥”、“麷”、“逢”，聲並相近。

　　“飵”者，〔説文〕：“楚人〔相謁〕食麥曰飵。”“飵”之言酢也。下卷五云：
“甌或謂之酢餾。”説互見彼條。

　　“饘”者，説文：“饘，糜也，周謂之饘，宋謂之餬。”釋言：“餬，饘也。”

　　“飱”，舊本正文及注並作“飱”。玉篇音“蘇昆切”。戴本改作“餐”，盧
本從之，云：“舊本〔餐〕作‘飱’，誤。〔案：廣雅作‘湌’，與‘餐’音義同。”案：
説文：“餐，吞也。”或從“水”作“湌”，玉篇同，音“七安切”。廣雅〔釋詁二〕
“湌，食也”，曹憲音“錯寒反”。是“餐”之別體，與“飱”聲義各別。集韻〔魂
韻〕、類篇以“飱”、“餐”爲一字，非也。惟爾雅疏引此文作“飱”，正與舊本
合，不應改“飱”爲“餐”。今仍從舊本。説文：“飱，餔也。餔，申時食也。”魏
風伐檀篇“不素飱兮”，毛傳云：“熟食曰飱。”正義引説文：“飱，水澆飯也，从

夕、食。”釋文音“素門反”，又引字林同。蓋卽字林之文，誤以爲説文也。蓋飧爲熟食之名，分別言之，又有早食夕食之異。史記韓信傳“令其裨將傳飧，曰：‘今日破趙會食’”，集解引如淳及索隱並云：“小飯曰飧。”通作“餕”。昭二十五年公羊傳云“餕饔未就”，何休注：“餕，熟食。饔，熟肉。”與“飧饔”同。僖二十三年左氏傳“僖負羈”“乃饋盤飧，寘璧”，淮南道應訓作“釐負羈遺之壺餐”。是晝飯曰飧，而又爲夕食。滕文公篇〔上〕“饔飧而治”，趙岐注云：“饔飧，熟食也。朝曰饔，夕曰飧。”是夕食亦曰飧也。蓋以字從“食”從“夕”，遂謂之夕食，實則皆通也。又爲不備禮之名。聘禮注“食不備禮曰飧”。周官司儀注：“小禮曰飧。”掌客注：“飧，客始至，致小禮也。”是也。“謁，請”，釋言文。

“餂”者，説文：“餂，相謁食麥也。”盡心篇〔下〕“是以言餂之也”，趙岐注云：“餂，取也。”孫奭音義：“本亦作‘餂’，奴兼切。”聲與“餂”相近。

“饐餲”，雙聲，亦疊韻字。説文“秦人謂相謁而食麥曰饐餲”，徐鍇傳曰：“相謁相見後設麥飯，以爲常禮，如今人之相見飲茶也。”據此，則與“飧”同意，亦言食不備禮也。玉篇：“饐，食欲飽也。餲，饐也。”卷十二云“餽、饁，飽也”，餽，香既切。饁，音映。廣雅〔釋詁一〕：“餀、饁、餲，滿也。”玉篇：“饁，乙景切，飽滿也。”字亦作“餲”。餀，亦口代、於既二切，“餀”與“餽”通，聲並相近。“饁餀”，其卽“饐餲”之異文歟。

注“今馮翊郃陽”云者，漢書地理志〔上〕：“左馮翊，故秦内史，高帝元年屬塞國”，“太初元年，更名左馮翊。”“郃陽”，應劭曰：“在郃水之陽。”顏師古曰：“卽大雅大明之詩所謂‘在洽之陽’。”晉書地理志〔上〕：“馮翊郡，漢置，名左馮翊。”郃陽，今陝西同州府郃陽縣，洽水在縣南，一名瀵水，東南入河。又漢志河東郡無龍門縣，或謂晉改平陽郡，然平陽亦無龍門縣，并不著龍門山，考隋志龍門縣云：魏置龍門郡。又魏書地形志〔上〕龍門縣屬北鄉郡，無注。是知晉志之無龍門，漏也。龍門山在今山西絳州河津縣西北二十五里，有關，西與陝西韓城縣龍門山對峙，中通河流，形如門關，卽禹貢所謂“浮于”“龍門西河”，又“導河積石，至于龍門”，是也。黃河在縣西十五里，自平陽鄉甯縣南流，入縣西河之西岸爲韓城縣，又南歷蒲州府永濟解州芮城二縣界，東流入垣曲縣，與河南澠池縣對岸。

釗、薄，勉也。　注 相勸勉也。秦晉曰釗，或曰薄。故其鄙語曰薄努，猶勉努也。　注 如今人言努力也。南楚之外曰薄努，自關而東周鄭之間曰勔釗，齊魯曰勖兹。　注 勖勔，亦訓勉也。　音義 釗，居遼反。勔，沈湎。

箋疏 釋詁："釗、劭，勉也。"説文："劭，勉也。讀若舜樂韶。"漢書成帝紀"詔曰：'先帝劭農'"，晉灼曰："劭，勸勉。"後卷七："釗，遠也。"劭亦有遠義，故應劭字仲遠。"劭"與"釗"，聲近義同。

廣雅〔釋詁三〕："薄、怒，勉也。"

"鄙語"者，猶左思魏都賦言"鄙俚之言"也。李陵與蘇武詩云："努力崇明德。"前云："努，猶怒也。"吕氏春秋至忠篇"非怒王則疾不可治"，高誘注云："怒，讀如'强弩'之'弩'。""努"、"怒"、"弩"，並通。

張衡思玄賦云"勔自强而不息兮"，舊注："勔，勉也。"説文"恛，勉也"，釋詁作"勔"。"恛"與"勔"同。連言之則爲"薄努"、爲"勔釗"矣。

"勖兹"者，説文："勖，勉也。"逸周書祭公解曰："昭王之所勖。"牧誓篇"勖哉夫子"，史記周本紀作"勉哉夫子"。"勖"通作"懋"。説文："懋，勉也。"皋陶謨曰："懋哉懋哉。"家君曰：盤庚篇"懋建大命"，"懋簡相爾"，漢石經"懋"皆作"勖"。君奭篇"迪見冒"，馬本作"勖"。顧命篇"冒貢于非幾"，馬、鄭、王本皆作"勖貢"。説文"勖"從"冒"聲，當音"莫候切"，與"懋"音義並同。眾經音義卷十五、卷二十、卷二十二，並引此文作"齊魯謂勉爲勖滋"。"滋"與"兹"通。漢堯廟碑："滋滋汲汲。"説文："孜，汲汲也。"重言之則曰"孜孜"。皋陶謨："予思日孜孜。"泰誓云"爾其孜孜"，某氏傳："孜孜，勸勉不怠。""孜孜"與"滋滋"同。連言之，則爲"勖兹"矣。

# 輶軒使者絕代語釋別國方言箋疏卷第二

鈉、嫽，好也。青徐海岱之間曰鈉，或謂之嫽。 注 今通呼小姣潔喜好者爲嫽鈉。好，凡通語也。 音義 鈉，錯眇反。嫽，洛夭反。

　　箋疏 "鈉"者，廣雅〔釋詁一〕："鈉，好也。"玉篇："鈉，美金也。"廣韻〔小韻〕："鈉，好也。又净也。"戴氏曰："鈉，亦作'俏'。廣韻〔笑韻〕：'俏醋，好貌。''俏醋'，雙聲形容之辭，亦方俗語也。"

　　"嫽"者，廣雅〔釋詁一〕："嫽，好也。"玉篇音"力弔切"。廣韻〔小韻〕："嫽嫽，好貌。"宋玉舞賦："貌嫽妙以妖冶。"傅毅舞賦："貌嫽妙以妖蠱兮。"通作"僚"。説文："僚，好貌。"陳風月出篇"佼人僚兮"，毛傳同。釋器："白金謂之銀，其美者謂之嫽。"小雅瞻彼洛兮毛傳"大夫鐐琫而璆珌"，釋文："'鐐'，本又作'璙'。"説文"璙，玉也"，徐鍇傳引爾雅："金美者謂之鐐。"是"璙"亦美玉也。廣韻〔小韻〕："璙，好貌。"人之美者謂之"僚"，金之美者謂之"鐐"，玉之美者謂之"璙"，其義一也。

朦、尨，豐也。自關而西秦晉之間凡大貌謂之朦，或謂之尨；豐，其通俗語也。趙魏之郊燕之北鄙凡大人謂之豐人。燕記曰：豐人杼首。杼首，長首也。楚謂之仔，燕謂之杼。燕趙之間言圍大謂之豐。 注 謂度圍物也。 音義 朦，忙紅反。尨，鳴鳩。仔，音序。

　　箋疏 "朦"、"尨"者，廣雅〔釋詁四〕："朦、尨，豐也。"玉篇："朦，大也，豐也。"廣韻〔董韻〕："朦，大貌。"小雅大東篇"有饛簋飧"，毛傳："饛，滿簋貌。"大雅生民篇"麻麥幪幪"，毛傳："幪幪然盛茂也。"義並與"朦"相近。玉篇"朦"字亦作"胧"。邶風旄丘篇"狐裘蒙戎"，僖五年左氏傳作"尨茸"。商頌長發篇"爲下國駿尨"，大戴記衞將軍文子篇作"恂蒙"，荀子榮辱篇作"駿蒙"，楊倞注："蒙讀爲尨。"秦風小戎篇"蒙伐有苑"，鄭箋云："蒙，尨。"古同聲。釋詁:"庬,大也。"商頌長發篇毛傳:"庬,厚也。"義並與〔豐〕相近,餘詳前卷"敦、豐、庬,大也"條下。

"大人謂之豐人"云者,猶大碑謂之豐碑,周官〔地官鄉師〕鄭玄注:"匠師(云),主豐碑之事。"大狐謂之豐狐,莊子山木篇:"豐狐文豹。"大屋謂之豐屋,説文"寷,大屋也",引易曰"寷其屋",今本作"豐"。其義一也。海外北經"博父國在聶耳東,其爲人大,右手操青蛇,左手操黄蛇。鄧林在其東,二樹木。一曰博父",郝氏懿行曰:博,大也。"博父,大人也,大人即豐人。"方言"燕記曰豐人",疑即此。上文云:"夸父與日逐走,入日。渴欲飲,飲于河渭,不足,北飲大澤,未至,道渴而死。棄其杖,化爲鄧林。"則博父當即夸父之苗裔,所居成國也。

"杼首,長首也",左思魏都賦"巷無杼首",張載注引此文,云:"交益之人,率皆弱陋,故曰無杼首也。"淮南本經訓"菱杼紾抱",高誘注:"杼,讀楚言仔。"廣雅〔釋詁二〕:"抒,長也。"玉篇:"抒,大圭抒上終葵首。""抒"與"杼"同。説文:"眝,長眙也。"楚辭九章〔思美人〕:"思美人兮,擥涕而竚眙。""杼"、"抒"、"眝"、"竚",並"直吕反",義相同也。説文"伃,婦官也",徐鍇傳曰:"謂倢伃。""倢伃",與"婕娥"同。説文:"婕,長好也。"又云:"秦晉謂好曰婕娥。"按:漢武帝制倢伃、婕娥、傛華、充依,皆有爵位。"伃",郭音"序"。文選褚淵碑李善注:"杼,古'序'字。"是"杼"與"伃",聲義並同。盧氏云:説郛本作"朦、庬,豐大也。"一本燕記上有"故"字。

娃、㛂、窕、豔,美也。吴楚衡淮之間曰娃,南楚之外曰㛂,**注** 言婑㛂也。宋衞晉鄭之間曰豔,陳楚周南之間曰窕。自關而西秦晉之間,凡美色或謂之好,或謂之窕。故吴有館娃之宫,秦有榛娥之臺。**注** 皆戰國時諸侯所立也。秦晉之間美貌謂之娥,**注** 言娥娥也。美狀爲窕,**注** 言閑都也。美色爲豔,**注** 言光豔也。美心爲窈。**注** 言幽静也。 **音義** 娃,烏佳反。㛂,諾過反。窕,途了反。榛,音七。

**箋疏** "娃"者,説文:"吴楚之間謂好爲娃。"廣雅〔釋詁一〕:"娃,好也。"揚子反離騷:"資娵娃之美髢。"枚乘七發:"使先施、徵舒、陽文、段干、

吴娃、閭娵、傅予之徒。”通作“佳”。楚辭九章〔惜往日〕：“垢佳冶之芬芳
兮。”“佳”，一本作“娃”。説文：“佳，善也。”“善”與“美”同意，聲亦相近。左
思吴都賦“幸乎館娃之宫”，劉逵注：“吴俗謂好女爲娃。”越絶書：“吴人於研
石山置館娃宫。”吴郡續圖經：“研石山，在吴縣西二十里。”

“嫶”者，説文：“南楚之外，謂好曰嫶。”宋玉神女賦：“嫶被服。”曹植七
啟：“形嫶服兮揚幽若。”漢書張敞傳：“被輕嫶之名。”“嫶”即“嫶”之省，古文
“嫷”字也。

注“言婑嫶”者，列子楊朱篇：公孫穆好色，“皆擇稺齒婑嫶者以盈之”。

“窕”者，釋言：“窕，閒也。”周南關雎篇“窈窕淑女”，毛傳：“窈窕，幽閒
也。”序釋文引王肅云：“善心曰窈，善容曰窕。”正義以“窈窕”爲淑女所居之
宫，形狀窈窕然，失之。楚辭九歌〔山鬼〕“子慕予兮善窈窕”，王逸注：“窈
窕，好貌。”班固西都賦“窈窕繁華”、張衡西京賦“羣窈窕之〔華麗〕”，皆合言
之也。小雅大東篇“佻佻公子”，釋文：“佻佻，韓詩作‘嬥嬥’，本或作‘（窈）
窕’。”説文：“嬥，直好貌。”廣雅〔釋訓〕：“嬥嬥，好也。”楚辭九歎〔怨思〕王逸
注引詩作“苕苕公子”。張衡西京賦：“狀亭亭以苕苕。”“窕”、“佻”、“嬥”、
“苕”，並聲近義同。

“豔”者，説文：“豔，好而長也。”小雅十月之交篇“豔妻煽方處”，毛傳：
“美色曰豔。”桓元年左氏傳“美而豔”，杜注同。楚辭招魂“長髮曼鬋，豔陸
離些”，王逸注：“豔，好貌也。”

“娥”，義見卷一“娥、嬴，好也”條下。

舊本脱“秦有”二字，今據明上黨馮氏影宋鈔本補。

**奕、僷，容也。自關而西凡美容謂之奕，或謂之僷。** 注 奕、僷，皆輕麗
之貌。**宋衛曰僷，陳楚汝潁之間謂之奕。** 音義 僷，音葉。

箋疏 “奕”、“僷”、“容”，聲之轉也。廣雅〔釋詁四〕：“奕，容也。”商頌那
篇“萬舞有奕”，毛傳：“奕奕〔然〕閒也。”疏云：“奕（奕），萬舞之容，故爲閒
也。”魯頌閟宫篇“新廟奕奕”，鄭箋：“奕奕，姣美也。”陸機贈馮文熊遷斥丘
令詩云：“奕奕馮生。”是“奕”爲容也。左思吴都賦“儐從奕奕”，李善注：“奕

奕，輕靡之貌。”

　　“僷”者，説文“僷，宋衛之間謂華僷僷”，徐鍇傳曰：“亦輕薄之貌也。”通作“葉”。廣雅〔釋訓〕：“葉葉、僷僷，容也。”漢先生郭輔碑：“葉葉昆嗣，福禄茂止。”亦作“偞”。廣韻〔葉韻〕：“偞偞，輕薄美〔好〕貌。”“葉”、“偞”，並與“僷”同。

**顙、鑠、盱、揚、瞵，雙也。南楚江淮之間曰顙，或曰瞵。好目謂之順，注 言流澤也。矑瞳之子 注 矑，黑也。謂之矔。 注 言矔遾也。宋衛韓鄭之間曰鑠。 注 言光明也。燕代朝鮮洌水之間曰盱，注 謂舉眼也。或謂之揚。 注 詩曰“美目揚兮”是也。此本論雙耦，因廣其訓，復言目耳。 音義 顙，音緜，下作“矏”音字[1]同耳。鑠，舒灼反。盱，香于反。瞵，音縢。**

　　**箋疏** “顙”之言緜聯也。廣雅〔釋詁三〕：“傂、顙，孿也。”〔廣雅釋詁四〕“聯、緜，連也。”玉篇“顙”引方言云：“雙也，〔故〕淮南曰顙偶。”“又雙生也”，引文字音義云：“江東呼畜雙産謂之傂。”下卷三云：“凡人罵乳而雙産”，“秦晉之間謂之傂〔子〕，自關而東趙魏之間謂之孿生”。定十二年穀梁傳“邊乎齊也”，范注：“邊謂相接。”史記高帝紀：“齊邊〔楚〕。”説文：“楣，秦名屋櫋聯也”，“楚謂之梠”。“櫋，屋櫋聯也。”釋名〔釋宮室〕：“梠，旅也，聯旅旅也。或謂之櫋；櫋，緜也，緜連榱頭，使齊平也。”“邊”、“櫋”，聲與“顙”近，義亦同也。

　　“鑠”、“雙”，一聲之轉。

　　“揚”與下“瞵”同。燕禮“媵觚于賓”，鄭注：“媵，讀或爲揚。”檀弓〔下〕“杜蕢洗而揚觶”，鄭注：“舉爵于君也。”“揚，舉也。媵，送也。揚近得之。”正義云：“揚、媵義得兩通。”今本禮“揚”作“媵”及“媵，送也”，“媵”字並作“媵”，是“揚”與“媵”、“媵”古字並通。

　　“瞵”，各本作“睰”，誤。案：廣雅〔釋詁四〕：“睰，二也。”玉篇“瞵，以證、

────────────

〔1〕 “音字”原作“字音”，據四部叢刊影宋本、盧文弨重校方言本改。

大登二切”，云：“美目也。大視也。亦作‘䁗’。”廣韻〔登韻〕“䁰，美目貌”，
音“徒登切”。〔廣韻證韻〕“䁗，大視”也，音“諸證切”。蓋玉篇之亦作“䁗”，
即“䁰”字之訛。宋本作“䁰”，與玉篇正合。卷七云“縢，儋也”，注云：“今江
東呼擔兩頭有物爲縢，音鄧。”廣韻音“騰”。月令“乃合累牛騰馬”，鄭注：
“累、騰，皆乘匹之名。”廣雅〔釋詁四〕：“匹、乘，二也。”説文“媵，物相增加
也。一曰送也，副也”，徐鍇傳云：“古者一國嫁女，二國往媵之。媵之言送
也，副貳也義出於此。”“䁰”、“縢”、“騰”、“媵”、“媵”，聲義並同。“乘”與
“䁰”，義亦相近。下卷六云：“飛鳥曰雙，鴈曰乘。”周官校人鄭注：“二耦曰
乘。”義亦同也。

　　“順”，猶“䁰”也。説文：“侁，送也。吕不韋曰：有侁氏以伊尹侁女。古
文以爲訓字。”今吕氏春秋本味篇作“媵”。“媵”與“侁”同。“訓”與“順”，古
同聲通用。洪範篇“于帝其訓”，“是訓是行”，史記微子世家作“于帝其順”，
“是順是行”。周頌烈文篇“四方其訓之”，哀二十六年左氏傳作“四方其順
之”。是“順”亦與“媵”同也。説文“婉”、“嫡”皆〔1〕云：“順也。”“嫡”下引詩
曰“婉兮嫡兮”，宋本有“㜻，籀文‘嫡’”四字。今齊風甫田篇用籀文作“㜻”，
毛傳云：“婉㜻，〔少〕好貌。”又曹風候人篇並用，傳云：“婉，少貌。㜻，好
貌。”婉㜻訓好，亦訓順也。

　　“鑪瞳之子謂之䁪”者，説文：“齊謂黑爲鑪。”廣雅〔釋器〕：“鑪，黑也。”
玉篇：“齊人謂黑曰鑪。”又云：“矑，視也。亦目瞳子也。”目瞳謂之鑪，猶黑
犬謂之盧，黑土謂之壚，黑水謂之瀘也。“盧”、“旅”，古同字。弓矢之黑者，
謂之旅弓旅矢，義亦同也。亦但謂之矑。揚子甘泉賦云“玉女亡所眺其清
矑兮”，服虔云：“矑，目童子也。”是也。説文：“䁪，盧瞳子也。”玉篇“䁪”音
“户犬、户蠲二切”，云：“目瞳子也。”字又作“矎”同。郭璞江賦“江妃含嚬而
矎眇”，李善注：“矎眇，遠視貌。”楚辭招魂“遺視矎些”，王逸注：“遺，竊視
也。矎，脈也。”“心中矎脈，時時竊視”也。通作“娳”。楚辭大招“青色直

_____
〔1〕　“皆”原作“蓋”，據文義改。

眉，美目嫇只”，王逸注：“美目竊眄，嫇然黠慧。”洪興祖補注：“嫇，音綿，美目貌。”説文：“瞁，目旁薄緻宀宀也。”玉篇音“莫緣切”。釋言“瞁，密也”，郭注：“謂緻密。”廣韻〔仙韻〕：“瞁，密緻貌。”“瞁”與“縣”，聲義並近。司馬相如上林賦“微睇縣藐”，郭注：“縣藐，遠視貌。”“縣藐”與“瞁眇”亦同。

“鑠”者，釋詁：“鑠，美也。”周頌酌篇“於鑠王師”，毛傳同。史記李斯傳“鑠金百鎰”，索隱：“百鎰之美金”也。好目謂之鑠，美金謂之鑠，其義一也。玉篇：“㸌，美目也。”文選顏延之元后哀策文云“圍精初爍”，李善注引方言〔郭璞注〕云：“爍，言光明也。”“㸌”、“爍”，並與“鑠”通。

“盱”者，説文：“朝鮮謂盧瞳子曰盱。”玉篇：“盱，舉目也。燕代朝鮮洌水謂盧瞳子爲盱。”左思魏都賦云：“乃盱衡而語。”

“揚”者，鄭風野有蔓草篇“清揚婉兮”，毛傳：“眉目之間，婉然美也。”齊風猗嗟篇“美目揚兮”，毛傳云：“好目揚眉。”大雅韓奕篇“鉤膺鏤錫”，毛傳：“鏤錫，有金鏤其錫也。”鄭箋：“眉上曰錫，刻金飾之，今當盧也。”説文“鍚，馬頭飾也”，引詩作“鐊”。郊特牲“朱干設錫”，鄭注：“干，盾也。錫，傅其背如龜也。”正義曰：“謂用金琢傅盾背。”“錫”、“鐊”，亦與“揚”通。人眉目之間謂之揚，馬眉之上，刻金飾之，謂之鏤錫，于背以金飾之，謂之設錫，義並通也。

**嫢、笙、揱、㨥，細也。自關而西秦晉之間凡細而有容謂之嫢，**注 嫢嫢，小成貌。**或曰徥。** 注 言徥偕也。**凡細兒謂之笙，斂物而細謂之揱，或曰㨥。** 音義 嫢，羗筆〔1〕反。揱，音逍。㨥，素攬反。徥，度指反。○盧氏曰：“度指反，舊作‘度皆反’，今從卷六内音改正。”

　　箋疏“嫢”，舊本作“魏”，盧氏據廣雅改正。説文：“嫢，媞也。讀若癸。秦晉謂細（腰）爲嫢。”廣雅〔釋詁二〕：“嫢，小也。”通作“䙷”。説文：“䙷，小頭䙷䙷也。讀若規。”漢張表碑：“頴欒未合。”“頴”與“䙷”同。莊子秋水篇：“子乃規規然而求〔之〕以察，索之以辯”，“不亦小乎”。又庚桑楚“若規規然

---

〔1〕“筆”原作“垂”，據廣本、徐本改。

若喪父母”，釋文：“規規，細小貌。”荀子非十二子篇“睍睍然”，楊倞注：“睍，與‘規’同。規規，小見之貌。”廣雅〔釋詁一〕：“嫢，好也。”“嫢”訓小，亦訓好，故細而有容謂之嫢。説文：“窺，小視也。”廣韻〔支韻〕：“闚，小視。”亦作“窺”同。“窺”與“嫢”，聲義亦相近。

　“或曰偍”者，説文：“偍偍，行貌。”下卷六云“偍，行也。朝鮮洌水之間或曰偍”，郭注：“偍偕，行貌。”釋訓“媞媞，安也”，郭注：“皆好人安詳之貌。”説文：“媞，諦也。”魏風葛屨篇“好人提提”，毛傳：“提提，安諦也。”正義引孫炎曰：“提提，行步之安也。”楚辭七諫〔怨世〕“西施媞媞而不得見”，王逸注引詩作“媞媞”。檀弓〔上〕“吉事欲其折折爾”，鄭注：“安舒貌。詩曰：‘好人提提。’”山井鼎七經孟子考文：古本“提提”作“折折”。案：釋文於經文出“折折”，云“大兮反”，注同。則注引詩本作“折折”，後人以詩本作“提”，遂改“折”爲“提”也。淮南説林訓“提提者射”，高注：“提提，安也。”荀子修身篇“難進曰偍”，楊倞注：“偍，與‘提’、‘媞’〔皆〕同，謂〔弛〕緩也。”“偍”、“媞”、“提”、“折”、“偍”，字異聲義並同。凡“好”與“小”義相通。孟喜中孚注：“好，小也。”廣雅〔釋詁二〕：“細，小也。”“好人媞媞”即細而有容，言行步之安舒也。

　注“偍偕”，舊本作“偍偕”，盧從宋本改。廣韻〔皆韻〕“偲偕，行惡”也，以相反爲義也。戴本改作“偍偍”，非是。

　“笙”者，説文：“笙，十三簧，象鳳之身也。笙，正月之音，物生，故謂之笙。”廣雅〔釋詁一〕：“笙，小也。”大射儀“笙磬西面”，鄭注：“笙，猶生也。東爲陽中，萬物以生。”物初生必細小，是其義也。周官笙師“掌教龡竽、笙”，鄭司農云：“竽，三十六簧。笙，十三簧。”吕氏春秋仲夏紀“調竽”、“笙”，高注：“竽，笙之大者，古皆以匏爲之。竽，三十六簧。笙，十七簧。”是笙亦以小爲名也。卷五云：“簟，宋魏之間謂之笙”，“其粗者謂之籧篨”。左思吴都賦“桃笙象簟”，劉逵注云：“桃笙，桃枝簟也。吴人謂簟爲笙。”蓋物形之細小者，其命名即相似，故其物異而名則同也。“笙”之言星星也。周官内饔“豕盲眡而交睫，腥”，鄭注云：“腥，肉有如米者似星。”釋獸云：“猩猩，小而好嗛。”“星”、“猩”聲並與“筌”近，義亦同也。

　　“挈”者，説文“䜇，收束也”，或作“挈”。廣雅〔釋詁二〕：“挈，小也。”鄉飲酒義“秋之〔爲〕言愁也”，鄭注：“愁讀爲‘挈’。挈，斂也。”漢書律曆志〔上〕：“秋，䜇也，物䜇斂，乃成孰。”説文：“糗，小也。”“糗”訓小，“䜇”訓斂，物斂則小，故斂物而細謂之挈矣。説文：“啾，小兒聲也。”卷八云“雞雛，徐魯之間謂之䨞子”，郭音“子幽反”。高誘注淮南原道訓云：“屈，讀‘秋雞無尾〔屈〕’之‘屈’。”“秋”與“䨞”同。衆經音義卷十五引通俗文：“縮小曰瘷，皺不伸曰縮朒。”“瘷”，音“莊救切”。“瘷”與“挈”，亦聲近義同。

　　“摻”者，鄭風遵大路篇正義引説文：“摻，斂也。”今本無“摻”字，疑脱誤也。魏風葛屨篇“摻摻女手”，毛傳：“摻摻，猶纖纖也。”下文：“纖，小也。自關而西秦晉之郊、梁益之間，凡物之小者謂之私；或曰纖，繒〔帛〕之細者謂之纖。”説文“纖，細也”。“攕，好手貌”，引詩作“攕攕”。又：“孅，鋭細也。”大戴記立事篇：“禍之所由生，自孅孅也。”漢書食貨志〔上〕：“古之治天下，至孅至悉也。”司馬相如上林賦：“嫵媚孅弱。”“摻”、“纖”、“攕”、“孅”，聲近義同。

**儴**、**注** 言瓌瑋也。**渾**、**注** 們渾，肥滿也。**膹**、**注** 膹呬，充壯也。**膿**、**傿**、**泡**，**盛也。儴，自關而西秦晉之間語也。陳宋之間曰傿**，**注** 傿伴，麤大貌。**江淮之間曰泡**，**注** 泡肥，洪張貌。**秦晉或曰膿，梁益之間凡人言盛及其所愛，偉其肥晠謂之膿。** **注** 肥多膿肉。 **音義** 渾，狐本反。膹，匹四反。膿，音壤〔1〕。傿，恪膠反。泡，音庖。

　　箋疏“儴”者，説文“傀，偉也”，或作“瓌”。玉篇“儴”，聲類以爲“傀”字。廣雅〔釋詁二〕“傀，盛也”，曹憲音“古迴反”。荀子性惡篇“天下不知之，則傀然獨立天地之間而不畏”，楊倞注：“傀，傀偉，大貌也。”莊子列禦寇“達生之情者傀”，郭象注：“傀然，大。”史記司馬相如子虛賦“俶儻瑰偉”，漢書作“瑰瑋”，王延壽魯靈光殿賦作“瓌瑋”。並字異義同。

---

〔1〕“膿音壤”原無，據廣本、徐本補。

“渾”者，説文：“渾，混流聲也。”淮南俶真訓：“渾渾蒼蒼，純樸未散。”班固幽通賦“渾元運物”，曹大家注：“渾，大也。”重言之曰“渾渾”。荀子富國篇“財貨渾渾如泉源”。通作“混”。淮南本經訓“猶在於混冥之中”，高注：“混，大也。”離婁篇〔下〕：“源泉混混。”史記太史公自序：“乃合大道，混混冥冥。”“混混”與“渾渾”同。卷十二云“焜，晠也”，注云：“焜燿，晠貌。”“晠”與“盛”同。昭三年左氏傳云“焜燿寡人之望”，服虔注云：“焜，明也。燿，照也。”釋文：“焜，胡本反，又音昆。”鄭注王制云：“昆，明也。”廣雅〔釋詁二〕：“昆，盛也。”是“昆”與“焜”同。急就篇〔卷三〕云：“靳鞅靽鞁色焜煌。”“渾”、“混”、“焜”、“昆”，古字並通。

“們渾，肥滿也”者，説文：“懣，煩也。”問喪篇云“悲哀志懣氣盛”，釋文音“亡本反，又音滿。范音悶”。史記倉公傳云：“病使人煩懣，食不下。”楚辭哀時命云“惟煩懣而盈匈”，王逸注：“懣，憤也。言”“心中煩憤，氣結盈匈也。”“們”，即“懣”之俗字。“們渾”，猶“懣渾”，亦盛滿之意也。

“䐜”者，廣雅〔釋詁二〕“䐜，盛也”，曹憲音“孚二、扶四”二反。玉篇、廣韻〔至韻〕並云：“䐜，盛肥也。”又“瘼”，廣韻〔至韻〕“氣滿”也，與“䐜”並“匹備切”。又云：“壯大也。”説文：“奰，壯大也。”亦作“奰”。大雅蕩篇“内奰于中國”，毛傳：“不醉而怒曰奰。”正義云：“奰者，怒而〔自作〕氣（滿）之貌。”淮南地形訓“食木者多力而奰”，高注：“奰，讀如‘内奰于中國’之‘奰’。”義並與“䐜”相近。

注“䐜呬，充壯也”者，卷十三云“䐜，膗也”，注云：“謂息肉也。”衆經音義卷十八云：“瘜肉，方言作‘膗’同，思力反。三蒼：‘惡肉也。’”説文：“瘜，寄肉也。”釋詁：“呬，息也。”下文：“呬，息也。東齊曰呬。”説文：“東夷謂息爲呬。”合言之則曰“䐜呬”。張衡西京賦“巨靈奰眉”薛綜注：“奰眉，作力之貌。”衆經音義卷十一“贔眉，古文‘奰、愚’二形，今作‘勲’同，史冀反。下今作‘呬’同，羲冀反”，引西京賦作“巨靈贔眉”。是“䐜呬”、“奰眉”、“贔眉”並同，皆充壯之意。

“凡人言盛及其所愛，偉其肥晠謂之腬”者，“偉”，讀爲“諱”。説文：“益州鄙言人盛（肥）諱其肥謂之膿。”廣雅〔釋詁二〕“膿，盛也”，曹憲音“攘”。重言之則曰“膿膿”。廣雅〔釋訓〕又云“膿膿，肥也”，音“如掌反”。通作“壤”。漢書鄒陽傳“壤子王梁、代”，晉灼引方言“偉”作“謂”〔1〕，“膿”作“壤”。文選〔上書吳王〕李善注：“方言云：‘瑋其肥盛。’晉注以‘瑋’爲‘諱’。”案：作“諱”者是也。“諱”、“膿”正字，“瑋”、“壤”通借字。今本作“偉”者，乃後人因前卷“碩、沈、巨、濯，大也”條內有“愛偉”二字連文而妄改也。盧氏云：“今俗間於小兒猶然”，“江淮人謂質弱力薄者爲膿，亦語之反也。”經案：今吳俗謂皮裏肉外白脂曰膿。諱其肥盛曰膿，猶言多脂少肉耳。“胅”，各舊本並作“賦”，考玉篇、廣韻俱無“賦”字，集韻〔勁韻〕始有之，音“盛”，云：“肥也。”蓋卽據誤本方言採入，則其來已久，今訂正。禹貢“厥土惟白壤”，釋文引馬注云：“天性和美也。”淮南原道訓：“田者爭處墝埆，以封壤肥饒相讓。”後漢書馬援傳：“其田〔土〕肥壤。”説文：“孃，肥大也。”漢書張敞傳“長安中浩穰”，顏師古注：“穰，盛也。”音“人掌切”。“膿”、“壤”、“孃”、“穰”，聲義皆同。集韻〔陽韻〕“膿”又音“如陽切”。小雅蓼蕭篇“零露瀼瀼”，毛傳：“瀼瀼，露蕃貌。”周頌執競篇“降福穰穰”，毛傳：“穰穰，眾也。”釋文並音“如羊反”，則與“膿”亦同。

　　“膠”者，廣雅〔釋詁二〕：“膠，盛也。”廣韻〔肴韻〕同。

　　注“膠侔”，戴本作“膠胖”，誤。玉篇“侔，大也”，集韻〔豪韻〕同，故云“麤大貌”也。

　　“泡”者，廣雅〔釋詁二〕：“泡，盛也。”王褒洞簫賦“又似流波，泡溲泛涒”，李善注：“泡溲，盛多貌。”重言之則曰“泡泡”。西山經“其源渾渾泡泡”，郭注：“水潰涌之聲也。”是盛之意也。

私、策、纖、筱、稺、注古“稚”字。杪，小也。自關而西秦晉之郊梁益之間，凡物小者謂之私；或曰纖，繒帛之細者謂之纖。東齊言布帛之細者曰綾，秦晉曰靡。　注靡，細好也。凡草生而初達謂之筱。

---

〔1〕“謂”，王先謙漢書補注引宋祁曰：“注文江浙本‘謂’作‘諱’，於理最切。”

**注** 鋒萌始出。稺，年小也。木細枝謂之杪，**注** 言杪梢也。江淮陳楚之内謂之蔑，**注** 蔑，小貌也。青齊兖冀之間謂之蔝，燕之北鄙朝鮮洌水之間謂之策。故傳曰：慈母之怒子也，雖折葼笞之，其惠存焉。 **注** 言教在其中也。 **音義** 莈，音銳。杪，莫召反。綾，音淩。蔝，馬鬃〔1〕。○盧氏曰："'鬃'，乃'鬘'之俗字。"

**箋疏** "私"者，廣雅〔釋詁二〕："私，小也。"逸周書皇門解"其善臣以至于有分私子"，孔晁注："私子，庶孽也。"案：凡經傳言私家、私臣、私邑、私館、私田，皆微小之義。襄十五年左氏傳"師慧過宋朝，將私焉"，杜注："私，小便"也。

是"策"之言束也。説文："束，木芒也，象形。讀若刺。"卷三云："凡草木刺人，北燕朝鮮之間謂之茦。"〔又卷二云"憟，痛也"〕。自關而西秦晉之間或曰憟"，注云："慄憟，小痛也。憟，音策。""策"、"刺"，聲之轉耳。釋草"茦，刺"，郭注："草刺針也。"説文："茦，莿也。""莿，茦也。""涷，小雨零貌。"玉篇："趚，小行貌。"衆經音義卷一、卷二十四並引方言"紫，鳥喙也"，今無此文。玉篇同，"音子累切"。廣雅〔釋器〕："石鍼謂之紫。"東山經云："高氏之山，其下多箴石"，郭注云："可以爲鋄箴治癰腫者。""束"、"刺"、"憟"、"茦"、"莿"、"涷"、"趚"、"紫"，聲並相近。是凡言"束"者，皆鋭小之義也。草木初生而銛鋭，其狀如鍼，皆能刺人，即有小義。"秒"爲禾芒，"束"爲木芒，"茦"爲草芒，"莈"爲鋒萌，"紫"爲石芒，皆是也。説文："屮，草木初生也，象丨出形，有枝莖也。古文以爲'草'字，讀若徹。"漢書賈誼傳晉灼注："世俗謂利（銛）爲銛徹。""徹"與"屮"通，義亦與"策"相近。

"纖"者，説文："纖，細也。"考工記輪人"欲其摯爾而纖也"，鄭注："摯纖，殺小貌也。"禹貢"厥篚玄纖縞"，史記夏本紀集解引鄭注："纖，細也。祭服之材尚細。"史記孝文紀"纖七日"，集解引服虔云："纖，細布也。"漢書地理志〔上〕顏師古注："纖，細繒也。"文選舞賦"纖縠蛾飛"，李善注："纖縠，細

---

〔1〕 "鬃"原作"鬘"，據四部叢刊影宋本、盧文弨重校方言本改。

縠也。"是布帛之細者通謂之纖。亦作"孅"。説文："孅，〔銳〕細也。"司馬相如上林賦"嫵媚孅弱"，李善注引方言作"孅"，云："'孅'卽'纖'字。"説文："籤，驗也。一曰銳也。""銳"與"莌"通。玉篇："襪，小襦也。"魏風葛屨篇"摻摻女手"，毛傳云："摻摻，猶纖纖也。"説文引作"攕攕"。文選古詩"纖纖出素手"，李善注引韓詩作"孅孅"，薛君章句曰："孅孅，女手之貌。"上文："摻，細也。""斂物而細""曰摻"。"籤"、"襪"、"摻"、"攕"、"纖"，並聲近義同。

"莌"者，廣雅〔釋詁二〕："莌，小也。"左思吳都賦："鬱兮莌茂。"通作"銳"。説文："銳，芒也。"昭十六年左氏傳"不亦銳乎"，杜注："銳，細小也。"釋丘"再成銳上爲融丘"，郭注："纖頂者。"釋魚"鮸"，小者鮸，郭注："今青州呼小鱺爲鮸。"卷十一云："蠠，燕趙之間""其小者""謂之蚴蛻。"説文："鮸，小鮿也。""薊，草之小者。从艸，劌〔聲。劌〕，古文'銳'字。讀若芮。"列子天瑞篇"瞀芮生乎腐蠸"，殷敬順釋文："瞀芮，小蟲也。"衆經音義卷三引通俗文："小蚊曰蚋。""鮿"、"鮸"、"劌"、"芮"、"蚋"，與"莌"並聲近義同。

"稺"者，釋言"幼，稺也"邢疏，又李善注潘岳閒居賦引方言並作"稚"。廣雅〔釋詁三〕："稚，少也。"玉篇"稚"與"稺"同。鄘風載馳篇"衆稺且狂"，史記五帝紀"教稺子"，潘岳閒居賦"兒童稚齒"，皆年小之稱也。説文："稺，幼禾也。"魯頌閟宮篇"稙稺菽麥"，釋文："後種曰稺。韓詩云：'幼稼也。'"列子天瑞篇"純雄其名稺蜂"，張湛注："稺，小也。"人年小者爲稺，物幼小亦爲稺，義相因也。

"杪"者，卷十二云"杪，小也"，注云："樹細枝爲杪。"衆經音義卷十七引郭注云："言杪者，梢微小也。"説文："杪，木標末也。"廣雅〔釋詁一〕"杪，末也"，王制篇"冢宰制國用，必於歲之杪"，鄭注同。廣雅〔釋詁四〕"紗，微也"，曹憲音"□少反。"集韻〔小韻〕、類篇"紗"並音"弭沼切"，"微也"。説文："眇，一目小也。"釋名〔釋疾病〕："目匡陷急曰眇。眇，小也。"顧命云："眇眇予末小子。"釋樂"管小者謂之篎"，舍人注："篎，小者，聲音清妙也。"説文"雔鷅，桃蟲也"，釋鳥注作"鷦鷯"。周頌小毖篇"肇允彼桃蟲，拚飛維鳥”，毛傳：“桃蟲，鷦也，鳥之始小終大者。”漢書敍傳〔下〕“造計秒忽”，劉德注：“秒，禾芒也。”史記太史公自序：“間不容翲忽。”廣雅〔釋詁二〕：“藐，小也。”僖九年左氏傳：“以是藐諸孤。”潘岳寡婦賦云：“孤女藐焉始孩。”“紗”、“眇”、“䏚”、“翍”、“秒”、“翲”、“藐”，聲並同“杪”。是凡言“杪”者，皆小之義也。

説文：“東齊謂布帛之細者曰綾。”釋名〔釋采帛〕：“綾，凌也，其文望之如冰凌之理也。”説文：“蔆，芰也。楚謂之芰，秦謂之薢茩。”釋草“薢茩，芙光”，郭注：“芙明也，葉黃銳，赤華，實如山茱萸。或曰蔆也。”蘇頌本草圖經云：“菱實有二種：一種四角，一種兩角。”酉陽雜俎〔草篇〕引王安貧武陵記：“四角、三角曰芰，兩角曰蔆。”是芰之名菱，與“策”、“莄”同意，亦以銛銳鍼刺爲義。布帛之細者爲綾，則以纖細凌歷爲義，意各殊也。

“靡”者，小雅小旻篇“國雖靡止”，毛傳：“靡止，言小也。”正義：“以‘靡止’猶言狹小，無所居止，故爲小也。”上林賦張揖注：“靡，細也。”徐陵塵尾銘云：“靡靡絲垂，縣縣縷細。”陸機文賦“言徒靡而弗華”，李善注：“靡，美也。”又引薛君章句云：“靡，好也。”故此注云：“靡，細好也。”

注“靡，細好也”，各本並同。戴氏本據李善注長門賦、魯靈光殿賦引此注皆作“靡靡”，因謂脱一“靡”字，遂補。盧氏云：“李善但順賦之成文〔耳〕，如善注陸機詩‘奕奕馮生’，引方言：‘自關而西，凡美容謂之奕奕。’今方言‘奕’字並不重，此類非一，皆不當增。”

“蔑”者，君奭篇“兹迪彝教，文王蔑德”，鄭注：“蔑，小也。”正義：“小謂精微也。”逸周書祭公解“追學於文武之蔑”，孔晁注云：“言〔己〕追學文武之微德也。”周語〔中〕“鄭未失周典，王而蔑之，是不明賢也”，韋注：“蔑，小也。”法言學行篇：“視日月而知衆星之蔑也，仰聖人而知衆説之小也。”廣雅〔釋詁二〕：“懱，小也。”玉篇：“矊，面小也。”“䯒骱，小骨”也。“鑡，小鋌也。”廣韻〔屑韻〕：“䃾，〔䃾砎〕，小石也。”文選甘泉賦李善注引孫炎爾雅注云：“蠛蠓，蟲，小於蚊。”玉篇：“鷭，鷦雀”也。與“懱”同。卷八云“桑飛”，“自關而西”“或謂之懱爵”，注云：“卽鷦鷯也。又名鷦鴳。懱，言懱截也。”廣韻

〔屑韻〕："礥心,小也。""礥心"與"懷戳"同,即"鶬鷖"之轉也。小畜"密雲不雨",虞注："密,小也。"漢書嚴助傳"越人綿力薄材",孟康注："綿,音滅。"是凡言"蔑"者,皆小之義也。

説文："青齊沇冀謂木細枝曰蔑。"左思魏都賦"弱蔑係實",張載注："蔑,木之細枝〔者〕也。"字亦從"竹"。玉篇："篾,木枝細"也。釋器"緵罟謂之九罭",郭注："今之百囊罟是。""今江東謂之緵。"豳風九罭篇毛傳："九罭,緵罟,小魚之網也。"正義曰:"鱒魴是大魚,處九罭之小網,非其宜。""緵罟",聲轉而爲"數罟"。趙岐孟子〔梁惠王上〕注："數罟,密網也。細密之網,所以捕小魚鱐者也。"説文："布〔之〕八十縷爲稯。"褚少孫補史記孝景紀"令徒隸衣七緵布",正義:"緵,八十縷也。"豳風七月篇"言私其豵,獻豜于公",毛傳云:"豕一歲曰豵,三歲曰豜。大獸公之,小獸私之。"周官大司馬鄭司農注云:"一歲爲豵。"釋文本作"豛"。玉篇："駿,馬驫也。""篾"、"緵"、"稯"、"豵"、"豛"、"駿",聲並與"蔑"同,皆以細小爲義也。廣雅釋器云:"蔑、折,筴也。"案:"折蔑",猶孟子〔梁惠王上〕言"折枝",謂折取細枝笞之。説文："筴,箠也。""筴"、"搁",古今字。"折"字古書無訓"折"爲"筴"者,張揖襲此"折蔑"之文,以"折"爲"筴",誤矣。

説文："笞,擊也。"荀子正論篇"捶笞臏腳",楊倞注："笞,杖擊也。"

**揜、㗅,微也。宋衛之間曰揜。自關而西秦晉之間凡病而不甚曰揜㗅。** 注 病半卧半〔1〕起也。 音義 揜,於怯反。㗅,音葉。

箋疏 廣雅〔釋詁一〕:"㗅、揜,病也。"玉篇"揜"作"煬",又作"殗",同。"煬"之言焱也。説文："焱,衆微杪也。从日中視絲,古文以爲'顯'字。""或以爲'繭'。繭者,絮中往往有小繭也。五合切。"玉藻篇"言容繭繭",鄭注:"聲氣微也。""煬"從"歺",病以顯者爲輕,故殗爲微也。衆經音義卷二十二引通俗文:"欲燥曰曘。曘,微乾也。"音"祛及反"。"曘"與"煬",義亦相近。

"㗅"之言葉也。説文："枼,楄也,薄也。與涉切。"廣韻〔葉韻〕:"偞,輕

---

〔1〕 "半"原無,據廣本、徐本補。

薄美好貌。”“薄”與“微”，義相近也。合言之則曰“殗殜”[1]，“殗殜”與“𢗅㵖”，聲近義同，皆雙聲，亦叠韻字也。〔玉篇：“殗〕[2]，殗殜，病”也。廣韻二十九葉同。又三十三業：“𢗅㵖，不動貌。”〔又〕云：“𢗅㵖，亦作‘㵖’。”案：今吴俗呼門之短小輕薄者曰𢗅㵖門，義亦同也。

**臺、敵，匹也。** **注** 匹，一作“疋”。**東齊海岱之間曰臺。自關而西秦晉之間物力同者謂之臺敵**[3]。

**箋疏** 正文“匹”，舊本並作“延”。案：“匹”俗作“疋”，形與“延”相近，遂訛爲“延”。注“一作疋”，“疋”，舊本並作“迮”，形又與俗“匹”字相近，遂訛爲“迮”。廣雅〔釋鳥〕“鳴，𪇛也”，曹憲音“匹”。各本誤爲“迮”，正與此同，今訂正。

廣雅〔釋詁一〕“匹、臺、敵，輩也”，王氏疏證云：“臺之言相等也，故斗魁下六星，兩兩而比者，曰三台。‘台’，與‘臺’同義。”通作“儓”。廣雅〔釋詁三〕：“儓、敵，當也。”〔釋詁二〕“儓”又訓爲“醜”。雖釋醜惡之義，實與“匹”亦通。離上九“獲匪其醜”，虞注：“醜，類也。”下卷三云：“醜，同也。”義得兼通也。

“敵，匹”，釋詁文。雜記〔上〕云“大夫訃於同國，適者曰：某不禄”，鄭注云：“適，讀爲‘匹敵’之‘敵’。”成二年左氏傳云“若以匹敵”，是也。盧校本以下條正文“耦也”二字及注“耦亦匹，互見其義耳”八字，移入此條之下，究爲臆改。今仍從舊本。

**抱娩，耦也。** **注** 耦亦匹，互見其義耳。**荆吴江湖之間曰抱娩，宋潁之間**[4]**或曰娩。** **音義** 娩，孚萬反。一作“嬎”，音赴。

**箋疏** 説文：“勹，覆也。薄皓切。”“裒，褢也。”“抱”乃“捊”之或體。此

〔1〕“殗殜”原作“㬎枼”，下同，據廣本、徐本改。

〔2〕“玉篇殗”原無，據廣本、徐本補。

〔3〕廣本、徐本將下條中正文“耦也”二字及注文“耦亦匹互見其義耳”八字移至“臺敵”下。

〔4〕“宋潁之間”四字原無，據廣本、徐本補。

蓋借爲勺裒字。卷八云“北燕朝鮮洌水之間謂伏雞曰抱”，郭音“房奧反，江東呼蘆，央富反”。字亦作“菢”。廣韻〔号韻〕“菢，鳥伏卵”，音“薄報反”，同。案：“蘆”即“嫗”也。樂記云“煦嫗覆育萬物”，鄭注云：“（以）氣曰煦，（以）體曰嫗。”舊本正文“抱㜻”下，並有“耦也”二字，及注“耦亦匹，互見其義耳。音赴”共十二字。其十字，盧氏移爲上條“臺、敵，匹也”之注，似屬非是。案：“抱㜻”、“㜻”等字，並與“耦”義相近。其“音赴”二字，則爲“抱”字之音，不知“抱”與“赴”聲相近，故鄭注少儀“無報往”：“讀（報）爲赴疾之赴。”眾經音義卷八引作“趄往”。“抱”、“赴”原可相通，惟卷八既音“抱”爲“房奧反”，此不讀如“赴”明矣。“㜻”者，説文女部：“㜻，生子齊均也。从女生，免聲。讀若幡。”張衡思玄賦“〔偃〕蹇夭矯，㜻以連卷兮”，舊注引説文：“生子，二人俱出爲㜻。”又兔部：“娩，兔子也。娩，疾也。从女兔。”大徐音“芳萬切”。玉篇女部“娩，孚萬切，産娩也”，引説文云：“兔子。”又作“㜻”同，亦引説文“生子”云云。又兔部：“娩，芳萬切，兔子。”廣韻十遇“娩”與“赴”同紐，云：“兔子曰娩。又孚万切。”二十五願“娩，㜻〔息也〕。一曰鳥伏乍出”，引説文“生子”云云，“或作㜻”，音“芳萬切”。釋獸“兔子，嬎”，釋文本作“娩”。廣雅〔釋獸〕“娩，兔子”，曹憲音“匹萬反”。眾經音義卷一云：“今中國謂蕃息爲嬎息，音芳萬反。”又卷九同，音“匹萬反”，引周成難字曰：“嬎，息也。”同時爲一嬎，亦作此字。是“嬎”與“娩”，音既互通，字亦可並用。此以“抱㜻”連文，依義當作“㜻”，其作“㜻”者，即“㜻”之或體字，則或作“㜻”，用正字也。或作“娩”，用假借字也。均無不可。盧氏據宋本，改正文“㜻”爲“娩”，因倒取下文“音赴”二字爲音，又倒“一作‘㜻’”三字於“孚萬反”之上，如此顛倒改易，終屬未安。轉欲改説文、玉篇“芳萬”之音爲“芳遇”，以就廣韻，尤爲謬矣。今於正文，並從舊本。音“孚萬反”，舊本作“追萬”，今從戴氏據宋曹毅之本改。或云俗“匹”字作“疋”，傳寫者訛爲“迲”，復訛爲“追”，與上條同，則與曹憲、陸德明、釋玄應之音正合，姑存其説，俟考。其“一作‘㜻’”三字，舊本與正文無異，誤，今定作“娩”，從“赴”音也。

　　注“耦亦匹，互見其義耳”者，莊子齊物論云“嗒焉似喪其耦”，釋文云：

耦，匹也。”説文甘部“甚”字注云：“匹，耦也。’鄭注雜記〔下〕云：“今謂之匹，猶匹偶之云與。”是互見其義也，故下條復釋“奇”，注音“奇耦”。

倚、踦，奇也。自關而西秦晉之間，凡全物而體不具謂之倚，梁楚之間謂之踦。雍梁之西郊，凡獸支體不具者謂之踦。　音義　倚，於寄反。踦，卻〔1〕奇反。奇，奇耦。

　　　箋疏　“倚”、“踦”、“奇”，古通字。荀子修身篇“倚魁之行”，楊倞注：“倚，奇也。奇讀爲奇耦之奇”，引方言：“秦晉之間，凡物體全而不具謂之倚。”“魁，大也。倚魁，〔皆〕謂偏僻狂怪之行。”又儒效篇“倚物怪變”，注云：“倚，奇也。韓詩外傳作‘奇物怪變’。”莊子天下篇“南方有倚人焉”，釋文：“倚，本〔或〕作‘畸’。”説文：“畸，殘田也。”廣韻〔支韻〕“畸”、“奇”並音“居宜切”。僖三十三年穀梁傳“匹馬倚輪無反者”，公羊傳〔僖公三十三年〕作“隻輪”，何休注：“隻，踦也。”玉篇音“居綺、丘奇二切”。成二年公羊傳“相與踦閭而語”，何休注云：“門閉一扇，開一扇，一人在外，一人在内曰踦〔閭〕。”魯語〔下〕“踦跂畢行”，韋注：‘踦跂，跸蹇也。”釋畜：馬前左足白，踦。又云：“牛角一俯一仰，觭。”廣韻〔紙韻〕“㷦，一足”，與“踦”同。又：“㩦，牽一腳。”襄十四年左氏傳云：“譬如捕鹿，晉人角之，諸戎掎之。”卷五云“鍑，江淮陳楚之間謂之錡”，注：“或曰三腳釜也。”衆經音義卷七引倉頡篇：“齊人謂齬咋爲齮。齮，側齒也。”史記田儋傳“齮齕用事”，索隱：“齮齕，側齒齩也。”廣雅〔釋詁三〕：“綦，蹇也。”昭二十年穀梁傳“兩足不能相過，齊謂之綦”，釋文引劉兆云：“綦，連併也。”士喪禮注：“綦，讀如馬絆綦之綦。”書大傳“禹其跳，湯扁”，“其跳者，踦也”〔鄭注：〕“踦，步足不能相過也。”“其”、“綦”，古字通，即穀梁傳所云“兩足不能相過，齊謂之綦”也。“觭”、“㷦”、“㩦”、“錡”、“齮”、“綦”，並與“踦”相近。“凡獸支體不具”“獸”字，各本作“嘼”，今從盧據宋本改。

逴、獡、透，驚也。自關而西秦晉之間，凡蹇者或謂之逴，　注　行略逴也。**體而偏長短亦謂之逴。宋衛南楚凡相驚曰獡，或曰透。** **注** 皆驚貌也。 **音義** 逴，勑略反。獡，音鑠。透，式六反。

**箋疏** "逴"者，廣雅〔釋詁一〕："逴，驚也。"卷六"逴、𧾷虘，蹇也。齊楚晉曰逴"，注云："行略踔也。"衆經音義卷十三引作"踔"。説文："逴，蹇也。""蹇，跛也。""跛，行不正也。""逴"通作"踔"。盡心篇〔下〕趙岐注："踸踔譎詭。"文選海賦"跣踔湛灤"，李善注："波前却之貌。"又琴賦"踸踔磥硌"，注引廣雅曰："踸踔，無常也。"又文賦云"故踸踔乎短垣"，注引廣雅同，云："今人以不定爲踸踔。不定，亦無常也。"又引莊子秋水篇"夔謂蚿曰：'吾以一足趻踔而行'"，釋之云："謂脚長短也。""踔"與"逴"通。"跣踔"、"踸踔"、"趻踔"並同。楚辭七諫〔怨世〕"世沈淖而難論兮，俗岭峨而嵾嵯"，王逸注："沈，没也。淖，溺也。"案："沈淖"，與"踸踔"亦同，皆用雙聲，以形容参差不齊之狀。王逸訓"沈"爲"没"、訓"淖"爲"溺"，失之。

"獡"者，説文"獡，犬獡獡不附人也。南楚謂相驚曰獡。讀若愬"，徐鍇傳曰："犬畏人也。"廣雅〔釋詁一〕："獡，驚也。"又〔釋言〕："獡，䖏也。"揚子劇秦美新曰："來儀之鳥，肉角之獸，狙獷而不臻。""狙"與"䖏"義通。説文："獷，犬獷獷不可附也。""狙"、"獷"，皆驚散之貌，義並與"獡"同。説文："䜭，驚貌。七雀切。""䜭"與"獡"，聲義並同。

"透"，與"獡"古同聲。廣雅〔釋詁一〕"透，驚也"，曹憲音"叔"。左思吴都賦"驚透沸亂"，劉逵注引方言："透，驚也。"説文："倏，走也。讀若叔。"賈子容經篇："其始動也，穆如驚倏。"司馬相如子虚賦："倏眒倩浰。"説文："儵，疾也。式竹切。"易〔頤〕"其欲逐逐"，薛云："速也。"子夏傳作"攸攸"；荀作"悠悠"；劉作"儵"，云："遠也。""倏"、"儵"，與"透"聲義並同。

**儀、佫，來也。陳潁之間曰儀，自關而東**[1]**周鄭之郊、齊魯之間曰佫，或曰懷。**

**箋疏** 廣雅〔釋言〕："儀、招，來也。"淮南齊俗訓"夫一儀不可以百發"，

〔1〕"自關而東"四字原無，據廣本、徐本補。

高注：“儀，弩招顏也。”説文：“招，手呼也。”皆來之意也。戴氏曰：“儀者，儀之而來。周語〔上〕：‘丹朱馮身以儀之。’‘儀’，即來歸之義。”

釋言：“格，來也。”卷一云“佫，登也”，注云：“佫，亦訓來。”又“佫，至也”，注云：“佫，古‘格’字。”小雅楚茨篇“神保是格”，毛傳：“格，來”也。大雅抑篇“神之格思”，中庸鄭注同。

“懷”者，釋言：“懷，來也。”齊風南山篇“曷又懷止”鄭箋：“懷，來也。”周頌時邁篇“懷柔百神”，毛傳同。夏官序官懷方氏鄭注：“懷，來也。主來四方之民。”周語〔中〕“以懷柔之”，韋注：“懷，來也。”盧氏曰：“宋本‘或’字誤在‘曰佫’上，今移正。各本作‘或謂佫曰懷’，戴本作‘或謂之佫，或曰懷’，亦未得也。”今從盧校。

**魿、黏也。齊魯青徐自關而東或曰魿，注言黏魿也。或曰黏。** **音義** 魿，音昵〔1〕。黏，音汝。○盧氏曰：“‘魿’本亦作‘𧜀’，説文‘尼質切’。各本音‘日’，或音‘刃’，皆誤。”

**箋疏** 釋言“魿，膠也”，郭注：“膠，黏魿也。”説文黍部“𧜀，黏也”，引隱元年左氏傳：“不義不𧜀。”或從“刃”作“魿”。今本作“暱”。又日部“暱，日近也”，引昭〔二〕十五年左氏傳：“私降暱燕。”或從“尼”作“昵”。今本作“昵”。考工記弓人“凡昵之類不能方”，鄭衆曰：“故書‘昵’〔或〕作“檷”。杜子春云：“‘檷’，讀爲‘不義不昵’之‘昵’。‘昵’或爲‘魿’。魿，黏也。”後鄭謂：“檷，脂膏敗腝之腝。腝，亦黏也。”家君曰：“腝”、“埴”，古字通。説文：“埴，黏土也。”釋名〔釋地〕：“土黃而細密曰埴。埴，膩也，黏膩如脂之膩也。”考工記用土爲瓦，謂之“摶埴之工”，是也。禹貢“厥土赤埴墳”，某氏傳：“土黏曰埴。”鄭本“埴”作“戠”，讀曰“熾”。“熾”與“戠”同，皆有黏義，故周禮故書“昵”作“檷”，後鄭讀“檷”爲“腝”也。古音“魿”、“昵”、“埴”、“檷”、“戠”、“熾”、“腝”並同，字亦通用。又按：説文“堇，黏土也”，徐鍇傳曰：“今人謂水中泥黏者爲堇。”廣雅〔釋詁四〕“靳、𧜀，黏也”，“靳”曹憲音“謹”。內

---

〔1〕 “昵”原作“泥”，據廣本、徐本改。

則“塗之以謹塗”，鄭注讀爲“墐”，“墐塗，塗有穰草也”。正義云：“用之炮
豚，須相黏著，故知塗有穰草也。”“菫”、“靳”、“謹”、“墐”，皆“劧”之聲轉也。

　　“劧”又轉爲“敎”。廣雅〔釋詁四〕：“敎，黏也。”玉篇同。釋名〔釋飲
食〕：“糝，黏也，相黏敎也。”是“敎”爲“黏”也。

**餬、託、庇、寓、媵，寄也。齊魯宋衞陳晉汝潁荆州江淮之間曰庇，或
曰寓。寄食爲餬，** 注 傳曰“餬予口於四方”，是也。**凡寄爲託，寄物爲
媵。** **音義** 餬，音胡。庇，庇蔭。媵，音孕。

　　**箋疏** “餬”者，説文：“餬，寄食也。”廣雅〔釋詁三〕：“餬，寄也。”莊子人
間世：“挫鍼治繲，足以餬口。”

　　注“餬予口於四方”，今隱十一年左氏傳作“餬其口於四方”。

　　“託”者，説文“託”、“侂”並云：“寄也。”“侂”與“託”同。又云：“寄，託
也。”轉相訓也。廣雅〔釋詁三〕：“寄也。”大荒東經“有困民國”，“有人曰王
亥”，“託于有易”，吕氏春秋不廣篇云“蹶有患害也，蛩蛩距虚必負而走。此
以其所能，託其所不能”，楚辭招魂“東方不可託些”，郭氏、高誘、王逸注並
同。

　　“庇”者，廣雅〔釋詁三〕：“庇，寄也。”釋言：“庇，蔭也。”説文同。文七年
左氏傳：“則本根無所庇蔭矣。”又襄三十一年傳：“大官、大邑，身之所庇
也。”是“庇”爲寄也。

　　“寓”者，説文“寓，寄也”，或作“庽”。廣雅〔釋詁三〕：“寓，寄也。”曲禮
〔下〕“大夫寓祭器於大夫，士寓祭器於士”，鄭注：“寓，寄也。”“言寄，覬己後
還。”襄二十四年左氏傳：“子産寓書於子西以告宣子。”釋木“寓木，宛童”，
郭注：“寄生樹。一名蔦。”小雅頍弁篇“蔦與女蘿”，毛傳：“蔦，寄生也。”説
文云：“海中往往有山可依止曰島。”卷十三“㩴，依也”，注：“謂可依倚之
也。”“島”、“㩴”，聲與“蔦”相近，義可相通也。

　　“媵”者，廣雅〔釋詁三〕：“媵，寄也。”説文作“㑞”，云：“送也。吕不韋
曰：有侁氏以伊尹㑞女。”今吕氏春秋本味篇作“媵”。釋言：“媵，送也。”
“㑞”與“媵”同。大雅崧高篇“以贈申伯”，鄭申毛義，皆云“送也”。崔作

“增”，云：“增益申伯之美。”案：“贈”當爲“賸”之別出字。説文“賸，〔物〕相增加也。一曰送也，副也”，徐鍇傳曰：“古者一國嫁女，二國往媵之。”義並相通也。舊本作“齊衞宋魯”，今從盧校據宋本改。

逞、苦、了，快也。自山而東或曰逞，楚曰苦，注 苦而爲快者，猶以臭爲香，亂爲治，徂爲存，此訓義之反覆用之是也。秦曰了。 注 今江東人呼快爲恓。 音義 恓，相緣反。

　　箋疏 案：此條有三義：“逞”爲快意之快，“苦”爲快急之快，“了”爲明快之快，而其義又相通。説文：“快，喜也。”通作“噲”。説文：“噲，咽也。（或）讀若快。”小雅斯干篇“噲噲其正”，鄭箋：“噲噲，猶快快也。”淮南精神訓：“噲然得卧。”宋書樂志〔四〕吳歌吹曲：“我皇多噲〔事〕。”“噲”與“快”，聲義並同。卷三云：“逞、苦，快也。江淮陳楚之間曰〔逞，宋鄭周洛韓魏之間曰〕苦”，“自關而西曰快”。復申釋此條之義也。

　　廣雅〔釋詁二〕：“逞，快也。”桓六年左氏傳“今民餒而君逞欲”，周語〔上〕“今虢公動匱百姓以逞其違”，楚辭大招“逞志究欲”，杜韋王注並云：“逞，快也。”應瑒〔報〕龐惠恭書云：“雖萱草樹背，皋蘇在側，悁忿不逞，祇以增毒。”是“逞”爲快意之快。襄二十五年左氏傳“今陳”“介恃楚衆，以憑陵我敝邑，不可億逞”，言其不滿志快意也。杜預訓“億”爲“度”、“逞”爲“盡”，失之。“逞”與“盈”，古同聲通用。昭四年左氏傳“逞其心，以厚其毒”，新序善謀篇“逞”作“盈”。晉欒盈，史記作“欒逞”，其證也。下文云：“逞，疾也。”“楚曰逞。”説文：“楚謂疾行爲逞。”“疾”與“急”同義，是“逞”又爲快急之快也。

　　廣雅〔釋詁二〕：“苦，快也。”李善注廣絕交論引説文：“苦，〔猶〕急也。”莊子天道篇：“斲輪，徐則甘而不固，疾則苦而不入。”淮南道應訓同，高注：“苦，急意也。甘，緩意也。”是“苦”爲快急之快也。

　　“了”者，後漢書孔融傳云：“小而聰了，大未必奇。”衆經音義卷二十引廣雅：“憭，快也。”廣雅〔釋訓〕“儢儢，憭也”，曹憲音“了”。是“憭”與“了”同。説文：“憭，慧也。”卷三云“南楚病愈者，或謂之慧，或謂之憭”，注云：

“慧、憭，皆意精明。”是“了”爲明快之快也。衆經音義卷二十引方言云：“自山之東江淮陳楚之間，謂快曰逞。”又卷二十五引方言：“自關而東曰逞，江淮陳楚之間曰好。”蓋并引卷三之文也。“好”，疑卽“了”之譌。

　　注“苦爲快”云云者，繫辭〔上〕云：“其臭如蘭。”盡心篇〔下〕“鼻之於臭也”，趙岐注：“臭，香也。”褚少孫補史記禮書云“側載臭茝”，索隱引劉氏云：“臭，香也。”荀子王霸篇云“鼻欲綦臭”，楊倞注云：“臭，氣也。凡氣香亦謂之臭。”釋詁：“亂，治也。”書〔盤庚中〕疏引舍人注云：“亂，義之治也。”説文：“亂，治也。从乙。乙，治之也。”又：“𤔔，治也。幺子相亂，𠬪治之也。”盤庚篇〔中〕：“茲予有亂政。”顧命篇：“其能而亂四方。”泰誓篇〔中〕：“予有亂臣十人。”皆言治也。釋詁云“肆、故，今也”，郭注云：“肆既爲故，又爲今，今亦爲故，故亦爲今，此義相反而兼通者。”又云“徂、在，存也”，注云：“以徂爲存，猶以亂爲治、以曩爲曏、以故爲今，此皆〔詁訓〕義有反覆旁通，美惡不嫌同名”也。“亂爲治”，舊本作“治爲亂”，盧據爾雅注改。又云“是也”，疑當作“者也”。

　　注“今江東人呼快爲悝”者，廣韻〔仙韻〕：“悝，吳人語快”也。説文“悝，寬嫻心腹貌”，引衞風淇澳篇：“赫兮悝兮。”今本作“咺”，大學作“喧”，古字並通。凡人憂憤則氣促而短，喜樂則舒而寬，亦快之意也。前卷：“咺，痛也。凡哀泣而不止曰咺，”“燕之外鄙，朝鮮洌水之間少兒泣而不止曰咺。”顏師古注漢書外戚傳〔上〕云：“朝鮮之間，謂小兒泣不止名爲喧。”“喧”與“咺”亦通。痛與泣謂之咺，快謂之悝，亦以相反爲義也。

**挴、慛、赧，愧也。晉曰挴，或曰慛。秦晉之間凡愧而見上謂之赧，**

　　注 小雅曰：“面愧曰赧。”**梁宋曰慛。**　　注 敕慛，亦慚貌也。　　音義 慛，音匱。

　　箋疏 説文：“戁，媿也。”“媿”，與“愧”同。廣雅〔釋詁一〕“挴、曹，戁也”，曹憲“挴”音“每磊”、“曹”音“莫贈”。王氏疏證云：“小爾雅：‘曹，戁也。’襄十四年左氏傳〔云〕：‘不與於會，亦無曹焉。’晉語‘臣得其志而使君曹’，韋注：‘曹，戁也。’左思魏都賦〔云〕：‘有靦曹容。’‘曹’與‘挴’，聲相近。釋器篇〔云〕：‘錥、鏴，鑊也。’‘錥’、‘鏴’之同爲‘鑊’，猶‘挴’、‘曹’之同爲

'懜'也。釋草篇〔云〕：'夢，蓴（子）也。'周官媒氏注云：'今齊人名麴蘗曰媒。'媒，亦夢也。爾雅：'夢夢，亂也。'〔儚儚，惛也〕。'莊子胠篋篇'故天下每每大亂'，李頤注云：'猶昏昏。'每每，亦夢夢也。聲相近，故義相通也。"

　　"慔"者，廣雅〔釋詁一〕："慔，懜也。"通作"匿"，亦作"慝"。說文："朔而月見東方謂之縮朒。"漢書五行志〔下之下〕："晦而月見西方謂之朓，朔而月見東方謂之仄慝，仄慝則侯王其肅，朓則侯王其舒。劉向以爲朓者疾也，君舒緩則臣驕慢，故日行遲而月行疾也。仄慝者，不進之意，君肅急則臣恐懼，故日行疾而月行遲，不敢迫近君也。""劉歆以爲舒者侯王展意顓事，臣下促急，故月行疾〔也〕。肅者，侯王縮朒不任事，臣下弛縱，故月行遲也。"周官保章氏疏、後漢書蔡邕傳注、文選月賦注引書大傳並作"側匿"。太平御覽〔卷四〕引鄭注云："側匿猶縮縮，行遲貌。""縮朒"、"側匿"、"仄慝"，皆疊韻字，聲並相近，皆言畏縮不進也。畏縮與愧惡義相近，愧謂之慔，猶縮謂之側匿也。廣雅〔釋詁三〕："側匿，縮也。"今吳俗猶謂畏羞不前曰縮朒。

　　注"救慔，亦懜貌"者，"救慔"、"側匿"，聲亦相近。

　　"赧"者，說文："赧，面慙赤也。"廣雅〔釋詁一〕："赧，懜也。"滕文公篇〔下〕云"觀其色赧赧然"，趙岐注云："面赤心不正之貌。"後漢書延篤傳"下見先君遠祖，可不懜赧"，李賢注："色愧曰赧。"衆經音義卷二十二引方言："自愧而恥謂之赧。"云"字從'皮'，赤意也"，蓋訛本也。

　　注"小雅"，戴本作"小爾雅"。按：五經正義、李善注文選、衆經音義引小爾雅並稱"小雅"，無煩增字。舊本注作"面赤愧曰赧"，衍"赤"字，今據衆經音義卷二引刪。今本作"面慙曰戁"。"〔戁〕"、"赧"，古通字。釋詁："戁，懼也。"商頌長發篇"不戁不竦"，毛傳："戁，恐。竦，懼也。"楚語〔上〕云"自退則敬，不則赧"，韋昭注："赧，懼也。""赧"與"戁"，聲近義同。

## 叨、惏，殘也。陳楚曰惏。　　音義　叨，託高反。惏，洛含反。

　　箋疏　"叨"者，莊子漁父篇："所謂四患者：好經大事，變更易常，以挂功名，謂之叨。"後漢書岑晊傳："父豫爲南郡太守，以貪叨誅死。"是"叨"爲殘也。

　　"惏"，詳上卷"琳，殺也"條。

**馮、䫴、苛，怒也。楚曰馮，** 注 馮，恚盛貌。楚辭曰："康回馮怒。" **小怒曰䫴。** 注 言嗛〔1〕䫴也。 **陳謂之苛。** 注 相苛責也。

　　箋疏 "馮"通行本作"馮"，宋本作"憑"。"憑"、"馮"，古今字。廣雅〔釋詁二〕："馮，怒也。"昭五年左氏傳："今君奮焉，震電馮怒。"列子湯問篇："帝馮怒。"是"馮"爲怒也。吳語："請王厲士，以奮其朋勢。""朋"、"馮"，古同聲通用。楚辭離騷"憑不厭乎求索"，王逸注："憑，滿也。楚人名滿曰憑。"此云楚謂怒曰馮，是"滿"與"怒"，義相通也。戴氏毛鄭詩考正曰："卷阿五章'有馮有翼'，傳云：'道可憑依，以爲輔翼。'箋云：'馮，馮几也。翼，助也。'〔震〕案：馮，滿也，謂忠誠滿於內。翼〔之言〕盛也，謂威儀盛於外。馮、翼二字，古人多連舉。〔屈原賦之'馮翼惟象'、淮南鴻烈之'馮馮翼翼'，〔皆指氣化充滿盛作，〕然後有形與物。"又韓詩外傳〔卷五第一章〕云："關雎之事大矣哉，馮馮翊翊，自東自西，自南自北，無思不服。"漢書禮樂志安世房中歌云："馮馮翼翼，承天之則。"皆言德之盛滿也。"馮"又通作"弸"。法言君子篇"君子言則成文，動則成德"，"以其弸中而彪外也"，李軌注："弸，滿也。"太玄養云："陰弸于野。"漢魯峻碑："弸中獨斷以效其節。"揚子甘泉賦"帷弸張其拂汨兮"，蘇林音"石墮〔井〕弸爾之弸"。"弸"與"馮"，聲近義同。凡恚怒者，氣必盛滿。怒氣盛滿謂之馮，亦謂之弸，猶弓之盛滿者謂之弸，德之盛滿者謂之馮，其義同也。

　　注引楚辭云者，天問篇文也。

　　"䫴"，舊本誤作"䫴"。按："介"隸變作"**㝯**"，遂誤"䫴"爲"䫴"矣。說文："䫴，齒相切也。"玉篇："嗛䫴，切齒怒也。"廣雅〔釋詁二〕作"類、䫴，怒也"。今訂正。三蒼云："䫴，鳴齒也。"考工記函人"爲甲"，"衣〔之〕欲其無䫴也"，大鄭云："䫴謂如齒䫴。"案：齒䫴，謂上下齒緊相摩切。凡人怨恨之甚，則以齒緊相摩切，故䫴爲怒也。字通作"忓"。卷十二："忓，恨也。"說

────────────

〔1〕 "嗛"原作"禁"，據四部叢刊影宋本、盧文弨重校方言本改。

文："恨，怨也。"是"忦"與"齘"同。周官司市"胥師賈師，涖于介次"，鄭注云："介次，市亭之屬，別小者也。"豫六二"介于石"，釋文"介，馬作'扴'"，注云："扴，觸小石聲。"漢書賈誼傳"細故蔕芥"，顏師古注："蔕芥，小鯁也。"小怒謂之齘，猶小次謂之介〔1〕，小聲謂之扴，小鯁謂之芥也。

"苛"者，廣雅〔釋詁二〕："苛，怒也。"周官世婦云"不敬者而苛罰之"，鄭注："苛，譴也。"陸機從軍行"涼風嚴且苛"，李善引春秋緯宋均注："苛者，切也。"王氏疏證曰："爾雅：'苛，妎也。''妎'與'齘'同。苛、妎，皆怒也。郭注以爲煩苛者多嫉妎，失之。'苛'、'妎'，一聲之轉。内則'疾痛苛癢'，鄭注：'苛，疥也。'苛癢之苛轉爲疥，猶苛怒之苛轉爲妎也。"衆經音義卷一、卷十五、卷十八、卷二十二並引方言："呵，怒也。陳謂之呵。"是本亦作"呵"也。南山經"青丘之山，有鳥焉，〔其狀如鳩，〕其音若呵"，郭注："如人相呼呵。"説文："訶，大言而怒也。"後漢書禰衡傳："言不遜順"，"黃祖……乃訶之"。"苛"、"訶"、"呵"，聲近，義並同。怒謂之苛，喜亦謂之苦。上文云："苦，快也。"説文："快，喜也。""苦"與"苛"，聲亦相近，猶怒謂之苛，或謂之訶，笑謂之啁，亦謂之呵也。玉篇："啁，（大）笑也。"廣雅〔釋訓〕："啁啁、呵呵，笑也。"皆以相反爲訓，亦義取於大也。案：凡从"可"聲之字，皆訓爲大。説文："閜，大開也。""阿，大陵也。"卷五："栖大者謂之閜。"卷九："船大者謂之舸。"然則"苛"其大怒之稱歟。

**憿、刺，痛也。** 注 憿憿，小痛也。 自關而西秦晉之間或曰憿。 音義 憿，音策。

　　箋疏 廣雅〔釋詁二〕："憿，痛也。"玉篇："憿，小痛也。"上云："策，小也。燕之北鄙朝鮮洌水之間謂之策。"卷三又云："凡草木刺人，北燕朝鮮之間謂之茦。"釋草"茦，刺"，郭注："草刺針也。"説文："茦，莿也。""莿，茦也。""憿"、"策"、"茦"、"莿"，聲義並相近。

　　"刺"，玉篇音"力達切"。廣雅〔釋詁二〕作"瘌"，曹憲音"盧達"。卷三

_____

〔1〕 "猶小次謂之介"六字原無，據廬本、徐本補。

云："凡草木刺人"，"自關而西謂之刺"。又云"凡飲藥傅藥而毒，南楚之外謂之癆。""癆，痛也"，注云："癆，辛螫也。"是"癆"與"刺"同。左思魏都賦："蔡莽螫刺，昆蟲毒噬。""螫"與"癆"同義，是懍、刺皆螫毒之痛也。眾經音義卷十引字林云："蛆，螫也。"僖二十〔二〕年左氏傳正義引通俗文云："蠍毒傷人曰蛆。"玉篇："蛆，奴葛切，痛也。"又："蜇，陟列切，蟲螫也。又作'蛆'。"列子楊朱篇云"蜇於口，慘於腹"，張湛注云："蜇，（螫）痛也。"上卷云："怛，痛也。"說文："慘，毒也。怛，憯也。憯，痛也。""刺"、"蛆"、"怛"，聲並相近。身有所痛謂之刺，亦謂之蛆。心有所痛謂之怛，其義一也。

　　注"憯"字，各本作"懍"，誤。今從戴本作"憯"。案："憯懍"，雙聲字。

擔撟，選也。　注 此妙擇積聚者也。自關而西秦晉之間凡取物之上謂之擔撟。　音義 擔撟，矯〔1〕騷兩音。

　　箋疏"擔撟"，疊韻字。說文："擔，舉手也。撟，自關已西，凡取物之上者爲擔撟。"廣雅〔釋詁一〕："擔撟、選，擇也。"淮南要略訓"覽取擔掇"，高誘注："擔，取也。""撟"猶"擔"也。曲禮〔上〕"奉席如橋衡"，鄭注云："橋，井上桔槹，衡上低昂"者。釋文音"居廟反"。淮南本經訓"今夫橋直植立而不動，俯仰取制焉"，高誘注："橋，桔槹上衡也。"說苑反質云："爲機，重其後，輕其前，命曰橋，終日溉韭百區不倦。"是橋爲取水於下之器，聲義與"擔"並相近。說文："陳楚謂飯帚曰箱。"箱之言撟也，所以撟取餘飯也，義亦相近。"撟"、"選"，聲之轉耳。廣雅〔釋器〕云"箱謂之筅"，曹憲音"素典反"。廣韻〔銑韻〕作"筅"，云："筅帚，飯具"，或作"筅"。"撟"之轉爲"選"，猶"箱"之轉爲"筅"矣。

擱、梗、爽，猛也。　晉魏之間曰擱，注 傳曰："擱然登埤。"韓趙之間曰梗，齊晉曰爽。　音義 擱，呼旱反。梗，魚鯁。

　　箋疏"擱"者，廣雅〔釋詁三〕："擱，猛也。"小爾雅〔廣言〕："擱，忿也。"昭十八年左氏傳"今執事擱然授兵登陴"，杜注："擱然，勁忿貌。"疏引服虔

---

〔1〕"矯"原作"驕"，據廣本、徐本改。

注：“擱然，猛貌也。”又引方言云：“擱，猛也。”廣韻〔潸韻〕：“擱[1]，武猛貌。”説文無“擱”字，徐鍇傳曰：“當作〔此〕‘偘’。”荀子榮辱篇“陋者俄且偘也”，楊倞注：“‘偘’與‘擱’同，猛也。方言〔云〕：‘晉魏之間，謂猛爲擱。’言鄙陋之人，俄且矜莊有威儀也。”説文“偘，武貌”，引衞風淇澳篇：“瑟兮偘兮。”大學云“‘瑟兮偘兮’者，恂慄也”，〔鄭玄注〕：“‘恂’讀如嚴峻之峻，言其容貌嚴栗。”皆猛武之意也。文選馬汧督誄云“瞯然馬生”，李善注引〔左氏〕傳“擱然登陴”，云：“‘擱’與‘瞯’同。”“擱”、“偘”、“瞯”，古字並通。

　　“梗”之言剛也。廣雅〔釋詁三〕：“梗，猛也。”楚辭九章〔橘頌〕“梗其有理兮”，王逸注：“梗，強也。”漢書王莽傳〔上〕：“絳侯……杖朱虛（侯）之鯁。”“鯁”與“梗”同。

　　“爽”者，昭三年左氏傳云：“二惠競爽。”又七年傳云：“用物精多，則魂魄強，是以有精爽，至于神明。”皆猛之意也。廣雅〔釋詁三〕“爽，猛也”，王氏云：“爽訓爲猛，故鷹謂之爽鳩。昭十七年左氏傳‘爽鳩氏，司寇也’，杜注：‘爽鳩，鷹也。鷙，故爲司寇。’是其義也。”

**瞯、睇、睎、睩，眄也。陳楚之間南楚之外曰睇，東齊青徐之間曰睎，吳揚江淮之間或曰瞯，或曰睩，自關而西秦晉之間曰眄。** 音義
瞯，音閑。睇，音悌。睩，音略[2]。

　　**箋疏**“瞯”者，説文：“江淮之間謂眠曰瞯。”“眠”，宋本及集韻〔山韻〕作“眄”。廣韻〔襇韻〕：“瞯，視也。”離婁篇〔下〕“王使人瞯夫子”，趙岐注同。張協七命云：“眸瞯黑照。”廣雅〔釋詁一〕：“覸，視也。”説文：“睍，出目也。”廣雅〔釋詁三〕：“間，〔覛〕也。”“瞯”、“覸”、“睍”、“間”，並聲近義同。

　　説文：“睇，目小衺視也。南楚謂眄爲睇。”小雅小宛正義云“小衺視”者，別於睍眄爲衺視也。廣雅〔釋詁一〕“睇，視也”，曹憲音“弟”。“弟”與“悌”同。宋本作“音梯”，形近之誤，今從舊本。衆經音義卷二十二引纂文：

--------

〔1〕“擱”今本廣韻作“偘”。
〔2〕“睩音略”三字原無，據四部叢刊影宋本、盧文弨重校方言本補。

"顧視曰睇。"夏小正"燕乃睇",傳:"睇者,眄也。眄者,視可爲室者也。"内則"不敢睇視",鄭注:"睇,傾視也。"楚辭九歌〔山鬼〕"既含睇兮又宜笑",王逸注:"睇,微眄貌。"明夷六二"夷于左股",子夏作"睇",鄭、陸本同,並云:"旁視曰睇。"京作"眱"。又渙六四"匪夷所思",釋文:"荀作'弟'。"是"夷"與"睇",古通字。

說文:"睎,望也。海岱之間謂眄曰睎。"廣雅〔釋詁一〕:"睎,視也。"呂氏春秋不屈篇云:"或操表掇以善睎望。"班固西都賦云:"睎秦嶺。"郭景純江賦云:"飛廉無以睎其蹤。"是"睎"爲"眄"也。通作"希"。莊子讓王篇"希世而行",司馬彪注:"希,望也。""希"與"睎",聲義並同。

"睩"之言略也。卷六"睩,視也。吳揚曰睩",郭音"略",注云:"今中國亦云目睩也。"說文:"睩,眄也。"廣雅〔釋詁一〕:"睩,視也。"宋玉神女賦:"目略微眄。""略"與"睩"通。

衆經音義卷一引三蒼:"眄,旁視也。"說文:"眄,衺視也,秦語。"廣雅〔釋詁一〕:"眄,視也。"莊子山木篇云:"雖羿、逢蒙不能眄睨也。"左思詠史詩云:"左眄澄江湘。"

**餥、喙、呬,息也。周鄭宋沛之間曰餥,自關而西秦晉之間或曰喙,或曰餥,東齊曰呬。** 音義 餥,消息。喙,口喙。呬,許四反。

箋疏 "息"有二義:"餥"爲滋息之息,"喙"、"呬"爲休息之息。集韻〔職韻〕、類篇並引廣雅:"餥,息也。"玉篇:"餥,氣息也。"剝象傳:"君子尚消息盈虛。"告子篇〔上〕"日夜之所息",趙注:"息,長也。"廣雅〔釋詁四〕:"餥,長也。"是消息,猶消長也。

"喙"者,晉語〔五〕"郤獻子〔傷〕曰:'余病喙(矣)'",韋注:"喙,短氣貌。"漢書匈奴傳〔上〕"跂行喙息蠕動之類",顏師古注:"喙息,凡以口出氣者。"是"喙"爲息也。卷十二"瘃,傮也",音"喙",注云:"今江東呼極爲瘃。外傳曰:'余病喙矣。'"說文:"傮,罷也。"又云:"券,勞也。"並與"傮"同。又卷十三云"瘃,極也",音"巨畏反",注云:"江東呼極爲瘃,'倦'聲之轉也。"玉篇:"瘃,困極也。亦作'喙'。""瘃,困極也。或作'瘃'。"是"瘃"、"瘃",並與"喙"同,故大雅緜篇云"維其喙矣",廣韻〔廢韻〕引作"瘵"。毛傳云:"喙,困也。"蓋謂混夷逃遁,困極而息也。正義以爲"'喙'之爲'困'〔則〕未詳",陋矣。"喙"亦通作"嘅",亦作"噲"。逸周書周祝解:"跂動嘅息。"淮南俶真訓"跂行噲息"。"嘅息"、"噲息",並與"喙息"同。説文"喟,大息也",或從"貴"作"噴"。"喙"、"喟"、"噴",聲近義同。釋詁:"潎,息也。"説文:"潎,臥息也。讀若虺。"聲義亦與"喙"近。

"呬,息",釋詁文,郭注:"今東齊呼息爲呬。"説文同,"東齊"作"東夷",引詩:"犬夷呬矣。"今大雅緜篇作"混夷駾矣,維其喙矣"。合二句爲一句,與走部引"威儀秩秩"、日部引"東方昌矣"同。"混"作"犬"、"喙"作"呬",蓋三家詩。馬部引與今本同,用毛詩也。邶風谷風篇"伊余來墍",大雅假樂篇"民之攸墍",毛傳並云:"墍,息也。"釋詁某氏注引詩作"民之攸呬",蓋亦本三家詩也。説文:"眉,臥息也。"衆經音義卷一云:"眉,今作'呬'同。""呬"、"墍"、"眉",並音"虛器切",聲義並同。

**鈹、掜,裁也。** 梁益之間裁木爲器曰鈹,裂帛爲衣曰掜。鈹又斯也, **注** 皆析破之名也。晉趙之間謂之鈹。 **音義** 鈹,劈歷。掜,音規。

> **箋疏** 廣雅〔釋詁二〕:"鈹,裁也。"玉篇:"鈹,裁名也。"漢書藝文志"則苟鉤鈹析亂而已",顏師古注:"鈹,破也。音劈。"通作"振"。廣雅〔釋詁二〕"振,裂也",曹憲音"必麥"。淮南主術訓:"人〔主之所以〕莫振玉石而振瓜瓠。""振"與"鈹"同。
>
> 廣雅〔釋詁二〕:"掜,裁也。"玉篇同。説文:"撝,裂也。""掜"、"撝",聲近義同。合言之則曰"鈹掜"。左思蜀都賦:"藏鏹巨萬,鈹掜兼呈。"謝靈運山居賦:"鈹規之端。"是也。説文:"斯,析也。""析"與"裁"義相近,故"鈹"又訓爲斯也。盧氏云:"句末疑衍一'鈹'字。"今依其説刪。

**鐫,琢也。** **注** 謂鑿鐫也。晉趙謂之鐫。 **音義** 鐫,子旋反。

> **箋疏** "琢",各本並同,戴、盧兩家本改作"琢"。廣雅〔釋詁二〕:"琢,椎也。"玉篇:"琢,刺木也,擊也。"説文:"琢,擊也。"是"琢"卽"琢"之俗字。説文:"琢,治玉也。""鐫,穿木鐫也。一曰琢石也。讀若瀸。"是"琢"爲"琢"之

假借字，仍從舊本。

　　“鐫，琢”，方俗語轉耳。淮南本經訓“鐫山石”，高注：“鐫，猶鑿也，求金玉也。”鹽鐵論通有篇：“鑽山石而求金銀。”“鑽”與“鐫”，聲近義同。漢書薛宣傳“欲遣吏考案，恐負舉者，恥辱儒士，故使掾平鐫令”，晉灼曰：“王常爲光武鐫説其將帥。此爲徐以微言鐫鑿遣之也。”顏師古曰：“鐫，謂琢鑿也。”以器琢鑿謂之鐫，以言鐫説人亦謂之鐫，義相通也。今吳俗謂以刀鑿物及以言説人，並有是語，音近“籤”，皆古之遺語也。

　　注“謂鑿鐫”者，説文“鐫，小鑿也”，音“藏濫切”。“鑿鐫”，雙聲字。

**鍇、鑠，堅也。自關而西秦晉之間曰鍇，吳揚江淮之間曰鑠。　音義** 鍇，音楷。鑠，音啟。

　　**箋疏** 廣雅〔釋詁一〕“鍇，鞏也”，曹憲音“楷”，又“公諧反”。玉篇：“鞏，堅也。”“鞏”與“堅”通。“鍇”之言劫也。釋詁：“劫，固也。”通作“楷”。人物志體別篇：“彊楷堅勁。”“楷”與“鍇”，聲義並同。説文：“九江謂鐵曰鍇。”史記高祖功臣侯表索隱引三蒼同。玉篇音“器駭”、“古諧”二切。廣雅〔釋器〕：“鍇，鐵也。”亦以堅得名也。“鍇”，舊本音“皆”，誤。今訂正。

　　“鑠”者，廣雅〔釋詁一〕：“鑠，鞏也。”玉篇作“堅”。“鍇”、“鑠”、“堅”，並方俗語轉耳。

**揄鋪、㦗帔、帗縷、葉褕，毳也。　注 皆謂物之扞蔽也。荊揚江湖之間曰揄鋪，楚曰㦗帔，陳宋鄭衛之間謂之帗縷，燕之北郊朝鮮洌水之間曰葉褕。　注 今名短度絹爲葉褕也。　音義** 鋪，音敷。㦗，音藍。帔，音拂。褕，音臾。毳，音脆。

　　**箋疏** 説文：“毳，獸細毛也。”“㲲，西胡毳布也。”爾雅〔釋言〕“氂，罽也”，舍人注：“罽，戎人績羊毛而作衣。”漢書高帝紀〔下〕注：“罽，織毛若今氍及氈毹之類也。”廣韻〔虞韻〕引聲類：“氈毹，毛席也。”風俗通云：“織毛褥謂之氈毹。”

　　“揄”，猶“毹”也。卷十二云“揄，脱也”。“鋪”，猶“布”也。“揄鋪”者，蓋以鳥獸揄脱之毛鋪陳之義，與毛席同。

“幨幒”者，説文：“幒，無緣衣也。”玉篇同，亦作“襤”，音“力甘反”。卷四云：“楚謂無緣之衣曰襤”，“自關而西秦晉之間”“謂之袾褸”。廣韻〔物韻〕：“褸，衣短”也。又“幒”音“無”，云：“嵌空之貌。”集韻〔虞韻“幒”或〕作“幠”。説文：“幠，覆也。”蓋言短屈，僅能覆蔽也。

“帔縷”者，説文：“帔，一幅巾也。讀若撥。”史記孔子世家索隱：“撥，大楯也。”秦風小戎篇“蒙伐有苑”，毛傳：“伐，中干也。”“撥”、“伐”，古通字。孫炎爾雅〔釋言〕注：“干盾自蔽扞。”“帔”，通作“被”，亦作“鞁”。卷四云：“蔽厀，江淮之間”“或謂之袚。魏宋南楚之間謂之大巾，自關東西謂之蔽厀。”“被”、“鞁”，並與“帔”通。“縷”之言摟也。爾雅〔釋詁〕：“摟，聚也。”眾經音義卷十四引通俗文：“毛布曰氍。”又卷二引聲類曰：“氍毹，毛布也。”後漢書烏桓傳“婦人能”“織氍毹”。“氍”與“縷”通。玉篇曰：“毳，罽衣。”

“葉褕”，〔玉篇〕又云：“葉褕，短度絹。”廣雅〔釋器〕：“屍帰謂之帴。”玉篇：“（屍帰）〔帰屍〕，面衣”也。“葉褕”，猶“屍帰”也。“屍帰”、“葉褕”，並雙聲字。

## 孑、藎，餘也。　注 謂遺餘。周鄭之間曰藎，或曰孑。青徐楚之間曰孑。自關而西秦晉之間炊薪不盡曰藎。孑，俊也。遵，俊也。　注 廣異語耳。　音義 藎，昨吝反。

箋疏 “孑”者，廣雅〔釋詁三〕：“孑，餘也。”大雅雲漢篇“周餘黎民，靡有孑遺”，萬章篇〔上〕引詩而釋之曰：“信斯言也，是周無遺民也。”正義曰：“孑然孤獨之貌。”周語〔中〕曰：“胡有孑然其效戎翟也。”

“藎”，眾經音義卷二十一引此文作“爐”。又卷二十二並引説文：“火之餘木曰爐。”今本作“㶳，火餘（木）也。一曰薪也”。馬融長笛賦“藎滯抗絕”，李善注亦引此文，云：“‘藎’與‘爐’同。”大雅桑柔篇“具禍以燼”，鄭箋：“災餘曰燼。”釋文：“本亦作‘爐’。”管子弟子職“聖之遠近，乃承厥火”，尹知章注：“聖謂燭盡。”“盡”即“爐”也。吳語“然後安受其爐”，韋注：“爐，餘也。”成二年左氏傳“收合餘爐”，杜注：“爐，火餘木。”“爐”、“㶳”、“盡”，並與“藎”通。

“孑”、“遵”又爲“俊”者，皋陶謨“俊乂在官”，鄭注：“才德過千人爲俊。”
鶡冠子能天篇：“德（過）萬人〔者〕謂之俊。”白虎通義〔聖人〕引禮別名記：
“百人曰俊。”通作“雋”。宣十五年左氏傳“酆舒有三雋才”，杜注：“雋，絕異
也。”“雋”與“俊”同。“孑”爲孤獨之意，“雋”爲絕異之名，故孑又爲俊也。
戴氏云：“鄉飲酒禮‘遵者降席’，鄭注：‘遵者，謂此鄉之人仕至大夫者也，今
來助主人樂賓，主人所榮而遵法者也。’鄉射禮注：‘謂之遵者，方以禮樂化
民，欲其遵法之也。’遵之爲俊，或因此起義。”按：“遵”、“俊”，一聲之轉。遵
之訓爲俊，猶蒸之訓爲進也。孫炎釋天注云：“蒸，進也。”“遵”聲近“鐏”。
卷九云：“鐏謂之釪。”釋名〔釋兵〕云：“矛下頭曰鐏，鐏入地也。”曲禮〔上〕曰
“進戈者前其鐏”，鄭注云：“銳底曰鐏，取其鐏地。”鐏地則亦有特立之意，義
與“俊”相近。且聲同，義得相通也。

**翿、幢，翳也。** 注 儛者所以自蔽翳也。楚曰翿，關西關東皆曰幢。 音
義 翿，音濤。幢，徒江反。

箋疏 說文：“翿，翳也。”又“翳，翳也，所以舞也”，引王風君子陽陽篇：
“左執翳。”今本作“翿”，毛傳：“翿，纛也。”鄭箋云：“翳，舞者所持，謂羽舞
也。”釋言“翿，纛也”，石經作“翢”，郭注：“今之羽葆幢。”又云“纛，翳也”，注
云：“舞者所以自蔽翳。”“翢”與“翿”同。“翿”之爲“翢”，猶“幬”之爲“裯”
也。釋訓“幬謂之帳”，釋文：“幬，本或作‘裯’。”是其例也。釋名〔釋兵〕：
“翿，陶也，其貌陶陶下垂也。”鄉射禮記云：“君國中射，則”“以翿旌獲，白羽
與朱羽糅。”周官鄉師云：“及葬，執纛以與匠師御匶而治役。”鄭注襍記曰：
“匠人執翿以御柩”，“翿，羽葆幢也”，“以指麾輓柩之役，正其行列進退。”是
纛卽翿。“翿”、“纛”，古同聲。家君曰：說文無“翿”、“翢”二字，亦無“纛”
字，爾雅“翿”當爲“翳”，或爲“翿”，許君所見古本當如此也。

釋名〔釋兵〕：“幢，童也，其貌童童然也。”韓非子大體篇云：“雄駿不創
壽於旗幢。”漢書韓延壽傳云：“建幢棨，植羽葆。”“幢”，亦卽“翿”也，亦名
“幓”，故廣雅〔釋器〕曰：“幢謂之翢。”“翢”與“翿”同。又云：“幢謂之幓。”皆
以蔽翳爲義也。吾友李方伯虇芸曰：說文無“幢”字，古或作“竀”，“竀，幬帳

之象。从月，屮，其飾也。苦江切。”周官夏采〔注〕：“緌以〔旄〕牛尾爲之，綴于橦。”張衡西京賦：“都盧尋橦。”魏大饗碑：“虹鼎緣橦。”玉篇：“橦，或作‘幢’。”然則“肯”、“橦”，古今字也。

挼、略，求也。秦晉之間曰挼，就室曰挼，於道曰略。略，强取也。攗、注 古“捃”字。摭，取也。此通語也。 音義 摭，盜蹠。

　　箋疏 説文：“挼，求也。”“索，入家挼也。”廣雅〔釋詁三〕：“庱、索，求也。”“庱”與“挼”同。顏氏家訓〔音辭〕引通俗文：“入室求曰挼。”釋天“春獵爲蒐”，郭注：“挼，索取不任者。”白虎通義〔田獵〕云：“秋謂之蒐何？蒐索肥者也。”陸機辨亡論上“蒐三王之樂”，李善注：“‘蒐’與‘挼’，古字通。”慮爲求索所得而隱匿，亦謂之庱。爲政篇“人焉庱哉”，集解引孔安國注：“庱，匿也。”廣雅〔釋詁四〕：“庱，隱也。”晉語〔五〕云：“有秦客庱辭於朝。”文十八年左氏傳“服讒蒐慝”，疏引服虔注：“蒐，隱也。”義並相因也。

　　“略”者，廣雅〔釋詁三〕：“略，求也。”宣十五年左氏傳“晉侯治兵於稷以略狄土”，成十二年左氏傳“略其武夫”，杜注並云：“略，取也。”襄四年左氏傳“匠慶請木，季孫曰：‘略’”，杜注：“不以道取曰略。”齊語“犧牲不略，則牛羊遂”，韋注：“略，奪也。”管子小匡篇：“犧牲不勞，則牛羊育。”“勞”、“略”，一聲之轉，皆謂强取也。卷十三云：“撈，取也。”“撈”與“勞”同。尹知章注云“過用謂之勞”，非其義矣。隱五年左氏傳：“吾將略地焉。”漢書高帝紀〔上〕注：“凡言略地者，皆謂行而取之。”是於道曰略也。

　　衆經音義卷十一、卷十三並引此文“攗”作“捃”。墨子貴義篇云：“是猶舍穫而攗粟也。”馮衍顯志賦云：“捃桓文之譎功。”字又作“攟”。魯語〔上〕“收攟而烝”，韋注：“攟，拾也。”衆經音義〔卷十三〕引賈逵注：“攟，合穗也。”“合”與“拾”通。“攗”、“捃”、“攟”並同。

　　“摭，取”已見前卷。合言之則曰“捃摭”。史記十二諸侯年表：“各往往捃摭春秋之文以著書。”漢書藝文志“捃摭遺逸”，顏師古注：“捃摭，謂拾取之。”

茫、矜、奄，遽也。 注 謂遽矜也。吳揚曰茫，注 今北方通然也。陳穎之間曰奄，秦晉或曰矜，或曰遽。　　音義　茫，莫光反。

　　箋疏　衆經音義卷十五引通俗文：“時務曰茫。”又卷六引廣雅：“務，遽也。”通作“忙”。衆經音義卷七云：“忙，又作‘萌’同。萌人晝夜作，無日用月，無月用火，常思明，故〔字〕從‘明’。或曰萌人思天曉，故字從‘明’也。”廣雅〔釋詁一〕“萌，遽也”，曹憲音“莫郎”。月令“盲風至”，鄭注：“盲風，疾風也。”疾亦遽也。公孫丑篇〔上〕“宋人有閔其苗之不長而揠之者，芒芒然歸”，〔趙岐注〕：“芒芒〔然〕，罷倦之貌。”案：“芒芒”，亦急遽之意，當用方言義爲長。“茫”、“萌”、“芒”，字異聲義並同。

　　“矜”者，廣雅〔釋詁一〕：“矜，遽也。”爾雅〔釋言〕：“矜，苦也。”上文：“苦，快也。”廣雅〔釋詁一〕：“苦，急也。”皆遽之意也。

　　“奄”者，馬融長笛賦：“奄忽滅没。”任昉南徐州蕭公行狀：“奄見薨落。”漢武班碑：“晻忽徂逝。”衡方碑：“庵離寢疾。”“奄”、“晻”、“庵”，並字異義同。又通作“闇”。傅毅舞賦“闇復輟已”，李善注“闇，猶奄也。古人呼闇殆與奄同”，引方言：“奄，遽也。”

速、逞、搖扇，疾也。東齊海岱之間曰速，燕之外鄙朝鮮洌水之間曰搖扇，楚曰逞。

　　箋疏　“速”、“疾”通義也。春秋成二年“衛侯速”，公羊作“遫”。吕氏春秋辨土篇“弱不相害，故遫大”，高注：“遫，疾也。”“遫”、“速”，古同字。考工記〔序官〕“無以爲戚速也”，鄭注“齊人有名疾爲戚者”，引莊三十年公羊傳：“蓋以操之爲已戚矣。”今本作“蹙”。“速”、“戚”、“疾”，語之遞轉耳。

　　説文云：“楚謂疾行爲逞。”廣雅〔釋詁一〕：“逞，疾也。”上文云：“逞，快也。自山而東或曰逞。”“快”與“疾”同義，今人猶謂疾爲快矣。馬疾驅亦謂之騁。説文：“騁，直馳也。”義與“逞”同。

　　廣雅〔釋詁一〕：“搖扇，疾也。”楚辭九章〔抽思〕：“願搖起而横奔兮。”通作“遥”。卷六云：“遥，疾行也。”玉篇、廣韻〔宵韻〕並作“遙”，義同。釋蟲“蠅，醜扇”，郭注：“好搖翅。”説文作“蜩”，云：“搖翼也。”卷五云：“扇，自關而東謂之箑。”“箑”之言疌也。説文：“疌，疾也。”楚辭（反）離騷“夫唯捷徑

以窘步”,王逸注:“捷,疾也。”“篓”、“捷”,字並通。“篓”、“疾”、“扇”,皆聲
之轉耳。合言之則曰“搖扇”矣。

予、賴，儓也。南楚之外曰賴，注 賴亦惡名。秦晉曰儓。

　　　　箋疏“予”與“與”，義相通。卷十三注云:“予,猶與。”又爾雅〔釋詁〕注
云:“與,猶予也。”廣雅〔釋詁三〕:“誣、詑,予也。”下卷六作“與”,是其證也。
王氏廣雅疏證云:僖十年穀梁傳:“君喟然歎曰:吾與女未有過切,〔是〕何與
我之深也。案:“與我之深也”,猶成二年左氏傳云“儓我必甚”,是予爲儓
也。賴之訓儓,以相反爲義也。

　　　　廣雅〔釋詁一〕:“賴,善也。”告子篇〔上〕“富歲子弟多賴”,趙岐注同。
晉語〔九〕:“臣何賴于鼓。”呂氏春秋離俗篇高注:“賴,利也。一曰善也。”是
也。“賴”與“予”同義,故又訓取。卷十三云:“賴,取也。”廣雅〔釋詁一〕同。
是與“予”亦相反也。“賴”通作“厲”。子張篇“未信,則以爲厲己也”,鄭注
云:“厲讀爲賴。”“賴”、“厲”,語之轉耳。小雅正月篇“胡然厲矣”,大雅民勞
篇“以謹醜厲”,毛傳、鄭箋並云:“厲,惡也。”賴訓爲儓,聲轉爲厲,猶賴訓爲
善,聲轉爲戾也。廣雅〔釋詁一〕:“戾,善也。”鄭注大學云:“戾之言利也。”

恆慨、蔘綏、羞繹、紛毋,言既廣又大也。荊揚之間凡言廣大者謂之
恆慨,東甌之間謂之蔘綏,注 東甌亦越地,今臨海永寧是也。或謂之
羞繹、紛毋。 音義 蔘,索含反。繹,音奕。

　　　　箋疏“繹”,讀若釋。“恆慨”、“蔘綏”、“羞繹”、“紛毋”,並雙聲字,古人
凡形容彷彿之辭,罔或不由於是,此皆言其廣大也。廣韻〔覃韻〕:“蔘綏,垂
貌。”餘皆未詳。

　　　　注“東甌”,見前卷“允、訦、恂、展、諒、穆、〔信〕也”條。

剟、蹶,獪也。 注古狡狹字。秦晉之間曰獪,楚謂之剟,或曰蹶;楚鄭
曰蔫,注 亦“獪”聲之轉也。或曰姡。 注 言黠姡也〔1〕。今建平郡人呼

────────────

〔1〕“言黠姡也”四字原無,據廣本、徐本補。

狡獪〔1〕姡。　　**音義**　剿，雀潦反，又子了反。蹶，蹗蹶。蔿，指撝。姡，胡刮反。

**箋疏**　“剿”者，説文“剿，絕也”，引甘誓曰：“天用剿絕其命。”又“𤞯”字注云：“讀若夏書‘天用剿絕’。”今本作“勦”。玉篇：“剿，子小切。”廣韻〔小韻〕：“剿，絕也。”墨子明鬼篇作“勦”。玉篇：“勦，（音）楚交、子小二切。”衆經音義卷十二云：“勦，便捷也，謂勁速勦健也。”“勦”與“剿”聲同，義亦相近。衆經音義卷二：“抄，古文‘抄’、‘勦’二形，今作‘鈔’同，初効反。”説文：“一曰詺獪。”又卷十九：“勦，説文作‘趫’同，助交反。捷，健也，謂勁速勦健也。”説文：“趫，行輕貌。”廣雅：“趫，捷也。”〔2〕“趫”與“剿”，聲義皆相近。又衆經音義凡五引説文“𩲆”字，助交反，訓捷健也。又引廣雅：“𩲆，捷也。”聲類：“𩲆，疾也。”玉篇：“𩲆，剿輕爲害之鬼也。”“𩲆”與“勦”，聲同，義亦相近。左思吳都賦“儵𥊵潷潃，交貿相競”，李善注引方言：“潃，獪也。”是本或作“潃”。卷十三“江湘之間”謂“獪”爲“潃”，注云：“〔忢〕忦多智也。”音“恪交切”。廣雅〔釋詁四〕：“潃，獪也。”列子力命篇云“忢忦”、“情露”，殷敬順釋文引阮孝緒文字集略云：“忢忦，伏態貌。”玉篇、廣韻〔肴韻〕並同。“潃”、“忢”義與“剿”並相近，惟與“雀潦”、“子了”之音不合，或李善誤以廣雅爲方言耳。

“蹶”、“獪”，聲之轉也。

“蔿”者，卷三云“蔿、譌，化也”，注云：“蔿、譌，皆‘化’聲之轉也。”説文：“偽，詐也。”廣雅〔釋詁二〕：“偽，欺也。”堯典“平秩南訛”，史記五帝紀作“南爲”。周官大司徒：“以五禮防民之偽，而教之中。”襄三十年左氏傳云：“無載爾偽。”楚辭九歎〔怨思〕“若青蠅之偽質兮”，王逸注云：“偽，〔猶〕變也。”“譌”、“偽”、“爲”，並與“蔿”通，方俗語有輕重耳。凡狡獪者多變化，故亦謂之蔿也。

“姡”者，卷十云“姡，獪也。”“凡小兒多詐而獪”“或謂之姡。姡，娗也”，注云：“姡，言黠姡也。娗，言恫娗也。”卷十二云“嬣、娗，侵也”，注云：“爛侵

---

〔1〕“爲”原作“曰”，據廣本、徐本改。
〔2〕案：今本廣雅無此文。

健狡也。”健狡，猶狡獪耳。“嫣”與“蔫”亦通。

　　餘詳卷十“妭，獪也”條。

　　舊本“蹶”字下有“音厥”二字，當是後人所加。“音踣蹶”“音”字作“言”、注內“獪聲”“獪”字作“或”，並誤，今從戴氏本改正并删。

　　云“今建平郡”者，按：晉書地理志建平屬荆州，今湖北施南府是其處。

# 輶軒使者絕代語釋別國方言箋疏卷第三

陳楚[1]之間凡人嘼乳而雙產謂之釐孳，秦晉之間謂之僆子，自關而東趙魏之間謂之攣生。女謂之嫁子。 **注** 言往適人。 **音義** 孳，音兹。僆，音輦。攣，蘇官反。

    **箋疏** 説文：“嘼，㹃也，象耳頭〔足〕厹地之形。古文嘼下从厹。”玉篇：“嘼，救又切，六嘼：牛、馬、羊、犬、雞、豕。養之曰嘼，用之曰牲。今作‘畜’。又許又、許六二切。”衆經音義卷二引倉頡篇：“乳，字也。”屯六二“女子貞不字”，虞注：“字，妊娠也。”説文序云：“字者，言孳乳而寖多也。”又云：“人及鳥生子曰乳，獸曰產。”案：此以對文言之，故又云：“產，生也。”周官大宗伯鄭注云：“能生非類曰化，生其種曰產。”“釐”、“僆”、“攣”，並聲之轉也。廣雅〔釋詁三〕：“釐，攣也。”堯典某氏傳云：“乳化曰孳。”玉篇：“㜝，力辭切，㜝孖，雙生也。孖，子辭切……㜝孖。”即“釐孳”之異文。卷十二：“娌，耦也。”説文：“麗，旅行也。”字或作“儷”，通作“離”。玉篇云：字書“儷”與“儷”同。廣雅〔釋言〕：“儷，扶也。”説文：“扶，並行也。讀若伴侶之伴。”“娌”、“麗”、“儷”、“離”、“儷”，並與“釐”聲近義同。

    廣雅〔釋詁三〕：“僆，孿也。”“孿”與“攣”同。玉篇“僆，雞鴨成僆”，又引文字音義云：“江東呼畜雙產謂之僆。”“僆”，猶連也。説文“孿，一乳兩子也”，徐鍇傳曰：“孿，猶僆也。”衆經音義卷十七引倉頡篇：“僆，一生兩子也。”又引字林：“孿，雙生也。”廣雅〔釋詁四〕：“孿，二也。”淮南修務訓“孿子之相似者，唯其母能知之”，呂氏春秋疑似篇畧同。太玄玄摛云“兄弟不孿”，范望注：“重生爲孿。”案：“孿”從“䜌”聲。説文：“䜌，一曰不絕。”不絕

---

[1] “楚”原作“蔡”，據廣本、徐本改。

卽連也。小畜九五"有孚攣如"，馬融注："攣，連也。""攣"與"孿"，聲同，義亦相近也。

**東齊之間壻謂之倩。**　注 言可借倩也。今俗呼女壻爲卒便，是也。

箋疏 説文"壻，夫也。讀與細同"，或從"女"作"婿"。"壻"，舊本皆譌作"胥"，注及下並同，不成字。案："胥"隸變作"胥"，見漢韓勅碑。"壻"作"智"，見仙人唐君房碑。蓋"胥"本作"智"，乃俗"壻"字，遂誤而爲"胥"。下"凡民男而壻婢謂之臧"，漢書司馬遷傳應劭注引亦作"胥"，正與此同。可知方言原本"壻"皆用俗"壻"字，戴本改作"壻"，不知子雲於方言多俗字，於太玄多奇字，各從所宜，具有意恉。校書輒爲改易，殊失本真，今定作"智"，於義爲安。史記倉公傳"黃氏諸倩"，徐廣曰："倩者，女壻也。"説文："倩，人字，東齊壻謂之倩。"韻會本作"人美字也"。廣雅〔釋親〕："壻謂之倩。"案："壻"、"倩"皆有才知之稱。壻之言胥也。小雅桑扈篇"君子樂胥"，鄭箋："壻，有才知之名。"周官象胥鄭注："胥，有才知者也。"又天官序官"胥十有二人"，鄭注："胥讀爲諝，謂其〔有〕才知爲什長。"説文："諝，知也。"萬章篇〔上〕"帝將胥天下而遷之焉"，趙注："胥，須也。"歸妹六三"歸妹以須"，鄭注："須，有才智之稱。""須"與"壻"，聲亦相近，故史記廉頗傳索隱云："'胥'、'須'，古人通用。"

"倩"之言婧也。説文："婧，有才也。"漢書朱邑傳"陳平雖賢，須魏倩而後進"，顏師古注："倩，士之美稱。"義與"壻謂之倩"相近。按："壻"、"倩"，聲之轉耳。釋草云："茹藘，茅蒐。"鄭風東門之墠正義引李巡注云："茅蒐，一名茜。""茜"與"蒨"同。小雅瞻彼洛矣正義引鄭駁異義云："靺，草名，齊魯之間言靺韐聲如茅蒐，字當作靺，陳留人謂之蒨。""蒐"、"壻"聲相近，壻之轉爲倩，猶蒐之轉爲蒨也。郭氏以"倩"爲"借倩"，失之。

"今俗呼〔女〕壻爲卒便"下，舊本有"卒便一作平使"六字，此校書者之語，非郭氏注文也。"卒便"卽"倩"之合聲，緩言之則爲"卒便"矣。

**燕齊之間養馬者謂之娠。**　注 今之温厚也。**官婢女廝謂之娠。**　注 女廝，婦人給使者，亦名娠。　**音義** 娠，音振。

**箋疏** 説文云:"官婢女隷謂之娠。"後漢書杜篤傳"獲昆彌,虜僌侲",李賢注引方言"侲,養馬人也",云字書"侲,音真"。廣韻〔真韻〕"侲"字注引字林云:"侲,養馬者。""侲"、"娠",古通字。卷五云"飤馬橐,燕齊之間謂之帪",注云:"廣雅作'振',字音同耳。"今本亦作"帪"。養馬者謂之娠,飤馬橐亦謂之帪,義相因也。

説文:"婢,女之卑者也。"曲禮〔下〕鄭注云:"婢之言卑也。"周官司厲曰:"其奴,男子入於罪隷,女子入於舂稾。"劉歆與揚子書曰:"田儀與官婢陳徵、駱驛等私通。"

衆經音義卷二引字書:"廝,役也,謂賤役〔者〕也。"玉篇:"㒋,役也,賤也。(㒋)與'廝'同。"蓋如周官序官所稱女酒、女漿、女籩、女醢、女醯、女鹽、女冪、女祝、女史、内司服、女御、縫人、女工、女舂抌、女饎、女稾各若干人,各有奚若干人是也。又鄭注云:"古者從坐男女,没入〔縣〕官爲奴,其少才知以爲奚,今之侍史官婢。"宣十二年公羊傳"廝役扈養",何休注:"艾艸爲防者曰廝,汲水漿者曰役,養馬者曰扈,炊亨者曰養。"漢書張耳傳"有廝養卒謝其舍",蘇林曰:"廝,取薪者也。養,養人者也。"韋昭曰:"析薪曰廝,炊亨曰養。"並與此義不合,蓋對文則異,散文則通也。家君曰:説文無"廝"字,或从"人"作"㒋",隷變作"廝",古只用"斯"。陳風墓門篇:"斧以斯之。"斯之義爲斬伐,故爲取薪者之名,此與官婢同舉,則爲卑賤之通稱,故亦謂之娠,義與養馬者同也。

楚東海之間亭父謂之亭公。 **注** 亭民。 卒謂之弩父, **注** 主儋幔弩導幨,因名云。 或謂之褚。 **注** 言衣赤也。 **音義** 褚,音赭。

**箋疏** 衆經音義卷四、卷九、卷十一並引方言云:"南楚東海之間或謂卒爲褚,郭注曰:'言衣赤也。'"疑"楚"上脱"南"字。漢書高祖紀〔上〕應劭注:"舊時亭有兩卒:一爲亭父,掌開閉掃除;一爲求盗,掌逐捕盗賊。"續漢書百官志〔五〕注引風俗通義云:"漢家因秦,大率十里一亭。亭,留也,蓋行旅宿食之所館。亭吏舊名負弩,改爲亭長,或謂亭父。"案:亭父之爲亭公,猶丁父之爲丁翁,亦爲丁公也。太平御覽九百九十二引廣雅云:"丁父、附支,通草也。”又引吳普本草云：“通草，一名丁翁。”名醫別録：“丁公寄，一名丁父。”陳藏器曰：“卽丁公藤。”是其例也。

“卒”者，説文：“卒，隸人給事者爲卒，卒衣有題識者。”韻會〔月韻〕所據徐鍇本作“古以染衣題識”。

“弩父”，猶負弩，以其所主爲名也。

説文又云：“褚，卒也。”昭二年左氏傳“請以印爲褚師”，杜注：“褚師，市官。”市官謂之褚師，卒謂之褚，其義一也，故鄭注周官司常云“今城門僕射所被及亭長著絳衣”，是也。廣韻〔姥韻〕：“帾，標記物之處也。”標記物處謂之帾，卒衣有題識謂之褚，義亦同也。邶風簡兮篇“赫如渥赭”，鄭箋以“赭”爲“丹”。説文：“丹，〔巴〕越之赤石也。”故注云：“言衣赤也。”

臧、甬、侮、獲，奴婢賤稱也。荆淮海岱雜齊之間，注 俗不純爲雜。 罵奴曰臧，罵婢曰獲。齊〔1〕之北鄙燕之北郊〔2〕凡民男而壻婢謂之臧，女而婦奴謂之獲；亡奴謂之臧，亡婢謂之獲。皆異方罵奴婢之醜稱也。自關而東陳魏宋楚之間保庸謂之甬。 注 保，言可保信也。秦晉之間罵奴婢曰侮。 注 言爲人所輕弄〔3〕。 音義 甬，音勇。

　　箋疏 史記魯仲連傳云：“臧獲且羞與之同名矣。”漢書司馬遷傳“且夫臧獲婢妾猶能引決”，韋昭曰：“羌〔4〕人以婢爲妻，生子曰獲。奴以善人爲妻，生子曰臧。”後漢書何敞傳“臧獲之謀”，李賢注引方言：“臧〔獲〕，奴婢賤稱也。”荀子王霸篇“則雖臧獲不肯與天子易執業”，楊倞注：“臧獲，奴婢也。”節引此文，又云：“或曰取貨謂之臧，擒得謂之獲，皆謂有罪爲奴婢〔者〕，故周官司厲曰：‘其奴，男子入於罪隸，女子入於舂稾。’”莊子駢拇篇崔譔注引張揖曰：“婿婢之子謂之臧，婦奴之子謂之獲。”墨子小取篇：“獲，人也。愛獲，愛人也。臧，人也。愛臧，愛人也。”廣雅〔釋詁三〕“獲，辱也”，

〔1〕 “齊”原作“燕”，據廣本、徐本改。
〔2〕 “燕之北郊”四字原無，據廣本、徐本補。
〔3〕 “注言爲人所輕弄”七字原無，據廣本、徐本補。
〔4〕 “羌”胡克家文選考異曰：“案：‘羌’當作‘善’，各本皆譌。”

玉篇同，云："婢之賤稱也。"廣雅〔釋詁三〕又云："澉，污也。"楚辭漁父云："又安能以皓皓之白，而蒙世〔俗〕之溫蠖乎！""澉"、"蠖"，聲並與"獲"相近，皆污辱之稱也。又通作"穀"。莊子駢拇篇："臧與穀，二人相與牧羊而俱亡其羊。"又荀子禮論篇："君子以倍叛之心接臧穀，猶且羞之。"案："臧"之本訓爲善，"穀"之本訓亦爲善，又爲生，"獲"之本訓爲得，義取相反，故又爲醜惡死亡之稱，而崔譔以爲"好書曰臧，孺子曰穀"，楊倞讀"穀"爲"穀於菟"之"穀"，謂爲"哺乳小兒"，望文生義，胥失之矣。

　　説文："罵，詈也。"廣韻十月引春秋元命苞："网言爲詈。"昭二十六年左氏傳云："掔豎射陳武子，中手，失弓而罵。"宋策云："罵國老諫臣。"列子周穆王篇："數罵杖撻，無不至也。"説苑雜言篇云："是以孔子家兒不知罵。"釋名〔釋言語〕："罵，迫也，以惡言被迫人也。"是其義也。

　　俗"壻"字作"揟"，傳寫者訛作"聟"，舊本並同，不成字，今訂正。説見"東齊之間揟謂之倩"條下。

　　廣雅〔釋詁一〕："甬、保、庸，使也。"又〔釋詁四〕云："倛、獲，婢也。""甬"之言用也。李善注賈誼過秦論引作"庸"。亦作"傭"。説文："賃，庸也。""傭，均直也。"廣雅："傭，役也。"言役力受值也。楚辭九章〔懷沙〕"固庸態也"，王逸注："庸，廝賤之人也。"墨子尚賢中篇"傅説""庸築乎傅巖"，史記〔陳涉世家〕索隱引作"傭"。荀子議兵篇："是其去賃市傭而戰之。"史記司馬相如傳："與庸保（相）襍作。"鶡冠子〔世兵〕："伊尹酒保，太公屠牛。"漢書欒布傳"窮困，賣庸於齊，爲酒家保"，孟康云："酒家作保。保，庸也。可保信，故謂之保。"顏師古曰："謂庸作受顧也。爲保，謂保可任使。"後漢書杜根傳"爲宜城山中酒家保"，李賢注："言爲人傭力保任而使（之）也。"下云"庸謂之倯，轉語也"，注云："猶保倯也。"是"保倯"與"保庸"同。

**蔿、譌、譁、注**　皆"化"聲之轉也。涅，化也。燕朝鮮洌水之間曰涅，或曰譁。雞伏卵而未孚，始化之時，謂之涅。　**音義**　蔿，音花。譌，訛言。譁，五瓜反。孚，音赴。

　　**箋疏**　廣雅〔釋詁三〕："譁、蔿、涅，匕也。"又〔釋言〕云："蔿、譌，譁也。"

説文："七，變也。"經典通作"化"。周官大宗伯"以禮樂合天地之化，百物之産"，鄭注云："能生非類曰化，生其種曰産。""蔿"與"華"同。風俗通義〔山澤〕云："西方崋山。崋者，華也，萬物滋然，變華於西方也。""蔿"、"譁"、"崋"，聲義並同。家君曰：説文"貨，財也。从貝，化聲"，徐鍇傳云："可以交易曰貨。貨，化也。"又："賜，資也。从貝，爲聲。或曰：此古'貨'字，讀若貴。"案："賜"、"貨"同字，"蔿"亦爲化，"蔿"、"賜"亦相通也。

"譌"通作"訛"。釋言："訛，化也。"小雅沔水、正月篇"民之訛言"，説文引作"譌"。又通作"吪"。豳風破斧篇"四國是吪"，毛傳："吪，化也。"郭注爾雅〔釋言〕引作"訛"。"譌"、"吪"，聲義並同。堯典"平秩南訛"，史記五帝紀作"南爲"。楚辭九歎〔怨思〕"若青蠅之僞質兮"，王逸注："僞，〔猶〕變也。""爲"、"僞"與"譌"古聲亦相近。化謂之蔿，又謂之譌，亦謂之譁，猶臿謂之鏵，亦謂之鍋也。高誘注淮南精神訓云："臿，鏵也。青州謂之鏵"，"三輔謂之鍋"。其聲轉一也。

説文："涅，黑土在水中也。"論語〔陽貨〕孔安國注云："涅，可以染皁。"釋文引"乃結切"。淮南説山訓"譬猶以涅拭素也"，高注："涅，黑也。"字通作"泥"。大戴記曾子制言篇〔上〕："白沙在涅，與之俱黑。"洪範正義引荀子作"白沙在泥，與之俱黑"。史記屈原傳"皭然泥而不滓者也"，索隱："泥〔亦〕音涅，滓亦音淄。"是"泥"與"涅"同。

卷八云："北燕朝鮮洌水之間謂伏雞曰抱。""其卵伏而未孚始化謂之涅。""抱"，廣韻〔号韻〕作"菢"，云"鳥伏卵"，音"薄報切"。案：伏雞，猶言抱雞。"抱"、"伏"、"涅"，皆語之轉也，故"包羲"亦謂之"伏羲"矣。"抱"轉入聲則爲"涅"，"涅"與"嶷"同聲。淮南原道訓"扶摇抮抱羊角而上"，高注云："抱，讀詩'克岐克嶷'之'嶷'。"又本經訓"菱杼抮抱"，注云："抱，讀'岐嶷'之'嶷'。"説文引詩作"啜，从口，疑聲"。抱之轉爲嶷，猶涅之轉爲泥矣。

説文："卵，凡物無乳者卵生。盧管切。"内則"濡魚，卵醬"，鄭注："卵，讀爲鯤。鯤，魚子。或作'攔'。"説文："綰，讀若雞卵。""卵"、"關"、"綰"，古聲並同。

　　説文：“孚，卵孚也。”衆經音義卷七引字林：“孚，〔亦〕生也。”淮南人間訓：“夫鴻鵠之未孚於卵也，一指蔑之，則靡而無形矣。”又泰族訓：“蛟龍伏寢於淵，而卵剖于陵。唐瞿曇悉達開元占經龍魚蟲蛇占篇引此文“剖”作“孚”。又引許慎注：“孚，謂卵自孚者。”太玄迎次二：“蛟潛于淵，陵卵化之。”衆經音義卷二引風俗通：“卵化曰孚。”通作“桴”〔1〕，亦作“孵”。夏小正“雞桴粥”，傳曰：“桴，嫗伏也。”玉篇：“孵，卵化也。”“桴”、“孵”與“孚”，“粥”與“育”，並同。桴粥，猶言孚育耳。“孚”，郭音“赴”，説文：“赴，趨也。”衆經音義卷八引少儀“無趀往”，今本作“無報往”，鄭注：“報，讀爲赴疾之赴。”玉篇：“趀，孚務切，及期也。亦作‘赴’。”是“孚”、“趀”、“報”、“赴”，古字並通。案：今人伏雞七日後，取而就鐙燭之，其明且紅者，去之，尚可食，卽説文所謂“鰕，卵不孚”者也。管子五行篇作“段”，亦卽樂記之“殰”。其黑如墨者，仍令雞伏之，越十餘日，浮水能動，後二三日皆成雛，破卵而出。蓋“湼”本訓黑，又有染化之義，“伏雞”亦如之，其以是爲名歟？

**斟、協，汁也。　**注 謂和協也。或曰潘汁，所未能詳。**北燕朝鮮洌水之間曰斟，自關而東曰協，關西曰汁。**

　　**箋疏** 説文“汁，液也”，段氏若膺曰：“此兼瀋汁和叶而言，如台朕賚畀卜陽予也之例，汁液必出於和協，故其音義通也。”“汁”古通作“協”，亦作“叶”。周官鄉士“汁日刑殺”，鄭司農云：“汁，合也，和也。和合支幹善日。”釋文：“汁，音協，本亦作‘協’。”〔春官大史〕杜子春〔注〕云：“叶，協也。書亦或爲‘協’，或爲‘汁’。”釋文：“叶，音協，劉子集反。”大行人“協辭命”，鄭注：“故書‘〔協辭命〕’作‘叶詞命’。”鄭司農云：“‘叶’當爲‘汁’，‘詞’當爲‘辭’，書或爲‘叶辭命’。”釋文：“叶音協，汁音之十反，叶也。”左思吳都賦“皆與謠俗汁協”，劉逵注云：“汁，猶叶也。”張衡西京賦“五緯相汁，以旅於東井”，李善注引方言：“汁，叶也，之十反。郭注曰：‘叶，和也。’”“協”、“叶”，並與“汁”同。此“汁”當音“胡頰”、“子入”二切。

---

〔1〕 案：“通作桴”下衍“亦作桴”三字，據廣本、徐本删。

"斠"者,下云:"斠,益(之)也。"説文:"斠,勺也。""妁,酌也,斠酌二姓也。"是和協之義也。又史記張儀傳"厨人進斠",索隱:"斠謂羹勺,故〔因〕名汁爲斠。""斠"〔1〕訓勺。鄭注士冠禮:"勺,斠斗,所以斟酒也。"所以斟酒謂之斠,所斟之汁亦謂之斠,猶祭社之肉盛之以屋卽謂之脤。説文:"脤,社肉盛之以屋,故謂之脤。"經典多從"肉"作"脤"。大雅緜箋、周官掌屋注,徑用"屋"爲"脤"字,皆義之相因者也,是斠又爲潘汁也。"協"、"汁"古多無別,字既可通,義亦可兼矣。

注"潘汁",戴氏引釋名"宋魯人皆謂汁爲瀋",改爲"瀋汁"。説文"瀋,汁也",引哀三年左氏傳曰"猶拾瀋也",杜注:"瀋,汁也。"釋文:"北土呼汁爲瀋。"説文又云:"潘,淅米汁也。"哀十四年左氏傳"遺之潘沐",杜注:"潘,米汁,可以沐頭。"内則云"燂潘請靧",鄭注云:"潘,米瀾。"説文:"灡,潘也。""灡"與"瀾"同。又云:"周謂潘曰泔。"衆經音義卷九云:"江北名泔,江南曰潘。"又引倉頡篇"潘"作"瀿"。周官槁人〔注〕"潘灡戔餘",釋文云:"潘,本或作'蕃'。"義並與"潘"同。"瀋"訓爲汁,"潘"亦訓爲汁,改"潘"作"瀋",多此舉矣。

**蘇、芥,草也。** 注 漢書曰:"樵蘇而爨。"蘇猶蘆,語轉也。**江淮南楚之間曰蘇,自關而西或曰草,或曰芥。** 注 或言菜也。**南楚江湘之間謂之莽。蘇亦荏也。** 注 荏屬也。爾雅曰:"蘇,桂荏也。"**關之東西或謂之蘇,或謂之荏。周鄭之間謂之公蕡。** 注 今江東人呼荏爲菩〔2〕。**沅湘之南或謂之䒄。** 注 今長沙人呼野蘇爲䒄。沅,水名,在武陵。**其小者謂之釀菜。** 注 薰菜也,亦蘇之種類,因名云。 音義 莽,嫫母。蕡,翡翠。菩,音吾。䒄,車轄。

箋疏 廣雅〔釋草〕:"蘇、芥、莽,草也。"列子周穆王篇云:"其宫樹若累塊積蘇焉。"素問移精變氣詥云:"十日不已,治以草蘇。"莊子天運篇"蘇者

---

〔1〕 "斠"原作"酌",據廣本、徐本改。
〔2〕 "菩"原作"蕃",據廣本、徐本改。

取而爨之”，<u>李頤</u>注：“蘇，草也，取草者得以炊也。”<u>史記淮陰侯傳</u>“樵蘇後爨，師不宿飽”，集解引<u>漢書音義</u>：“蘇，取草也。”<u>漢書韓信傳顏師古</u>注同。<u>説文</u>：“穌，把取禾若也。”“穌”與“蘇”通。<u>離騷</u>“蘇糞壤以充幃兮”，<u>王逸</u>注：“蘇，取也。”是草謂之蘇，取草亦謂之蘇，猶草謂之芻，取草亦謂之芻，薪謂之樵，採薪亦謂之樵，義並相因也。

　　<u>説文</u>：“芥，菜也。从艸，介聲。大篆从𦬊。”𦬊爲衆草，足以明之矣。<u>哀元年左氏傳</u>“以民爲土芥”，<u>離婁篇</u>〔下〕“君之視臣如土芥”，<u>杜預</u>〔1〕、<u>趙岐</u>注並云：“芥，草也。”通作“介”。<u>萬章篇</u>〔上〕“一介不以與人”，<u>趙</u>注云：“一介艸不以與人。”<u>説文</u>：“丰，艸蔡也。象艸生之散亂。讀若介。”“介”、“丰”，並與“芥”同。又云：“蔡，艸丰也。”<u>衆經音義</u>卷四：“草蔡，音察，艸蘆也，亦芥也。艸音千古反，枯艸也。今<u>陝</u>以西言艸蔡，<u>江南山東</u>言艸蘆，<u>山東</u>云七故反。”“蔡”與“察”同。草謂之蘇，亦謂之芥，猶芥菹亦謂之水蘇也。<u>神農本草</u>“水蘇，一名芥菹”，是已。

　　“莽”舊本誤作“芥”，<u>戴</u>據<u>薛綜西京賦</u>注引改作“莽”。音内“嫫母”下各本無“反”字，<u>戴</u>據卷十内“莽，嫫母反”增“反”字，非是。案：<u>廣韻</u>三十七蕩“莽”音“模朗切，又莫古切”。四十五厚“莽”字在“母紐”下，則卷十之“反”亦誤衍也，今訂正。卷十云：“莽，草也。南楚曰莽。”<u>説文</u>：“<u>南昌</u>謂犬善逐兔艸中爲莽。从犬、从𦮃，𦮃亦聲。”又：“𦮃，衆艸也。从四屮。讀與罔同。”經典通作“莽”。<u>同人九三</u>“伏戎于莽”，<u>虞</u>注：“震爲艸莽。”<u>昭元年左氏傳</u>云：“是委君貺於草莽也。”<u>張衡西京賦</u>“赴長莽”，<u>薛綜</u>注：“莽，草也。”<u>楚辭離騷</u>“夕攬州之宿莽”，<u>王逸</u>注：“草冬生不死者，楚人名曰宿莽。”<u>王氏懷祖</u>〔<u>廣雅疏證釋草</u>〕曰：“‘莽’之言莽莽也。<u>哀元年左氏傳</u>‘暴骨如莽’，<u>杜</u>注：‘草之生于〔廣〕野，莽莽然，故曰草莽。’<u>如淳漢書景帝紀</u>注：‘草深曰莽。’艸多曰莽，木多亦曰莽。<u>同人鄭</u>注：‘莽，叢木也。’<u>淮南時則訓</u>‘山雲艸莽’”，<u>高</u>注：‘山中氣出雲似艸木。’則莽又爲艸木衆盛之通稱，故<u>楚辭九章</u>〔懷沙〕

---

〔1〕 “杜預”二字原無，據文義補。

云‘艸木莽莽’也。‘莽’之聲轉爲‘毛’。隱三年左氏傳‘澗谿沼沚之毛’，杜注：‘毛，草也。’召南采蘩傳云：‘沼沚谿澗之草。’是也。草謂之毛，故菜茹亦謂之毛。楚辭大招‘吳酸芼蔞’，王逸注云：‘芼，菜也。’太平御覽引作‘毛’，是也。菜茹謂之毛，故五穀亦謂之毛。宣十二年公羊傳‘錫之不毛之地’，何休注：‘墝埆不生五穀曰不毛。’是也。穀謂之毛，故桑麻亦謂之毛。周官載師‘凡宅不毛者有里布’，鄭衆注云：‘宅不毛者，謂不樹桑麻’也。桑麻俱是毛，則毛之名，可因草而通之於木。昭七年左氏傳云：‘食土之毛。’蓋兼草木而言之者。范邵注穀梁定元年傳云：‘凡地之所生者，謂之毛’也。”

　　“蘇亦荏也”者，釋草“蘇，桂荏”，郭注：“蘇，荏類。”以其味辛似桂，故名桂荏。是分言之則蘇荏二物，合言之則無別也。廣雅〔釋草〕云：“公蕡、蕡、荏，蘇也。”説文徐鍇傳云：“荏，白蘇也。桂荏，紫蘇也。”內則云“薌無蓼”，鄭注云：“薌，蘇荏之屬也。”枚乘七發：“秋黃之蘇，白露之茹。”張衡南都賦：“蘇菰紫薑，拂徹膻腥。”蘇頌本草圖經：“蘇有魚蘇、山魚蘇，皆是荏類。”“魚蘇，似茵陳，大葉而香，吳人以煮魚者，一名魚蒜。生山石間者名山魚蘇。”齊民要術引氾勝之種植書：“區種荏令相去三尺。”

　　注云“荏屬”者，按：凡言“屬”，則別在其中，故鄭注周禮每言屬別。陶弘景名醫別録注云：“荏，狀如蘇，高大，白色，不甚香，其子研之，雜米作糜，甚肥美，東人呼爲薰。”“薰”，説文作“菩”，云：“艸也。楚辭有菩蕭〔艸〕。”今楚辭無此文。案：“薰”、“吾”，古同聲。晉語〔二〕“暇豫之吾吾”，韋注：“吾，讀如魚。”玉篇音“五都切”，云：“艸似艾。”廣韻〔模韻〕同。此即周鄭之間謂之“公蕡”者是也。玉篇云：“長沙人呼野蘇爲蕡（茱）。”陶注又云：“蘇葉下紫而氣甚香，其無紫色而不香似荏者，名野蘇。”此即沅湘之間所謂“蕡”者是也。

　　注“沅，水名，在武陵”者，説文：“沅水，出牂牁故且蘭，東北入江。”海內東經“沅水山出象郡鐔城西，入東注江，入下雋西，合洞庭中”，郭注“象郡，今日南也。鐔城縣，今屬武陵。下雋縣，今屬長沙”，引水經曰：“沅水出牂泂且蘭縣，又東北至鐔城縣，爲沅水。又東過臨沅縣〔南〕，又東至長沙下雋。”按：文選江賦注引“沅水”下無“山”字，蓋誤衍也。“入東注江”，“入”字疑“又”字之訛。今本水經與郭所引亦微異。漢書地理志日南郡，故秦象郡，又武陵郡鐔城，晉書地理志同。又漢志長沙國下雋，晉太康元年置巴陵縣。案：鐔城，今湖南沅州府黔陽、靖州、會同、通道等縣；下雋，今岳州府巴陵、臨湘等縣是其地也。

“釀菜”者，説文：“釀，菜也。”而丈切。玉篇：“菜，香菜菜，蘇類也。”集韻〔有韻〕：“菜，菜名，似蘇。”〔又養韻〕引廣雅“釀菜，蘇也”，類篇同。今本作“菜，蘇也”，誤脱“釀”字。名醫別録作“香薷”，陶注云：“家家有此，惟葉生食。”蘇頌圖經云：“似白蘇而葉更細”，“一作香菜，俗呼香茸。”“又有一種石上生者，莖葉更細而辛香彌甚”，“謂之石香薷”。孟詵食療本草又謂之“香戎”。“戎”與“茸”同。開寶本草：“石香薷，一名石蘇。”據此則香菜即蘇之別種，以其莖葉小於蘇，故云“其小者謂之釀菜”也。“菜”之言柔弱也，“薷”之言濡脃也，“戎”之言蒙茸也，皆細小之意也。“菜”、“薷”，古通字。“菜”之變爲“薷”，猶“柔”之轉爲“濡”也。周頌時邁篇“懷柔百神”，釋文：“本亦作‘濡’。”是也。“菜”之聲又轉爲“戎”。顏師古匡謬正俗〔卷六猱〕云：“戎，即猱也”，“俗語變譌謂之戎耳，猶今之香菜謂之香戎”。是也。

注“薰菜”，各本作“菫菜”，案：廣雅〔釋草〕：“菫，羊蹄也。”小雅我行其野篇“言采其蓫”，傳云：“蓫，惡菜也。”齊民要術〔卷十〕引義疏云：“今羊蹄，似蘆菔，莖赤，煮爲茹，滑而不美，多噉令人下痢。幽州謂之羊蹄，揚州謂之蓫，一名蓨。”此其一也。又爾雅〔釋草〕“芨，菫草”，郭注云：“即烏頭也，江東呼爲菫。”名醫別録云：“萴藋有毒，一名菫草，一名芨。”説文徐鍇傳引字書云：“萴藋，一名菫。”廣韻〔緝韻〕“芨，烏頭別名”，或作“蕀”。集韻〔緝韻〕：“芨，菫草也。通作‘蕀’。”此又烏頭類也。又齊民要術〔卷十〕引字林云：“菫，似冬藍，蒸食之，酢。”陶注本草“羊蹄”云：“又一種極相似而味醋，呼爲酸摸。”本草拾遺云：“酸摸，葉酸美，小兒亦折食其英”，“葉似羊蹄，是出大黃，一名當藥。”爾雅〔釋草〕“須，葑蓯”，郭注云：“似羊蹄，葉細，味酢可

食。"此又其一也。是三者，雖名爲"堇"，皆與"蘇"絕不相類，且諸書亦無言
"堇菜"者，"堇"蓋"薰"字之訛。"堇"與"薰"形相似，傳寫者遂誤爲"堇"耳。
案：公食大夫禮"臄以東，臐、膮、牛炙"，鄭注云："臄、臐、膮，今時牒也。牛
曰臄，羊曰臐，豕曰膮，皆香美之名也。古文'臄'作'香'，'臐'作'薰'。"是
薰亦香也，薰菜猶言香菜耳，今訂正。戴本自"蘇亦荏也"至末，提行別爲一
條，蓋以上文釋草，下文專釋蘇故也。然文言"亦荏"則是承上條之詞，似應
仍舊爲得，今從各本。

## 蘴、蕘，蕪菁也。陳楚之郊謂之蘴，魯齊之郊謂之蕘，關之東西謂之蕪菁，趙魏之郊謂之大芥，其小者謂之辛芥，或謂之幽芥；其紫華者謂之蘆菔。　注　今江東名爲溫菘，實如小豆。東魯謂之菈蘧[1]。音義　蘴，音蜂，今江東音嵩，字作"菘"也。蕘，鈴鐃。蘆菔，羅匐二音。菈蘧，洛答、徒合兩反。

箋疏　邶風谷風篇"采葑采菲，無以下體"，毛傳："葑，須也。菲，芴也。
下體，根莖也。"鄭箋云："此二菜者，蔓菁與葍之類也，皆上下可食。然其根
有美時，有惡時。采之者，不可以根惡時並棄其葉。"釋文："葑，徐音蘴，須
也。字書作'蘴'。艸木疏云：蔓菁也。郭璞云：今菘菜也。案：江南有菘，
江北有蔓菁，相似而異。"釋草："須，葑蓯。"齊民要術[卷三]引舊注云："江
東呼爲蕪菁，或爲菘。"是"蘴"與"葑"、"菘"並同。説文："葑，須從也。""須
從"之合聲，即"菘"也。廣雅[釋草]"蘴、蕘，蕪菁也"，王氏疏證云："'菘'
者，'須'之轉聲。'蕘'者，'蘴'之轉聲也。'蕪'之聲又轉爲'蔓'。"伯申氏
曰："古艸木之名同類者，皆得通稱。呂氏春秋本味篇'菜之美者'，'具區之
菁'，高注：'菁，菜名。'是[則]江南之菘亦得稱菁，郭氏所説不誤也。陸機
詩疏[云]：'葑，蕪菁也。幽州人謂之芥。'則呼芥者不獨趙魏之郊也。鄭注
坊記云：'葑，蔓菁也。陳宋之間謂之葑。'則呼蘴者不獨陳楚之郊也。蘴又
爲蕪菁之苗。齊民要術引字林云：'蘴，蕪菁苗。'此猶藥即白芷，而云白芷

_____

[1]　"東魯謂之菈蘧"原作"東齊謂之菈遝"，據四部叢刊影宋本、盧文弨重校方言本改。

葉謂之蘴，菰卽彫胡，而云菰米謂之彫胡也。或爲大名，或爲專稱，蓋古今方俗語有異耳。陶弘景注名醫別錄云：‘蕪菁，細于溫菘而葉似菘，可食。’唐本注云：‘北人又名蔓菁。’本草拾遺：‘今并汾河朔間燒食其根，呼爲蕪根。猶是蕪菁之號。蕪菁，南北之通稱也。’蕪菁可以爲菹。周官醢人‘朝事之豆，其實’‘菁菹’，後鄭注：‘菁，蔓菁也。’徐邈蔓音蠻。聲轉而爲蒉。鄭注公食大夫禮‘菁菹’云：‘菁，蒉菁菹也。’又轉而爲門，又轉而爲芬。北戶錄〔卷二〕：‘蕪菁，凡將篇謂爲門菁，證俗音曰冥菁，小學篇曰芬菁。’急就篇〔卷二〕‘老菁蘘荷冬日藏’，顏師古注：‘菁，蔓菁也。一曰蒉菁’，‘又曰芬菁。’是也。老菁，冬日所藏，故南都賦云：‘秋韭冬菁。’齊民要術引四民月令亦云：‘蕪菁十月可收矣。’”玉篇引方言“蕾，江東曰菘，蕪菁也”，蓋涉注文而誤也。案：“菁”之言菁菁然盛也。衞風淇澳篇“綠竹青青”，毛傳云：“青青，茂盛貌。”釋文云：“青，本或作‘菁’。”茂盛謂之菁，故花葉之茂盛者皆謂之菁。説文云：“菁，韭華也。”高唐賦云“江蘺載菁”，李善注引廣雅：“菁，華也。”唐風杕杜篇“其葉菁菁”，毛傳：“菁菁，葉盛也。”是也。然則蕪之爲物，最易滋長，故有是名也。

“辛”者，細小之稱，以其味辛性溫似芥，則曰“辛芥”。説文：“莘，實如小栗。從木，辛聲。”芥之小者謂之辛，猶栗之小者謂之莘也。

“幽”之言幼也，亦小之名也。説文：“鯼，鯼魚也。讀若幽。”卷十一云：“燕趙之間”謂鼈之小者爲“蚴蛻”。其義一也。

王氏又云：“齊民要術〔卷三〕引廣志：‘蕪菁有紫花者，白花者。’案：今蔓菁菜乃是黃花，惟蘿葡花有紫白二種，然則廣志之‘蕪菁’，卽指蘿葡言之。方言‘蕪菁’‘紫華者，謂之蘆萉’，則蘆萉之白花者，卽蕪菁矣。名醫別錄以‘蕪菁’與‘蘆萉’同條，意亦同也。乃齊民要術注深疑方言之説，以爲蘆萉非蕪菁，蘇恭本艸注亦謂蕪菁、蘆萉全別，與別錄相違，其意皆專以今之蔓菁菜爲蕪菁，不知蘆萉之白花者，古亦名蕪菁，方言、別錄皆不誤也。”釋草“葖，蘆萉”，郭注：“萉宜爲萉。蘆萉，蕪菁屬，紫花，大根，俗呼雹葖。”“萉”與“萉”，聲之轉也。説文“萉，蘆萉，似蕪菁，實如小未者”，徐鍇傳曰：

“今之蘿蔔也。”衆經音義卷二引字林：“蘆菔，似菘，紫花者謂之蘆菔。”

　　廣雅〔釋草〕：“菈蓮，蘆菔也。”玉篇“菈，洛合切”，引方言云：“東魯人呼蘆菔子。”“蓮，度合切”，云：“菈蓮，東魯人呼蘆菔。”又〔廣韻合韻〕云：“菈蓮，秦人呼蘿蔔。”“蘿蔔”，與“蘆菔”同。後漢書劉盆子傳：“掘庭中蘆菔根食之。”名醫別録“蘆菔，味苦温”，陶注：“蘆菔，是今温菘，其根可食，葉不中噉。”蘇頌圖經曰：“此有大小二種：大者肉堅，宜蒸食。小者白而肥，可生啖，吳人呼爲楚菘，廣南人呼秦菘。蘆菔，字又作‘羅服’。”潛夫論思賢篇：“治疾當得真人參，反得支羅服。”言其性相反也。今人通呼根爲蘿蔔，葉爲蘿蔔芥，聲如甲，古之遺語也。“蘿蔔”，聲又轉爲“萊菔”。唐本草：“萊菔根味辛甘温，搗汁主消渴，其嫩葉爲生菜食之，大葉熟噉，消食和中。”是也。案：蕪菁之一名大芥，一名辛芥，一名幽芥，一名蘆菔，猶神農本草之水蘇，一名介蒩。名醫別録謂之雞蘇，亦謂之芥苴。齊民要術〔卷十〕引陸機詩義疏云：“譙、沛人謂雞蘇爲萊”也。或以味名，或因形似，或爲聲轉，稱名不同，其實一也。“菈蓮”，疊韻字。説文：“榙樏，木也。”又云：“果似李。”蕪菁謂之菈蓮，猶果之似李者，亦謂之榙樏也。廣雅〔釋詁三〕：“䫻䠊，飛也。”又驅逐衆多之狀，亦謂之翊䠊。文選吳都賦：“趁趚䫻䠊。”崩弛摧折之聲，亦謂之菈攡。又云：“菈攡雷硠。”是也。“榙樏”、“翊䠊”、“菈攡”，並與“菈蓮”同。

**茷、芡**〔1〕，雞頭也。北燕謂之茷，注 今江東亦名茷耳。青徐淮泗之間謂之芡。南楚江湘之間謂之雞頭，或謂之雁頭，或謂之烏頭。 注 狀似烏頭，故轉以名之。 音義 芡，音儉。

　　箋疏 廣雅〔釋草〕“茷，雞頭也”，“茷”與“茷”同，曹憲音“悦榮反”。神農本草“雞頭實味甘平”，“久服輕身不飢，耐老神仙，一名雁喙”，陶注：“此卽今蔿子，形上花似雞冠，故名雞頭。”陳士良云：“有軟根名茷菜。”蘇頌圖經：“盤花下結實，〔其〕形類雞頭，故以名之。其莖葉之嫩者名蔌，人采以爲菜茹。”王氏懷祖曰：“茷、蔿，聲近而轉。茷，從役聲。蔿，從爲聲。茷之轉

─────────────

〔1〕 “芡”原作“欠”，據廣本、徐本改。

爲䙷,猶爲之轉爲役也。表記鄭注:‘役之言爲也’。”是也。

　　説文:“芡,雞頭也。”周官籩人“加籩之實,菱、芡、栗、脯”,鄭注同。疏云:“今〔人〕或謂之雁頭。”亦名雞雍。莊子徐無鬼“雞雍也”,釋文:“徐於容反。本或作‘癕’,音同。司馬彪云:卽雞頭也。一名芡,與藕子合爲散,服之延年。”呂氏春秋恃君篇“夏日則食菱芡”,高注:“芡,雞頭也,一名雁頭。生水中。”又注淮南説山訓:“雞頭,水中芡,幽州謂之雁頭。”古今注〔草木〕:“芡葉似荷而大,葉上蹙皺如沸,實有芒刺,其中如米,可以度飢。”蜀本圖經云:“生水中,葉大如荷,皺而有刺,華子如拳大,形似雞頭,實若石榴,皮青黑,肉白如菱米。”周官大司徒“其植物宜膏物”,鄭注:“膏當爲藃。蓮芡之實有藃韜。”疏云:“皆有外皮藃韜其實。”皆其情狀也。案:今人種芡,於二三月擇堅老者,浸淺水中,俟其葉浮水面,乃移栽深水中,至五六月,開紫花向日,花下結房,有刺如蝟,上有嘴,如雞、雁頭狀,實藏其中。至秋,取而去其殼,肉圓如珠,味極腴美。

　　注云“狀如烏頭,故〔轉〕以名之”,吳普本草:“烏頭,正月始生,葉厚,莖方,中空,四四相當,與蒿相似”,“十月採,形如烏頭,有兩歧相合,如烏之喙者,名烏喙。”廣雅〔釋草〕“附子”“二歲爲烏喙”,“四歲爲烏頭”,是附子亦名烏頭,亦名烏喙,皆以形似得名,非卽此之菱芡明矣。又淮南説山訓“貍頭愈鼠,雞頭已瘻,虻散積血,斲木愈齲,此類之推者也”,高注以“芡”當“雞頭”。羅願爾雅翼〔卷六芡〕云:案淮南書上下文,“詳書本意,皆謂此禽蟲平日所啄食,故能治此病”,“雞頭似(亦)不謂此”。據此則“雞頭”之名,又不知爲何物矣。

凡草木刺人,北燕朝鮮之間謂之茦,　注 爾雅曰:“茦,刺也。”或謂之壯。注 今淮南人亦呼壯。壯,傷也,山海經謂刺爲傷也。自關而東或謂之梗,注 今云梗榆。或謂之劌。　注 劌者,傷割人名。自關而西謂之刺。江湘之間謂之棘。　注 楚辭曰:“曾枝剡棘。”亦通語耳。　音義 劌,音鱖魚也。棘,己力反。○盧氏云:“‘劌’、‘鱖’皆‘居衛反’,俗本‘鱖’誤作‘鱥’,今從宋本改正。”

**箋疏**　説文：“刺，直傷也。七賜切。”“茦，莉也。楚革切。”“茦，莉也。七賜切。”“朿，木芒也。讀若刺。”釋草“茦，莉”〔郭璞注〕：“艸刺針也。”“刺”、“莉”、“茦”，方俗語有輕重耳。衆經音義卷一引方言：“凡草木剌人，關西謂之剌。”“剌”、“刺”並作“剌”，“剌”即“莉”字。下文云“凡飲藥傅藥而毒，南楚謂之癆”，注云：“癆，辛螫也。”玉篇音“力達切”。左思魏都賦云：“蔡莽螫剌，昆蟲毒噬。”衆經音義卷一、卷二十四並引方言云：“紫，烏喙也。”今無此文。廣雅〔釋器〕云：“石箴謂之紫。”東山經云“高氏之山，其下多箴石”，郭注云：“可以爲砭箴治癰腫者。”“癆”、“紫”義並與“刺”相近。

“壯”者，廣雅〔釋詁二〕：“壯，箴也。”〔又釋詁一〕：“鍼，刺也。”是壯爲刺也。“箴”、“鍼”、“針”，聲義並同。

注“壯，傷也”云者，易大壯馬、虞注並云：“壯，傷也。”淮南俶真訓“形苑而神壯”，高注：“壯，傷也。”西山經“浮山多盼木，枳葉而無傷”，郭注：“枳，刺針也，能傷人，故名云。”又中山經云“講山有木焉，名曰帝屋，葉狀如椒，反傷赤實”，注云：“傷，刺下勾也。”是謂刺爲傷也。

“梗”者，説文：“梗，山枌榆也，有朿。”張衡西京賦云：“梗林謂之靡拉。”釋木“蕴，莖”，郭注：“詩曰：‘山有蕴。’今之刺榆。”正義引陸機義疏云：“其針刺如柘，其葉如榆，瀹爲茹，美滑。”廣雅〔釋木〕：“柘榆，梗榆也。”齊民要術分姑榆、刺榆、山榆，云刺榆木甚堅韌，是梗爲刺也。説文：“哽，語爲舌所介。”“鯁，魚骨也。”“骾，食骨畱咽中也。”晉語〔一〕：“小鯁”“可以小戕，而不能喪國”。“哽”、“鯁”、“骾”，義並與“梗”同。

“劌”者，説文：“劌，利傷也。居衛切。”聘義云“廉而不劌”，鄭注：“劌，傷也。”莊子在宥篇：“廉劌雕琢。”齊策〔五〕云：“今雖干將、莫邪，非得人力，則不能割劌矣。”

“棘”者，説文：“棘，小棗叢生者。从並朿。”釋木“終，牛棘”，郭注：“即馬棘也，其刺粗而長。”中山經云“大䓗之山，有草焉，其狀如榆，方莖而蒼傷”，郭注云：“猶言牛棘。”楚辭九章〔橘頌〕“曾枝剡棘，圓果摶兮”，王逸注：“剡，利也。棘，橘枝，刺若棘也。”是棘爲刺也。刺謂之茦，或謂之壯，或謂之梗,或謂之劌,或謂之棘,故箴謂之茦,亦謂之壯,亦謂之梗,亦謂之劌,亦謂之刺,亦謂之棘。廣雅〔釋詁二〕:"梗、劌、棘、刺、壯,箴也。"刺謂之壯,亦謂之劌;傷謂之壯,亦謂之箴也,義並相通也。"茦",各本誤作"策"。音内"鱖",俗本並作"鱥"。今並從盧校本改正。

**凡飲藥傅藥而毒,南楚之外謂之瘌,北燕朝鮮之間謂之癆,** **注** 癆瘌,皆辛螫也。**東齊海岱之間謂之瞑,或謂之眩。** **注** 瞑眩,亦今通語耳。**自關而西謂之毒。瘌,痛也。** **音義** 瘌,乖瘌。癆,音澇。○盧氏云:"當是音乖剌,郎達反。"

**箋疏** 衆經音義卷二、卷二十五並引方言云:"凡飲藥傅藥而毒剌。"説文:"毒,害人之草,往往而生。"又云:"楚人謂藥毒曰痛瘌。"卷二:"剌,痛也。"廣雅〔釋詁二〕:"瘌,痛也。"又〔釋詁四〕云:"瘌,傷也。"衆經音義卷八引通俗文:"辛甚曰辢。""剌"、"辢",並與"瘌"通。

説文:"朝鮮謂藥毒曰癆。"廣雅〔釋詁二〕:"癆,痛也。"廣韻〔号韻〕"癆瘌,惡人",音"郎到反"。又作"澇"同。集韻〔蕭韻〕音"聊",與俗本同。今從盧據宋本音"澇"。

注云"皆辛螫"者,説文:"螫,蟲行毒也。"史記龜策傳:"艸無毒螫。"是辛螫亦爲毒也。

"瞑",俗本並作"眠",宋本作"瞑",注同。書金縢正義及衆經音義卷十三引並作"瞑",與宋本正合,今訂正。説文:"瞑,翕目也。"玉篇音"眉田切,又音麪"。張衡南都賦"青冥盰瞑",李善注引楚詞曰:"遠望兮芊眠",王逸注:"芊眠,遥視闇未明也。""'芊眠'與'盰瞑'〔音義〕同。"荀子非十二〔子〕篇"瞑瞑然",楊倞注:"瞑瞑,視不審之貌。"淮南覽冥訓云:"其視瞑瞑。"通作"丏"。説文云:"丏,冥合也。讀若書'藥不瞑眩'。莫甸切。""丏"與"瞑",聲義並同。

説文:"眩,目無常主也。"釋名〔釋疾病〕:"眩,懸也,目視動亂,如懸物遥遥不定也。"衆經音義卷一云"眩,古文'姰'、'迿'二形",引字林:"眩,亂也。"玉篇音"胡徧、胡蠲二切"。周語:"觀美而眩。"李善注景福殿賦引賈逵注云:"眩,惑也。"楚辭離騷"世幽昧以眩曜兮",王逸注:"眩曜,惑亂貌。"皆昏迷之意也。合言之則曰"瞑眩"。楚語〔上〕、孟子〔滕文公上〕並引書"若藥不瞑眩",韋注:"頓瞀"也。趙注:"憒亂"也。字通作"冥眴"。揚子甘泉賦:"目冥眴而無見。"倒言之則曰"眩瞑"。史記司馬相如傳"視眩眠而無見",漢書〔司馬相如傳下〕作"眩泯"。"眩泯"、"眩眠",並與"眩瞑"同。案:"瞑"與"眩"本爲諦視迷惑之名,故字皆從"目"。諦視迷惑謂之瞑,或謂之眩,或謂之瞑眩;中藥毒而昏迷謂之瞑,亦謂之眩,或謂之瞑眩,皆義之相因者也。

　　説文云:"毒,害人之草。"廣雅〔釋詁二〕:"毒,痛也。"大雅桑柔篇"寧爲荼毒",鄭箋以"荼毒"爲"苦毒"。案:藥之甚苦者皆有毒。周官醫師"聚毒藥以共醫事",鄭注:"毒藥,藥之辛苦者。"小雅小明篇"其毒太苦",箋云:"憂之甚,心中如有藥毒。"是也。藥苦謂之毒,因而心有所苦亦謂之毒。陸機歎逝賦:"毒娛情而寡方。"又豪士賦序云:"身厭荼毒之痛。"阮籍詠懷詩〔其十三〕:"感慨懷辛酸,怨毒常苦多。"

逞、曉、恔、苦,快也。　注 恔卽狡,狡戲亦快事也。自關而東或曰曉〔1〕,或曰逞。江淮陳楚之間曰逞,宋鄭周洛韓魏之間曰苦,東齊海岱之間曰恔,自關而西曰快。

　　箋疏 卷二云:"逞、苦,快也。"義見前。

　　"曉"、"恔"者,卷一云:"曉,知也。"説文:"曉,明也。"義與"快"並相近。公孫丑篇〔下〕云"於人心獨無恔乎",趙岐注:"恔,快也。"孫奭音義:"恔,音效,〔方言〕云:〔'快也。'〕丁音皎。"玉篇:"恔,胡交切,快也。""恔"與"恔"同。説文:"恔,憭也。"衆經音義卷二十引廣雅云:"憭,快也。"是"憭"與"恔"亦同也。

　　注"恔卽狡,狡戲亦快事"者,王褒洞簫賦:"時奏狡弄。"檜風隰有萇楚序云"疾恣也",箋云:"恣謂狡狹淫戲不以禮也。"釋文:"狡,古卯反。狹,古

〔1〕　"或曰曉"原無,據廣本、徐本補。

快反，本亦作‘獪’，古外反。”衆經音義卷十八引通俗文云：“小兒戲謂之狡獪。”是也。“佼”與“狡”同，狡戲，謂快事也。

**膠、譎、謬，詐也。涼州西南之間曰膠，自關而東西或曰譎，或曰膠。**

注 汝南人呼欺爲譠。亦曰詒。詐，通語也。　音義 譠，託回反。詒，音殆。

　　**箋疏** 廣雅〔釋詁二〕：“謬、譎、詐、膠，欺也。”左思魏都賦“牽膠言而踰侈”，張載注引李克書曰：“言語辯聰之説，而不度於義者，謂之膠言。”卷十云“江湘之間”謂“獪”爲“㹗”，注云：“㤲㤢多智也。音恪交切。”列子力命篇“㹗㤢情露”，殷敬順釋文引阮孝緒文字集略：“㤲㤢，伏態貌。”玉篇、廣韻〔肴韻〕並同。左思吳都賦“儇嘉衆㹗，交貿相競”，李善注引方言：“㹗，獪也。”今無此文。“㹗”、“㤲”，義與“膠”〔1〕近。“㹗”，疑即“膠”之訛。

　　説文：“譎，權詐也。益梁曰謬，欺天下曰譎。”憲問篇“晉文公譎而不正”，鄭注：“譎〔者〕，詐也。”荀子大略篇：“奉妒昧者謂之交譎。”漢書王吉傳云：“各取一切，權譎自在。”是譎爲詐也。説文：“憰，權詐也。”“憰”與“譎”，聲義並同。

　　説文：“謬，狂者之妄言也。”列子天瑞篇：“向氏以國氏之謬已也，往而怒之。”玉篇：“繆，眉鳩切，又眉救切，亦‘謬’字。”各本並脱“謬”字，案：郭氏爾雅序云“並多紛謬”，釋文及衆經音義卷二十並引方言：“謬，詐也。”今據補。凡補人之字，俱旁列以別之，後仿此。

　　注“汝南呼欺爲譠，亦曰詒”者，玉篇：“譠，以佳切，譯惡言也。”是欺之意也。音“託回反”“託”字，各本作“鈍”，形近“詫”，傳寫者遂誤以爲“鈍”。集韻〔灰韻〕、類篇“譠”並音“通回切”，則與“託回”之音正合，今訂正。戴氏以“譠鈍”連文，又增一“他”字作“他回反”，非是。説文：“詒，相欺詒也。”定元年穀梁傳“惡公子之詒”，范注：“詒，欺詒也。”史記高祖紀云“高祖爲亭長，素易諸吏，乃紿爲謁”，集解引應劭曰：“紿，欺也。音殆。”索隱引韋昭曰：“紿，詐也。”劉氏曰：“紿，欺負也。”“紿”與“詒”，古通字。

---

〔1〕“膠”原作“㹗”，據文義改。

擖、擢、拂、戎，拔也。　注 今呼拔草心爲擖。自關而西或曰拔，或曰擢。自關而東江淮南楚之間或曰戎。東齊海岱之間曰擖。　音義 擖，烏拔反。

　　箋疏 説文：“擖，拔也。”廣雅〔釋詁三〕：“擖、擢、拂，戎，拔也。”公孫丑篇〔上〕云“宋人有閔其苗之不長而擖之者”，趙岐注：“擖，挺拔之欲速長也。”説文：“挺，（亦）拔也。”

　　注“今呼拔草心爲擖”者，小爾雅〔廣物〕：“拔心曰擖。”説文：“拔，擢也。”轉相訓也。

　　史記范睢蔡澤傳：“崔杼、淖齒管齊，射王股，擢王筋。”莊子駢拇篇“擢德塞性以收名聲”，司馬彪注：“擢，拔也。”張衡西京賦：“徑百常而莖擢。”潘岳爲賈謐作贈陸機詩“擢應嘉舉，自國而遷”，李善注引方言：“擢，拔也。”

　　韓子難篇〔一〕：“拔拂今日之死不及。”是拂亦拔也。大雅生民篇“茀厥豐草”，韓詩作“拂”。又“以弗無子”，毛傳云：“弗，去也。”鄭箋云：“弗之言被也”，“被除其無子之疾而得其福也”。釋詁：“祓，福也。”生民疏引孫炎云：“祓，除之福。”郭注引詩“祓禄爾康矣”。今大雅卷阿篇作“茀”。周語〔上〕曰“故被除其心，以和惠民”，韋注：“被，猶拂也。”“拂”、“茀”、“弗”、“祓”，古字並通，義亦相近。廣雅〔釋詁三〕：“挬，拔也。”玉篇同。淮南覽冥訓：“挬拔其根。”通作“敠”。俶真訓“疾疾風敠木而不能拔毛髮”，高注：“敠，亦拔也。”“拂”、“敠”、“拔”，方俗語有輕重耳。

　　某氏大禹謨傳云：“戎，謂伐惡。”泰誓〔中〕：“戎商必克。”是戎之訓拔，以除爲義，與“拂”同也。戎之訓又爲兵，以兵除惡謂之戎，猶以兵克邑謂之拔矣。秦策〔二〕云：“明日鼓之，（以拔）宜陽〔拔〕。”吕氏春秋慎行篇云：“圍朱方，拔之。”是也。然則戎之訓拔，義可類推矣。

慰、屡、度，尻也。　注 周官曰：“夫一屡。”宅也。江淮青徐之間曰慰，東齊海岱之間或曰度，或曰屡，或曰踐。　音義 屡，纏約。

　　箋疏 説文“尻，處也。从尸、得几而止”，引孝經曰：“仲尼尻。”“尻，謂閒居如此。”今本開宗明義章作“居”。説文：“居，蹲也。从尸，古者尻从古。

俗居从足”作“踞”。經典通作“居”。

廣雅〔釋詁二〕：“慰、廛，居也。”大雅緜篇述太王遷岐之事，云“迺慰迺止”，猶言“爰居爰處”。鮑照翫月城西門解中詩“宴慰及私辰”，李善注引方言：“慰，居也。”

衆經音義卷十八、卷二十四兩引“東齊海岱之間謂居曰廛”。説文：“廛，二畝半，一家之居。”魏風伐檀篇“胡取禾三百廛兮”，毛傳云：“一夫之居曰廛。”周官遂人“夫一廛”，鄭注：“廛，居也，城邑之居。”家君曰：“廛”古通作“壇”。序官廛人鄭注云：“故書‘廛’爲‘壇’。杜子春讀‘壇’爲‘廛’。”管子五輔篇云：“辟田疇，利壇宅。”荀子〔王制〕云：“定廛宅。”是“壇”與“廛”古字同。

注云“宅也”者，釋言：“宅，居也。”“廛”與“宅”，聲之轉耳。

“宅”古音讀如度，故堯典“宅嵎夷”，熹平石經本作“度”，史記五帝紀作“居郁夷”。大雅皇矣篇“爰究爰度”，毛傳：“度，居也。”定十八年左氏傳云“不度於善”，班固典引“正位度宗”，杜預、蔡邕注並同。吕刑“何度非及”，史記周本紀作“何居非其宜”。是“度”與“居”同也。

“廛”、“踐”，古同聲。盡心篇〔上〕云“形色，天性也；惟聖人，然後可以踐形”，趙岐注云：“形，謂君子體〔貌〕尊嚴也”；“色，謂婦人妖麗之容”，“此皆天假施於人也。踐，履居之也”，“聖人內外文明，然後能以正道履居，此美形不言居而言踐，尊陽抑陰之義也。”是踐爲居也。各本並同，惟戴本“東齊海岱之間”下無“或曰度”三字，誤脱耳，今補。

## 萃、襍，集也。東齊曰聚。

箋疏　説文“雧，羣鳥在木上也”，或作“集”。張衡東京賦“總集瑞命”，薛綜注云：“集，聚也。”

廣雅〔釋詁三〕：“萃、襍、集，聚也。”皆一聲之轉也。陳風墓門篇“有鴞萃止”，毛傳：“萃，集也。”萃象傳云：“萃，聚也。順以説，剛中而應，故聚也。”揚子長楊賦“帥軍踤阹”，〔李善注引〕漢書音義：“踤，聚也。”説文：“襍，會五采繒色。”漢書司馬相如傳〔下〕“綷雲蓋而樹華旗”，顏師古注：“綷，合

也。"郭氏江賦"瑤珠怪石琗其表",李善注:"'琗'與'綷'同。""踤"、"辥"、
"綷"、"琗",聲義並與"萃"同。

　　説文:"襈,五采相合也。"鄭語"先王以土與金、木、水、火襈,以成百
物",韋注:"襈,合也。"

　　"聚",裕本誤作"聖",家君據廣雅〔釋詁三〕改作"聚"。衆經音義卷四
引方言云:"東齊海岱之間謂萃曰聚。"

# 迨、遝,及也。東齊曰迨,關之東西曰遝,或曰及。　音義 迨,音殆。

　　箋疏 釋言云"迨,及也",郭注:"東齊曰迨。"説文"隶,及也",引豳風鴟
鴞篇:"隶天之未陰雨。"今本作"迨",毛傳:"迨,及也。"説文:"隶,及也。从
又、尾省。又持尾者,从後及之也。"釋言又云:"逮,及也。"説文同。又古文
"及"作"彶",疑卽"逮"之異文。"迨"、"隶"、"逮"、"隶",音義並同。釋言又
云"逮,遝也",郭注:"今荆楚人皆云遝。""迨"、"遝",語之轉耳。

　　説文:"遝,迨也。"玉篇:"迨遝,行相及"也。王褒洞簫賦云:"騖合遝以
詭譎。"陸機文賦:"紛葳蕤以馺遝。"哀十四年公羊傳"祖之所逮聞也",熹平
石經作"遝"。説文:"眔,目相及也。""諜,語相及也。""遝"、"眔"、"諜",並
聲近義同。廣韻〔合韻〕"遝"、"沓"並音"徒合切"。漢書禮樂志"騎沓沓",
顏師古注曰:"沓沓,疾行也。"疾行亦相及之意,故釋名〔釋言語〕云:"急,及
也,操切之使相逮及也。"正文"遝"一本作"逮",下同。衆經音義卷六引方
言:"自關之東西謂及曰逮。"與一本正合。

# 荄、杜,根也。注 今俗名韭根爲荄。東齊曰杜,注 詩曰"徹彼桑杜",是
也。或曰荄。　音義 荄,音陔。荄,音撥。

　　箋疏 説文:"荄,艸根也。"釋草"荄,根",郭注云:"別二名,俗呼韭根爲
荄。"韓詩外傳〔卷二〕:"草木根荄淺。"太玄養次三:"糞以肥,丘育厥根荄。"
根荄,猶言根基。明夷六五"箕子之明夷",蜀才從古文作"其子"。"箕"古
文作"其子""其",古音"荄"。漢書儒林傳"蜀人趙賓"述孟氏之易,"以爲
'箕子明夷,陰陽氣亡箕子;(其古音荄漢書儒林傳蜀人趙賓述孟氏之易以
爲箕子明夷陰陽气無箕子其)〔箕〕子者,萬物方荄茲也。'"淮南時則訓"爨

其燧火”,高注:“其,讀該備之該。”“其”、“荄”,古同聲。徐鍇說文繫傳云:
“荄,草木枯莖也。”潘岳懷舊賦云:“陳荄被於堂除。”悼亡詩云:“枯荄帶墳
隅。”是荄爲枯根也。字通作“核”。漢書五行志〔中之上〕“孕毓根核”,顏師
古注曰:“核,亦荄字也。草根曰荄。”“荄”與“核”,古聲亦相近。

　　衆經音義卷十一引方言曰:“荄、杜,根也。東齊曰荄,或曰杜也。”又引
云:“東齊謂根爲荄也。”卷十三引云:“東齊謂韭根爲荄。”又引云:“東齊謂
根曰荄。”又卷二十引云:“東齊薙根曰荄。”蓋兼注文引之而誤也。名醫別
錄:“草根,一名兼杜。”是杜爲根也。

　　注引詩曰“徹彼桑杜”者,豳風鴟鴞篇作“桑土”,毛傳:“桑土,桑根也。”
釋文:“音杜。韓詩作‘杜’。”大雅緜篇“自土沮漆”,齊詩作“杜”。是“土”與
“杜”同。

　　說文:“荄,草根也。春草根枯引之而發土爲撥,故謂之荄。”廣雅〔釋
草〕:“荄,根也。”說文又云:“茢,荄也,茅根也。”釋草“茢,荄”,郭注:“今江
東呼藕紹緒如指,空中可啖者爲荄,荄卽此類。”案:荄亦根也。廣韻:蕖蕍
根可啖者曰荄。玉篇:“江東呼藕根爲荄。”又云:“荄,黃茅根。”“荄”、“荄”,
並與“荄”同。淮南墜形訓:“凡根荄草者生於庶草”,其“不根荄者生於〔萍〕
藻”。玉篇云:“菝,蓛,狗脊根也。”西山經云“皋塗之山,有草焉,其狀如稾
荄”,郭注:“稾荄,香草。”中山經云“青要之山,有草焉,其狀如荔,其本如藁
本”,注云:“根似藁本,亦香草。”廣雅〔釋草〕云:“山茝、蔚香,稾本也。”郭注
上林賦云:“稾本,稾荄也。”曲禮〔上〕“燭不見跋”,鄭注:“跋,本也。”秦風駟
鐵篇“舍拔則獲”,毛傳云:“拔,矢末也。”正義云:“以鏃爲首,故末爲拔。”
“荄”、“菝”、“跋”,聲義並同。“本”、“荄”,一聲之轉,皆謂根也。

## 班、徹,列也。北燕曰班,東齊曰徹。

　　箋疏　爾雅釋言:“班,賦也。”廣雅〔釋詁三〕:“列、班、賦,布也。”是“班”
與“列”同也。周語〔上〕云:“爲班爵、貴賤以列之。”萬章篇〔下〕云“周室班
爵祿也”,趙岐注云:“班,列也。”昭二年左氏傳“送從逆班”,杜注同。

　　蔡邕獨斷:“漢制”“子弟封爲侯者,謂之諸侯。羣臣異姓有功封者,謂

之徹侯。後避武帝諱,改曰通侯。法律家皆曰列侯。"是"徹"與"列"義同也。大雅公劉篇"徹田爲糧",毛傳:"徹,治也。"嵩高篇"徹申伯土田",毛傳同。鄭箋云:"治者,正其井牧,定其賦税。"亦序列之意也。

瘼、瘽,病也。 注 謂勞復也。東齊海岱之間曰瘼,或曰瘽,秦曰瘨。
音義 瘼,音莫。瘨,音諶。

箋疏 説文:"瘼,病也。"釋詁同。郭注:"今江東呼病曰瘵,東齊曰瘼。"衆經音義卷十引三蒼同。小雅四月篇毛傳:"瘼,病也。"鄭箋云:"今政亂,國將有憂病者矣。"大雅桑柔篇毛傳:"瘼,病也。"

"瘽",通作"瘄"。廣雅〔釋言〕:"瘄,瘨也。"廣韻〔宥韻〕引音"副","瘄,病重發也。"玉篇:"瘄,扶又切,勞也,再病也。(字)亦作'復'。"張機傷寒論〔卷七〕有"大病差後勞復治法。""瘄"、"復",並與"瘽"同。

"瘨",舊本作"音闇,或湛",盧氏據宋本删"闇或"二字,改"湛"作"諶"。案:曹憲正音"諶",並與宋本合,今從之。玉篇:"瘨,是箴切,瘨病也。"廣韻〔侵韻〕:"瘨,腹内故病"也。

掩、醜、捆、綷,同也。江淮南楚之間曰掩。宋衛之間曰綷,或曰捆。東齊曰醜。 音義 捆,袞衣。綷,作憒反。

箋疏 家語辨樂解"掩有四方",王肅注:"掩,同也。"宋玉高唐賦"越香掩掩",李善注同。通作"奄"。周頌執競篇"奄有四方",逸周書皇門解"王用奄有四鄰",毛傳、孔晁注並云:"奄,同也。""奄"與"掩"同。

廣雅〔釋詁四〕:"捆、粹、醜,同也。"學記"比物醜類",鄭注:"以事相況而爲之,醜猶比也。"正義云:"謂以同類之事相比方"也。鄭注樂記云:"比,猶同也。"離上九"獲匪其醜",楚語〔下〕"官有十醜爲億",公孫丑篇〔下〕"地醜德齊",虞、韋、趙注並云:"醜,類也。"列子仲尼篇"其負類反倫",張湛注:"類,同也。"義並相通也。

説文:"捆,同也。"王褒洞簫賦"捆其會合",李善注引方言:"捆,同也。"通作"混"。班固西都賦"捆建章而連外屬",李善注引音義云與"混"同,胡本反。周語〔下〕"混厚民人",韋注:"混,同也。"亦作"捆"。漢書揚雄傳

〔上〕“蘨咲胗以挹根兮”，文選甘泉賦作“挹批”。李善引司馬彪上林賦注云：“挹，同也”，音“下本切。”“挹”、“混”、“挹”，字異義同。

玉篇：“綷，子内切，周也。”類篇：“綷，周也。宋衞語。”義本此也。“周”，卽“同”之譌。漢書司馬相如傳〔下〕“綷雲蓋而樹華旗”，顔師古注云：“綷，合也，合五采雲以爲蓋也。”又景帝紀注云：“綷，會也。”郭氏江賦云“瑤珠怪石琗其表”，李善注云：“‘琗’與‘綷’同。”廣雅作“粹”。楚辭離騷云“昔三后之純粹兮”，王逸注：“至美曰純，齊同曰粹。”説文：“辥，會五采繒色。”上文：“萃，集也。”“綷”、“琗”、“粹”、“辥”、“萃”，古字並通。

## 裕、猷，道也。東齊曰裕，或曰猷。

**箋疏** 廣雅〔釋詁三〕：“裕，道也。”公孫丑篇〔下〕：“則吾進退，豈不綽綽然有餘裕哉？”孟子自言進退有餘道也。王氏引之云：“康誥篇：‘用康乃心，顧乃德，遠乃猷裕，乃以民寧，不女瑕殄。’舊以‘裕’字屬下讀，‘裕乃以民寧’，甚爲不辭，三復經文，當以‘遠乃猷裕’爲句，謂遠乃道也。君奭篇云：‘告君乃猷裕。’與此同。下文云‘乃以民寧，不女瑕殄’，猶云乃以殷民世享耳。‘猷’、‘由’，古字通。道謂之猷裕，道民亦謂之由裕。上文云：‘乃由裕民，惟文王之敬忌，乃裕民曰：我惟有及。’皆是也，解者失其義久矣。”

“裕”、“猶”，一聲之轉。衆經音義卷七引方言曰：“東齊謂猶曰道。”“猶”與“猷”通。大誥云“猷，大誥爾多邦”，傳云：“順大道〔以〕誥〔天下〕衆國。”疏：“猷〔訓〕道也，故云順大道。”小雅角弓篇“君子有徽猷”，鄭箋云：“猷，道也。”又巧言篇“秩秩大猷”，鄭箋同。漢書敍傳〔上〕作“繇”。釋詁：“繇，道也。”“繇”、“猷”，古通字。道謂之猷，道路亦謂之猷，義相因也，釋宮：“猷，道也。”是也。又通作“羑”。康王之誥云“惟周文武，誕受羑若”，馬融、王肅注並云：“羑，道也。”尚書大傳云：“太公與三子見文王于羑里。”又云：“文王有四鄰以免于牖里。”老子道德經鑒遠篇“不窺牖，見天道”，釋文“羑”與“牖”同。説文作“羑”，云：“進善也。文王拘于羑里。”大雅板篇“天之牖民”，毛傳：“牖，道也。”鄭箋云：“王之道民以禮義。”又云“牖民孔易”，鄭箋云：“道〔民〕在己甚易也。”樂記引作“誘”。又云“好惡無節於内，知誘於外”，鄭注：“誘，猶道也，引也。”“誘”、“牖”，古通字。説文“羑”或作“誘”，古文作“羑”，與“羑里”字同。“羑”、“牖”、“誘”、“羑”，古字並同。道謂之猷，亦謂之羑，故道民謂之牖，亦謂之誘，義亦相因也。廣雅〔釋室〕：“軌，道也。”義本此。周語〔下〕“度之于軌儀”，韋昭注：“軌，道也。”又“百官軌儀”，“示民軌儀”，注並同。淮南本經訓云“吾生循軌而不失其行”，高誘注：“軌，道也。”文選顔延年直東宫答鄭尚書詩云“兩闈阻通軌”，李善注引方言曰：“軌，道也。”疑今本脱“軌”字，然别無他證，未敢遽補。

## 虔、散，殺也。東齊曰散，青徐淮楚之間曰虔。

　　箋疏“虔，殺”已見卷一。

　　説文：“㪔，分離也。”經典通作“散”。樂記云“馬散之華山之陽，而弗復乘”，鄭注：“散，猶放也。”説文“㲚，糜㲚，散之也”，徐鍇傳引昭元年左氏傳曰：“殺管叔而㲚蔡叔。”云“言放之若散米”，音“桑怛反”。今本作“蔡”字。杜注：“蔡，放也。”釋文：“上‘蔡’字音素葛反，説文作‘㲚’，從殺下米。”玉篇：“㲚，糜㲚，散也。書作‘蔡’。”是“㲚”與“蔡”通。禹貢“二百里蔡”，正義引鄭注云：“蔡之言殺，減殺其賦。”“散”、“㲚”、“殺”，並聲之轉耳。

## 氾、洷、潤、洼，洿也。　注 皆洿池也。自關而東或曰洼，或曰氾。東齊海岱之間或曰洷，或曰潤。　注 荊州呼潢也。　音義 氾，音汜。洷音漫。潤，湯潤。洼，烏蛙反。

　　箋疏 説文：“洿，濁水不流也。一曰窊下也。”通作“污”。“污，薉也。一曰小池爲污。一曰涂也。”

　　廣雅〔釋詁三〕：“氾、醜、洼、潤，污也。”賈子道術篇云：“放理潔静謂之行，反行爲汙。”“汙”與“洿”同。“氾”、“洷”、“潤”爲洿薉之洿，“洼”爲洿下之洿，而義亦相通。漢博陵太守孔彪碑：“浮斿塵埃之外，矚焉氾而不俗。”是氾爲洿也。漢書王褒傳“水斷蛟龍，陸剸犀革，忽若彗氾畫塗”，如淳注：“若以彗埽於氾灑之處也。”顔師古注：“彗，帚也。氾，氾灑地也。塗，泥也。如以帚埽氾灑之地，以刀畫泥中，言其易”也。王氏懷祖〔廣雅疏證釋詁三〕云：“彗，埽也。班固東都賦云‘戈鋋彗雲，羽旄埽霓’，是也。氾者，汙也，謂如以帚埽穢，以刀畫泥耳。如淳、顏師古以氾爲氾灑地，失之。氾爲污穢之污，亦爲汙下之汙。管子山國軌篇：‘氾下漸澤之壤。’氾下，謂污下也。”

説文“涗，汙也”，引邶風新臺篇：“河水涗涗。”又引孟子公孫丑篇〔上〕“爾焉能涗我哉”，趙岐注云：“惡人何能汙我也。”又“若將涗焉”，〔趙岐注〕云：“涗，汙也。”孫奭音義引丁公著音“漫”。玉篇同。莊子讓王篇：“欲以其辱行漫我。”呂氏春秋離俗篇“不漫于利”，高注：“漫，汙也。”荀子性惡篇：“汙漫淫邪。”儒效篇“行不免于汙漫。”榮辱篇“汙僈突盜”，楊注：“僈當爲‘漫’。漫，亦汙也。”“漫”與“涗”，聲義並同。污謂之漫，猶塗杇謂之鏝也。釋宮“鏝謂之杇”，李巡注：“鏝一名杇，塗工〔之〕作具也。”説文：“鏝，鐵杇也。”或作“槾，杇也。”“杇，所以涂也。秦謂之杇，關東謂之槾。”是也。“涗”，廣雅〔釋詁三〕作“醊”，曹憲音“滿”。聲亦相近。

〔説文〕又云：“海岱之間謂相污曰潤。”廣雅〔釋詁三〕“潤，污也”，曹憲音“剡”。玉篇：“潤，余廉切，相污也。”廣韻〔鹽韻〕與説文同。戴氏云：“音‘湯潤’當作‘湯燗’。”

説文：“洼，深池也。”廣雅〔釋詁三〕：“洼，污也。”莊子齊物論“大木百圍之竅穴”，“似洼者，似污者”，司馬彪注：“洼，若洼曲。汙，若汙下。”説文：“窐，清水也。一曰窊也。”“窊，汙衺下地也。”老子道德經〔第十九章〕云“窪則盈”，顧懽注：“窪，洿也。”馬融長笛賦“窊隆詭戾”，又云“窳圔窴赦”，李善注：“窊隆，高下貌。窳圔，聲下貌。”釋詁釋文引字林：“窳，汙也。”“洼”、“窐”、“窊”、“窳”，字異聲義並同。

注“荆州呼潢”者，説文：“潢，積水也。”隱三年左氏傳：“潢汙行潦之水。”李善注答賓戲引服虔注云：“蓄小水謂之潢，（水）不洩謂之汙。”案：周語〔下〕云“猶塞川源而爲潢汙也”，韋注：“大曰潢，小曰汙。”是潢又爲積水大小之通名矣。

舊本此條不提行，合上爲一，誤。今從戴、盧兩本。

**庸、㣉、比、侹、更、佚、遞，代也。齊曰佚，江淮陳楚之間曰侹，餘四方**

之通語也。　注 今俗亦名更代作〔1〕爲佽作也。　音義 比，比次。伀，挺直。
佚，蹉跌。

箋疏 説文：“庸，用也。从用，从庚；庚，更事也。”廣雅〔釋詁三〕：“庸、
比、伀、佽、更、迭，代也。”漢書食貨志〔上〕“教民相與庸輓犂”，顔師古注：
“言換功共作也。”是也。通作“傭”。小雅節南山篇“昊天不傭”，釋文云：
“韓詩作‘庸’。庸，易也。”易亦代也。漢書陳餘傳“豈以王易吾親哉”，周昌
傳“無以易堯（言）”，師古注並云：“易，代也。”“庸”、“易”，聲之轉。史記陳
涉世家：“嘗與人傭耕。”亦謂代人耕作也。

“佽”，廣雅〔釋詁三〕作“佽”。説文：“佽，遞也。”小雅車攻篇“決拾既
佽”，鄭箋云：“佽，謂手指相次比也。”周官繕人鄭司農注引作“決拾既次”，
張衡東京賦同。又云“次和樹表”，薛綜注：“次，比也。”“佽”、“佽”、“次”，古
字並通。

梁惠王篇〔上〕：“願比死者一洒之。”言欲代死者一雪此恨也。偽孫疏
釋“比”爲“爲”，不若用方言義爲長。昭十六年左氏傳云：“昔我先君桓公，
與商人〔皆出自周〕，庸次比耦，以艾殺此地。”皆更相代作之意也。

説文：“伀，代也。”“代，更也。”

昭十二年左氏傳云“吾出季氏，而歸其室於公，子更其位”，楚辭悲回風
云“更統世而自貺”，杜預、王逸注並云：“更，代也。”淮南兵略訓云：“夫五指
之更彈，不若捲手之一挃。萬人之更進，不如百人之俱至也。”是更爲代也。
代謂之更，老人知五行更代者謂之五更。古微書引孝經援神契云：“五更，
〔老〕知五行更代之事者。”漢書食貨志〔上〕“月爲更卒”，顔師古注云：“更卒
謂給郡縣一月而更者。”是也。

文十一年穀梁傳云“長狄也，兄弟三人，佚宕中國”，范甯注云：“佚，猶
更也。”釋文音“大結反”，云：“更也。”本或作“迭”。衆經音義卷十七、班固
西都賦李善注並引方言“迭，代也”，與廣雅〔釋詁三〕同。説文：“迭，更〔迭〕

---

〔1〕 “作”原無，據四部叢刊影宋本、盧文弨重校方言本補。

也。”説卦傳云：“分陰分陽，迭用柔剛。”“迭”與“佚”通。又通作“逸”。小雅
賓之初筵篇“舉醻逸逸”，毛傳：“逸逸，往來次序也。”義亦與“佚”相近。

　　各本並脱“遞”字，衆經音義卷二十二、卷二十三並〔引〕方言：“遞，代
也。”今據補。“遞”、“代”，一聲之轉。説文：“遞，更易也。”廣雅〔釋詁三〕
“遞，代也”，義本此也。楚辭招魂云“二八侍宿，射遞代些”，王逸注：“遞，更
也。”吕氏春秋季春紀〔先己〕云“巧謀並行，詐術遞用”，高誘注：“遞，代也。”

　　注“今俗亦名更代〔作〕爲佻作也”，一本無“亦”字，“佻”作“佚”。王氏
懷祖云：“凡更代作必以〔其〕次，〔故〕代謂之比，猶次謂之坒也。代謂之遞，
猶次謂之第也。代謂之迭，猶次謂之秩也。”

**氓，民也。** 注 民之總名。 **音義** 氓，音萌。

　　**箋疏** 説文：“氓，民也。讀若盲。”廣雅釋詁〔四〕：“氓，民也。”釋言：
“民，氓也。”衛風氓篇“氓之蚩蚩”，毛傳云：“氓，民也。”石經本作“甿”。公
孫丑篇〔上〕“皆悦而願爲之氓矣”，孫奭音義云：“氓，或作‘萌’，或作‘甿’，
皆音‘盲’。”周官遂人“以下劑致甿”，鄭注：“變民言甿，異内外也。甿，猶懵
懵，無知貌也。”賈子大政篇〔下〕：“夫民之爲言也，瞑也；萌之爲言〔也〕，盲
也。”漢書武五子傳“以姦巧邊甿”，史記〔三王世家〕作“萌”，索隱引韋昭注：
“甿，民也。”三蒼云：“邊人曰甿。”霍去病傳“及厥衆萌”，劉向傳“民萌何以
勸勉”，顔師古注並云：“‘萌’與‘甿’同，無知之貌。”墨子尚賢篇〔上〕云：“四
鄙之萌人聞之，皆競爲義。”“氓”、“甿”、“萌”、“盲”，聲義並同，古皆通用。

**朹，仇也。** 注 謂怨仇也。 **音義** 朹，音舊。

　　**箋疏** 説文“簋”，古文作“朹”。釋木：“朹，檕梅。”皆與“仇”義不相近。
集韻〔尤韻〕引方言：“鼽，仇也。”是本亦作“鼽”也。類篇收入九部，蓋以爲
從“九”，“求”聲。太玄内初一“謹于嬰鼽，初貞後寧。測曰：謹于嬰鼽，始女
貞也”，范望注：“鼽，匹也。”釋文音“仇”，又音“救”。衆經音義卷〔十〕五：
“仇，古文‘逑’同，渠牛反。”説文：“逑，怨匹曰逑。”桓二年左氏傳云：“怨耦
曰仇。”周南關雎篇“君子好逑。”亦作“仇”。兔罝篇云：“公侯好仇。”毛傳：
“逑，匹也。”釋詁“仇，匹也”，孫炎曰：“相求之匹。”則孫本釋詁作“逑”可知。

“扰”、“仇”、“述”，古並通用。今本作“杭”者，則又借“杭”爲“扰”，或本作
“扰”，脱畫訛爲“杭”耳。

**寓，寄也。**

　　　　**箋疏**　“寓，寄”已見卷二。

**露，敗也。**

　　　　**箋疏**　廣雅〔釋詁三〕同。昭元年左氏傳：“勿使有所壅閉湫底，以露其
體。”逸周書皇門解云：“予獨服在寢，以自露厥家。”是露爲敗也，今俗猶言
敗露矣。通作“路”。管子四時篇：“國家乃路。”亦作“潞”。吕氏春秋不屈
篇：“士民罷潞。”“路”、“潞”，並與“露”同。莊子天地篇：“夫子闓行邪？無
落吾事！”案：“無落吾事”，猶漢書高帝言幾敗乃公事也。“落”與“露”，音之
轉。

**别，治也。**

　　　　**箋疏**　説文：“别，分解也。”“𠂢，分也。从重八”，引孝經説曰：“故上下
有𠂢。”又卄部注云：“𠂢，古文‘别’。”“𠂢”與“别”同。“解”與“治”義相近，
故“解經”亦謂之“治經”矣。

**根，法也。**　　**注**　救傾之法。

　　　　**箋疏**　説文：“根，杖也。一曰法也。”廣雅〔釋詁三〕：“根，法也。”鄭注曲
禮〔上〕云“根闑之中央”，釋文：“根，闑也。”玉藻云“公事自闑西，私事自闑
東”，正義云：“闑，謂門之中央所竪短木也。”通作“臬”。説文：“臬，射準的
也。”康誥曰“汝陳時臬”，多方篇“爾罔不克臬”，傳並以“臬”爲“法”。是凡
言“臬”者，皆樹之中央，取準則之義，故爲法也。説文：“堂，距也。”考工記
弓人“維角堂之”，鄭衆注：“堂讀如掌距之掌、車掌之掌。”疏云：“堂距”、“車
掌”，皆“取其正也。”“掌距”，即“堂距”之異文。“車掌”，急就篇〔卷三〕、釋
名〔釋車〕作“車棠”，説文金部作“車樘”。木部：“樘，邪柱也。”王延壽魯靈
光殿賦云“枝掌杈枒而斜據”，張載注：“掌，或作‘根’。”下文“根，隨也”，注：
“根柱令相隨也。”司馬相如長門賦云：“離樓梧而相撐。”“根”、“堂”、“掌”、
“樘”，並字異義同。物將傾而以物距之謂之掌距，猶以兵距敵謂之掌距也。

漢書匈奴傳〔下〕云“陳遵與”單于“相掌距”，是也。李善注謝惠連祭古冢文云：“南人以物觸物爲根。”義亦相近也。

讁，怒也。　注 相責怒也。　音義 讁，音藦。

　　箋疏 廣雅〔釋詁一〕：“讁、怒，責也。”〔又釋詁二〕：“譴、讀，怒也。”“讀”與“責”同。桓十八年左氏傳云“公讁之”，杜預注云：“讁，譴也。”釋文云：“責也。”字亦作“謫”。邶風北門篇“室人交徧讁我”，毛傳云：“讁，責也。”淮南説山訓“春至旦，不中員，呈猶讁之”，高誘注：“讁，責怒也。”“讁”與“讁”同。又通作“適”。昏義云“適見于天”，鄭注云：“適之言責也。”“讁”、“謫”、“讀”、“責”，字異義同。

閒，非也。

　　箋疏 小爾雅〔廣言〕：“閒，非也。”襄十五年左氏傳“且不敢閒”，正義同。先進篇“人不閒於其父母昆弟之言”，陳羣注云：“人不得有非閒之言”也。離婁篇〔上〕“政不足閒也”，趙岐注云：“閒，非也。”

格，正也。

　　箋疏 爲政篇“有恥且格”，何晏集解：“格，正也。”離婁篇〔上〕“惟大人爲能格君心之非”，趙岐注同。

　　正謂之正，射之椹質亦謂之正；正謂之格，射之椹質亦謂之格。中庸云“射有似乎君子，失諸正鵠”，鄭注云：“畫布曰正。”淮南兵略訓“夫射儀度不得，則格的不中”，高誘注云：“格，射之椹質也。的，射準也。”是義並相因也。

歷，數也。　注 偶物爲麗，故云數也。

　　箋疏 説文：“歷，數也。”廣雅〔釋詁四〕同。大雅文王篇“其麗不億”，毛傳云：“麗，數也。”小爾雅〔廣言〕及離婁篇〔上〕趙岐注並同。“麗”與“歷”通。

　　注“偶物”云者，案：麗，兩也，兩兩而數之也。

軫，戾也。　注 相了戾也。　音義 軫，江東音善。

　　箋疏 説文：“戾，曲也。”“鏩，彄〔戾〕也。讀若戾。”“鏩”與“戾”通。吕氏春秋遇合篇：“陳有惡人焉，曰敦洽讎麋”，“長肘而軫”。漢書張耳陳餘傳贊云“何鄉者慕用之誠，後相背之軫也”，顏師古注曰：“軫，古‘戾’字。”

　　枚乘七發云“芰軫谷分”，李善注引許慎淮南子注曰：“軫，轉也。”廣雅釋訓云：“軫軱，轉戾也。”説文：“紾，轉也。”考工記弓人云“老牛之角紾而昔”，鄭衆云：“紾，讀爲抮縛之抮。”釋文：“紾，劉徒展反，許慎尚展反，角絞縛之意也。”告子篇〔下〕“紾兄之臂”，趙岐注：“紾，戾也。”孫奭音義云：“紾，張音軫，又徒展反。”淮南原道訓云“蟠委錯紾”，高誘注：“紾，轉也。”又本經訓“菱杅紾抱”，高誘注：“紾，戾也。紾讀紾結之紾。”廣雅〔釋詁四〕“抮，軫也”，曹憲音“顯”。“軫”、“紾”、“抮”，古字並通。“尚展”之音，與此音正合。今吳俗以物相加掩，或有參差而令整齊謂之紾，讀如“徒展反”。

　　注“相了戾也”者，“了戾”，雙聲字。説文：“軫，了戾之也。讀若戾。”淮南原道訓云“扶搖〔抮〕抱羊角而上”，高誘注云：“抮抱，了戾也。扶搖〔直〕如羊角，轉曲縈行而上。”荀子修身篇“行而俯項，非擊戾也”，楊倞注：“擊戾，猶言了戾也。”劉向九歎〔逢紛〕云“龍卭將圈，繚戾宛轉，阻相薄兮”，洪興祖補注：“繚，音了。戾，力吉反，曲也。”衆經音義卷一云：“繚，力鳥反。繚戾，不正也，謂相糾繚也。”又卷六云：“繚戾，謂相纏繞也。”“繚戾”與“了戾”同。王融永明九年策秀才文“紛諍空軫”，李善注引方言曰：“軫，謂相乖戾也。”即此注文而脫誤，戴氏據之改此注作“乖戾”。案：各本俱作“了戾”，盧氏曰：“了有樛曲之義，考酉陽襍俎〔支動〕云：‘野牛高丈餘，其頭似鹿，其角了戾，長一丈，白毛，尾似鹿，出西域。’〔據此〕正與考工記之‘紾’義合。又導引經云：“叉手項上，左右自了戾，不息復三。”此亦繆轉之意。是作“乖戾”者誤也。今從舊本。

屑，潔也。　注　謂潔清也。　音義　屑，音薛。

　　箋疏　小爾雅〔廣詁〕：“屑，潔也。”廣雅〔釋詁三〕同。邶風谷風篇“不我屑以”，鄘風君子偕老篇“不屑髢也”，毛傳並云：“屑，潔也。”公孫丑篇〔上〕“是亦不屑就已”，告子篇〔下〕“予不屑之教誨也者”，盡心篇〔下〕“欲得不屑不潔之士而與之”，趙岐注並同。鄭注鄉飲酒義云：“絜，猶清也。”“絜”、

“潔”，古今字，故注云：“謂潔清也。”

諄，罪也。　注 謂罪惡也。　音義 諄，章順反。

　　箋疏 説文：“辠，犯法也。”“秦改爲罪。”廣雅〔釋詁三〕“諄，辠也”，曹憲音“之閏反”。卷七“諄憎，所疾也。宋魯凡相惡謂之諄憎，若秦晉言可惡矣”，“諄”音“之潤反”。荀子哀公篇“無取口啍”，“口啍，誕也”，楊倞注：“‘啍’與‘諄’同。”説文：“敦，怒也，詆也。都昆切。”“怒”與“詆”皆有罪惡之意。邶風北門篇“王事敦我”，鄭箋云：“敦，〔猶〕投擲也。”釋文：“鄭都回反。韓詩云：敦，迫”也。説文：“憝，怨也。”廣雅〔釋詁三〕“憝，惡也”，曹憲音“度會反”。玉篇同，又作“憞”。“敦”、“憝”，與“諄”義亦相近。康誥云：“元惡大憝。”逸周書銓法解云：“近憝自惡。”法言脩身篇“君子微慎厥德，悔吝不至，何元憞之有”，李軌注云：“元憞，大惡也。”重黎篇“楚憞羣策而自屈其力”，注：“憞，惡也。”康誥“罔弗憝”，傳云：“人無不惡之者。”萬章篇〔下〕引書作“譈”。荀子議兵篇云：“百姓莫不敦惡。”“諄”、“憝”、“憞”、“譈”、“敦”，古聲並相近，義亦同也。

俚，聊也。　注 謂苟且也。　音義 俚，音吏。

　　箋疏 廣雅釋言：“俚，聊也。”又云：“俚，賴也。”漢書季布欒布田叔傳贊云“夫婢妾賤人，感慨而自殺，非能勇也，其畫無俚〔之至〕耳”，晉灼注引方言：“俚，聊也。”又引許慎曰：“俚，賴也。”“此爲其計畫無所聊賴，至於自殺耳。”案：其畫無俚，卽秦策云“民無所聊也”。盡心篇〔下〕云“稽大不理於口”，趙岐注：“理，賴也。”“理”與“俚”通。“俚”、“賴”、“聊”，皆一聲之轉耳。

梱，就也。　注 梱梱，成就貌。　音義 梱，恪〔1〕本反。

　　箋疏 廣雅：“梱，就也。”〔2〕墨子辭過篇：“婦人治絲麻，梱布絹，以爲民衣(服)。”又非樂上篇云：“多治〔麻〕絲葛緒綑布縿。”又非命下篇云：“多治麻統葛緒綑布縿。”淮南脩務訓云“梱纂組，雜奇采”，高誘注云：“梱，叩椓。”

---

〔1〕 “恪”原作“落”，據廣本、戴本改。
〔2〕 案：廣雅釋詁三作“梱，屠也”，王念孫疏證曰：“諸書無訓‘梱’爲‘屠’者，方言‘梱，就也’，郭璞注云：‘梱梱，成就貌。’然則廣雅本訓‘梱’爲‘就’，在上條內，後人傳寫誤入此條耳。”

滕文公篇〔上〕“捆屨、織席，以爲食”，趙岐注：“捆，猶叩椓也。織屨欲使堅，故叩之也。”孫奭音義云：“張鎰作‘綑’。”廣韻〔混韻〕：“裍，成就”也。説文：“稇，絭束也。”玉篇：“稇，成熟也。”廣韻〔混韻〕同。趙策云“狀如振稇，纏之以布”，注云：“稇，就也。”“綑”、“捆”、“裍”、“稇”，並與“梱”通，皆成就之意也。舊本“梱”並從“木、困”，戴氏以“梱”爲門橛，因取説文“稇，絭束”及玉篇、廣韻〔混韻〕“成熟”之訓，謂與注義合，遂改正文及注皆作“稇”，盧氏從之，並非是。案：廣雅及淮南子並從“木”作“梱”，與舊本正合，墨子則或作“綑”、“捆”，是古字並通，無煩改也，今從舊本。

**苙，圂也。**　注　謂蘭圂也。　音義　苙，音立。

　　箋疏　説文：“圂，廁也。從囗象豕在囗中。胡困切。”衆經音義卷九引倉頡篇云：“圂，豕所居也。字從囗，豕在其中也。”漢書五行志〔中之下〕“燕王宮永巷中豕出圂”，顏師古注：“圂者，養豕之牢也。”少儀“圂”作“豢”。説文：“豢，以穀圈養豕也。”

　　盡心篇〔下〕云“如追放豚，既入其苙”，趙岐注：“苙，蘭也。”漢書王莽傳〔中〕云“與牛馬同蘭”，顏師古注：“蘭，謂遮蘭之，若牛馬蘭圈也。”魏策云：“有河山以闌之。”“闌”、“蘭”，古通字。“蘭”與“苙”，一聲之轉。卷五“櫪，梁宋齊楚北燕之間或謂之楂，或謂之皁”，注云：“養馬器也。”“櫪”與“苙”同聲。所以扞牛馬者謂之苙，猶所以養馬者謂之櫪、所以禦暑雨者謂之笠也。小雅無羊篇云“何蓑何笠”，毛傳：“笠，所以禦暑”也。都人士篇云“臺笠緇撮”，毛傳云：“笠，所以禦雨也。”周頌良耜篇“其笠伊糾”，毛傳：“笠，所以禦暑雨。”“笠”與“苙”字異，聲義並同。

**廀，隱也。**　注　謂隱匿也。　音義　廀，音搜索也。

　　箋疏　廣雅〔釋詁四〕：“廀、匿，隱也。”晉語〔五〕“有秦客廀辭于朝”，韋注：“廀，隱也。”爲政篇云“人焉廀哉”，集解引孔安國注：“廀，匿也。”通作“蒐”。文十八年左氏傳“服讒蒐慝”，正義云：“服虔〔亦〕以蒐爲隱。隱慝，謂陰隱爲惡也。”“蒐”與“廀”同。廀訓爲隱，亦爲匿，故隱限之地謂之廀，隱匿之事謂之溲。楚辭九歎〔憂苦〕云“步從容於山廀”，王逸注：“廀，限也。”

晉語〔四〕云"少溲于豕牢"，韋昭注："溲，便也。"義相通也。莊子則陽篇云
"內熱溲膏"，釋文："溲，本或作'廀'。""廀"、"蒐"、"溲"，古字並通。

銛〔1〕，取也。　注 謂挑取物。　音義 銛，音忝。

　　　箋疏 廣雅〔釋詁一〕："銛，取也。"盡心篇〔下〕"士未可以言而言，是以
言餂之也；可以言而不言，是以不言餂之也"，趙岐注云："餂，取也。"孫奭音
義引丁公著云："字書〔及諸書〕並無此'餂'字，郭〔璞〕（注）方言〔注云〕音
'忝，謂挑取物'也，其字從'金'，今此字從'食'，與方言不同，蓋傳寫誤也。"
當作"銛"。

桭，隨也。　注 桭柱令相隨也。

　　　箋疏 上文云"桭，法也"，注云："救傾之法。"微傾卽㢩距也。説文"樘，
衺柱也。丑庚切"，徐鉉曰："今俗別作'撐'，非是。"司馬相如長門賦："離樓
梧而相樘。"亦作"牚"。王延壽魯靈光殿賦"枝牚杈枒而斜據"，〔張載注〕：
"'牚'或作'桭'。"衆經音義卷一云："牚柱，勅牚、恥孟二反，今謂邪柱爲牚
也。經文作'桭'。""桭"、"樘"、"撐"、"牚"，字異聲義並同。互見前"桭，法
也"條。

儓、䝓，農夫之醜稱也。南楚凡罵傭賤謂之田儓。　注 儗儓，駑鈍貌。
或曰"僕臣儓"，亦至賤之號也。或謂之䝓，注 䝓，丁健貌。或謂之
辟。辟〔2〕，商人醜稱也。　注 辟辟，便黠貌也。　音義 儓，音臺。䝓，音
㦷，廣雅以爲奴，字作㦷音同。辟，音擗。

　　　箋疏 廣雅〔釋詁二〕："儓、䝓，醜也。"又〔釋詁一〕云："儓，臣也。"玉篇：
"儓，輿儓也。"説文："嬯，遲鈍也。"昭七年左氏傳云"僕臣臺"，正義引服虔
云："臺，給臺下徵召也。"萬章篇〔下〕"蓋自是臺無餽也"，趙岐注："臺，賤官
主使令者。"廣雅釋言："駑，駘也。"楚辭九辨云："策駑駘而取路。"莊子德充
符篇"衛有惡人焉，曰哀駘它"，李頤注："哀駘，醜貌。""儓"、"嬯"、"臺"、

_____

〔1〕　"銛"原作"餂"，據廣本、徐本改。
〔2〕　"辟"字原脱，據廣本、徐本補。

“馳”，義並相近。農夫謂之儚，故農器亦謂之儚。高誘注淮南氾論訓云：“櫌，梱塊椎也，三輔謂之儚，所以覆種也。”是也。

玉篇：“羆，蒲北切，農夫之賤稱也，南楚罵賤謂之羆。”廣韻〔德韻〕：“㹍，丁壯貌，亦醜也。”“㹍”與“羆”同。家語入官篇“邇臣便僻〔者〕，羣僕之倫也”，王肅注：“僻，宜爲‘辟’。便辟，執事在君之左右者。”義亦相近也。

音内引廣雅，疑有誤。

**庸謂之倯，轉語也。** 注 倯，猶保倯也。今隴右人名孅爲倯。 音義 倯，相容反。

箋疏 上云：“甬，奴婢賤稱也。”“自關而東陳魏宋楚之間保庸謂之甬。”楚辭九章〔懷沙〕云“固庸態也”，王逸注：“庸，廝賤之人也。”卷七云“傑倯，罵也。燕之北郊曰傑倯，”注：“嬴小可憎之名也。”“庸”、“倯”、“甬”，聲義並相近。“保倯”與“保庸”亦同，是轉語也。

餘詳前“臧、甬、侮、獲，奴婢賤稱”條下。

注“孅”，古“嬐”字，亦作“孅”，並同。

**褸裂、須捷、挾斯，敗也。南楚凡人貧衣被醜弊謂之須捷。** 注 須捷，狎褻也。**或謂之褸裂，** 注 褸裂，衣壞貌。**或謂之襤褸，故左傳曰“蓽路襤褸以启山林”，** 注 蓽路，柴車。**殆謂此也。或謂之挾斯。** 注 挾斯，猶挾變也。**器物弊亦謂之挾斯。** 音義 褸，音縷。

箋疏 卷四云“褸謂之衽”，注云：“衣襟也。或曰裳際也。”玉藻篇“衽當旁”，鄭注：“衽，謂裳幅所交裂也。”深衣篇“續衽鉤邊”，注：“續，猶屬也。衽，在〔裳〕旁者也。屬連之不殊裳前後也。”説文：“裂，繒餘也。”内則篇：“衣裳綻裂，紉箴請補綴。”是“褸”本以交裂得名，云“褸裂”者，言裂而又裂也。宋司城樂須，文十八年左傳正義以爲字“夷父”。序卦傳：“夷者，傷也。”衆經音義卷九引賈逵國語注：“夷，毀也。”義與“敗”相近。

“捷”，通作“褋”。説文：“褋，衻緣也。衻，交衽也。褸，衽也。”合言之則曰“須捷”，是須捷猶褸裂也。一説云：釋詁“接，捷也”，郭注：“謂相接續也。”内則云“接以太牢”，鄭注：“接，讀爲捷。”桓六年左氏傳“接以太牢”，釋文云："鄭注禮記作'捷'，讀此者亦或（爲）捷音。"荀子大略篇"先事慮事謂之接"，楊倞注："讀爲捷。"是"捷"與"接"同也。須捷，猶言須接也，是敗之意也。

卷四云"褸謂之緻"，注云："襤褸緻結也。"又云："楚謂無緣之衣曰襤，紩衣謂之褸，秦謂之緻。"又云"裯謂之襤"，"無緣之衣謂之襤"，注云："袛裯，敝衣，亦謂襤褸。"又云"襜褕"，"以布而無緣，敝而紩之，謂之襤褸。""其敝者謂之緻"，注云："緻，縫納敝，故之名也。"説文："裯謂之襤褸。襤，無緣衣也。"幰，"楚謂無緣衣也。"玉篇："褸，貧無衣醜敝也。"衆經音義卷九云："襤褸，古文'幰'，力甘反。襤褸謂衣敗也，凡人衣被醜弊亦謂之襤褸。"

宣十二年左氏傳云"篳路藍縷，以啟山林"，杜預注："篳路，柴車。藍縷，敝衣。"正義引服虔注云："言其縷破藍藍然。"釋器云"衣梳謂之祝"，郭注云："衣縷也。齊人謂之攣。""攣"、"縷"，亦聲之轉也。"襤"、"幰"、"繿"、"藍"，"褸"、"縷"，字異義同。"啟"與"启"、"篳"與"蓽"、"敝"與"弊"，字並通。今吳俗謂衣服破碎者爲"襤褯"，音"唻灑"，亦"襤褸"之轉矣。

廣雅〔釋詁三〕："俠斯，敗也。""俠"與"挾"通。淮南人間訓云"秦皇挾圖録"，高誘注："挾，銷也。"卷七云："斯，離也。齊陳曰斯。"釋言同。又卷六云："癖，散也。東齊聲散曰癖。""秦晉聲變曰癖，器破而不殊其音亦謂之癖。"集韻〔支韻〕引字林云："甂，甕破也。"王逸注楚辭九歌〔河伯〕云："〔流〕澌，冰解也。""斯"、"癖"、"甂"、"澌"，義並與"敗"相近，合言之則曰"挾斯"。

撲[1]、鋌、澌，盡也。南楚凡物盡生者曰撲生。　注 今種物皆生云撲地生也。物空盡者曰鋌；鋌，賜也。　注 亦中國之通語也。鋌賜、撲澌皆盡也。鋌，空也，語之轉也。　音義 撲，打撲。鋌，音挺。

箋疏"撲"，亦作"撲"。盤庚篇〔上〕："若火之燎于原，不可嚮邇，其猶可撲滅。"鮑照蕪城賦"廛閈撲地，歌吹沸天"，李善注引方言曰："撲，盡也。郭注曰：'今種物皆生，云撲地出也。'""撲"，即"撲"之省。

---

〔1〕 "撲"原作"撲"，據廣本、徐本改。

注云“樸地生”者，下文云“樸，聚也。楚謂之樸”，注云：“樸屬，蒙相著貌。”釋木“樸枹者”，郭注：“樸屬叢生者爲枹。”大雅棫樸篇“芃芃棫樸”，鄭箋云：“相樸屬而生。”正義云：“言樸者，〔亦〕謂根枝迫迮相附著之貌，故以樸屬言之。”又考工記“凡察車之道，欲其樸屬而微至（也）”，鄭注云：“樸屬，猶附著堅固貌也。”“樸”與“樸”通。又廣韻〔屋韻〕：“穙，草生穊也。”義並與盡生相近。今俗語猶言樸樸長矣。

廣雅〔釋詁一〕：“鋌，盡也。”文選思玄賦注引字林：“逞，盡也。”“逞”與“鋌”，聲近字通。玉藻篇“天子搢珽”，釋文：“本又作‘珵’。”王逸離騷注引相玉書作“珵”，是其例。廣雅釋訓“敪敪，盡也”，曹憲音“徒鼎反”。考玉篇、廣韻皆無“敪”字，疑卽“鋌”之異文。論衡語增篇：“傳語曰：‘町町若荆軻之間。’言荆軻爲燕太子丹刺秦王，後誅荆軻九族，其後恚恨〔不已〕，復夷軻之一里，一里皆滅，故曰町町。”義與“鋌”同。廣雅〔釋詁三〕“罜，空也”，曹憲音“天鼎反”。玉篇：“罜，罜䍡，小空貌。”廣韻〔迥韻〕：“罜䍡，小網”也。网有細目，中空之象。聲與“鋌”亦相近。

“澌”者，說文：“澌，水索也。”索亦盡也。衆經音義卷三引倉頡解詁云：“索，盡也。”鄭注檀弓〔上〕云：“消盡爲澌。”又注曲禮〔下〕云：“死之言澌也，精神澌盡也。”正義云：“今俗呼盡爲澌。”廣雅〔釋詁一〕“澌，盡也”，曹憲音“斯”。斯亦盡也。金縢篇“大木斯拔”，史記魯世家作“大木盡拔”。鄉飲酒禮“尊兩壺于房戶間，斯禁”，鄭注云：“斯禁，禁切地無足者。”疏云：“斯，澌也。澌，盡之名”也。“斯”與“澌”通。王氏懷祖〔廣雅疏證釋詁一〕云：“繫辭傳〔上〕‘故君子之道鮮矣’，釋文：‘師說云：鮮，盡也。’‘鮮’與‘斯’，亦聲近義同，故小雅瓠葉箋云：‘今俗語斯白之字作鮮，齊魯之間，聲近斯’矣。”玉篇：“澌，水盡”也，“音賜”。廣韻〔寘韻〕“澌”亦作“儩”。潘岳西征賦云“超長懷以退念，若循環之無賜”，李善注引方言曰：“賜，盡也。”衆經音義卷七云“盡儩，又作‘澌’同”，引方言曰：“倰儩，盡也。”又卷十二云：“都澌，又作‘儩’同。”又卷十三“物儩，又作‘澌’同”，引方言：“鋌賜，盡也。”“鋌賜樸斯”，舊本誤作“連此樸澌”，今據以訂正。大雅皇矣篇“王赫斯怒”，鄭箋讀

“斯”爲“賜”，“盡也”。史記李斯傳云：“吾願賜志廣欲。”古棗下何纂纂詩云：“棗適今日賜，誰當仰視之。”是賜爲盡也。“澌”、“斯”、“偶”、“賜”，古字並同。合言之則曰“撲斯”，今吳俗猶言撲澌消鎔，讀鎔如洋矣。

撲、翕、葉，聚也。　注 撲屬，藂相著貌。楚謂之撲，或謂之翕。葉，楚通語也。

　　箋疏“撲”，通作“僕”。大雅既醉篇“景命有僕”，毛傳：“僕，附也。”管子地員篇“五塥之狀，累然如僕累”，房玄齡注云：“僕，附也，言其地附著而重累也。”文選子虛賦李善注引廣雅曰：“僕，謂附著於人然。”亦通作“樸”。釋木釋文引舍人本云：“樸枹者彙。”案：“彙”與“枹”皆叢生之名，故曰“樸枹者彙”也。太玄聚上九云：“聚家之彙。”是彙亦聚也。泰初九“拔茅茹，以其彙”，虞翻注云：“彙，類也。”“類”與“聚”，義相近。今本爾雅〔釋木〕“彙”作“謂”，讀屬下“槲”字爲句，郭注云：“樸屬叢生者〔爲〕枹。”大雅棫樸篇“芃芃棫樸”，鄭箋云：“相樸屬而生。”正義云：“言樸者，〔亦〕謂根枝迫迮相附著之貌，故以樸屬言之。”考工記云“凡察車之道，欲其樸屬而微至”，鄭注云：“樸屬，猶附著堅固貌也。”皆叢聚之意也。

　　注內“藂”字，舊本訛作“葉”，今從宋本作“藂”。“藂”，古“叢”字。説文：“叢，聚也。”

　　廣雅〔釋詁三〕：“翕、葉、積，聚也。”釋詁：“翕，合也。”合亦聚也。

　　“葉”之言鍱也。廣雅：“鍱，積也。”〔1〕説文：“葉，草木之葉也。”淮南原道訓云：“大渾而爲一葉，累而無根。”是葉爲藂也。

斟，益也。　注 言斟酌益之。南楚凡相益而又少謂之不斟。凡病少愈而加劇亦謂之不斟，或謂之何斟。　注 言雖少損無所益也。

　　箋疏 説文：“斟，勺也。”“㪺，酌也，斟酌二姓也。”廣雅〔釋詁四〕：“㪺、斟，酌也。”又〔釋詁一〕云：“斟、酌，益也。”故注云“言斟酌益之”。皆義之相因者也。

───────────

〔1〕　案：今本廣雅釋詁一作“撲，積也”。

差、間、知，愈也。南楚病愈者謂之差，或謂之間，**注** 言有間隟。或謂
之知。知，通語也。或謂之慧，或謂之憭，**注** 慧、憭，皆意精明。或
謂之瘳，或謂之蠲，**注** 蠲，亦除也。或謂之除。 **音義** 蠲，音涓，一音
圭。

**箋疏** 説文：“瘉，病瘳也。”漢書高祖紀〔上〕“漢王疾瘉”，顏師古注：
“瘉，（讀）與愈同。愈，差也。”公孫丑篇〔下〕：“昔者疾，今日愈。”“瘉”與
“愈”同。

衆經音義卷二、卷三、卷六、卷十七、卷二十二、卷二十三凡六引方言：
“差，愈也。”惟卷八引作“瘥”。説文：“瘥，瘉也。”廣雅〔釋詁一〕作“瘥、蠲、
除、慧、間、瘳，瘉也”。“瘥”與“差”通。

文王世子篇“旬有二日乃間”，鄭注：“間，猶瘳也。”子罕篇“病間”，孔安
國云：“少差曰間。”枚乘七發云：“伏聞大子玉體不安，亦少間乎？”

注云“言有間隟”，“隟”，俗“隙”字。

素問刺瘧篇云：“一刺則衰，二刺則知，三刺則已。”又藏氣法時論篇云：
“肝病者，平旦慧，下晡甚，夜半静。”是“間”、“知”、“慧”皆愈也。

“憭”之言了也。卷二云：“了，快也。”“秦曰了。”説文：“憭，慧也。”衆經
音義卷二十引廣雅：“憭，快也。”卷一云“虔、儇，慧也”，注云：“謂慧了。”是
“了”與“憭”同，皆精明快意之義也。凡人病甚，則昏亂無知。既差則明了
快意，故愈謂之慧，知亦謂之慧；愈謂之憭，快亦謂之憭，義並相通也。

説文：“瘳，疾瘉也。”説命篇〔上〕“若藥弗瞑眩，厥疾弗瘳”，某氏傳云：
“如服藥必瞑眩極，其病乃除。”趙岐滕文公篇〔上〕注云：“藥，攻人疾，先使
瞑眩憤亂，乃得瘳愈也。”金滕篇“王翼日乃瘳”，傳云：“瘳，差也。”皆愈之意
也。

衆經音義卷二、卷六、卷二十三並引方言作“南楚疾愈謂之蠲”，又引注
文云：“蠲，除也。方俗語異耳。”文選劇秦美新“摘秦政慘酷尤煩者，應時而
蠲”，傅亮爲宋公修楚元王墓教“可蠲復近墓五家”，李善注並引郭注云：
“蠲，除也。”

　　舊本作“音涓，一圭反”，今從盧氏據郭注穆天子傳“音圭”改。案：周官蜡氏“令州里除不蠲”，鄭注：“蠲讀〔如〕‘吉圭惟饎’之‘圭’。”從三家義也，今小雅天保篇作“吉蠲爲饎”，是“蠲”有“圭”音也。

　　唐風蟋蟀篇“日月其除”，毛傳云：“除，去也。”又小雅小明篇傳云：“除，除陳生新也。”素問奇病論云：“治之以蘭，除陳氣也。”是除爲愈也。

# 輶軒使者絕代語釋別國方言箋疏卷第四

襌衣，江淮南楚之間謂之襌，注 楚辭曰：“遺余襋兮澧浦。”關之東西謂之襌衣。有裏者，注 前施裏囊也。趙魏之間謂之祛衣；無裏者謂之裎衣，古謂之深衣。 注 制見禮記。 音義 襋，音〔1〕簡牒。裏，房報反。裎，音逞。

    箋疏 劉逵注蜀都賦引司馬相如凡將：“黃潤纖美宜製襌。”説文：“襌，衣不重也。”釋名〔釋衣服〕：“襌衣，言無裏也。”又云：“有裏曰複，無裏曰單。”衆經音義卷四云：“襌衣，有衣而無裏也。”玉藻篇“襌爲絅”，鄭注云：“有衣裳而無裏。”下文云：“覆裃謂之襌衣。”漢書江充傳顏師古注云：“襌衣，制若今之朝服中襌也。”又引漢官儀：“武賁中郎將衣紗縠襌衣。”後漢書馬援傳：“更爲援制都布單衣。”“單”與“襌”同。是襌衣絲麻皆可爲之，故鄭風〔丰〕箋云：“褧，襌也，蓋以襌襌爲之。”説文：“褧，檾衣也。”

    “襋”之言枼也。説文：“枼，薄也。”又云：“南楚謂襌衣曰襋。”玉篇：“襋，襌衣也。”集韻〔帖韻〕亦作“褋”，俗字。廣雅〔釋器〕：“覆裃、褷、襋，襌衣也。”墨子公輸篇云：“子墨子解帶爲城，以襋爲械。”楚辭九歌〔湘夫人〕云“遺余襋兮醴浦”，王逸注：“襋，襜襦也。”“醴”與“澧”通。潛夫論浮侈篇云：“麋麂履烏，文組綵襋。”案：諸書皆以“襋衣”爲“襌衣”之異名，惟王逸以爲“襜襦”，殆非也。

    説文：“裏，裹也。”裹物謂之裏，衣前襟亦謂之裏，義相因也。哀十四年公羊傳云“反袂拭面，〔涕〕沾袍”，何休注云：“袍，衣前襟也。”鄉黨“紅紫不以爲褻服”，鄭注：“褻衣，袍襌。”“袍”，即“裏”之借字。玉篇“袍”亦作“裛”

---

〔1〕“音”原無，據廣本、徐本補。

同，“步報切，衣前袥也。”

注“前施褒囊”者，謂右外袥，古禮服必有褒，惟褻衣無褒。下文之“裎衣”，卽今之對袥衣，無右外袥者也。

玉篇：“袪，子賀切，衣包囊。”淮南氾論訓“豈必褒衣博帶”，高注：“褒衣，方與之衣，如今吏人之左衣也。”“左”與“袪”同。

説文：“裎，袒也。”玉篇：“裎，勅領切，禪衣也。”公孫丑篇〔上〕：“雖袒裼裸裎於我側。”易林否之小畜云：“載車無輇，裸裎出門。”韓策〔一〕云：“秦人捐甲徒裎以趨敵。”凡去衣見體謂之袒裼。鄭風大叔于田篇：“襢裼暴虎。”爾雅〔釋訓〕：“襢裼，肉袒。”是也。其去上衣見裼衣，亦謂之袒裼。内則云“不有敬事，不敢袒裼”，是也。説文“裼”與“裎”並訓爲“袒”，故禪衣無褒者謂之“裎衣”也。急就篇〔卷二〕云“禪衣蔽膝布母緡”，顏師古注云：“禪衣，似深衣而褒大，亦以其無裏，故呼爲禪衣。”漢書江充傳云“充衣紗縠禪衣，曲裾後垂交輸”，如淳曰：“交輸，割正幅，使一頭狹若燕尾，垂之兩旁，見於後，是禮深衣‘續衽鉤邊’。”

深衣篇鄭目録云：“名曰深衣者，謂連衣裳而純之以采也，有表則謂之中衣。”是深衣亦禪也。

**襜褕，江淮南楚謂之襱裕，自關而西謂之襜褕，其短者謂之裋褕。以布而無緣，敝而紩之，謂之襤褸。自關而西謂之䘸褳，**注 俗名䘸披。**其敝者謂之緻。** 注 緻，縫納敝故之名也。 音義 襱，裳凶反。裋，音豎。䘸，音倔。緻，丁履反。

箋疏 急就篇〔卷二〕“襜褕袷複褶袴禪”，顏師古注云：“襜褕，直裾禪衣也。”説文：“直裾謂之襜褕。”漢書外戚恩澤侯表“武安侯恬坐衣襜褕入宮，不敬，免”，又雋不疑傳“衣黃襜褕”，顏師古注並云：“襜褕，直裾禪衣也。”案：釋器云：“衣蔽前謂之襜。”釋名〔釋衣服〕：“荆州謂禪衣曰布襦，亦曰襜褕，言其襜襜弘裕也。”又云：“跪襜，跪時襜襜然張也。”又〔釋牀帳〕：“牀前帷曰襜，言襜襜而垂也。”是凡言“襜”者，皆障蔽之名也。“襜”，亦作“袩”。士昏禮：“婦車有袩。”雜記〔上〕：“其輤有裧。”裧，亦卽襜也。

廣雅〔釋器〕："襜褣，襜褕也。"小爾雅〔廣服〕："襜褕謂之童容。""童容"與"襜褣"同。"襜褣"之言從容也。王氏懷祖引任幼植深衣釋例云："釋名：'襜褕，言其襜襜然弘裕。'方言或謂之'童容'。'童容'之名，卽是'襜襜弘裕'之義。詩'漸車帷裳'，箋云：'帷裳，童容也。'周禮巾車'皆有容蓋'，鄭司農注亦云：'容謂襜車，山東謂之裳帷，或曰幢容。'後漢書劉盆子傳'乘軒車大馬，赤屏泥，絳襜絡'，注云：'襜，帷也。'帷謂之'襜'，亦謂之'童容'；直裾襌衣謂之'襜褕'，亦謂之'童容'，其義一也。"任昉奏彈劉整曰："何其不能折契鍾庾，而襜帷交質。"案：鍾庾，謂整取兄劉寅妻范氏米六斗；襜帷，謂取范氏車帷。故云"不能折契鍾庾，襜帷交質"也。李善注既引詩鄭箋"帷裳，童容"之説，復引方言"江淮謂襜褕爲童容"，似以"襜帷"、"襜褕"爲一物，誤矣。

"裋褕"，短於襜褕，故以裋名。列子力命篇"朕衣則裋褐"，釋文又引許慎淮南子注云："楚人謂袍曰裋。"荀子大略篇"衣則豎褐不完"，楊倞注："豎褐，童豎之褐，亦短褐也。"史記秦始皇紀"夫寒者利裋褐"，集解引徐廣曰："一作'短'，小襦也。"韋昭注王命論亦云："裋，謂短襦也。"豎有短小之義，故童僕未冠者謂之豎，襜褕之短小者亦謂之裋褕。事雖不同，義則一也。後漢書張衡傳注引方言曰："自關而西謂襜褕，短者謂之裋。"無"褕"字。説文："裋，豎使布長襦。"漢書貢禹傳"裋褐不完"。顏師古注："亦云裋者，謂童豎所著布長襦也。"許、顏之説，似不如楊、徐、韋三家爲得。司馬貞史記〔秦始皇本紀〕索隱云"（蓋）謂褐布豎裁，爲勞役之衣，短而且狹，故謂之短褐，亦謂之豎褐"，是其義也。玉篇"裋"，又作"䄻"。下云："複襦，江湘之間謂之䄻。""䄻"，與"裋"同。

説文："衧，諸衧也。"亦作"諸于"。後漢書光武紀〔上〕云"皆冠幘，而服婦人衣，諸于繡镼"，李賢注引前書音義曰：'諸于，大掖衣也，如婦人之袿衣。""字書無'镼'字。續漢書作'裾'，並音其物反。〔揚雄〕方言曰'襜褕，其短者，自關而西謂之統裾'，郭注云：'俗名裾掖。'據此，卽是諸于上加繡裾，如今〔之〕半臂也。""諸衧"、"諸于"、"裋褕"，一聲之轉耳。

“無緣”，義見下文“無緣之衣謂之襤”條下。

説文：“敝，一曰敗衣也。”“㡀，敗衣也。”“㡀”與“敝”，聲義並同。

爾雅〔釋言〕：“黹，紩也。”説文：“紩，縫也。”急就篇〔卷三〕“鍼縷補縫綻紩緣”，顏師古注云：“納刺謂之紩。”

“襤褸”，詳前卷“〔褸〕裂、須捷、挾斯，敗也”條下。

案：“祐裼”，以無緣得名也。玉篇：“裼，祐裼也。”“裼”之言“屈”也。衆經音義卷十二引許慎淮南子注云：“屈，短也。”説文作“屈，無尾也”。玉篇：“屈，短尾也。”史記天官書“白虹屈短”，集解引韋氏漢書注云：“短而直也。”高誘注淮南原道訓云：“屈，讀‘秋雞無尾屈’之‘屈’。”韓非子説林篇云：“鳥有周周者，重首而屈尾。”釋鳥云“鶌鳩，鶻鳩”，郭注云：“似山鵲而小，短尾。”集韻〔迄韻〕引埤倉：“𤞞，短尾犬也。”無緣之衣謂之“祐裼”，猶雞無尾謂之“屈”、鳥短尾謂之“鶌”、犬短尾謂之“𤞞”，其義一也。

廣雅〔釋詁四〕：“緻，補也。”玉篇：“緻，縫補敝衣也。”説文“褚，紩衣也”，音“豬几切。”爾雅〔釋言〕作“黹”。“褚”、“黹”與“緻”聲義並同。下文云“褸謂之緻”，注云：“襤褸緻結也。”又云“裯謂之襤。無緣之衣謂之襤”，注云：“衹裯弊衣，亦謂襤褸。”又云“楚謂無緣之衣曰襤，紩衣謂之褸，秦謂之緻。自關而西秦晉之間，無緣之衣謂之祐裼”，注云：“嫌上説有未了，故復分明之。”據此云云，則此條猶言江淮南楚謂襜褕爲褚裕，關西謂禈裕爲襜褕；江淮南楚謂襜褕之短者謂之祐裼，以布而無緣者爲襤，敝紩者爲褸，關西謂襜褕之無緣者爲祐裼，敝紩者爲緻也。

注“縫納敝故之名”者，鄭注玉藻云：“縫，紩也。”廣雅釋言：“紩，納也。”論衡程材篇：“納縷之工，不能織錦。”通作“衲”。廣雅〔釋詁四〕：“衲，補也。”舊本“之名”二字誤倒。

汗襦，注 廣雅作“襦”。江淮南楚之間謂之襜。自關而西或謂之衹裯。 注 亦呼爲掩汗也。自關而東謂之甲襦。陳魏宋楚之間謂之襜襦，或謂之禪襦。 注 今或呼衫爲禪襦。 音義 襜，音甑。衹，音氏。裯，丁牢反。

　　**箋疏**　内則篇:“衣不帛襦袴。”急就篇〔卷二〕“袍襦表裏曲領帬”,顏師古注云:“長衣曰袍,下至足跗;短衣曰襦,自䏶以上。一曰短而施要者曰襦。”説文“襦,短衣也。一曰䰀衣”,徐鍇傳引古詩曰:“紫綿爲上襦。”釋名〔釋衣服〕:“襦,煗也,言温煗也。”深衣釋例云:“吳〔越春秋〕‘越王夫人衣無緣之衣,施左關之襦,襦下有裳’,則襦爲短衣可知。”釋名〔釋衣服〕又云:“汗衣,近身〔受〕汗垢之衣也。詩謂之‘澤’,受汗澤也。或曰鄙袒,或曰羞袒。作之用六尺,裁足覆胸背,言羞鄙於袒而衣此耳。”是汗衣亦短衣也。凡字之從“需”、從“奥”、從“而”者,聲皆相近。短衣謂之“襦”,猶小兔謂之“毈”、小鹿謂之“麌”、小栗謂之“柌”也。“小”與“短”同義。下云“襦,西南蜀漢謂之曲領,或謂之襦”,注云:“字亦作‘褕’,又襦無右也。”又云“偏禪謂之禪襦”,注云:“卽衫也。”

　　此注云“廣雅作‘褕’”,案:今本廣雅無“汗襦”之文,但云“袛裯,襜褕也”。又云“禪襦謂之襜袴,作襦謂之裈襦”,王氏疏證以“禪襦謂之襜”爲句,“袴”字連下“作襦”讀,云:“疑有脱誤。”今案:集韻〔紙韻〕、類篇並引廣雅以“禪襦謂之襜袴”爲句,則“作襦謂之裈襦”爲句矣。“袴”與“襦”、“作”與“汗”、“裈”與“禪”,形並相似,疑廣雅原本作“禪襦謂之襜襦,汗襦謂之禪襦”。別本亦有作“汗褕”者,則與此正文及注“廣雅作‘褕’”、又下條注“襦,字亦作‘褕’”並合。或以爲廣雅既釋“禪襦謂之襜襦”,不應卽云“汗襦謂之禪襦”,此又不然。案:廣雅下文云“袚,蔽厀也”,卽云“韍謂之繛”。“袚”、“韍”一字,“繛”卽“蔽厀”之合聲,皆所以“廣異名”,與此正同,況義皆本之方言乎。惟廣雅誤“襦”爲“袴”、誤“汗”爲“作”、誤“禪”爲“裈”,其來已久,故曹憲已爲“袴”、“裈”二字著音,而集韻、類篇並引作“襜袴”也。盧氏以今本廣雅無“汗襦”之文,遂謂此注爲誤,且謂下條注“字亦作‘褕’”,“褕”字宋本作“襝”,“襝”字與“袡”、“襜”、“裧”等字同,似當在“蔽厀”條“袡”字下,不應在此。幸正德本作“褕”,故未移。案:爾雅疏引亦作“褕”,與正德本及今本並合。則作“襝”者,乃形近傳寫之譌也。

　　玉篇:“裮,汗襦也。”

　　“袛裯”，雙聲字。説文：“袛裯，短衣也。”廣雅〔釋器〕：“袛裯，襜褕也。”“袛”，曹憲音“低”。楚辭九辨“被荷裯之晏晏兮”，王逸注：“裯，袛裯也。若襜褕矣。”後漢書羊續傳云：“惟有布衾敝袛裯。”案：“袛裯”之言氐惆也。下卷十云“悃、愁、頓愍，惛也”。“或謂之氐惆。南楚飲毒藥懣謂之氐惆”，“愁恚憒憒，毒而不發，謂之氐惆”，注云：“氐惆，猶懊憹也。”是本爲形容之詞，無定字，亦無定名也。餘互見下“裯謂之襤”條。

　　注“亦呼〔爲〕掩汗”者，釋名〔釋衣服〕云：“汗衣，近身（之物）受汗垢之衣也。”其謂之“掩汗”者，猶“馬鞈”謂之“弇汗”也。鹽鐵論散不足篇：“今富者”“黃金琅勒，罽繡弇汗。”亦謂之“障汗”。太平御覽〔卷三五九〕引魏百官名云：“黃地金縷，識成障汗一具。”亦名“防汗”。説文：“鞈，防汗也。”廣雅〔釋器〕：“防汗謂之鞈。”御覽〔卷三五九〕引東觀漢記云：“和帝賜桓郁馬二匹，并鞍勒防汗。”其義一也。

　　釋名〔釋衣服〕云：“襦，屬也，衣裳上下相聯屬也。荊州謂禪衣曰布襦，亦曰襜褕，言其襜襜然弘裕也。”〔後〕漢書來歙傳注引東觀漢記云：光武“解所被襜襦以衣歙。”案：“襜襦”與“襜褕”同。凡言“襜”者，皆障蔽之意。然則“汗襦”謂之“襜襦”，卽釋名〔釋衣服〕所謂“汗衣”“裁足覆胷背，〔言〕羞鄙於袒而衣此”之意也。

　　下文云“偏禪謂之禪襦”，注云：“卽衫也。”釋名〔釋衣服〕又云：“禪襦，如襦而無絮者也。”又云：“半袖，其袂半襦而施袖”者。是襦有不施袖者，亦有半施袖者。其半施之禪襦，卽所謂偏襦，亦卽所謂無右者矣。正文及注“禪”字，初學記〔卷二十六〕引並作“單”。“單”與“禪”通。“袛”，舊本音“止”，誤。今從盧本改正。

**帬，陳魏之間謂之帔，自關而東或謂之襬。** 注 今關西語然也。 音義 帔，音披。襬，音碑。

　　箋疏 説文“帬，下裳也”，或作“裠”。釋名〔釋衣服〕“裠，下裳也。帬，〔下〕羣也。連接羣幅也。緝下，橫縫緝其下也。”下文“繞衿謂之帬”，注云：“俗人呼接下，江東通言下裳。”案：“衿”卽“領”之俗字。“繞衿”，謂圍繞於領，卽今男子婦人披肩之遺意，蓋古亦名“帬”。方言謂之“帔”，非卽此下裳，説詳下文。

　　説文：“帔，弘農謂帬帔也。”廣雅〔釋器〕：“繞領、帔，帬也。”豳風東山篇正義引陸機義疏云：“鸛，鸛雀也，似鴻而大，長頸、赤喙、白身、黑尾翅。”“一名黑尻”，“一名皁裙”。廣雅〔釋鳥〕：“皁帔，藿雀也。”“藿”與“鸛”同。下裳謂之帬，亦謂之帔，故雀之黑尾者亦謂之皁裙，亦謂之皁帔，猶言黑尻矣。

　　“襬”與“帔”，聲之轉耳。玉篇：“襬，關東人呼帬也。”顏師古急就篇〔卷二〕注云：“裳，卽裙也。一曰帔，一曰襬。”

## 蔽厀，江淮之間謂之褘，或謂之祓。魏宋南楚之間謂之大巾，自關東西謂之蔽厀，齊魯之郊謂之袡。　音義　褘，音葦，或暉。祓，音沸。袡，昌詹反。○盧氏云：“沸，李文授作音撥。”

　　箋疏　下文“絜襦謂之蔽厀”，注云：“廣異名也。”釋名〔釋衣服〕：“韠，蔽也，所以蔽厀前也。婦人蔽厀亦如之。齊人謂之巨巾。田家婦女〔出〕至田野，以覆其頭，故因以爲名也。”漢書東方朔傳云：“館陶公主自執宰敝膝。”“敝”與“蔽”通。“厀”、“膝”古今字。

　　説文：“褘，蔽膝也。”廣雅〔釋器〕：“大巾、褘，蔽厀也。”釋器云：“婦人之褘謂之繡。繡，綏也。”豳風東山篇“親結其縭”，毛傳云：“縭，婦人之褘也。母戒女，施衿結帨。”正義引爾雅孫炎注曰：“褘，帨巾也。”郭璞曰：“卽今之香纓也。褘，邪交絡帶繫於體，因名爲褘。綏，繫也。”“此女子既嫁之所著，示繫屬於人，義見禮記。詩云‘親結其縭’，謂母送女，重結其所繫著，以申戒之。説者以‘褘’爲‘帨巾’，失之也。”今本脱畧，孔氏辨之云：“母戒女，禮‘施衿結帨’，士昏禮文，彼注云：‘帨，佩巾’也。不解衿之象形。內則云‘婦事舅姑’，‘衿纓綦屨’，注云：‘衿，猶結也。婦人有衿纓，示有繫屬也。’然則‘衿’謂‘纓’也。衿先不在身，故言‘施’。‘帨’則先以佩訖，故結之而已。傳引‘結帨’證此‘結縭’，則如炎之説，亦以‘縭’爲‘帨巾’，其意異於郭也。內則云：‘男女未冠笄者’，‘總角，衿纓，皆佩容臭。’郭以‘縭’爲‘香纓’，云‘義見禮記’，謂此也。案：昏禮言‘結〔帨’，此言‘結〕縭’，則‘縭’當是‘帨’，非'香纓'也。且未冠笄者佩'容臭'，又不是'示繫屬'也，郭言非矣。"今按：爾雅〔釋器〕上句云"衣蔽前謂之襜"，下云"裳削幅謂之襀"，中句自不當別釋"香纓"。説文"帥，佩巾也"，或從"兑"作"帨"，音"税"。召南野有死麕篇"無感我帨兮"，毛傳與説文同。内則"女子設帨於門右"，鄭注："帨，事人之佩巾也。"巾之爲用，所以拭物，亦以覆物。"蔽厀"，又有大巾之稱，叔然以"褘"爲"佩巾"，蓋亦謂佩之於前可以蔽厀，蒙之於首可以覆頭，正與方言、釋名之義並合。又案："褘"蓋猶言韋也。説文："韋，相背也。獸皮之韋，可以束枉戾相違背，故借以爲皮韋。"又："龂，戾也。""褒，邪也。"堯典述共工之行云："静言庸違。"史記五帝紀云"共工善言其用僻"，正義云："僻，邪也。"文十八年左氏傳作"靖譖庸囘"，杜預注："囘，邪也。"大雅大明篇云"厥德不囘"，傳云："囘，違也。"是凡言"韋"者，皆相背之義，與"袚"同也。

　　説文："袚，蔽厀也。"又："帗，一幅巾也。讀若撥。"廣雅〔釋器〕："袚，蔽厀也。龂謂之縪。"家君曰："易乾鑿度云：'孔子曰：紱者，所以別尊卑、彰有德也。故朱赤者盛色也，是以聖人法以爲紱服，欲百世不易也。'"説文"市，韠也。上古衣蔽前而已，市以象之。天子朱市，諸侯赤市，大夫葱衡。从巾，象連帶之形"，篆文作"韍"。又云："韠，韍也，所以蔽前。"考工記〔畫繢〕："畫繢之事"，"黑與青謂之黻"。釋言"黼、黻，彰也"，孫炎云："黻，謂刺繡巳字相背，以青黑線繡。"郭注云："黻文""兩巳相背"。桓二年左氏傳"火龍黼黻"，杜預注："黻，兩巳相戾也。"並本孫炎也。白虎通義〔紼冕〕云："紼者，蔽也，行以蔽前。天子朱紼，諸侯赤紼。詩曰：'朱紼斯皇，室家君王。'謂天子也。又'赤紼金舄，會同有繹'，又曰'赤紼在股'，皆謂諸侯也。""大夫葱衡，則別于君矣。古以韋爲之，上廣一尺，下廣二尺，天一地二也。長三尺，法天地人也。"爾雅作"黻"，説文作"市"，易作"紱"，詩作"芾"，禮記作"韍"，左傳亦作"黻"，易乾鑿度作"茀"，白虎通義作"紼"，義並與"袚"同。"袚亦謂之縪"，王氏懷祖云："縪，亦作"韠"，即'蔽厀'之合聲。'蔽'、'韠'、'韍'，又一聲之轉。説文'篳，藩落也'，引襄十年左傳：'篳門圭窬。'爾雅'畢，堂牆'，李巡注云：'厓似堂牆曰畢。'其謂之'畢'者，皆取障蔽之意，與

‘韠’同也。齊風載驅篇‘簟第朱鞹’，傳云：‘車之蔽曰第。’義亦與‘載’同。小雅采菽篇‘赤芾在股’，鄭箋云：‘芾，太古蔽膝之象也。冕服謂之芾，其他服謂之韠，以韋爲之’。”是“韠”與“載”同物異名也。

　　説文：“襜，衣蔽前也。”釋器云：“衣蔽前謂之襜。”小爾雅〔廣服〕云：“蔽卻謂之袹。”釋名〔釋衣服〕云：“跪襜，跪時襜襜然張也。”小雅采緑篇“不盈一襜”，毛傳與釋器同。正義引李巡注云：“衣蔽前，衣蔽膝也。”郭注云：“今蔽膝也。”〔爾雅釋器〕釋文作“幨”，云：“本或作‘襜’。方言作‘袹’。〔郭〕同昌占反。”疏全引此條文，江淮下有“南楚”二字，音“沸”作“弗”，餘並同。廣雅〔釋器〕“袹、襜，蔽膝”，王氏云：“袹、襜，一字也。”“凡言襜者，皆障蔽之意。衣蔽前謂之襜，牀前帷謂之襜，車裳帷謂之幨，幰謂之幨，其義一也。”盧氏云：“‘齊魯’，宋本、正德本作‘齊楚’。”

**襦，**注字亦作“褕”。又襦無右也。**西南蜀漢謂之曲領，或謂之襦。**

　　箋疏急就篇〔卷二〕云“袍襦表裏曲領帬”，顏師古注：“長衣曰袍，下至足跗；短衣曰襦，自膝以上。一曰短而施要者襦。著曲領者，所以禁中衣之領，恐其上擁頸也。其狀闊大而曲，因以名云。”説文：“襦，短衣也。一曰䙔衣。”釋名〔釋衣服〕：“襦，煖也，言温煖也。”又云：“反閉，襦之小者，卻向著之，領含於項，反於背後閉其襟也。”又云：“曲領，在内以禁中衣之領，上横壅頸，其狀曲也。”其釋“曲領”與顏署同，顏蓋即本釋名也。此條舊本並連上條，不提行。“蜀漢”作“屬漢”，今從戴校。

　　注“襦，字亦作‘褕’，襦無右也”者，義見下文“褕謂之袖”下。釋名〔釋衣服〕云：“半袖，〔其袂〕半襦而施袖也。”是“無右”之説也。

**褌，陳楚江淮之間謂之㡓。**　音義㡓，息勇反。○俗本作“錯勇”，今從盧據宋本改。

　　箋疏急就篇〔卷二〕“襜褕袷複褶袴褌”，顏師古注：“袴合襠謂之褌，最親身者也。”説文“幝，幒也”，或從“衣”作“褌”。又“幒，幝也”，或作“㡓”。釋名〔釋衣服〕：“褌，貫也，貫兩脚上繫要中也。”

　　廣雅〔釋器〕：“㡓，幝也。”玉篇“㡓，小褌也”，又作“㡓”。又云“幒，幝也”，或作“幠”。字並同。案：“褌”，即今之合當綺也。亦謂之“襗”。説文：“襗，綺也。”周官玉府注云：“燕衣服者，巾絮寢衣袍襗之屬。”鄭注論語〔鄉黨〕云：“褻衣，袍襗。”字亦作“澤”。秦風無衣篇“與子同澤”，是也。易林否之小畜云：“載車無褌，裸裎出門。”史記司馬相如傳“相如〔身〕自著犢鼻褌”，集解引韋昭漢書注云：“今三尺布作形如犢鼻。”吳越春秋越王入臣外傳云：“越王服犢鼻。”“鼻”亦作“襣”同。下文云“無裍之袴謂之襣”，注：“袴無踦者，即今犢鼻褌也。‘裍’亦‘襱’，字異耳。”按：“犢”、“裍”，聲之轉。説文“襱”，或作“襩”。急就篇〔卷二〕：“華洞樂。”皇象書碑本及廣韻並作“華襩樂”，是其例。韋昭以爲“形如犢鼻”，此望文生義之失也。

袴,齊魯之間謂之襱,　注 傳曰：“徵襱與襦。”或謂之襱。　注 今俗呼袴踦爲襱。關西謂之袴。　音義 襱，音騫。襱，音鮦魚。

　　箋疏 內則云：“衣不帛襦袴。”字亦作“絝”。説文：“絝，脛衣也。”墨子非樂篇：“因其蹄畚，以爲絝屨。”釋名〔釋衣服〕：“絝，跨也，兩股各跨別也。”“絝”與“袴”同。案：袴者，中分之名。兩脛之衣謂之袴，猶兩足所越謂之跨，兩股之間謂之胯，剖物使分亦謂之刲，義並同也。

　　“襱”，説文作“襄”，云“袴也”，引昭二十五年左氏傳云“徵襄與襦”，杜預注：“襄，袴也。”又作“襱”。廣雅〔釋器〕：“襱謂之絝。”廣韻〔仙韻〕云：“襱，齊魯言袴。”“襄”、“襱”並與“襱”同。

　　説文“襱，絝踦也”，或從“賣”作“襩”，徐鍇傳云：“踦，足也。”集韻〔緩韻〕、類篇並引廣雅云：“袴，其裍謂之襱。”今本脱“襱”字。下文“無裍袴謂之襣”，注云：“‘裍’亦‘襱’，字異耳。”玉篇“襱”，亦作“裍”。

　　説文：“鮦，魚名。讀若綺襱。”郭音“鮦魚”者，從許君讀也。

褕謂之袖。　注 襦褕有袖者，因名云。

　　箋疏 説文“褎，袂也”，俗作“袖”。釋名〔釋衣服〕云：“袖，由也，手所由出入也。亦言受也，以受手也。”戴氏曰：“釋名云：‘半袖，其袂半襦而施袖也。’是襦有不施袖者。正文當云‘褕謂之半袖’，注當云‘襦之半袖者’。注內‘褕’字亦舛誤。褕不得言袖，當是因上條而誤。”案：戴説是也。上文云

“襦，西南蜀漢之間謂之曲領，或謂之襦”，注：“襦，字亦作‘褕’。”卽謂此也。又云“襦無右也”，是“半袖”之說也。盧氏以上條注文“字亦作‘褕’”，“褕”字，宋本作“襝”，謂“襝”與“袡”、“襜”、“裧”等字同，欲移至“蔽厀”條“袡”字下，誤矣。

**祁謂之褔。**　注 卽衣領也。　音義 祁褔，劫偃兩音。

　　箋疏 說文“襋，衣領也”，引魏風葛屨篇曰“要之襋之”，毛傳：“要，要也。襋，領也。”廣雅〔釋器〕：“襋、祁謂之褔。”玉篇“襋，几力切，〔衣〕領也”，亦作“極”同。曲禮〔下〕云“天子視不上於袷”，玉藻云“視帶以及袷”，鄭注並云：“袷，交領也。”深衣篇“曲袷如矩以應方”，鄭注云：“袷，交領也。”音“居業切”。“襋”、“祁”、“袷”，字異，聲義並同。

　　說文“褔，褔領也”，徐鍇傳曰：“謂衣〔領〕偃曲。”玉篇：“褔，祁也。”釋器云“黼領謂之襮”，郭注云：“繡刺黼文以褔領。”唐風揚之水篇“素衣朱襮”，毛傳：“襮，領也。諸侯繡黼丹朱中衣。”鄭箋云：“繡當爲綃，中衣以綃黼爲領。”疏引孫炎注，與郭同。字通作“偃”。鄭注士昏禮云：“卿大夫之妻，刺黼以爲領，如今偃領矣。”“偃”與“褔”同。餘互見下“袒飾謂之直衿”條。

**袿謂之裾。**　注 衣後裾也。或作“袪”。廣雅云“衣袖”〔1〕。

　　箋疏 玉篇：“袿，裾也。婦人之上服也。袪也。”釋名〔釋衣服〕云：“婦人上服曰袿，其下垂者，上廣下狹，如刀圭也。”廣韻〔齊韻〕及爾雅〔釋器〕疏並引廣雅：“袿，長襦也。”後漢書鄧后紀：“簪珥光采，袿裳鮮明。”又邊讓傳：‘被輕袿。’張衡思玄賦：“揚雜錯之袿徽。”宋玉神女賦：“振繡衣，披袿裳。”

　　“裾”、“袿”，聲之轉耳。玉篇：“裾，袿也。”釋器云“祁謂之裾”，郭注云：“衣後裾也。”釋名〔釋衣服〕：“裾，倨也，倨倨然直，亦言在後常見踞也。”孔叢子儒服篇：“子高子衣長裾，振褒袖。”

　　注“或作‘袪’”，廣雅〔釋器〕云：“袪，袖也。”類篇云：“袪，衣袂。”說文：“袪，衣袂也。”“袂，袖也。”詩鄭風遵大路篇“摻執子之袪兮”，毛傳：“袪，袂

─────────────

〔1〕　“袖”下原有“也”字，據四部叢刊影宋本、盧文弨重校方言本刪。

也。"羔裘篇〔傳〕同。正義云："袂是袪之本，袪是袂之末。"僖五年左氏傳"披斬其袪"，服虔注："袪，袂也。"鄭注儒行云："庶人禪衣袂，二尺二寸。袪，尺二寸。"廣雅釋器云："袿，袖也。"枚乘梁王菟園賦云："袿褐錯紆，連袖方路。"夏侯湛雀釵賦云："理袿襟，整服飾。"張華白紵歌曰："羅袿徐轉紅袖揚。"是袿爲袖也。案："裾"與"袪"異物，而云"或作'袪'"者，説文："一曰袪，裹也。裹者，褎也。"又云："裾，衣褎也。"則知古有借"袪"爲"裾"者，故"袿"亦得爲袖。

**褸謂之袩。**　**注** 衣襟也。或曰裳際也。

　　**箋疏** 説文："褸，衽也。"下文"褸謂之袩"，注云："卽衣衽也。"釋器云"衣梳謂之祝"，郭注云："衣縷也。齊人謂之攣。"釋文"縷，又作'褸'。""縷"與"褸"同。"梳"、"攣"、"褸"，並一聲之轉。

　　説文："袩，衣袷也。""袷"與"襟"同。釋名〔釋衣服〕："袩，襜也。在旁襜襜然也。"廣雅〔釋器〕云："袩謂之褸。"喪服記曰"衽二尺有五寸"，注云："衽，所以掩裳際也。上正一尺，燕尾一尺五寸，凡用布三尺五寸。"深衣篇云"續衽鉤邊"，注云："續，猶屬也。衽，在旁者也，屬連〔之〕，不殊裳前後也。"玉藻云"深衣""衽當旁"，鄭注："衽，謂裳幅所交裂也。凡衽者，或殺而下，或殺而上，是以小要取名焉。衽屬衣，則垂而放之，屬裳，則縫之以合前後，上下相變。"江氏永曰："以布四幅，正裁爲八幅。上下各廣一尺一寸，各邊削幅一寸，得七尺二寸，既足要中之數矣。下齊倍于要，又以布二幅斜裁爲四幅。狹頭二寸在上，寬頭二尺在下，各邊削幅一寸，亦得七尺二寸。共得一丈四尺四寸。此四幅連屬于裳之兩旁，所謂衽當旁也。"是凡言"衽"者，皆謂裳之兩旁也。王氏懷祖云："衣褸謂之袩，猶機縷謂之紙。説文：'紙，機縷也。'"

　　注云"衣襟，或曰裳際"者，段氏玉裁曰："衣襟者，謂正幅也。云裳際者，謂旁幅也。謂衽爲正幅者，今義非古義也。"

**褸謂之緻。**　**注** 襤褸緻結也。

　　**箋疏** 卷三云："褸裂，敗也。""凡人貧衣被醜敝"，"或謂之褸裂，或謂之襤褸，故左傳曰：‘篳路襤褸，以啟山林。’”下文云：“楚謂紩衣爲褸，秦謂之緻。”又云“襜褕，以布而無緣，敝而紩之，謂之襤褸。自關以西謂之裗裾，其敝者謂之緻”，注云：“緻，縫納敝故之名。”玉篇：“褸，貧無衣醜敝也。”“緻，密也，縫補敝衣也。”“褸”與“褸”同。

按：“緻”之言細緻也。縫納敝故謂之緻，猶刺履底謂之𦆅也。集韻〔至韻〕引字林云：“𦆅，刺履底也。”繒帛纖細亦謂之緻。釋名〔釋采帛〕：“細緻，染縑爲五色，細且緻，不漏水也。”潛夫論浮侈篇云：“從奴僕妾，皆服葛子升越，筩中女布，細緻綺穀，冰紈錦繡。”義亦相近也。注中“緻”字，俗本作綴。今從盧據宋本改。

**裯謂之襤。** **注** 祗裯弊衣，亦謂襤褸。

**箋疏** 説文：“祗，祗裯，短衣。”“裯，衣袂祗裯。”“襤裯謂之襤褸。”“襤，無緣衣也。”又云：“㠀，楚謂無緣衣也。”下文云：“楚謂無緣〔之〕衣曰襤。”案：衣無緣則短。初學記〔卷三十〕引論語摘衰聖云：“鳳有九苞”，“六曰冠短周”〔1〕。釋名〔釋船〕：船“三百斛曰舠。舠，貂也。貂，短也。江南所名，短而廣，安不傾危者也”。無緣衣亦謂之裗裾。裾，亦短也。義見前“襜褕”條下。無緣衣謂之裯，猶無升謂之刁斗。卷十三云“無升〔謂之〕刁斗”，注云：“小鈴也。音貂。”玉篇：“犳，犬短尾也。”字亦作“刀”。俗作“刁”。晉書張天錫傳韓博嘲刁彝云：“短尾者〔則爲〕刁。”説文“裯，短衣也”，玉篇音“丁了切”。廣韻〔蕭韻〕又音“貂”。是凡言“裯”者，皆短之義也。

“襤”，見卷三“褸裂，敗也”條。

**無緣之衣謂之襤。**

**箋疏** 説文：“襤，無緣衣也。”又云：“㠀，楚謂無緣衣也。”下文云：“楚謂無緣之衣曰襤。”“緣”之言沿也，沿其邊而飾之。説文：“緣，〔衣〕純也。”釋器云“緣，謂之純”，郭注云：“衣緣飾也。”下文云“懸褌謂之緣”，注：“衣縫緣也。”深衣云：“具父母，大父母，衣純以繢。具父母，衣純以青。如孤子，衣

〔1〕“短周”，今本初學記作“矩州”。

純以素。"曲禮〔上〕曰:"父母存,冠衣不純素。孤子當室,冠衣不純采。"鄭
注〔深衣篇〕云:"尊者存,以多飾爲孝。"郊特牲云"丹朱中衣",鄭以丹朱爲
中衣之緣。深衣又云"純袂、緣、純邊,廣各寸半",鄭注:"純,謂緣之也。緣
袂,謂其口也。緣,緆也。緣邊,衣裳之側,廣各寸半,則表裏共三寸矣。"士
喪禮下篇注云:"飾裳在幅曰紳,在下曰緆",然則純也、紳也、緆也,皆緣之
異名也。玉藻云"緣,廣半寸",鄭注云:"緣,飾邊也。"

　　戴本以"無緣衣"、"無袂衣"、"無裾袴"三句,與上文"襌謂之襤"合爲一
條,盧但以"無緣衣"句合上"襌謂之襤"爲一條,今並從舊本。

## 無袂衣謂之袴。　注 袂,衣袖也。　音義 袂,音藝。袴,音慢惰。

　　箋疏 説文"袂,袖也",廣雅〔釋器〕同。釋名〔釋衣服〕:"袂,揳也;揳,
開也;開張之以受臂屈伸也。""袂"亦作"褹"。下文云"複襦,或謂之筩褹",
注云:"今筩袖之襦也。'褹',即'袂'字耳。"

　　説文:"無袂衣謂之袴。"玉篇"袴,〔衣〕無袂也",又作"襦"同。

　　俗本"無袂"下有"之"字,今從宋本及正德本。

## 無裾[1]袴謂之襣。　注 袴無踦者,即今犢鼻褌也。"裾"亦"襠",字異耳。

　　箋疏 義見前"褌,陳楚江淮之間謂之祕"下。集韻〔緩韻〕、類篇並引廣
雅:"袴,其裩謂之襠。"案:袴裩,袴足也。今吳俗謂韤管爲"裾",音如"統",
即"裾"字。

## 綃謂之祜。　注 未詳其義。　音義 綃祜,所交、丁俠兩反。

　　箋疏 案:此釋衣領也。上文云"袚謂之褗",注云:"即衣領也。"唐風揚
之水篇"素衣朱襮",毛傳:"襮,領也。諸侯繡黼丹朱中衣。"鄭箋云:"'繡'
當爲'綃'。'綃黼丹朱中衣',中衣以繡黼爲領。"鄭注士昏禮、郊特牲並引
魯詩作"素衣朱綃"。詩正義云:"綃是繒綺別名。於此綃上刺爲繡文,故謂
之繡黼。綃上刺黼以爲衣領,然後名之爲襮。故爾雅'黼領謂之襮',襮爲
領之別名也。"據此是襮以綃爲之領謂之襮,因而領亦謂之綃。"素衣中

---

〔1〕　四部叢刊影宋本"無裾"下有"之"字。

綃”，猶言“素衣中領”耳，故<u>孫炎</u>、<u>郭氏</u><u>爾雅</u>注並云：“繡刺黼衣以褑領也。”
“綃”與“綃”通。上云“褸謂之衽”，注云：“衣襟也。”下文又云“褸謂之袺”，
注云：“卽衣衽也。”又云“衿謂之交”，注云：“衣交領也。”説文：“裣，交衽
也。”“裣”與“襟”同。<u>廣雅</u>〔<u>釋器</u>〕“綃，袺。衽謂之褸。”“袺”，<u>曹憲</u>音“多煩
反”。説文：“𧘝，領耑也。”<u>玉篇</u>“𧘝，丁兼、丁頰二切”，云“領耑也。亦作
‘𧘝’”，又作“袺”，並同。<u>廣韻</u>〔<u>怗韻</u>〕：“𧘝，衣領也。”<u>顏氏家訓書證篇</u>：“古
者，斜領下連于衿，故謂領爲衿。”是“綃”與“褸”、“袺”、“衽”、“衿”、“領”，其
物相連，或舉其上，或言其下，故稱名並得通也。

　　注云“未詳其義”者，蓋疑稍有異解，故云然耳。<u>廣雅</u>〔<u>釋器</u>〕“綃，袺”二
字，疑原本與此同，脱“謂之”二字。然<u>宋</u>時已然，故<u>集韻</u>〔<u>怗韻</u>〕、<u>類篇</u>並引
其文，與今本同。

　　音義“所交反”，各本作“干荅反”，今從<u>宋</u>本，與<u>廣韻</u>〔<u>肴韻</u>〕正同。

## 衿謂之交。　注 衣交領也。

　　箋疏“裣”與“衿”、“襟”並同。<u>玉篇</u>：“裣，交裣，衣領也。”<u>鄭風子衿篇</u>
“青青子衿”，<u>毛傳</u>云：“青衿，青領也”。<u>正義</u>云：“衿，領之別名。”<u>漢石經本</u>
“衿”作“裣”。<u>釋器</u>云“衣眥謂之襟”，<u>郭注</u>：“交領。”〔<u>鄭風子衿篇</u>〕<u>正義</u>引<u>李
巡</u>注曰：“衣眥，衣領之襟。”<u>孫炎</u>曰：“襟，衣領也。”<u>文選王僧達答顏延年詩
李善</u>注引<u>聲類</u>曰：“襟，交領也。”“襟”與“衿”同。<u>顏氏家訓書證篇</u>云：“古
者，斜領下連于衿，故謂領爲衿。”案：衿連于領，至下必交，因謂衿爲交矣。
説文“裣，交衽也”，<u>段氏玉裁</u>曰：“<u>爾雅</u>之‘襟’，<u>毛傳</u>、<u>方言</u>之‘衿’，皆非<u>許君</u>
所謂‘裣’也。<u>爾雅</u>、<u>詩傳</u>、<u>方言</u>，皆自領言之。深衣云‘曲袷如矩以應方’，
注云：‘袷，交領也。古者方領，如今小兒衣領。’<u>玉藻</u>云‘袷二寸’，注云：‘曲
領也。’曲禮云‘天子視不上于袷’，<u>玉藻</u>云‘侍于君，視帶以及袷’，注皆云：
‘交領也。’‘袷’，交領之正字，〔其字〕從‘合’，昭十一年<u>左氏傳</u>作‘襘’，從
‘會’、從‘合’，一也。交領宜作‘袷’，而<u>毛詩</u>、<u>爾雅</u>、<u>方言</u>作‘衿’，殆以‘衿’、
‘袷’爲古今字歟。若<u>許</u>所云〔‘裣，〕交衽也’，〔此則〕謂掩裳際之衽，當前幅
後幅相交之處，故曰‘交衽’。裣本衽之稱，因以爲正幅之稱。正幅統于領，

因以爲領之稱。此其推移之漸，許必原其本義爲言。凡（從）‘金’〔聲〕、（從）‘今’聲之字，皆有禁制之義。禁制于領與禁制前後之不相屬，不妨同用一字。”

**裺謂之襦。**　**音義** 裺，於劍反。

　　**箋疏** 説文：“裺，襦領也。”“裺謂之襦。”“襦，編枲衣。一曰頭襦。一曰次裏衣。”“次，慕欲口液也”，或作“㳄”，籕文作“㳄”，俗作“涎”。玉篇“裺，於劍、於檢二切，緣也”。

　　音“於劍反”“於”字，舊訛作“尖”，今從宋本，與玉篇正同。“裺”之言淹也。卷十三：“淹，敗也。水敝曰淹。”鄭注儒行云：“淹謂浸漬之。”

　　“襦”之言濡也。廣雅〔釋詁二〕“濡，漬也”，邶風匏有苦葉篇毛傳同。裺所以承次液，故“裺”亦名“襦”也。下文云“緊袼謂之襦”，注云：“卽小兒次衣。”玉篇作“豎袼”。次衣謂之裺、亦謂之緊袼，猶幧頭謂之幎、亦謂之絡頭。下文云：“幎，幧頭也。自關而西，秦晉之郊曰絡頭。”“自河以北，趙魏之間或謂之幎。”其義一也。

**襜謂之袣。**　**注** 衣袣下也。

　　**箋疏** 案：“襜”者，障蔽之名，故衣蔽前謂之襜，牀前帷謂之襜，車裳帷謂之幨，幰謂之幨。“幨”與“襜”同。

　　玉篇：“袣，衣袣下也。”袣所以蔽袣下，故以爲名。説文：“袣，（人）臂下也。”儒行“衣逢袣之衣”，鄭注：“逢，猶大也。大袣之衣，大袂禪衣也。”正義云：“大袣，謂肘袣之所寬大。”説文又云：“亦，人之臂亦也。”“袣”、“亦”並與“袣”通。釋名〔釋牀帳〕云：“小幕曰帟，張在人上奕奕然也。”廣雅〔釋器〕：“帟，張也。”襜謂之袣，猶幕謂之帟、帳亦謂之帟，其義一也。

**佩紟謂之裎。**　**注** 所以系玉佩帶也。　**音義** 紟，音禁。

　　**箋疏** “紟”，各本並同，惟盧本作“衿”。説文：“紟，衣系也。”玉篇：“衿，結帶也。”亦作“紟”。内則“婦事舅姑”，“衿纓綦屨”，鄭注云：“衿，猶結也。婦人有（衿）纓，示有繫屬也。”漢書揚子雲傳〔上〕“衿芰茄之緑衣兮”，應劭曰：“衿，音紟系之紟。衿，帶也。”釋器云“佩衿謂之褑”，郭注云：“佩玉之帶上屬。"釋文引埤蒼云:"佩,絞也。"

　　廣雅〔釋器〕"佩紟謂之裎",王氏懷祖云:"紟之言相紟帶也。少儀'甲不組縢',鄭注云:'組縢,以組飾及紟帶也。'爾雅'衿謂之袶',郭注云:'衣小帶。'義並與'佩紟'同。古者佩玉有綬以上系於衡,衡上復有綬以系於革帶。說文:'裎,系綬也。''裎'與'裎',古字通。離騷'斑玉',字作'珵',是其例也。"廣韻〔清韻〕:"裎,佩帶"也。

## 褸謂之袩。　注 即衣衽也。

　　箋疏 義見前"襜謂之袩"條下。

## 覆袶謂之禪衣。　音義 袶,作慣反。

　　箋疏 廣雅〔釋器〕"覆袶,禪衣也。"玉篇:"袶,子慣切,禪衣也。"餘互見前"禪衣"條下。

## 偏禪謂之禪襦。　注 即衫也。

　　箋疏 各本並提行。惟戴本連上"覆袶"爲一條。今從舊本。說見前"汗襦"條下。

## 袕繬謂之禪。　注 今又呼爲涼衣也。　音義 袕繬,灼纏兩音。

　　箋疏 玉篇:"袕,禪衣也。"又云:"約纏謂之禪也。""約"即"袕"之譌。"禪",俗本誤作"褌",今從盧據宋本訂正。

## 袒飾謂之直衿。　注 婦人初嫁所著上衣直衿也。　音義 袒,音但。

　　箋疏 廣雅〔釋器〕"袒飾,長襦也",王氏疏證云:"說文:'襦,短衣也。'""其似襦而長者,〔則〕特別之曰長襦。史記匈奴傳'繡袷長襦',是也。""釋名云:'直領,邪直而交下,亦如丈夫服袍方也。'"廣雅〔釋器〕又云"直衿謂之褐、袒飾也",舊本無"也"字,家君據此文依例補。"衿",曹憲音"領"。"領"、"衿",古今字。"褐",音"於例反"。玉篇作"褐",云:"袍也。"五音集韻〔祭韻〕與廣雅同。玉篇又云:"宜衿,婦人初嫁所著上衣也。""宜"即"直"之訛。漢書景十三王傳"刺方領繡",晉灼注云:"今之婦人直領也。繡爲方領,上刺作黼黻文。"上文云"祇謂之褈",注云:"即衣領也。音偃。""偃"與"褈"通。鄭注士昏禮云:"卿大夫之妻刺黼以爲領,如今偃領矣。""褈"、

“褐”，聲之轉。

## 襃明謂之袍。　注 廣雅云：“襃明，長襦也。”

箋疏 説文“袍，襺也”，爾雅〔釋言〕、秦風無衣篇毛傳同。説文又云：“襺，袍衣也。以絮曰襺，以緼曰袍。”玉藻云：“纊爲襺，緼爲袍。”許言“絮”，玉藻言“纊”者。説文：“纊，絮也。”“緼，紼也。”“紼，亂枲也。”釋名〔釋衣服〕云：“袍，丈夫著下至跗者也。袍，苞也，苞内衣也。婦人以絳作衣裳上下連，四起施緣，亦曰袍。義亦然也。”玉篇：“袍，長襦也。”

注引“廣雅云”者，釋器文也。急就篇〔卷二〕云“袍襦表裏曲領帬”，顏師古注：“長衣曰袍，下至足跗；短衣曰襦，自郤以上。”説文：“襦，短衣也〔1〕。一曰䙓衣。”是“袍”與“襦”，長短各異。以“襃明”爲“長襦”者，蓋比“襦”爲長而溫煗，故説文亦謂之“䙓衣”。釋名〔釋衣服〕：“襦，煗也，言溫煗也。”廣雅〔釋詁三〕：“䙓，煗也。”亦褻衣之類也。又案：殷敬順列子力命篇釋文引許慎淮南子注云：“楚人謂袍爲裋。”楊倞注荀子大畧篇云：“豎褐，短褐也。”“豎”與“裋”通。蓋對文則短衣謂之裋、長衣謂之袍，散文則短衣亦可稱袍。顏師古急就篇〔卷二〕注云：“襡，謂重衣之最在上者也。其形若袍，短身而廣袖。一曰左衽之袍。”是也。然則方言謂之“袍”，猶廣雅謂之“長襦”矣。

## 繞衿謂之帬。　注 俗人呼接下，江東通言下裳。

箋疏 廣雅〔釋器〕云：“繞領，帬也。”“領”、“衿”，古今字。舊本“帬”訛作“衿”，今訂正。段氏若膺曰：“領者，劉熙云：‘總領衣體爲端首也。’然則‘繞領’者，圍繞於領，今男子婦人之披肩其遺意。劉熙云：‘帔，披也，披之肩背，不及下也。’蓋古名帬，弘農方〔言〕曰帔。若裳則曰下帬，言帬之在下者，亦集衆幅爲之，如帬之集衆幅被身也。〔如〕李善引梁典，任昉諸子冬月著葛巾、帔、練裙，自是上下三物。又水經注，淮南王廟，安及八士像，皆羽扇、裙帔、巾壺、枕物一如常居，亦‘帬帔’並言。”是其證。

---

〔1〕 “説文襦短衣也”原無，據廣本、徐本補。

注“俗人呼接下，江東通言下裳”者，詳前“帬，陳魏之間謂之帔”下。

## 懸裚謂之緣。　注 衣縫緣也。　音義 裚，音掩。

箋疏 説文：“褑謂之裚。”玉篇：“裚，緣也。”廣韻〔琰韻〕：“裚，衣縫緣也。”玉藻云“緣，廣半寸”，鄭注云：“飾邊也。”餘見前“無緣之衣〔1〕謂之襤”條下。

## 絜襦謂之蔽厀。　注 廣異名也。

箋疏 説文：“絜，麻一耑也。”人部“係”字注：“絜束也。”是“一耑”猶“一束”也。

“蔽厀”已見前。

## 裯襦謂之袖。　注 衣襟，江東呼捥。　音義 襦，音橘。捥，音婉。

箋疏 廣雅〔釋器〕“裯襦，袖也”，曹憲音“桃”、“決”兩音。廣韻〔豪韻〕云“襦裯，衣袖”，蓋本此而誤倒〔2〕也。昭十二年左氏傳云“王皮冠，秦復陶，翠被，豹舄”，杜預注：“秦所遺羽衣也。”“陶”與“裯”通。“裯”、“袖”，古聲相近。裯襦謂之袖，猶車紂謂之緧，亦謂之曲綯也。下卷九云：“車紂，周洛韓鄭汝潁而東謂之緧，或謂之曲綯。”

注“衣襟，江東呼捥”者，廣雅〔釋器〕：“襟，袂也。”“袂，袖也。”玉篇“襟，衣袂也”，或作“衼”。廣韻〔小韻〕：“襟，袖端”也。〔阮韻〕：“捥，襪也。”案：“捥”猶“綰”也，方俗語有侈弇耳。集韻〔緩韻〕、類篇並引廣雅云：“袴，其綰謂之襱。”衣襟謂之捥，猶袴襱謂之綰。今人猶謂袖管、襪管矣。

## 帗褋謂之被巾。　注 婦人領巾也。　音義 褋，方〔3〕廟反。

箋疏 廣雅〔釋器〕：“帗褋，被巾也。”“帗”，曹憲音“户”。家君曰：“説文：‘褋，黼領也。’爾雅‘黼領謂之褋’，孫炎注：‘刺繡黼文以褋領。’‘褋’、‘褋’，同聲通用。”高誘注吕氏春秋必己篇引幽通記曰：“張毅修褋而内逼。”又班固幽通賦云“張修褋而内逼”，李善注引莊子曰：“有張毅者，高門懸薄，

---

〔1〕 “無緣之衣”原作“禍”，據廣本、徐本改。
〔2〕 “而誤倒”原無，據廣本、徐本補。
〔3〕 “方”原作“力”，據廣本、徐本改。

無不趣義也。行年四十，而有内熱之病以死。”“扈”之言扈也。楚辭離騷云
“扈江離與辟芷兮”，王逸注：“扈，被也。”扈裱所以護領，與“襮”同，故謂之
被巾。王氏懷祖〔廣雅疏證釋器〕云：“裱，猶表也。表，謂衣領也。唐風揚
之水篇‘素衣朱襮’，毛傳：‘襮，領也。’‘襮’與‘表’，古同聲，故易林否之師
云：‘揚水潛鑿，使石絜白。衣素表朱，遊戲皋沃。’‘衣素表朱’，卽‘素衣朱
襮’也。”

## 繞緆謂之襠裣。　注 衣督脊也。　音義 緆，音循。

　　箋疏 此卽深衣云“負繩及踝以應直”者也〔1〕，鄭注云：“〔繩〕，謂裻與
後幅相當之縫也。”後幅當作裳〔幅〕，正中之縫。幅衣與裳相接也。玉篇：
“緆，自遵切，繞緆也。”廣韻〔諄韻〕：“緆，縫也。”説文：“裻，衣躬縫。讀若
督。”又云“裻，背縫”，徐鍇傳曰：“案：春秋左傳及國語曰‘衣之偏裻’，史記
佞幸傳作‘督’，假借也。”廣韻〔沃韻〕：“褶，衣背縫也。‘褠’、‘襠’並〔上〕
同。”(鄭注)考工記匠人云“堂涂十有二分”，鄭注云：“分其督旁之修。”疏
云：“中夾爲督”，“所以督率兩旁。”五經文字引作“裻”。昭十二年左氏傳
“司馬裻”，唐石經作“督”。釋文音“篤”，云：“本亦作‘裻’。”漢書古今人表
作“篤”。晉語〔一〕云“衣之偏裻之衣”，韋昭注：“裻在中，左右異，故曰偏。”
史記趙世家“王夢衣偏裻之衣”，正義曰“裻，衣背縫也”，引杜預云：“偏，左
右異色。裻在中，左右異，故曰偏。”莊子養生主篇云“緣督以爲經”，李頤
注：“督，中也。”“襠”、“褠”、“裻”、“督”，聲義並同。案：奇經有督脈，起人身
下極之腰俞穴，並干脊裏，上至風府，入腦，上巔，循額至鼻柱，屬陽脈之海。
故王冰注素問骨空論云：“所以謂之督脈者，以其督領經脈之海也。”背脊脈
謂之督脈、衣脊亦謂之襠裣，猶山脊謂之岡、牲之赤脊者亦謂之騂剛。魯頌
閟宮篇云“白牡騂剛”，傳云：“騂剛，魯公牲也。”文十三年公羊傳云“魯公用
騂犅”，何休注云：“騂犅，赤脊周牲也。”“犅”、“剛”，並與“岡”通，義並同也。

## 厲謂之帶。　注 小爾雅曰：“帶之垂者爲厲。”

---

〔1〕 “者也”原作“是”，據廣本、徐本改。

**箋疏** 廣雅〔釋器〕："厲，帶也。"

注引小爾雅者，今本廣服篇作"帶之垂者謂之厲"。桓二年左氏傳"鞶厲游纓"，賈逵、服虔、杜預注並云："厲，大帶之垂者。"是著於身者謂之帶，垂於下者謂之厲，故釋名〔釋衣服〕云："帶，蔕也，著於衣如物之繫蔕也。"案："厲"之言烈也。卷一六"烈，餘也"，注云："謂遺餘也。"小雅都人士篇"垂帶而厲"，毛傳云："厲，帶之垂者。"謂垂帶之餘以爲飾，故下文云"匪伊垂之"，帶則有餘也。又案：説文云："帶，紳也。""紳，大帶也。"玉藻云"紳長制士三尺，有司二尺有五寸"，鄭注云："紳，〔帶〕之垂者〔也〕，言其屈而重也。"是紳猶厲也。

**襎裷謂之幭。** 注 即帊幞也。 **音義** 襎裷，煩宛兩音。幭，亡別反。

**箋疏** 廣雅〔釋器〕："幭、帊、襎裷，幞也。"舊本注文"幞"下脱"也"，家君據衆經音義卷十八、卷二十一引補。玉篇："襎，扶元切，裷襎，幭也，幞也。""裷，九遠、於元二切，裷襎也。"又："帵，於元切，帵幡也。"説文"帵幡"二字連文，"帵幡也。幡，書兒拭觚布。甫煩切。""襎裷"疊韻字，猶廊風君子偕老篇毛傳之"袢延"也。蓋當時有此語，故或謂之幭，或謂之帊幞，或謂之書兒拭觚，皆揩摩之意。倒言之則爲"裷襎"。"帵"與"裷"、"幡"與"襎"，聲義並相近。廣韻〔元韻〕："襎裷，幭也。""襎裷"，即"幡帵"之異文，亦猶説文作"帵幡"，玉篇作"裷襎"，亦作"帵幡"，方言、廣雅作"襎裷"，廣韻作"襎裷"也。案：觚以學書，或記事。既書，可拭去復書。拭觚之布名"襎裷"者，以其反覆可用耳。又以"帊幞"爲之，亦可以覆物，故又謂之"幭"也。韓非子儲説左篇："衛人有佐弋者，鳥至，因先以其襎麾之焉。"

説文"幭，蓋幭也。一曰襌被"，玉篇同。大雅韓奕篇"鞹鞃淺幭"，毛傳云："幭，覆式也。"釋文云："幭，本又作'幦'。"正義云："幭字，禮記作'幦'，周禮作'榠'，字異而義同。"又云："此'幭'字，與天官幂人之字〔異〕，其義亦同。"周官巾車："王之喪車五乘。""木車"，"犬榠"，"疏飾"。"素車"，"犬榠素飾。""藻車"，"鹿淺榠，革飾。駹車"，"然榠，髹飾。漆車"，"豻榠，雀飾。"士喪禮〔下篇〕："主人乘惡車，白狗幦。"玉藻："君羔幦虎犆，大夫齊車，鹿幦

豹犆，朝車，士齊車，鹿幦豹犆。”曲禮〔下〕“大夫士去國”，“素幭”，先、後鄭
注並云：“覆笭也。”又曲禮〔下〕“輤屢，素蔧”注亦同，云：“或爲‘幦’。”釋文：
“幭，本亦作‘幦’。”周官序官幂人注云：“以巾覆物曰幂。”鄉飲酒禮記“尊綌
〔幂〕”，鄭注：“幂，覆尊巾。”士昏禮“設扃鼏”，鄭注：“扃，所以扛鼎。鼏，覆
之也。”説文：“幎，幔也。”“冂，覆也。”管子小稱篇：“乃援素幭以裹首而絶。”
吕氏春秋知化篇：“乃爲幎以冒面而死。”“幭”、“幦”、“幦”、“幎”、“幦”、
“蔧”、“幦”、“幂”、“鼏”、“冂”，聲義並同。是凡言“幭”者，皆覆冒之義也。

　　注“卽帊襆也”者，衆經音義卷十八引通俗文云：“帛兩幅曰帊。”又卷二
十一云“帊，又作‘袙’”，亦引通俗文：“兩複曰帊”也。徐鉉新附説文“帊”
字，亦云：“帛二幅曰帊。”玉篇：“幭，帊〔襆〕也。”“襆，巾襆也。”

**緊絡謂之䘿。**　注　卽小兒次衣也。　音義　鷖、洛、漚三音。○戴本“鷖”作
“繄”、“洛”作“裕”、“漚”作“嘔”，並誤，今從宋本。注“次”，舊本誤作“次”，今
從戴本。

　　箋疏　義見前“裺謂之䘿”條下。

**楚謂無緣之衣曰䙝，紩衣謂之褸，秦謂之緻。自關而西秦晉之間，無
緣之衣謂之祄裶。**　注　嫌〔1〕上説有未了，故復分明之。

　　箋疏　説詳前“褿裺”條下。舊本此條及上“緊絡”條並不提行，俱接上
“襦褗”條下，今從盧本。據注意，則上文猶言“江淮南楚謂褿裺爲襦裕，關
西謂襦裕爲褿裺。江淮南楚謂褿裺之短者爲祄裶，以布而無緣者爲䙝，敝
紩者爲褸，關西謂褿裺之無緣者爲祄裶，敝紩者爲緻也。”〔2〕

**複襦，江湘之間謂之禪，或謂之筩褹。**　注　今筩袖之襦也。褹，卽“袂”字
耳。　音義　禪，音豎。

　　箋疏　廣雅〔釋器〕：“複襦謂之禪。”説文：“複，重衣也。一曰褚衣。”
“襦，短衣也。”“袷，衣無絮。”顔師古急就篇〔卷二〕注云：“褚之以緜曰複。”

---

〔1〕“嫌”上原衍“注”字，據廣本、徐本删。
〔2〕“據注”至“爲緻也”七十字原無，據廣本、徐本補。

釋名〔釋衣服〕云："襌襦，如襦而無絮也。"然則重衣謂袷衣，褚衣謂衣之有絮者，複襦謂衣之有絮而短者矣。古辭孤兒行："冬無複襦，夏無單衣。"

"襜"，詳前"襜襦"條下。

玉篇"襒，牛祭切。複襦也"，廣韻〔祭韻〕引字林同。宋書殷孝祖傳云："御仗先有諸葛亮筩袖鎧帽。"潘岳藉田賦云"揄裳連襼"，李善注引方言作"江湖之間或謂之籥襼"。"湖"卽"湘"、"籥"卽"筩"之訛。"襼"與"襒"同。"筩襒"，猶言長袖耳。廣雅〔釋詁二〕："筩，長也。"釋名〔釋山〕："山旁隴間曰涌。涌，猶桶，桶狹而長也。""涌"與"筩"，聲義並相近。

**大袴謂之倒頓，** **注** 今雹袴也。**小袴謂之袑衼。** **注** 今繚袴也。**楚通語也。** **音義** 袑衼，皎了兩音。

**箋疏** 袴，說文作"絝"，云："脛衣也。"急就篇〔卷二〕云"襜褕袷複褶袴褌"，顏師古注云："袴，〔謂〕脛衣也。大者謂之倒頓，小者謂之袑衼。"玉篇："袑衼，小袴也。""倒頓"雙聲，"袑衼"疊韻也。

**幏，巾也。** **注** 巾，主覆者，故名幏也。**大巾謂之帉。嵩嶽之南，** **注** 嵩高，中嶽山也，今在河南陽城縣。**陳潁之間謂之帤，亦謂之幏。** **注** 江東呼巾帉耳。 **音義** 帉，音芬。帤，奴豬反。

**箋疏** "幏"之言蒙也。卷十二云"蒙，覆也"，鄘風君子偕老篇"蒙彼縐絺"毛傳同。廣雅〔釋器〕："幏，巾也。"書大傳"下刑，墨幏"，鄭注云："幏，巾也。使不得冠飾以恥之也。"廣雅〔釋詁二〕："幪，覆也。"法言吾子篇："然後知夏屋之帡幪也。""幪"與"幏"，聲義並同。

"帉"之言汾也。大雅韓奕篇"汾王之甥"，毛傳云："汾，大也。"說文云："楚謂大巾爲帉。"廣雅〔釋器〕："帉，巾也。"玉篇"帉"，同"帉"。通作"紛"。內則云"左佩紛帨"，鄭注云："紛帨，拭物之巾也。今齊人有言紛者。"釋文："紛，或作'帉'。"並與"帉"通。

說文："帤，巾帤也。一曰幣巾。""幣"疑"敝"之譌。內景黃庭經曰："人間紛紛臭帤如。"

"嵩嶽"者，釋山云："嵩高爲中嶽。"昭四年左傳正義引郭注云："太室山也,別名外方。今在河南陽城縣。"白虎通義〔巡狩〕云:"嶽者,何謂也? 嶽之言捔也,捔功德也。""中央爲嵩高者何? 嵩,言其高大也。"説文:"嶽,東岱、南霍、西華、北恆、中泰室,王者之所以巡狩所至。"風俗通義〔山澤〕云:"中央曰嵩高。嵩者,高也。詩云:'嵩高惟嶽,峻極于天。'"漢書地理志〔上〕:"潁川郡崈高縣,武帝置,以奉泰室山,是爲中嶽,有太室、少室山廟。古文以崇高爲外方山也。"水經注云:"合而言之爲崧高,分而名之爲二室:西南有少室,東北有太室。"今嵩山在河南河南府登封縣西。

　　玉篇:"帤,大巾也。"廣韻〔魚韻〕:"帤,幡巾。"

絡頭,帕頭也。紗繢、𩑾帶、髤帶、帤[1]、幒,幧頭也。自關以西秦晉之郊曰絡頭,南楚江湘之間曰帕頭,自河以北趙魏之間曰幧頭,或謂之帤,或謂之幒。其偏者謂之𩑾帶,注 今之偏疊幧頭也。或謂之髤帶。 注 髤亦結也。 音義 帕,音貊。𩑾,羌位反。髤,音菜。帤,音績,亦千。幒,於怯反。○盧氏云:"'音績''績'字,宋本作'繢'、'於怯'俗本作'於法',並誤。"

　　箋疏 廣雅〔釋器〕:"帕頭、帤、𩑾帶、髤帶、絡頭,幧頭也。"鄭注問喪云:"今時始喪者,邪巾貊頭,笄纚之存象也。"釋文"貊"作"袹"。史記絳侯周勃世家"太后以冒絮提文帝",集解引應劭曰:"陌額絮也。"晉灼曰:"巴蜀異物志謂頭上巾爲冒絮。"列子湯問篇"北國之人鞨巾而裘",殷敬順釋文:"鞨音末。方言'俗人帕頭'是也。帕頭,幧頭也。帕又作'鞨',又作'袜'。""俗人"即"絡頭"之訛。"貊"、"袹"、"陌"、"鞨"、"帕"、"袜",並與"帕"通。"冒"、"帕",聲之轉耳。

　　釋名〔釋首飾〕:"綃頭,綃,鈔也,鈔髮使上從也。或謂之陌頭,言其從後橫陌而前也。齊人謂之幒,言幒斂髮使上從也。"鄭注喪服云:"髺,露紒也。猶男子之括髮。斬衰括髮以麻,則髺亦用麻也。蓋以麻者,自項而前交於額上,卻繞紒如著幓頭焉。"又注士喪禮云:"免之制未聞。舊説以爲如

---

〔1〕"帤"原作"帤",下"帤"亦同,並據廣本、徐本改。

冠狀，廣一寸。喪服小記曰：‘斬衰括髮以麻，免而以布，此用麻布爲之，狀如今之著幓頭矣。自項中而前交於額上，卻繞紒也。’”吳越春秋句踐入臣外傳：“越王服犢鼻，著襪頭。”〔後〕漢書向栩傳：“好被髮，著絳綃頭。”古陌上桑詩：“脫帽著帩頭。”“幧”、“綃”、“幓”、“襪”、“帩”，並字異義同。

　　説文“鬐，屈髮也”，玉篇同。廣雅〔釋詁四〕：“鬐、髻，髻也。”“髻”與“結”同。互見下條。

　　“自關以西秦晉之郊”“以”，俗本作“而”，今從宋李文授本。“郊”，衆經音義卷十三引作“間”。“偏”，俗本作“遍”。今從戴、盧兩家本。

**覆結謂之幘巾，或謂之承露，或謂之覆髻。** 注 今結籠是也。**皆趙魏之間通語也。**

　　**箋疏** 廣雅〔釋詁四〕“髲，髻也”，王氏疏證云：“‘髲’與‘髻’同。二徐本説文皆有‘髲’字，無‘髻’字。‘髲’字注云：‘簪結也。古拜切。’徐鉉本‘髻’字收入新附，云：‘古通作結。’此字後人所加。案：曹憲云：‘説文“髲”即籀文“髻”字。’太平御覽引説文云：‘髻，結髮也。’則是説文原有‘髻’字，而‘髲’即‘髻’之重文。士冠禮‘將冠者采衣紒’，鄭注云：‘紒，結髮也。古文紒爲結。’‘紒’之或作‘結’，猶‘髻’之或作‘髲’。今本説文‘髲’字訓爲‘簪結’，乃後人所改，徐鉉不察，反以‘髻’字爲後人所加，誤矣。玉篇‘髻’字注云‘結髮也’，‘髲’字注云‘同上’，此皆本於説文。其下文云‘説文“古拜切，簪結也”’，則陳彭年等以誤本説文竄入者耳。”“髲”又作“忿”，亦作“介”。玉篇、廣韻〔怪韻〕並云：“忿，音介，幘也。”續漢書輿服〔下〕注引晉公卿禮秩云：“太傅、司空、司徒著”“黑介幘”。並字異義同。

　　廣雅〔釋器〕又云：“承露、幘巾，覆結也。”説文：“幘，嫧也，髮有巾曰幘。”釋名〔釋首飾〕云：“幘，賾也，下齊眉賾然也。”顏師古急就篇〔卷二〕注云：“幘者，韜髮之巾，所以整嫧髮也。常在冠下，或單著之。”後漢書光武紀〔上〕“皆冠幘”，李賢注引漢官儀曰：“幘者，古之卑賤不冠者之所服。”蔡邕獨斷云：“幘者，古之卑賤執事不冠者之所服也。孝武帝幸館陶公主家，召見董偃。偃傅青襪綠幘。主贊曰：‘主家庖人臣偃昧死再拜謁。’上爲之起，乃賜衣冠引上殿。董仲舒止雨書曰:‘執事者皆赤幘。’知皆不冠者之所服也。元帝額有壯髮,不欲使人見,始進幘服之,羣臣皆隨焉。然尚無巾,如今半頭幘而已。王莽無髮乃施巾,故語曰:‘王莽秃,幘施屋。’”續漢書輿服志〔下〕云:“古者有冠無幘,其戴也,加首有頍,所以安物。至秦,乃加武將首飾爲絳袙,以表貴賤,其後稍稍作顔題。漢興,續其顔,卻摞之,施巾連題,卻覆之,今喪幘是其制也。”“至孝文乃高其顔題,續之爲耳,崇其巾爲屋,合後施收,上下羣臣貴賤皆服之。”“未冠童子幘無屋者,示未成人也。”後漢書劉盆子傳云“半頭赤幘”,李賢注云:“幘巾,所以覆髻也。半頭幘卽空頂幘也,其上無屋,故以爲名。東宫故事云:‘太子有空頂幘一枚。’卽半頭幘之製也。”

廣雅〔釋詁四〕:“鬤,髻。”上文注云:“鬤,亦結也。”是“覆鬤”卽“覆結”也。

舊本並連上“絡頭”作一條,不提行,今從戴本。

**屝、屨、麤,履也。徐兖之郊謂之屝,自關而西謂之屨。中有木者謂之複舃,自關而東謂之複履。其庳者謂之鞔下,禪者謂之鞮,** **注** 今韋鞮也。**絲作之者謂之履,麻作之者謂之不借,粗者謂之屨[1],東北朝鮮洌水之間謂之靰角。南楚江沔之間總謂之麤。** **注** 沔水,今在襄陽。**西南梁益之間或謂之屦,或謂之家。履,其通語也。徐土邳圻之間,** **注** 今下邳也。**大麤謂之靰角。** **注** 今漆履有齒者。

**音義** 屝,音翡。鞔,音婉。屦,他回反,字或作“屦”,音同。靰,音卬。家,乎瓦反,一音畫。圻,音祈。○“乎瓦”俗本作“下瓦”,今從宋本改。

**箋疏** 説文:“履,足所依也。”釋名〔釋衣服〕:“履,禮也,飾足所以爲禮也。”廣雅〔釋器〕:“屝、屨、麤、舃、屦、不借、靰角、〔薄〕平、鞮,履也。”晉蔡謨曰:“今時所謂履者,自漢以前皆名屨。左傳‘踊貴屨賤’,不言‘履賤’,禮記‘户外有二屨’,不言‘二履’,賈誼曰‘冠雖敝,不以苴履’,亦不言‘苴屨’,詩

〔1〕“屨”原作“屦”,據廣本、徐本改。

曰‘糾糾葛屨，可以履霜’。屨、舃者，一物之別名。履者，足踐之通偁。”案：蔡説是也。易、詩、三禮、春秋傳、孟子皆言“屨”，不言“履”。周末諸子、漢人書乃言“履”。易“履霜”、詩“履霜”、“履帝武敏”，皆謂“踐”也。然則“履”本訓“踐”，後以爲屨名，古今語異耳。此云“履，通語”，據今言之也。廣韻〔旨韻〕引字書云：“草曰扉，麻口屨，皮曰履。黄帝臣於則〔所〕造。”蓋亦以意言之，非定義也。

　　説文：“扉，履屬。”釋名〔釋衣服〕：“齊人謂草屨曰扉。”僖四年左氏傳“共其資糧扉屨”，杜預注：“扉，草屨。”喪服傳：“菅屨者，菅菲也。”鄭注曲禮〔下〕云：“鞮屨，無絇之菲也。”荀子正論篇“菲對屨”，楊倞注：“菲，〔草〕屨也。‘對’當爲‘絇’。”“言罪人或菲或枲爲屨”也。“菲”與“扉”通。案：“扉”之言棐也。爾雅〔釋詁〕：“棐，俌也。”兩相比輔之名也，户扇謂之扉，驂旁馬謂之騑，車箱謂之輫，兩壁耕謂之棐，其義一也。説文：“騑，驂旁馬也。”“輫，兩壁耕也。”莊二十一年左氏傳云“鄭伯享王于闕西辟”，服虔注：“西辟，西偏也。”“辟”與“壁”通。

　　釋名〔釋衣服〕：“屨，拘也，所以拘足也。”周官屨人注云：“禪下曰屨。”疏云：“下謂底。”又序官鞮鞻氏注云：“鞻，讀如屨。鞮鞻，四夷舞者所扉也。今時倡蹋鼓沓行者自有扉。”釋文：“鞻，九具反，又力具反。”“鞻”與“屨”，聲義並同。

　　“屩”，説文作“蹻”，云：“草履也。”又云：“苞，草也，南陽以爲麤履。”“屩”並“蹻”之省。釋名〔釋衣服〕云：“履，荆州人曰麤，絲麻、韋草皆同名也。麤，措也，言所以安措足也。”顔師古急就篇〔卷二〕注云：“麤者，麻枲雜履之名也。”王褒僮約云：“織履作麤。”亦謂之“疏履”。喪服傳“疏屨”，注云：“疏，猶麤也。”僖四年左傳正義引此文誤“麤”作“粗”，以“粗履也”連文爲句，失之。

　　釋名〔釋衣服〕：“複其下曰舃。舃，腊也，行禮久立地，或泥溼，故複其下使乾腊也。”崔豹古今注〔輿服〕云：“舃，以木置履下，乾腊不畏泥溼也。”顔師古急就篇〔卷二〕注云：“單底謂之履，或以絲爲之複底。而有木者謂之舃。”周官屨人“掌王及后之服屨，爲赤舃、黑舃”、“素屨”、“葛屨”，鄭注云：“複下曰舃，禪下曰屨。古人言屨以通於複，今世言屨以通於禪，俗易語反與。”疏云：“下謂底。”“重底者名曰舃，禪底者名曰屨也。”“古人言屨以通於複者，首直云屨人不言舃，及經舃、屨兩有，是言屨通及舃也。”“今世言屨以通於禪者”，“漢時名複下者爲屨，并通得下禪之屨，故云‘俗易語反歟’”。然則“屨”與“舃”名得兩通也。玉篇：“鞨，履也。”“鞨”與“舃”通。案：“舃”之言藉也。集韻〔昔韻〕、類篇並引廣雅：“磶，磶也。”説文：“磶，柱下石也。”下卷云：“案，陳楚宋魏之間謂之樀。”履複底謂之舃，猶柱下石謂之磶、盛食案謂之樀也。劉熙、崔豹以乾腊之爲義，失之鑿矣。複履亦謂之達屨。小雅車攻篇“赤芾金舃”，毛傳云：“舃，達屨也。”案：“達”之言沓也。説文：“沓，語多沓沓也。”大雅板篇鄭箋云：“女無憲憲然、無沓沓然，爲之制法度，達其意以成其惡。”以“達”釋“沓”，是“達”爲“沓”之假借字。“達屨”卽“沓屨”，亦卽“複屨”也。孔仲遠以爲“屨之最上達者”，非其義矣。

“自關而東”下，各本脱“謂之”二字，今從舊校本補。

“庳”之言卑也。法言孝至篇云“庳則秦、儀、鞅、斯亦忠嘉矣”，李軌注：“庳，下也。”釋木云：“木下枝謂之椑榩。”“卑”、“椑”，義並與“庳”同。

玉篇：“鞔，於阮切，履也。”廣韻〔阮韻〕“鞔”字注云：“鞔底，履名。”釋名〔釋衣服〕云：“晚下，如舃，其下晚晚而危，婦人短者著之，可以拜也。”是“鞔下”以“庳”得名也。鹽鐵論散不足篇云：“綦下不借，鞔鞮革舃。”“鞔”、“鞔”、“晚”、“鞔”，並與“鞔”通。

説文：“鞮，革履也。”“屨，一曰鞮也。”曲禮〔下〕“鞮屨”，鄭注云：“無絇之菲也。”周官序官鞮鞻氏釋文引吕忱云：“鞮，革履也。”急就篇〔卷二〕注云：“鞮，薄革小履也。”墨子備水篇云：“人擅有弓劍甲鞮瞀。”

急就篇〔卷二〕云“裳韋不借爲牧人”，顏師古注云：“不借者，小屨也，以麻爲之，其賤易得”，“不須假借，因爲名也。”釋名〔釋衣服〕云：“不借，言賤易有，宜各自蓄之，不假借於人也。齊人云搏腊，搏腊猶把鮓，麤貌也。”喪服傳“繩屨者，繩菲也”，鄭注云：“繩菲，今時不借也。”盡心篇〔上〕“猶棄敝

跰也”，趙岐注：“跰，草履可跰者也。敝，喻不惜。”齊民要術云：“草履之賤
者，不惜。”家君曰：“‘不借’、‘搏臘’、‘不惜’，並字異義同。”王氏懷祖曰：
“釋名以‘搏臘’爲麤貌，是也。‘搏臘’疊韻字，轉之則爲‘不借’，非‘不假借
於人’之謂也。説文‘絣’字注云：‘一曰不借絣。’周官弁師注作‘薄借綦’。
‘薄借’，即‘搏臘’也。齊民要術引四民月令云：‘十月作白履不惜。’‘不
惜’，即‘不借’也。”經案：凡雙聲、疊韻之字，原不必以義相求，而此則於義
亦合。廣雅〔釋器〕：“薄，履也。”“舄”，亦“履也”。“薄”與“搏”聲近、“舄”與
“臘”同聲，“薄舄”猶“搏臘”。分言之則曰“薄”、曰“舄”，連言之則曰“搏
臘”，轉言之則曰“不借”、曰“不惜”，義並同也。劉熙、顏師古以爲“不假借
於人”，趙岐、賈思勰以爲“敝且賤而不惜”，皆望文生義之失也。

　　“粗者謂之屨”，墨子兼愛篇〔下〕云：“練帛之冠，且苴之屨。”“且”，即
“粗”之訛。“粗”字俗本作“麁”，下同，俗“麤”字也，宋本、正德本作“粗”。
案：説文：“麤，行超遠也。倉胡切。”“粗，疏也。徂古切。”“麤，草履也”，玉
篇同，“青五切”。方言“麤履”字從省，借“麤”爲“麤”，此文則依字當作
“粗”。廣韻〔姥韻〕“徂古切”，即説文之“觕”，云：“角長貌。士角切。”“麤”、
“粗”二字音義各別，故古人每以“麤粗”連用成文。如管子水地篇云：“非特
知於麤粗也，察於微眇。”春秋繁露俞序篇云：“是亦始於麤粗，終於精微。”
論衡正説篇：“略正題目麤粗之説，以照篇中微妙之文。”莊子則陽篇釋文：
“司馬云：‘卤莽，猶麤粗也’。”廣雅〔釋詁一〕“粗”、“麤”並訓爲“大”，皆是
也。亦有云“麤觕”者，説文：“觕，角長貌。从角，屮聲。讀若麤。”何休隱元
年公羊傳注云“用心尚麤觕”，文二年注同。漢書藝文志敍術數云：“庶得麤
觕。”淮南氾論訓云：“風氣者，陰陽麤觕者也。”是也。戴本改“粗者”“粗”字
亦作“麤”，與上下文“麤履”字一例，失之。今從宋本、正德本改作“粗”。
“謂之屨”“屨”字，各本作“屝”，誤。“屝”即“屝”之異文，若原文作“屝”，則
“他回”之音應在此下，不應在後矣。案：僖四年左傳正義引作“屝，粗者謂
之屨”，今據以訂正。

　　説文：“鞮角，鞮屬也。”釋名〔釋衣服〕：“仰角，屨上施角之名也，行不得

蹶,當仰履角舉足乃行也。”急就篇〔卷二〕云“<u>靸鞮卬</u>角褐襪巾”,<u>顏師古</u>注:
“卬角,形若今之木履,而下有齒焉。”“靸”、“仰”、“卬”,並字異義同。

　　<u>水經</u>〔<u>沔水</u>〕:“<u>沔水</u>出<u>武都沮縣</u>東<u>狼谷</u>中。”<u>漢書</u>地理志〔下〕云:“<u>武都</u>
郡武都,東漢水受氐道水,一名沔,過江夏,謂之夏水,入江。”又云:“<u>沮水</u>,
出東<u>狼谷</u>,南至<u>沙羨</u>,南入<u>江</u>。”是<u>沮水</u>卽<u>沔水</u>,故<u>酈道元</u>〔<u>水經沔水</u>〕注云:
“<u>沔水</u>,一名<u>沮水</u>。<u>闞駰</u>曰:‘以其初出沮洳然,故曰<u>沮水</u>也。’”<u>沔水</u>亦卽<u>東</u>
<u>漢水</u>,故<u>西山經</u>云:“<u>嶓冢</u>之山,<u>漢水</u>出焉,而東〔南〕流注于<u>沔</u>。”

　　<u>晉書</u>地理志〔下〕:“<u>襄陽</u>郡,<u>魏</u>置。”<u>宋宣和</u>元年改爲<u>襄陽府</u>,今仍舊名,
屬<u>湖北省</u>。

　　<u>玉篇</u>“屧,他帀切,履也。西南<u>梁益</u>謂履曰屧”,又作“屜”同。<u>廣韻</u>〔灰
韻〕:“屧,履屬,有頸曰屧。”

　　<u>說文</u>:“絇,履也。一曰青絲頭履也。讀若阡陌之陌。从糸,戶聲。亡
百切。”<u>廣雅</u>〔釋器〕“絇、屜、屝、屬也”,<u>曹憲</u>音“乎馬反”。“絇”,當作“絇”,
涉下“屜、屝、屬”而誤从“尸”耳。<u>玉篇</u>:“絇,屝屜也。乎瓦切。”<u>方言</u>舊本並
作“絇”不誤,<u>盧氏</u>不察,據誤本<u>廣雅</u>改“絇”作“絇”,非是,今訂正。案:“絇”
與“靸角”,皆以上舉得名也,“絇”卽“屬”也,“屬”之言蹻也,“靸”之言卬也。
<u>漢書嚴助傳</u>“輿轎〔而〕隃領”,<u>薛瓚</u>注云:“今〔竹〕輿車也。”<u>集韻</u>〔漾韻〕引<u>字</u>
<u>林</u>云:“靸,轎也。”物雖異,其稱名之義則同也。

　　<u>漢書</u>地理志〔上〕“<u>東海</u>郡<u>下邳</u>,<u>葛嶧山</u>在西,古文以爲<u>嶧陽</u>”,<u>應劭</u>曰:
“<u>邳</u>在<u>薛</u>,其後徙此,故曰下。”<u>薛瓚</u>曰:“有<u>上邳</u>,故曰<u>下邳</u>也。”<u>晉書</u>地理志
〔下〕:“<u>下邳</u>國<u>下邳</u>,<u>葛嶧山</u>在西(首),古<u>嶧陽</u>也。<u>韓信</u>爲<u>楚王</u>,都之。”今<u>徐</u>
<u>州府邳州</u>是其處。

**絇、緉,絞也。**　注 謂履中絞也。**關之東西或謂之絇,或謂之緉。絞,**
**通語也**〔1〕。　音義 絇,音兩。緉,音爽。絞,音校。

　　箋疏“絞”之言糾也。<u>急就篇</u>〔卷三〕云“絫縷繩索絞紡纑”,<u>顏師古</u>注

---

〔1〕　案:<u>太平御覽</u>卷六九七引此條“通語”上有“其”字。

云："絞,即糾也。"説文："筊,竹索也。"廣雅〔釋器〕："筊,索也。"漢書溝洫志"搴長茭兮湛美玉",薛瓚云："竹葦組謂之茭。"墨子辭過篇云"古之民未知爲衣服,時衣皮帶茭。"義與"絞"同。

廣雅〔釋器〕："絼、繈,絞也。""絼"之言网也。"繈"之言雙也。説文："网,再也。"又云："网,平分也。"通作"兩"。鄭注周官太宰云："兩,猶耦也。"説文："絼,履兩枚也。一曰絞也。"齊風南山篇云："葛屨五兩。""兩"與"絼"通。履絞謂之絼,猶倍端謂之兩、駕車馬謂之兩、直心衣謂之裲襠也。釋名〔釋衣服〕云："裲襠,其一當胸,其一當背也。"

玉篇："繈,〔履中〕絞"也。廣韻〔養韻〕："繈,屬中絞〔繩〕"也。

**繎謂之縝。** 注 謂繎縷也。 音義 縝,音振。

箋疏 急就篇〔卷三〕"絜縴繩索絞紡繎",顏師古注云："紡,謂〔紡〕切麻絲〔之屬〕爲繎縷也。"説文："繎,布縷也。""縷,綫也。"滕文公篇〔下〕云"彼身織屨,妻辟繎",趙岐注云："緝績其麻曰辟,練麻曰繎。"

廣雅〔釋器〕："縝、縷,繎也。"玉篇："縝,〔絲〕縷繎也。"

# 輶軒使者絶代語釋別國方言箋疏卷第五

鍑,或謂之鬴。 注 鍑,釜屬也。北燕朝鮮洌水之間或謂之錪,或謂之
鉼。江淮陳楚之間謂之錡, 注 或曰三腳釜也。或謂之鏤。吳揚之
間謂之鬲。釜,自關而西或謂之釜,或謂之鍑。 注 鍑,亦釜之總名。
音義 鍑,音富。錪,音腆。鉼,音餅。錡,音技。鬲,音歷。

箋疏 衆經音義卷二引三倉云:"鍑,小釜也。"説文云:"鬴,鍑屬。""鬴"
與"釜"同。又云:"鍑,如釜而大口。"與三倉異義。急就篇〔卷三〕云"鐵鈇
鑽錐釜鍑鍪",顏師古注云:"釜,所以炊鬻也。大者曰釜;小者曰鍑。"

周官亨人"掌共鼎鑊",鄭注云:"鑊,所以煮肉及魚腊之器。"大宗伯"省
牲鑊",注云:"鑊,烹牲器也。"漢書刑法志"有鑿顛、抽脅、鑊亨之刑",顏師
古注云:"鼎大而無足曰鑊,以鬻人也。"淮南説山訓"嘗一臠肉,知一鑊之
味",高誘注:"有足曰鼎,無足曰鑊。"字亦作"鍠"。顏氏家訓書證篇云:"吳
人""呼鑊字爲霍字,故以金傍作霍代鑊字。"今吳俗猶謂釜爲鑊,古之遺語
與。舊本"鍑"字下脱"或謂之鬴"四字,注首脱"鍑"字,衆經音義卷二引方
言:"鍑或謂之鬴,郭璞曰'鍑,釜屬也'。"今據以補正。

説文云"朝鮮(洌水)謂釜曰錪",顏師古急就篇〔卷三〕注同。玉篇:
"錪,小釜也。"案:"錪"之言腆也。卷十三云:"腆,厚也。"卷六云:"錪、錘,
重也。"是錪以厚重得名也。

説文:"江淮之間謂釜曰錡。"召南采蘋"惟錡及釜",毛傳:"有足曰錡,
無足曰釜。"隱三年左氏傳"筐筥錡釜之器",杜注同。案:詩及左傳皆"錡
釜"並言,蓋以有足別於釜,而江淮陳楚之間語正同耳。"錡"之言踦也。説
文:"踦,一足也。"説文"敧"、"鬵"二字並云:"三足釜。"廣雅〔釋器〕"敧、鬵、

錡，釜〔1〕也”，曹憲“鈘”音“蟻”，“鬵，矩皮切”，“錡，奇、綺”兩音。小雅大東篇“跂彼織女”，毛傳：“跂，隅貌。”孫毓釋之云：“織女三星，跂然如隅。”釋文：“徐丘婢反。”釋言“煁，烓也”，郭注云：“今之三隅竈。”釋文：“烓，烏攜反。”“鈘”、“鬵”、“跂”、“烓”，聲義並與“錡”相近。三足釜謂之錡、亦謂之鈘、亦謂之鬵，猶三星如隅謂之跂、三隅竈謂之烓也。

　　説文“鏤，釜也”，廣雅〔釋器〕同。史記秦始皇紀“飯土簋，啜土刑”，索隱“簋”作“塯”，云：“如字，一音鏤。”“塯”，玉篇“力又切，瓦飯器也。”墨子節用中篇云：“黍稷不二，〔羹胾〕不重，飲於土塯。”音與“餾”同。下文云：“甌，或謂之酢餾。”“鏤”、“塯”、“餾”聲同，義並相近。

　　説文“鬲，鼎屬，實五觳。斗二升曰觳。象腹交文三足”，或從“瓦”作“䰜”，“漢令從瓦，厤聲”作“䰝”。釋器云“鼎款足者謂之鬲”，郭注：“鼎曲腳也。”案：太史公自序云“實不中其聲者謂之窾”，徐廣曰：“窾，空也。”又服虔注漢書司馬遷傳云：“款，空也。”漢書楊王孫傳云“窾木爲匵”，服虔曰：“窾，空也。”“窾”與“款”同。郊祀志〔上〕“鼎空足曰鬲”，蘇林注云：“足中空不實者，名曰鬲。”然則鬲是空足之釜，故爾雅云“款足”。“空”、“款”，一聲之轉也。郭氏以爲“曲腳”，非其義矣。

　　舊本自“鍑，朝鮮洌水之間或謂之錪”，至“吳揚之間謂之鬲”止爲一條，下“釜，自關而西或謂之釜”提行，諸書及廣雅並訓爲“釜”，是釜爲總名，不應分列。盧氏云：“‘釜’下卽云‘自關而西或謂之釜’，與前後文例〔殊〕不類”，“當連上爲一條，而以〔上一〕‘釜’字爲衍文”。今從盧本。衆經音義卷一云：“鍋，字體作“鬲”，又作“䰞”同，古和反。方言：‘秦云土釜也。’”又卷二云：“鍋，字體作“䰞”，古和反。方言：‘秦云土釜也。’字體從鬲、牛聲，今皆作‘鍋’。”今無此語，且與方言之文不類，案：説文“䰞，秦名土釜曰䰞。從鬲，牛聲。讀若過。古禾切”，疑本説文之文，誤以爲方言也。今莫可明矣，姑附著於此。

---

〔1〕“釜”原無，據廣本、徐本補。

甑，自關而東謂之甗，或謂之鬵，**注** 涼州呼鉹。或謂之酢餾。　**音義**
甗，音言。鬵，音岑。餾，屋雷。

**箋疏** 説文"甑，甗也"，籀文從"弼"作"䰝"。"䰝，鬵屬。"釋名〔釋山〕
曰："甗，甑也。甑，一孔者。"案："甑"之言蒸也，蒸飯之器也，底有穿，必以
竹席蔽之，米乃不漏。説文："箅，蔽也，所以蔽甑底。"又雷公炮炙論云："常
用之甑中箅能淡鹽味，煮昆布用弊箅。"哀江南賦："敝箅不能救鹽池之鹹。"
皆是也。

説文："甗，甑也；一曰穿也。讀若言。"案："曰"、"也"二字疑衍。又：
"䰞，鬲屬。""䰝"與"甑"、"䰞"與"甗"，聲義並同。衆經音義卷一云："甗，音
言，甑也。"又卷十引字林云："甑，炊器也。"玉篇："甗，無底甑也。"考工記陶
人"爲甗，實二鬴，厚半寸，脣寸"，"七穿"，鄭衆注："甗，無底甑。"少牢饋食
禮"廩人摡甑甗"，鄭注："甗如甑，一孔。"成二年公羊傳"與我紀侯之甗"，何
休注云："或説甗，玉甑。"〔爾雅釋山〕"重甗，隒"，郭注："甗，甑也。山形狀
似之，因以名云。"釋畜云："駝蹄趼，善陞甗"，郭注云："甗，山形似甑，上大下
小。"是"甗"與"甑"同也。

説文"鬵，大釜也。一曰鼎大上小下若甑曰鬵。讀若岑"，籀文作"䰞"。
釋器云："䰝謂之鬵；鬵，鉹也。"説文："鬵，鉹也。"又云："鉹，鬵鼎。讀若
摛。"郭注爾雅〔釋器〕云："涼州呼鉹。"通鑑音注卷五十五引孫炎注云："關
東謂䰝爲鬵，涼州〔人〕謂䰝爲鉹。"是郭所本也。墨子備城門篇云："竈有鐵
鐕容石以上者一。""鐕"與"鬵"同。

説文："鉹，曲鉹也。一曰鬵鼎。"廣韻〔支韻〕"鉹"，引方言曰"涼州呼
甑"，"弋支切，又音侈"。

注"涼州"，俗本作"梁州"，今據廣韻及爾雅注訂正。

"酢餾"者，案："酢"之言飵也。前卷一云："䬸、飵，食也。陳楚之内相
謁而食麥饘謂之䬸，楚曰飵。凡陳楚之郊南楚之外相謁而飱，〔或〕曰飵。"
説文云："楚人相謁食麥曰飵。""飵"與"酢"通。説文："餾，飯氣蒸也。"釋
言："饙、餾，稔也。"大雅泂酌疏引孫炎注云："蒸之曰饙，均之曰餾。"郭注

云："今呼餐飯爲饙，饙均熟爲餾。"釋文云："稔，字亦作'餁'。"說文："餁，大熟也。"廣雅〔釋器〕："餾、餴，熮也。"說文："熮，暴乾火也。"是餴、餾，熟物之名。熟食謂之餴、亦謂之餾，所以熟物之器亦謂之餴餾，義相因也。墨子節用中篇云："〔羹戴〕不重，飲於上瑠。"史記秦始皇紀云"飯土簋，啜土刑"，索隱"簋"作"瑠"。玉篇、廣韻〔宥韻〕並云："瑠，瓦飯器也。"與"餾"同音，是"瑠"卽"餾"之異文，言以土爲甑也。司馬貞云："瑠，如字，一音鏤。"上文云："鍑，江淮陳楚之間""或謂之鏤"。"瑠"、"鏤"，聲並與"餾"同，義亦相近也。今人以火乾煮物曰炸，音與"餴"相近。又吳人以物入釜微煑之曰溜，聲如鏤。蓋餴餾或用釜，或用甑，因名甑爲酢餾矣。

盂，宋楚魏之間或謂之盌。盌謂之盂，或謂之銚銳。盌謂之櫂，盂謂之柯。　注 轉相釋者，廣異語也。海岱東齊北燕之間或謂之盇。　音義 盂，音于。盌，烏管反。銚，謠音。盇，書卷。

　　箋疏 說文："盂，飲器也。"又木部云："櫂，木也。可屈爲杅者。""杅"與"盂"同。史記滑稽列傳："操一豚蹄，酒一盂。"漢書東方朔傳"置守宮盂下"，顏師古注："盂，食器也，若盆而大，今〔之〕所謂盇盂也。"吳志孫登傳云："失盛水金馬盂，覺得其主。"急就篇〔卷三〕云"橢杅槃案桮閜盌"，顏師古注云："杅，盛飯之器也。一曰齊人謂盤爲杅。"士喪禮下篇"兩敦兩杅"，鄭注云："杅以盛湯漿。"後漢書明帝紀云："杅水脯糒而已。"郭氏西山經注引或說云："嬰，卽古'罌'字，謂盂也。"是盂亦得名罌，"罌"與"甖"同。然下文別釋甖名，則"甖"與"盂"異物同名耳。

　　"盌"之言宛也，小雅小宛篇"宛彼鳴鳩"，毛傳云："宛，小貌。"說文"盌"、"椀"，並"小盂也"。廣雅〔釋器〕："椀，盂也。"急就篇〔卷三〕注云："盌，似盂而深長。""盌"、"椀"、"椀"，聲義並同。玉篇引周禮注云："窳，小孔貌。"莊子天地篇云"適遇苑風於東海之濱"，李頤注："苑風，小貌。"小鳩謂之宛，小孔謂之窳，小風謂之苑，小盂謂之盌、亦謂之椀，其義一也。

　　廣雅〔釋器〕"銚銳，盂也"，曹憲"銚"音"遙"。"銳"，郭與曹並無音。案：五音集韻〔薛韻〕"銳，又弋雪切"，音"悅"。卷十三"姚娧，好也"，注："謂姚悅也。姚，音遙。”“娧”亦無音。廣雅〔釋詁一〕“姚娧，好也”，曹憲“娧，通外反。”廣韻〔泰韻〕：“娧，他外切。”又〔薛韻〕音“悅”，云：“姚娧，美好也。”宋玉九辯云“心搖悅而日幸兮”，王逸注云：“意中私喜。”蓋“銚銳”之“銳”，讀當如“悅”。“銚銳”、“椆枂”，並雙聲字，皆形容之詞。“姚娧”、“搖悅”，並與“銚銳”同。搖悅爲喜貌，故人之美好可喜者謂之姚娧，盌之美好可愛者亦謂之銚銳，因是立名也。張載七命云“搖刖峻挺”，李善注云：“搖刖，危貌也。”危貌謂之搖刖，猶好貌謂之姚娧也。轉言之則爲幽悅。卷十一云“鼈，其小者或謂之蚴蟉”，注：“幽悅二音。”“小”與“好”義相近，故孟喜易中孚注云：“好，小也。”又案：說文“銚，溫器也”，集韻〔嘯韻〕音“徒弔切”，云“燒器”，又作“鑃”。“銚”與“鑃”，古同聲。小雅大東篇“佻佻公子”，釋文引韓詩作“嬥嬥”，是其例也。“鑃”與“櫂”，聲亦相近。荀子正論篇云“故魯人以糖，衞人用柯”，楊倞注云：“未詳。或曰方言云：‘盌謂之糖，盂謂之柯。’”謝氏墉校本云：宋本荀子注“糖”作“橈”、“盂”作“或”。是作“糖”者，淺人未檢方言之文，依正文妄改耳。

廣雅〔釋器〕：“柯、櫂，盂也。”卷九云：“楫謂之櫂。”又云：“凡船大者謂之舸。”盌謂之櫂、盂謂之柯，猶楫謂之櫂、船謂之舸也。柯者，寬大之名，故木大枝謂之柯。下文云：“㮯，栖也。其大者謂之㮯。”說文：“㮯，大開也，大梧亦爲㮯。”“訶，大言而怒也。”“阿，大陵也。”玉篇：“㰤，大笑也。”聲並與“柯”相近，義亦同也。

廣雅〔釋器〕：“㿻，盂也。”玉篇：“盎，盂也。”告子篇〔上〕“以杞柳爲桮棬”，孫奭音義引張鑑云：“卷屈木爲之。”又丁公著音及太平御覽〔卷七五九〕引此文“㿻”並作“棬”。玉藻篇“母没而杯圈不能飲焉”，鄭注云：“圈，屈木所爲，謂巵匜之屬”。“盎”、“棬”、“圈”，並與“㿻”通。是㿻以卷屈得名也。

㿻、械、盎、溍、㮯、㿻、㿻，栖也。秦晉之郊謂之㿻。　注 所謂伯㿻者也。自關而東趙魏之間曰械，或曰盎，注 最小栖也。或曰溍。其大者謂之㮯。吳越之間曰㿻，齊右平原以東或謂之㿻。栖，其通語也。

**音義**　盌，音雅。械，音封〔1〕緘。盞，酒酸。溫，薄淹反。閜，呼雅反。㮃，又章反。麼，音摩。

　　**箋疏**　説文：“桮，䉛也。”廣雅〔釋器〕：“盌，杯也。”“杯”與“桮”同。漢書朱博傳：“食不重味，案上不過三桮。”

　　“盌”，從疋，從皿。“疋”，古“雅”字。意林卷五、又太平御覽凡三引魏文典論云：“荆州牧劉表諸子好酒，爲三爵：大曰伯雅，中曰仲雅，小曰季雅。伯受七升，仲受六升，季受五升，故荆南有三雅之爵。”注即謂此也。

　　廣雅〔釋器〕“䉛、械，杯也。”玉篇：“械，杯也。”説文“䉛，小桮也”，或作“檈”，“䉛”與“械”，古同聲。方言作“械”，即説文之“䉛”。説文：“顑，飯不飽，面黃起行也。讀若戀。”廣韻〔感韻〕：“㮃，箱屬。或作‘篏’。”䉛之爲械，猶㮃之爲篏矣。案：“械”之言圅也。曲禮〔上〕“席間圅丈”，鄭注：“圅，〔猶〕容也。”漢書天文志云“間可械劍”，蘇林云：“械音圅，容也。”周官伊耆氏“共其杖咸”，鄭注：“咸，讀爲圅。老臣雖杖於朝，事鬼神尚敬，去之。有司以此圅藏之。”是桮謂之械，以容受得名也。説文：“械，篋也。”“医，械藏也”，或作“篋”。篋謂之械、桮亦謂之械，猶筥謂之篁、鹽亦謂之篁也。見下文。

　　廣雅〔釋器〕“盞、溫，杯也。”太平御覽〔卷七五九〕引通俗文云：“酱杯曰盞，或謂之溫。”大雅行葦篇“洗爵奠斝”，毛傳云：“斝，爵也。夏曰醆，殷曰斝，周曰爵。”明堂位云：“爵用玉琖仍彫。”“醆”、“琖”，並與“盞”通。釋樂云“鐘小者謂之棧”，李巡注：“棧，淺也。”桮謂之盞，猶爵謂之醆；小桮謂之盞，猶小鐘謂之棧。“棧”與“盞”並音“側限切”，其義亦同。

　　玉篇：“溫，杯也。”

　　急就篇〔卷三〕云“椯杅槃案杯閜盌”，顏師古注：“閜，大杯也。”説文：“閜，大開也。大桮亦爲閜。”藝文類聚〔卷七十三〕引李尤杯銘云：“小之爲杯，大之爲閜。”司馬相如上林賦云“谽呀豁閜”，司馬彪注：“谽呀，大貌；豁閜，空虛也。”郭氏注云：“皆澗谷之形容也。”上文云：“盂謂之柯。”義並同也。

---

〔1〕　“封”原無，據廣本、徐本補。

廣雅〔釋器〕：“㲃、㿻，杯也。”“㲃”，曹憲音“又章反”。玉篇、廣韻〔陽韻〕並同。

音“又章反”。舊本作“音章”，誤，今據曹憲音訂正。

蠡，注 瓟勺也。 陳楚宋魏之間或謂之簞，或謂之櫼，注 今江東通呼勺爲櫼。 或謂之瓢。　音義 蠡，音麗。櫼，音義。

箋疏 此釋勺之異名也。卷六云：“蠡，分也。”卷十三云：“劙，解也。”説文：“勺，挹取也。象形，中有實。”玉篇：“時灼切，亦作‘杓’。”廣韻〔宵韻〕：“杓，甫遙切，又音漂。”説文“蠡”字凡三見：瓠部曰：“瓢，蠡也。”斗部曰：“斡，蠡柄也。”急就篇〔卷三〕“蠡升參升半㢊觛”，王應麟注云：“皇象碑本作‘盠’，李本作‘蠡’。”太平御覽〔卷七六二〕引通俗文云“瓠瓢爲蠡”。廣雅〔釋器〕“蠡，瓢也”，玉篇同。廣韻〔戈韻〕：“蠡，瓠瓢也。”又〔薺韻〕：“盠，簞也。”又〔宵韻〕“瓢”字注引此文作“蠡”。衆經音義卷十六引作“盠”。漢書東方朔傳“以蠡測海”，張晏注：“蠡，瓠瓢也。”劉向九歎〔愍命〕云“㿇蠡蠹於筐簏”，王逸注：“㿇，匏。〔蠡〕，瓢也。”“蠡”，正字；“盠”，壞字；其作“蠡”者，猶“瓠”之別作“㿇”也，亦俗字也。案：釋魚云：“蚹蠃，蟧蝓。”又云“蠃，小者蜬”，郭注云：“大者如斗，出日南〔漲〕海中，可以爲酒杯。”説文：“蝸，蠃也。”“蠃，蟧蝓也。”廣〔雅釋魚〕：“蠡蠃，踦蝓也。”淮南俶真訓云“夫梣木已青翳，蠃蠡瘉蝸睆，〔此〕皆治目之藥也”，高誘注：“梣木，苦歷，木名也；蠃蠡，薄蠃也；蝸睆，目疾也。”太平御覽引作“蠃蠡愈燭睆”，又引注云：“蠃，附蠃。蠡，細長蠃也。燭睆，目中疾。”與高注不同，蓋許慎注也。然“蠃蠡”與“梣木”相對成文，“梣木”爲一物，“蠃蠡”不應分訓，當以高義爲長。蓋“蠃蠡”止是一種螺名，許謂“細長蠃”，是也，故名醫別錄又謂之“蝸籬”，云：“蝸籬味甘，無毒，主燭館，明目，生江夏。”蝸籬，卽蠃蠡，亦卽蠃蠡也。燭館，卽燭睆也。是蠡本螺類，蠡亦訓“分”、“剖”。蠡之殼可爲酒杯，亦可爲勺。以蠡爲勺，因而謂勺爲蠡，猶剖瓠爲勺，因而謂瓠爲勺也。今海螺中有一種，其末細長可二寸餘，質甚堅厚，色黄白相雜，人取而横去其三分之一，以爲勺，極光澤，可受，卽其類耳。又有大而圓者，質與色並相似，戍卒取而稍去其末，夜恆吹之，以相呼應，俗謂之波螺，以代古之觱栗，或古人亦用之。説文"觱，羌人所吹角屠觱，以驚馬也"，徐鍇傳曰："今之觱栗，觱栗其聲然也。"衆經音義卷〔十〕九引纂文云："必栗者，羌胡樂器名也。經文作'篳篥'。""必栗"、"篳篥"，並與"觱栗"同。"附蠃"、"薄蠃"、"波螺"、"觱栗"，皆聲之轉也。

説文："簞，笥也。""笥，飯及衣之器也。"是簞所以盛衣食。"蠡"又名"簞"者，異物不嫌同名也。

玉篇："�，杓也。""杓"與"勺"同。廣雅〔釋器〕"㲴，瓢也"，玉篇同，曹憲音"魚偃反"。衆經音義卷十八引廣雅作"㲴"，音"義"。漢書王莽傳〔下〕云"建華蓋，立斗獻"，顏師古注云"獻，音義。謂斗魁及杓末，如勺之形也。"衆經音義卷十六云："㰧，律文作'㮪'。"廣〔韻支韻〕云："匜，似㮪，可以注水。""㲴"、"㰧"、"獻"、"㮪"，並與"㰧"通。衆經音義卷十八又云"江南曰瓢㰧，蜀人言蠡㰧"，故注云"今通呼勺爲㰧"也。又引三蒼云："瓢，瓠勺也。"

説文："瓢，蠡也。"玉篇："瓢，瓠〔瓜〕也。"廣韻〔模韻〕："瓠盧，瓢也。"蜀本草引切韻云："瓢，匏也。"廣雅〔釋草〕："匏，瓠也。"然則瓢也、瓠也、瓠盧也、匏也，實一物也。"瓠盧"，或作"壺盧"、或作"瓠瓟"。古今注〔草木〕則謂"壺盧"爲"瓠之無柄者，有柄者爲懸匏"，陶弘景本草注則謂"瓠瓟"亦是"瓠類，小者名瓢"，集韻〔模韻〕則謂"匏而圓者"爲"瓠㲴"，今吳人則謂圓者爲瓠盧、細腰及長柄短柄者爲藥瓢，瓠盧，時異地殊，稱名各別，古人則通謂之匏瓠也。"瓢"，即"瓠"之轉聲耳。"瓢"與"杓"，聲亦相近。周官鬯人"禜門用瓢齎"，杜子春云："瓢，瓠蠡也。"後鄭云："取甘瓠割去柢，以齎爲尊。"是也。是"瓢"本爲"瓠"之別名，剖有柄者以爲勺，即各勺爲瓢，與"蠡"正相同也。其無柄者剖之以爲尊，亦名卺。士昏禮云"實四爵合卺"，鄭注云："合卺，破匏也。"昏義云："共牢而食，合卺而酳。"太平御覽〔卷七六二〕引三禮圖云："卺取四升瓠中破，夫婦各一。"其實皆瓠也。故説文云："䣾，蠡也。"廣雅〔釋器〕："䣾，瓢也。""䣾"與"卺"通，義並同也。

案，陳楚宋魏之間謂之㯕，自關東西謂之案。

　　**箋疏**　説文:"案,几屬。"急就篇〔卷三〕"榩杆柈案梧閜盌",顔師古注云:"無足曰柈,有足曰案,所以陳舉食也。"考工記玉人"案十有二〔寸〕,棗栗十有二列",鄭注云:"案,玉飾案也。玉案十二以爲列,棗栗實於器,乃加於案。"戴氏震補注云:"案者,梡禁之屬。儀禮注曰:'梡之制,上有四周,下無足。'禮器注云:'禁,如今方案,〔隋長〕,局足。'此亦宜有足。"廣雅〔釋器〕云"案謂之槅",王氏疏證云:"'案'之言安也,所以安置食器也。'槅'之言寫也。説文:'寫,置物也。'案〔亦〕所以置食器,其制蓋如今承柈而有足,或方或圓,禮器注言'方案',説文訓'槤'爲'圓案',〔是也〕。古人持案以進食,若今人持承柈。漢書外戚傳云'許后朝皇太后,親奉案上食',是也。亦自持案以食(者),若今持酒杯者并柈而舉之。鹽鐵論取下篇云'從容房闥之間,垂拱持案而食',是也。凡'案',或以承食器,或以承用器,皆與'几'同類,故説文云:'案,几屬。'"今案:玉篇:"槅,思野切,案之別名。""槅"之言藉也。鄭注周官屨人云"複下曰舄",疏云:"下謂底","重底者曰舄"。古今注〔輿服〕:"舄,以木置履下。"顔師古急就篇〔卷二〕注云:"複底〔而〕有木者謂之舄。"集韻〔昔韻〕、類篇並引廣雅:"碣,磶也。"太平御覽〔卷一八八〕引説文:"磶,柱下石也。"墨子備城門篇云:"柱下傅舄。"又云:"柱同質。""舄"、"質"與"碣"、"磶"通。"舄"、"碣"、"槅",聲並相近。承物案謂之槅,猶履底有木謂之舄、柱下石謂之碣也。然則案之爲槅,以承藉得名也。

**梧落**,注 盛梧器籠也。陳楚宋衞[1]之間謂之梧落,又謂之豆筥;自關東西謂之梧落。

　　**箋疏**[2] 説文"筡,梧筡也",徐鍇傳云:"筡,亦籠也。筡者,絡也,猶今人言籠。"廣雅〔釋器〕:"豆、籚,杯落也。""筡"、"絡"、"落",並與"落"通。盛杯之籠謂之落,猶熏衣之籠謂之筡也。説文:"簏,筡也。可熏衣。"下文注云:"簏,今薰籠也。"皆以籠絡爲義也。

---

〔1〕"衞"原作"魏",據廣本、徐本改。
〔2〕"箋疏"原作"音義",據廣本、徐本改。

説文：“筥，䈰也。”“䈰，飯器，容五升。”“簾，飲牛筐也。方曰筐，圓曰簾。”案：筥與筐對文，則方者爲筐，圓者爲筥，散文則筐亦稱筥也。説文“匡，飯器（也），筥也”，或作“筐”。卷十三云“箪、篁、簌、笤、簾也。江沔之間謂之簌，趙代之間謂之笤，淇衛之間謂之牛筐。簾，其通語也”，是也。聘禮云：“米百筥，筥半斛。”呂氏春秋季春紀“具栚曲簾筐”，高誘注云：“員底曰簾，方底曰筐，皆受桑器也。”月令作“籧筐”，淮南時則訓作“筥筐”。以上諸筥，異用而同名，皆筐之圓者也。“簾”、“籧”，並與“筥”通。此云“豆筥”者，九穀之中，豆爲最大，盛之者其器可疏，杯亦宜然，以之盛杯，即謂之豆筥矣。“自關東西”，一本作“自關而西”，今從舊本。

**箸筩，** 注 盛枇箸簀也。**陳楚宋魏之間謂之筲，或謂之籯；** 注 漢書曰：“遺子黃金滿籯。”**自關而西謂之桶檧。** 注 今俗亦通呼小籠爲桶檧。 **音義** 筲，鞭鞘。籯，音盈。桶，或作筩，音籠冠。檧，蘇勇反。

箋疏 説文：“箸，飯敧也。”“敧”，音“羈”。太平御覽〔卷七六〇〕引通俗文云：“以箸取物曰敧。”史記絳侯周勃世家云“又不置櫡”，索隱：“櫡，音筯。漢書作‘箸’。”曲禮〔上〕謂之“梜”。

眾經音義卷二引三蒼云：“筩，竹管也。”説文：“筩，斷竹也。”“桶，木方受六斗。”“桶”與“筩”通。釋名〔釋山〕云：“山旁隴間曰涌。涌，猶桶，桶狹而長也。”是箸、筩以長得名也。亦謂之“筡”。説文“筡，栟箾也。或曰盛箸籠。”

廣雅〔釋器〕：“筲，箸筩也。”説文：“宋魏謂箸筩爲筲。”“筲”與“筲”通。箸筩謂之筲、亦謂之筲，猶飯筥謂之筲、亦謂之筲，劍室謂之削、亦謂之鞘也。卷十三云“簏，南楚謂之筲”，注：“盛飯筥也。”説文：“筲，飯筥也。”卷九云：“劍削，自河而北燕趙之間謂之室。”玉篇：“鞘，刀鞘也。”是也。

注云“盛枇箸簀”者，急就篇〔卷三〕“橢榼椑榹匕箸簀”，顏師古注云：“簀，盛匕箸籠也。”説文：“簀，竹器也。讀若纂。”喪大記“食粥於盛不盥，食於篹者盥”，鄭注：“篹，竹筥也。”箸筩謂之簀，竹筥謂之篹，其義一也。

“宋魏”，各本並同。盧氏云：宋本作“宋衛”，蓋涉上文而誤。盧氏據之改“魏”爲“衛”，非是。説文及漢書韋賢傳集注引並作“宋魏”，與各本正合。

　　説文：“籯，笭也。”“笭”字下云：“一曰籯也。”廣雅〔釋器〕：“籯，箸筩也。”又云：“笭、籯，籠也。”此注云“盛枇箸籫”，顔師古急就篇〔卷三〕注云：“籫，盛匕箸籠也”，是箸筩亦籠也。“籯”與“籯”同。漢書韋賢傳云“遺子黄金滿籯”，如淳注云：“籯，竹器，受三四斗。今陳留俗有此器。”顔師古注云：“今書本‘籯’字或作‘盈’。”並與“籯”同。按：“籯”之言贏也，盛受之名也。襄三十一年左氏傳云“而以隸人之垣以贏諸侯”，杜預注：“贏，受也。”正義曰：“賈、服、王注皆讀爲盈，盈是滿也，故皆訓爲受。”義與箸筩謂之籯同也。“籯”，舊本並作“籯”，今從説文及漢書集注引訂正。説文：“籫，竹器也。”廣雅〔釋器〕“桶樕、籫，箸筩也”，曹憲音“上天孔，下思□”。缺一字。案：廣韻一東“樕，小籠”，“蘇公”、“先孔”二切。又一董“籦，先孔切”，云“箸桶”，又作“樕，蘇公切”。

　　音内“或作‘筩’”三字，舊本在“蘇勇反”下，今從盧校爲“桶”字異文。

瓨、瓵、甌、瑤、甀、瓺、甈、瓮、瓨甀〔1〕、甏、罌也。靈桂之郊謂之瓨，注 今江東通名大瓮爲瓨。其小者謂之瓵。周魏之間謂之甌，注 今江東亦呼甖爲甌子。秦之舊都謂之甀，淮汝之間謂之瑤，江湘之間謂之瓺。自關而西晉之舊都河汾之間，注 汾水出太原，經絳北，西南入河。其大者謂之甈，其中者謂之瓨甀。自關而東趙魏之郊謂之瓮，或謂之罌。東齊海岱之間謂之甏。罌，其通語也。　音義 瓨，音岡。瓵，都感反，亦音沈。甌，音舞。瑤，音由。甀，音鄭。瓺，仕江反。甈，度睡反。瓨，音部。甀，洛〔2〕口反。甏，牛志反。罌，於庚反。

　　箋疏“罌”，衆經音義卷三引作“罌”。舊本“罌”下脱“也”字，今據補。説文：“罌，缶也。”廣雅〔釋器〕：“罌，瓶也。”玉篇：“罌，瓦器也。”“罌，坬也。”“罌”與“罌”同。

---

〔1〕　廣本、徐本“瓨甀”下補有“瓨”字。

〔2〕　“洛”原作“落”，據廣本、徐本改。

廣雅〔釋器〕：“瓨，瓶也。”玉篇：“瓨，大瓮也。”漢書陳餘傳“迺仰絕亢而死”，蘇林曰：“亢，頸大脈也，俗所謂胡脈也。”史記索隱作“肮”。“肮”與“亢”通。揚子羽獵賦“跇巒阬”，李善注引音義：“阬，大坂也。”説文：“沆，大澤貌。”釋魚“貝大者魧”，釋文引字林作“蚢”。“蚢”與“魧”通。大瓮謂之瓨，猶頸大脈謂之亢、大坂謂之阬、大澤謂之沆、大貝謂之魧也。

漢書地理志〔下〕“蒼梧郡富川”，晉志屬臨賀郡。酈道元水經灕水注云：“靈谿水出臨賀富川縣北符靈岡，南流逕其縣東，又南注於灕水。”今廣西平樂府富川縣是，縣東南一百二十里有桂嶺，與湖廣江華、廣東連山二縣接界，即古臨賀嶺也。一名萌渚嶠。南康記：“五嶺第四嶺曰臨賀。”

廣雅〔釋器〕“瓲，瓶也”，曹憲音“多感反”。玉篇、廣韻〔感韻〕並云：“瓦屬。”

廣雅〔釋器〕“甒，瓶也。”玉篇：“甒，無甫切，盛五升，小罌也。”士喪禮下篇“甒二”，鄭注：“甒，瓦器。古文‘甒’皆作‘廡’。”禮器云“君尊瓦甒”，鄭注云：“瓦甒，大五斗。”疏云：“此瓦甒，即燕禮公尊瓦大也。三禮圖：瓦大受五斗，口徑尺，頸高二寸，大中，身銳，下平。‘瓦甒’與‘瓦大’同。”喪大記云“士容甒”，正義云：“甒者，盛酒之器。”潘岳馬汧督誄“寘壺鎦瓶甒以偵之”，李善注引方言作“甒，罌也。”“甒”、“廡”，並與“甒”通。又高誘注淮南氾論訓云：“甄，武也。今兗州謂小武爲甄，幽州曰瓦。”是甒有大小二種也。“武”、“甒”，古同聲。章懷注後漢書馬援傳引水經注武陵五溪，潕溪，蠻土俗“潕”作“武”，是其證。

説文“㲶，瓦器也”，玉篇同。

廣雅〔釋器〕：“甇、甄、㲶，瓶也。”玉篇“甄，罌也”，廣韻〔勁韻〕同。“甇”，曹憲音“士江反”。玉篇“甇，仕江切，罌也”，邢昺爾雅〔釋器〕疏同。舊本作“胙江”，誤，今據以訂正。

説文：“㽀，小口罌也。”周官凌人“春始治鑑”，鄭注：“鑑，如甄大口，以盛冰。”疏云：“漢時名爲甄，即今之甕是也。”是㽀爲小口也。字亦作“垂”。墨子備城門篇云：“救門火者，各一垂水，容三石以上。”列子湯問篇云：“山名壺嶺，狀若瓴甄。”東周策云：“夫鼎者，非效醯壺醬甄，可懷挾提挈以至齊者。”淮南氾論訓云：“抱甄而汲。”

說文：“汾水，出太原晉陽山，西南入河。或曰：出汾陽北山。”水經〔汾水〕云：“汾水出太原汾陽縣。”北山經云“管涔之山，汾水出焉，而西流注于河”，郭注云：“管涔山，今太原郡故汾陽縣北秀容山。汾水至汾陽縣北，西入河。”“陽”，蓋“陰”之訛。又海內東經云“汾水出上窳北，而西南注河，入皮氏南”，郭注云：“今汾水出太原晉陽故汾陽縣，東南經晉陽，西南經河西平陽，至河東汾陰入河。”漢書地理志〔上〕：“太原郡汾陽，北山，汾水所出，西南至汾陰入河，過郡二，行千三百四十里。”

又絳縣，屬河東郡。晉志平陽郡絳邑，今山西太原府及絳州是。

說文“瓮，罌也”、“罃，汲瓶也”，並“烏貢切”。廣雅〔釋器〕：“瓮，瓶也。”玉篇：“瓮，大罌也。”淮南原道訓云：“蓬戶瓮牖。”又作“甕”同。“罃”、“甕”，並與“瓮”通。墨子備城門篇云：“喪以弟瓮。”案：喪，藏也。弟瓮，小瓮，猶伯雅、季雅也。士喪禮下篇注：“甕，瓦器。其容蓋一㲄。”又通作“雍”。井九二“井谷射鮒，甕敝漏”，虞翻注：“羸其瓶凶，故甕敝漏也。”釋文：“鄭作‘雍’，云‘停水器也’。”

廣雅〔釋器〕：“瓴甄，瓶也。”郭氏釋器注云“瓴甄，小罌”也，顏師古急就篇〔卷三〕注同。晉書五行志〔中〕云：“建興中，江南謠歌曰：‘訇如白坑破，合集持作瓨。揚州破換敗，吳興覆瓴甄。’案：白者，晉行。坑器有口瓮屬”，“瓴甄瓦器，又小於瓨也”。小罌謂之瓴甄，猶小阜謂之部婁也。說文：“附婁，小土山也。春秋傳曰：‘附婁無松柏。’”今襄二十四年左氏傳作“部婁”，杜預注：“部婁，小阜。”風俗通義〔山澤〕引左傳釋之曰：“言其卑小。部者，阜之類。”高誘注淮南原道訓作“嶁嵝”，玉篇作“培塿”，云：“小阜也。”藝文類聚、北堂書鈔〔卷一五七〕、太平御覽〔卷五六〕並引墨子云：“培塿之側，則生松柏。”“部婁”、“嶁嵝”、“培塿”，並與“瓴甄”通。單言之則曰“瓴”、曰“甄”。漢書揚子雲傳〔下〕云“吾恐後人用覆醬瓴也”，顏師古注：“瓴，小罌也。”小罌謂之瓴，猶小缶謂之䍃、小席謂之菩、小將謂之部將也。說文：

“錇，小缶也。”豐六二“豐其蔀”，鄭本作“菩”，云：“小席。”李賢後漢書寇恂傳注：“部將，〔謂軍部之下〕小將也。”小罌謂之甄，猶小籨謂之籨、小冢謂之塿也。卷十三云“籨小者，南楚謂之籨”，又云“冢小者謂之塿”，是也。

衆經音義卷三引方言云：“瓵甄、瓨，罌也。”説文：“瓨，似罌，長頸，受十升。讀若洪。古雙切。”又：“缸，瓨也。”廣雅〔釋器〕“瓨，瓶也”，曹憲音“下江反”。玉篇：“瓨，長頸瓶。”史記貨殖傳“醯醬千瓨”，徐廣音義云：“瓨，長頸罌。”索隱音“閑江切”。是古本“瓵甄”下有“瓨”字，或云卽上“瓨”字之訛，然廣雅〔釋器〕“瓨”、“瓨”二字並訓爲“瓶”，玉篇亦不以“瓨”爲“瓨”之別體，且正文分釋亦不及“瓨”，知“瓨”與“瓨”同音異字。今姑存其文，未敢遽補。

廣雅〔釋器〕：“甒，瓶也。”玉篇“甒，大罌也”，廣韻〔志韻〕同。

舊各本“罌”下並脱“也”字，今從盧校補。

**罃，陳魏宋楚之間曰甀，或曰瓶。燕之東北朝鮮洌水之間謂之瓵。齊之東北海岱之間謂之儋。** 注 所謂家無儋石之儲也。**周洛韓鄭之間謂之甀，或謂之罃。** 音義 甀，音臾。瓶，音殊。瓵，音暢，亦腸。儋，音儋荷，字或作“甔”。

**箋疏** 説文：“罃，備火長頸絣也。”“罌，缶也。”又云：“瓨，似罌，長頸，受十升。”“罌”與“罃”同。

廣雅〔釋器〕“甀，瓶也”，玉篇同。荀子大略篇云“流丸止于甌臾，流言止於智者”，楊倞注云“甌臾，皆瓦器”，“謂地之坳坎如甌臾者也”，引方言：“陳魏宋楚之間謂罃爲臾。”“臾”與“甀”通。

廣雅〔釋器〕：“瓶，瓶也。”玉篇：“瓶，小罌也。”

廣雅〔釋器〕“瓵，瓶也”，玉篇、集韻〔漾韻〕並同，云：“朝鮮謂罃曰瓵。”

廣雅〔釋器〕：“甔，瓶也。”玉篇：“甔，小罌也。”列子湯問篇云“山名壺領，狀若甔甄”，張湛注云：“甔，謂瓦瓶也。”史記貨殖傳“漿千甔”，集解引徐廣曰：“甔，大罌也。”索隱云：“甔，漢書作‘儋’。孟康曰：‘儋，罌也。’罌受一石，故云儋石。”

漢書揚子傳〔上〕云：“乏無儋石之儲。”又蒯通傳云“守儋石之禄”，應劭云：“齊人名小甖爲儋，受二斛。”後漢書明帝紀“生者無擔石之儲”，李賢注引坤蒼：“甔，大甖也。”“甔”、“擔”並與“儋”通，是儋兼大小二種也。此“儋”字及“音儋荷”並作“儋”，其“字或作‘甔’”“儋”，舊本並同，爾雅〔釋器〕疏及史記淮陰侯傳集解晉灼注引此文並同，後漢書明帝紀李賢注引作“甔”，戴本同，今仍舊本。

“甀”，説詳上條。

**罃謂之甀。**　音義 甀，鼓聲。

箋疏 “罃”，説文作“罌”，云：“罌謂之甀。”廣雅〔釋器〕：“罌、甀、罃，瓶也。”“罌”與“罃”通。

廣韻〔齊韻〕：“甀，瓦器。”史記李斯列傳云：“夫擊甕叩缻彈箏搏髀，而歌呼嗚嗚。”“缻”與“甀”通。

**𤬛謂之甈。**

箋疏 “𤬛”，説文作“䜌”，云：“汲缻也。”通作“甕”。井九二“甕敝漏”，虞翻注云：“羸其瓶凶，故甕敝漏也。”士喪禮下篇云“甕三”，鄭注：“甕，瓦器。其容蓋一穀。”又通作“雍”。井九二釋文云：“甕，鄭作‘雍’，云：‘停水器也。’”三禮圖引舊圖：“甕以盛醯醢。”案：周官醢人醯人王舉，則供醯六十甕，供醢六十甕，是用以盛醯醢，亦可以汲水停水之器也。

廣雅〔釋器〕：“𤬛、瓻，瓶也。”“瓻”與“甈”同。集韻〔支韻〕引字林云：“甈，甕破也。”釋言：“斯，離也。”廣雅〔釋詁一〕：“斯，分也。”卷六云：“澌，散也。東齊聲散曰澌”，“秦晉聲變曰嘶，器破而不殊其音亦謂之嘶。”漢書王莽傳〔中〕“莽爲人”“大聲而嘶”，顏師古注：“嘶，聲破也。”是凡言“斯”者，皆破散之義，事雖不同，義則一也。“𤬛謂之瓻”，蓋所謂“器破而不殊其音”，猶下文“罃甈謂之盎”，皆以破得名也。

舊本以上條“罃謂之甀”句及此條並不提行，皆接前“罃，陳魏宋楚”條末，今從盧校本。

**缶謂之瓿䰞。**　注 卽盆也。 **其小者謂之瓶。**　音義 䰞，音偶。

箋疏 釋器云“盎謂之缶”，郭注云：“盆也。”疏引孫炎云：“缶，瓦器。”説文：“缶，瓦器。所以盛酒漿，秦人鼓之以節謌。象形。”坎六四“尊酒簋貳，用缶”，鄭注云：“天子大臣，以王命出會諸侯，主國尊于簋，副設玄酒以缶。”又比初六“有孚盈缶”，鄭注云：“井水人所汲，用缶。”是缶所以汲水，亦所以盛酒漿也。又離九三云：“不鼓缶而歌。”史記藺相如傳云：“使秦王鼓缶。”又李斯傳云：“擊甕叩缻”，“真秦之聲也”。“缻”與“缶”同。淮南説林訓云：“君子有酒，鄙人鼓缶。雖不見好，亦不見醜。”是擊缶以節歌，亦不獨秦人也。缶之製，蓋有小有大，上所云，皆其小者。又有極大者，禮器云“五獻之尊，門外缶，門内壺，君尊瓦甒”，鄭注云：“壺大一石，瓦甒五斗，缶大小未聞。”正義曰：“以小爲貴，則近者小遠者大。缶在門外，則大於壺矣。”顏師古急就篇〔卷三〕注云：“缶，即盎也，大腹而斂口，盆則斂底而寬上。”是缶之形製矣。上文“瓵甌，罌也”，説文“瓿，小缶也”，是許以缶罌爲一物也。

廣雅〔釋器〕“瓵甌，缶也”，曹憲“部”、“偶”二音。玉篇：“瓿，瓿甊，小罌也。甌，盎也。”案：“瓵甌”急言之，即爲缶矣。説文“瓶，罋也”，或從“瓦”作“瓶”。井卦云：“嬴其瓶。”是瓶亦爲汲水之器。鄭注〔士喪禮〕云“盆以盛水，瓶以汲水”，是也。又禮器注云：“盆、瓶，炊器也。”是又不獨以之汲水矣。小雅蓼莪篇“瓶之罄矣，惟罍之恥”，毛傳云：“瓶小而罍大。”左昭廿四年傳杜注：“瓶，小〔1〕器。”故云“小者謂之瓶”也。

舊本並從“謂之瓶”止爲一條，盧校本據唐韓愈〔瀧吏〕詩有“瓶大缾罌小，所任自有宜”之句，移下條首“罃甂”之“罃”字連屬此條，以“缾罃”字爲句，且云：“‘瓶罌’，即‘瓶罃’。”謬甚，説詳下條。今從舊本。

**罃甂謂之盎。** 注 案爾雅甂，康瓠，而方言以爲盆，未詳也。自關而西或謂之盆，或謂之盎。其小者謂之升甌。甂，陳魏宋楚之間謂之㼤。 注 今河北人呼小盆爲㼤子。自關而西謂之甂，其大者謂之甌。 音義 甂，卻厨反。盎，烏浪反。甌，惡牟反，亦音憂。甂，音邊。㼤，杜啟反。

────────────────

〔1〕 “而罍大左昭廿四年傳杜注瓶小”十三字原無，據廣本、徐本補。

**箋疏** 説文:"罄,備火長頸瓶也。""缾,罋也。""甈,康瓠,破罌也",或從"埶"作"𦈢"。許君本爾雅〔釋器〕以"康瓠"釋"甈",又以"破罌"釋"康瓠"也,徐鍇傳云:"康之言㝩也,破則空也。魚滅反。"案:廣雅〔釋詁二〕:"甈,裂也。"周官牧人"凡外祭毁事",鄭注云:"故書'毁'爲'甈'。杜子春云:'甈當爲毁'。""毁"與"甈"義同,古通字。法言先知篇云"甄陶天下者,其在和乎。剛則甈,柔則坯",宋咸注云:"甈,破也。言陶法太剛,則破裂也。"説文:"甈,刑鼻也。""劓"與"甈",義相近。"甈"或從"埶"。釋木云"木相磨,槸",説文同,或從"艸"作"蓺"。"槸"與"甈"同聲。案:爾雅〔釋木〕"槸"承上"木自獘,立死"言之,説文"槸"亦列在"梟"與"枯"、"槁"諸文之中,蓋亦謂木之破裂者也。刑鼻謂之劓,木獘謂之槸,罄破謂之甈,其義一也,是甈爲破裂之名也。段氏若膺以爲"甈之言滯而無用也",失之。又案:"甈"之言臬也。説文:"臬,射準的也。"玉藻云"公事自闑西,私事自闑東",正義云:"闑,謂門之中央所豎短木也。"考工記匠人"置槷以縣,眡以景",鄭注云:"槷,古文'臬',假借字。於所半之地,中央樹八尺之臬,以縣正之眡之以其景將以正四方也。""甈"、"臬"、"闑"、"槷",字異聲義並同。"臬"又通作"蓺"。大雅行葦傳"已均中蓺",鄭箋云:"蓺,質也。"文六年左氏傳云"陳之蓺極",杜預注:"蓺,準也。"是甈訓爲破,復有中正之義也。

急就篇〔卷三〕云"甀缶盆盎甕罃壺",顔師古注云:"缶、盆、盎,一類耳。缶卽盆也,大腹而斂口,盆則斂底而寬上。""盎"與"盆"對文則異,散文則通,故説文云:"盎,盆也。盆,盎也。""盆"、"盎"字皆从"皿",篆書作"𠂇",象形。蓋罄之破而中正,則無論或直或横,以其半覆之形,如盎仰之形如盆,此罄甈之所以或謂之盎,或謂之盆也。

爾雅〔釋器〕"康瓠謂之甈",郭注云:"瓠,壺也。賈誼曰'寶康瓠',是也。"史記屈賈列傳賈誼吊屈原賦云:"斡棄周鼎而寶康瓠。"按:周鼎,猶言完鼎。康瓠,猶言破瓠。集解引如淳曰:"康瓠,大瓠也。"應劭云:"康,容也。〔一曰〕康,空也。"索隱引李巡云:"康,謂大瓠瓢也。"漢書〔賈誼傳〕顔師古注引鄭氏曰:"康瓠,瓦盆底也。"説者紛紛皆不得其解,惟鄭氏之説近之。蓋瓦盆底形如已剖之瓢，故謂之瓠，以其非全盆，故謂之甄。瓦盆底謂之甄，猶破罃謂之甄，皆以破得名也。郭氏訓“瓠”爲“壺”，則“康”之義未了。應劭訓“康”爲“容”，又爲“空”，於義稍近。如淳、李巡之説，失之遠矣。景純注爾雅不解“康瓠”所以名“甄”之義，已屬含糊。注此又不能究“罃甄”所以爲盆盎之由，惟舉爾雅“康瓠”之文以釋“甄”字，則於上文之“罃”亦爲未了，以致邢昺釋器疏引方言，亦截去“罃”字，云“甄謂之盎”，而盧氏斷然不疑，以“罃”字移入上條“瓶”字下，以“瓶罃”連文爲句，并引韓愈〔瀧吏〕詩“甄大瓶甖小”以證之，其悖謬爲尤甚焉。盡心篇〔上〕“盎於背”，孫奭引陸善經音義云：“盎於背，如負之於背。”注内“盆”上疑脱“盎”字。

士喪禮“新盆盤瓶”，鄭注云：“盆以盛水。”禮器云“盛於盆，尊於瓶”，鄭注云：“盆、瓶，炊器。”是一物而用不同也。又考工記陶人：“爲盆，實二鬴，厚半寸，脣寸。”是盆又爲量屬。墨子貴義篇云“子墨子仕人於衞，所仕者，至而反。子墨子曰：‘何故反？’〔對〕曰：‘與我言而不審。’曰：‘待汝以千盆，授我以五百盆，故去之也。’”荀子富國篇云“今是土之生五穀也，人善治之，則畝數盆”，楊倞注曰：“蓋當〔時〕以盆爲量。”

漢書律曆志〔上〕云：“量者，龠、合、升、斗、斛也，所以量多少也。本起於黃鍾之龠，用度數審其容，以子穀秬黍之中者千二百實其龠，以井水準其概。合龠爲合，十合爲升，十升爲斗，十斗爲斛，而五量嘉矣。”廣雅〔釋器〕：“龠二爲合，合十曰升，升四曰桓，桓四曰區，區四曰釜。”卽以量之多少言之，升亦其小者矣。量之少者謂之升，盆之小者亦謂之升，其義一也。

舊本“升”下“甌”字及“音惡牟反”云云，至行末止空一格，下“甄，陳魏宋楚之間”云云提行別爲一條，戴本仍舊。盧氏据廣雅〔釋器〕“題、甌、甄也”移“甌”字與“甄”連文，亦提行別爲一條。考“升甌”之名，他書未見，而“甄甌”連文者，往往有之，且玩“陳楚宋魏之間”以下文義，自當以“甌”字下屬爲得，然李賢注後漢書隗囂傳引方言曰：“宋楚之間謂盎爲題。”洪興祖補注楚辭七諫〔謬諫〕又引方言云：“自關而西，盆盎小者曰甄。”是古本本合二條爲一。其“甄，陳魏宋楚之間”云云，並不別爲一條也。竊疑“甌”字本屬

下讀，“甌”字下脱一“題”字，其行末空一格，即其脱處耳。後人不深考，以
“甌”字爲上條之末，遂以“升甌”爲文，以“颰”字提行别爲一條。若空處補
一“題”字，兩條遂相連屬，則與李、洪兩家所引正合。至條中别出“甌颰”諸
文，與下“所以注斛”條中别出“䈱”字文同一例，今據以訂正。惟邢昺釋器
疏合引此文，“甌”下已無“題”字，則其來已久，未敢擅補，而特爲之説如
此〔1〕。急就篇〔卷三〕云“甀甇颰甌瓨甖盧”，顏師古注云：“颰甌，盆杅也。
其形大口而庳。一曰：甌，小盆也。”“甌”之言區也。廣雅〔釋詁二〕：“區，小
也。”説文：“甌，小盆也。”釋器云“甌瓿謂之瓵”，郭注云：“瓿甄，小罌。”〔小
罌〕謂之甌瓿，猶小盆謂之甌也。甌與颰題皆小盆，而颰題又小於甌，故又
云“其大者謂之甌”也。

　　説文：“颰，似小瓿，大口而卑。”淮南説林訓云：“狗彘不擇颰甌而食。”
楚辭七諫〔謬諫〕云：“颰甌登於明堂兮，周鼎潛於深淵。”説苑反質篇云：“瓦
颰，陋器也。”

　　太平御覽〔卷七五九〕引通俗文云：“小甌曰題。”廣雅〔釋器〕：“題、甌，
颰也。”玉篇：“題，徒啟切，小盆也。”五音集韻〔齊韻〕“題”，或作“瓶”。連言
之則曰“颰題”。王氏懷祖〔廣雅疏證釋器〕云：“颰題，猶匾匜也。衆經音義
卷六云：‘韻集：匾，方殄反。匜，他奚反。篆文云：匾匜，薄也。今俗呼廣薄
爲匾匜，關中呼㪻匜。’器之大而卑者，與廣薄同義，故亦有颰題之名。又
‘匾匜’與‘㪻匜’，一聲之轉。”“匾匜”，亦猶“椑榹”也。急就篇〔卷三〕：“槫
榼椑榹匕箸籫。”今人亦呼小盆爲題子，聲如㙮，故宋史呂蒙正傳作“㙮子”。
“㙮”即“題”聲之轉。

所以注斛，**注** 盛米穀寫斛中者也。**陳魏宋楚之間謂之䈱**，**注** 今江東亦
呼爲䈱〔2〕。**自關而西謂之注。䈱，陳魏宋楚之間謂之籅。** **注** 䈱亦
籅屬也〔3〕，形小而高無耳。 **音義** 䈱，音巫覡。

---

〔1〕 “而特爲之説如此”原無，據廣本、徐本補。
〔2〕 “䈱”原作“蒿”，據廣本、徐本改，下同。
〔3〕 “也”原無，據四部叢刊影宋本、盧文弨重校方言本補。

**箋疏** 大雅泂酌篇:"挹彼注茲。"少牢下篇云"二手執桃匕枋,以挹湆注于疏匕",鄭注云:"注,猶瀉也。""瀉"與"寫"同。曲禮〔上〕云"器之溉者不寫",正義云:"寫,謂倒傳之也。"

聘禮記曰:"十斗曰斛。"漢書律曆志〔上〕云:"斛者,角斗平多少之量也。"

廣雅〔釋器〕云"斛注謂之篙",曹憲音"呼的反。"玉篇"篙,籮屬,形小而高",本此注文也。所以斟米穀謂之注,猶所以斟酒與水謂之枓也。鄭注士冠禮云:"勺,尊斗,所以斟酒也。"又少牢饋食禮注云:"枓,斟水器也。"大雅行葦篇"酌以大斗",釋文:"斗,字又作'枓',都口反。徐又音主。"廣雅〔釋器〕"枓,杓也",曹憲音"主"。"枓"與"注",聲轉義同。

說文:"箕,簸也。簸,揚米去糠也。"

廣雅〔釋器〕:"籮,箕也。"案:"籮"之言漉也,所以漉米而去滓者也,今人猶有此名。

此條俗本"所以"上空五字,前明虎林郎奎金本補"篙注箕籮皆"五字,非是,今從宋本。又盧氏云:"'箕'字當提行,觀下又舉'陳魏宋楚'可見。"案:盧說非也。下文"槌,宋魏陳楚江淮之間謂之㮪",又云"其橫,宋魏陳楚江淮之間謂之桯",又云"所以懸㮪,宋魏陳楚江淮之間謂之縷",一條之中,三稱"宋魏"云云,並不提行,因同類也。"箕"與"篙"亦同類,故別出"箕"字以別之,與上條中別出"甌瓵"二字文同一例,不必別為一條。

**炊薁謂之縮,** 注 漉米薁也。 **或謂之筻,或謂之匠。** 注 江東呼淅籔。
**音義** 筻,音藪。匠,音旋。

**箋疏** 說文:"薁,漉米籔。"又云"楷,木參交,以枝炊薁者也",徐鍇傳曰:"按:字書:'薁所漉米也。'"蓋漉米所以去水令乾,又以三交木支之,則其乾尤易。既浚乾則可炊矣,故名炊薁。急就篇〔卷三〕云"笭篅筡筥薁簪篝",顏師古注:"薁,炊之漉米箕也。或謂之縮,或謂之匠。"史記司馬相如傳索隱引字林云:"薁,漉米籔也,音一六反。"又纂要云:"薁,淅箕也。"

"縮"之言滲也。鄭興周官甸師注云:"束茅立之祭前,沃酒其上,酒滲下去,若神飲之,故謂之縮。縮,浚也。"郊特牲"縮酌用茅",鄭注云:"沛之以茅,縮去滓也。"以茅滲酒謂之縮,猶漉米去水謂之縮也。

　　説文:"籔,炊籅也。"廣雅〔釋器〕:"籅,籔也。"玉篇"籔",或作"籍"、"籔"。"籍"與"縮"、"籔"與"籔",字異義同。太平御覽〔卷七六〇〕引纂文云:"籅,淅箕也。一曰籔,魯人謂之淅簔。"玉篇、廣韻〔陽韻〕並云:"簔,漉米竹器也。"

　　廣雅〔釋器〕"匜,籅也",曹憲音"泉正反",又"音旋"。玉篇:"匜,漉米籅也。"説文"匜,漉米籔也",音"穌管切"。集韻〔玃韻〕:"匜,或作'匜'。"王氏疏證云:"'匜'之言浚也。廣雅:'浚,漉也。'周官注云:'浚,縮也。''縮'、'籔'、'匜',一聲之轉。籔之轉爲匜,猶數之轉爲算矣。"

　　注"江東呼匜爲淅簔","淅簔",即"淅簔"之轉,雙聲之相近者也。急言之則爲"匜"。司馬彪莊子達生篇注云:"旋,圓也。"説文:"圓,圜全也。""鏇,圓鑪也。""旋"、"鏇"、"匜",並音"似沿反",義並同。漉米之籅謂之匜,蓋猶整頓簿之器謂之匜璇也。下文云"簿謂之夗專,或謂之匜璇",注云:"或曰竹器,所以整頓簿者。璇,音旋。"皆以圓得名也。

籯,注 今薰籠也。陳楚宋魏之間謂之牆居。
　　箋疏 説文:"籯,客也,可熏衣。宋楚謂竹籯牆居也。"又云:"籃,大籯也。"廣雅〔釋器〕:"籯,籠也。"又云:"熏籯謂之牆居。""熏"與"薰"同。今吳人謂之烘籃。史記陳涉世家云:"夜籯火。"龜策傳云"以"簼燭此地",徐廣音義云:"然火而籠罩其上。""簼"與"籯"同。然火以燭物,與然火以薰衣同,皆取籠絡之義,故史記滑稽傳"甌窶滿籯",音義云:"籯,籠也。"洪興祖楚辭招魂〔補〕注云:"籯,絡也,籠也。"廣雅〔釋詁二〕:"落,居也。""落"與"客"、"落"並同。

扇,自關而東謂之箑。　注 今江東亦通名扇爲箑。自關而西謂之扇。
　　音義 箑,音篓。
　　箋疏 説文"箑,扇也",或從"妾"作"篓"。高誘注淮南説林訓云:"扇,楚人謂之翣。""翣"、"扇",一聲之轉。襄二十五年左氏傳"四翣",正義引方言作“翣”。吕氏春秋有度篇云“冬不用翣，非愛翣也，清有餘也”，高誘注：“翣，扇也。”班固竹扇賦：“削爲扇翣成器美。”“篓”、“翣”、“篷”，並同。説文：“萐，萐莆，瑞草也。堯時生於庖厨，扇暑而涼。”白虎通義〔封禪〕云：“孝道至則萐莆生庖厨。萐莆者，樹名也，其葉大於門扇，不摇自扇，於飲食清涼助供。”又神農本草云：“射干，一名烏翣，一名烏吹，一名草薑。”蘇頌圖經云：“葉似蠻薑，而狹長横張，如翅羽狀，故一名烏翣。”李善高唐賦注引郭氏上林賦注云：“射干，今江東呼烏萐。”〔1〕扇暑謂之萐莆、射干葉横張如扇謂之烏吹、或謂之烏翣、亦謂之烏萐，猶扇謂之篷、或謂之翣也。

**碓機，注** 碓梢也。**陳魏宋楚自關而東謂之梴。磑或謂之䃺。** **注** 即磨也。 **音義** 梴，音延。䃺，錯碓反。

**箋疏** 説文“碓，舂也。”“主發謂之機。”“古雝父初作舂。”

“梴”之言延也。釋詁：“延，長也。”説文：“梴，長木也。”釋名〔釋兵〕云：“鋋，延也，達也，去此至彼之言也。”碓機謂之梴，蓋謂機在此而舂在彼也。

説文：“磑，䃺也。古者公輸班作磑。”“䃺，石磑也。”又：“齸，䶩牙也。”“䶩，齒差也。”齒差，謂齒相摩切也。太平御覽〔卷七六二〕引釋名云：“磑，䃺也。”“䃺”與“磨”同。亦通作“摩”。説文又云“剴，摩也”，玉篇音“公哀”、“五哀二切”。爾雅〔釋詁〕“蟣，汔也”，郭注云：“謂相摩近。”釋文：“蟣，郭音剴。”京房注繫辭傳〔上〕云：“磨，相剴切也。”“剴”、“齸”、“蟣”，並與“磑”通，義亦相近。

廣雅〔釋詁三〕：“甀，磨也。”“甀”與“䃺”同。玉篇：“䃺，磑也。”磨謂之磑，磨物亦謂之磑，磑謂之䃺，以甀屑物亦謂之甀，義並相因也。廣韻〔佳韻〕：“甀甀，屑瓦洗器”也。

**繘，注** 汲水索也。**自關而東周洛韓魏之間謂之綆，或謂之絡；關西謂之繘。** **音義** 繘，音橘。絡，音洛。

**箋疏** 急就篇〔卷三〕云“纍繘繩索絞紡纑”，顔師古注云：“繘，汲索也，

〔1〕“李善”至“烏萐”二十二字原無，據廣本、徐本補。

一名綆。”説文：“繘，綆也。”又木部云：“槸，繘耑木也。”繘耑木者，下耑有
甕，上耑有木以爲硾。“槸”之言系也，以繘系木以汲也。井象辭“汔至亦未
繘井”，釋文引鄭注同。喪大記云“管人汲，不説繘”，釋文：“繘，汲水綆也。”

　　説文：“綆，汲井繩也。”廣雅〔釋器〕：“繘、絡，綆也。”襄九年左氏傳云
“具綆缶，備水器”，杜預注：“綆，汲索。”玉篇“綆”，亦作“䋁”。漢書枚乘傳
“單極之䋁斷〔幹〕”，晉灼注：“䋁，古‘綆’字。”“䋁”與“綆”同。

　　“絡”之言聯絡也。廣雅〔釋詁四〕：“絡，纏也。”義與網罟謂之絡相近。

　　舊本末句“繘”下衍“綆”字，戴氏據易釋文、左傳正義引無删，今從之。

槶，注 養馬器也。梁宋齊楚北燕之間或謂之㢝，或謂之皁。 注 皁隸
之名，於此乎出。 音義 㢝，音縮。

　　箋疏“槶”之言笡也。卷三云“笡，圂也”，注：“謂蘭圂也。”衆經音義
卷九引倉頡篇云：“圂，豕所居也。字從口，豕在其中也。”馬棧謂之槶，猶豕
闌謂之笡也。“笡”與“槶”，聲義並同。

　　廣雅〔釋器〕：“㢝、皁，槶也。”玉篇：“㢝，槶也，養馬器也。”案：“㢝”之言
宿也。周官野廬氏“宿息，井”，鄭注云：“宿息，廬之屬。”所以止息謂之宿，
所以皁棧亦謂之㢝，事雖異，義則同也。

　　“皁”之言槽也。説文：“槽，畜獸之食器也。”莊子馬蹄篇“編之以皁
棧”，釋文：“皁，槶也。一云：槽也。崔譔云：‘馬閑也。’”淮南覽冥訓云：“青
龍進駕，飛黄伏皁。”吕氏春秋權勳篇高誘注：“皁，槶也。”史記鄒陽傳“使不
羈之士與牛驥同皁”，集解引漢書音義云：“食牛馬器，以木作，如槽。”“槽”
與“皁”，聲義並同。

　　注“皁隸之名，於此乎出”者，昭七年左氏傳云“士臣皁”，服虔注云：
“皁，造也，造成事也。”周官序官司隸注：“隸，給勞辱之役者。”合言之則曰
“皁隸”。昭三年左氏傳杜注：“皁隸，賤官。”案：宣十二年公羊傳“廝役扈
養”，何休注云：“艾草爲防者曰廝，汲水漿曰役，養馬者曰扈，炊烹者曰養。”
(後)漢書張耳傳“有廝養卒謝其舍”，蘇林注云：“廝，取薪者也。養，養人者
也。”韋昭注云：“析薪爲廝，炊烹爲養。”皆卽因其所爲之事以爲名，義與此

同也。

**飤馬橐，自關而西謂之裺囊，或謂之裺筤，或謂之樓筤。燕齊之間謂之帳。**　注 廣雅作“振”，字音同耳。　音義 裺，音鵪。樓，音樓。

　　箋疏 “飤”，舊本誤作“飲”。説文“筤，飲馬器也”，誤正同。又云：“籅，飤牛筐也。”玉篇：“筤，飼馬器也。”廣韻〔侯韻〕：“筤，飼馬籠也。”“飤”，古“飼”字，形近並誤作“飲”，今據以訂正。衆經音義卷十八引倉頡訓詁云：“飤，飽也。謂以食與人曰飤。”經典通作“食”。

　　廣雅〔釋器〕：“裺筤、樓筤、振，囊也。”史記陸賈傳索隱引埤倉云：“有底曰囊，無底曰橐。”大雅公劉篇毛傳云：“小曰橐，大曰囊。”案：“囊”與“橐”對文則異，散文則通，故説文云：“橐，囊也。囊，橐也。橐，車〔上〕大橐也。”韋昭注國語齊語云：“橐，囊也。”是“囊”與“橐”同也。飤馬之器謂之橐者，言虛其中以待如木樏，猶文選風賦“盛怒於土囊之口”，李善注云“土囊，大穴也”，是也。“裺”，曹憲音“烏含反”。玉篇：“裺，橐也。”“裺”與“裺”通。王氏疏證云：“筤，猶兜也。今人謂以布盛物曰兜，義與此同。‘裺’、‘樓’、‘帳’，皆收斂之名。‘裺’之言掩也。説文云：‘掩，斂也。’釋名云：‘綃頭，齊人謂之裺，言斂髮使上從也。’義與‘裺筤’同。‘樓’之言婁也。小雅角弓箋云：‘婁，斂也。’”

　　玉篇：“帳，之仁切，囊也，馬兜也。”“帳”之言振也。中庸“振河海而不洩”，鄭注：“振，猶收也。”説文：“亩，穀所振入也。”振入，猶言收入。按：卷三云：“燕齊之間養馬者謂之娠。”飤馬橐亦謂之振，義相因也。“樓筤”，互見卷十三“籅，籅也”條下。

　　注引廣雅作“振”，今亦作“帳”，與郭所見本異，“振”與“帳”通。

**鉤，**注 懸物者。**宋楚陳魏之間謂之鹿觡，**注 或呼鹿角。**或謂之鈎格。自關而西謂之鈎，或謂之鏾。**　音義 鏾，音微。

　　箋疏 説文：“鉤，曲也。”玉篇：“鉤，鐵曲也。”案：“鉤”之言句也。説文：“句，曲也。”“稵，積稵也”，徐鍇傳曰：“積稵，不伸之意。”“軥，軛下曲者。”“翎，羽曲也。”“笱，曲竹捕魚笱也。”“跔，天寒足跔也。”“疴，曲脊也。”曲禮

〔上〕“以脯修置者，左朐右末”，鄭注云：“屈中曰朐。”“鉤”、“句”、“秖”、“軥”、“翑”、“笱”、“跔”、“痀”、“朐”，聲並相近。是凡言“鉤”者，皆屈曲之意。

説文：“觡，骨角之名也。”玉篇：“觡，麋鹿角也。有枝曰觡，無枝曰角。”淮南主術訓云“桀之力，制觡伸鉤”，高誘注：“觡，角也。”惟鹿角有枝格，故謂之鹿觡，以鉤形似之也。故或呼鹿角，或謂之鉤格。“格”與“觡”通，皆取枝格之意也。説文：“挌，格也。”玉篇：“挌，枝柯也。”義與“觡”相近。

廣雅〔釋器〕：“鹿觡、鐖，鉤也。”廣韻〔微韻〕引埤倉云：“鐖，懸物鉤”也。玉篇：“鐖，鉤也。”“鐖”之言幾微也。淮南説林訓：“無鐖之鉤，不可以得魚。”玉篇：“鐖，鉤逆鋩也。”鉤謂之鐖，猶鉤逆鋩謂之鐖，皆以纖鋭立名也。

臿，燕之東北朝鮮洌水之間謂之斛，注此亦“鍫”聲轉也。宋魏之間謂之鏵，或謂之鏵。江淮南楚之間謂之臿，沅湘之間謂之畚，趙魏〔1〕之間謂之喿，注字亦作“鍫”也。東齊謂之梩。注江東又呼鍫刃爲鐅。音義斛，湯料反。鏵，音韋。梩，音駭。鐅，普蔑反。

箋疏條首“臿”字，舊本並同，盧本據正字通改爲“鍫”，非是。按：衆經音義及廣韻引並作“臿”，今仍從舊本。説文：“臿，春去麥皮也。”“䤜，斛也，古田器也。”是“䤜”爲正字，“臿”爲通借字。管子度地篇：“籠臿版築各什六。”蓋借“臿”爲“䤜”，與此正同。釋器云“斛謂之䤜”，郭注云：“皆古鍬鍤字。”釋名〔釋用器〕：“鍤，插也，插地起土也。”齊策云：“坐而織蕢，立則秋插。”説文：“插，刺肉也。”“臿”、“䤜”、“鍤”、“插”，古字並通。

説文：“斛，古田器也。”周頌臣工篇“庤乃錢鎛”，毛傳：“錢，銚也。”釋文引世本云：“垂作銚（鏵）。”管子輕重乙篇云：“一農之事，必〔有〕一耜一銚。”莊子外物篇云：“春雨日時，草木怒生，銚鎒於是乎始修。”“銚”與“斛”同。“斛”之言挑也。少牢下篇“二手執挑匕枋，以挹湆”，鄭注云：“挑謂之歃，讀如或春或抗之抗。字或作挑者，秦人語也。此二匕者，皆有淺斗，狀如飯

〔1〕 “魏”原作“謂”，據廣本、徐本改。

橾。挑，長枋，可以抒物於器中者。”“今文‘挑’作‘抗’。”“挑”與“斛”同。案：爾雅之“斛”，本是田器，而鄭引以釋挑匕者，蓋斛所以插取土，挑匕所以插取食，二者不同，而同爲插取之義，故鄭讀從之。凡物之異類而同名者，其命名之意皆相近，猶釋器“絢謂之救”，郭注云：“冒名。”而鄭注周官屨人云：“絢謂之救，著於烏屨之頭，以爲行戒。”蓋絢所以拘持鳥獸，絢所以拘持屨頭，二者不同，而同爲拘持之義，故其訓亦同也。

衆經音義卷十一云：“鏵，古文‘茉’、‘鐈’二形，今作‘鈣’，或作‘鍈’同，胡瓜反，犂刀也。”説文“茉，兩刃臿也。宋魏曰茉”，或從“金”、“亐”作“鈣”。玉篇“鏵，鏫也”，亦作“鈣”。又：“茉，今爲‘鏵’。”釋名〔釋用器〕：“鍤或曰鏵。鏵，刳也，刳地爲坎也。”廣韻十八藥“钁”與“玃”同音，注引方言云：“關東名曰臿斫也。”淮南精神訓“譟者揭钁臿，負籠土”，注云：“钁，斫也。臿，鏵也。青州謂之鏵有刃也，三輔謂之鍋。”是謂“鏵”者，不獨宋魏之間也。“鏵”、“鍋”，語之轉耳。家君曰：今吳俗呼犂爲劃刀。“劃”，卽“鏵”聲之轉也。又案：“鏵”之言華也。鄭注曲禮〔上〕云：“華，中裂之”也。中裂謂之華，故以臿入地，使土中裂，因卽謂之鏵矣。後漢書戴就傳注引字詁云：“鍈，臿刃也。”吳越春秋夫差内傳云：“寡人夢兩鍈殖吾宮牆。”“茉”、“鈣”、“鍈”，並與“鏵”同。

廣雅〔釋器〕“鍏，臿也”，曹憲音“瑋”。玉篇同。家君曰：説文：“銚，臿屬。”讀若“嫣”。疑卽“鍏”之異文。

廣雅〔釋器〕：“畚，臿也。”説文：“畚，蒲器也，䢃屬，所以盛種。”周官挈壺氏鄭衆注：“畚，所以盛糧之器。”宣十一年左氏傳“稱畚築”，杜注：“畚，盛土器。”盛糧及土之器謂之畚、臿亦謂之畚，猶臿謂之相、徙土之輂亦謂之相也。

廣雅〔釋器〕：“梟，臿也。”衆經音義卷十一云“鏵鍬，又作‘鍬’同，且消反”，引方言云：“趙魏之間謂臿爲鍫。”又卷十五凡兩引“梟”並作“鍫”，與郭所見本正同。玉篇：“梟，臿屬。今作‘鍫’。”“鍫，臿也”，又作“鍫”同。釋名〔釋用器〕：“鍤或曰鍫。鍫，削也，能有所穿削也。”新序刺奢篇云：“魏王將起中天臺”,“許綰負樔鍤入。”“喿”、“鍬”、“鍫”、“𨯖”、“銷”、“樔”,並字異義同。王氏懷祖云:“少牢下篇注云:‘二匕皆有淺斗,狀如飯樔。’義與臿謂之喿亦相近。‘喿’,音‘七遥反’,‘斛’,音‘土貂反’,二者同物而異名。”“斛”、“喿”並舉郭氏爾雅〔釋器〕注以“斛”爲“古‘𨯖’字”,非也。案:集韻〔宵韻〕以“喿”爲“斛”之或體,即沿郭之誤。

説文“梠,臿也。一曰徙土輂,齊人語也”,或从“里”作“梩”。廣雅〔釋器〕:“梩,臿也。”周官鄉師注引司馬法云“輂一斧一斤一鑿一梩一鉏”,疏云:“梩,或解謂臿,或解謂鍬。鍬、臿本不殊。”孟子滕文公篇〔上〕云“蓋歸反虆梩而掩之”,趙岐注云:“虆梩,籠臿之屬,所以取土者也。”是趙以籠屬釋虆、以臿屬釋梩。“梩”,即“梠”也。孫奭音義引丁公著云:“梩,土輂也。”用説文或説,非也。莊子天下篇云“禹親自操槖耜”,崔譔注云:“耜,插也。”案:“梠”之言傳也。周官太宰疏云:“東齊人物立地中爲傳。”史記張耳傳云“莫敢傳刃公之腹中”,集解云:“東方人〔以〕物臿地爲傳。”漢書作“剚”同。物臿地謂之傳,臿亦謂之梩,義相因也。

注云“江東又呼鍫刃爲鏨”者,説文:“鏨,河内謂臿頭金也。”廣雅〔釋器〕:“鏵,鏨也。”

**杷,** **注** 有齒曰杷,無齒爲朳。**宋魏之間謂之渠挐,** **注** 今江東名亦然。**或謂之渠疏。** **注** 語轉也。 **音義** 挐,諸猪反。朳,音八。

**箋疏** 急就篇〔卷三〕云“捃穫秉把插捌杷”,顔師古注云:“無齒曰捌,有齒曰杷,皆所以推引聚禾穀也。”説文:“杷,收麥器也。”釋名〔釋用器〕云:“杷,播也,所以播除物也。”王褒僮約云:“屈竹作杷。”漢書貢禹傳云“捽屮杷土”,顔師古注:“杷,手掊之也。音蒲巴反。”六韜軍用篇云:“鷹爪方胸鐵杷,柄長七尺以上。”是杷又可以掊土,亦可以爲軍器矣。程氏瑶田通藝録云:“握物謂之把,指爪微屈焉謂之爬,此杷之所由名也。”盧氏云:“注上或增‘有齒爲杷’四字,見顔師古急就篇注,此不當有。”按:衆經音義卷十八引方言云:“杷謂之渠挐,郭璞曰:‘有齒曰杷,無齒曰朳。朳,音八。’”是注文本有此四字及“音八”二字。顔氏即本此以注急就篇,今本無者,脱文也。

廣韻〔黠韻〕"杮，無齒把也"，又作"捌"同。"把"，即"杷"之譌。又〔鎋韻〕"捌"字注引方言云："無齒杷。"即本此注而誤以爲正文也，今據以補正。

釋名〔釋道〕云："齊魯謂四齒杷爲櫂。""櫂"與"渠挐"、"渠疏"，皆語之轉也。玉篇："㴲櫸，杷也。"廣韻〔魚韻〕引方言亦作"㴲"。又云："㴲櫸，杷名。""㴲"與"渠"、"櫸"與"挐"同。杷齒扶疏然謂之渠疏，籬落渠疏然謂之芭籬，義相近也。釋名〔釋宮室〕云："籬，離也，以柴〔竹〕作之，疏離離然也。"史記張儀傳索隱云："今江南謂葦籬曰芭籬。""芭"與"把"，聲亦相近。説文耒部云："㭱，冊又可以劃麥，河内用之。古攜切。"是河内又謂杷爲㭱矣。

**僉，**注 今連枷，所以打穀者。**宋魏之間謂之攝殳，**注 亦杖名也。**或謂之度。** 注 今江東呼打爲度。**自關而西謂之棓，或謂之柫。齊楚江淮之間謂之柍，**注 此皆打之別名也。**或謂之桲。** 音義 殳，音殊。度，音度量也。棓，蒲項反。柫，音拂。柍，音悵怏，亦音爲車鞅。桲，音勃。

箋疏 卷七云："僉，皆也。自山而東五國之郊曰僉。"又卷十二云"僉，夥也"，注云："僉者同，故多也。"廣雅〔釋詁三〕："僉，多也。"是僉爲非一之名也。釋名〔釋用器〕云："枷，加也，加杖於柄頭，以撾穗而出其穀也。或曰羅枷，三杖而用之。或曰了了，杖轉於頭，故以名之也。"皆"枷"聲之轉。今人猶連竹爲之謂之連枷。"羅"、"連"，亦聲之轉，此"僉"之名，所由立也。"枷"之言敁也。廣雅〔釋詁三〕："敁，擊也。"王褒僮約云："刻木爲枷。"

廣雅〔釋器〕云"攝殳，杖也"，曹憲音"攝"。"攝"之言聶也，搖也。釋木云："守宮槐，〔葉〕晝聶宵炕。"初學記〔卷二十八〕引孫炎注云："聶，合也。"郭注云："槐葉晝日聶合而夜炕布者，名爲守宮槐。"又云："楓，攝㰏。"説文："楓，木也，厚葉弱枝，善搖。一名桑。"又云"桑，木葉搖白也"，徐鍇繫傳曰："謂木過風而翻見〔葉〕背，背多白，故曰搖白也。楓木一名攝，義出於此也。"説文："讘，多言也。"然則僉之名攝殳，義正同也。急就篇〔卷三〕："鐵錘檛杖柷柲殳。"説文："殳，以杸殊人也。禮：'殳以積竹，八觚，長丈二尺，建於兵車。'"又："杸，軍中士所持〔殳〕也。"顏師古急就篇〔卷三〕注云："殳，

亦杖名也，建於兵車，旅賁以先驅，而軍士所執殳者名之杸。司馬法曰執羽
從杸，是也。‘杸’與‘殳’音同。一曰：‘杸’、‘殳’，古今字也。”今經傳皆作
“殳”。考工記廬人：“爲廬器，殳長尋有四尺，五分其長，以其一爲之被而圍
之。”衞風伯兮傳云：“殳，長丈二而無刃。”周官司戈盾注云：“殳，如杖。”卷
九云：“三刃枝，其柄自關而西或謂之殳。”是殳亦爲杖名也。以殳擊物亦謂
之殳。釋名〔釋兵〕：“殳，殊也，有所撞挃於車上，使殊離也。”蓋連枷必有柄
然後可以打穀，因謂之橛殳也。

　　廣雅〔釋器〕：“度，杖也。”周官司市云“凡市入，則胥執鞭度守門”，鄭注
云：“必執鞭度，以威正人衆也。度，謂殳也，因刻丈尺耳。”王氏伯申云：“古
人謂殳爲度，以打得名，故鄭云‘以威正人衆也’。”又注云：“今江東謂打爲
度。”“度”、“打”，一聲之轉。

　　説文：“棓，梲也。”廣雅〔釋器〕：“棓、梲，杖也。”衆經音義卷一云：“棓，
又作‘棒’同，蒲項反。”海内北經云“蛇巫之山，有人操杯”，郭注云：“杯，或
作‘棓’，字同。”淮南詮言訓“羿死於桃棓”，高誘注云：“棓，大杖，以桃木爲
之。”又説山訓云“羿死於桃部不給射，慶忌死於劍鋒不給搏”，高注云：“桃
部，地名。或云‘部’即‘棓’之假借字。”按：史記夏本紀正義引帝王紀云：
“寒浞殺羿於桃梧而烹之。”“梧”、“棓”，形近之訛，則以爲地名者似是，然
“桃棓”與“劍鋒”相對成文，自宜以爲大杖，且太平御覽〔卷三五七〕引許慎
注亦云“桃棓，大杖也”，與詮言注正同。六韜軍用篇云：“方首鐵棓，維肦，
重十二斤，柄長五尺以上。一名天棓。”開元占經石氏中宮占引石氏云：“天
棓五星，天之武備也。棓者，大杖，所以打賊也。”

　　説文：“柫，擊禾連枷也。”釋名〔釋用器〕云：“柫，撥也，撥使聚也。”今之
農器連枷也。國語齊語“耒耜枷芟”，韋昭注：“枷，柫也，所以擊草也。”漢書
王莽傳〔中〕云“予之北巡，必躬載柫”，顔師古注云：“柫，所以擊治禾者也，
今謂之連枷。”説文：“拂，過擊也。”“抶，擊也。”義並相近〔1〕。又云：“枷，柫

<hr>

〔1〕　“説文”至“相近”十三字原無，據廣本、徐本補。

也。淮南謂之柍。”

廣雅〔釋器〕“柍，杖也”，曹憲音“於兩反”。

注云“此皆打之別名”者，秦策〔三〕云：“句踐棓而殺之。”史記天官書索隱引詩緯云：“天槍三星，天棓五星，在斗杓左右，主槍人棓人。”說文：“拂，過擊也。”荀子性惡篇云“則兄弟相拂奪矣”，楊倞注云：“或曰‘拂’字從‘木’旁‘弗’，擊也。”說文：“枷，柫也。淮南謂之柍。”“柍”之言挾也。廣雅〔釋詁三〕：“挾，擊也。”“拂”與“柫”，“挾”與“柍”並通。“擊”與“打”同義，是“棓”與“拂”、“挾”皆爲打也。

廣雅〔釋器〕：“梓，杖也。”玉篇云：“梓，今連枷，所以打穀也。”

**刈鉤，江淮陳楚之間謂之鉊，或謂之鐹。自關而西或謂之鉤，或謂之鎌，或謂之鍥。** 音義 鉊，音昭。鐹，音果。鍥，音結。

箋疏 說文“乂，芟草也”，或作“刈”。齊語云“挾其鎗刈耨鎛”，韋昭注云：“刈，鎌也。”

說文：“鉤，曲也。”“刟，鎌也。”“刟”與“鉤”同。急就篇〔卷三〕“鈐錥鉤鉞斧鑿鉏”，顏師古注云：“鉤，卽鎌也。形曲如鉤，因以名云。”周官薙氏“夏日至而夷之”，鄭注云：“以鉤鎌迫地芟之也。”淮南氾論訓云“木鉤而樵”，高誘注云：“鉤，鎌也。”

說文：“鉊，大鎌也。鎌或謂之鉊，張徹說。”廣雅〔釋器〕：“鉊，鎌也。”管子輕重己篇云：“鉊銚乂橿。”卷十三云“錐謂之鍇”，注云：“鍇，廣雅作‘鉊’。”今本亦作“鉊”，曹憲亦音“昭”。聲同義相近。

“鐹”，廣雅〔釋器〕作“划”，曹憲音“工卧反”。玉篇“鐹”、“划”皆云：“刈刟也。”“划”與“鐹”，聲義並同。王氏懷祖云：“‘划’之言過也，所割皆決過也。鉤子戟謂之戈，義與此同也。”

說文：“鎌，鍥也。”廣韻〔侯韻〕引說文云：“關西呼鎌爲刟。”今無此語，疑脫文也。釋名〔釋用器〕：“鎌，廉也，體廉薄也，其所刈稍稍取之，又似廉者也。”玉篇“鐮，刈刟”，“鐮”與“鎌”同。墨子備城門篇云：“鎌柄長八尺。”六韜軍用篇云：“芟草木大鎌，柄長七尺以上。”

説文“鍥，鎌也”，廣雅〔釋器〕同。定九年左氏傳“盡借邑人之車，鍥其軸”，杜預注：“鍥，刻也。”爾雅音義引作“契”，説文作“栔”，“栔”與“鍥”通。又作“契”。爾雅〔釋詁〕“契，絶也”，郭注云：“今江東呼刻斷物爲契斷。”刈鉤謂之鍥，以刻斷得名也。説文：“劀，楚人謂治魚。讀若鍥。”廣雅〔釋詁二〕“劀，割也”，曹憲音“結”。淮南本經訓云“鐫金玉”，高誘注云：“鐫，刻金玉以成器也。”“劀”、“鐫”，聲義與“鍥”並相近。

**薄，宋魏陳楚江淮之間謂之苗，或謂之麴。** 注 此直語楚聲轉也。 **自關而西謂之薄，南楚謂之蓬薄。**

　　箋疏 説文：“薄，蠶薄。”“苗，蠶薄也。”又云：“或説：曲，蠶薄。”廣雅〔釋器〕：“笛謂之薄。”玉篇：“凹，蠶薄也。或作‘笛’。”“曲”、“笛”、“凹”，並與“苗”同。月令“具曲植籧筐”，鄭注：“曲，薄也。”淮南時則訓作“具撲曲筥筐”，高誘注云：“撲曲，薄也。”“撲”與“薄”，古通字。又注吕氏春秋〔季春紀〕云：“青徐謂薄爲曲。”史記絳侯世家云“勃以織薄曲爲生”，索隱引韋昭云：“北方謂薄爲曲。”又引許慎淮南子注云：“曲，葦薄也。”豳風七月篇傳云：“豫畜萑葦，可以爲曲。”薄之製，書傳雖未明言，大約如簀第之簀，故史記范睢傳索隱云：“簀，謂葦荻之薄也。”蓋編葦爲之，故字從“草”。亦如席之可舒可卷。苗薄之或爲蓬薄，猶“簟，宋楚之間或謂之籧苗。自關而西或謂之笰”，注云：“今云笰箷篷。”皆以曲折得名也。此條[1]各本並同，惟戴本無“南楚謂之蓬薄”六字，蓋誤脱也。

**橛，燕之東北朝鮮洌水之間謂之椴。** 注 橻杙也。江東呼都。 **音義** 椴，音段。

　　箋疏 説文：“椴，杙也。”“杙，椴也”。或作“杖”。“椴”與“橛”同。月令注引農書云：“土長冒橛。”“橛”之言厥也。列子黄帝篇云“吾處身，若厥株駒”，張湛注引崔譔莊子注云：“厥株駒，斷樹也。”釋文云：“厥，説文作‘氒，木本也。’株駒，亦枯樹本也。”漢書王莽傳〔中〕云“莽爲人侈口蹷顄”，顏師

---

古注云："蹶，短也。"淮南道應訓"北方有獸，其名曰蹶，鼠前而兔後"，高誘注云："鼠前足短，兔後足長，故謂之蹶。"字或作"蹷"。説文："蹶，鼠也。一曰：西方有獸，前足短，與蛩蛩巨虛比，其名謂之蹶。"釋宮云"樧謂之闑"，注云："門闑也。"説文"梱，門橜也"，徐鍇傳云："謂門兩旁挾門短限。"是凡言"厥"者，皆"短"之義也。

廣雅〔釋宮〕："椴、橜，杙也。""椴"之言段也，段亦短也。

注云"楬，杙也。江東呼都"者，廣雅〔釋宮〕"楬橜，杙也"，曹憲"竭豬"二音。説文："楬，楬橜也。"爾雅〔釋宮〕："雞栖於弋，爲榤。""榤"與"楬"通。漢書尹賞傳"楬著其姓名"，顏師古注："楬，杙也。"爾雅〔釋宮〕云"橛謂之杙"，郭注云："樧也。"是"楬"、"杙"皆橜也。衆經音義卷十四引説文："楬橜，杙也。""橜"與"都"，古同聲，故檀弓鄭注及史記夏本紀注並云："南方謂都爲豬也。"

**槌，**注 縣蠶薄柱也。**宋魏陳楚江淮之間謂之植。自關而西謂之槌，齊謂之样。其横，關西曰撗，**注 亦名校。**宋魏陳楚江淮之間謂之櫨，齊部謂之特。所以縣櫨，關西謂之㯺，東齊海岱之間謂之𢴲，宋魏陳楚江淮之間謂之縋，或謂之環。**　音義 槌，度[1]畏反。植，音值。样，音陽。撗，音朕。校，音交。櫨，音帶。特，丁革反。㯺，力冉反。𢴲，相卷反。縋，擐甲。○俗本"環"下衍一"檈"字，於義無取，今從正德本删。

**箋疏** 説文："槌，關東謂之槌，關西謂之特。""西"，疑"東"之誤。齊民要術引崔寔云："三月清明節，令蠶妾具槌特箔籠。""槌"之言縋也。説文"縋，以繩有所縣鎮也"，引襄十九年左傳云："夜縋納師。"又僖三十年傳"夜縋而出"，杜預注云："縋，縣城而下"也。又成六年傳云"於是乎有沈溺重膇之疾"，注云："重膇，足腫也。"孟子盡心篇〔下〕云"以追蠡"，趙岐注云："追，鍾鈕也。"義並相近也。

月令季春之月"具曲植"，鄭注："植，〔縣蠶〕槌也。"

---

廣雅〔釋器〕"样，槌也"，玉篇同。月令正義引作"牂"，誤。廣韻〔陽韻〕引方言"懸蠶薄柱，齊謂之样"，蓋并注文引之也。

"槤"，説文作"㭗"，云："槌之横者也。關西謂之㭗。"廣雅〔釋器〕："槤，槌也。"呂氏春秋季春紀"具槤曲"，高誘注："槤，讀曰朕。槤，栚也。三輔謂之槤，關東謂之栚。""栚"，淮南時則訓注作"㭓"。

注"亦名校"者，"校"字亦作"校"。廣雅〔釋器〕："校、栚，槌也。"集韻〔爻韻〕、類篇"校"並音"爻"，云："栚也。"槤亦名校者，猶機持會者謂之交也。説文："榎，機持會者。"又魯季敬姜説織曰："持交而不失，出入不絶者，梱也。"持交，即持會也，皆是也。

廣雅〔釋器〕："栚、㭓，槌也。""㭓"，曹憲音"竹革反"。説文："㭓，槌也。"又云："關西謂之㭓。"玉篇"㭓，槌横木也"，又作"栚"同，古文作"櫗"。

廣雅〔釋器〕："縼、繜，索也。"玉篇："縼，懸〔蠶〕薄横也。""繜"，説文作"㭗"，云："槌之横者也。關西謂之㭗。""㭗"與"繜"同。"西"，疑"東"之誤。玉篇："繜，懸槌索。"槌横謂之㭗，義與"簨"、"虡"同。大雅靈臺篇、周頌有瞽篇毛傳並云："植者曰虡，横者曰簨。""簨"與"簨"同。

説文："繘，落也。""落"通作"絡"。漢書揚子雲傳〔上〕云"虹霓爲繘"，韋昭云："繘，旗上繫也。"蕭該音義云：按説文、字林、三蒼並云："繘，絡也。""繘"有聯絹之義，故字書皆訓爲"絡"。説文："羂，网也。""羀，网也"，或作"蹼"，引逸周書文傳解曰"不卵不蹼，以成鳥獸"，"蹼者，羂獸足也，故或從足。"懸栚之索謂之繜，又謂之繘，亦謂之環，羂獸之网謂之羀，亦謂之羂，其義一也。廣韻〔删韻〕引通俗文："櫼，關門機也。"説文："鑡，所以鈎門户樞也。"關門機謂之櫼，鈎門樞謂之鑡，皆以樞機以聯絡門户，義亦同也〔1〕。

**簟，宋魏之間謂之笙，** 注 今江東通言笙。**或謂之籧篨。自關而西或謂之簟，或謂之箬。** 注 今云箬〔2〕篋篷也。**其粗者謂之籧篨。自關而**

---

〔1〕"廣韻"至"同也"四十六字原無，據廣本、徐本補。
〔2〕"箬"原作"折"，據四部叢刊影宋本、盧文弨重校方言本改。

東或謂之簟桉。　**注** 江東呼籧篨爲籧。　**音義** 桉，音剡。籧，音廢。

　　**箋疏** 説文："簟，竹席也。"釋名〔釋牀帳〕："簟，覃也，布之覃覃然平止
也。"齊風載驅篇"簟茀朱鞹"，毛傳云："簟，方文席也。"小雅斯干篇"下莞上
簟"，鄭箋云："莞，小蒲之席也。竹葦曰簟。"

　　廣雅〔釋器〕："笙、簟、籧箈，席也。"左思吳都賦云"桃笙象簟"，劉逵注：
"桃笙，桃枝簟也。吳人謂簟爲笙，析象牙以爲簟也。"按："笙"者，精細之
名。説詳卷二"笙，細也"條下。"箈"，與"苗"同。王氏懷祖〔廣雅疏證釋
器〕云："籧箈，猶拳曲，語之轉也。簟可卷，故有籧箈之名。"

　　"自關而西"下各本並同，戴本誤衍"或"字。

　　廣雅〔釋器〕"舚，席也"，曹憲音"之舌反"。玉篇"舚"，音"之厲切"，"簟
也"。

　　注"今云舚笢篷也"者，衆經音義卷十引埤蒼云："笢，析竹膚也。"顧命
"敷重蔑席"，鄭注："蔑，析竹之次青者。""蔑"與"笢"同。聲轉而爲"笢"。
説文："笢，竹膚也。"廣雅〔釋草〕："竺，竹也。其表曰笢。"是笢亦笢也。

　　"粗"，各本作"麤"，或作"龐"，並誤。説詳卷四"屝"，"履也。""粗者謂
之屨"下。今從宋本、正德本作"粗"。

　　急就篇〔卷三〕云"竹器簦笠簟籧箈"，顏師古注云："織葦而粗文者，籧
箈也。"説文："籧箈，粗竹席也。"淮南本經訓云"霜文沈居，若簟籧箈"，高誘
注云："簟，竹席。籧箈，葦蓆。取其邪文次敘，劍鐃若此也。"下文"符籭"注
云："似籧箈，直文而粗。江東呼笪。"是籧箈爲邪文也。

　　廣雅〔釋器〕："簉筱謂之籧箈。""簉"，曹憲音"乎臘反"。"筱"與"桉"
同。玉篇作"盇"，音"胡藹切"，云："籧箈也。"

　　注"江東呼籧箈爲籧"者，"籧"，廣雅〔釋器〕作"莐"，云"席也"，曹憲亦
音"廢"。玉篇："籈，籧箈"也。漢祝睦後碑："垂誨素棺，蔽以葭莐。""籧"、
"籈"、"莐"，字異聲義並同。今人猶謂蘆席爲蘆籧矣。

**符籭，注** 似籧箈，直文而粗。江東呼笪。自關而東周洛楚魏之間謂之倚
佯。自關而西謂之符籭，南楚之外謂之籭。　**音義** 笪，音靼。佯，音

羊。

　　**箋疏**　廣雅〔釋器〕“伴簹、倚陽，符簹也”，曹憲“伴”音“羊”、“簹”音“唐”、“符”音“衡”。“陽”與“伴”同。玉篇：“符簹，竹筐”也。“筐，粗籧篨也。”廣韻〔曷韻〕：“筐，竹籏也。”衆經音義卷十八引郭注方言云：“江東謂籧篨，直文而粗者爲筐，斜文者爲簝。一名符簹。簝，音廢。符，胡郎反。簹，音唐。”今各本皆無此語，是古本也。又“筐”，音“都達反”，引説文“筐，箬也”，云“箬，音若，竹皮名也”。箬謂之筐，蓋符簹以箬爲之，因以爲名也。

牀，齊魯之間謂之簀，注 牀版也。陳楚之間或謂之第。其杠，北燕朝鮮之間謂之樹，自關而西秦晉之間謂之杠，南楚之間謂之趙，注 趙，當作“桃”，聲之轉也。中國亦呼杠爲桃牀，皆通語也。東齊海岱之間謂之樺。其上版，衛之北郊趙魏之間謂之牒，或曰牑。　音義 簀，音迮。第，音滓，又音姊。樺，音詵。牒，簡牒。牑，履屬。

　　**箋疏**　説文：“牀，安身之坐者。”釋名〔釋牀帳〕：“人所坐臥曰牀。牀，裝也，所以自裝載也。”

　　説文：“簀，〔牀〕棧也，第，牀簀也。”釋器云“簀謂之第”，郭注云：“牀版。”襄二十七年左傳正義引孫炎注云：“第，牀也。”然則牀是大名，簀是牀板。檀弓〔上〕：“大夫之簀與。”簀名亦得統牀，故孫炎以爲牀也。鄭注檀弓〔上〕云：“簀，謂牀第。”通作“責”。淮南説山訓云“死而棄其笓簀”，玉篇〔“笓”字注〕引作“責”。

　　周官玉府“掌王之祍席、牀笫”，襄二十七年左氏傳“牀笫之言不踰閾”，鄭、杜注並云：“笫，簀也。”“笫”之言齊也。編竹爲之，均齊平正，故謂之笫。聲轉而爲“簀”。“簀”之言嫧也。凡言“嫧”者，皆齊平之意。説文：“嫧，齊也。”荀子君道篇云：“斗斛敦槩者，所以爲嘖也。”説文云：“齚，齒相值也。”定九年左氏傳云“皙幘而衣狸製”，杜預注云：“幘，齒上下相值也。”釋名〔釋首飾〕：“幘，賾也，下齊眉賾然也。”“嫧”、“嘖”、“幘”，聲並與“簀”相近，義亦同也。史記范睢傳索隱云：“簀，謂葦荻之薄也。”蓋編葦爲薄，嫧然齊平，故謂之簀。聲又轉而爲“棧”。“棧”，亦齊平之意。編木爲馬牀謂之馬棧，編竹爲簀謂之牀棧，其義一也。

　　說文“杠，牀前橫木也”，徐鍇傳云：“今人謂之牀桯。”鹽鐵論散不足篇云：“古者，無杠橢之寢。”杠者，橫亘之名。方橋謂之杠，橫關對舉謂之扛，義並與“牀杠”相近。旌旂干亦謂之杠，則又謂直者矣。說文丨部：“卝，旌旂杠也。”釋天云“素錦綢杠”，郭注云：“以白地錦韜旗之干。”干，亦杠也，語之轉耳。

　　廣雅〔釋器〕：“樹，杠也。”樹者，蕃蔽之名。周官野廬氏“宿息，井，樹”，鄭注云：“宿息，廬之屬。賓客所宿及晝止者也。”釋宮云：“屏謂之樹。”太平御覽〔卷一八五〕引舍人注云：“以垣當門（自）蔽曰樹。”高誘淮南主術訓注云：“屏，樹垣也。”義並與“牀杠謂之樹”相近。

　　顏師古急就篇〔卷三〕注云：“杠者，牀之橫木。亦謂之桃。”廣雅〔釋器〕：“桃，杠也”。又云“挑，版也”，曹憲音“兆”。廣韻〔篠韻〕：“桃，牀子。徒了切。”釋宮云“屋上薄謂之筄”，郭注云：“屋笮。”“笮”與“簀”同聲。牀簀謂之版，牀杠謂之桃，屋笮謂之版，亦謂之筄，其義一也。今人謂坐具之廣而長者爲桃，音如條上聲，亦“桃”聲之轉也。又淮南說山訓云“死而棄其招簀”，高誘注云：“招簀，稱死者浴牀上之柶也。”廣雅〔釋器〕云“浴牀謂之招”，曹憲音“紹”。“招”與“桃”，聲義並相近。注“當作‘桃’”“桃”字，各本作“兆”。又“通”下無“語”字，今從戴本。

　　玉篇“樺，所銀切”，引方言云：“杠，東齊海岱之間謂之樺。”廣韻〔臻韻〕亦引此文，云：“樺，牀前橫也。”音與“莘”同。又初學記〔卷二十五〕引亦同。孟子盡心篇〔上〕章指云“有表無裏謂之柚榛”，孫奭音義本作“樺”，引丁公著云：“樺，音臻。字亦作‘榛’。榛似栗而小。”說文作“亲”，云“果實如小栗”，引莊二十四年左氏傳曰：“女摯不過亲栗。”今本作“榛”。“梓”、“樺”、“榛”，並同。淮南原道訓“木處榛巢”，高誘注云：“聚木曰榛。”禮運、家語問禮並作“橧”，鄭注云：“暑則聚薪柴居其上。”“樺”、“榛”、“橧”，古同聲。“樺”、“榛”，並“橧”之假借字。說文“潧，水出鄭國”，引鄭風：“潧與洧，方渙渙兮。”今本作“溱”，是其例矣。釋獸云“豕所寢，橧”，郭注云：“橧，其所臥蓐。”某氏注：“臨淮之間謂野豬所寢爲槝。”舍人云：“豕所寢草名爲槝。”李巡云：“豬臥處名槝。”卷八云：“豬，其檻及蓐曰槝。”聚薪柴居之謂之槝，豕檻蓐亦謂之槝，牀杠謂之樺，其義一也。正文“樺”，俗本作“樺”，“音詵”作“先”，並誤。宋本正文作“樺，音詵”，與玉篇、廣韻〔臻韻〕及初學記〔卷二十五〕所引正合，今並訂正。

　　説文：“版，判也。”“判”之言片也，今人言版片是也。釋名〔釋書契〕：“板，般也，般般平廣也。”“板”與“版”同。説文：“軵，車耳反出也。”楊倞注荀子禮論篇云：“版，謂車上障蔽者。”義與“牀版”同也。

　　廣雅〔釋器〕：“牒、牖、版也。”廣韻〔怗韻〕云：“書版曰牒。”論衡量知篇云：“截竹爲筒，破以爲牒，加筆墨之跡，乃成文字。”是也。義亦與“牀版”同。説文：“牖，牀版也。讀若邊。方田切。”玉篇音“布然切”，云：“牀上版。”説文：“楄，方木也”，引昭二十五年左氏傳云：“楄部薦榦。”今本作“楄柎薦榦”，杜預注：“楄柎，棺中笭牀也。”義與“牀板謂之牖”亦相近。王氏懷祖〔廣雅疏證釋器〕云：“牀版謂之牖、亦謂之牒，簡謂之牒、亦謂之編，其義一也。”

　　各本“牖”下有“履屬”二字。案：廣雅〔釋器〕云“緁謂之編”，曹憲音“部典反”。玉篇“編，扶善切”，云：“履底編。”又：“緁，編緁也。”注云“履屬”，當卽此。蓋原本“履屬”下有“音編”二字，今本誤脱，原非以牀上板爲履屬也。如下“几，其高者謂之虞”，注云：“卽筍虞。”豈卽以爲懸樂器者耶？古人文字簡略，謂讀者自能意會，往往有之，不煩多贅耳。

俎，几也。西南蜀漢之郊曰杫。榻前几，江沔之間曰桯，注 今江東呼爲承。趙魏之間謂之椸。几，其高者謂之虞。　注 卽筍虞也。　音義 杫，音賜。桯，音刑。椸，音易。虞，音巨。

　　箋疏 説文：“几，踞几也。象形。”釋名〔釋牀帳〕：“几，庪也，所以庪物也。”三禮圖引阮諶圖：几長五尺，高尺二寸，廣二尺。馬融以爲長三尺。

　　説文：“且，薦也。從几，足有二橫；一，其下地也。”“俎，禮俎也。從半肉在且上。”“且”與“俎”，古同聲。史記項羽本紀“爲高俎，置太公其上”，索隱曰："俎，亦机之類，故夏侯湛新論爲'机'，机猶俎也。比太公於牲肉，故置之俎上。"

廣雅〔釋器〕："杫，几也。"後漢書鍾離意傳"藥崧者"，"家貧爲郎，常獨直臺上，無被，枕杫"，李賢注云："杫，謂几俎也。"玉篇"秕，思漬切，肉几也"，又作"楷"同，又"思井切。"説文："楷，木參交，以枝炊爨者也。""枝"，集韻〔梗韻〕、類篇作"支"，義亦相近也。

"榻前几"以下，舊本提行別爲一條，今從盧校本并。釋名〔釋牀帳〕："牀長狹而卑曰榻，言其榻然近地也。"初學記〔卷二十五〕引通俗文云："牀三尺五曰榻版，獨坐曰枰。"案："枰"與"榻"對文則異，散文則通，故衆經音義卷四引埤倉云："枰，榻也。"廣雅〔釋器〕："榻，枰也。"

説文"桯，牀前几"，徐鍇傳云："几所凭也，今言牀桯，義出於此。"又："桱，桯也，東方謂之蕩。"又"杠，牀前橫木也"，徐鍇傳曰："卽今人謂之牀桯也。"是"桯"與"杠"同。廣雅〔釋器〕"桯，几也"，曹憲音"餘征、餘經，又音呈"，王氏云："'桯'之言經也，橫經其前也。牀前長几謂之桯，猶牀邊長木謂之桯也。士喪禮下篇注云：'輁，狀如長牀，穿桯，前後著金而關軸焉。'"是也。

衆經音義卷十二引倉頡篇云："柂，格也。"格，猶架也。榻前几謂之柂、亦謂之格，猶牀前橫木謂之杠也。説文："杠，牀前橫木也。""格"、"架"，一聲之轉。"柂"，廣雅〔釋器〕作"肔"，云"几也"，曹憲音"尸賜反"。字亦作"杝"。鹽鐵論散不足篇云："古者，無杠樠之寢，牀杝之案。""肔"、"杝"，並與"柂"通。玉篇："柂，衣架也。"曲禮〔上〕"男女不同柂枷"，鄭注云："柂，可以枷衣者。"釋文"柂"作"杝"。釋器云"竿謂之箷"，郭注云："衣架。"義亦相近也。

廣雅〔釋器〕："虡，几也。""虡"與"虞"同。"虞"之言踞也，舉也。説文："几，踞几也。"亦所以舉物也。几謂之俎、亦謂之虞，猶几謂之俎、巢櫓亦謂之俎也。史記項羽紀云"爲高俎"，集解引李奇曰："軍中巢櫓方面，人謂之俎。"是也。皆以高得名也。注疑脱誤。説文"虡，鍾鼓之柎也。飾爲猛獸。

从虍、異，象其下足”，或作“鐻”，篆文作“虡”。大雅靈臺篇、周頌有瞽篇毛傳並云：“植者曰虡，橫者曰栒。”張揖上林賦注云：“虡獸，重百二十萬斤，以俠鐘旁。”又張衡西京賦云“洪鐘萬鈞，猛虡趪趪。負栒業而餘怒，乃奮翅而騰驤”，薛綜注云：“當栒下，爲兩飛獸以背負。”是虡所以負栒，與“几”同意，故几亦謂之虡。疑注文“虡”下有脱字。

篗，榬也。　注 所以絡絲者也。兗豫河濟之間謂之榬。絡謂之格。　注 所以轉篗絡車也。　音義 榬，音爰〔1〕。

篗疏 説文“篗，收絲者也”，或作“籰”，徐鍇傳云：“即絡絲篗也。”廣雅〔釋器〕：“榬謂之篗，其尸謂之樸。”“篗”，曹憲“于縛”、“榮碧”二音。眾經音義卷十二云：“榬，或作‘籆’同，禹煩反，依字篗也。”玉篇：“籰，〔絡〕絲具。”“榬，絡絲篗也。”“籰”是“篗”之異文。又云：“篗，榬也，所以絡絲也。”淮南説林訓云“古之所爲不可更，則推車至今無蟬匷”，高誘注云：“蟬匷，車類。匷，讀如孔子射於矍相之矍。”“籰”、“匷”，並與“篗”同。“推車”與“維車”亦同。“榬”之言爰也。爰，引也。説文云：“爰，籀文以爲‘轅’字。”

“絡謂之格”，舊本提行別爲一條，今從盧校本并。急就篇〔卷二〕云“綈絡縑練素帛蟬”，顏師古注云：“絡，即今之生絲也。”九章算術均輸章云：“絡絲一斤，爲練絲十二兩。”是絡爲生絲之名。生絲謂之絡，所以轉篗絡車亦謂之絡，義相因也。莊子胠篋篇云“削格羅落罝罘之知多，則獸亂於澤矣”，李軌注云：“削格，所以施羅網也。”“落”與“絡”同。所以施羅網謂之削格，所以轉篗絡車謂之格，其義一也。説文“尸，篗柄也”，或作“柅”。姤初六“繫于金柅”，王弼注云：“柅者，制動之主。”釋文云：“柅，説文作‘欘’，云：‘絡絲柎也。’”今本作“絡絲欘”，云：“讀若柅。”“尸”、“柅”、“欘”，字並同。廣雅〔釋器〕：“尸、柎，柄也。”“柎”與“柎”亦同。是方言之“格”，即説文之“欘”，廣雅之“尸”也。今人絡絲之器，刻木爲六角，圍尺許，以細竹長五六寸者，六聯其上下，復爲穿，納柄于其中，長二三尺，持其柄而搖之，則旋轉

〔1〕　“爰”原作“袁”，據盧本、徐本改。

如車輪，謂之絡車。疑卽此與。

維車，**趙魏**之間謂之轣轆車，東**齊海岱**之間謂之道軌。　**音義** 維，蘇對反。

　　**箋疏** 説文：“維，箸絲於筟車也。”“筟，筳也。”“筳，維絲筦也。筦，筟也。”是維車謂箸絲於筟之車也。**淮南説林訓**云：“古之所爲不可更，則推車至今無蟬匷。”**高誘注主術訓**云：“徽，讀‘紛麻緎車’之‘緎’。”“維”、“推”、“緎”，並字異義同。

　　“轣轆”，**衆經音義**卷十四引作“歷鹿”。**廣雅**〔**釋器**〕云：“維車謂之麻鹿。”“轣轆”，雙聲字。“歷鹿”、“麻鹿”，並與“轣轆”同。説文“棶，車歷録束文也”，引**秦風小戎篇**“五棶梁輈”，**毛傳**云：“五，五束也。棶，歷録也。”“一輈五束，束有歷録。”**墨子備高臨篇**説連弩車之法云：“以磿鹿卷收。”重言之則曰“歷歷録録”。説文：“秝，稀疏適秝也。讀若歷。”**玉篇**：“秝，稀疏秝秝然也。”**説文**“录，刻木录录也”，**徐鍇傳**曰：“录录，猶歷歷，一一可數之貌。”“秝录”，與“轣轆”亦同，義與“維車謂之歷鹿”並相近。

　　**廣雅**〔**釋器**〕云：“道軌謂之鹿車。”**玉篇**云：“維車，亦名軌車。”卷九云“車下鐵，**陳宋淮楚**之間謂之畢。大車謂之綦”，注云：“鹿車也。”**戴氏**云：“此言維車之索也。”**玉篇**：“紩，索也。古作‘鐵’。”**考工記玉人**“天子圭中必”，**鄭注**云：“必，讀如‘鹿車繂’之‘繂’，謂以組約其中央。”圭中必爲組，鹿車繂爲索，其約束相類，故讀如之。 **經案**：然則**廣雅**之“鹿車”，非才容一鹿之謂，卽**鄭注考工記**之“鹿車”，紊言之，卽此“轣轆車”。“轣轆”，亦卽**毛傳**之“歷録”，**墨子**之“磿鹿”，皆以圍繞立名也。互見卷九“車下鐵”條。

户鑰，自關而東**陳楚**之間謂之鍵，自關而西謂之鑰。　**音義** 鍵，巨蹇反。

　　**箋疏**“鑰”，字本作“鬩”，或作“鑰”，通作“籥”。**衆經音義**卷二、卷四、卷六、卷十七凡四引作“鬩”。卷十五、卷二十一、卷二十二三引作“鑰”。又卷二十一云：“鍵，古文‘鬮’、‘犍’二形。”“犍”，卽“楗”之訛。古“楗”從“木”。**楗爲縣**，多見**漢碑**，俗寫從“牛”，是其證也。説文：“鬩，關下牡也。”**玉篇**：“鬩，固關令不可開。”**金縢**云“啟籥見書”，**馬融注**：“籥，（開）藏卜兆書

管也。”鄭、王注並同。越語〔下〕云“請委管籥”，韋昭注云：“管籥，取鍵器
也。”國策云：“齊君之魯，魯人投其籥，不果内。”月令孟冬之月“修鍵閉，慎
管籥”，鄭注云：“鍵，牡。閉，牝也。管籥，搏鍵器也。”正義云：“管籥，以鐵
爲之，似樂器之管籥，搢於鎖内，以搏取其鍵也。”是“鑰”與“管”同物，皆爲
搏鍵之器。“鍵”與“牡”同物，皆在鎖内，無管籥則不能啟鍵閉，故廣雅〔釋
宫〕云：“投謂之閘。”又云：“鍵，户牡也。”漢書五行志〔中之上〕云“長安章城
門門牡自亡”，顏師古注云：“牡，所以下閉者也。”吕氏春秋異用篇云：“跂與
企足得餂，以開閉取楗。”淮南繆稱訓云：“匠人斲户，無一尺之楗，不可以閉
藏。”“楗”與“鍵”同。顏氏家訓書證篇引蔡邕月令章句云：“鍵，關牡也，所
以止扉，或謂之剡移。”李登聲類作“扅”，又或作“扂”。古樂府百里奚詞曰：
“憶别時，烹伏雌，炊扊扅。”是也。方言以“鍵”爲“鑰”之異名，蓋對文則異，
散文則通，故檀弓〔下〕“管庫之士，七十有餘家”，鄭注云：“管，鍵也。”釋文
云：“鍵，鑰也。”正義曰：“鍵，謂鎖之入内者，俗謂之鎖須。〔管〕，謂夾取鍵，
今謂之鑰匙。則是管鍵爲别物。而云管鍵者，對則細别，散則大同，故云管
鍵也。”太玄閑次三“關無鍵”，范望注云：“鍵，籥也。”衆經音義卷二十一云：
“鑰，牡也。”皆是也。蓋“鍵”之言鍵閉，又言關鍵。弓藏謂之韇，鼎扄〔1〕謂
之鍵，車轄謂之鍵，義並同也。杜預僖二十三年左氏傳注云：“韇，弓衣也。”
“韇”、“鍵”同。説文：“鍵，鉉。一曰車轄。”是也。衆經音義卷十二、卷十五
並云：“鑰匙，方言作‘提’。”疑條末“鑰”下脱“提”字。衆經音義卷十五引通
俗文“匕或謂之匙”，云：“方言作‘提’同，是移反。”今本卷十三作“匙”。後
漢書隗囂傳云“奉盤錯鍉”，李賢注云：“鍉，即‘匙’字。”“匙”、“鍉”，並與
“提”通。

簿謂之蔽，或謂之箘。秦晉之間謂之簿，吳楚之間或謂之蔽，或謂之
箭裏，注 簿箸，一名箭，廣雅云。或謂之簿毒，或謂之夗專，或謂之匲
璇，注 或曰竹器，所以整頓簿者。或謂之棊。所以投簿謂之枰，或謂

---

〔1〕“扄”原作“扁”，據文義改。

之廣平。所以行棊謂之局，或謂之曲道。　　**音義**　箇，音困〔1〕。夗，於

辯反。專，音轉。匼滙，銓旋兩音。枰，評論。

　　**箋疏**　“簙”，衆經音義卷二兩引作“博”，云：“博，古文‘簙’。”又卷三、卷

十七引並同，是本或作“博”也。說文：“簙，局戲也，六箸十二棊也。”衆經音

義卷二引作“六箭”。通作“博”。史記蔡澤傳云：“君獨不觀夫博者乎？或

欲大投，或欲分功。”西京雜記〔卷四〕云：“許博昌善博，法用六箸，以竹爲

之，長六分。或用二箸。”列子説符篇云“設樂陳酒，擊博樓上”，殷敬順釋文

引古博經云：“博法，二人相對，坐向局，局分爲十二道，兩頭當中名爲水。

用棊十二枚，法六白六黑；又用魚二枚置於水中。其擲采以瓊爲之。二人

互擲采行棊。棊行到處卽豎之，名爲驍棊，卽入水食魚，亦名牽魚。每牽一

魚獲二籌，翻一魚獲三籌。若已牽兩魚而不勝者，名曰被翻雙魚。彼家獲

六籌爲大勝也。”荀子大略篇云“六六之博”，楊倞注云：“六六，卽六博也。

今之博局，亦二六相對也。”楚辭招魂云“菎蔽象棊，有六簙些”，王逸注云：

“菎，玉也。蔽，簙箸以玉飾之也。或言菎簬，今之箭囊也。投六箸，行六

棊，故爲六簙也。”

　　說文：“箇，〔箇〕簬也，一曰簙棊也。”中山經云“暴山，其木多”“竹箭𥴑

箇”，郭注云：“箇，亦篠類，中箭。”“箇”之言圓也。說文：“囷，廩之圓者。圜

謂之囷。”魏風伐檀毛傳、吳語韋昭注並同。是“箇”、“圓”聲近義同。箭竹

小而圓，故謂之箇。竹圓謂之箇、簙箸形圓亦謂之箇，猶桂之圓如竹者亦謂

之箇、地蕈圓如蓋者亦謂之菌也。左思蜀都賦“〔菌桂臨〕崖”，劉淵林（云箇

桂臨）注引神農本草經曰：“菌桂出交阯，（正）圓如竹。”釋草云“中馗，菌”，

注云：“地蕈，似蓋，今江東名爲土菌。”是也。“菌”與“箇”，聲亦相近。説

文：“菌，地蕈也。”又“𦸖，菌𦸖，地蕈”，玉篇作“圈𦸖”。亦以圓得名，義與

“簙箭謂之箇”亦同也。衆經音義卷二引無“裏”字。

　　廣雅〔釋器〕云：“簙箸謂之箇。”説文：“箭，矢竹也。”下卷九云“箭，自關

─────────

〔1〕　“困”原作“箇”，據盧本、徐本改。

而東謂之矢”，注云：“箭者，竹名，因以爲號。”簿箭，蓋亦以竹爲之，故亦有箭名。韓非子外儲説云：“秦昭王以松柏之心爲簿箭。”是簿箭亦不獨以竹也。

“毒”之言督也。釋詁云：“督，正也。”簿箭謂之簿毒，以正直得名也。

説文：“專，六寸簿也。”“簿”，俗本譌作“簿”。廣雅〔釋言〕云：“夗專，簿也。”“夗專”之言宛轉也。周官典瑞云“琬圭以治德，以結好”，先鄭云：“琬圭，無鋒芒。”後鄭云：“琬，圜也。”吕氏春秋直諫篇云“荆文王得宛路之矰”，説苑正諫篇作“箘簬”。竹謂之箭、亦謂之箘竹，箭謂之箘簬、亦謂之宛路，簿箭謂之箘、亦謂之夗專，義並同也。

廣韻〔仙韻〕“匾，簿也”，音“詮”。“簿”，亦“簿”之譌，與説文“專”字注正同。李賢注後漢書梁冀傳引鮑宏博經云：“所擲頭謂之瓊。瓊有五采。”顏氏家訓雜藝篇云：“古爲大博則六箸，小博則二焭。比世所行，一焭十二棊，數術淺陋，不足可翫。”

説文“瓊，赤玉也”，或从〔旋〕省作“琁”。“焭”，音“渠營切”。“璇”、“焭”，古同聲。説文：“蒬，草旋貌也。詩曰：‘葛藟蒬之。’”今周南作“縈”，傳云：“旋也。”釋文作“幣”。並以聲爲義也。投瓊蓋以玉爲之。“璇”，即“瓊”之假借字。合言之則曰“匾璇”，亦以圓轉得名也。

注云“或曰竹器，所以整頓簿者”，玉篇、廣韻〔仙韻〕並云：“匾，竹器。”義本於此也。上文云“炊薁謂之縮，或謂之匝”，注云：“漉米薁也。江東呼淅籤。”“淅籤”，雙聲之相近者，“匾璇”，疊韻字也。漉米之薁謂之淅籤，整頓簿箸之器謂之璇，義並同矣。

説文：“綦，博綦。”衆經音義卷二引文“博或謂之碁。”“碁”與“綦”同。中山經云“休與之山，其上有石焉，名帝臺之棋”，郭注云：“棋，謂博棋也。”“棋”與“綦”亦同。又南次二經云“漆吳之山，多博石”。郭注云：“可以爲博綦石。”是簿綦以石爲之。案：戴凱之竹譜云：“籥，細竹也。出蜀志。薄肌而勁中，三續射博箭。籥，音衛，見三倉。”字通作“衛”。列子仲尼篇云：“引烏號之弓，綦衛之箭。”淮南原道訓云：“射者扞烏號之弓，彎綦衛之箭。”兵略訓云：“括淇衞箘箬。”“淇”與“綦”同。衞淇水，北山經作“灢水”，是其例也。“淇衞箘箬”對文，皆竹箭之名也。此云“簿或謂之箭裏，或謂之綦”，竹譜云“箭”，竹中博箭。是“箭”與“綦”一物也。“綦”、“綦”，古同聲。以箭爲射箭謂之綦，以箭爲博箭謂之綦。張湛注以“衞”爲箭羽，高誘注以“綦”與“淇”爲美箭所出之地名，皆失之矣。簿謂之蔽、簿箸亦謂之蔽，簿謂之箘、簿箭亦謂之箘，簿謂之璇、簿采亦謂之璇，簿謂之綦、簿石亦謂之綦、簿箭亦謂之綦，蓋義之相因者也。

説文：“枰，平也。”廣雅〔釋器〕云：“廣平，枰也。”釋名〔釋牀帳〕云：“枰，平也，以板作之，其體平正也。”韋昭博弈論云：“所志不出一枰之上。”又云：“夫一木之枰，孰與方國之封。”衆經音義卷四引埤倉云：“枰，榻也。”初學記〔卷二十五〕引通俗文云：“牀三尺五曰榻，板獨（板獨）坐曰枰。”所以投簿謂之枰，榻亦謂之枰，皆取義於平也，故又名“廣平”矣。

説文：“局，博所以行綦。象形。”李賢注後漢書梁冀傳引藝經曰：“彈綦，兩人對局，白黑綦各六枚，先列綦相當，更相彈也。其局以石爲之。”漢書溝洫志云“山行則桷”，韋昭注：“桷，木器，如今輿牀，人舉以行也。”兩人對局以行綦謂之局，猶二人對舉以輿人及物謂之桷也。“桷”與“局”通。“局”之言曲也。小雅正月篇“不敢不局”，毛傳云：“局，曲也。”

廣雅〔釋器〕：“曲道，桷也。”舊本自“簿謂之蔽”至“或謂之曲道”爲一條，下“圍綦謂之弈”，提行别爲一條，戴、盧兩本並合爲一。案：“簿”與“弈”異事，故廣雅〔釋言〕云：“冗專，簿也。圍綦，弈也。”衆經音義卷十四云：“博掩，博，博戲也。掩，圍綦也。”“掩”，即“弈”之轉聲也。“簿”與“圍綦”，自應分别，今仍從舊本。

## 圍綦謂之弈。自關而東齊魯之間皆謂之弈。

**箋疏**　李善博弈論注、太平御覽〔卷七五三〕並引桓譚新論云：“俗有圍綦之戲，或言是兵法之類也。及爲之其上者，遠綦疏張，置以會圍，因而成多得道之勝，中者則務相絶遮，以争便求利，下者守邊隅，趖作罘，以自生於小地。”

説文云："弈，圍棊也。从廾，亦聲。"襄二十五年左氏傳云"弈者舉棋不定，不勝其耦"，杜預注云："弈，圍棋也。"疏云："棋者，所執之子。""以子圍而相殺，故謂之圍棋。沈氏云：'圍棋稱弈者，取其落弈之義也。'""棋"與"棊"同。班固弈旨云："北方之人，謂棊爲弈。"衆經音義卷十四云"博掩"，玄應曰："博，博戲也。掩，圍棊也。或云：博戲，掩取人財物也。"案："博掩"，猶"博弈"。"掩"，卽"弈"聲之轉也。又卷二引方言云："自關而東齊魯之間皆謂棊爲弈也。"又卷二十〔五〕引有"圍"字，餘同。李善注博弈論引作"圍棊，自關而東齊魯之間謂之弈"，少"謂之弈皆"四字。

# 輶軒使者絕代語釋別國方言箋疏卷第六

聳、獎，欲也。　注 皆强欲也。荆吴之間曰聳，晉趙曰獎。自關而西秦
晉之間相勸曰聳，或曰獎。中心不欲，而由旁人之勸語，亦曰聳。
凡相被餙亦曰獎。　音義 聳，山項反。

　　箋疏 衆經音義卷十五云："聳，古文'竦'、'慫'、'㦨'三形。"今作"聳"
同，所項反。昭六年左氏傳云："悔之以忠，聳之以行。"漢書刑法志作"慫"，
顏師古注："慫，謂獎也。"〔晉灼曰〕："慫，古'竦'字。"又揚子雲傳〔下〕注云：
"竦，勸也。"案："聳之以行"，謂舉善行以獎勵之。猶楚語〔上〕云"教之春
秋，而爲之聳善而抑惡焉，以戒勸其心。"故韋昭注云："聳，獎也。"杜預注訓
"聳"爲"懼"，非其義也。揚子雲長楊賦"整輿竦戎"，李善注："'竦'與'聳'，
古字通。"

　　説文："獎，嗾犬厲之也。"小爾雅〔廣詁〕："獎、率、勵，勸也。"謝朓齊敬
后哀策文云"末命是獎"，李善注云："謂顧命令裪也。"是相勸曰聳，亦曰獎
也。下卷十云："食閻、慫㦃，勸也。南楚凡己不欲喜而旁人説之，不欲怒而
旁人怒之，謂之食閻，或謂之慫㦃。"漢書衡山王傳云"日夜縱臾王謀反事"，
顏師古注云："縱臾，謂獎勸也。"史記作"從容"。汲黯傳："慫諛承意。"並與
"慫㦃"同。單言之則爲"聳"矣。文選盧諶贈劉琨詩云："飾獎駑猥。"

　　"中心不欲，而由旁人勸語，亦曰聳。相被餙亦曰獎"也，盧氏云："以我
所欲强人之我從則曰聳，或曰獎。今人語猶然。"是注意也。正文"獎"，舊
本並作"殀"，或作"將"，亦作"牂"，皆形近之訛。

　　音"山項反"，舊本訛作"山頂也"。今並訂正。

聳、㦶，聾也。半聾，梁益之間謂之㦶。　注 言胎㦶煩憒也。秦晉之間聽

而不聰，聞而不達謂之聅。生而聾，陳楚江淮之間謂之聳〔1〕。 注言無所聞，常聳耳也。荆揚之間及山之東西雙聾者謂之聳。聾之甚者，秦晉之間謂之矚。 注言聉無所聞知也。外傳："聾聵司火。"吳楚之外郊凡無耳者，亦謂之矚。其言矚〔2〕者，若秦晉中土謂墮耳者明也。 音義 聅，音宰。矚，五刮反。聉，剻聵。明，五刮反。

箋疏 李善注文選七命引倉頡篇："聾，耳不聞也。"説文："聾，（耳）無聞也。"釋名〔釋疾病〕："聾，籠也，如在蒙籠之内，聽不察也。"晉語〔四〕云："聾聵不可使聽。"案：上文並説諸疾，是聾聵爲不能聽之疾。韋昭注以爲"耳不别五聲之和爲聾"，非其義矣。耳不能聽謂之聾，因而耳不聽五聲之和亦謂之聾。僖二十四年左傳富辰所言是也。説文："生而聾曰倦。""倦"與"聳"同。馬融廣成頌云："子野聽聳，離朱目眩。"漢繁陽令楊君碑云："有司聳昧，莫能識察。"

説文云："梁益之州謂聾爲聅，秦晉聽而不聰、聞而不達謂之聅。"廣雅〔釋詁三〕："聳、聅、矚，聾也。"玉篇引文云："聅，半聾也。"

説文云："吳楚之外凡無耳者謂之矚。"又云："睽，目不相視也。"衆經音義卷一引廣蒼云："睽，目少精也。"無耳謂之矚，猶目不相視謂之睽也。

下卷十〔二〕云："橢，脱也。""橢"與"墮"同。

説文："明，橢耳也。"橢耳謂之明，猶斷足謂之跀。説文："跀，斷足也。""跀"，聲與"明"相近。正文"秦晉之間謂之矚"，廣韻〔齊韻〕引文作"聬"。"凡無耳者"，一本"無"下誤衍"有"字，今依説文、玉篇删。"其言矚者"，盧從宋本作"聬"。案："聬"，玉篇音"若圭切。耳不相聽也"。與"矚"音義並相近。今從舊本。

注"言聉無所聞知也"者，説文"聉，無知意也，讀若孽"，玉篇"牛乙、五滑二切"。宋本"聉"誤作"耻"，李文授本、正德本並作"聉"，一本無"聉"字，

〔1〕 "聳"原作"矗"，據廣本、徐本改。
〔2〕 "言矚"原作"矚言"，據廣本、徐本改。

一本作“言䛴頟無所聞知也。”

　　說文“䐔，聾也。五怪切”，或从“蔽”作“聲”。衆經音義卷一云：“聾䐔，古文‘頟’、‘䐔’二形，今作‘䐔’，又作‘聲’，牛快反。‘聲’作‘聲’，猶‘蔽’作‘蒯’，皆俗寫耳。”“憒”與“䐔”，同聲字。

　　注“聾䐔司火”，晉語〔四〕文。宋本作“伺火”，誤，今訂正。

## 陂、傜，衺也。陳楚荆揚曰陂。自山而西，凡物細大不純〔1〕者謂之傜。　注 言俄傜也。　音義 陂，偏頗。傜，逍遥。

　　箋疏 廣雅〔釋詁二〕：“陂，衺也。”泰九三“无平不陂”，樂記“商亂則陂”，虞、鄭注並云：“陂，傾也。”爾雅〔釋地〕“陂者〔曰〕阪”，郭注云：“陂陀不平。”漢書司馬相如傳〔上〕“罷池陂陀，下屬江河”，郭注云：“言旁頽也。”詩序云“無險詖私謁之心”，崔靈恩注云：“險詖，不正也。”孟子公孫丑篇〔上〕“詖辭知其所蔽”，趙岐注：“人有險詖之言，引事以褒人。”說文：“詖，古文以爲‘頗’字。”“頗，頭偏也。”廣雅〔釋詁二〕：“彼，衺也。”玉篇“佊”，音“陂髲切”。廣韻〔紙韻〕又音“彼”，引埤倉云：“佊，邪也。”又引論語：“子西佊哉！”今本作“彼”，馬融注云：“彼哉彼哉，言無足稱也。”與廣韻所引異義。王氏懷祖〔廣雅疏證釋詁二〕曰：“‘彼’，讀‘偏佊’之‘佊’，於義爲長。廣韻所引，當是鄭、王、虞諸人說也。”“陂”、“詖”、“頗”、“佊”，並字異義同。

　　下卷十云：“遥，滛也。”“滛”，廣雅〔釋詁一〕作“媱”。“遥”與“媱”，“傜”與“滛”，字並通，義與“衺”亦相近。“傜”，說文又作“僷”，云：“自關以西凡物大小不同謂之僷。”“僷”與“傜”同。初學記〔卷十五〕引韓詩章句云：“有章句曰歌，無章句曰謡。”無章句，言長短高下之不齊也。歌高下不齊謂之謡，猶物大小不純謂之傜矣。

　　注“俄傜”，俗本脫“俄”字，宋本訛作“娥”。案：說文：“俄，行頃也。”“行”字疑衍。廣雅〔釋詁二〕：“俄，衺也。”小雅賓之初筵篇“側弁之俄”，鄭箋：“俄，傾貌。”張衡歸田賦“曜靈俄景”，李善注：“俄，斜也。”“俄”、“傜”同

---

〔1〕“純”原作“絕”，據廣本、徐本改。

義，故云“言俄傜也”。“娥”訓爲“好”，非其義矣，今訂正。

## 由迪，正也。東齊青徐之間相正謂之由迪。

　　**箋疏** 下文“胥、由，輔也”，注云：“胥，相也。由、正，皆謂輔持也。”輔持，卽相正之意。王氏伯申經傳釋詞曰：“洛誥：‘四方迪亂未定，于宗禮亦未克敉，公功迪將其後。’當以‘四方迪亂未定’爲句，‘于宗禮亦未克敉’爲句，‘公功迪將其後’爲句。爾雅：‘亂，治也。’方言：‘迪，正也。’‘四方迪亂’，猶微子篇言‘亂正四方’也。于，越也。言四方正治未定，越宗禮亦未克安也。‘公功迪將其後’者，上文曰：‘公功裴迪篤。’下文曰：‘公功肅將祗歡。’與此並以‘公功’發句，此文之相符者也。上文‘公功’言‘裴迪’，下文‘公功’言‘肅將’，此‘公功’言‘迪將’，此義之相合者也。舊讀失之。”是迪爲正也。漢書揚子雲傳〔下〕云“蠢迪檢押”，顏師古注云：“迪，道也，由也。”〔1〕“迪”與“由”同義。合言之則曰“由迪”。玉篇云：“青州之間相正謂之迪。”義本此，誤脫“由”字耳。

## 愐、恧，慙也。荊揚青徐之間曰愐，若梁益秦晉之間言心内慙矣。山之東西自愧曰恧，注 小爾雅曰：“心愧爲恧。”趙魏之間謂之眣。　音義 愐，音腼。恧，人力反，又女六反。眣，音密，亦祕。

　　**箋疏** 説文：“青徐謂慙曰愐。”廣雅〔釋詁一〕：“愐、眣、恧，慙也。”左思魏都賦云“愐墨而謝”，劉逵注引方言：“愐，慙也。”案：“愐”之言腼也。下卷十三云：“腼，厚也。”“愐”之訓“慙”，以“厚”爲義也。愐顔，猶言厚顔矣。

　　説文：“恧，慙也。”司馬相如封禪文云：“不亦恧乎？”漢書王莽傳〔上〕云：“敢爲激發之行，處之不慙恧。”陸厥奉內兄希叔詩云“相如恧溫麗”，李善注云：“恧，慙也。”玉篇“䀛，奴陸切”，引埤倉云：“慙也。”太玄睟次二云：“䀛於中。”卷十云：“忸怩，慙澀也。”廣雅〔釋詁一〕作“愵怩”。“愵”，曹憲音“女六切”。衆經音義卷五云：“忸，又作‘恧’同。”“恧”、“䀛”、“忸”、“愵”，字異，聲義並同。今本小爾雅〔廣義〕作“心慙曰恧”。案：張衡思玄賦“莫吾知

---

〔1〕“迪道也由也”原無，據廣本、徐本補。

而不恧"，李善注引小爾雅曰："小愧爲恧"。與郭所見本略同，惟"心"作"小"，蓋誤也。

説文："毖，直視也。讀若詩曰'泌彼泉水'。"今邶風泉水篇作"毖"，釋文云："説文作'毖'。"是"毖"、"毖"，古通字。案：周頌小毖篇云"予其懲而毖後患"，毛傳："毖，慎也。"正義曰："毖，慎。釋詁文。"是毖爲慙之慎也。"毖"，宋本訛作"毖"，盧本從之。案：廣雅〔釋詁一〕作"毖"，曹憲音"祕"，今據以訂正。

**謇、展，難也。齊晉曰謇。山之東西凡難貌曰展。荆吳之人相難謂之展，若秦晉之言相憚矣。齊魯曰燀。** 注 難而雄也。 音義 謇，音蹇。燀，昌羡反。

　　**箋疏** 舊本"謇"並作"謇"，考玉篇、廣韻皆無"謇"字，集韻〔獮韻〕始有之。衆經音義卷七、卷九、卷十九、卷二十二並引方言作"謇"，今據以訂正。説文："蹇，跛也。"蹇象傳、序卦傳並引："蹇，難也。"下卷十云："譴，吃也。楚語也。"説文："吃，言蹇難也。"衆經音義卷一引通俗文云："言不通利曰蹇吃。"列子力命篇云"譴極、凌悴"，張湛注云："譴極，納澀之貌。""蹇"、"謇"，古今字，"譴"，俗字，"謇"，壞字。

　　"展"，與"謇"聲相近，故二字義亦相同矣。廣雅〔釋詁三〕："蹇、展、憚，難也。"説文："憚，忌難也。一曰：難也。"屯釋文引賈逵周語注云："難，畏憚也。"學而篇"過則勿憚改"，鄭注："憚，難也。"楚辭離騷"豈余身之憚殃兮"，王逸注同。

　　"荆吳之人相難謂之展，若秦晉言相憚"者，此又一義也。"難"，當讀如"患難"之"難"，即説文"憚，一曰難也"之義也。昭十三年左氏傳云："憚之以威。"魯語〔下〕云"帥大讐以憚小國"，韋昭注："憚，難也。"張衡西京賦："驚蛧蛧，憚蛟蛇。"通作"壇"。周官大司馬"暴内陵外則壇之"，鄭衆云："壇，讀〔從〕'憚之以威'之'憚'。"

　　説文"燀，炊也"，引昭二十年左氏傳曰："燀之以薪。"周語〔下〕云"火無災燀"，韋昭注："燀，焱起貌。"義與"難"亦相近。

注“難而雄也”，各本並同，未詳所謂。疑有脱誤。

胥、由，輔也。　注胥，相也。由、正，皆謂輔持也。吴越曰胥，燕之北鄙曰由。

　　箋疏廣雅〔釋詁二〕：“由、胥、輔，助也。”春秋桓三年“齊侯、衞侯胥命于蒲”，公羊傳云：“胥命者何？相命也。”“胥”與“疏”，“輔”與“附”，古並同聲。“胥輔”，猶“疏附”。大雅綿篇云：“予曰有疏附。”上文云：“由迪，正也。東齊青徐之間相正謂之由迪。”“由”，通作“繇”，亦作“猷”。爾雅〔釋詁〕：“繇，道也。”卷三云：“猷，道也。”爾雅〔釋詁〕：“道、助，勴也。”義並相通也。

蛩㤨，戰慄也。荆吴曰蛩㤨。蛩㤨，又恐也。　音義恐㤨，鞏恭兩音。

　　箋疏論語八佾篇：“使民戰栗。”“栗”與“慄”同。單言之則曰“戰”、曰“慄”。廣雅釋言：“戰，憚也。”白虎通誅伐篇引書大傳云：“戰者，憚驚之也。”淮南原道訓云：“子夏心戰而臞。”史記齊悼惠世家云：“因退立，股戰而栗。”廣雅釋言：“慄，戰也。”秦風黄鳥篇：“惴惴其慄。”莊子人間世篇：“吾甚慄也。”又大宗師篇：“登高不慄。”重言之則曰“戰戰慄慄”。小雅小旻篇“戰戰兢兢”，毛傳云：“戰戰，恐也。”湯誥篇：“慄慄危懼。”淮南繆稱訓：“故聖人栗栗乎其内。”又人間訓引堯戒云：“戰戰慄慄。”

　　廣雅〔釋詁二〕“蛩㤨，懼也”，王氏疏證云：“‘蛩㤨’之爲言皆恐也。荀子君道篇：‘故君子恭而不難，敬而不鞏。’‘難’，即‘不戁不悚’之‘戁’。‘鞏’，與‘蛩’同。”張衡西京賦“怵悼慄而慫兢”，李善注引方言：“慫，慄也。”“先拱切”。疑即“蛩”通借字。説文：“㤨，戰慄也。”戰慄爲恐懼之貌，故“蛩㤨”亦訓爲“恐”。玉篇：“㤨，恐也。”又：“愩，心動也。古紅、古弄二切。”聲與“蛩㤨”並相近，義亦同也。

鍼、錘，重也。東齊之間曰鍼，宋魯曰錘。　音義鍼，吐本反。錘，直睡反。

　　箋疏廣雅〔釋詁三〕：“鍼，重也。”“鍼”，本亦作“腆”。衆經音義卷十三引方言云：“腆，重也。東齊之間謂之腆。”下卷十三云：“腆，厚也。”昭二十五年公羊傳云“寡人有不腆先君之服”，何休注同。説文：“重，厚也。”是

“厚”與“重”同義。

　　釋器云：“錘謂之權。”廣雅〔釋詁二〕：“權、錘，重也。”錘訓爲重，猶權之訓爲重矣。“錘”之言垂也。下垂，故重也。

**銛、龕，受也。**　注 今云龕囊，依此名也。**齊楚曰銛，揚越曰龕。受，盛也，猶秦晉言容盛也。**　音義 銛，音含。

　　箋疏 廣雅〔釋詁三〕：“銛、堪、龕、受，盛也。”玉篇：“銛，受也。”“銛”之言含也。釋名〔釋飲食〕：“含，合也，合口亭之也。”通作“函”。曲禮〔上〕云“席間函丈”，鄭注：“函，猶容也。”“函”與“銛”，聲近義同。

　　玉篇：“龕，受也，盛也。”逸周書祭公解云：“用克龕紹成康之業。”言能受成康之業而紹之也。爾雅〔釋言〕：“洵，龕也。”世父詹事君曰：“龕”與“堪”通。“洵”本訓“信”，“信”與“堪”義相因，信其堪斯任也。墨子非攻篇〔下〕云：“夏德大亂，予既卒其命於天矣。往而誅之，必使汝堪之。”堪之，卽上文云“用受天之大命也”。藝文類聚〔卷十〕引作“戡”。王氏懷祖〔廣雅疏證釋詁三〕云：“凡言堪受者，卽是容盛之義。昭二十一年左氏傳云：‘鐘窕則不咸，摦則不容，今鐘摦矣，王心弗堪。’是也。”漢書五行志〔下之上〕作“戡”，孟康注：“戡，古‘堪’字。”“堪”、“戡”、“戡”，聲義並同。舊本並作“龕”，盧本改作“龕”。“龕”、“龕”，古今字。今從衆家本。

　　“受”，猶容也。説文：“盛，黍稷在器中以祀者也。”“盛”與“容”同義，故言“容盛”矣。

**矔、眮，轉目也。梁益之間瞋目曰矔，轉目顧視亦曰矔，吳楚曰眮。**音義 矔，音慣習。眮，音侹侗。

　　箋疏 玉篇“矔，光旦切”，“眮，大孔、大貢二切”，並云：“轉目視”也。説文：“瞋，張目也。”“矔，目多精也。益州謂瞋目曰矔。”“吳楚謂瞋目顧視曰眮。”劉歆遂初賦云：“空下時而矔世兮，自命己之取患。”盧氏文弨云：“音侹侗，當依卷十二內‘音挺桐’。漢書百官公卿表云‘更名家馬爲挏馬’，晉灼曰：‘挏，音挺桐。’顏氏家訓勉學篇引漢禮樂志云：‘給太官挏馬酒。李奇注：以馬乳爲酒也。撞挏乃成。’”案：盧説誠是然。卷十二內“胴”字上卽

“侗”字,音“他動反”,下“胴”字音“挺桐”。用從“手”之字,所以避重出也。又卷九“小艒𦪛謂之䑶”,注云:“舡也。”淮南俶真訓云:“撢掞挺桐。”“侹侗”、“挺桐”、“䑶舡”,皆雙聲,無定字,不必概從畫一。

逴、騷、䙔,蹇也。　注 跛者行踚踔也。吳楚偏蹇曰騷,齊楚晉曰逴。

注 行略踔也。　音義 逴,勑略反。騷,先牢反。

　　箋疏 説文:“蹇,跛也。”釋名〔釋姿容〕:“蹇,跛蹇也,病不能作事,今託病似此,而不宜執〔事〕役”也。

　　衆經音義卷十三引方言云:“踔,蹇也。郭璞曰:‘跛者行跳踔不前也。’”與今本異。又卷八云:“蹘踔,行腳長短也。”又卷十五云:“趹踔,行不前也。”“逴”、“䙔”、“踔”,並同。“蹘踔”與“趹踔”亦同。説詳前卷二“逴,驚也”條下。

　　廣雅〔釋詁三〕:“逴、騷、䙔、跛,蹇也。”“蹇”與“擾”,義相近。下文云:“蹇、姌,擾也。人不静曰姌,秦晉曰蹇。”

　　廣雅〔釋詁三〕:“騷,擾也。”人不静謂之蹇、亦謂之騷,猶偏蹇謂之騷、亦謂之逴也。王氏懷祖云:“‘騷’之言蕭也。廣雅:‘蕭,衺也。’故謂偏蹇曰騷。”曲禮〔上〕“凡遺人弓者”,“右手執簫”,鄭注云:“簫,弭頭也。謂之簫,簫,邪也。”正義曰:“弓頭梢剡差,邪似簫,故謂爲簫也。”釋名〔釋兵〕云:“弓末曰簫,言簫梢也。”藝文類聚〔卷六十〕引作“言蕭邪也”。説文:“簫,參差管樂,象鳳之翼。”是凡言“簫”者,皆“偏衺”之義也。“齊楚晉曰逴”句,“楚”字疑衍。注“行略逴也”,舊本並同,戴本“略”誤作“路”。

瘯、嗌,噎也。　注 皆謂咽痛也。楚曰瘯,秦晉或曰嗌,又曰噎。　音義 瘯,音斯。嗌,惡介反。噎,音翳。

　　箋疏 説文:“噎,飯窒也。烏結切。”衆經音義卷二十二引通俗文云:“喉塞曰噎。”王風黍離篇“中心如噎”,毛傳云:“(謂)噎,憂不能息也。”玉篇引詩用毛傳爲釋。劉氏台拱曰:“噎”、“憂”,雙聲。“憂”,即老子“終日號而不嗄”之“嗄”,氣逆也。説文:“欪,嗄也。”欪嗄,即噎憂,是噎爲咽喉蔽塞之名也。

下文云:"痲,散也。東齊聲散曰痲,秦晉聲變曰痲。"玉篇:"嘶,噎也。"
周官内饔云"鳥皫色而沙鳴",鄭注云:"沙,澌也。"内則注作"嘶",正義作
"斯",云:"斯,謂酸嘶。"漢書王莽傳〔中〕"莽爲人""大聲而嘶",顏師古注
云:"嘶,聲破也。"説文:"誓,悲聲也。""痲"、"澌"、"嘶"、"斯"、"誓",聲同,
義並相近。

説文"嗌,咽也。伊昔切",籀文作"𦬶,上象口,下象頸脈理也"。釋名
〔釋形體〕:"咽,咽物也。又謂之嗌,氣所流通阨要〔之處〕也。""噎"、"嗌"、
"咽",並聲之轉也。昭十九年穀梁傳云:"嗌不容粒。"北山經"單張之山有
鳥焉,名曰白鵺,食之已嗌痛",郭注:"嗌,咽也。今吳人呼咽爲嗌,音隘。"
莊子大宗師篇云:"屈服者,其嗌言若哇。"又庚桑楚篇云:"兒子終日嗥而嗌
不嗄。"通作"喝"。説文"喝,澉也",音"於介切"。文選宋孝武宣貴妃誄李
善注引廣雅:"喝,嘶也。"玉篇"喝,嘶聲也",又作"嗢"同,云:"嗢,噎也。"司
馬相如子虛賦"榜人歌,聲流喝",郭注云:"言悲嘶也。"論衡氣壽篇云:"兒
生,號啼之聲鴻朗高暢者壽,嘶喝濕下者夭。"後漢書張酺傳云"王青被矢貫
咽,音聲流喝",李賢注云"流,或作'嘶'",又引廣蒼云:"喝,聲之幽也。"
"嗌"、"喝"、"嗢",字異義同。咽謂之嗌,咽痛亦謂之嗌,飯窒謂之噎,咽痛
亦謂之噎,皆義相因也。

**怠、阤,壞也。** 注 謂壞落也。 音義 阤,音蟲豸。

　　箋疏 廣雅〔釋詁一〕:"殆,壞也。""殆"與"怠",聲義並同。卷十三云:
"攋、隓,壞也。"壞謂之攋、亦謂之隓,猶怠謂之嬾、亦謂之惰也。

　　説文:"阤,小崩也。丈爾切。"廣雅〔釋詁一〕:"陁、阤,壞也。""阤"、
"陁",古今字。周語〔下〕云:"聚不阤崩。"李賢注後漢書蔡邕傳引賈逵注
云:"小崩曰阤。"太玄銳上九:"陵峥,岸峭阤。測曰:陵峥屼峭,銳極必崩
也。"張衡西京賦云"期不阤陊",李善注引此文。淮南繆稱訓云:"岸崝者必
陀。"劉昌〔宗〕考工記音讀"阤"爲"陀"。魯語〔上〕"文公欲弛孟文子之宅",
韋昭注云:"弛,毁也。""弛"與"阤",亦聲近義同。"阤",戴本改作"阤",今
從舊本。又"音蟲豸"下,宋本、俗本有"未曉",亦云"未詳"二字,今從戴、盧

本删。

埕、墊，下也。凡柱而下曰埕，屋而下曰墊。　音義 埕，音涅。墊，丁念反。

　　箋疏 廣雅〔釋詁一〕：“埕，下也。”説文：“埕，黑土在水中也。”“涅”、“埕”，古今字。

　　説文：“墊，下也。”“䙝，屋傾下也。”玉篇：“墊，都念切。”“䙝，丁念切”，云：“或爲‘墊’。”“埝，乃頰、都念二切。”卷十三云“埝，下也”，注：“音坫肆。謂陷下也。”廣雅〔釋詁一〕“埝，下也”，曹憲音“乃頰反”。“墊”、“䙝”、“埝”，字異義同。皐陶謨“下民昏墊”，鄭注：“昏，没也。墊，陷也。”莊子外物篇“厠足而墊之至黄泉”，司馬彪注云：“墊，下也。”下謂之墊，因而屋傾下謂之墊，亦謂之䙝。屋傾下謂之墊，因而居下地病困者亦謂之墊。成六年左氏傳云：“郇瑕氏土薄水淺，其惡易覯。易覯則民愁，民愁則墊隘，於是乎有沈溺重膇之疾。”中山經云：“首山，其陰有谷，曰机谷，多𪃠鳥”，“食之已墊。”皆是也。

伆、邈，離也。　注 謂乖離也。楚謂之越，或謂之遠。吴越曰伆。　音義 伆，音刎。

　　箋疏 玉篇“伆，離也”，引博雅“斷也”，音“武粉、武弗二切”。今廣雅〔釋詁一〕作“刎”，曹憲音“亡粉反”。又云：“迄、離，遠也。”“迄”，音“勿”，玉篇同。又音“忽”。楚辭九歌〔國殤〕云：“平原忽兮路超遠。”荀子賦篇云：“忽兮其極之遠也。”“迄”、“忽”，並與“伆”通。

　　廣雅〔釋詁一〕：“邈，遠也。”楚辭九章〔懷沙〕云：“邈而不可慕。”又離騷云“神高馳之邈邈”，王逸注：“邈邈，遠也。”

　　“越”與“遠”，語之轉耳。襄十四年左氏傳“越在他竟”，杜預注：“越，遠也。”周語云：“聽聲越遠。”淮南俶真訓云“是故神越者其言華”，高誘注：“越，散也。”“散”與“離”，義相近。繫辭〔下〕云“褻而不越”，説文引作“𧻪”。玉篇：“𧻪，散走也。胡厥切。”“𧻪”與“越”通。

　　廣雅〔釋詁一〕：“離，遠也。”〔又釋詁三〕：“散也。”釋名〔釋親屬〕云：“出之子曰離孫，言遠離己也。”

## 顛、頂，上也。

箋疏　爾雅〔釋言〕、説文並云“顛，頂也”，郭注云：“頭上也。”齊語云：“班序顛毛。”墨子修身篇：“華髮隳顛。”説文：“槙，木頂也。”“槙”與“顛”，聲義並同。顛爲最上之稱，倒言之下亦謂之顛。太玄疑次八云“顛疑遇幹客”，范望注云：“顛，下也。”下謂之顛，自上而下亦謂之顛。頤六四“顛頤吉”，王弼注云：“以上養下得頤之義，故曰‘顛頤吉’也。”楚辭離騷云“厥首用夫顛隕”，王逸注云：“自上而下曰顛。”皆是也。

“頂”、“顛”，一聲之轉。説文“頂，顛也”，或从“首”作“䪼”，籀文从“鼎”作“䫜”。衆經音義卷三引倉頡篇同。廣雅〔釋詁一〕：“頂，上也。”大過云：“過涉滅頂。”

## 訑、訬，与也。吳越曰訑，荊齊曰訬与，猶秦晉言阿与。　注　相阿与者，所以致訑訬也。　音義　訬，乙劍反。

箋疏　説文：“与，賜予也。一勺爲与。”“與，黨與也”，古文作“异”。此蓋借“与”爲“與”耳。廣雅〔釋詁三〕舊本作“訑、訬，予也”，疏證據衆經音義，“予”下補“與”字。

説文：“訑，加也。”“加，語相譖加也。”“譖”與“增”同。語相增加，是無實而虛加，即訑之意也。表記云“受禄不訑”，鄭注云：“於事不信曰訑。”

卷十三云“嘽咺、譠謾，欒也。欒，揚州會稽之語也。或謂之訬”，注云：“欒，言諸欒也。訬，言訑訬也。”説文：“媕，訑欒也。”“欒，牽引也。”“媕”與“訬”，聲義並同。集韻〔豔韻〕：“訬，謗也。”“訑訬”，舊本作“訑訬”，今據廣雅〔釋詁三〕訂正。“与”，各本並同，戴本改作“與”，今從舊本。玉篇：“訬，匿也。”“阿”與“訬”，一聲之轉。

## 掩、索，取也。自關而東曰掩，自關而西曰索，或曰狙。　注　狙，伺也。

箋疏　説文：“掩，斂也，小上曰掩。”曲禮〔下〕：“大夫不掩羣。”漢書貨殖傳“又況掘冢博掩，犯姦成富”，顏師古注云：“掩，謂襲取人物也。”説文作“揜”，云：“自關以東謂取曰揜。”司馬相如子虛賦“揜翡翠”，上林賦“揜焦明”，李善注並引方言："撢，取也。"是本亦作"撢"。"撢"與"掩"通。

説文："索，入家搜也。"廣雅〔釋詁一〕："索，取也。"經傳通作"索"。

説文："狙，玃屬。一曰：狙，犬也，暫齧人者。"李善注潘岳西征賦引倉頡篇云："狙，司候也。"衆經音義卷十引通俗文云："伏伺曰狙。"史記張良世家"秦皇帝東游，良與客狙擊秦皇帝博浪沙中"，集解引服虔曰："狙，伺候也。七預反。"徐廣同，"千恕反"。索隱引應劭云："狙，伺也。""一云狙，伏伺也。謂狙之伺物，必伏而候之，故今云'狙候'是也。"是狙爲狙伺而取之也。周官序官蜡氏注云："蜡，讀如'狙司'之'狙'。"釋文："蜡，清預反。"郊特牲云："蜡也者，索也。""合聚萬物而索饗之也。"蔡邕獨斷云："蜡之言索也。祭日索此八神而祭之也。""蜡"與"狙"，聲同義近，故鄭君讀從之。卷十云"挹、攎，取也。南楚之間凡取物溝泥中謂之挹，或謂之攎"，"挹"，音"粗黎"。"攎，仄加反。"説文："挹，挹也。""歔"，又取也。釋名〔釋姿容〕："攎，又也，五指俱往叉取也。"今俗猶謂五指取物曰攎，聲如渣。張衡西京賦云"攎狒猬，批窳㺊"，薛綜注云："攎、批，皆謂戟撮之。""挹"、"攎"、"歔"，與"狙"聲義亦相近。"狙"，俗本誤作"狚"，并脱注文。永樂大典本又誤作"但"，注同。盧氏據宋本訂正。戴氏改正文作"挹"，又改注"狙，伺也"三字爲"音粗黎"，則與卷十內重出，非是。

**暥、睩，視也。東齊曰暥，吳揚曰睩。**　注 今中國亦云目睩也。**凡以目相戲曰暥。**　音義 暥，烏拔反。睩，音略。

　　箋疏 廣雅〔釋詁一〕"暥，視也"，玉篇"烏澗、烏矜二切"。

前卷二云："睩，眄也。吳揚江淮之間或曰睩。"廣雅〔釋詁一〕"睩，視也"，玉篇"來各、來灼二切"，云："盼也。"宋玉神女賦云："目略微眄。""略"與"睩"通。

注"目睩"二字，或闕，或訛作"暥睩"，今據宋本訂正。

"凡以目相戲曰暥"，此又一義也。説文："暥，目戲也。詩曰：'暥婉之求。'"李善注張衡西京賦引韓詩作"燕婉"，薛君章句云："好貌。"今邶風新臺篇作"燕婉"，毛傳云："安也。"蓋齊、魯詩説也。目戲謂之暥，猶耳戲謂之瞁也。玉篇“瞁，耳戲也”，音“烏鴈切”。“瞁”與“瞁”，聲同微轉耳。

## 遥、廣，遠也。梁楚曰遥。

箋疏 廣雅〔釋詁一〕：“遥，遠也。”楚辭招魂“倚沼畦瀛兮，遥望博”，王逸注同。“遥”、“遠”，語之轉耳。重言之則曰“遥遥”。廣雅〔釋訓〕：“遥遥，遠也。”昭二十五年左氏傳云：“遠哉遥遥。”

小爾雅〔廣言〕云：“廣，遠也。”“廣”之言曠也。荀子解蔽篇“則廣焉能弃之矣”，楊倞注：“廣，讀爲曠，遠也。”漢書五行志〔中之上〕“師出過時茲爲廣”，李奇音“曠”。趙策云：“曠遠於趙而近於大國。”陸機五等論云“先王知帝業至重，天下至曠”，盧諶贈劉琨詩“苟非異德，曠世同流”，李善注並引廣雅：“曠，遠也。”“曠”與“廣”通。

## 汩、遥，疾行也。 注 汩汩，急貌也。南楚之外曰汩，或曰遥。 音義 汩，于筆反。

箋疏 說文：“汩，治水也。”“淈，水流也。”“汩”、“淈”，聲同義各別。此訓“疾行”，字當作“淈”，書傳通作“汩”，假借字也。廣韻〔質韻〕“淈”又作“汩”，非是。廣雅〔釋詁一〕：“汩，疾也。”漢書禮樂志云“卉汩臚”，顔師古注：“卉汩，疾意也。”莊子達生篇“與齊俱入，與汩偕出”，郭象注云：“磨翁而旋入者，齊也；回伏而湧出者，汩也。”司馬彪云：“汩，涌波也。”楚辭離騷“汩余若將不及兮”，王逸注：“汩，去貌，疾若水流也。”重言之則曰“汩汩”。廣雅〔釋訓〕：“汩汩，流也。”淮南原道訓：“混混汩汩。”義亦同也。

“遥”，通作“搖”。廣雅〔釋詁一〕：“搖，疾也。”卷二云：“搖扇，疾也。燕之外鄙朝鮮洌水之間曰搖扇。”楚辭九章〔抽思〕云：“願搖起而橫奔。”王延壽夢賦云：“羣行而奮搖，忽來到吾前。”玉篇：“遙，疾行也。以周切，又音遥。‘遶’，同上。”廣韻〔宵韻〕“遙，疾行也”，與“遥”同音，“又音由。或作‘繇’”。並字異義同。

## 蹇、妯，擾也。 注 謂躁擾也。人不静曰妯，秦晉曰蹇，齊宋曰妯。 音義 妯，音迪。

箋疏 說文：“擾，煩也。”“蹇，跛也。”上文“逴、騷、㠊，蹇也。吳楚偏蹇曰騷，齊〔楚〕晉曰遌”，注云：“跛者行跣踔也。”卷二云“遌，驚也。自關而西秦晉之間，凡蹇者或謂之遌，體〔而〕偏長短亦謂之遌”，注云：“行略遌也。”李善注木華海賦云：“跣踔，波前卻之貌。”又注嵇康琴賦引廣雅：“跌踔，無常也。”又注陸機文賦云：“今人以不定爲跌踔。不定，亦無常也。”又引莊子秋水篇“夔謂蚿曰：‘吾以一足趻踔而行’”，釋之曰：“謂腳長短也。”皆躁擾不靜之意也。

爾雅〔釋詁〕：“妯，動也。”小雅鼓鐘篇“憂心且妯”，毛傳同。釋文音“勑留反”，云：“徐又直留反。郭音爾雅盧叔反，又音迪。”説文“怞，㥜也”，引詩作“怞”，音“直又反”。“㥜”，疑“恨”之訛。廣雅〔釋詁三〕：“妯，擾也”，曹憲音“抽”。楚辭九章有抽思篇。“怞”、“抽”，並與“妯”通。

注“躁擾”，説文：“譟，擾也。”故云謂躁擾也。“擾”、“擾”，古今字。

# 絓、挈、偞、注古“熒”字。介，特也。楚曰偞，晉曰絓，秦曰挈。物無耦曰特，獸無耦曰介。　注傳曰：“逢澤有介麋。”音義絓，音乖。挈，口八反。

箋疏 説文“絓，繭滓絓頭也”，段氏玉裁云：“謂繰時繭絲成結，有所絓礙，工女蠶功畢後，別理之爲用也。”案：別理之，是特之義也。廣雅〔釋詁三〕：“絓、挈、特，獨也。”“絓”，曹憲音“口乖反”。

説文：“挈，麻一耑也。”又人部“係”字注云：“挈束也。”是一耑猶一束也。“挈”與“挈”，聲近義同。

衆經音義卷一云：“熒，古文‘惸’、‘傫’二形。”“傫”，即“偞”之訛。洪範云“無虐煢獨”，孟子梁惠王篇〔下〕作“惸獨”。唐風杕杜篇：“獨行睘睘。”周頌閔予小子“嬛嬛在疚”，漢書匡衡傳引作“煢煢”，哀十六年左氏傳“煢煢余在疚”，説文及周官大祝注引並作“懁懁”。説文：“趄，獨行也。讀若煢。”“煢”、“惸”、“偞”、“睘”、“嬛”、“懁”、“趄”，古字並通。

廣雅〔釋詁三〕“介，獨也”，玉篇、集韻〔怪韻〕、類篇引並作“齐”。“齐”與“介”同。昭十四年左氏傳云“收介特”，杜預注云：“介特，單身民也。”史記張耳陳餘傳“獨介居河北”，集解引臣瓚曰：“介，特也。”楚辭九思〔怨上〕

“哀我〔兮〕介特”，王逸注：“介特，獨也。”張衡思玄賦“子不羣而介立”，舊注：“介，特也。”馬融廣成頌云：“察淫侈之華譽，顧介特之實功。”案：介特，皆獨也。介特之功，猶言獨有之功也。李賢注云：“介特，謂孤介特立也。”失之。“介”，經傳通作“个”。秦誓“若有一介臣”，釋文：“介，本作‘个’。”左氏傳或云“一介行李”，或云“一个行李”，皆是也。戴侗六書故引唐本説文：“箇，或作个，半竹也。”一竹兩分之，則爲二个，故月令云“左个右个”，是个亦特也。

　　“物無耦曰特，獸無耦曰介”者，玉篇引作“畜無偶曰齐”。“偶”與“耦”同。説文“特，特牛也”，段氏玉裁云：“特本訓牡，陽數奇，故爲凡單獨之稱，一與一爲耦，故‘實維我特’，‘求爾新特’，毛傳並云：‘特，匹也。’”士昏禮“其實特豚”，鄭注：“特，猶一也。”晉語〔二〕“子爲我具特羊之饗”，韋昭注：“特，一也。凡牲，一爲特，二爲牢。”是物無耦爲特也。哀十四年左氏傳云：“逢澤有介麋焉。”是獸無耦爲介也。

## 飛鳥曰雙，鴈曰乘。

　　**箋疏** 説文：“雙，隹二枚也。”又云：“隻，鳥一枚。从又持隹。持一隹曰隻，二隹曰雙。”襄二十八年左氏傳：“公膳日雙雞。”宣五年公羊傳“其諸爲其雙雙而俱至者與”，何休注云：“言其雙行匹至，似於鳥獸。”

　　“乘”，隸變作“乘”。揚子解嘲云“乘鴈集不爲之多，雙鳬飛不爲之少”，李善注引方言作“四鴈曰乘”。周官校人“乘馬”，鄭注云：“二耦爲乘。”凡經言乘禽、乘矢、乘壺、乘韋之屬，義與此同。是乘不專屬之鴈也。前卷二云“縢，雙也。南楚江淮之間曰縢”，音“縢”。月令“累牛騰馬”，鄭注云：“累、騰，皆乘匹之名。”“乘”、“縢”、“騰”，聲義並相近。此二句俗本及戴本並合上“綪、挈、儵、介、特也”爲一條，不提行。今從宋本提行。

## 台、既，失也。宋魯之間曰台。

　　**箋疏** 廣雅〔釋詁二〕“台，失也”，曹憲音“夷”。説文：“駘，馬銜脱也。”“駘”與“台”，聲義相近。

　　廣雅〔釋詁二〕：“既，失也。”莊子應帝王篇云：“吾與女既其文，未既其

實。”案：未既其實，猶言不失其實也，與下文“立未定，自失而走”正相對，李
頤訓“既”爲“盡”，非其義矣。“宋魯”，舊本並同，惟盧本作“魯宋”，蓋誤倒。

既、隱、據，定也。

箋疏　“既”，猶已也。凡已然者，皆定之意也。

檀弓〔下〕“其高可隱也”，鄭注：“隱，據也。”孟子公孫丑篇〔下〕：“隱几
而臥。”説文：“㦤，所依據也。讀與隱同。”“㦤”與“隱”通。

釋名〔釋姿容〕：“據，居也。”僖五年左氏傳云：“神必據我。”皆定之意
也。

稟、浚，敬也。秦晉之間曰稟，齊曰浚，吳楚之間自敬曰稟。

箋疏　“稟”，本或作“懍”。衆經音義卷十引方言：“懍，敬也。”廣雅〔釋
詁一〕同，曹憲音“力甚反”。荀子議兵篇云“臣下懍然莫必其命”，楊倞注：
“懍然，悚栗之貌。”“懍”與“稟”同。

廣雅〔釋詁一〕：“浚、悛，敬也。”“悛”，猶“浚”也。史記李將軍傳云：“悛
悛如鄙人，口不能道辭。”“悛”與“浚”同。皋陶謨“夙夜浚明有家”，史記夏
本紀作“蚤夜翊明有家”。漢書禮樂志郊祀歌云“共翊翊，合所思”，顏師古
注：“翊翊，敬也。”“翊”與“浚”同義，是浚爲敬也。

悛、懌，改也。自山而東或曰悛，或曰懌。　注　論語曰：“悦而不懌。”音
義　悛，音銓。懌，音奕。

箋疏　廣雅〔釋詁三〕：“悛、改，更也。”泰誓〔上〕“惟受罔有悛心”，成十
三年左氏傳“康猶不悛”，襄四年又云“翌猶不悛”，某氏傳、杜預注並云：
“悛，改也。”

廣雅〔釋詁三〕：“懌，更也。”“更”與“改”同義。小雅頍弁篇云“既見君
子，庶幾説懌”，鄭箋云：“言我已得見幽王諫正之，則庶幾其變改，意解懌
也。”案：經文“説懌”與論語“悦懌”同。箋云“庶幾其變改意解懌也”者，倒
文耳，猶言王庶幾其喜説而變改也。

注“悦而不懌”，子罕篇文。今本作“説繹”。“説繹”、“悦懌”，古今字。

坻、坦，場也。梁宋之間蚍蜉犁鼠之場謂之坻，　注　犁鼠，蚡鼠也。蟓場

謂之坥。　注 螾，蛐蟮也。其糞名坥。　音義 坁，水派。坥，癃疽。塲，音
傷。螾，音引。

　　箋疏 衆經音義卷十一引埤蒼云："塲，鼠垤也。"揚子答劉歆書云："又
〔言〕恐雄爲太玄經，由鼠坁之與牛塲也。"卷十一云："蚍蜉，其塲謂之坁，或
謂之垤。"廣雅〔釋詁三〕："垤、坁，塲也。""塲"、"塲"，古今字。潘岳藉田賦
云"坁塲染屨"，李善注引此文，云："浮壤之名也，音傷。"亦作"壤"。隱三年
穀梁傳疏云："壤字爲穀梁音者，皆爲傷，徐邈亦作塲。麋信云：'齊魯之間，
謂鑿地出土、鼠作穴出土皆曰壤。'""壤"與"塲"，字異聲義並同。

　　説文"坁，小渚也"，或从"水"从"夊"作"汦"。王氏懷祖〔廣雅疏證釋詁
三〕云："天將雨，則蟻聚土爲封以禦淫，爲水中之坁，故謂之坁。秦風兼葭
篇云'宛在水中坁'，是也。"緯案：蟻卵嘗褁坁中，因而蟻卵亦謂之坁。爾雅
〔釋蟲〕"蚍蜉，其子坁"，郭注云："坁，蟻卵也。"是也。"蚍蜉"，説詳卷十一。

　　注"䶂鼠，蚡鼠也"者，説文："䶂，耕也。""蚡，地中行鼠，伯勞所化也。
一曰偃鼠"，或从"虫"、"分"作"蚡"。爾雅〔釋獸〕"蚡鼠"，郭注云："地中行
者。"此鼠，田鼠之類，亦飛鳥所化。生於田中，穴地而行，起土成封，若蚍蜉
坁然，故同名爲坁。廣雅〔釋獸〕："鼹鼠，蚡鼠。"周官草人"墳壤用麋"，鄭
注："故書'墳'作'盆'。鄭衆云：'墳壤多盆鼠也。'"莊子逍遙遊篇云："偃鼠
飲河，不過滿腹。"名醫別錄"鼹鼠在地中行"，陶注云："一名隱鼠，一名蚡
鼠，常穿地中行。"蘇頌本草圖經云："卽化爲駕者也。"是此鼠爲伯勞所化，
後又化爲駕，以其常行地中，故謂之隱鼠，亦謂之偃鼠。"偃"與"鼹"通，皆
"隱"聲之轉也。又以起土上出，故亦謂之䶂鼠。爾雅〔釋獸〕疏云："謂起土
若耕，因名云。"是也。"䶂"，舊本並譌作"䶂"。爾雅釋文、正義及玉篇所引
並作"犁"。"䶂"、"犁"，古今字。

　　説文："蝾，螾也。""螾，側行者"，或从"引"作"蚓"。考工記梓人"卻行，
仄行"，鄭注云："卻行，螾衍之屬。仄行，蟹屬。"兩家異説。案：蚯蚓實卻
行，鄭説爲長。劉昌宗云："螾衍，或作'衍蚓'，今曲蟮也。"爾雅〔釋蟲〕"蟥
蚓，蜸蠶"，郭注云："卽蛩蟮也，江東呼寒蚓。""蟥蚓"、"蚯蚓"、"曲蟮"，皆聲之

轉也。“蟺”與“蟮”同。崔豹古今注〔蟲魚〕云：“蚯蚓，一名蜿蟺，善長吟於地中，江東謂之歌女，或謂之鳴砌。”“蜿”與“蜒”亦同。又轉而爲“蠢蝡”、爲“朐忍”。高誘注淮南時則訓云：“蚯蚓，蠢蝡也。”六書故：“蚯蚓，古謂朐肕，又謂曲蟺。”後漢書吳漢傳李賢注“朐肕縣，屬巴郡”，引闞駰十三州志云：“其地下溼，多朐肕蟲，因以名縣。”朐音蠢，肕音忍〔1〕。

　　説文云：“益州部謂蚯蟺曰坥。”此云“梁宋”，疑“梁益”之訛。按：蚯蚓食槁壤，其糞嘗出土上，故謂之坥，猶石上有土謂之岨也。説文“岨，石戴土也”，引周南卷耳篇曰：“陟彼岨矣”，毛傳云：“石上戴土曰岨。”是也。

　　注“其糞名坥”，今醫方謂之“蚓樓”，是。

**偍、用，行也。** 注 偍偕，行貌。**朝鮮洌水之間或曰偍。** 音義 偍，度指反。

　　**箋疏** 説文：“偍偍，行貌也。是支切。”廣雅〔釋詁一〕“偍，行也”，曹憲音“直駭反，又仕紙反”。廣韻〔紙韻〕：“偍，行皃。”“偍”，通作“徥”、“媞”。荀子修身篇：“難進曰偍。”爾雅〔釋訓〕“媞媞，安也”，孫炎注云：“媞媞，行步之安也。”魏風葛屨篇云：“好人提提。”楚辭七諫〔怨世〕“西施媞媞而不得見”，王逸注引詩作“媞媞”。檀弓篇〔上〕“吉事欲其折折爾”，鄭注“折折，安舒貌”，引詩曰：“好人提提。”“提”、“折”，與“偍”亦通。餘互見卷二“凡細而有容或曰偍”下。

　　注“偍偕，行貌”者，卷二注云：“言偍偕也。”廣韻〔皆韻〕：“徘偕，行惡”也。“偍偕”，舊本作“〔偍〕皆”，戴本改作“偍偍”，音“度指反”。舊本“指”誤作“揩”，宋本作“指”，今並訂正。

　　賈誼新書大政下篇云：“士能言道而弗能行者謂之器，能行道而弗能言者謂之用。”是“用”爲“行”也。

**鋪頌，索也。東齊曰鋪頌，猶秦晉言抖藪也。** 注 謂斗藪舉索物也。 音義 鋪，音敷。

――――――――

〔1〕 “六書故”至“肕音忍”五十四字原無，據廣本、徐本補。

　　**箋疏**　上文:"索,取也。自關而西曰索。""索"與"索"同。"鋪頒"之言布班也。張衡東京賦云:"布教頒常。"皆徧賦與之義,與取正相反,然則鋪頒之爲索,猶治謂之亂、香謂之臭、賦之爲予授也。晉語〔四〕云"賦職任功",韋昭注云:"賦,授也。"呂氏春秋分職篇云"出高庫之兵以賦民",高誘注云:"賦,予也。"皆是也。

　　"抖藪",疊韻字。衆經音義卷十四引通俗文:"斗藪謂之㩉𥀍。"難字云:"斗擻,㩉𥀍也。江南言斗擻,北人言㩉𥀍。"律文作"抖揀"二形,引此注文云:"斗㩅,舉也。"又卷十八引作"舉之也"。"㩅",即"擻"之訛。玉篇:"抖擻,起物也。"廣韻〔厚韻〕:"抖擻,舉貌。"莊三十一年公羊傳云"臨民之漱浣也",何休注云:"無垢加功曰漱,去垢曰浣。齊人語也。"疏云:"謂但用手矣","又取其斗漱耳,若以里語曰斗漱也。"内則云"冠帶垢,和灰請漱。衣裳垢,和灰請澣",鄭注云:"手曰漱,足曰澣。""斗㩅"、"抖揀"、"斗漱",並與"抖藪"同,與"搜索"義相近。

## 參、蠡,分也。　注　謂分割也。齊曰參,楚曰蠡,秦晉曰離。　音義　蠡,音麗。

　　**箋疏**　廣雅〔釋詁一〕:"參,分也。""參"者,間厠之名。曲禮〔上〕云:"離坐離立,毋往參焉。"王粲登樓賦云:"夜參半而不寐兮。"高誘注呂氏春秋愛士篇云:"兩馬在邊曰驂。""驂"與"參",聲同義近。

　　玉篇:"蠡蠡,行列貌,薄之而欲破也。"通作"劙"、"攦"。卷十三云"劙,解也",廣雅〔釋詁一〕同。荀子彊國篇云"劙盤盂,刎牛馬",楊倞注:"劙,割也。"又賦篇云"攦兮其相逐而反也",注云:"'攦'與'劙'同。攦兮,分判貌。""離",猶蠡也。卷七云:"斯,離也。"廣雅〔釋詁一〕:"離、斯,分也。"士冠禮"離肺實于鼎",鄭注:"離,割也。"列子仲尼篇"形名離也",張湛注云:"離,猶分也。"

## 㿉、披,散也。東齊聲散曰㿉,器破曰披。秦晉聲變曰㿉,器破而不

殊其音亦〔1〕謂之黐，器破而未離謂之璺。南楚之間謂之㪏。 音義 璺，音問。㪏，妨美反，一音圮塞。

　　箋疏 説文：“㪔，分離也。”“散，雜肉也。”“敊，飛㪔也。”經傳通作“散”，即“散”之隸變字。

　　説文：“黐，散聲。”衆經音義卷十四引方言：“甈，聲散也。”又卷二引埤蒼同。集韻〔支韻〕引字林：“甈，甕破也。”宋本作“庎”。史記河渠書“乃庎二渠以引其河”，集解引漢書音義云：“庎，分也。”卷七又云：“斯，離也。齊陳曰斯。”陳風墓門篇“斧以斯之”，毛傳：“斯，析也。”大雅板篇“無獨斯畏”，鄭箋：“斯，離也。”春秋繁露度制篇云：“是大亂人倫而靡斯財用也。”漢書王莽傳〔中〕云：“莽爲人”“大聲而嘶”，顏師古注：“嘶，聲破也。”王逸注楚辭九歌〔河伯〕云：“澌，解冰也。”“黐”、“甈”、“斯”、“嘶”、“澌”，聲同，義並相近。是凡言“黐”者，皆破散之意也。

　　説文：“披，從旁持曰披。”又曰：“柀，析也。”廣雅〔釋詁三〕：“披，散也。”成十八年左氏傳云“今將崇諸侯之姦而披其地”，杜預注云：“披，猶分也。”昭五年又云“又披其邑”，注云：“披，析也。”史記魏其武安傳云：“此所謂枝大於本，脛大於股，不析必披。”經傳皆借“披”爲“柀”，此亦同。

　　廣雅〔釋詁二〕：“璺，裂也。”衆經音義卷十〔四〕引通俗文：“凡病而璺璺而聲散曰甈。”周官太卜“掌三兆之灋，一曰玉兆，二曰瓦兆，三曰原兆”，鄭注云：“其象似玉瓦原之璺罅，是用名之焉。”沈重注云：“璺，玉之坼也。”素問六元正紀大論篇云“厥陰所至，爲風府，爲璺啟”，王冰注云：“璺，微裂也。啟，開坼也。”今人猶名器微裂爲璺，是古之遺語也。“璺”，即“舋”之異文。亦作“釁”。衆經音義卷一云：“釁，瑕隙也。”器破而未離謂之璺，取牲血以塗器之罅隙亦謂之釁。説文：“釁，血祭也。”孟子梁惠王篇〔上〕“將以釁鐘”，趙岐注云：“新鑄鐘，殺牲以血塗其釁郄，因以祭之曰釁。”漢書高帝紀〔上〕“釁鼓”，應劭曰：“釁，祭也。殺牲以血塗鼓釁呼爲釁。”“呼”同“罅”。

---

〔1〕 “其音亦”原作“亦其音”，據廣本、徐本改。

案：凡言釁廟、釁鐘、釁鼓、釁寳鎮寳器、釁龜筴、釁宗廟名器，皆同以血塗之，因薦而祭之也。樂記又作"衈"，俗字。案："釁"從"分"得聲，故又通作"熏"、"薰"。齊語"三釁三浴"，或作"三薰"。吕氏春秋本味篇"湯得伊尹，釁以犧猳"，風俗通作"熏以萑葦"。漢書"豫讓釁面吞炭"，師古注："釁，熏也。"〔1〕

注"音問"，今俗尚有打破砂盆釁到底之語，正讀如"問"，"虚振切"。

廣韻五旨"攽"與"杞"同紐，引方言云："器破而未離，南楚之間謂之攽。又匹支、芳鄙二切。"又五支"跛"與"鈹"同紐，云："器破而未離。又皮美切。"玉篇："跛，器破也。音披。"是"跛"即"攽"之異文。説文："帗，幭裂也。幭，殘帛也。"是帗爲殘帛裂也。急就篇〔卷二〕："帗敝囊橐不值錢。""帗"與"攽"聲同，義亦相近。

音内"杞"字，俗本誤作"把"，今據宋本及廣韻引訂正。

## 縉、緜，施也。秦曰縉，趙曰緜。吳趙之間脱衣相被謂之縉緜。 注 相覆及之名也。 音義 縉，音旻。

箋疏 廣雅〔釋詁三〕："縉緜，施也。""縉緜"，雙聲字。説文："吳人解衣相被謂之縉。"大雅抑篇"言緡之絲"，毛傳："緡，被也。"王風葛藟篇"緜緜葛藟，在河之滸"，毛傳："緜緜，長不絶之貌。"鄭箋云："葛藟生于河之厓，得其潤澤，以長大而不絶。喻王之同姓，得王之恩施，以生長其子孫。"是緜緜亦施之意也。連言之則爲"縉緜"矣。

## 㖉、愊，滿也。凡以器盛而滿謂之㖉， 注 言涌出也。腹滿曰愊。 注 言勑愊也。 音義 㖉，音踴。愊，妨逼反。

箋疏 廣雅〔釋詁一〕"㖉，滿也"，曹憲音"勇"。"㖉"之言涌也。説文："涌，滕也。""滕"與"騰"同。素問五常政大論云"其動漂泄沃涌"，王冰注云："涌，溢也。"釋水："濫泉正出。正出，涌出也。"詩〔大雅瞻卬〕疏引李巡注云："從下上出曰涌。""涌"與"㖉"通。

---

〔1〕　"按"至"熏也"五十九字原無，據廣本、徐本補。

廣雅〔釋詁一〕"愊，滿也"，曹憲音"皮逼反"。後卷十三"膉，滿也"，注云："愊膉，氣滿也。"漢書陳湯傳"策慮愊億"，顏師古注云："愊億，憤怒之貌。"馮衍顯志賦云："心愊憶而紛紜。"衆經音義卷十二引方言："畐，滿也。""愊"作"畐"。説文"畐，滿也"，玉篇音"普逼、扶六二切"，云："腹滿謂之涌，腸滿謂之畐。""畐"與"愊"通。又云："餔，飽也。""稫，稫稄，滿貌。"義亦與"愊"同也。"愊"，俗本作"偪"，戴本同，宋本作"愊"，與廣雅〔釋詁一〕合。今訂正。

**傒醯、冉鐮，危也。東齊掎物而危謂之傒醯，偽物謂之冉鐮。** 　音義 醯，醯酢。冉，音髯。掎，居枝反。

　　箋疏 廣雅〔釋詁一〕"傒醯、冉鐮，危也"，曹憲"傒"，音"兮"，"鐮，力霑反。""鐮"，俗本作"鐮"，今從宋本。"鐮"與"鐮"同。

　　玉篇："掎，俱爲切，戴也。"卷九云"偽謂之扤。扤，不安也"，注云："船搖動之貌。"是危之意也。

**紕、繹、督、雉，理也。秦晉之間曰紕。凡物曰督之，** 注 言正理也。 **絲曰繹之。** 注 言解繹也。 　音義 紕，音毗。繹，音亦。

　　箋疏 廣雅〔釋詁二〕："紕，理也。"鄘風干旄篇"素絲紕之"，毛傳云："紕，所以織組也。總紕於此，成文於彼。"總紕，猶言總理矣。韋昭魯語〔下〕注云："庀，治也。"治，亦理也。"庀"與"紕"，聲近義同。

　　説文："繹，抽絲也。"衆經音義卷九引三蒼云："繹，抽也，解也。"是"紕"與"繹"，皆絲之理也。謝惠連雪賦云："王乃尋繹吟翫。"

　　釋詁云："督，正也。"周官大祝"禁督逆祀命者"，鄭注同。僖十二年左氏傳云："謂督不忘。"考工記匠人鄭注云："分其督旁之脩。"疏云："中央爲督。督者，所以督率兩旁。"莊子養生主篇云"緣督以爲經"，李頤注："督，中也。"王冰注素問骨空論云："所以謂之督〔脈〕者，以其督領經脈之海也。"説文："裻，背縫也。"晉語〔一〕"衣之偏裻之衣"，韋昭注云："裻在中，左右異色，故曰偏裻。"説文："襡，衣躬縫。讀若督。"是凡言"督"者，皆居中以正理庶物之義也。衆經音義卷七引方言云："督，理也，察也。"又卷五引云："督，察也,理也。"今卷十二"察也"條內無"督"字,疑有脱文。

廣雅〔釋詁二〕:"雉,理也。"昭十七年左氏傳云"五雉,爲五工正,利器用,正度量,夷民者也",杜預注:"夷,平也。"正義云:"雉聲近夷,雉訓夷,夷爲平,故以雉名工正之官,使其利便民之器用,正丈尺之度斗斛之量,所以平均下民也。樊光、服虔注云:'雉者,夷也。夷,平也。使度量器用平也。'"是雉爲正理也。

㳄、注古"豩"字。吕,長也。東齊曰㳄,宋魯曰吕。

箋疏　説文:"㳄,況詞也。"小雅常棣、大雅桑柔"況"並作"兄"。説文:"兄,長也。"廣雅〔釋詁二〕"㳄"作"豩","長也"。"豩"與"㳄"同。中山經云"丙山多㳄杻",注云:"㳄,義所未詳。"案:㳄杻者,長杻也。釋木云:"杻,檍。"唐風山有樞篇"隰有杻",毛傳同。正義引陸機義疏云:"爲木多曲少直。"蓋丙山之杻獨長,故以㳄杻立名而特著之耳。"㳄"之言引也。爾雅〔釋詁〕:"引,長也。"説文:"紖,牛系也。讀若㳄。"按:牛系必長,説文:"縱,以長繩繫牛也。"是也。廣雅〔釋詁二〕"縱"、"紖"並訓"係",係亦長也。秦風小戎篇"陰靷鋈續",毛傳:"靷,所以引也。"周官小宰注"屬其六靷",釋文云:"劉音引。或作'引'。"荀子王霸篇云"縣縣常以結引馳外爲務",楊倞注:"縣縣,不絶貌。'引',讀爲'靷'。靷,引軸之物。結引,謂繫於軸所以引車也。""靷"與"紖"同,皆長之意也。

廣雅〔釋詁二〕:"吕,長也。"莊子達生篇云"孔子觀於吕梁",釋文引司馬彪注云:"吕梁,河水有石絶處也。"案:絶處,猶言渡處。廣雅〔釋詁二〕:"絶,渡也。"河水有石渡處,是吕梁爲長梁矣。

踘、膌,力也。東齊曰踘,注律踘,多力貌。宋魯曰膌。膌,田力也。注謂耕墾也。

箋疏　廣雅〔釋詁二〕"踘,力也",曹憲音"巨勿反"。玉篇:"踘,足多力也。"集韻〔迄韻〕或作"趉"。説文:"趉,走也。讀若無尾之屈。"玉篇:"趉,卒起走也。"又通作"屈"、"掘"。漢書陸賈傳"屈强於此",顏師古注云:"屈强,謂不柔服也。"後漢書王劉張李彭盧傳論云"能掘强歲月之間",李賢注:

"掘強，謂強梁也。"義與"踞"並相近。下卷七云"膌，儋也"，注云："擔者用膌力，因名云。"

廣雅〔釋詁二〕："膌，力也。"衆經音義卷十三引方言云"宋魯謂力曰旅。旅，田力也"，注同。是本或作"旅"。戴氏云："'膌'與'旅'通。詩小雅：'旅力方剛。'"是也。王氏懷祖〔廣雅疏證釋詁二〕云："大雅桑柔篇云：'靡有旅力。'秦誓云：'番番良士，旅力既愆。'周語云：'四軍之帥，旅力方剛。'義並與'膌'同。'膌'、'力'，一聲之轉。今人猶呼力爲膌力，是古之遺語也。舊訓'旅'爲'衆'，皆失之。"戴氏又云"膌，田力也"之"膌"，當作"墾"，舉卷十二内"墾，力也"注云"耕墾用力"爲證，非是。案：衆經音義引作"旅"，不作"墾"，可證"膌"字之不誤。

瘱、謕，審也。齊楚曰瘱，秦晉曰謕。　音義　瘱，瘱埋，又翳。謕，音瓜蒂。

箋疏　説文"宷，悉也，知宷諦也"，篆文作"審"。"瘱，静也。""静，審也。"集韻〔霽韻〕引廣雅："瘱，審也。"漢書外戚傳〔下〕云"爲人婉瘱有節操"，顔師古注云："瘱，静也。"通作"嫕"、"恣"。宋玉神女賦"澹清静其愔嫕兮"，李善注引説文："嫕，静也。"五臣本文選作"恣"。並字異義同。

説文："謕，理也。"下文："諰、謕，諟也。"玉篇："諟，審也，諦也。"是"諰"與"瘱"，"謕"與"諟"、"諦"，聲義並同。單言之則曰"諰"、曰"謕"，連言之則曰"諰謕"。玉篇："諰謕，審諦"也。是也。

諰謕，諟也。　注　諟亦審，互見其義耳。吳越曰諰謕。　音義　諰，音翳。謕，亦音蒂。諟，音帝。

箋疏　説見上條。舊本注作"亦審諟，互見其義耳"，誤。今從歸安丁杰校本。

揞、揜、錯、摩，藏也。荆楚曰揞，吳揚曰揜，周秦曰錯，陳之東鄙曰摩。　音義　揞，烏感反。錯音酢。

箋疏　廣雅〔釋詁四〕："揞、揜、錯、摩，藏也。"玉篇："揞，藏也。"説文："揜，覆也。"廣韻〔鐸韻〕："錯，摩也。"〔又戈韻〕："摩，隱也。"大學云"揜其不善而著其善"，鄭注："揜讀爲厭。厭，閉藏之貌也。"王氏懷祖云："揞，猶揜也,方俗語有侈斂耳。廣韻:'揞,手覆。'覆,亦藏也。今俗語猶謂手覆物爲揞矣。大戴禮曾子制言篇云'君子錯在高山之上,深澤之污,聚橡栗藜藿而食之,生耕稼以老十室之邑。'是錯爲藏也。考工記弓人'强者在内〔而〕摩其筋',鄭注云:'摩,猶隱也。'隱,亦藏也。"藏",舊本譌作"滅",戴氏據廣雅、玉篇、廣韻校改。

## 祛摸,去也。齊趙之總語也。祛摸,猶言持去也。

箋疏 廣雅〔釋詁二〕:"祛,去也。"荀子榮辱篇云"胠於沙而思水",楊倞注云"胠"與"祛"同,引方言:"祛,去也。齊趙之總語。"殷仲文南州桓公九井詩"惑祛吝亦泯",李善注引薛君韓詩章句云:"祛,去也。"揚子羽獵賦"抾靈蠵",韋昭注:"抾,捧也。"顏師古注云"抾,挹抾也。又音祛",引鄭氏曰:"抾,音怯。"馬融廣成頌云"抾封豨",李賢注云:"抾,音劫,古字通。"荀子修身篇云"刦之以師友",楊倞注:"刦,奪去也。""刦"與"劫"同。"祛"、"胠"、"怯",與"抾"同。戴氏據"祛摸,猶言持去"之義改"祛"作"抾",盧氏從之。按:廣雅〔釋詁二〕"去也"條内又有"抾莫"二字連文,蓋本此,是張揖所見方言"祛"作"抾"、"摸"作"莫",與今本及楊倞所見本各別。今仍從舊本。

潘岳關中詩"亂離斯瘼",李善注云"瘼,宜爲'莫'。言亂離之道,於此將散",引韓詩曰:"亂離斯莫。薛君曰:'莫,散也。'"散,亦去也。"摸"、"莫"、"瘼",字異義同。

## 舒勃,展也。東齊之間凡展物謂之舒勃。

箋疏 釋言"展,適也",郭注云:"得自申展,皆適意。"廣雅〔釋詁三〕:"舒,展也。"又〔釋詁四〕云:"展,舒也。"楚辭九歌〔東君〕云"展詩兮會舞",王逸注云:"展,舒也。"是"舒"與"展"同。"勃",今吳語猶然。

## 摳揄,旋也。秦晉凡物樹稼早成熟謂之旋,燕齊之間謂之摳揄。

箋疏 "旋"之言還也。齊風還篇云"子之還兮",毛傳云:"還,便捷之貌。"韓詩作"嫙",云:"好貌。""嫙"與"旋"通。

廣雅〔釋詁一〕:"摳,舉也。"玉篇:"摳,苦溝切,挈衣也。"列子黃帝篇"以瓦摳者巧",殷敬順釋文云:"摳,探也,以手藏物探而取之曰摳,亦曰藏彋。”卷十二云：“揄，脱也。”連言之則曰“摳揄”。挈取其揄脱，即僖十五年左氏傳所言“歲云秋矣，我落其實而取其材”之意也。

絚、[1]筳，竟也。秦晉或曰絚，或曰竟，楚曰筳。　音義　絚，岡鄧反。筳，湯丁反。

　　箋疏　説文“絚，竟也”，廣雅〔釋詁三〕同。班固答賓戲云：“絚以年歲。”楚辭九歌〔東君〕云“緪瑟兮交鼓”，王逸注：“緪，一作‘絚’。”又招魂云“姱容脩態，絙洞房些”，注云：“絙，竟也。”“絙”與“絚”同。通作“恆”。小雅天保篇“如月之恆”，釋文云：“亦作‘絚’。”考工記弓人“恆角而短”，鄭注云：“恆，讀爲絚。絚，竟也。”亦作“亙”。漢書諸侯王表云“亙九嶷”，孟康曰：“亙，竟也。”班固西都賦云“北彌明光而亙長樂”，張衡南都賦“亙望無涯”，李善注並引方言：“亙，竟也。”“亙”與“絚”，古字通。舊本二“絚”字，上作“糸”旁“亙”，下作“糸”旁“恆”，並同。今從舊本。

　　“筳”，廣雅〔釋詁三〕作“挺，竟也”，玉篇“達鼎切”。“挺”與“筳”通。

搄、剿，續也。秦晉續折謂之搄，繩索謂之剿。　音義　搄，音㪍。剿，音妾。

　　箋疏　“搄”，舊本並從“手”，戴氏據廣雅〔釋詁二〕、玉篇並訓“縆”爲“續”，以爲義本方言，改此上“搄”字從“糸”作“縆”，下“搄”字仍從“手”作“搄”。盧本二“搄”字並改作“縆”。案：“縆，續也”已見卷一。戴氏誤以“未續”連文爲讀，説見前。此卷復出“搄”，自當別爲一字，且“縆”、“搄”並音“㪍”，“縆”之或作“搄”，猶“剿”之或作“綌”，“剿”之或作“緤”也。若亦作“縆”，此爲重出，或謂方言之文，每多疊見，然必確有所據，始可改易原文，否則近於偏見。今仍從舊本。淮南氾論訓云：“綌麻索縷。”又人間訓云：“婦人不得剿麻考縷。”“搄”、“縆”、“綌”、“剿”，字異義同。

　　廣雅〔釋詁二〕“剿，續也”，曹憲音“魚劫反，又且葉反”。又云“緲緤，縫也”，“緤，魚劫反”。玉篇：“緲緤，續縫也。緤，緲緤。”廣韻〔葉韻〕：“緲緤，

―――――――――――

〔1〕“絚”廣本、徐本作“緪”。

補衣"也。説文:"緁,緁衣也。"廣韻〔葉韻〕:"緁,連緁也。"音"且葉切"。"鍱"、"緁",聲並與"剿"同,義亦相近。

**擘,楚謂之紉。** 注 今亦以綫貫針爲紉。 **音義** 擘,音檗。紉,音刃。

箋疏 衆經音義卷九引廣雅"擘,分也",音"補革反"。玉篇同。高誘注淮南要略訓云:"擘,分也。"内則云:"塗皆乾,擘之。"考工記旊人"髺墾薜暴",鄭注:"薜,破裂也。"喪大記"絞一幅爲三,不辟",正義云:"古字假借,讀辟爲擘。"孟子滕文公篇〔下〕"妻辟纑",趙岐、劉熙注並云:"緝績其麻曰辟。"孫奭音義:"音劈。"今俗語緝麻析其縷曰劈。並字異義同。

説文:"紉,繩繩也。"廣雅〔釋言〕:"紉,劈也。"玉篇:"紉,繩縷也,展而績之也。"内則篇:"衣裳綻裂,紉箴請補綴。"楚辭離騷云"紉秋蘭以爲佩",王逸注:"紉,索也。"洪興祖補注引方言誤蒙上條作"續,楚謂之紉"。絲麻皆因緝績以成繩縷,因即謂擘爲紉矣。

**閻苫,開也。東齊開户謂之閻苫,楚謂之閻。** 注 亦"開"字也。

箋疏 説文"閻,里中門也",或從"土"作"壛"。李賢注後漢書班彪傳引字林云:"閻,里中門也。"李善注張衡西京賦與字林同。荀子儒效篇"雖隱於窮閻漏屋",楊倞注:"閻,里門也。"楚辭大招"曲屋步壛",王逸注:"壛,一作'檐'。"司馬相如上林賦"步檐周流",李善注云:"步檐,長廊也。"集韻〔鹽韻〕"檐"與"簷"同。卷十三云"閻,開也",注云:"謂開門也。"門謂之閻,開門亦謂之閻,義相因也。

"苫",各本譌作"笘",宋本惟下"苫"字不誤,今訂正。廣雅〔釋詁三〕:"閻苫,開也。""苫",各本譌作"苦",影宋鈔本、皇甫本作"苫"。戴氏據誤本廣雅改"苫"作"苦",非是。案:"閻苫",疊韻字。衆經音義卷六引字林:"苫,舒鹽反,茅苫也。"釋器云"白蓋謂之苫",郭注云:"白茅苫也。今江東呼〔爲〕蓋。"衆經音義卷十四、卷十六並引李巡注云:"編菅茅〔1〕以覆屋曰苫。"士喪禮下篇"寢苫",鄭注云:"苫,編藁。"襄十四年左氏傳云"被苫蓋",

---

〔1〕 "茅"原作"毛",據廣本、徐本改。

杜預注云:"蓋,苫之別名。"説文:"苫,蓋也。""蓋,苫也",徐鍇傳云:"編茅也。"楊倞注荀子宥坐篇云:"蓋音盍,户扇也。""盍"與"闔"同。説文:"闔,門扉也。一曰:閉也。"閉門謂之闔,猶開户謂之苫。是"苫"之爲開,與"闔"正同,亦義之相因者也。説文"開,張也",古文作"開"。"闓,開也",廣雅〔釋詁三〕同。衆經音義卷十三引聲類云:"闓,亦'開'字。"繫辭〔上〕"開物成務",釋文:"開,王肅作'闓'。""闓"與"開",聲侈弇耳。

**杼、柚,作也。東齊土作謂之杼,木作謂之柚。**

　　箋疏　此釋工作之名也。

　　説文:"杼,機持緯者。"

　　"柚",通作"軸"。玉篇"軸,除六切,杼木作軸也。"説文:"軸,持輪也。"持輪謂之軸,猶機持經謂之軸、舟舵謂之舳也。工作謂之"杼柚"者,亦取制服之義,與"杼軸"同。土作、木作,今俗語猶然。戴氏云:"此蓋釋詩'小東大東,杼柚其空'之義。"案:方言與爾雅,似未可以一例,與詩無涉。戴説非也。

**厲、卬,爲也。　注　爾雅曰:"俶、厲,作。"作,亦爲也。甌越曰卬,吳曰厲。**

　　箋疏　釋詁"厲,作也",郭注引隱五年穀梁傳曰:"始厲樂矣。"何休注以爲"能自減厲",與郭異義。又釋言:"作,爲也。"廣雅〔釋詁三〕:"厲,爲也。"皋陶謨"庶明厲翼",疏引鄭注云:"厲,作也。以衆賢明作輔翼之臣。"

　　二"卬"字,舊本並同。戴氏據廣雅〔釋詁三〕"印,爲也"曹憲音"於信反"改作"印"。按:爾雅〔釋詁〕疏全引此條文皆作"卬",可證"卬"之不誤。且"卬"之爲"爲",亦惟見廣雅。若必概改爲"印",則廣雅出而方言可廢矣。盧氏仍從舊本作"卬",云:"'卬'與'昂'通,有激厲之意,與"爲"訓相近。"今案:漢書王章傳"其妻謂章曰:'今疾病困厄,不自激卬,而反涕泣'",如淳注曰:"激厲抗揚之意也。"司馬相如長門賦云"意慷慨而自卬",李善注云:"自卬,激厲也。"大雅卷阿疏引孫炎釋訓注云:"卬卬;志氣高遠也。"是"卬"與"厲"同,故"甌越曰卬,吳曰厲",皆奮厲激卬,欲有所作爲之意也。

**戲、憚,怒也。齊曰戲,楚曰憚。**

箋疏　廣雅〔釋詁二〕“戲、憚，怒也”，王氏疏證曰：“‘戲’，讀當爲‘赫戲’之‘戲’。楚辭離騷‘陟陞皇之赫戲兮’，王逸注：‘赫戲，光明貌。’張衡西京賦‘叛赫戲以輝煌’，薛綜注云：‘赫戲，炎盛也。’盛光謂之赫戲，盛怒亦謂之赫戲，故廣雅‘赫’、‘戲’並訓爲‘怒’也。‘憚’，亦盛怒貌也。大雅桑柔篇云：‘逢天僤怒。’‘僤’與‘憚’通。秦策云：‘王之盛亦憚矣。’憚亦威之盛，義與‘僤怒’之‘僤’相近。高誘〔注〕以‘憚’爲‘難’，失之。史記春申君傳‘憚’作‘單’，古字假借耳。司馬貞以‘單’爲‘盡’，亦失之。周語‘陽癉憤盈’，舊音引方言：‘楚謂怒爲癉。’‘癉’與‘憚’，古亦通用。”

恚、嗳，恚也。　注　謂悲恚也。楚曰恚，秦晉曰嗳，皆不欲膺而強畣之意也。

箋疏　説文：“恚，恨也。”通作“哇”。謝靈運擬陳琳詩云：“哀哇動梁埃。”

卷十二云“恚、嗳，哀也”，注云：“嗳，哀而恚也。音段。”宋本作“音喚”。廣雅〔釋詁二〕：“恚、嗳，恚也。”“嗳”，曹憲音“呼館”、“虎元”二反。玉篇作“虛元切”。“虎”，卽“虛”之譌。廣韻〔換韻〕：“嗳，恚也。”玉篇：“愌，恨也。”“愌”與“嗳”同。説文：“諼，詐也。”文三年公羊傳云“此伐楚也，其言救江何？爲諼也”，何休注：“諼，詐”也。漢書藝文志云：“尚詐諼而棄其信。”息夫躬傳云：“虛造詐諼之策，欲以誆誤朝廷。”説文：“誆，誤也。”誤，亦欺也。韓策〔一〕云：“誆誤人主。”息夫躬傳云：“疾誆誤之臣，思黃髮之言。”“誆”與“恚”，“諼”與“恚”、“嗳”，聲並相近。“諼”、“誆”，皆欺詐之意，故廣雅〔釋詁二〕並訓爲“欺”。是惡其欺詐，故中心不欲膺而強畣之也，正恚之意也。

俊、艾、長，老也。東齊魯衞之間凡尊老謂之俊，或謂之艾。　注　禮記曰：“五十爲艾。”周晉秦隴謂之公，或謂之翁。南楚謂之父，或謂之父老。南楚瀑洭之間　注　洭水，在桂陽。母謂之媓，謂婦妣曰母姼，稱婦考曰父姼。　注　古者，通以考妣爲生存之稱。　音義　瀑洭，暴匡兩音。姼，音多。

箋疏　衆經音義卷四引方言曰：“叟、父、長，老也。東齊魯衞之間凡尊老者謂之叟。”又卷十六引文曰：“叟、父、長，老也。”是本或作“叟”。説文“叟，老也”，或从“人”作“傁”。孟子梁惠王篇〔上〕“王曰叟”，趙岐注：“叟，長老之稱也，猶父也。”僞孫奭疏引劉熙注：“叟，長老之稱，依皓首之言。”宣十二年左氏傳云“趙傁在後”，杜預注云：“傁，老稱也。”“傁”與“叟”同。

釋詁：“艾，長也。”釋名〔釋長幼〕云：“五十（云五十）曰艾。艾，乂也；乂，治也，治事能斷割芟刈無所疑也。”廣雅〔釋詁一〕：“艾，老也。”曲禮〔上〕云“五十曰艾”，鄭注同。孔晁注逸周書謚法解又云：“七十曰艾。”與禮異説，非郭意也。

漢書高帝紀云：“幾敗乃公事。”又田叔傳云“學黃老（之）術於樂鉅公”，顏師古注云：“公者，老人之稱也。”又眭弘傳云“從嬴公（以）受春秋”，注云：“公，（是）長老之號耳。”長老謂之公，故父亦謂之公。魏策〔一〕云：“陳軫將行，其子陳應止其公之行。”列子云：“家公執席前。”是也。父謂之公，父天下者亦謂之公。郊祀志〔上注〕云：“天子爲天下父，謂之鉅公。”亦稱“天公”。後漢書南匈奴傳云“棄蔑天公”，李賢注云：“天公，謂天子也。”是也。

“翁”與“公”，聲相近。漢書匈奴傳〔上〕云“漢使馬邑人聶翁壹間闌出物”，顏師古注云：“翁者，老人之稱也。”老人謂之翁，故父亦謂之翁。史記項羽紀云：“吾翁卽若翁。”漢書匈奴傳〔上〕“廼使劉敬奉宗室女翁主爲單于閼氏”，注云：“諸王（家）女曰翁主者，言其父自主婚。”是也。

史記馮唐傳：“文帝問唐曰：‘趙將李齊之賢，父知之乎？’又曰：‘父老何自爲郎？’”漢書高帝紀〔上〕曰：“父老苦秦法久矣。”

注“洭水，在桂陽”者，説文云：“洭水，出桂陽縣盧聚，南出洭浦關爲桂水。”“南出”二字，舊訛作“山”。案：桂陽郡桂陽縣，郡縣同名，二志〔1〕同。前志“桂陽”下曰：“匯水南至四會入鬱，過郡二，行九百里。”“匯”，卽“洭”之訛。二郡，謂桂陽、南海也。水經〔匯水〕曰：“洭水出桂陽縣盧聚，東南過含洭縣，南出洭浦關爲桂水。”前志：“南海中宿縣，有洭浦官。”酈道元水經注

---

〔1〕“志”原作“字”，於義難通，據文義改。

〔洭水〕作“關”。“官”,卽“關”之訛。今廣東廣州府連州州治,卽漢縣地。今洭水出連山縣,東南流,經連州英德縣清遠縣,合湞水,經三水縣,至廣州府城西,入西江以入海。前志所謂入鬱,今北江也。其出洭浦關,在今清遠縣。酈氏曰桂水者,洭之別名也。又按:洭水,亦名湟水,亦作“潢水”。史記出桂陽,下匯水,“匯”,亦“洭”之訛。漢書作下湟水,是也。水經注引山海經湟水,今海內東經作“潢水”,云:“潢水出桂陽西北山,東南注肆水,入敦浦西。”“潢”,卽“湟”,聲之訛耳。水經〔溱水〕又云“溱水過湞陽縣,出洭浦關,與桂水合”,注引山海經“敦浦”作“郭浦”。是“敦”卽“郭”之訛。“郭”、“洭”,聲相近。

廣雅〔釋親〕“媓,母也”,曹憲音“皇”。玉篇同。廣韻〔唐韻〕:“媓,女媓,堯妻。”帝繫作“女皇”。按:“媓”之言皇也。周語〔下〕曰:“則我皇姒大姜之姪。”其但謂之“媓”者,猶楚辭離騷云“皇覽揆余(于)初度兮”,王逸注:“皇,皇考也。”蓋母亦然也。“皇”與“媓”通。

釋親云:“父曰考,母曰妣。”

廣雅〔釋親〕云“妻之父謂之父妿,妻之母謂之母妿”,曹憲音“多可反,亦音多”。又云“爹,父也”,音“大可反”。廣韻〔哿韻〕:“爹,北〔方〕人呼父”也。“妿”與“爹”同音。説文云:“江淮之間謂母曰媞。”“媞”、“爹”,聲並與“妿”相近。

注“古者,通以考妣爲生存之稱”者,郭氏爾雅〔釋詁〕注引禮記曰:“生曰父母〔妻〕,死曰考妣〔嬪〕。”今世學者從之。案:尚書曰:“大傷厥考心。”“事厥考厥長。”“聰聽祖考之彝訓。”“如喪考妣。”公羊傳:“惠公者何? 隱公之考也。仲子者何? 桓之母也。”倉頡篇曰:“考妣延年。”明此非死生之異稱矣。

**巍、嶕、崝、嶮,高也。** 注 嶕嶢、崝嶜,皆高峻之貌也。

**箋疏** 説文“巍,高也。從嵬,委聲”,俗省“山”作“魏”。孟子盡心篇〔下〕云“勿視其巍巍然”,孫奭音義:“本作‘魏’。丁公著云:‘當作巍’。”莊子知北游篇:“魏魏乎其終則復始也。”又天下篇:“魏然而已矣。”通作“巋”。

天下篇又云“巋然而有餘”，釋文云：“巋，本或作‘魏’。亦通作“嵬”。説文：
“嵬，高不平也。”爾雅〔釋山〕：“石戴土謂之崔嵬。”周南卷耳篇：“陟彼崔
嵬。”並字異義同。

“嶤”之言堯也。説文：“堯，高也。”“垚，土高也。”左思吳都賦：“爾其山
澤，則嵬嶷嶤屼。”揚子甘泉賦：“直嶢嶢以造天兮。”張協七命云：“爾乃嶤榭
迎風。”

玉篇：“崝，仕耕切，崝嶸，高峻貌。”楊子河東賦云：“陟西岳之嶢崝。”張
衡思玄賦云：“蹈玉階之嶤崝。”玉篇“崝”與“崝”同。

又：“嶮，魚檢切，山嶮也。”郭氏江賦云：“壯天地之嶮介。”嵇康琴賦云：
“丹崖嶮巇，青壁萬尋。”是崝嶮爲高也。

注“嶕嶤、崝嶜，皆高峻之貌”者，説文：“嶣嶤，山高貌。”“嶣”與“嶕”同。
廣雅〔釋詁四〕：“嶕嶤，高也。”〔1〕玉篇“嶸，崝嶸”，亦作“嶜”同。楚辭遠遊
云：“下崝嶸而無地兮。”宋玉高唐賦云：“俯視崝嶸。”漢書西域傳〔上〕：“臨
崝嶸不測之深。”此與“高”義並異。案：“嶕嶤”、“崝嶸”皆疊韻字，並爲形容
之辭。深下謂之崝嶸，高峻亦得謂之崝嶜也。且字皆從“山”，於“高”義爲
近。“嶜”字舊本並同，戴本改作“嶸”。各本脱“皆”字，今從曹毅之本補。

## 猒、塞，安也。　注 物足則定。

箋疏 説文“猒，飽也”，或从“旨”作“猒”。荀子儒效篇云“猒猒其能長
久也”，楊倞注：“猒，足也。”是猒爲安定之意也。通作“厭”。洛誥云：“萬年
厭于乃德。”秦風小戎篇“厭厭良人”，毛傳：“厭厭，安静貌。”亦作“愿”、
“愔”。釋訓“愿愿，安也”，郭注云：“安詳之容。”説文“愿，安也”，引詩曰“愿
愿夜飲”，“於鹽切”。今小雅湛露篇作“厭厭”，毛傳：“厭厭，安也。”釋文及
魏都賦注引韓詩作“愔愔”，列女傳同。昭十二年左氏傳“祈招之愔愔”，杜
預注：“愔愔，安和貌。”嵇康琴賦云“愔愔琴德”，李善注引韓詩：“愔愔，和悦
貌。”宋玉神女賦：“澹清静其愔嫕兮。”王褒洞簫賦作“厭瘱”。説文：“瘱，静

---

〔1〕 “廣雅”至“高也”六字原無，據廣本、徐本補。

也。”並字異義同。

　　皋陶謨篇云“剛而塞”，某氏傳云：“剛斷而實塞。”説文“寨，實也”，引虞書作“剛而寨”。夏本紀作“剛而實”。廣雅〔釋詁一〕：“愿、寨，安也。”“寨”與“實”通。邶風燕燕篇“其心塞淵”，毛傳云：“塞，瘱也。”“瘱”與“嫕”、“瘱”並通。是猒塞猶愔嫕、厭瘱也。釋文云：“瘱，崔本作‘實’。”皆字異義同。卷十（二）云：“屑屑，不安也。秦晉謂之屑屑，或謂之塞塞，或謂之省省，不安之語也。”以相反爲義也。

## 悏、惏，憐也。　音義　悏，音凌。惏，亡主反。

　　箋疏　卷一云“悏、憮、憐，哀也。趙魏〔燕〕代之間曰悏，自楚之北郊曰憮”，注云：“悏，亦憐耳。”説文：“憐，哀也。”是“憐”與“哀”同義。卷一又云：“憮、憐，愛也。韓鄭曰憮，汝潁之間曰憐，宋魯之間或曰憐。憐，通語也。”説文：“憮，愛也。韓鄭曰憮。”“愛”與“哀”，聲義並相近。吕氏春秋報更篇云“人主胡可以不〔務〕哀士”，高誘注云：“哀，愛也。”檀弓〔下〕云：“哭而起，則愛父也。”愛，亦哀也。互見卷一諸條下。

　　“惏”，舊本並同。釋詁“惏，愛也”，郭注云：“惏，韓鄭語。”“愛”與“憐”，義相近。

　　音“亡主反”“反”字，盧本誤作〔“也”〕字。

## 掩、翳，薆也。　注　謂蔽薆也。詩曰：“薆而不見。”　音義　薆，音愛。

　　箋疏　釋言“薆，隱也”，郭注云：“謂隱蔽。”楚辭離騷云：“衆薆然而蔽之。”説文：“薆，蔽不見也。”“僾，仿佛也”，引邶風静女篇“僾而不見”。今詩作“愛”。廣雅釋言：“愛，僾也。”大雅烝民篇“愛莫助之”，毛傳：“愛，隱也。”“愛”、“隱”，聲之轉耳。廣雅釋訓：“曖曃，翳薈也。”衆經音義卷六引作“靉靆”。“薆”、“薆”、“僾”、“愛”、“曖”、“靉”，並字異義同。

　　“掩”、“翳”、“薆”，亦一聲之轉。月令云“處必掩身”，鄭注云：“掩，猶隱翳也。”説文：“晻，（日）不明也。”廣雅〔釋詁二〕：“晻，障也。”又云：“晻、薆、翳，障也。”楚辭離騷“揚雲霓之晻藹兮”，王逸注云：“晻藹，猶菴鬱，蔭貌也。”張衡南都賦云：“晻曖蓊蔚。”張充與王儉書云：“弱霧輕煙，乍林端〔而〕

菴〔藹〕。”“藹”、“掩”、“晻”、“菴”，亦字異義同。卷十三云“翳，掩也”，注：
“謂掩覆也。”廣雅〔釋詁二〕：“翳、薈，障也。”釋木云“蔽者翳”，郭注云“樹陰
翳覆地者”，引大雅皇矣篇：“其檉其翳。”詩疏引李巡注云：“木勢將下偃垂
陰委地者曰翳。”宣二年左氏傳“宣子田于首山，舍于翳桑”，杜預注：“翳桑，
〔桑〕之多蔭翳者。”楚語〔下〕云“好縱過而翳諫”，韋昭注云：“翳，障也。”孫
子行軍篇“軍行有險阻、潢井葭葦、山林翳薈者”，魏武注云：“翳薈，可屏蔽
之處也。”左思詠史詩“歸來翳負郭”，李善注引方言：“翳，蔓也。”通作“殹”。
卷十二云“殹，幕也”，注云：“謂蒙幕也。音醫。”“殹”與“翳”，聲義並相近。

佚惕〔1〕，緩也。　音義　佚惕，跌唐兩音。

　　箋疏　此條舊本並同，戴氏據廣雅〔釋詁一〕“勶婸，婬也”之文改“惕”作
“婸”、“緩”作“婬”。盧本仍舊，云：“‘佚’與‘惕’、‘佚蕩’、‘佚惕’、‘勶婸’、
‘跌宕’皆同。漢書揚雄傳云‘爲人簡易佚蕩’，張晏曰：‘佚音鐵，蕩音讜。’
晉灼曰：‘佚蕩，緩也。’正本此。又蕭該云：‘蕩，亦作‘惕’。韋昭音‘佚’爲
‘替’，‘惕’爲‘黨’。又李善注江淹恨賦引揚子傳作‘跌宕’。戴氏遽從廣雅
改此文，不考之漢書〔注〕，非是。”繹案：“佚惕”，雙聲字，亦作“跌踢”。說文
“跌，踢也。踢，跌踢也”，徐鍇傳曰：“跌踢，過越不拘也。”玉篇“徒結、徒
郎”，云：“跌踢也。”廣韻十六屑同，云：“跌踢。”文十一年穀梁傳云：“兄弟三
人，佚宕中國。”後漢書孔融傳云“又前與白衣禰〔衡〕跌蕩放言”，李賢注：
“跌蕩，無儀檢也。”與“佚惕”亦同。倒言之則曰“踢跌”。廣韻〔唐韻〕“踢，
踢跌，頓伏貌”，音“唐，又吐郎切”。又作“俶儻”。廣雅〔釋訓〕“俶儻，卓異
也”，曹憲音釋：“上汀歷，下他朗。”漢書禮樂志云：“志俶儻，精權奇。”司馬
相如封禪文“奇物譎詭，俶儻窮變”，李善注引漢書音義云：“俶儻，卓異也。”
又子虛賦“俶儻瑰偉”，郭注云：“俶儻，猶非常也。”分言之則曰“俶”、曰
“儻”。枚乘七發云：“惚兮恍兮，俶兮儻兮。”亦作“倜儻”。玉篇：“倜，倜儻。
他激切。”“倜儻也”引封禪文作“倜儻”。又：“儻，他朗切，不覊”也。徐鉉說

文新附字：“倜儻，不羈也。”集韻〔宕韻〕：“倜儻，大志也。”司馬遷報任安書云：“惟倜儻非常之人稱焉。”要皆爲形容之詞，本無定字，與“緩”義並相近。又案：後卷十云“遥、窕，淫也。九嶷荆郊之鄙謂淫曰遥”，注云：“言〔心〕遥蕩也。”又云“婬、愓，遊也”，音“愓”爲“羊”。莊子大宗師篇：“女將何以遊夫遥蕩。”張揖合此數文而云“劭婸，婬”，非必本於方言明矣。“遥蕩”、“佚愓”、“遥窕”，一聲之轉。“遥窕”訓“淫”，“佚愓”亦訓爲“婬”，豈非重出乎？盧説是，戴説非也。今亦從舊本。

# 輶軒使者絕代語釋別國方言箋疏卷第七

諄憎，所疾也。宋魯凡相惡謂之諄憎，若秦晉言可惡矣。 音義 諄，之潤反。

　　箋疏 廣雅〔釋詁四〕："諄憎、誺，苦也。""誺"與"疾"通。秦誓云："冒疾以惡之。"高誘注淮南精神訓云："苦，猶疾也。"荀子哀公篇云"無取口啍"。"口啍，誕也"，楊倞注云"'啍'與'諄'同"，引方言作"齊魯凡相疾惡謂之諄憎"。韻會〔震韻〕同。説文"憝，怨也"，康誥曰"凡民""罔不憝"，某氏傳云："人無不惡之者。"孟子萬章篇〔下〕作"譈"。廣雅〔釋詁三〕："憝，惡也。""憝"，玉篇又作"懟"同。法言重黎篇"楚懟羣策，而自屈其力"，李軌注："懟，惡也。"又修身篇"君子微慎厥德，悔吝不至，何元懟之有"，注："元懟，大惡也。""諄"、"啍"、"憝"、"譈"、"懟"，字異義同。邶風北門篇"王事敦我"，毛傳："敦，厚也。"荀子議兵篇云"有離俗不順其上（者），則百姓莫不敦惡"，楊倞注："敦，厚也。"説文："敦，怒也，詆也。""敦"與"諄"，聲義並相近。案：詩言以役事與之，則無所謂厚，蓋"王事敦我"，猶言以王事詆怒我也。"百姓莫不敦惡"，猶凡民罔不憝也。是"敦"、"諄"亦同，注家並訓"敦"爲"厚"，失之。説文："憎，惡也。"廣雅〔釋詁三〕同。周語〔中〕云："其叔父實應且憎。"説文："惡，過也。烏各切。""誤，相毀也。一曰畏誤也。宛古切。"廣韻〔暮韻〕作"誤"，音"烏路切"。是美惡字作"惡"，愛惡字作"誤"，今書傳並作"惡"。案：昭七年左氏傳云"魯衛惡之"，杜預注云："受其凶惡。"釋訓云"居居、究究，惡也"，郭氏注云："皆相憎惡。"是"惡"字兼美惡、愛惡二義。

杜、蹶，躍也。趙曰杜，注 今俗語通言躍如杜，杜黎子躍，因名之。山之東西或曰躇。　注 郯〔1〕躇，燥澀貌。　音義 躇，音笑噱。

箋疏 説文：“澀，不滑也。从四止。”楚辭七諫〔初放〕云“言語訥澀”，王逸注云：“澀者，難也。”卷十“忸怩，慙澀也”，注云：“澀，猶苦者。”風俗通十反篇云：“冷澀比如寒蜒。”石門頌云：“道路澁難。”“澀”、“澁”，並與“澀”同。

廣雅〔釋詁三〕：“杜、躇，澀也。”莊子應帝王篇云“是殆見我杜德機也”，郭象注云：“德機不發曰杜。”崔譔云：“塞吾德之機。”衆經音義卷五引賈逵國語注云：“杜，塞也。”“塞”與“澀”，聲義並相近。

“杜梨子澀，因名之”者，釋木云“杜，甘棠”，郭注云：“今之杜梨。”又云“杜，赤棠。白者棠”，注云：“棠色異，異其名。”唐風〔杕杜〕“有杕之杜”，毛傳云：“杜，赤棠也。”疏引樊光注云：“赤者爲杜，白者爲棠。”六書故引舍人注略同，是以色異其名也。説文云：“牡曰棠，牝曰杜。”是又以性殊其名也。諸家皆與郭異，惟詩疏又引陸機疏云：“赤棠與白棠同耳，但子有赤白美惡，子白色爲白棠、甘棠也，少酢，滑美。赤棠子澀而酢，無味，俗語云：澀如杜。”與此注正合。

“躇”，曹憲音“虛虐反”。“音笑噱”“噱”字，俗本作“謔”，宋本作“噱”，與廣韻正合，今訂正。

佻、抗，縣也。趙魏之間曰佻，自山之東西曰抗。燕趙之郊縣物於臺之上謂之佻。　注 了佻，縣物貌。　音義 佻，丁小反。

箋疏 説文“縣，繫也。从系持県”，徐鉉云：“此本是‘縣系’之‘縣’，借爲‘州縣’之‘縣’，今俗加‘心’別作‘懸’。”又“県，到首也。賈侍中説〔此〕斷首到縣字。古堯切”。

廣雅〔釋詁四〕：“佻、抗，懸也。”“縣”、“懸”，古今字。“佻”，本或作“了”。衆經音義卷十三云“了了，又作‘紒’同，丁皎反”，引方言云：“了，懸也。趙魏之間曰了。郭璞曰：了了，懸貌也。”是玄應所見本“佻”作“了”。玉篇：“了，丁了切，懸物貌也。”“了”，廣韻〔篠韻〕：“懸皃。”王延壽王孫賦：

---

〔1〕 丁杰、盧文弨曰：“‘郯’字與‘郤’同，音隙。或改作‘卻’，非也。”

“乚瓜懸而瓟垂。”説文禾部：“秒，禾危采也。都了切。”案：“危采”蓋謂禾過
熟而不收則穎欲斷落，卽齊民要術所云“刈晚則穗折，遇風則減收”也。玉
篇：“秒，懸〔物〕也。”廣韻〔篠韻〕：“秒，禾穗垂皃。”“秒”與“乚”，聲義並同。
王氏懷祖〔廣雅疏證釋詁四〕云：“今俗語懸物爲弔，聲（亦）相近也。”

　　小雅瓠葉篇云“有兔斯首，炮之燔之”，毛傳云“毛曰炮，加火曰燔”。又
云“燔之炙之”，傳云：“炕火曰炙。”鄭箋云：“凡治兔之宜鮮者，毛炮之，柔者
炙之，乾者燔之。”正義云：“炕，舉也，謂以物貫之，而舉於火上以炙也。”案：
“炕”，卽“抗”之假借字，此云“抗，縣也”，是其義也。又生民傳曰：“傅火曰
燔。貫之加於火上曰烈。”又鄭注禮運云：“炮，裹燒之也。燔，加于火上也。
炙，貫之火上也。”貫之舉而加于火上，卽抗火也。小雅賓之初筵篇“大侯既
抗”，毛傳：“抗，舉也。”箋云：“舉鵠而棲之於侯也。”考工記梓人云“故抗而
射女”，鄭注云：“抗，舉也，張也。”義亦相近也。俗本注脱“貌”字，宋本有，
與衆經音義〔卷十三〕所引正合，今據補。

## 發、税，舍車也。東齊海岱之間謂之發，注 今通言發寫也。宋趙陳魏 之間謂之税。　注 税，猶脱也。　音義 舍，宜音寫。

　　箋疏 注讀“舍”爲“寫”，“今通言發寫”，曲禮〔上〕云：“器之溉者不寫，
其餘皆寫。”“寫”義與“卸”同。説文：“卸，舍車解馬也。讀若汝南人寫書之
寫。”是“發寫”卽“發卸”。

　　“發”，釋詁作“廢”，云“廢，舍也”，郭注云：“舍，放置。”周官太宰云“廢
置，以馭其吏”，鄭注云：“廢，猶退也。”又中庸注云：“廢，猶罷止也。”宣八年
公羊傳云“廢其無聲者”，何休注：“廢，置也。”周語〔中〕“富辰曰：‘小怨置大
德’”，韋昭注：“置，猶廢也。”楚辭招魂“娛酒不廢，沈日夜些”，王逸注云“不
廢”猶“不發”。是“廢”與“發”同。戴氏云：“蓋釋詩‘齊子發夕’之義，言夕
而解息車徒也。”按：“齊風載驅首章云“齊子發夕”、次章云“齊子豈弟”，毛
傳云：“發夕，自夕發至旦。”鄭箋云：“此‘豈弟’猶言‘發夕’〔也〕。‘豈’讀當
爲‘闓’。‘弟’，古文尚書以‘弟’爲‘圛’。圛，明也。”韓詩云：“發，明也。”王
逸注楚辭招魂云：“發，旦也。”旦亦明也。商頌長發篇“玄王桓撥”，韓詩

"撥"作"發",云:"明也。"廣雅〔釋詁四〕:"明,發也。"是"發"與"明"同義,"發夕",猶小雅小宛篇"明發"也。鄭君以三章言"翺翔"、四章言"遊敖"爲相類,惟二章言"豈弟"與"發夕"爲不類,故特爲破字作"闓圛",則上言"發夕"謂初夜,下言"闓明"謂侵明,於文義始相類且順。若作"夕而解舍車徒"解,則與次章"豈弟"、"闓圛"之義皆爲不類矣,且方言之作非爲釋詩,其説非也。

釋詁"税,舍也",郭注云:"詩曰:'召伯所税。'"今召南甘棠篇作"説",毛傳云:"説,舍也。"周官典路云"辨其名物,與其用説",鄭注云:"説,謂舍車也。"士昏禮"主人説服于房",注云:"今文'説'〔皆〕作'税'。"釋文:"説,言脱也。"昭二十一年左氏傳云:"説甲于公而歸。""税"、"説"、"脱",古字並通。

**肖、類,法也。齊曰類,西楚梁益之間曰肖。秦晉之西鄙自冀隴而西** **注** 冀縣,今在天水。**使犬曰哨,西南梁益之間凡言相類者亦謂之肖。** **注** 肖者,似也。 **音義** 哨,音騷。

**箋疏** 廣雅〔釋詁一〕:"肖,灋也。""灋"與"法"同。法言學行篇云:"螟蠕之子,殪而逢蜾蠃祝之曰:類我類我。久則肖之矣。速哉,七十子之肖仲尼也!"通作"宵"、"俏"。漢書刑法志"夫人宵天地之額",應劭注:"宵,類也。頭圓象天,足方象地。"列子力命篇云"佹佹成者,俏成也,初非成也。佹佹敗者,俏敗〔者〕也,初非敗也",張湛注"俏,音肖",云:"似也。""宵"、"俏",並與"肖"同。

釋詁:"類,善也。"按:類爲善,猶不肖爲不善也。緇衣篇"身不正,言不信,則義不壹,行無類也",鄭注:"類,謂比式。"釋文云:"比方法式"也。楚辭九章〔懷沙〕云"吾將以爲類兮",王逸注云:"宜以我爲法度。"太玄毅次七:"觥羊之毅,鳴不類。測曰:觥羊之毅,言不法也。"荀子勸學篇云"羣類之綱紀也",楊倞注:"類",法也。廣雅〔釋詁四〕又云:"肖、類,象也。"管子七法篇云:"義也名也時也似也類也比也狀也,謂之象。"義並相通也。説文云:"肖,骨肉相似也。不似其先,故曰不肖。"衆經音義卷十三引作方言,蓋誤也。説文又云："類，種類相似，惟犬爲甚。"相似謂之類，亦謂之肖，故法謂之肖，亦謂之類也。

注"冀縣，〔今〕在天水"者，漢書地理志〔下〕"天水郡，武帝元鼎三年置"。"冀縣，禹貢朱圉山在縣南梧中聚"，顔師古曰："'圉'，讀與'圍'同。"郡國志冀縣屬漢陽郡。晉志天水郡統縣六，冀其一也。説文："驥，千里馬也，孫陽所相者。天水有驥縣。"與諸史異，今甘肅鞏昌府伏羌縣是其地，冀縣故城在縣南。

説文："哨，不容也。才笑切。"玉篇"嗾，蘇走、先奏二切"，引方言云："秦晉冀隴謂使犬曰嗾。"又云："唕，倉候切，或與'嗾'同。"説文："嗾，使犬聲。春秋傳曰：'公嗾夫獒。'"宣二年左氏傳釋文云："服本作'嗾'。"正義引服虔云："嗾，取也。獒，犬名。公乃嗾夫獒，使之噬盾也。"公羊傳〔宣公六年〕疏云："今呼犬謂之屬。""哨"、"嗾"、"嗾"、"屬"聲轉，字異，義並同也。

## 憎、懷，憚也。　注　相畏憚也。　陳曰懷。

箋疏　卷十三云"憚、怛，惡也"，注云："心憚懷，亦惡難也。"説文："憚，忌難也。"屯釋文引賈逵周語注云："難，畏憚也。""難"與"憚"義同，故廣雅〔釋詁三〕"憎、懷、畏、憚"並訓爲"難"。又〔釋詁四〕云："憎，苦也。"大雅雲漢篇云"我心憚暑"，鄭箋："憚，猶畏也。"釋文："鄭徒旦反，毛丁佐反。韓詩云：苦也。"是"苦"與"憚"義亦同，故"憎"又訓爲"苦"，義並相通也。"懷"，曹憲音"人尚反"。玉篇："懷，憚也，相畏也。"

## 譙、注 字或作"誚"。讙，讓也。齊楚宋衞荊陳之間曰譙，自關而西秦晉之間凡言相責讓曰譙讓，北燕曰讙。　音義　讙，火袁反。

箋疏　説文："讓，相責讓也。""攘，推也。"書傳多借"讓"爲推攘字，其實亦通，故鄭注曲禮〔上〕云："攘，古'讓'字。"

説文："譙，嬈譊也。讀若嚼。"古文作"誚"，引金縢篇："王亦未敢誚公。"管子立政篇云："里尉以譙于游宗。"韓非子五蠹篇云："父母怒之弗爲改，鄉人譙之弗爲動。"淮南修務訓云"乃整兵鳴條，困夏南巢，譙以其過，放之歷山"，高誘注："譙，責也。"連言之則曰"譙讓"。史記萬石君傳："子孫有過失，不譙讓，爲便坐，對案不食。"漢書高帝紀〔上〕"樊噲因譙讓羽"，顏師古注云："譙讓，以詞相責也。"廣雅〔釋詁二〕"譙，讓也"，王氏疏證云："説文：'譴，譙也。'字亦作'誰'。凡人相責讓，則其聲誰譙，故因謂讓爲誰，猶今人謂誰呼爲讓也。"

**僉、胥，皆也。自山而東五國之郊曰僉，**注 六國唯秦在山西。**東齊曰胥。**

　　**箋疏** 説文："皆，俱詞也。"

　　釋詁："僉、胥，皆也。"堯典"僉曰：於，鯀哉"，史記五帝紀作"皆曰鯀可"。是僉爲皆也。卷十二云"僉，夥也"，注云："僉者同，故爲夥。"

　　卷六云"胥，輔也"，注云："胥，相也。"廣雅〔釋詁二〕："胥、輔，助也。"義並相近也。衆經音義卷三引作"自關而東五國之郊，謂皆曰僉，東齊曰胥"。又卷十二引同，惟"曰"字作"爲"。

**伴莫，强也。北燕之外郊，凡勞而相勉若言努力者，謂之伴莫。**

　　**箋疏** 廣雅〔釋詁一〕"仢莫，强也"，曹憲音"牟。强，巨兩反"。玉篇："仢，〔勸〕勵也。""仢"與"伴"同。"伴"之言懋也。舜典"維時懋哉"，史記五帝紀作"維時勉哉"，皋陶謨作"懋哉懋哉"，某氏傳訓"懋"爲"勉"。家君曰：盤庚〔下〕"懋建大命"，"懋簡相爾"，石經"懋"皆作"勖"。顧命"冒貢于非幾"，馬、鄭、王本皆作"勖貢"。説文："勖，勉也。"字從"冒"聲，當音"莫候切"，與"懋"字音義並同。陸德明、徐鉉並音"許玉反"，失之。廣雅〔釋詁三〕："文，勉也。"淮南繆稱訓云"猶未之莫與"，高誘注："莫，勉之也。"合言之則曰"伴莫"，轉言之則曰"文莫"。論語述而篇"文莫吾猶人也"，韓門綴學引欒肇注："燕齊之間謂勉强爲文莫。"廣雅〔釋詁三〕："文，勉也。"説文："忞，强也。"玉篇："忞，自勉强也。""文"、"伴"，聲之輕重耳，是"文莫"與"伴莫"同。倒言之則曰"莫文"。淮南原道訓："穆忞隱閔，純德獨存。""穆忞"與"莫文"亦同。累言之則曰"伴伴"、"莫莫"。荀子榮辱篇："伴伴然唯利飲食之見，是狗彘之勇也。"又云："伴伴然〔唯〕利之見，是賈盜之勇也。"伴伴唯利之見，孟子"孜孜爲利也"，"伴伴"、"孜孜"，皆勤勉之意，楊倞注以"伴

恈"爲"愛欲之貌",引方言"牟,愛也。宋魯之間曰牟",失其義矣。釋訓:
"懋懋、慔慔,勉也。"司馬相如封禪文:"旼旼穆穆。"並字異義同。卷一云
"釗、薄,勉也。""故其鄙語曰薄努,猶勉努也",注云:"如今人言努力也。"廣
韻〔姥韻〕:"努,努力也。"通作"怒"。廣雅〔釋詁三〕:"怒,勉也。"呂氏春秋
至忠篇:"非怒王則疾不可治"也。謂欲王努力也。

傑倯,罵也。　注 羸小可憎之名也。燕之北郊曰傑倯。　音義 傑,音邛竹。

　　箋疏 廣雅〔釋詁三〕同,曹憲"傑,巨恭反。倯,音春"。玉篇"傑"字注
全引此條文,又云"謂形小可憎之貌",蓋即此注文也。前卷三云:"臧、甬,
奴婢賤稱也。陳魏宋楚之間保庸謂之甬。"云"庸"又"謂之倯,轉語也",注
云:"猶保倯也。今隴右名嬾爲倯,音相容反。"是倯猶保庸,皆罵之意也。
今吳人以厲聲罵人曰"傑",讀"渠公切",其"傑倯"之合聲與。

　　注"羸小可憎"者,後卷九云"艇小而深者謂之㯽",注云:"即長舼也。
音邛竹。"玉篇"㯽"、"舼"同,"小船也"。"倯,先恭切,小行恐貌。""松"、
"裞"同,"小襌也,音鐘。又息拱切,小袴也"。義與"傑倯"並相近,故注以
爲"羸小可憎之名"。"羸",玉篇引作"形","名"作"兒"。

展、悇,信也。東齊海岱之間曰展,燕曰悇。　注 悇,亦誠信貌。

　　箋疏 "信"、"伸",古字通用。此"信"字兼屈伸、誠信二義,"展"則二義
兼有,其誠信義已見前卷一,説亦同。

　　釋言"展,適也",注云:"得自申展,皆適意。"前卷六云:"舒勃,展也。
東齊之間凡展物謂之舒勃。"廣雅〔釋詁四〕:"展,舒也。"又〔釋詁三〕云:
"伸、展,直也。"義並通也。廣雅〔釋詁三〕:"伸,展也。""申"與"伸"同,皆展
相訓也。又揚子長楊賦"迺展人之所詘",李善注引方言"信"作"申"。案:
文選注所引諸書,凡與本書字異而聲義並同者,多改從本書以便省覽,非別
有異同,此亦然也。説文:"虸,蟲曳行也。"玉篇作"伸行",音"丑善切"。廣
雅〔釋詁二〕"鉆,長也",曹憲音"恥輦反"。廣韻〔獮韻〕:"鉆物令長。""虸"、
"鉆",聲並與"展"同。玉篇又云:"挋挸,醜長貌。""挋"亦"丑善切"。集韻
〔獮韻〕:"挸,引也。"合言之則曰"挋挸。"廣雅〔釋訓〕:"挋挸,展極也。"案:

展極,猶言伸極。邶風擊鼓篇"不我信兮",毛傳云:"信,極也。""展"、"虫"、"鉏"、"搌",字異聲義並同。是展又爲屈伸之伸也。

衆經音義卷一引倉頡解詁云:"惇,古文'敦'同。"李善注謝靈運石門新營所住詩引方言作"敦"。大戴禮王言篇云:"士信民敦。"素問上古天真論"長而敦敏",王冰注云:"敦,信也。""敦"與"惇"通。

## 斯、䉤,離也。齊陳曰斯,燕之外郊朝鮮洌水之間曰䉤。

**箋疏** 釋言"斯,離也",郭注:"齊陳曰斯。"大雅板篇"無獨斯畏",鄭箋云:"斯,離也。"疏引孫炎注云:"析之離。"列子黄帝篇云:"不知斯齊國幾千(里)萬里。"陳風墓門篇"斧以斯之",毛傳:"斯,析也。"莊子則陽篇云:"斯而析之。"分析亦離散之義。説文:"死,澌也,人所離也。"説互見前卷六"癴,散也"條下。

"䉤",舊本並譌作"搯","搯"與"離"義不相屬,當作"䉤",乃"播"之異文。衆經音義卷七云:"播,又作'譒'、'敽'、'䉤'三形。"楚辭九歌〔湘夫人〕云"䉤芳椒兮成堂",洪興祖云:"䉤,古'播'字。"此書籍中古字之僅存者。隸釋漢幽州刺史朱龜碑云"□䉤徽馨,名懿允升",魏横海將軍呂君碑"將遂䉤聲于方表,掃醜虜於南域",洪适並云:"䉤,即'播'字。"是隸字亦有作"䉤"者,與盤庚〔上〕"播告"字,説文作"譒"正同,蓋方言"離"訓字本作"䉤"。淺人少見"䉤"多見"匊",遂訛"䉤"爲"匊",又加"手"旁作"搯",幾致不可通矣,今訂正。吳語云:"今王播棄黎老。"楚辭九歎〔思古〕:"播規榘以背度兮。"是播爲離也。又音"補何切"。李善注劉越石答盧諶詩引聲類:"播,散也。"義亦同也。

## 蝎、噬,逮也。東齊曰蝎,北燕曰噬。逮,通語[1]也。 **音義** 蝎,音曷。噬,卜筮。

**箋疏** 釋詁:"逮、及、暨,與也。"釋言:"逮,及也。"又云"迨,及也",郭注云:"東齊曰迨。"説文"逮"、"隶"、"隸"並訓爲"及","逮"、"迨"、"隶"、"隸",

---

字異聲義並同。

晉語〔一〕云："君故生心，雖蝎譖，焉避之?"案："雖蝎譖，焉避之"，猶言雖及讒譖，無所逃避也，故下篇〔晉語二〕云"陷於大難，乃逮於讒"，變文言之耳，韋昭注以桑蠹釋之云："蝎，木蟲也。譖從中起，如蝎食木，木不能避。"於義迂迴，非也。"蝎"，通作"曷"。小雅四月篇"曷云能穀"，毛傳云："曷，逮也。"亦作"遏"。釋言"遏、遾，逮也"，郭注云："東齊曰遏，北燕曰遾，皆相及逮。"是郭意"遏"與"蝎"同也。

唐風有杕之杜云"噬肯適我"，毛傳："噬，逮也。"韓詩作"逝"，云："及也。"邶風日月篇"逝不古處"，傳云："逝，逮也。"疏並云："釋言文。"今爾雅作"遾"，是"逝"、"遾"，並與"噬"同。

皮傅、彈憸，强也。　注 謂强語也。秦晉言非其事謂之皮傅，東齊陳宋江淮之間曰彈憸。　音義 憸，音斂。

箋疏 後漢書張衡傳云"且河洛、六蓺，篇章已定，後人皮傅，無所容篡"，李賢注引此文釋之曰："謂不深得其精核，皮膚淺近，强相傅會也。""傅"，音附。論語顏淵篇云"膚受之愬"，馬融注云："膚受之愬，皮膚外語，非其内實"也。又張衡東京賦云"未學膚受"，薛綜注云："膚受，謂皮膚之不經於心胸。"顏師古漢書五行志注云："膚受，謂初入皮膚，以至骨髓也。""皮膚"與"皮傅"，聲近義同。

廣雅〔釋詁一〕"憚憸，强也。""憸"，曹憲音"七漸"、"四廉"二反。"憚"與"彈"通。

脯、曬、晞，暴也。東齊及秦之西鄙言相暴僇爲脯。　注 脯僇，謂相暴殊惡事。燕之外郊朝鮮洌水之間凡暴肉，發人之私，披牛羊之五藏，謂之脯。暴五穀之類，秦晉之間謂之曬，東齊北燕海岱之郊謂之晞。　音義 脯，音脯脯。曬，霜智反。○俗本"脯"下又出"普博反"三字，非是，今從戴、盧本刪。

箋疏 說文"暴，晞也。从日、出、𠬞、米"，玉篇"步卜切"，徐鉉音"薄報切"，非是。又夲部："暴，疾有所趣也。从日出𠬞夲之。薄報切。"二字形義各別，今經傳皆作“暴”，難於諟正。考工記幌氏：“涑絲以涚水，漚其絲七日，去地尺暴之。”史記司馬相如傳“暴於南榮”，索隱云：“暴，偃卧日中也。”亦讀爲暴露之暴。范甯注隱五年穀梁傳云：“乃暴師經年。”釋文亦音“步卜反”，云：“本或作‘曝’，暴露也。”

　　説文：“脯，薄脯脡之屋上”也。釋名〔釋飲食〕：“脯，迫也，薄椓肉迫著物使燥也。”成二年左氏傳云“殺而脯諸城上”，杜預注：“脯，磔也。”正義曰：“周禮掌戮‘掌斬殺賊諜而搏之’，鄭注云：“‘搏’當爲“脯諸城上”之“脯”，字之誤也。脯謂去衣磔之。’”引方言：“脯，曝也。”“曝”，俗“暴”字。漢書宣帝紀“爲取暴室嗇夫許廣漢女”，應劭曰：“暴室，宮人獄也，今曰薄室。”顏師古曰：“暴室者，掖庭主織作染涑之署，故謂之暴室，取曝曬爲名耳。或云薄室者，薄亦暴也。”今俗語猶言“薄曬”矣。

　　史記楚世家云“靈王會兵於申，僇越大夫常壽過”，索隱曰：“僇，辱也。”漢書季布傳贊曰“及至困戹奴僇”，顏師古云：“僇，古‘戮’字〔也〕。奴僇，謂髡鉗爲奴而賣之也。”義與“暴僇”相近。

　　注云“暴磔惡事”者，説文：“磔，辜也。”周官掌戮云“殺王之親者辜之”，鄭注云：“辜之言枯也，謂磔之。”大宗伯“以疈辜祭四方百物”，鄭衆從故書作“罷辜”，云：“罷辜，披磔牲以祭。”釋天云“祭風曰磔”，郭注云：“今當大道中磔狗，云以止風。”是磔者開也，張也，剔其胸腹而張之，令其乾枯不收，與“脯”同意。“披”音“普彼切”，説見前卷六“澌、披，散也”條下。

　　説文：“曬，暴也。”廣雅〔釋詁二〕同。玉篇：“曬，暴乾物也。”後卷十云“曬，乾物也。揚楚通語也”，注云：“亦皆北方通語耳。”漢書中山靖王傳云：“白日曬光，幽隱皆照。”今音變爲“所賣切”。

　　玉篇：“晞，暴也。”楚辭九歌〔少司命〕云：“晞女髮兮陽之阿。”小雅湛露篇“匪陽不晞”，毛傳云：“陽，日也。晞，乾也。”案：“陽”通作“暘”。説文：“暘，日出也。”祭義云“殷人祭其陽，周人祭日”，鄭注云：“陽讀爲‘曰雨曰暘’之‘暘’，謂日中時也。”洪範“八，庶徵，曰雨曰暘”，某氏傳云：“雨以潤物，暘以乾物。”噬嗑六三“噬腊肉”，馬融注云：“晞於陽而煬於火曰腊。”説文"昔，乾肉也。從殘肉，日以晞之"，籀文從"肉"作"臡"。"臡"、"昔"，並與"腊"同。是晞爲暴也，暴所以乾物，故乾亦謂之晞。説文："晞，乾也。"秦風兼葭篇"白露未晞"，玉藻"髮晞用象櫛"，毛傳、鄭注並同。衆經音義卷十二引方言云："晞，燥也，暴也。北燕海岱之間爲暴乾爲晞。"又卷十八引云："晞，燥也。北燕海岱之間謂暴爲晞。"蓋合後卷十三之文並引之也。

**熬、煎、注** 即"爛"字也。**煎、焣、鞏，火乾也。凡以火而乾五穀之類，自山而東，齊楚以往，謂之熬；關西隴冀以往，謂之焣；秦晉之間或謂之煎，凡有汁而乾謂之煎，東齊謂之鞏。** **音義** 煎，創眇反。焣，皮力反。鞏，拱手。

**箋疏** 説文"熬，乾煎也"，或从"麥"作"䴷"。廣雅〔釋詁二〕："䴷，乾也。"内則："煎醢加于陸稻上，沃之以膏，曰淳熬。"淮南本經訓："煎熬焚炙，調齊和之適，以窮荆吳甘酸之變。"楚辭九思〔怨上〕云"我心兮煎熬"，一本作"熬爛"。

説文："爛，熬也。"廣雅〔釋詁二〕："爛，乾也。"郭注釋草云"豨首可以爛蠶蛹"，釋文引三蒼云："爛，熬也。"衆經音義卷一、卷十四並云："炒，古文'爛'、'鬻'、'聚'、'爛'四形，今作'爛'，崔寔四民月令作'炒'，古文奇字作'櫼'。""鬻"、"爛"、"爛"、"炒"、"鬻"、"爛"、"櫼"，字並與"聚"同。"聚"之言糗也。説文："糗，熬米麥也。去九切。"玉篇又音"尺沼切"。柴誓云"峙乃糗糧"，鄭注："糗，熬穀也。"周官籩人"糗餌粉餈"，鄭衆云："糗，熬大豆與米也。"昭二十五年公羊傳云"敢致糗于從者"，何休注：'糗，糒也。"説文："糒，乾飯也。""糗"與"聚"，聲義並同。

説文："煎，熬也。"廣雅〔釋詁二〕："煎，乾也。"士喪禮下篇："凡糗不煎。"周官内饔："掌王及后世子膳羞之割烹煎和之事。"内則云："煎醢。"案：乾者，水盡之名，故後卷十三又訓"煎"爲"盡"。成二年左氏傳"余姑翦滅此而朝食"，杜預注："翦，盡也。""翦"與"煎"，義亦相近。

"焣"，初學記〔卷二十七〕引作"𤎅"，衆經音義卷九同，又卷三、卷七、卷十四、卷十八引仍作"焣"。説文"𤎅，以火乾肉也"，籀文作"𤏺"。"𤎅，符逼切。”廣雅〔釋詁二〕：“熇，乾也。”周官籩人注云：“鮑者，於福室中糗幹之。”漢書貨殖傳注引作“煏”。“煏”即“熇”之省，並與“㷅”同。説文：“糒，乾飯也。”釋名〔釋飲食〕云：“干飯，飯而暴乾之也。”暴乾飯謂之糒，火乾穀謂之㷅，義正同也，“糒”與“㷅”，聲亦相近。

　　“鞏”，即“烘”聲之轉也。説文“烘，燎也”，引小雅白華篇：“樵彼桑薪，卬烘于煁。”衆經音義卷八引廣雅：“燎，乾也。”毛傳云：“烘，燎也。煁，烓竈也。桑薪，宜以養人者也。”鄭箋云：“〔人之樵取彼〕桑薪，宜以炊饔饎之爨以養食人。桑薪，薪之善者也。我反以燎於烓竈，用炤事物而已。”釋文引説文音“巨凶”、“甘凶”二反。釋言“烘，燎也。煁，烓也”，郭注：“今之三隅竈，見詩。”舍人注：“烘，以火燎也。煁，烓竈也。”詩〔小雅白華〕疏云：“烓者，無釜之竈，其上然火謂之烘。”蓋煁非飲食之竈，若今火鑪，然可以炤物，亦可爲熏熇之用，則烘之訓燎，與方言、廣雅義並合。又廣雅〔釋詁二〕“焢，乾也”，曹憲音“穹去聲”。玉篇：“焢，乾也。”廣韻〔送韻〕：“火乾物也。”集韻〔東韻〕：“焢，曝也。”“焢”與“鞏”，亦聲近義同。

**胹、飪、亨、爛、糜、酋、酷，熟也。自關而西秦晉之郊曰胹，徐揚之間曰飪，嵩嶽以南陳潁之間曰亨。自河以北趙魏之間火熟曰爛，氣熟曰糜，久熟曰酋，穀熟曰酷。熟，其通語也。** 音義 胹，音而。飪，音荏。糜，音熾。酋，音囚。

　　**箋疏** 説文：“飪，食飪也。”玉篇：“飪[1]，爛也。”“飪”、“飪”，古今字。

　　説文：“胹，爛也。”廣雅〔釋詁三〕：“胹，熟也。”宣二年左氏傳“宰夫胹熊蹯不熟”，正義引字書：“過熟曰胹。”楚辭〔招魂〕：“胹鼈炮羔，有柘漿些。”枚乘七發“熊蹯之臑”，李善注引方言作“臑”。招魂又云“肥牛之腱，臑若芳些”，王逸注：“臑若，熟爛也。”“臑”，廣韻〔之韻〕作“胹”，云：“煮熟。”與“胹”同，籀作“胹”。内則云“濡豚”，鄭注：“濡謂亨之以汁和也。”並字異義同。説文：“胹，丸之熟也。”義與“胹”亦相近。

────────────

〔1〕“飪”玉篇作“飪”。

　　説文:"飪,大熟也。""腍"、"恁"並古文"飪"。廣雅〔釋詁三〕:"飪,熟也。""餁"與"飪"同。論語鄉黨篇"失飪不食",孔安國云:"失飪,失生熟之節"也。聘禮"唯羹飪,筮一尸",鄭注:"古文'飪'作'腍'。"郊特牲篇"腥肆爓腍祭",鄭注:"腍,熟也。""飪"、"腍"、"餁"、"腍",並字異義同。説文"稔,穀熟也",引昭元年左氏傳:"鮮不五稔。""稔"與"飪"同聲。食熟謂之飪、亦謂之酉,猶穀熟謂之稔、亦謂之秋也。

　　説文:"亯,獻也。从高省,曰象熟物形。許兩切。"篆文作"亭"。亯象薦孰,因以篆文爲飪物字,讀"普庚切",亦作"烹"。禮運"以炮以燔以亨以炙",鄭注:"亨,煮之鑊也。"昭二十年左氏傳云:"以亨魚肉。"廣雅釋詁〔三〕"鬻,孰也",又釋言"鬻,飪也",曹憲並音"普衡反"。家君曰:此以爲"烹"字也。案:説文以"鬻"爲"䰞"之或體字。"䰞",卽和羹之羹。

　　説文:"爛,火熟也",或從"閒"作"爤",隸省作"爛"。定三年左氏傳:"邾子""自投於牀,廢於鑪炭,爛。"

　　説文"饎,酒食也",或作"䭔"、"糦"二形。釋訓釋文引字林:"饎,熟食也。"周官饎人鄭衆云:"主炊官也。故書'饎'作'䭔'。"鄭注特牲饋食禮云:"炊黍稷曰饎。古文'饎'作'糦',周禮作'䭔'。""䭔",並"䭔"之譌。

　　"酉"之言炑也,説文:"炑,禾穀熟也。"月令"麥秋至",太平御覽引蔡邕章句云:"百穀各以其初生爲春","故麥以孟夏爲秋。"又云"乃命大酋",鄭注云:"酒熟曰酋。"高誘注呂氏春秋仲冬紀云:"酋醞米麴,使之化熟,故謂之酋。"鄭語"毒之酋腊者,其殺也滋速",韋昭注云:"精熟爲酋。"是酋爲熟也。周官酒正"二曰昔酒",鄭注云:"昔酒,今之酋久白酒。"説文:"酉,繹酒也。"釋名〔釋飲食〕:"酒,酉也,釀之米麴酉澤,久而味美也。""酉澤"與"酉繹"同,是久熟曰酉也。

　　"酷"之言酷裂也,李賢注後漢書張衡傳云:"酷裂,香氣盛也。"通作"秮"。廣雅〔釋詁三〕"秮,熟也",曹憲音"酷"。玉篇:"秮,禾大熟也。"廣韻〔沃韻〕:"秮,禾熟也。""秮"與"酷"同,是穀熟曰酷也。衆經音義卷四云:"酷,古文'俈'、'譽'、'焅'三形。"祭法"帝嚳",史記三代世表作"帝俈"。李善注潘岳西征賦云：“‘佶’與‘譬’同。”風俗通皇霸篇引書大傳云：“譬者，考也，成也。”説文：“焅，旱氣也。”“佶”、“譬”、“焅”，聲義並與“酷”相近。

## 婴盈，怒也。燕之外郊朝鮮洌水之間，凡言呵叱者謂之婴盈。　音義　婴，上巳音。

　　　箋疏　“婴”，舊本訛作“魏”。戴氏云：“‘魏’，即‘婴’之訛。玉篇：‘婴，盛貌。’則‘婴盈’爲盛氣呵叱，如馮之訓滿訓怒也。”“廣雅〔釋詁二〕：‘覥盈，怒也。’曹憲不察‘覥’爲‘婴’之訛，音‘於危反’，殊失之。”今據以訂正。案：前卷二“婴，細也。自關而西〔秦晉之間〕凡細而有容謂之婴”，音“羌箠反”。又卷一“嬴，好也。宋魏之間謂之嬴”，郭音“盈”，云：“言嬴嬴也。”廣雅〔釋詁一〕：“嬴、婴，好也。”通作“嬴”，亦作“盈”。史記趙世家：“吳廣”女名“娃嬴”。古詩云：“盈盈樓上女。”“嬴”、“嬴”，並與“盈”同。合言之則曰“婴盈”，皆好之意也。轉而爲好惡之好。好謂之婴盈，怒亦謂之婴盈，猶笑謂之呵，怒亦謂之呵，哀謂之咺，快亦謂之咺，皆以相反爲義也。廣雅釋訓云：“呵呵，笑也。”〔後〕漢書文苑傳：“禰衡言不遜順”，黃祖“乃呵之”。前卷一云：“凡哀泣而不止曰咺。”説文“愃，寬嫺心腹貌”，引衛風淇澳篇：“赫兮愃兮。”今詩作“咺”。廣韻〔仙韻〕：“愃，吳人語快也。”皆是也。

## 跛跫、隑企，立也。東齊海岱北燕之郊跪謂之跛跫，注 今東郡〔1〕人亦呼長跽爲跛跫。委痿謂之隑企。　注 脚躄不能行也。　音義 跫，音務。企，欺豉切。

　　　箋疏　廣雅〔釋詁三〕“跛跫、跪，拜也”，曹憲“跛”音“腸”、“跫”音“務”。衆經音義卷二十四云：“今江南謂屈厀立爲長趒。”“趒”與“跪”同。玉篇：“東郡謂跪曰跛。跛跫，拜也。”“跫，長跪也。”廣韻〔陽韻〕“跛，跛跪”，引方言作“東齊北燕之間謂跪曰跛。”又〔廣韻遇韻〕“跫”云：“長跪。又拜”也。説文“跪，拜也”，段氏玉裁曰：“拜，首至手也。跪與拜二事，不當一之，疑‘拜’上脱‘所以’二字。”釋名〔釋姿容〕：“跪，危也，兩厀隱地，體危阢也。”

---

〔1〕“郡”原作“都”，據廣本、徐本改。

注“東郡亦呼長跽爲跠跢”者,説文“跠,長跽也”,段氏又云:“係於拜曰跪,不係於拜曰跠。范睢傳四言秦王跽,而後乃云秦王再拜是也。長跽乃古語。‘長’俗作‘跟’,人安坐則形弛,敬則小跪聳體若加長焉,故曰長跽。”釋名〔釋姿容〕:“跽,忌也,見所敬忌,不敢自安也。”

廣雅〔釋詁四〕:“隑企,立也。”卷十三云:“隑,陭也。”説卦傳“參天兩地而倚數”,虞翻注:“倚,立也。”“陭”與“倚”,聲相近,故“倚”、“隑”並訓爲“立”也。説文“企,舉踵也”,古文作“𠈮”。衛風河廣篇“跂予望之”。“𠈮”、“跂”,並與“企”同。

“委痿”,猶病痿也。“委”通作“矮”,亦作“萎”。説文:“矮,病也。”檀弓〔上〕云“哲人其萎”,鄭注:“萎,病也。”草木枯死,義亦同也。説文:“痿,痹(病也痹病)也。痹,溼病也。”漢書哀帝紀“即位痿痹”,蘇林曰:“痿音萎枯之萎。”如淳曰:“病兩足不能相過曰痿。”顏師古云:“痿亦痹病也。”素問〔痿論〕引本病曰:“大經空虛,發爲肌痹,傳爲脈痿。”呂氏春秋重己篇“多陰則蹷,多陽則痿”,高誘注:“痿,躄不能行也。”

注“腳躄”,“躄”,説文作“𦡶”,云:“人不能行也。”玉篇:“跛躄,(足)不能行也。”王制“瘖聾跛躄”,釋文云:“躄,兩足不能行也。”素問痿論云“急薄著則生痿躄”,王冰注:“躄謂攣躄,足不得伸以行也。”

## 瀧涿謂之霑漬。　注 瀧涿,猶瀨滯也。　音義 瀧,音籠。

箋疏 説文:“瀧,雨瀧瀧也。力公切。”“涿,流下滴也。竹角切。”周官壺涿氏序官鄭注:“壺,〔謂〕瓦鼓(也)。涿,擊之也。”按:壺涿氏云“掌除水蟲,以炮土之鼓敺之”,然則鄭訓“涿”爲“擊之”者,蓋謂擊瓦鼓之聲如滴涿之涿,故曰“壺涿”也。“涿”,字亦作“汑”。崔寔四民月令曰:“上火不落,下火滴涿。”廣雅〔釋言〕“碻、汑,碰也”,曹憲“的”、“託”兩音。廣韻〔灰韻〕:“碰,落也。”“碻”與“滴”同。玉篇:“汑,他各切,落也,碰也。”與序官注訓“涿”爲“擊”正合。連言之則曰“瀧涿”。廣雅〔釋詁二〕:“瀧涿,漬也。”聲轉而爲“瀧涷”。廣韻〔東韻〕、集韻〔東韻〕並云:“瀧涷,沾漬也。”又轉而爲“瀧漉”。論衡自紀曰:“筆瀧漉而雨集,言溍渜而泉出。”倒言之則曰“涷籠”。

荀子議兵篇“案角鹿埵隴種東籠而退耳”，楊倞注云”：‘東籠’與‘涷瀧’同，霑潒貌。”“瀧涷”、“東籠”，並與“瀧涿”同。

　　説文：“霑，雨霂也。”衆經音義卷二引三蒼云：“霑，漬也。”玉篇引作“沾”。“沾”與“霑”，古通字。

　　説文：“漬，漚也。”衆經音義卷十四引通俗文云：“水浸曰漬。”合言之則曰“霑漬”。廣韻：“瀧涿，霑漬也。”

　　注“瀧涿，猶瀨滯”者，段氏玉裁曰：“瀨滯當作‘瀙淛’，埤倉云：‘淛瀙，瀧也。’通俗文云：‘霂滴謂之瀙淛。’”

## 希、鑠，摩也。燕齊摩鋁謂之希。　　音義 鋁，音慮。

　　箋疏 “摩”，通作“磨”。廣雅〔釋詁三〕：“希、鑠，磨也。”楚辭九思〔疾世〕云“塵莫莫兮未晞”，王逸注云：“晞，消也。”“晞”與“希”通，消亦磨也。周語〔下〕曰：“衆口鑠金。”史記鄒陽傳索隱引賈逵注：“鑠，消也。”楚辭招魂“十日代出，流金鑠石些”，王逸注：“鑠，消也。”馬融長笛賦“或鑠金礱石”，李善注：“‘鑠’與‘爍’同。”考工記總目“爍金以爲刃”，釋文云：“‘爍’，本作‘鑠’。”説文：“鑢，錯銅鐵也。”玉篇“鑢”與“鋁”同。廣雅〔釋器〕云：“鋁謂之錯。”又〔釋詁三〕云：“鑢，磨也。”大雅抑篇“白圭之玷，尚可磨也”，鄭箋云：“玉之缺，尚可磨鑢而平。”太玄大次二云：“大其慮，躬自鑢。”鄭衆注考工記云“摩鐧之器”，“鐧”亦同“鋁”。

## 平均，賦也。燕之北鄙東齊北郊凡相賦斂謂之平均。

　　箋疏 説文：“賦，斂也。”廣雅釋言：“平均，賦也。”急就篇〔卷四〕云“司農少府國之淵，遠取財物主平均”，顏師古注云：“價有貴賤，又當有轉送費用，不欲勞擾，故立平準均輸之官。”史記平準書云“桑弘羊以諸官各自市，相與爭，物故騰躍，而天下賦輸或不償其儈費，乃請置大農部丞數十人，分部主郡國，各往往縣置均輸鹽鐵官，令遠方各以其物貴時商賈所轉販者爲賦，而相灌輸。置平準於京師，都受天下委輸。”“大農之諸官盡籠天下之貨物，貴則賣之，賤則買之。如此，富商大賈無所牟大利，則反本，而萬物不得騰踊。故抑天下物，名〔曰〕‘平準’。”“平均”之立名，是其義矣。

羅謂之離，離謂之羅。　注 皆行列物也。

　　箋疏 廣雅〔釋詁一〕：“羅，列也。”楚辭招魂“軒輬既低，步騎羅些”，王逸注：“羅，列也。”又九歌〔少司命〕云“秋蘭兮麋蕪，羅生兮堂下”，注云：“言衆香之草，〔又〕環其堂下，羅列而生。”

　　“離”與“羅”，一聲之轉。昭元年左氏傳“楚公子圍設服離衞”，杜預注云：“設君服，二人執戈陳於前以自衞。離，陳也。”亦陳列也。

釗、超，遠也。燕之北郊曰釗，東齊曰超。　音義 釗，上已音。

　　箋疏 廣雅〔釋詁一〕：“釗，遠也。”玉篇、廣韻〔蕭韻〕並同。前卷一“釗，勉也”，音“居遼反”。釋詁：“釗、劭，勉也。”“釗”與“劭”，聲近義同。“釗”之義爲勉，亦爲遠也，應劭字仲遠，是其證。説文：“劭〔1〕，高也。”“高”與“遠”，義相近。劭訓爲高，猶釗訓爲遠矣。

　　廣雅〔釋詁一〕：“超，遠也。”祭法云“遠廟爲祧”，鄭注云：“祧之言超也。”道德經重德章云“雖有榮觀，燕處超然”，河上公注云：“超然，遠避而不處也。”楚辭九歌〔國殤〕云：“平原忽兮路超遠。”顔延年秋〔胡〕詩：“超遥行人遠。”皆是也。

漢漫、眅眩，懣也。朝鮮洌水之間煩懣謂之漢漫，顚眴謂之眅眩。

　音義 眅，音瞋悲。眩，音懸。

　　箋疏 説文：“懣，煩也。”問喪篇：“悲哀志懣氣盛。”史記倉公傳：“故煩懣食不下。”

　　廣雅〔釋詁二〕：“漢漫，懣也。”“懣”，曹憲音“亡本反”，又音“滿”。衆經音義卷十二引方言“漢漫”作“謨漫”，形近之譌。

　　莊子則陽篇云“顚冥乎富貴之地”，釋文引司馬彪注云：“顚冥，猶迷惑也。”“顚冥”與“顚眩”同。玉篇：“眅眩，懣也。”

憐職，愛也。言相愛憐者，吳越之間謂之憐職。

────────

〔1〕“劭”説文作“邵”，段玉裁曰：“‘邵’與‘劭’相似，轉寫容有互譌者，如應仲遠之名，當是‘邵’字。”

箋疏　廣雅〔釋詁三〕："職，事也。""相愛憐""謂之憐職"，言以愛憐爲事，猶孟子〔梁惠王下〕"述職"、穆天子傳〔卷六〕"執職"耳。

**茹，食也。吳越之間凡貪飲食者謂之茹。**　注 今俗呼能粗食者爲茹。

**音義**　茹，音勝如。

箋疏　廣雅〔釋詁二〕"茹，食也"，曹憲無音，玉篇"而預、而與、而諸三切"。此"音勝如"，未詳，疑有誤。王氏懷祖曰："大雅烝民篇云：'柔則茹之，剛則吐之。'是食謂之茹也。禮運云：'飲其血，茹其毛。'孟子盡心篇〔下〕云：'飯糗茹草。'是食粗食謂之茹也。'粗'與'疏'，義相近。食粗〔食〕者謂之茹，故食菜亦謂之茹。食菜謂之茹，故所食之菜亦謂之茹。莊子人間世篇云：'不茹葷。'漢書董仲舒傳云：'食於舍而茹葵。'是食菜謂之茹也。食貨志〔上〕云：'菜茹有畦。'七發云：'秋黄之蘇，白露之茹。'是所食之菜亦謂之茹也。"案：食謂之茹，故嚼亦謂之茹。廣雅釋言："唯，茹也。""唯"與"嚼"同。貪飲食者謂之茹，故貪亦謂之茹。廣雅〔釋詁二〕又云"茹，貪也"，曹憲音"如與反"。

注"粗"字，舊本作"麁"，亦作"麤"，今從李文授本。

**竘、貌，治也。**　注 謂治作也。**吳越飾貌爲竘，或謂之巧。**　注 語楚聲轉耳。　**音義**　竘，恪垢反。

箋疏　説文："竘，匠也。讀若齲。周書有竘匠。"小爾雅〔廣詁〕："匠，治也。"廣雅〔釋詁三〕："竘、貌，治也。"淮南人間訓云："室始成，竘然善也。"

説文"皃，頌儀也"，籀文作"貌"。廣雅〔釋詁三〕又云："貌、竘，巧也。"説文："巧，技也。"義並相通也。後漢桓帝元嘉中，京師婦女作齲齒笑。又梁冀傳："冀妻孫壽色美而善爲妖態，作""折腰步、齲齒笑。"按："齲"與"竘"通，"齲齒笑"，謂巧笑也。巧或謂之竘，故巧笑謂之竘齒笑。李賢注引風俗通曰："齲齒笑者，若齒痛不忻忻。"但舉情狀言之，未解立名之義也。巧謂之竘，愚亦謂之怐。廣雅〔釋詁一〕"怐愁，愚也"，曹憲音"苦候反"。楚辭九辯云："直怐愁以自苦。"説文："怐，愁也。"又："〔瞉〕，瞉瞀也。"荀子非十二子篇云："世俗之溝猶瞀儒，灌灌然不知其所非也。"儒效篇云："愚陋溝瞀。"

漢書五行志〔中之上〕云：“不敬而傅霿之所致也。”字異義並與“恂”同，皆“詢”相反之義也。

煦、煆，熱也，乾也。　注 熱則乾燥。吳越曰煦煆。　音義 煦，州吁。煆，呼夏反〔1〕。

　　箋疏 玉篇：“煦，熱也。”説文：“煦，烝也。”“昫，日〔出〕温也。”〔玉篇〕：“煆，熱也，乾也”，廣韻〔遇韻〕“煦”與“昫”同。廣雅〔釋詁二〕：“煦、煆，蒸也。”釋名〔釋天〕：“熱，蒸也，如火所燒蒸也。”“蒸”與“熱”，聲義並相近。

　　玉篇：“乾，燥也。”説卦傳“離爲乾卦”，虞翻注：“火日熯燥物，故爲乾卦。”

攍、膂、賀、賸，儋也。　注 今江東呼擔兩頭有物爲賸。齊楚陳宋之間曰攍。　注 莊子曰：“攍糧而赴之。”燕之外郊、越之垂甌、吳之外鄙謂之膂，注 擔者用膂力，因名云。南楚或謂之攍。自關而西隴冀以往謂之賀，注 今江東語亦然。凡以驢馬馲駝載物者謂之負佗，亦謂之賀。　音義 攍，音盈。賸，音鄧。佗，音大。○今作“馱”字。

　　箋疏 説文：“儋，何也。”釋名〔釋姿容〕：“擔，任也，任力所勝也。”古“擔荷”字多作“儋”，與“擔”同。廣雅〔釋詁三〕：“攍、旅、何、捬，擔也。”又釋言：“攍，負也。”賈誼過秦論“贏糧而景從”，李善注引方言：“贏，擔也。”後漢書鄧禹傳“鄧公贏糧徒步”，李賢注引方言“攍”亦作“贏”、“儋”亦作“擔”。又儒林傳論曰“贏糧動有千百”，注云：“贏，擔負也。”莊子胠篋篇“贏糧而趨之”，釋文引方言“攍”作“贏”。“贏”、“贏”並與“攍”同。

　　前卷六云：“膂，力也。宋魯曰膂。”衆經音義卷十三引方言“膂”作“旅”。小雅北山篇：“旅力方剛。”大雅桑柔篇：“靡有旅力。”秦誓云：“番番良士，旅力既愆。”周語〔中〕：“四軍之帥，旅力方剛。”“旅”與“膂”同。

　　“賀”，通作“荷”，亦作“何”。小爾雅〔廣言〕：“荷，擔也。”昭七年左氏傳云"其子弗克負荷"，<u>杜預</u>注同，<u>釋文</u>云："本亦作'何'。"<u>説文</u>："何，擔〔1〕也。"<u>商頌玄鳥篇</u>"百禄是何"，<u>毛傳</u>："何，任也。"<u>鄭箋</u>云：何，負也。<u>曹風候人篇</u>"何戈與祋"，<u>毛傳</u>："何，揭"也。<u>衆經音義</u>卷三引<u>廣雅</u>："揭，擔也。""賀"、"荷"、"何"，字異聲義並同。

　　<u>説文</u>："縢，囊也。"<u>後漢書儒林傳</u>云"小酒制爲縢囊"，<u>李賢</u>注："縢，亦縢也，音徒恆反。"前卷二："賸，雙也。南楚江淮之間""或曰賸。""音縢。"字亦作"賸"。<u>廣雅</u>〔釋詁四〕："賸，二也。"是兩頭擔物之義也。"縢"、"挩"、"縢"、"賸"、"賸"，字異聲義並同。

　　<u>説文</u>云："驢，似馬，長耳。"<u>玉篇</u>同，音"力余切"。

　　又："驝，驝駝，有肉𡱈也，行百里負千斤而知水行。"又："駝，駱駝。"亦作"駞"同。<u>漢書西域傳</u>〔上〕："鄯善國多""有驢馬，多橐它。"<u>北山經</u>"虢山，其獸多橐駝"，<u>郭</u>注云："有肉鞍，善行流沙中，日行三百里，其負千斤，知水泉所在也。"又："饒山，其獸多橐駞。"<u>爾雅</u>〔釋畜〕釋文引字林云："駝駝似鹿而大，肉𡱈，出饒山。"<u>揚子長楊賦</u>："毆橐它。""驝駝"、"駱駞"、"橐它"，並同。

　　<u>玉篇</u>："馱，馬負貌。""馱"與"佗"同。<u>漢書趙充國傳</u>"以一馬自佗負三十日食"，<u>顏師古</u>注云："凡以畜產載負物者皆爲'佗'。""負佗"與"擔"同用肩背，故亦謂之"賀"。

## 樹植，立也。燕之外郊朝鮮洌水之間，凡言置立者謂之樹植。

　　**箋疏** <u>僖</u>三年<u>公羊傳</u>"無易樹子"，<u>成</u>二年<u>左氏傳</u>"樹德而濟同欲焉"，<u>何休</u>、<u>杜預</u>注並云："樹，立也。"<u>周頌有瞽篇</u>"崇牙樹羽"，<u>毛傳</u>云："樹羽，置羽也。"<u>廣雅</u>〔釋詁四〕："豎、殖、置，立也。"<u>衆經音義</u>卷二十二、卷二十三、卷二十五引<u>廣雅</u>"豎"並作"樹"。<u>説文</u>："豎，豎立也。"<u>魏志鍾繇傳王朗</u>議云："此即起偃爲豎，化屍爲人矣。""豎"與"樹"通。<u>金縢</u>"植璧秉珪"，<u>鄭</u>注云："植，古'置'字。"<u>商頌那篇</u>"置我鞀鼓"，<u>鄭箋</u>："置，讀曰植。"<u>論語微子篇</u>"植其杖

　　　　　　　　　　　　　　　　　　　　　　　　　　　　　　　　
〔1〕"擔"今本説文作"儋"。

而芸”，熹平石經作“置”。説文“植”或作“櫃”。“植”、“置”，古同聲。連言之
則曰“樹植”。後卷十二：“蒔、植，立也。”晏子春秋諫篇云“民盡得種蒔”，説苑
雜物篇作“樹”。是“蒔植”與“樹植”同。

**過度謂之涉濟。**　注 猶今云濟度。

　　箋疏 廣雅〔釋詁二〕：“過、涉，渡也。”又〔釋詁三〕云：“渡，過也。”“渡”
與“度”通，本亦作“渡”。説文：“涉，徒行厲水也。”鄘風載馳篇“大夫跋涉”，
毛傳：“水行曰涉。”釋水云：“由膝以上爲涉。”又釋言“濟，渡也”，疏引方言
作“度”。檀弓〔下〕云“濟於河”，鄭注：“濟，渡也。”案：過度亦謂之絶。吕氏
春秋異用篇云“丈人度之，絶江”，高誘注云：“絶，過也。”以相反爲義也。

**福禄謂之祓戬。**　音義 祓戬，廢箭兩音。

　　箋疏 説文：“福，祐也。禄，福也。”釋詁：“禄、戬、祓，福也。”是“祓戬”
猶福禄也。郭注引大雅卷阿篇“祓禄爾康矣”，今詩作“茀”，鄭箋：“茀，福
也。”釋文云：“徐〔云鄭〕音廢。”生民篇“以弗無子”，鄭箋云：“弗之言祓也。”
“祓除其無子之疾而得其福也。”周語〔上〕云“故祓除其心，以和惠民”，韋昭
注：“祓，猶拂也。”並字異義同。小雅天保篇“俾爾戩穀”，毛傳：“戩，福也。”
皆連言之義亦同也。

**傺、眙，逗也。**　注 逗，即今“住”字也。**南楚謂之傺，西秦謂之眙。**　注
眙，謂住視西也。秦，酒泉、燉煌、張掖是也。**逗，其通語也。**　音義 傺，音
祭。眙，敕吏反。〇祭，一本作“蔡”。

　　箋疏 廣雅〔釋詁二〕“傺、眙，逗也”，曹憲“恥制”、“恥利”二反。墨子非
攻下篇云：“糧食不繼傺食飲之時。”案：傺食飲之時，猶言逗以待食飲也。
楚辭離騷云“忳鬱邑余侘傺兮”，王逸注：“侘傺，失志貌（也）。侘，猶堂堂，
立貌也。傺，住也，楚人名住曰傺。”又九章〔惜誦〕云“欲儃佪以干傺兮”，
注：“傺，〔住〕也。”

　　“眙”與“傺”，一聲之轉。説文：“眙，直視也。”九章〔思美人〕又云：“思
美人兮，擥涕而竚眙。”劉逵注吴都賦云：“佇眙，立視也。今市聚人，謂之立
眙。”説文：“佁，癡貌。”漢書司馬相如傳〔下〕“沛艾赳螑仡以佁儗兮”，張揖

注云：“伀儗，不前也。”玉篇、廣韻〔志韻〕“眙”、“佁”並音“丑吏切”，義亦相近。莊子山木篇云：“侗乎其無識，儻乎其怠疑。”“怠疑”與“伀儗”，義亦相近。

注“逗即今‘住’字”者，説文：“逗，止也。”史記韓長孺傳“廷尉當恢逗橈，當斬”，集解引應劭漢書注：“逗，曲行避敵也。”索隱引如淳曰：“軍法，行而逗留畏橈者要斬。”服虔云：“逗音企。”後漢書光武紀〔下〕“不拘以逗留法”，李賢注：“逗，古‘住’字。”是“住”與“逗”同。

“西秦，酒泉、燉煌、張掖是也”者，皆故匈奴昆邪王地。漢書地理志〔下〕酒泉郡，武帝太初元年開，縣九，晉志同，統縣九，今甘肅肅州是其地。燉煌郡，武帝元鼎六年分酒泉置，縣六，晉志同，統縣十二，今安西州是其地。張掖郡，武帝元鼎六年分武威置，縣十，晉志同，統縣三，今甘州府是其地。

# 輶軒使者絕代語釋別國方言箋疏卷第八

虎，陳魏宋楚之間或謂之李父，江淮南楚之間謂之李耳，注 虎食物值耳卽止，以觸其諱故。或謂之於䖘。 注 今江南山夷呼虎爲䖘。自關東西或謂之伯都。 注 俗曰伯都事神虎說。 音義 於，音烏。䖘，音狗竇。

    箋疏 說文：“虎，山獸之君。从虍，虎足象人足，象形。”字亦作“俿”。墨子經說上篇：“民若畫俿也。”“俿”，卽“虎”之異文。淮南地形訓：“三九二十七，七主星，星主虎，故虎七月而生。”易林比之豐云：“李耳彙鵲，更相恐怯。”宣四年左氏傳云“楚人”“謂虎於菟”，釋文：“菟，音徒。”左思吳都賦云“於菟之族”，劉逵注云：“於菟，虎也。江淮間謂虎〔爲〕於菟。”漢書敘傳〔上〕作於檡”，顏師古注：“‘檡’字或作‘菟’，並音塗。”案：“檡”又音“宅”。虎謂之於檡，猶虎蘭之名澤蘭也。廣雅〔釋草〕：“虎蘭，澤蘭也。”是其例也。字亦作“䗅”。廣雅〔釋獸〕“於䗅、李耳，虎也”，顏師古、曹憲並音“竇”。“竇”、“徒”，一聲之轉。王氏懷祖〔廣雅疏證釋獸〕云：“於䗅，虎文貌。”“菟”、“檡”、“䗅”，並與“䖘”同。說文：‘䅖，黃牛虎文。讀若涂。’‘䖘’、‘䅖’，聲義並同。虎有文謂之於䖘，故牛有虎文謂之䅖，春秋傳〔楚〕鬬穀於菟字子文，是其證也。說文又云：‘虓，虎文也。’‘於䖘’與‘虓’，聲近而義同。〔單言之則爲虓，重言之則爲於䖘耳。於䖘、李耳，皆疊韻字。李耳、李父，語之變轉。而御覽〔卷九四九〕引風俗通義云：‘俗說虎本南郡中廬李氏公所化爲，呼李耳因喜，呼班便怒。’方言注又云：‘虎食物值耳卽止，以觸其諱故。’皆失之鑿矣。易林隨之否云：‘鹿求其子，〔虎廬之里，〕唐伯李耳，貪不我許。’豈更有唐氏公所化哉？”案：王說是也。淮南淑真訓云：“昔公牛哀轉病也，七日化爲虎。”若由俗言之，當復有公生之名矣。考海内北經云：“窮奇狀如虎，有翼，食人從首始”，“一曰從足”。據此則虎之食物，亦自有一定,值耳卽止,理或有之,其性使然〔1〕,非由觸諱也。

　　注"山夷",猶言山邊。淮南原道訓"雖游於江潯海裔",高誘注:"裔,邊也。""裔"與"夷"通。

　　"神虎""神"字,舊本誤作"抑",戴氏據永樂大典本校改,云:"其上仍脱〔一〕'見'字。"

貔,注 狸別名也。陳楚江淮之間謂之𧳟,北燕朝鮮之間謂之貊,注 今江南呼爲貊狸。關西謂之狸。 注 此通名耳。貔,未聞語所出。 音義 貔,音毗。𧳟,音來。貊,音丕。

　　箋疏 按:"貔"見牧誓、韓奕、曲禮、釋獸、説文及五帝紀者,並以爲猛獸之稱。此條釋"狸",而亦稱"貔"者,蓋當時混呼之。猶貓本虎類,非狸屬,而狸之搏鼠者亦曰貓。廣雅〔釋獸〕:"貔、狸,貓也。"戰國策云:"使牛捕鼠,不如貍狌之捷。"莊子秋水篇云:"騏驥驊騮,一日而馳千里,捕鼠不如貍狌。"是狸亦稱貓也。古人命名,凡類相近,其名卽相假,故貔又呼爲白狐,見爾雅〔釋獸〕,義通於此矣。一説"貔"爲"貊"聲之轉,原非謂如虎如貔之貔也。案:宋王闢之澠水燕談〔録〕云:"契丹國産毗狸,形類大鼠而足短。"彭乘墨客揮犀云:"毗狸如鼠而大。"周密齊東野語云:"毗狸卽竹䶈。"宋陸游〔2〕家世舊聞云:"農師使外國得貊至京師","狀如大鼠而極肥腯"。近世猶或稱貁狸,或稱毗狸,其卽古之遺語歟。説文:"狸,伏獸,似貙。""狸"與"貍"同。釋獸:"貍、狐、貒、貈、醜,其足蹯,其迹𠫑。"周官射人云"以狸步張三侯",鄭注:"狸,善搏者也。行則止而擬度焉,其發必獲,是以量侯道法之也。"定九年左氏傳稱齊大夫東郭書衣狸製,服虔云:"狸製,狸裘也。"淮南主術訓云:"譬猶狸之不可搏牛,鹿之不可使捕鼠也。"陶弘景注本草云:"狸有數種,有虎狸,有貓狸,亦有色黄而臭者。"當卽爾雅之鼬鼠,郭注云:"今鼬似鼦,赤黄色,大尾,啖鼠,江東呼爲鼪,音牲。"説文:"鼬,如鼠,赤黄而

────────

〔1〕 "其性使然"廣本、徐本作"性使之然"。
〔2〕 "宋陸游"原闕,據文義補。

大，食鼠者。”今吳地有此獸，土人謂之黃狼，色臭俱如所云，恆夜出，食人家雞䳯，以其能捕鼠食，又謂之金貓，實則貍之別種。其謂爲狼，與謂貍爲貔亦同。

　　“貁”與“貍”，語之轉耳。大射儀“奏貍首”，鄭注云：“貍首，逸詩”，“貍之言不來也，其詩有射諸侯首不朝者之言，因以名篇”。史記封禪書“設射貍首”，徐廣曰：“貍，一名‘不來’。”漢書郊祀志〔上〕作“設射不來”。案：“不來”與“貓貁”同。釋獸又云“貍子，貁”，郭注云：“今或呼貄貍。”釋文引字林云：“貄，貍也。”“貄”與“貓”亦同。貍之名貁，又名貓，猶鴷之名鯠，又名鯸也。釋魚云：“鮧鱣鮀，鮎鴷鯠。”蓋以三字爲句，郭氏以“鮀，鮎”爲一讀，〔云〕：“江東（云）呼鮀〔魚〕爲鯿，一名鮎。”“鴷，鯠”爲一讀，云：“未詳。”殆非也，詳拙著羣經斷句考。

貛，注 豚也。關西謂之䝉。　音義 貛，音歡〔1〕。䝉，波湍。

　　箋疏 説文：“貛，野豕也。䝉，獸也。讀若湍。”釋獸“貍、狐、䝉、貈、醜，其足蹯”，説文厹部引作“狐貍貛貉醜”。釋獸又云“䝉子，貜”，郭注：“䝉，豚也。一名貛。”釋文引字林云：“䝉獸似豕而肥。”廣雅〔釋獸〕：“䝉，貛也。”淮南修務訓“貛貉爲曲穴”，太平御覽〔卷九一三〕引作“䝉知曲穴”。楚辭九思〔悼亂〕云：“䝉貉兮蟫蟫。”集韻〔桓韻〕、類篇合“䝉貛”爲一字。又按：周官草人“鹹潟用貆”，鄭注云：“貆，䝉也。”淮南齊俗訓“貆貉得埵防，弗去而緣”，高誘注云：“貆，貆豚也。”“貆”與“貛”，聲義並同。或謂“貆”爲“貛”之異文，猶説文“爐”或從“亙”作“烜”也。然釋獸又云：“貈子，貆。”説文：“貆，貉之類。”則是名同而實異矣。本草衍義云：“䝉肥矮，毛微灰色，頭連脊毛一道黑，觜尖黑，尾短闊，蒸食之極美。”案：今吳地貛有二種，形似豬者，俗謂之豬貛，皮與肉俱可食，微羶。如狗者謂之狗貛，其皮可爲裘，但食其肉羶氣尤甚。二者皆穴地而居，夜出食人粟豆，故秋深後尤肥美。

雞，陳楚宋魏之間謂之鸊鶋，桂林之中謂之割雞，或曰鷄。北燕朝鮮洌水之間謂伏雞曰抱。　注　江東呼蓲。　爵子及雞雛皆謂之鷇。　注　關西曰鷇。其卵伏而未孚始化謂之涅。　音義　鵬鴟,避祇兩音。鷇,音從。抱,旁奧反。蓲,央富反。鷇,恪遘反。注文又音狗竇。

　　箋疏　廣雅〔釋獸〕"辟雌,雞也",曹憲"辟"音"避"、"雌,渠夷反"。"辟雌"與"鵬鴟"同。戴、盧兩本並作"鳥"旁"氏",誤。釋鳥"鷿,須(贏)〔蠃〕",郭注:"鷿,鵬鷿,似鳧而小,膏中瑩刀。"釋文:"'鷿'本今作'鷝','鵬'字或作'鷈'。"下文云:"野鳧,其小而好没水中者,南楚之外謂之鷺鷿。"説文作"鷿鷈"。本草拾遺云:"鵬鷿,水鳥也,如鳩鴨,腳連尾,不能陸行,常在水中,人至即沈,或擊之便起。"蔡邕短人賦云:"雄荆雞兮鶩鵬鶄。"聲並與"鵬鴟"相近。"鵬鴟"與"鷺鷿",皆疊韻字爲形容之辭,故異物而同名也。案:諸書皆以"鷺鷿"爲鳧之小者,伯喈又以"鵬鶄"比短人,則鵬鴟之名亦謂雞之小而矮者矣。

　　玉篇:"鷇,雞也。"廣韻〔鍾韻〕引方言云:"南楚人謂雞(抱)。"案:"鷇"之言從也,叢聚之名也。召南騶虞篇"一發五豵",鄭箋云:"豕生三曰豵。"爾雅〔釋獸〕郭注云:"豬生子常多,故别其少者之名。"義通於此矣。

　　衆經音義卷五云:"今江北謂伏卵爲菢,江南曰傴。"又卷十八云"抱卵,字體作'菢'同,蒲冒反,又作'蓲'",引通俗文云:"雞伏卵,北燕謂之菢,江東呼蓲,音央富反,伏音輔又反。"樂記"煦嫗覆育萬物",鄭注以氣曰"煦",以體曰"嫗"。"菢"與"抱"同。淮南原道訓云"羽者嫗伏,毛者孕育",高誘注:"嫗伏,以氣剖卵也。"泰族訓云:"卵之化爲雛,非慈雌嘔煖覆伏,累日積久,則不能爲雛。""傴"、"嫗"、"嘔",並與"蓲"同。淮南精神訓又云:"雖天地覆育,亦不與之捵抱矣。""捵抱"雙聲字,亦嫗伏之意。"抱"與"伏"語之轉,故"伏犧氏"亦稱"包犧",是其例也。今吳俗以火蓲雞鵙卵數日而成雛,以千百計,謂之哺坊。釋鳥云"生哺,鷇",郭注:"鳥子須母食之。"釋文云:"鳥子須哺而食者,燕雀之屬也。"

　　晏子春秋雜上篇云:"景公探雀鷇,鷇弱,反之。"史記趙世家武靈王"探雀鷇而食之",集解引綦毋邃曰:"鷇,爵子也。"是生哺曰鷇也。

釋鳥又云“生噣，雛”，注云：“能自食。”禮記〔內則〕云“雛尾不盈握弗食。”是生而自噣者曰雛也，故說文云：“鷇，鳥子生哺者。”“雛，雞〔子〕也。”皆是也。此云“爵子及雞雛皆謂之鷇”者，蓋對文則異，散文則通，故廣雅〔釋鳥〕云：“鶅子、鷇，雛也”。“鶅子”卽爵子，“鶅”、“爵”，聲之轉耳。眾經音義卷十云：“凡物皮皆曰殼，尚在卵中謂之鷇，出鷇以後名之〔曰〕鷇，音寇。”是“鷇”本兼生哺自食之名。爵子、雞雛皆謂之鷇，猶雀子、雞雛同謂之鶅矣。玉篇云：“鶅，雀子”也。廣韻〔遇韻〕云：“鶅，雞雛”也。是也。“鷇”、“鷇”，並與“鷇”同。莊子齊物論司馬彪注云：“鷇，鳥子欲出者。”則在卵未出亦謂之鷇。按：“鷇”之言穀也。說文：“穀，乳也。”廣雅〔釋親〕：“穀，子也。”通作“穀”。釋言：“穀，生也。”宣四年左氏傳：“楚人謂乳穀。”莊子駢拇篇“臧與穀，二人相與牧羊”，“穀”，崔譔本作“穀”，云：“乳子曰穀。”“穀”、“穀”，義並與“鷇”同。

說文“孚，卵孚也”，徐鍇傳曰：“鳥裒恆以爪反覆其卵也。”眾經音義卷二引通俗文云：“卵化曰孚，音方付反。”又卷七引字林云：“孚，生也。”廣雅〔釋詁一〕同。字亦作“桴”，又作“孵”。夏小正“雞桴粥”，傳曰：“桴，嫗伏也。”玉篇、廣韻〔虞韻〕並云：“孵，卵化也。”“桴”、“孵”，並與“孚”同，亦“抱”聲之轉也。說[1]詳卷三“蔦、謅、譁、涅，化也”條下。

豬，北燕朝鮮之間謂之豭，注 猶云豭斗也。關東西或謂之彘，或謂之豕。南楚謂之豨。其子或謂之豚，或謂之貕，吳揚[2]之間謂之豬子。其檻及蓐曰橧。　注 爾雅曰：“所寢橧。”音義 貕，音奚。橧，音繒。

　　箋疏 釋獸云：“豕子，豬。”說文“豬，豕而三毛叢居者”，段氏玉裁云：“三毛叢居，謂一孔生三毛也。說見蘇頌〔本艸〕圖經‘犀’下，今之豕皆然。”

　　又云：“豭，牡豕也。”隱十一年左氏傳云“鄭伯使卒出豭”，正義云：“豭，謂豕之牡者。”又定〔十〕四年云：“既定爾婁豬，盍歸我艾豭。”

〔1〕 “詳”上原衍“文”字，廣本、徐本無，今據刪。
〔2〕 “揚”原作“楊”，據廣本、徐本改。

説文:“彘，豕也，後蹏廢謂之彘”，“彘足與鹿足同。”初學記〔卷二十九〕引何承天纂文云:“梁州以豕爲豬，河南謂之彘，吳楚謂之豨。”衆經音義卷七引方言云“關之東西謂豬爲彘”，玄應云:“‘豬’又作‘豬’同。”

説文:“豕，彘也，竭其尾，故謂之豕，象毛足而後有尾，讀與豨同。”“豨，豕走豨豨也。”是豨豨，走貌。豬亦謂之豨，蓋以走象名之也。郭注爾雅〔釋獸〕云:“今亦曰彘，江東呼豨，皆通名。”李頤注莊子知北游篇云:“豨，大豕也。”漢書高帝紀〔下〕顔師古注引鄧展云:“東海人名豬爲豨。”墨子耕柱篇云:“狗豨猶有鬪。”淮南本經訓“封豨修蛇”，高誘注云:“封豨，大豬。”左思吳都賦云:“封豨㹠。”張協七命云:“慼封豨。”

説文:“豚，小豕也。”篆文作“豚”。東方朔答客難云“孤豚之咋虎”，李善注引方言云:“豚，豬子也。”

説文:“豯，生三月豚，腹豯豯貌。”廣雅〔釋獸〕:“豯，豚也。”是“豚”、“豯”，皆豬子也。“豯”，通作“奚”。説文:“奚，大腹也。”亦作“豯”。周官職方氏“其澤藪曰豯養”，杜子春讀“豯”爲“奚”。説文艸部作“奚養”。“豯”、“奚”、“豯”，字並通。

説文:“檻，櫳也。一曰圈也。”莊子天地篇:“虎豹在於囊檻。”史記張耳陳餘傳云:“乃檻〔1〕車膠致，與王詣長安。”釋名〔釋車〕:“檻車，上施欄檻以格猛獸，亦囚禁罪人之車也。”周官貉隸“掌役服不氏，而養（猛）獸”，鄭注云:“不言阜蕃者，猛獸不可服，又不生乳於圈檻也。”廣雅〔釋室〕:“檻，牢也。”説文:“牢，閑養牛馬圈也。”

釋器云“蓐謂之茲”，郭注:“茲者，蓐席也。”説文:“蓐，陳草復生也。一曰蔟也。”衆經音義卷二十一引三蒼云:“蓐，薦也。”又華嚴經音義上引聲類同。蓋以草爲所寢之蓐薦，故杜預注宣十二年左氏傳云:“在左者追求草蓐爲宿備。”

釋獸云“豕所寢，橧”，某氏注:“臨淮人謂野豬所寢爲橧。”舍人注:“豕

---

〔1〕 “檻”今本史記作“轞”。

所寢草名爲橧。”李巡注：“豬臥處名橧。”郭注：“橧，其所臥蓐。”亦謂之“芫茵”。淮南修務訓“野彘有芫茵”，是也。案：“橧”之言增累也。禮運云“夏則居橧巢”，鄭注云：“暑則聚薪柴居其上。”釋文云：“本又作‘增’，又作‘曾’。”説文：“竲，北地高樓無屋者。”“橧”、“增”、“曾”、“竲”，並字異義同。人居薪上謂之橧，豕居草上亦謂之橧。橧本圈中臥蓐之名，因而圈亦謂之橧。廣雅〔釋獸〕：“橧，圈也。”義並相因也。“橧”亦作“繒”。爾雅〔釋獸〕釋文云：“‘橧’，舊本多作‘繒帛’字，非方言作‘木’旁。”是爾雅本作“繒”，不與方言同。案：小雅漸漸之石篇毛傳云：“豕，豬也。”〔鄭箋〕：“今離其繒牧之處。”“橧”，亦作“繒”，蓋本爾雅。陸德明不知“繒”與“橧”古字通，改爾雅以就方言，非也。

**布穀，自關而東梁楚之間謂之結誥，周魏之間謂之擊穀，自關而西或謂之布穀。** 注 今江東呼爲穫穀。

　　箋疏 此釋“尸鳩”之異名也。釋鳥云“鳲鳩，鴶鵴”，郭注云：“今之布穀也。江東呼爲穫穀。”疏引陸機詩疏云：“今梁宋之間謂布穀爲鴶鵴，一名擊穀，一名桑鳩。”説文作“秸鵴”，云：“尸鳩也。”召南鵲巢篇“維鵲有巢，維鳩居之”，毛傳云：“鳩，鳲鳩，秸鞠也。鳲鳩不自爲巢，居鵲之成巢。”是言其性之拙也。曹風鳲鳩篇云“鳲鳩在桑，其子七兮”，傳云：“鳲鳩，秸鞠也。鳲鳩之養其子，朝從上下，暮從下上，平均如一。”昭十七年左氏傳“鳲鳩氏，司空也”，杜預注：“鳲鳩，鴶鵴也。鳲鳩平均，故爲司空，平水土。”正義引樊光爾雅注云：“鳲鳩”“心平均，故爲司空也”。是言其德之專一，故以名官也。楚辭離騷云：“雄鳩之鳴逝兮，予猶惡其佻巧。”淮南天文訓“孟夏之月，以孰穀禾，雄鳩長鳴，爲帝候歲”，高誘注：“雄鳩，布穀也。”是又言鳴之有時可爲農驗也。鳲鳩與鷹轉相變也。夏小正正月“鷹則爲鳩”，五月“鳩爲鷹”，傳云：“鷹則〔爲〕鳩，善變而之仁也。鳩爲鷹，變而之不仁也。”月令“鷹化爲鳩”，鄭注云：“鳩，搏穀也。”高誘注淮南時則訓云：“鷹化爲鳩，喙正直不鷙搏也。鳩，謂布穀也。”列子天瑞篇云：“鷂之爲鸇，鸇之爲布穀，久復爲鷂也。”郭氏西山經注云：“尸鳩，布穀類也。或謂之鵲鵴。”亦謂之鳲鳩，故云類也。此又言其善於變化也。廣雅〔釋鳥〕:"擊穀、鵠鵴,布穀也。"並字異義同。本草拾遺云:"布穀,江東呼爲郭公,北人云撥穀,似鷂長尾。"六書故〔動物三〕云:"其聲若曰布穀,〔故謂之布穀〕,又謂之勃姑,又謂之步姑。"案:"布穀"轉而爲"搏穀"、"撥穀"、"勃姑"、"步姑","結誥"轉而爲"擊穀","鵠鵴"又轉而爲"穄穀",又轉而爲"郭公",今東吳人呼撥姑亦爲撥〔1〕哥,又呼爲勃姑。王氏懷祖〔廣雅疏證釋鳥〕云:"揚州人呼〔之〕爲卜姑,德州人呼〔之〕爲保姑。"則皆"布穀"之轉聲矣。舊本並作"自關東西",案:衆經音義卷十二引方言云:"布穀,自關而東梁楚之間謂之鵠鵴。"餘並同,則與下文"自關而西"正相對,且與"梁楚"之文亦合,蓋"西"與"而",字形相近之誤,俗本因改爲"東西"耳。今據以訂正。

鶡鴠〔2〕,注 鳥似雞,五色,冬無毛,赤倮,晝夜鳴。周魏齊宋楚之間謂之定甲,或謂之獨春。 注 好自低仰。自關而東謂之城旦,注 言其辛苦有似於罪謫者。或謂之倒縣,注 好自縣於樹也。或謂之鶡鴠〔3〕。自關而西秦隴之内謂之鶡鴠〔4〕。 音義 鶡鴠,侃旦兩音。

　　箋疏 説文:"鴠,渴鴠也。"太平御覽〔卷九二一〕引作"可旦"。玉篇:"鶡鴠,似雞,冬無毛,晝夜常鳴,名倒懸。"廣雅〔釋鳥〕:"城旦、倒縣、鶡鴠、定甲、獨春,鶡鴠也。"月令仲冬之月"曷旦不鳴",鄭注云:"曷旦,求旦之鳥也。"釋文:"'曷'本亦作'鶡'同,户割反。"高誘注吕氏春秋仲冬紀云:"鶡旦,山鳥,陽物也。"是月陰盛,故不鳴也。淮南時則訓作"鴉鴠",注畧同。坊記引逸詩曰"相彼盍旦,尚猶患之",鄭注:"夜鳴求旦之鳥也。"釋文:"盍,音渴,徐苦蓋反。"鹽鐵論利議篇:"鶡旦夜鳴,無益於明。"枚乘七發云"朝則鸝黄鴉鴠鳴焉",李善引禮記鄭注曰:"曷旦,〔求旦〕鳥也。""'鴉'與'曷'並音'渴'。"太平御覽〔卷九二一〕引廣志云:"侃旦冬毛希,夏毛盛。"後世則謂

〔1〕 "撥"廣本、徐本作"八"。
〔2〕 "鴠"原作"旦",據廣本、徐本改。
〔3〕 "鴠"原作"旦",據廣本、徐本改。
〔4〕 "鶡鴠"原作"鶡旦",據廣本、徐本改。

之"寒號蟲"。嘉祐本草云:"寒號蟲,四足,有肉翅,不能遠飛。"輟耕録〔卷十五〕云:"五臺山有〔鳥,名〕寒號蟲,四足,有肉翅,不能飛,其糞即五靈脂,當盛暑時,文采眴爛,乃自鳴曰:'鳳皇不如我。'比至深冬嚴寒之際,毛羽脱落,〔索然〕如轂雛,遂自鳴曰:'得過且過。'""鴇"、"渴"、"可"、"曷"、"鶡"、"盍"、"鳱"、"侃",並一聲之轉。"旦",與"鴠"通。

**鳩,自關而東周鄭之郊、韓魏之都謂之鵖鷎,其鴓鳩謂之鸊鷎。自關而西秦漢之間謂之鵴鳩,其大者謂之鳻鳩,其小者謂之鴓鳩,** 注 今荆鳩也。**或謂之鶟鳩,或謂之鴉鳩,或謂之鶻鳩。梁宋之間謂之鷦。**

**音義** 鵖,音郎。鷎,音皋。鵴,菊花。鳻,音班。鶟,音葵。鴉,音浮。

**箋疏** 廣雅〔釋鳥〕:"鵖鷎,鳩也。"是"鵖鷎"爲"鳩"之總名。又云:"鴓鳩、鶟鳩、鸊鷎、鴉鳩,鵴鳩也。"蓋謂"鳩"之小者也。玉篇云:"鵖,鸊鳩也。鷎,鵖鷎"也。""鸊"即"鷎"之譌。陸機詩草木疏云:"鵻,今小鳩也,一名鴉鳩,幽州人或謂之鷎鵖,梁宋之間謂之隹,揚州人亦然。"案:"鷎鵖",即"鵖鷎"之誤倒也。衆經音義卷十六引通俗文:"隹其謂之鵴鳩。""隹"與"鵻"同。説文:"鵻,祝鳩也。"釋鳥云:"隹其,鳺鴀。"昭十七年左氏傳正義引舍人注云:"隹,一名夫不,今楚鳩也。"樊光曰:"春秋云:'祝鳩氏,司徒也。'祝鳩即隹其、夫不,孝,故爲司徒。"郭注云:"今鴉鳩。"杜預左氏傳注:"祝鳩,鷦鳩也。鷦鳩孝,故爲司徒,主教民。"釋文云:"鷦,音焦;本〔又〕作'焦',〔本〕或作'鷦'。""鷦"、"祝",一聲之轉,故梁宋之間謂之鷦。一本傳文"鷦"作"鵻",釋文"焦"作"隹"、"鷦"作"鵻",並誤。小雅四牡篇"翩翩者鵻",毛傳云:"鵻,夫不也。"鄭箋云:"夫不,鳥之慤謹者,人皆愛之。""夫不"與"鳺鴀"同。南有嘉魚篇傳云:"鵻,壹宿之鳥。"箋云:"壹宿者,壹意於其所宿之木也。"義疏又云:"鴉鳩灰色無繡項,陰則屏逐其(婦)〔匹〕,晴則呼之,語曰:天將雨,鳩逐婦。是也。"玉篇:"鴓,小鳩也。"廣韻〔昔韻〕:"鴓,鴓鳩鳥。"又云:"鈠,小矛。"與"鴓"並音"役"。集韻〔昔韻〕或作"鈠"。小矛謂之鈠,猶小鳩謂之鴓矣。衆經音義卷十六引通俗文云:"隹其謂之鵴鳩。"廣韻〔删韻〕云:"鳻,大鳩。布還切。"又〔文韻〕"符分切"。廣雅〔釋鳥〕於諸鳩之上別出"鶌鳩，鷁鳩也"句，"鷁"，曹憲音"瓫"。"瓫"與"盆"同。玉篇"鷁"音"步昆切"，云："鷁鳩鳥。"是"鷁鳩"即"鶌鳩"。字通作"班"。説文："鵬，鵬鳩。鶌，鶌鵃也。"玉篇："鶌，班鳩也。"釋鳥云"鷒鳩，鶌（鳩）〔鵃〕"，疏引舍人注云："鷒鳩，一名鶌（鳩）〔鵃〕，今之班鳩也。"樊光引春秋傳云："鶌鳩，司事。""春來冬去。"月令正義引孫炎注云"鶌鳩，一名鳴鳩"，引月令："鳴鳩拂其羽。"衞風氓篇"于嗟鳩兮"，毛傳云："鳩，鶌鳩也。"義疏云："班鳩也，桂陽人謂之班佳，似鶌鳩而大，項有繡文班然，故曰班鳩。"夏小正三月："鳴鳩。"月令云"鳴鳩拂其羽"，御覽引蔡邕章句云："鶌鳩也，鳩時先鳴，故稱鳴鳩。拂，猶擊也，陽氣所感，故搏羽。"高誘注吕氏春秋季春紀云："鳴鳩，班鳩也。是月拂擊其羽，直刺上飛數十丈乃復者是也。"又注淮南時則訓云："鳴鳩奮迅其羽，直刺上飛入雲中者是也。"是班鳩以繡項得名，又以先鳴亦謂之鳴鳩，故晉傅咸班鳩賦云："體郁郁以敷文，音邕邕而有序。"凡此皆謂鶌鳩爲鳩之大者也。小雅小宛篇云"宛彼鳴鳩"，毛傳云："宛，小貌。鳴鳩，鶌鵬。"釋文云："'鵬'，字林作'鵃'，云：'骨（鳩）〔鵃〕，小種鳩也。'""骨"與"鶌"同。郭氏爾雅〔釋鳥〕注云："鶌（鳩）〔鵃〕，似山鵲而小，短尾，青黑色，多聲，今江東亦呼爲鶌（鳩）〔鵃〕。"亦謂之"鷽鳩"。莊子逍遙遊篇云"蜩與鷽鳩"，釋文引司馬彪云："鷽鳩，小鳩也。如字，一音於角反。亦或作'鸒'，音預。"崔譔云："鷽，讀爲滑，滑鳩，一名滑雕。"李頤云："滑鵬也。""滑"與"鶌"通。凡此皆以鶌鳩爲鳩之小者也。遍檢諸書，並以鶌鳩爲班鳩，或以爲大，或以爲小。方言則又以鶌鳩爲大鳩，鶌鳩爲小鳩，疑莫能明矣。或云班鳩稍大於鶌鳩，謂爲鶌者，亦若大頭謂之頒矣。説文"頒，大頭也"，引詩："有頒其首。""其小者謂之鶌鳩""鶌"，通行本作"鶌"。考説文、玉篇、廣韻皆無"鶌"字，宋本亦作"鶌"，與上同。蓋"鶌"與"鶌"，形相近之譌，今訂正。

　　注"今荊鳩也"者，猶今人所謂楚鳩也。水經濟水注引廣志云："楚鳩，一名嘷啁。"宋玉高唐賦云"正冥楚鳩"，李善注引廣雅同，蓋即廣志之文而誤稱廣雅耳。

　　玉篇："鶏，小鳩也。"廣韻〔脂韻〕："鶏，鶏鳩鳥。"各本"鶏"上脱"之"字，今依戴本補。

玉篇：“鴀，鴀鳩也。”廣韻〔尤韻〕同。衆經音義卷十六云“鴀鳩，音浮”，引爾雅“隹其，鳺鴀”，郭注曰：“卽鴀鳩也。”“鷑”，舊本並同，戴本改作“鶻”，説見下文“桑飛”條下。舊本“鷑”下誤連下條“鳲”字，今依戴本改正。

鳲鳩，注 按爾雅卽布穀，非戴勝也。或云鸋，皆失之也。燕之東北朝鮮洌水之間謂之鶝鴂。自關而東謂之戴鵀，東齊海岱之間〔1〕謂之戴南，南猶鵀也。 注 此亦語楚聲轉也。或謂之鳺鵊，注 按爾雅説戴鵀，下鳺鵊自別一鳥名，方言似依此義，又失也。或謂之戴鳻，或謂之戴勝。注 勝所以縑紕。東齊吳揚之間謂之鵀。自關而西謂之服鶝，或謂之鶭鸅。燕之東北朝鮮洌水之間謂之䳫。 音義 鳲，音尸。鶝鴂，福不兩音。䳫，音域。

箋疏 “鳲”字各本誤連上條，遂以“尸”字爲正文，今依戴氏據爾雅釋文訂正。案：釋鳥云：“鶝鴂，戴鵀。”月令正義引孫炎注云：“鳭鳩，自關而東謂之戴鵀。”高誘注淮南時則訓云：“戴任，戴勝鳥也。詩曰‘尸鳩在桑’，是也。”廣雅〔釋鳥〕云：“戴鳻、戴紝、鶝鴂、澤虞、鵀鶝、尸鳩，戴勝也。”“尸”與“鳲”通，“紝”與“鵀”亦通。“澤虞”，卽“鳺鵊”之誤，餘並與此合。

注云爾雅“鳭鳩”“卽布穀，非戴勝”者，陸機毛詩義疏亦辨之云：“鳭鳩，一名擊穀。”案：戴勝自生穴中，不巢生，而方言〔云〕戴勝，非也。蓋爾雅舊本作“鶝鳩，戴鵀”，故子雲因之。孫炎、高誘、張揖皆沿方言之誤也。

注又云“或言鸋，皆失之”者，案：郭氏西山經注云：“尸鳩，布穀類也。或謂之鶝鸅。”蓋郭以或説爲非也。家君曰：“鶝鴂”當作“鴀鶝”。説文“䲗”、“鶻”二字，並云：“鶝鴂也。”釋文：“鶻，彼及反，郭房汲反。鴂，皮反反，郭北反反，字林房立反，又音伏。”此云“自關而西謂之服鶝，或謂之鶭鸅”，依“彼及、房立”兩音，則“鴂鶻”與“服鶝”、“鶭鸅”聲皆相近。郭氏不及訂正，乃讀“鶻”爲“房及”、讀“鴂”爲“北反反”，非是。按：“鶝鴂”猶下文“鶭鸅”，轉之

---

〔1〕 “謂”上原衍“或”字，據廣本、徐本删。

則爲“鴟鵂”,卽爾雅〔釋鳥〕之“鳩鳩”。其變轉則爲“鵴鴟”,亦揚子之誤解。而郭氏又引“鶪鴟”以釋爾雅之“鵖鴔”,惑矣。

“自關而東謂之戴鵀”者,月令季春之月“戴勝降于桑”,鄭注云:“戴勝,織紝之鳥,是時恆在桑,言降者,若時始自天來,重之也。”李賢注後漢書襄楷傳引春秋考異郵曰“孟夏戴紝降”,剡録草木禽魚詁引同。又引春秋説題詞曰:“戴紝出,蠶期起。”淮南時則訓作“戴鵀”。魏志管寧傳云:“戴鵀,陽鳥”也。説文:“紝,機縷也。”古者婦人任器,行則戴之,韓詩外傳〔卷二第二十一章〕云“夫負釜甑,妻戴紝器”,是也。戴紝象之,故以爲名。御覽〔卷九二三〕引考異郵注云:“紝而戴之,明趣時急也。”勝所以纏紝,故亦名戴勝。淮南氾論訓云:“後世爲之機杼勝複以便其用。”王逸機〔婦〕賦云:“勝複迴轉。”通作“滕”。衆經音義卷十引三倉曰:“經所居曰滕。”説文:“滕,機持經者也。”是卽戴勝之義矣。高誘吕氏春秋季春紀注云:“戴勝,剖生於桑,是月其子彊飛,從〔桑〕空中來下,故曰‘戴任降于桑’。”“任”猶“紝”也,義亦同也。

“東齊海岱之間謂之戴南”者,“南”與“任”,古同聲。藝文類聚〔卷三〕引尸子云:“南方爲夏。夏,興也。南,任也。〔是故〕萬物莫不任興,蕃殖充盈。”書大傳云:“南方者,任方也;任方者,(萬)物之方任。”漢書律曆志〔上〕云:“太陽者,南方。南,任也,陽氣任養(萬)物。”淮南天文訓云:“南吕者,任包大也。”小雅鼓鐘篇傳云:“南夷之樂曰任。”白虎通義〔禮樂〕引樂語云:“南夷之樂曰南。”南之爲言任也,任養萬物。此又名戴南之義也。案:郭氏爾雅〔釋鳥〕注又云:“鵀卽頭上勝。”是又與西王母戴勝之勝同解。案:西山經云“西王母其狀如人”,“蓬髮戴勝”,郭注云:“勝,玉勝也。”後漢書輿服志〔下〕:“簪以瑇瑁爲擿”,“端爲華勝。”廣韻〔侵韻〕云:“鵀,戴勝鳥也,頭上毛似勝”也。並與此注異。爾雅翼〔卷十六〕云:“戴勝似山鵲,而尾短,青色,毛冠俱有文。”“鳻”與“班”通。詩義疏云:班鳩,項有繡文班然,故曰班鳩。項有繡文謂之班鳩,毛冠有文謂之戴鳻,其義一也。

“或謂之鴑鸅”者,案:釋鳥云:“鴑,澤虞。”太平御覽〔卷九二五〕引孫炎注云:“鳲鳩或謂之鴑。澤虞,其別名”也。常在澤中。見人輒鳴喚不去,有象主守之官,因名云。俗呼爲護田鳥。蓋郭即用孫義。郭以“鴳”字爲一讀,并釋“澤虞”之意,若周官之“澤虞”,與説文“鴳,澤虞也”亦合。若方言“或謂之鴳鸚”,是釋“鳭鳩”之別名,非即爾雅之“鴳”一名“澤虞”,故無“虞”字,而其斷句亦互異。自張揖誤以爾雅之“澤虞”爲方言之“鴳鸚”,遂合二鳥爲一。郭氏不察,反引爾雅以議揚子,又惑矣。

“鴝鴉”之“鴉”,各本作“鴰”,誤。宋本作“鴉”,爾雅〔釋鳥〕疏引正作“鴉”,今據以訂正。

“燕之東北朝鮮洌水之間謂之鶝”者,廣雅〔釋鳥〕“戴勝”條悉本此文作“鶝鶝”。案:廣韻〔職韻〕“鶝”、“鶝”二字注並云:“鴝鶝鳥”也。“鴝鶝”即廣雅〔釋鳥〕之“鶝鶝”,疑方言“鶝”下亦有“鶝”字,傳寫誤脱耳。

“音域”,各本作“或”,今從盧氏據宋李文授本訂正。

**蝙蝠,自關而東謂之服翼,或謂之飛鼠,或謂之老鼠,或謂之僊鼠。自關而西〔1〕秦隴之間謂之蝙蝠。北燕謂之蟙䘃。** 音義 蝙蝠,邊福兩音。蟙䘃,職墨兩音。

　　箋疏 釋鳥云“蝙蝠,服翼”,郭注云:“齊人呼爲蟙䘃,或謂之仙鼠。”説文:“蝙蝠,服翼也。”通卦驗云:“雨水蝙蝠出。”御覽〔卷九四六〕引孝經援神契云:“蝙蝠(服)〔伏〕匿,故夜食。”新序雜事篇〔五〕云:“黃鵠白鶴,一舉千里,使之與燕服翼試之堂廡之下,盧室之間,其便未必能過燕服翼也。”字亦作“伏”。廣雅〔釋鳥〕:“伏翼、飛鼠、仙鼠,蚨蟙也。”“伏”與“服”同、“仙”與“僊”同、“蚨”與“蟙”同。古今注〔魚蟲〕云:“蝙蝠,一名仙鼠,一名飛鼠。五百歲〔則〕色白腦重,集則頭垂,故或謂之倒折,食之神仙。”水經注交州丹水亭下有石穴,甚深,不能測其遠近,穴中蝙蝠,大者如鳥,各倒縣是也。神農本草經“伏翼,味鹹〔平〕,主目瞑,明目,夜視有精光”,“一名蝙蝠”,一名天鼠,“生川谷”,陶弘景注引李當之云:“天鼠,方言一名僊鼠。”藝文類聚卷九十七引吳普云:“伏翼,或生人家屋間。”案:今所在有之,似鼠,黑色,翅與足

---

〔1〕 “西”原作“東”,據廣本、徐本改。

連，晝伏夜出，常棲人屋間，或云地鼠，所化猶未全離鼠形，故兼有鼠名。衆經音義卷十四引方言云：“蝙蝠、服翼、蟙䗻、䶂鼠四者，一物方別名也。”蓋約舉此文以“䶂鼠”爲“䶂鼠”，“靈”與“䶂”同意。説文：“䫪，升高也。”或作“䙴”，隸變作“䙴”。漢志多以“䙴”爲“遷”字。“遷”、“僊”，古通字。漢尹宙碑云：“支判流僊。”魏元丕碑云：“有畢萬者，僊去仕晉。”“遷”並作“僊”。“䙴”，即“僊”之省字。亦作“仙”。釋名〔釋長幼〕云：“老而不死曰仙。仙，遷也，遷入山也，故其制字人（旁）〔傍〕作山也。”

**鴈，自關而東謂之䳜䳿，南楚之外謂之䳿，或謂之鵝䳜。**　**注** 今江東通呼爲䳜。　**音義** 䳜，音加。

**箋疏** 説文：“鴈，鵝也。”案：鴈即今鴨，鵝與鴨同類而大。“鴈”、“鴨”，聲相近。此“鴈”與“鴻雁”字從“隹”者不同。釋鳥云“舒鴈，鵝”，郭注云：“出如舒鴈，今江東呼鴚，音加。”疏引李巡注云：“野曰鴈，家曰鵝。”案：“鴈”與“鵝”對文則異，散文則通。内則疏引某氏爾雅注云：“在野舒翼遠飛者爲鵝。”“鵝”與“鴐”同，是在野者亦稱“鵝”也。晏子春秋外篇云：“君之魯鴈，食以菽粟。”墨子雜守篇云：“寇至，先殺牛羊雞狗烏鴈。”莊子山木篇云：“命豎子殺鴈而烹之。”新序刺奢云：“鄒穆公有令，食鳧鴈必以粃，無得以粟。”是家畜者亦稱鴈也。

説文：“䳜，䳜鵝也。”廣雅〔釋鳥〕：“鴚鵝、倉䳿，鴈也。”“鴚”與“䳜”、“倉”與“鵒”、“鴈”與“鴈”並同。字亦作“駕”。玉篇：“鴐，鴈屬”也。藝文類聚〔卷九十一〕引廣志云：“駕鵝，野鵝也。”楚辭七諫云：“畜鳧駕鵝，雞鶩滿堂壇兮。”太玄裝次二云：“駕鵝慘于冰。”張衡西京賦：“駕鵝鴻鶤。”南都賦：“鴻鶬駕鵝。”司馬相如子虛賦“弋白鵠，連駕鵝”，郭注：“駕鵝，野鵝也。”又通作“駕”。揚子反離騷：“鳳皇翔於蓬陼兮，豈駕鵝之能捷。”史記〔司馬相如列傳〕作“駕鵝”。中山經“青要之山”北望河曲，“是多駕鳥”，郭注云：“‘駕’宜爲‘駕’，駕鵝也，音加。”皆以聲爲名也。“加”與“可”古同聲，䳜鵝之爲駕鵝，猶夫渠莖亦謂之荷矣。説文：“茄，扶渠莖。”陳風〔澤陂〕“有蒲與荷”，鄭箋云：“夫渠之莖曰荷。”樊光注爾雅引詩作“有蒲與茄”。屈原〔離騷〕云“製芰荷以爲衣，集芙蓉以爲裳”，揚子〔反離騷〕則曰“紛芰茄之緑衣，被芙蓉之朱裳”。皆是也。亦單謂之“鵝”。孟子滕文公篇〔下〕：“他日歸，則有饋其兄生鵝者。”本草陶注云：“野鵝大於鴈，猶似家蒼鵝，謂之駕鵝。”“蒼”與“鶬”通。齊民要術〔養鵝鴨〕引晉沈充鵝賦序云：“太康中得大蒼鵝”，“體色豐麗”。本草拾遺云：“蒼鵝食蟲，白鵝不食蟲，主射工，當以倉者良。”是或謂之“鶬舸”者，又兼以色得名也。“鶬”，戴本作“倉”，今從衆家本。

**桑飛**，注 即鷦鷯也。又名鷦鸎。**自關而東謂之工爵，或謂之過蠃，或謂之女鷗。** 注 今亦名爲巧婦，江東呼布母。**自關而東謂之鶛鳩。** 注 按爾雅云：鶛鳩，鴟鴞，鴟屬，非此小雀明矣。**自關而西謂之桑飛，或謂之懱爵。** 注 言懱㩻也。 **音義** 蠃，音螺。鶛鳩，甯玦兩音。

> **箋疏** 此釋“桑飛”之異名也。廣雅〔釋鳥〕：“鷦䳍、鶛鳩、果鷗、桑飛、女鷗，工雀也。”季弟侗曰：注內“鷦鸎”之稱，不見於他書，疑卽“鷦鷯”之誤也。郭氏注爾雅〔釋鳥〕“桃蟲”釋爲“鷦鷯”，云：“俗呼爲巧婦。”注此文“女鷗”亦云“今名巧婦”，知郭以“鷦鷯”爲“桑飛”之異名，因據廣雅以注此文，是原本不作“鷦鸎”也。“雀”、“爵”，“果”、“過”古通用。楊倞注荀子勸學篇引方言“懱爵”作“蔑雀”。爾雅疏引“女鷗”作“女匠”，戴氏“鷗”亦作“匠”，今從舊本。玉篇：“女鷗，巧婦。又名鷗雀。”與此同也。“鷦鷯”、“懱爵”，皆以小爲義。此鳥體極微小，因以爲名，故或謂之“工爵”，或謂之“懱爵”。爵猶鷦也，亦小之義也。説文：“雀，依人小鳥也。讀與爵同。”莊子逍遥遊篇“日月出矣而爝火不息”，釋文：“‘爝’本亦作‘燋’。一云：燋火，〔謂〕小火也。”玉篇：“䅦，小也。亦作‘糕’。”是從“爵”之字，與從“焦”之字通也。“鷦鷯”之猶言“(虭)〔蛁〕蟟”也。廣韻〔蕭韻〕：“(虭)〔蛁〕蟟，(茅)〔茆〕中小蟲。”是也。“懱”之訓“小”，詳卷二“木細枝謂之蔑”下。“過蠃”、“女鷗”、“鶛鳩”，亦以小爲義。衆經音義卷十六引聲類云：“銼鏏，小釜也。”下卷十一云：“鏏，其小者謂之蟁蜿。”爾雅〔釋蟲〕“果蠃，蒲盧”，郭注云：“俗呼爲蟁蜿。”是鏏之小者爲果蠃也。高誘注呂氏春秋審時篇云：“機，禾穗果蠃。”是也。“機”從“幾”聲，應訓爲“微”。説文：“譏，小食也。”衆經音義卷九引字林：

“璣，小珠也。”義與“幾”同，是莖之小者名果蠃，亦當以小爲義也。爾雅〔釋木〕“女桑，桋桑”，郭注云：“今俗呼桑樹小而條長者爲女桑樹。”釋名〔釋宫室〕云：“城上垣”“曰女牆，言其卑小，比之於城，若女子之於丈夫也。”下卷十一云“蟬”，“其小者謂之麥蚻”，郭注云：“如蟬而小，今關西呼麥蠽。”夏小正四月：“鳴札，札者，寧縣也。”“札”與“蚻”同。廣雅〔釋蟲〕：“蛥蚗，蚻也。”説文：“蚅蚗，蛁蟟也。”爾雅〔釋蟲〕“蠽，茅蜩”，郭注云：“江東呼爲茅（蜩）〔蠽〕，似蟬而小。”卷十一又云“蜩蟧謂之蓋蜩”，郭注云：“江東呼爲蓋蠽。”“蓋蠽”與“茅蠽”同，猶言“麥蠽”、“寧縣”、“蛥蚗”、“蛁蟟”、“茅蠽”、“蜩蟧”，皆蟬小者之異名。郭注此文“懱爵，言懱截也”，“懱截”、“麥蠽”、“茅蠽”，一聲之轉，皆言其懱截然小，因而名之。盧氏不曉此義，云“‘言’，或‘音’字之誤也，當衍文”，因删注文“言懱截也”四字，非是。小蟲謂之蚅蟟，猶小雀謂之鷦鷯也。木〔1〕細枝謂之蔑、小鋌謂之鐵、小骨謂之髊骭、小石謂之礚砳、小蟲謂之蟣蠛，猶小雀謂之懱爵也。小釜謂之鉹鑹、小盨謂之果蠃、禾穗謂之果蠃，猶小雀謂之過蠃也。小桑謂之女桑、城上小牆謂之女牆，猶小雀謂之女鷗也。玉篇：“醮，面焦枯小也。礦，面小也。”小面謂之醮、又謂之礦，猶小雀謂之鷦鷯、又謂之懱截也。小蟬謂之蛥蚗、又謂之蜩蟧、又謂之寧縣、又謂之蛥蚗、又謂之茅蠽、又謂之麥蠽，猶小雀謂之鷦鷯、又謂之鶺鴂、又謂之懱爵、又謂之懱截也。注家因其一名女鷗目爲巧婦，或爲巧女，因其一名懱爵，字變爲“襪”，謂其紩麻如刺襪然，皆附會之説也。荀子勸學篇“南方有鳥焉，名曰蒙鳩，以羽爲巢而編〔之〕以髮，繫之葦苕。風至苕折，卵破子死。巢非不完也，所繫者然也”，楊倞注云“蒙鳩，〔鷦〕鷯也”。“今巧婦鳥之巢至精密，多繫於葦竹之上〔是也〕。蒙當爲蔑”，引説苑〔善説〕云：“客謂孟嘗君曰：鷦鷯巢於葦苕，箸之以髮，可謂完堅矣。大風至，則苕折卵破者何也？所託者然也。”大戴禮勸學篇畧同，惟“蒙鳩”作“蚑鳩”。“蚑”、“蔑”，聲相近。此皆鷦鷯、懱爵之事也。又吕氏春秋求人篇云“啁噍巢於

---

〔1〕　“木”原作“本”，據方言卷二改。

林，不過一枝”，高誘注：“啁噍，小鳥也。”爾雅〔釋鳥〕“鷦”作“鴟”，云：“鴟
鸋，剖葦。”説文“鴟”作“刀”，云：“刀鸋，剖葦，食其中蟲。”玉篇、廣韻〔蕭韻〕
並云“鷦鸋”，亦作“鴟鸋”。蓋鷦鸋皆巢葦上，故亦剖食其蟲，非別有剖葦之
鳥名爲刀鸋也。爾雅〔釋鳥〕：“鴟鴞，鸋鳩。”説文：“鴟鴞，（鸋）〔寧〕鳩也。”
卽用爾雅文。豳風鴟鴞篇毛傳：“鴟鴞，鸋鳩也。”亦用雅訓。李善注陳琳檄
吳將校部曲文引韓詩云：“鴟鴞，鸋鳩，鳥名也。鴟鴞所以愛養其子者，適以
病之。愛憐養其子者，謂堅固其窠巢。病之者，謂不知託於大樹茂枝，反敷
之葦萑，風至，萑折巢覆，有子則死，有卵則破，是其病之也。”詩〔豳風鴟鴞〕
正義引陸機義疏云：“鴟鴞似黃雀而小，其喙尖如錐，取茅莠爲巢，以麻紩
之，如刺襪然，縣著樹枝，或一房，或二房，幽州人謂之鸋鳩，或曰巧婦，或曰
女匠。關東謂之工雀，或謂之過蠃。關西謂之桑飛，或謂之襪雀，或曰巧
女。”是詩之鴟鴞，一名鸋鳩，卽爾雅之鴟鸋、莊子、説苑之鷦鸋、荀子之蒙
鳩、大戴禮之蜂鳩耳，故方言以爲桑飛別名。郭注爾雅“鴟鴞，鸋鳩”釋爲
“鴟類”，是以“鴟鴞”與下文“茅鴟”、“怪鴟”、“梟鴟”爲同類，乃引之以駁方
言“鸋鳩”之文，實不然也。陳風墓門篇“有鴞萃止”，魯頌泮水篇“翩彼飛
鴞”，毛、鄭並以爲“惡聲之鳥”。然鴞亦小鳥之名。莊子齊物論“見彈而求
鴞炙”，釋文引司馬彪注云：“鴞，小鳩”也。楚辭九思〔守志〕“今其集兮惟
鴞”，王逸注云：“鴞，小鳥也。”鴟鴞篇鄭箋云：“重言鴟鴞者，將述其意之
〔所〕欲言，丁寧之也。”則鄭以此詩本託鳥之言，以戒惡鳥之侮，因毛傳已釋
鴟鴞爲鸋鳩，不再引證，但從而申明之，故釋“既取我子”二語曰：“鴟鴞之
意，殷勤於此稚子，當哀閔之。”釋“迨天之未陰雨”三語曰：“此鴟鴞自説作
巢至苦如是。”正義引王肅注亦云：“鴟鴞及天之未陰雨，剝取〔彼〕桑根，以
纏綿其戶牖。”蓋毛、鄭、王諸家之説，與韓詩畧同，無不指爲小鳥者。惟蔡
邕祭屈原文云：“鸋鳩軒翥，鸞鳳挫翮。”以鸋鳩與鸞鳳對舉，以況君子道消，
小人道長。則以鸋鳩爲惡鳥，僅見於此。郭氏不悟雅注之失，轉相詬病，非
矣。又案：鷦鸋以小而名，又有一種鳥單名鷦，或曰鷦䳰者，亦以小而得名。
爾雅〔釋鳥〕“桃蟲，鷦。其雌鴱”，郭注云：“鷦䳰，桃雀也。俗呼爲巧婦。”説

文："鷦鷯，桃蟲。"是也。周頌小毖篇毛傳云："桃蟲，鷦也，鳥之始小終大者。"鄭箋云："鷦之所爲鳥，題肩也。或曰鴞皆惡聲之鳥。"正義曰："箋以鷦與題肩[1]及鴞三者爲一，其義未詳，且言'鷦之爲鳥，題肩'事，亦不知所出，遺諸後賢。"今考鷦爲題肩成於變化，非由乳生，以書傳求之，當爲鳩類之鷦鳩，即上文"鳩小者"，"梁宋之間謂之鷦"，非鷦鷯也。爾雅〔釋鳥〕"隹其，鳺鴀"，釋文云："隹，如字，旁或加'鳥'，非也。本亦作'夫不'。"小雅四牡篇"翩翩者鵻"，毛傳："鵻，夫不也。"鄭箋云："夫不，鳥之慤謹者，人皆愛之。"昭十七年左氏傳"祝鳩氏，司徒也"，杜預注："祝鳩，鷦鳩也。鷦鳩孝，故爲司徒，主教民。"釋文："鷦，音焦。本〔又〕作'焦'，或作'鷦'。"一本注文"鷦"作"鵻"，釋文"焦"作"隹"、"鷦"作"鵻"，並誤。爾雅〔釋鳥〕李巡注云："夫不一名鵻，今楚鳩也。"樊光注引春秋"祝鳩氏"云："祝鳩即隹其。夫不孝，故爲司徒也。""祝"、"鷦"，一聲之轉。是鵻其、鳺鴀、楚鳩、祝鳩、鷦鳩，一物而異名。其單稱之則曰鷦。説文："鵻，祝鳩也。"或作"隼"。玉篇："隼，祝鳩也。"隼既爲[2]鷙鳥，與鷦不類，何以"鵻"、"隼"合爲一字？今以詩箋、雅[3]注及左傳集解諸文反覆互證，而知鷦之爲鳥有時化而爲隼，故古者二名同文。許氏之義確有依據，即鄭箋鷦爲題肩及鴞，無不可通也。鷦是鳩類之小者，故曰桃蟲。"桃"從"兆"聲，亦小之名也。爾雅〔釋畜〕"小領，盗驪"，廣雅〔釋獸〕作"駣騬"。穆天子傳〔卷四〕"天子之駿盗驪"，郭注云："爲馬細頸。"玉篇作"桃騬"，御覽〔卷八九三〕引廣雅亦作"桃"。荀子、戰國策作"纖離"。此桃訓爲小之證也。凡從"兆"之字，皆有小義。大射儀及周官小師注並云："鞉，如鼓而小。"漢書五行志〔下之上〕注云："窕，輕小也。"義並同也。鷦鳩化隼則大，故周頌〔小毖〕云"肇允彼桃蟲，拚飛維鳥"，傳以爲先小後大。若巢於葦苕之鳥，忽化而爲鷹隼，大小太不倫矣。鄭注月令以鳩爲搏穀，高誘注淮南時則訓以鳩爲布穀，説見前"布穀"條下。"搏

〔1〕"或曰鴞皆惡聲之鳥正義曰箋以鷦與題肩"原脱，今據廣本、徐本補。
〔2〕"爲"原無，據廣本、徐本補。
〔3〕"雅"原作"禮"，今據廣本、徐本改。

穀"與"布穀"同，即鳲鳩也，亦鳩之類，類同故化同，以此知"鶌"與"鶌鳩"各爲一種無疑也。太平御覽〔卷九二七〕引廣志云："鴶，楚鳩所生，如驢巨，靈種類，不滋乳也。"此鴶即指惡聲之鴶。鄭箋所稱"或曰鴶"也，是又鶌鳩化爲鷙鳥之明證矣。至易林噬嗑之渙又云"桃雀竊脂"，則合桃雀桑扈爲一物。言"巢於小枝"，則混鶌鳩爲一物。兩語之中，刺謬如此，殆不足辨。小毖正義引陸機疏云："今鶌鳩是也。微小於黃雀，其雛化而爲鵰，故俗語鶌鳩生鵰。"陸氏既知鶌雛化爲鵰之説，乃仍以鶌鳩當之，亦惑之甚者也。大抵春秋氣候温肅互殊，夏小正釋"鷹爲鳩"云："變而之仁。"釋"鳩爲鷹"云："變而之不仁。"物類化生，各隨氣轉，氣有相反，變亦因之，不然鳲鳥慤謹之物，何由一變而遽反其性哉？郭注爾雅，又以方言"桑飛"爲"鶌鷝"，皆與漢儒經説不合。廣雅〔釋鳥〕又釋"鶌鷝"爲"工雀"，亦以同名相涉轉輾誤也。詩疏、爾雅疏"桃蟲"文下並引方言此條爲證，戴氏校改上文"鳩"條"梁宋之間謂之鶌"作"鶬"，且雜引詩傳及爾雅以釋此條，均滋學者之惑，故詳辨之。文中"謂之鶬鶊"上"自關而東"四字重出，案：詩義疏云："幽州人或謂之鶬鶊。"疑原本亦如是，其作"自關而東"者，涉上而誤，然別無他證，姑仍舊本。

鸝黃，自關而東謂之鶬鶊。　注 又名商庚。自關而西謂之鸝黃，注 其色鸝黑而黃，因名之。或謂之黃鳥，或謂之楚雀。

　　箋疏 爾雅〔釋鳥〕"鵹黃，楚雀"，郭注云："即倉庚也。"又云"倉庚，商庚"，注云："即鵹黃也。"又云"倉庚，鸝黃也"，注云："其色鸝黑而黃，因以名云。"夏小正二月："有鳴倉庚。倉庚者，商庚也。商庚者，長股也。"豳風七月篇毛傳云："倉庚，離黃也。"鄭注月令云："倉庚，鸝黃也。"李善注高唐賦引方言作"鵹〔1〕黃"。"鵹"、"鵹"、"離"，並與"鸝"同。"倉庚"與"鶬鶊"亦同。説文云："離黃，倉庚也。"又云："（鶬鶊）〔雗，雗〕黃也。一曰楚雀，其色（鸝）〔黎〕黑而黃。"是許君以離黃當倉庚、鵹黃當楚雀，與方言及郭注異義。周南葛覃篇"黃鳥于飛"，毛傳云："黃鳥，搏黍也。"豳風東山篇"倉庚于飛"，

---

〔1〕"鵹"今本文選李善注作"鵹"。

傳、箋不言卽黃鳥〔1〕，邶風凱風篇“睍睆黃鳥”、秦風黃鳥篇“交交黃鳥”，亦皆不言卽倉庚，而小雅黃鳥篇鄭箋稱其“宜啄粟”，縣蠻篇又稱之爲“小鳥貌”，則詩言“黃鳥”，顯非倉庚，疑卽今之黃雀，而此云“或謂之黃鳥”者，蓋方俗語言不同，非卽指詩之所謂“黃鳥”也。周南葛覃正義引詩義疏云：“黃鳥，黃鸝留也，或謂之黃栗留。幽州人謂之黃鶯，一名倉庚，一名商庚，〔一名鵹黃，〕一名楚雀，齊人謂之搏黍。當甚熟時，來在桑間，故里語曰：黃栗留看我麥黃甚熟。亦是應節趨時之鳥也。”是誤以倉庚釋黃鳥也。又呂氏春秋仲春紀“蒼庚鳴”，高誘注云：“蒼庚，齊人謂之搏黍，秦人謂之黃離，幽冀謂之黃鳥。詩曰‘黃鳥于飛，集于灌木’，是也。至是月而鳴。”又注淮南時則訓畧同，云：“一說鶄木。”“蒼”與“鶬”亦同。是又誤以黃鳥及鵹釋倉庚，皆惑之甚者也。又案：爾雅〔釋鳥〕又云“皇，黃鳥”，疏引舍人注云：“俗呼黃離留，（亦）〔一〕名搏黍。”考皇鳥之名，見於逸周書王會解，云“方煬以皇鳥”，孔晁注云：“皇鳥配於鳳者也。”又北山經：“軒轅之山有鳥焉，其狀如梟而白首，其名曰黃鳥，其鳴自詨，食之不妒。”然則爾雅“皇，黃鳥”之名，當卽指此。郭氏亦以黃離留當之，亦非也。至梁武帝以倉庚作膳，爲郗后療妬，則又誤中之誤矣。“鶬鶊”舊本並同，戴本改作“倉庚”，非是。衆經音義卷二十一、卷二十二引方言並用舊本。

**野鳧，其小而好沒水中者〔2〕，南楚之外謂之鷿鷈，大者謂之鶻蹏。**

**音義**　鷿，音指辟。鷈，音他奚反。鶻蹏，滑蹄兩音。

　　**箋疏**　“鷿鷈”，説文作“鷿鷈”。“鷈”與“鷿”同。亦單呼爲“鷈”。釋鳥“鷿，須鸁”，郭注云：“鷿，鷿鷈，似鳧而小，膏中瑩刀。”廣雅〔釋鳥〕：“鷿鷈，鶻蹏也。”“鷈”與“蹏”通。玉篇：“鷿鷈，水鳥。”廣韻〔錫韻〕：“鷿鷈，鳥名，似鳧而小，足近尾。”本草拾遺云：“鷿鷈，水鳥也，如鳩鴨，腳連尾，不能陸行，常在水中，人至卽沈，或擊之便起。”“鷈”或作“鶘”。張衡南都賦“鷖鶘〔3〕

---

〔1〕　“傳箋不言卽黃鳥”，廣本、徐本作“傳箋俱不言鵹黃”。

〔2〕　“者”字原無，據廣本、徐本補。

〔3〕　“鶘”今本文選作“鶬”。

鶹鶝”，李善注引此文“其”誤作“甚”，“鶹”作“鶺”。“鶺”與“蹏”亦通。字又
作“鵜”。蔡邕短人賦云：“雄荆雞兮鶩鶹鶝。”又上文云：“雞，陳楚宋魏之間
謂之鶹䴀。”案：“鶹䴀”與“鶩蹏”，皆疊韻字爲形容之詞，故雞謂之鶹䴀，野
梟亦謂之鶹蹏，不嫌異物同名也。

“鶹，音指辟”，盧氏云：“未詳。”李文授本作“挾辟”，亦未曉。案：“鶹”
曹憲音“布獲”、“步覓”兩反。鄭注鄉射禮云“右大擘指”，釋文音“補革反”，
與“布獲”之音同。“辟”與“擘”，古通字，是指辟猶言指擘耳。其作“挾辟”
者，誤也。

守宮，秦晉西夏謂之守宮，或謂之蠦蠪，或謂之蜥易。　注 南陽人又呼
蝘蜓。其在澤中者謂之易蜴。南楚謂之蛇醫，或謂之蠑螈。東齊
海岱謂之蠑蚖。　注 似蝘易而大，有鱗，今所在通言蛇醫耳。北燕謂之
祝蜒。桂林之中，守宮大者而能鳴謂之蛤解。　注 似蛇醫而短，身有
鱗采，江東人呼爲蛤蚧音領領。汝潁人直名爲蛤，解音懈，誤聲也。　音義 蠦
蠪，盧纏兩音。蜴，音析。蠑螈，榮元兩音。蠑蚖，斯侯兩音。蜒，音延。

　　箋疏 釋魚云：“蠑螈，蜥蜴；蜥蜴，蝘蜓；蝘蜓，守宮也。”小雅正月篇疏
引李巡注云：“蠑螈一名蜥蜴，蜥蜴名蝘蜓，蝘蜓名守宮。”郭注云：“轉相解
博異語，別四名也。”説文：“易，蜥易，蝘蜓，守宮也。象形。”又云：“蚖，榮
蚖，蛇醫，以注鳴者。”又云：“在壁曰蝘蜓，在艸曰蜥易。”“蝘”或從“虫”作
“䗔”。“蜒，蝘蜒也。一曰蝛蜒。”御覽〔卷九四六〕引春秋考異郵曰：“土勝
水，故守宮食蠆。”案：今在壁者食蠍卽所謂食蠆也，故俗謂之蠍虎。顏師古
注漢書東方〔朔〕傳云：“守宮，蟲名也。術家云以器養之，食以丹砂，滿七
斤，擣治萬杵，以點女人體，終身不滅，若有房室之事，則滅矣。言可以防閑
淫逸，故謂之守宮也。今俗呼爲辟宮，辟以禦扞之義耳。”眾經音義卷六云：
“守宮，在壁者，江南名蝘蜓，山東謂之蝀蜦，陝以西名爲壁宮，在草〔者〕曰
蜥蜴。”“壁宮”疑卽“辟宮”之譌，是守宮以用爲名也。

　　漢書地理志〔下〕“武都郡武都，東漢水受氐道水，一名沔，過江夏，謂之
夏水，入江。”水經〔注夏水〕云：“夏水出江津豫章口〔東〕，有中夏口，是夏水

之首江之汜也。屈原所謂'過夏首而西浮，顧龍門而不見'也。應劭十三州記曰：'江別入沔，爲夏水源。夫夏之爲名，始於分江，冬竭夏流，故納厥稱。〔既〕有中夏之目，亦苞大夏之名矣。'"即卷十"曾、晉，何也"條所謂"中夏"也。

廣雅〔釋魚〕："蛤解、蠦蝘蜥蜴也。"亦單謂之蜴。小雅正月篇"胡爲虺蜴"，毛傳云："蜴，蝘也。"鄭箋云："虺蜴之性，見人則走。"漢書東方朔傳射守宫覆云："臣以爲龍又無角，謂之爲蛇又有足，跂跂脈脈善緣壁，是非守宫卽蜥蜴。"神農本草云："石龍子"，"一名蜥易，生川谷"。御覽〔卷九四六〕引吴普本草云："石龍子，一名守宫，一名石蜴。"蜴，郭音析。正月篇"胡爲虺蜴"，釋文云："蜴，星歷反。字又作'蜥'。"説文"虺"字注引正作"蜥"，是"蜴"卽"蜥"字。"其在澤中者謂之易蜴"，卽"蜥易"而倒言之也，故爾雅翼〔卷三十二〕引此文作"易蜥"，埤雅〔卷十一〕引作"易蜥"。今吴越草澤皆有之，狀類中守宫而大，首尾皆似蛇，四足，俗因謂之四腳蛇，色甚緑，亦有灰色者。古今注〔魚蟲〕云："蝘蜓，一名龍子，一曰守宫，善上樹捕蟬食之。其長細五色者，名爲蜥蜴，短大者名蠑螈，一曰蛇醫。大者長三尺，其色玄紺，善螫人，一名玄螈，一曰緑螈。"皆其一種而小異者也，是以大小異名也。正月篇正義引陸機義疏云："虺蜴，一名榮原，水蜴也，或謂之蝘蜒，或謂之蛇醫，如蜥蜴，青緑色，大如指，形狀可惡。"如陸言，蜥蜴與蠑螈形狀相類，又以水陸異名也。考工記梓人"以胷鳴者"，鄭注云："胷鳴，榮原屬。"賈疏云："此記本不同，馬融以爲胃鳴，干寶本以爲骨鳴。胃在六府之内，其鳴又未可以骨爲狀，亦難信，皆不如作胷鳴也。"然説文又云"以注鳴"，是與鄭亦互異。説文又云："雖，似蜥易而大。"此"蝘蜒"疑卽説文之"雖"及義疏之"蝘蜒"也。季弟侗曰："蜥蜴"、"蛇醫"、"蝘蜓"、"蠑螈"、"祝蜓"，皆聲之遞轉，方俗語有輕重侈弇耳。今京師人讀榮如絨，故與"蜥"字聲相近。其倒言之則曰"易蜴"。古者從"易"之字，有讀如"惕"者。"蝘蜓"，亦其轉聲也。御覽〔卷九八〇〕引吴普本草："菥蓂，一名榮冥。"足爲"蜥"、"蠑"聲轉之證矣。南海藥譜引廣州記云："蛤蚧，生廣南水中，有雌雄，狀若小鼠，夜卽居於榕樹上，投一獲二。"唐劉恂嶺表録異云："蛤蚧，首如蝦蟇，背有細鱗如蠶子，土黃色，身短尾長，多巢於樹中。端州古牆内，有巢於廳署城樓閒者，旦暮則鳴自呼，蛤蚧是也。”“蛤”與“解”同聲通用，是“蛤解”以聲爲名也。

注中“蛤蚧音頜頜”，通行本譌作“蛤蚖音頭頜”。戴氏云：“廣韻〔合韻〕‘頜’、‘蛤’同音，其‘頜’字注云：‘頜頜頤旁。’今據以訂正。”

又“直名爲蛤解”“解”字譌作“鷫”，宋本作“解”。段氏玉裁云：“誤”當作“悟”。說文“嚔，悟解气也”，〔段玉裁注：〕“悟解气者，‘欠’字注云‘張口气悟’，是也。‘嚔’與‘欠’，異音同義。‘悟，覺也’。解，散也。通俗文曰：‘張口運气謂之欠欤。’鄭注周易‘百果草木皆甲坼’曰：‘皆，讀如人倦解之解。’郭讀解悟，與許同意。”

**宛野謂鼠爲鼩。**　注 宛新野，今皆在南陽。　音義 鼩，音錐。

箋疏“鼩”，通行本作“貔”，今從宋本。玉篇云：“南陽呼鼠爲鼩。”蓋本此及注文也。埤雅〔卷十一〕引廣雅有“貔鼠”，今本鼠屬有“鼩”字，下注云“佳鼠”。家君曰：“鼠”是正文，“焦”是曹憲音釋厠“鼩”下，亦誤爲正文耳。

漢書地理志〔上〕：“南陽郡，秦置。”“宛，故申伯國。有屈申城。縣南有北筮山。”晉志南陽國秦置郡，有宛縣。又義陽郡太康中置，有新野縣。今河南南陽府南陽、新野二縣是其地。

**雞雛，徐魯之間謂之鶖子。**　注 徐，今下邳僮縣東南大徐城是也。　音義 鶖，子幽反。

箋疏 說文：“雛，雞子也。”高誘注淮南時則訓：“雛，新雞也。”

舊本“鶖”誤作“秋侯”二字。廣雅〔釋鳥〕：“鶖子，雛也。”玉篇、廣韻〔尤韻〕並云“鶖，雞雛也。”今據以訂正。“鶖”通作“秋”。淮南原道訓注云：“‘屈’讀‘秋雞無尾〔屈〕’之‘屈’。”說文：“屈，無尾也。”雞雛無尾，故以爲屈，是秋雞卽鶖子也。案：“鶖”者，細小之名。說詳卷二“摯，細也”條下。

漢書地理志〔上〕：“臨淮郡徐，故國，盈姓。”後志屬下邳國。晉志下邳國下邳僮縣，今徐州府邳州是其處。

# 輶軒使者絕代語釋別國方言箋疏卷第九

戟，楚謂之孑。　注 取名於鉤釪也。凡戟而無刃秦晉之間謂之釪，或謂之鏔，吳揚之間謂之戈。東齊秦晉之間謂其大者曰鏝胡，其曲者謂之鉤釪鏝[1]胡。　注 即今雞鳴句孑戟也。　音義 鏔，音寅。鏝，泥鏝。

　　箋疏 説文：“戟，有枝兵也。”衆經音義卷一引字林同。釋名〔釋兵〕：“戟，格也，旁有枝格也。”“車戟曰常，長丈六尺，車上所持也。”“手戟，手所持摘之戟也。”案：枝即考工記[2]之刺戟，爲有枝之兵，則非若戈之平頭，亦非直刃似木枝之衺出也。戈刃之倨句平而稍侈，故曰外博。戟則大侈倨句一矩有半，故可刺可句。考工記冶氏“戟廣寸有半寸，内三之，胡四之，援五之，倨句中矩，與刺重三鋝”，鄭注云：“戟，今三鋒戟也，内長四寸半，胡長六寸，援長七寸半。三鋝者，胡直中矩言正方也。鄭司農云：“刺謂援也。玄謂刺者，箸秘直前如鐏者也。戟胡横貫之，胡中矩，則援之外句磬折與。”程氏瑶田通藝録云：“内三之，謂戟柄横出秘外〔者〕四寸有半也。胡四之，謂上連刃直而下垂者長六寸也。援五之，謂衺上之刃長七寸半也。刺者，謂横出之内有鋒也。倨句中矩者，謂刺横胡直正方之形也。不言援之倨句言刺之倨句者，戟爲句兵，中矩者主於句也。”據二儀寶録雙枝爲戟、獨枝爲戈以爲證，其説近是，然與鄭注大相乖異矣。段氏玉裁曰：“方言‘匽戟’，廣雅作‘偃戟謂之雄戟’。偃〔者〕，仰也。據衺上之刃名之也。周禮掌舍‘棘門’，明堂位‘越棘大弓’，左傳‘子都拔棘以逐之’，〔‘棘’〕皆訓‘戟’。棘者，刺也。戟有刺，故名之曰棘。衺者爲援，則横者爲棘、爲刺也。張揖注子虛賦曰：‘雄戟，胡中有鉅者。’‘鉅’同‘距’。蓋於直垂之胡之中爲横出者，是

---

〔1〕“鏝”原作“曼”，據廣本、徐本改。
〔2〕“記”原脱，今據廣本、徐本補。

〔曰〕舴。舴亦有鋒，故方言‘三刃枝’郭注云：‘今戟胡中有小孑刺者，所謂雄戟也。’然則合援與刺與舴，是爲三刃枝，鄭所謂‘三鋒戟’者，又不如是。古制茫昧難知，但曰‘援’者斷非直刃，凡左傳言‘公戟其手’、詩毛傳言‘拮据，戟挶也’、説文言‘挶，戟持也。据，戟挶也’、史言‘須髯如戟’，皆取衺出，不取直上，是則信而有徵耳。方言曰：‘戟無刃〔者〕，吳揚之間謂之戈。’然則戟者，戈之有刃者也。戟亦非直刃，謂之有刃者何？其刃幾於直也。少儀曰：‘戈有刃者櫝。’戈之分別有刃無刃古矣。左傳：“狂狡輅鄭人，鄭人入於井，倒戟而出之。’獲狂狡，此用援刺鄭人不中，鄭人攀秘刺而上也。或以戟鉤樂樂斷肘而死，則援與刺皆兼鉤刺之用矣。靈輒倒戟以禦公徒而免趙盾，此主於用援也。説文云‘有枝兵’者，援刺皆得云枝也。”淮南人間訓云：“戟者所以攻城也”，“宦人得戟則以刈葵”。言用之不得其所也。字通作“棘”。鄭注明堂位“越棘”云“棘，戟也”，引隱十一年左氏傳曰：“子都拔棘。”正義曰：“棘，戟。方言文。”今本作“戟”，是“棘”與“戟”同。戟爲兵名，以兵刺物亦謂之戟。左思蜀都賦云：“戟食鐵之獸。”是也。

説文：“孑，無右臂也。”亦通作“釪”。莊四年左氏傳：“授師孑焉。”考工記疏引舊注云：“孑，句孑戟也。”“孑”與“釪”同。下文云：“矛骹”“有小枝刃者謂之鉤釪。矛或謂之釪。”義亦同也。正文“孑”，盧氏依宋本作“釪”，今從各舊本。

“鏔”之言延也。前卷一：“延，長也。”廣雅〔釋器〕：“鏔，戟也。”玉篇、廣韻〔脂韻〕並云：“鏔，戟無刃者。”説文：“戠，長槍也。”通俗文云：“剡木傷盜曰槍。”是長槍者，謂以長物相刺也，義與“鏔”相近。

説文：“戈，平頭戟也。从弋，一橫之，象形。”是戈爲戟之無枝者矣。釋名〔釋兵〕：“戈，過也，所刺擣則決過，所鉤引則制之弗得過也。”考工記冶氏爲戈，“廣二寸，內倍之，胡三之，援四之”，“倨句外博，重三鋝”，鄭注曰：“戈，今句孑戟〔也〕，或謂之雞鳴，或謂之擁頸。內謂胡以內接秘者也。長四寸，胡六寸，援八寸。”“戈，句兵也，主於胡也。”“博，廣也，倨之外胡之裏也，句之外胡之表也。”“俗謂之曼胡似此。”鄭眾云：“援，直刃也。胡其孑。”

案：先鄭以戈爲有刃，則非平頭，與許君異說。宋黄長睿銅戈辨始疑鄭注，近程氏瑶田考戈刃如劍横出而稍倨。所謂援八寸也，援之下近柲爲胡，連上爲刃。所謂胡六寸也，其横貫於柲而外出者凡四寸。所謂内倍之也，戈戟之金非冒於柲之首，皆爲之内，横貫外出，且於胡之近柲處爲三孔，纏縛於柲以固之。古戈戟時有存者，覶之可知也。説詳通藝録。又段氏玉裁云：“按許氏説‘戈’爲‘平頭戟’，從弋以一象之，然則戈刃之横出無疑也，横出故謂之援。援，引也。凡言援者，皆謂横引之，直上者不曰援也，且戈戟皆句兵，矛刺兵，殳擊兵。殳專於擊者也，矛專於刺者也，戟者兼刺與句者也，戈者兼句與擊者也。用其横刃則爲句兵，用横刃之喙以啄人則爲擊兵。擊與句相因爲用，故左氏多言戈擊，若晉中行獻子夢厲公以戈擊之。齊王何以戈擊子之，解其左肩。鄭子南逐子晳，擊之以戈。〔衛〕齊氏用戈擊公孟，公魯以背蔽之，斷肱，以中公孟之肩。魯昭公將以戈擊僚柤。楚盜以戈擊昭王，王孫由余以背受之，中肩。越靈姑浮以戈擊闔廬，傷將指。齊簡公執戈將擊陳成子。衛石乞、盂黶敵子路，以戈擊之，斷纓。皆言‘擊’不言‘刺’，惟盧蒲癸以寢戈自後刺子之言‘刺’，蓋癸與王何同用戈，癸逼近子之故言刺，王何去子之稍遠故言擊，且二人一在後一在前，相爲掎角也。若長狄僑如、魯富父終甥搂其喉，以戈殺之。由長狄長三丈，既獲之不能殺之，故自下企上以舂其喉也。自下舂其喉，計長狄長不過二丈，容既獲之後，身横於地而殺之，舂亦擊也。”“詳繹鄭注本無不同，所引先鄭乃不可從。”是戈與戟大略相同，戟有刺故謂之有枝兵，戈無刺故云平頭戟，然戈與戟[1]對文則異，散文亦通。廣雅〔釋器〕云：“戈，戟也。”是戟亦謂之戈也。考工記注以戈爲句兵，“句”、“戈”一聲之轉，猶鎌謂之刉，亦謂之划也。

廣雅〔釋器〕又云：“鏝胡，戟也。”

末注内“句子”，戴本作“鉤釪”，今從衆家本。

**三刃枝，** 注 今戟中有小子刺者，所謂雄戟也。 **南楚宛郢謂之匽戟。** 注

---

〔1〕 “然戈與戟”原無，據廣本、徐本補。

郢，今江陵也。**其柄自關而西謂之柲，或謂之殳。** 音義 匽，音偃。郢，余整反。柲，音祕[1]。殳，音殊。

箋疏 "三刃枝"説見上"戟"條下。

"匽"，衆經音義卷十六引作"偃"。又引廣雅〔釋器〕云："匽戟，雄戟也。"今本作"匽戟謂之雄戟"。"偃"與"匽"同。史記商君傳〔裴駰集解引徐廣〕云："屈盧之勁矛，干將之雄戟。"司馬相如子虛賦云"建干將之雄戟"，集解引漢書音義云："雄戟，胡中有鉅。"索隱云："周處風土記：'戟爲五兵雄也。'"左思吳都賦："雄戟耀芒。"家君曰："匽戟"以雄得名。釋鳥："鶠，鳳。其雌皇。"戟之雄者謂之匽，猶鳳之雄者謂之鶠矣。

漢書地理志〔上〕："南陽郡，秦置。宛縣，故申伯國。有屈申城。縣南有北筮山。"晉志南陽國宛縣，今河南南陽府南陽縣是其地。又漢書地理志〔上〕："南郡，秦置，高帝元年〔更〕爲臨江郡，五年復故。景帝二年復爲臨江，中二年復故。江陵縣，故楚郢都，楚文王自丹陽徙此。後九世平王城之。"武帝置荆州刺史，南郡隸焉。三國初屬蜀，後屬吳。晉平吳爲荆州刺史治所，今湖北荆州府江陵縣是其處。

説文："柄，柯也。"鄭注周官太宰云："柄，所秉執以起事者也。"是柄者人所秉執之總名，許君特指人所易曉之斧柄以釋之耳。

説文又云："柲，欑也。欑，積竹杖也。""柲"、"柄"，一聲之轉[2]。考工記廬人"爲廬器，戈柲六尺有六寸，殳長尋有四尺"，鄭注云："柲，猶柄也。"昭十二年左氏傳"君王命剥圭以爲（戚）鏚柲"，杜預注："柲，柄也。"是斧柄亦謂之柲也。下卷十二云"柲，刺也，"注云："皆矛戟之種，所以刺物者也。"柲爲矛戟之柄，以矛戟刺人，因而刺之謂之柲。又卷十三"柲，椎也。南楚凡椎搏曰柲"[3]。義亦同也。

説文："殳，以杖殊人也。禮：殳以積竹，八觚，長丈二尺，建於兵車，旅

---

〔1〕 "祕"原作"必"，據廣本、徐本補。

〔2〕 "之轉"原無，據文義補。

〔3〕 案：方言各本作"扰，推也。南楚凡相推搏曰扰"。

賁以先驅。”案：鄭注考工記云：“凡矜八觚。”又云：“爲戈戟之矜，所圍加
殳。”是“矜”與“殳”同制。釋名〔釋兵〕：“殳，殊也，有所撞挃於車上使殊離
也。”廣雅〔釋器〕：“殳，杖也。”下文云：“矛”，“其柄謂之矜”。又云：“矜謂之
杖。”是殳也、矜也、杖也，異名而同實，皆柄之別名也。字亦作“杸”。急就
篇〔卷三〕云“鐵棰檛杖柲柲杸”，顏師古注云：“杸、殳，古今字。”説文：“杸，
軍〔中〕士所執殳也。司馬法曰：‘執羽以杸。’”“杸”與“殳”，聲義並同。

矛，吳揚江淮南楚五湖之間謂之鏦，注 五湖，今吳興太湖也。先儒處之
多亦不了，所未能詳者。或謂之鋋，或謂之鏦。 注 漢書曰：“鏦殺吳
王。”其柄謂之矜。 注 今字作“䂩”。 音義 鏦，嘗蛇反。鋋，音蟬。鏦，錯
江反。䂩，巨巾反。

　　箋疏 説文“矛，酋矛也，建於兵車，長二丈。象形”，古文从“戈”作
“䟸”。玉篇又作“鉾”。考工記廬人“爲廬器”，“酋矛常有四尺，夷矛三尋”，
鄭注：“八尺曰尋，倍尋曰常。酋、夷，長短名。酋之言遒也，酋近夷長矣。”
鄭風清人篇“二矛重英”，鄭箋云：“二矛，酋矛、夷矛。”又秦風小戎篇“厹矛
鋈錞”，毛傳：“厹，三隅矛也。”是矛有三等，許獨言“酋矛”者。按：魯頌閟宮
篇鄭箋云：“兵車之法：左人持弓，右人持矛，中人御。”蓋矛爲刺兵，惟酋矛
建於兵車，人所常用，餘則不常用耳。

　　“鏦”，説文作“鉈”，云：“短矛也。”廣雅〔釋器〕作“䂠，矛也”。玉篇：
“䂠，短矛也。（云）亦作‘鏦’。”又：“䂠，短矛也。”字異聲義並同。荀子議兵
篇“宛鉅鐵䥨，慘如蠭蠆”，楊倞注云“䥨，矛也”，引方言云：“自關而西謂之
矛，吳揚之間謂之鏦。”蓋誤連上條引之耳。左思吳都賦“藏鏦於人”，劉逵
注“鏦，矛也”，引方言云：“吳越以矛爲鏦。”又通作“施”。史記禮書云：“宛
之鉅鐵施，鑽如蠭蠆。”

　　説文：“鋋，小矛也。”釋名〔釋兵〕：“鋋，延也，達也，去此至彼之言也。”
史記匈奴傳索隱引埤蒼云：“鋋，小矛（也），鐵矜。”漢書鼂錯傳云：“萑葦竹
蕭，少木蒙蘢，支葉茂接，此矛鋋之地也。”又匈奴傳〔上〕“其長兵則弓矢，短
兵則刀鋋”，顏師古注：“鋋，鐵把小矛也。”揚子長楊賦“㧜鋋瘢者、金鏃淫夷

者數十萬人",顏注引如淳曰:"兊,括也。"孟康曰:"瘢者,馬脊創瘢處也。"蘇林曰:"以耆〔字〕爲著字。鏃著其頭也。"師古曰:"鋋,鐵矜小矛也。淫夷,過傷也。據如、孟氏之説,則箭括及鋋所中,皆有創瘢(也)於耆,而被金鏃過傷者復衆也。如蘇氏以耆字爲著字,依其所釋,則括及鋋所傷皆有瘢,又著金鏃於頭上而過傷者亦多矣。用字既別,分句不同。據今書本多作耆字,宜從孟説。鋋音蟬,又音延。"李善注文選〔長楊賦〕引服虔曰:"耆,鼴(也)。傷者或矛贊内未出,其瘡如含然。或箭插其項未拔,蘽若鼴焉。"其解皆紆回而難通。又張佖云:案字書無"兊"字,此"兊鋋"合作"銳鋋"。説文云:"銳,侍臣所執兵。周書曰:'一人冕執銳。'讀若允。"與"鋋"字相次。"銳",今尚書〔顧命〕作"鋭",孔傳:"鋭,矛屬也。"疑安國時舊是"銳"字,後傳寫作"鋭"。説文:"鋭,芒也。"亦與"矛"不類,故合作"銳"。如張説,以"兊"爲"銳"之假借字,亦作"矛"解。今案:"兊"讀如史記吳起傳"卒有病疽者,起爲吮之"之"吮"。漢曹全碑云:"興師征討,有兊膿之仁,分醪之惠。"即用吳起吮疽故事而字作"兊",可爲"兊"、"吮"通用之證,此文蓋借"兊"爲"吮"。"鋋"如顏説謂矛也,"耆"當依蘇林作"著",以"兊鋋瘢"爲一句,"著金鏃"爲一句。兊瘢猶吮膿也,言有矛瘢可吮及金鏃過傷者數十萬人也。文選〔長楊賦〕"兊"作"唴",〔唴〕即"吮"之異文,知古本原有作"吮"者矣。又班固東都賦:"戈鋋彗雲。"後漢書馬融傳:"飛鋋電激。"六韜軍用篇云:"曠林草中,方胸鋋矛千二百具。"

　　説文"鏦,矛也",或从"象"作"鏾"。淮南兵略訓云:"脩鍛短鏦。"華嚴經音義卷十五引許慎注云:"鏦,小矛也。"史記吳王濞傳集解引孟康曰:"方言'戟謂之鏦'。"亦誤連上條引之也。玉篇:"種,尺鍾切,短矛也。穳,楚雙切,矛也。"並聲近義同。案:矛謂之鋋,以矛有所刺亦謂之鋋。司馬相如上林賦云"格蝦蛤,鋋猛氏",是也。矛謂之鏦,以矛有所刺亦謂之鏦。史記吳王濞傳:"即使人鏦殺吳王。"漢書南越傳:"太后""鏦吕嘉以矛"。後漢書馬融傳:"鏦特肩。"皆是也。皆義相因也。

　　説文:"矜,矛柄也。"釋名〔釋兵〕:"矛,冒也,刃下冒矜也。"鄭注考工記云：“廬，矛戟矜柲也。”又廬人注云：“凡矜八觚。”淮南兵略訓云：“伐棘棗而爲矜。”是矜爲矛柄也，故字從“矛”。

注云“五湖，今吳興太湖也”者，墨子兼愛中篇云：“古者禹治天下”，“南爲江漢淮汝，東流之注五湖之處，以利荆楚干越，與南夷之民”。卽謂吳興太湖也。郭氏主此説，故注江賦“汜五湖以漫漭”，引張勃吳録曰：“五湖者，太湖之別名也。周行五百餘里。”皆是也。然仍疑未能決。而云“先儒處之亦多不了，所未能詳者”，故其注爾雅〔釋地〕“十藪”及南山經又以具區、太湖爲一，則非矣。案：今江南吳吳江、宜興、武進、無錫、浙江、烏程、長興七縣，皆瀕此湖也。

又“今字作‘稜’”者，廣韻〔真韻〕云：“稜，古作‘矜’。”漢書陳勝項籍傳贊云“鉏櫌棘矜”，服虔注云：“以棘作矛稜也。”下文“矜謂之杖”，注云：“矛戟稜，卽杖也。”又卷十二“柲，刺也”，注云：“皆矛戟之稜，所以刺物者也。”是“矜”、“稜”，古今字。舊本從“木”旁作“稜”，誤，今訂正。

## 箭，自關而東謂之矢，江淮之間謂之鍭，關西曰箭。　注 箭者竹名，因以爲號。　音義 鍭，音侯。

箋疏 説文：“箭，矢竹也。”釋兵〔釋名〕：“矢，指也，言其有所指向迅疾也。又謂之箭；箭，進也。”鄭注大射儀云：“古文‘箭’爲‘晉’。”周官職方氏注云：“故書‘箭’爲‘晉’。杜子春云：‘晉’當爲‘箭’。書亦或爲‘箭’。”吳越春秋〔句踐歸國外傳〕云：“晉竹十廋。”晉竹，卽箭竹也。“進”、“晉”、“箭”，古聲並同。魯頌閟宮篇“實始翦商”，説文“戩”字注引作“戩”，是其證也。

説文：“矢，弓弩矢也。从入，象鏑栝羽之形，古者夷牟初作矢。”

“鍭，矢金鍭翦羽謂之鍭。”考工記矢人〔矢人〕“爲矢，鍭矢參分”，“一在前，二在後”，鄭注云：“參訂之而平者，前有鐵重也。”大雅行葦篇“四鍭既鈞”，毛傳云：“鍭矢參亭。”正義云：“參亭謂三分矢，一在前二在後，輕重鈞停。”釋器：“金鏃翦羽謂之鍭。”史記五宗世家索隱引李巡注云：“金鍭，以金爲鏑。”又李善注賈誼過秦論引李云：“鍭，以金爲箭鏃也。”行葦正義引孫炎注云：“金鏑斷羽，使前重也。”案：“鍭”作“猴”。説文：“猴，羽本也。一曰羽初生貌。”“翦，羽生也。一曰矢羽。”〔後〕漢書禮儀志〔下〕注引通俗文云：
“細毛〔曰〕猴〔也〕。”是鍭矢以箭羽得名，非以金鏃爲義，故骨鏃者亦得名
猴。“猴”與“鍭”同。士喪禮下篇云：“猴〔矢〕一乘，骨鏃短衛。”則惟喪禮用
之，故鄭注云：“骨鏃短衛，亦云不用也，生時猴矢金鏃。”是也。周官司弓矢
云“鍭矢，用諸近射田獵”，鄭注云：“鍭之言候也。”“可以司候，射敵之近者
及禽獸。前尤重，中深而不可遠也。”後漢書〔南蠻〕西南夷傳云：“其民戶
出”“雞羽三十鍭”。

　　注“箭者竹名，因以爲號”者，釋地云“東南之美者，有會稽之竹箭焉”，
郭注：“竹箭，篠也。”禹貢揚州云：“篠簜既敷。”御覽〔卷三四九〕引字統云：
“箭者竹之別，〔形〕大身小葉曰竹，小身大葉曰箭。箭竹主爲矢，因謂矢爲
箭。”竹譜云：“箭竹，高者不過一丈，節間三尺，堅勁中矢，江南諸山皆有之，
會稽所生最精好。”案：箭本竹名，以箭爲矢，因即謂之箭，猶簜本竹名，以簜
成器即謂之簜也。説文：“簜，大竹也。”大射儀“簜在建鼓之間”，鄭注：“簜，
竹也，〔謂〕笙簫之屬。”是也。

**鑽謂之鍴。**　**音義** 鍴，音端。

　　**箋疏** 案：此釋矛之小者也。説文“鏦，矛也”，或作“錄”。華嚴經音義
卷十五引許慎淮南子注：“鏦，小矛也。”衆經音義卷十一云“欑，小矛也”，引
字詁：“古文‘錄’、‘欑’二形。”上文云：“矛，吳揚江淮南楚五湖之間”“或謂
之鋋，或謂之鏦。”廣雅〔釋器〕：“欑謂之鋋。”是“鑽”與“鏦”同，謂小矛也。
玄應又云：“欑，今作‘欀’。”案：“鑽”與“爨”，古同聲。説文“爨，讀若論語
〔陽貨〕‘鑽燧改火’之‘鑽’”，或作“鐕”。是“錄”、“欑”、“欀”，字並與“鑽”
同。“鏦”與“鑽”，聲亦相近。

　　玉篇：“鍴，鑽也。”次“鏑”字之下，是亦以“鑽”爲小矛之異名。廣雅〔釋
器〕云：“鍴謂之鑽。”實本方言而列於“鏽、〔鉊〕〔錯〕、鐉，錐也”之上，則誤以
“鑽”爲錐鑿之鑽矣。戴氏不察，引廣雅及説文“鑽，所以穿也”以證此文，則
又沿稚讓之誤矣。

**矜謂之杖。**　**注** 矛戟穜，即杖也。

　　**箋疏** 考工記"攻木之工：輪、輿、弓、廬、匠、車"，鄭注云："廬，矛戟矜柲
也。"説文："杖，持也。"上文云"矛"，"其柄謂之矜"，注云："今字作'殳'。"上
文又云："三刃枝"，"其柄自關而西""或謂之殳"。説文："柲，欑也。欑，積
竹杖也。"是"柲"與"杖"同。廣雅〔釋器〕："矜、柲，柄也。""殳，杖也。"柄謂
之矜，又謂之柲，亦謂之殳，猶杖謂之柲，又謂之殳，亦謂之矜矣。

　　舊本注"殳"亦誤從"木"旁，與前"矛"，"其柄謂之矜"注同，今訂正。

**劍削，自河而北燕趙之間謂之室，自關而東或謂之廓，或謂之削，自
關而西謂之鞞。** 　　**音義** 鞞，方婢反。

　　**箋疏** 説文："削，鞞也。"玉篇："鞘，刀鞘也。""鞘"與"削"同。廣雅〔釋
器〕："室、郭，劍削也。"燕策〔三〕云："拔劍，劍長，操其室。""郭"、"廓"，古今
字。案：削、室、廓、鞞，皆外衛之通名。釋名〔釋兵〕云："刀室曰削。削，峭
也，其形峭殺裹刀體也。"史記貨殖傳："洒削，薄技也。"顏師古注漢書〔貨殖
傳〕曰："削，謂刀劍室也"，"主爲洒刷之，去其垢〔穢〕也"。是刀亦名削也。
史記春申君傳云："刀劍室以珠玉飾之。"秦風小戎毛傳云："韔，弓室也。"是
刀與弓弢亦名室也。釋名〔釋兵〕："弩牙外曰郭，爲牙之規郭也。"是弩牙外
亦名郭也。

　　説文："鞞，刀室也。""鞞"與"鞞"同。小雅瞻彼洛矣篇"鞞琫有珌"，毛
傳云："容刀鞞也。"是刀亦名鞞也。案：經傳"鞞"並作"鞞"，音"補頂反"。

**盾，自關而東或謂之瞂，或謂之干。** 　　**注** 干者扞也。關西謂之盾。　　**音義**
瞂，音伐。

　　**箋疏** 説文："盾，瞂也，所以扞身蔽目，象形。"釋名〔釋兵〕："盾，遯也，
跪其後避以隱遯也。"周官司兵"掌五兵五盾"，鄭注："五盾，干櫓之屬。"亦
作"楯"。昭二十五年左氏傳："臧氏使五人以戈楯伏諸桐汝之間。""楯"與
"盾"同。

　　説文："瞂，盾也。"郭注海内西經〔1〕"瞂，音伐"，云："盾也。"通作"伐"。

---

〔1〕　"海内西經"原無，據廣本、徐本補。

秦風小戎篇“蒙伐有苑”，毛傳：“蒙，討羽也。伐，中干也。”釋文：“伐，本或作‘瞂’。”玉篇引正作“瞂”。正義曰：“櫓〔是〕大盾，故以伐爲中干，干、伐，皆盾之別名也。”又作“撥”。史記孔子世家“矛戟劍撥”，索隱云：“撥，謂大楯也。”亦作“瞂”。蘇秦傳“革抉瞂芮”，索隱云：“‘瞂’與‘瞂’同。”“瞂”、“伐”、“撥”、“瞂”，並字異義同。

釋言“干，扞也”，孫炎曰：“干盾自蔽扞。”儒行篇“禮義以爲干櫓”，鄭注：“干櫓，小(盾大盾)〔楯大楯〕也。”論語季氏篇“而謀動干戈於邦內”，孔安國注：“干，(盾)〔楯〕也。”字通作“戩”。説文：“戩，盾也。”御覽〔卷三五六〕引埤蒼：“戩，楯也。”“戩”與“干”，古同聲。

**車下鐵，陳宋淮楚之間謂之畢。大者謂之綦。**　注　鹿車也。　音義　綦，音忌。

箋疏　“鐵”，舊本作“鐵”。案：俗“鐵”字作“鐵”，傳寫者遂改作“鐵”。“大者謂之綦”句，舊本別爲一條，“者”字作“車”，今並從戴校，云：“此言維車之索(也)。”“玉篇云：‘紩，索也。古作鐵。’據此‘紩’乃本字，‘鐵’〔即〕其假借字(也)。考工記玉人‘天子圭中必’，鄭注云：‘必，讀如鹿車縪之縪，謂以組約其中央，爲執之以備失墜。’‘圭中必’爲組，‘鹿車縪’爲索，其約束相類，故讀如之。士喪禮‘組綦，繫于踵’，鄭注云：‘綦，屨繫也，所以拘止屨也。綦讀如馬絆綦之綦。’疏云：‘馬有絆名爲綦。’此屨綦亦拘止屨，蓋‘屨綦’、‘馬絆綦’與‘圭中必’，義皆取於約束(也)。‘縪’、‘畢’，古通用。”前卷五云：“維車”，“東齊海岱之間謂之道軌”。廣雅〔釋器〕：“道軌謂之鹿車。”郭氏以爲鹿車，則“鐵”爲維車之索無疑，各本作“鐵”，乃“鐵”字之訛也，今訂正。纘案：玉篇：“紩，帆索也。”“紩”與“鐵”，聲義並相近。下文“車枸簍”，“其上約謂之筯，或謂之簞”，注云：“即牽帶。簞，音峴。”廣雅〔釋器〕：“纜，索也。”集韻〔錫韻〕云：“荊州謂帆索曰纜。”帆索謂之紩，亦謂之纜。車上約謂之簞，猶車下索謂之鐵也。

又案：考工記〔玉人〕注讀“必”如“鹿車縪”之“縪”。説文系部訓“縪”爲“止”。又革部：“靴，車束也。”木部“棥，車歷錄，束文也”，引秦風小戎“五棥梁輈”，毛傳云：“五，五束也。楘，歷録也。”“一輈五束，束有歷録。”正義云：“‘五束’，言以皮革五處束之。‘楘，歷録’者，謂所束之處因以爲文章歷録然。歷録，蓋文章之貌也。”前卷五云：“維車，趙魏之間謂之轣轆車。”單言之則謂之鹿車，非謂僅容一鹿也。謂之轣轆者，亦以束之圍繞歷録然名之也。墨子備臨高篇説連弩車之法云：“以磿鹿卷收。”義亦同也。方言作“畢”、考工〔記〕作“必”、鄭讀如“縪”、説文作“柲”，其義一也。其謂之“畢”，小戎篇云“竹閉緄縢”，毛傳云：“閉，紲。緄，繩。縢，約也。”釋文：“閉，悲位反，徐邊惠反，一音必結反。”士喪禮下篇説明器之弓有柲”，鄭注“柲，弓檠，弛則縛之於弓裹，備損傷，以竹爲之”，引詩云：“竹柲緄縢。”又云：“古文‘柲’作‘枈’。”又考工記弓人注云：“紲，弓柲”，“弓有柲者，爲發弦時備頓傷”，亦引詩：“竹柲緄縢。”“柲”音“祕”，又“補結反”。然則閉也、柲也、楘也、柲也實一物也，即所謂檠所以紲縛弓者也。弓檠謂之閉，亦謂之柲，又謂之枈，亦謂之柲，猶車下鉄謂之畢，又謂之縪，亦謂之柲也。

　　“綦”之言戒也。説文“綥，不借綥”，或从“其”作“綦”。周官弁師“王之皮弁，會五采玉璂”，鄭注：“會，縫中也。璂，讀如‘薄借綦’之‘綦’。綦，結也。皮弁之縫中，每貫結五采玉十二以爲飾，謂之綦。”内則云“屨著綦”，鄭注：“綦，屨繫也。”正義引皇氏云：“履頭施繫以爲行戒。”亦謂之“絇”。士冠禮“黑屨青絇”，鄭注云：“絇之言拘也，以爲行戒。”是也。又謂之“紟”。廣雅〔釋器〕：“紟謂之綦。”是也。昭二十年穀梁傳云“兩足不能相過，齊謂之綦，楚謂之踂，衛謂之輒”，釋文引劉兆云：“綦，連併也。踂，聚合不解也。輒，本〔亦〕作‘繺’，如見絆繺也。”是凡言“畢”與“綦”者，皆纏縛約束之義，與“車下鉄”謂之“畢”，亦謂之“綦”，事雖不同，其命名之義則一也。

**車轊，**注 車軸頭也。**齊謂之轊。**　注 又名轅。　音義 轊，于〔1〕厲反。

　　箋疏 説文：“軎，車軸端也。”“軎”或從“彗”作“轊”。衆家本作“轒”，“轒”俗字，戴本改作“轊”，今從之。鄧析子無厚篇云：“夫木擊折轊，水戾破

─────────────────────

〔1〕 “于”原作“於”，據四部叢刊影宋本、盧文弨重校方言本改。

舟。”王氏念孫〔廣雅疏證釋器〕曰：“轊之言銳也。昭十六年左傳注云：‘銳，細〔小〕也。’軸兩耑出轂外細小也。小聲謂之嘒，小鼎謂之鎬，小棺謂之槥，小星貌謂之嘒，蜀細布謂之絬，鳥翮末謂之鵽，車軸兩耑謂之轊，義並同也。”案：杜子春注大馭、鄭衆注輪人並以“軹”爲“𧚥”。説文：“軹，車輪小穿也。”“軹”即轂末，與“轊”爲近，故謂“𧚥”爲“軹”耳。

廣雅〔釋器〕：“軨、轃，轊也。”玉篇：“軨，轊也。”“轃，車轊也。”史記田單傳“令其宗人盡斷其車軸末而傅鐵籠”，索隱引方言作“籠”。“籠”與“軨”通。

**車枸簍，**注 即車弓也。**宋魏陳楚之間謂之筱，**注 今呼車子弓爲筱。**或謂之籧籠。其上約謂之笒，**注 即軬帶也。**或謂之簨。秦晉之間自關而西謂之枸簍，西隴謂之楀。** 注 即“軬”字。**南楚之外謂之篷，**注 今亦通呼篷。**或謂之隆屈。** 注 屈尾。 **音義** 簍，音鏤。筱，音巾𢃁。籧籠，穿隆兩音。笒，音瓜𣃘。簨，音覘。楀，薄晚反。

**箋疏** 此即考工記輪人所謂“蓋弓”也。續漢書輿服志云：“蓋弓二十八以象列星。”亦謂之“蓋橑”。鄭注輪人云：“弓，蓋橑也。”亦作“轑”。説文：“轑，車蓋弓也。”是也。輪人云：“參分弓長而揉其一。”揉則曲，曲則其體句僂。謂之“車枸簍”，以形得名也。

廣雅〔釋器〕“枸簍，軬也”，王氏疏證曰：“枸簍者，蓋中高而四下之貌，山顛謂之岣嶁，曲脊謂之痀僂，高田謂之甌窶，義與‘枸簍’並相近。倒言之則曰‘僂句’。昭二十五年左氏傳：‘臧會竊其寶龜僂句。’龜背中高，故有斯稱矣。‘枸簍’，或但謂之‘簍’。玉篇：‘簍，車弓籠也。’”或通作“柳”，音近義同。漢書季布傳“置廣柳車中”，李奇注云：“廣柳，大隆穹也。”“柳”與“簍”通。季弟偭曰：釋名〔釋喪制〕：“輿棺之車”，“其蓋曰柳。柳，聚也，衆飾所聚，亦其形僂也”。周官縫人：“衣翣柳之材。”檀弓〔下〕：“設簍翣。”荀子禮論篇：“無帾絲歶縷翣。”呂氏春秋節喪篇：“縷翣以督之。”“柳”、“僂”、“簍”、“縷”，古字並通。然則柳車之制，亦因中高四下得名矣。

廣雅〔釋器〕“筱，軬也”，曹憲音“公悔反”。郭音“巾𢃁”之“𢃁”，與曹異。釋名〔釋首飾〕：“簂，筬也，恢廓覆髮上也。”後漢書烏桓傳注云：“簂，字或爲‘幗’，婦人首飾也。”覆髮謂之幗，車蓋弓謂之恢，其義同也。

　　“簍籠”，猶“枸簍”，語之轉耳。説文“輱”字注作“穹隆”，“穹隆”與“簍籠”同。廣雅〔釋器〕：“簍籠，軬也。”釋名〔釋兵〕：“弓，穹也，張之穹隆然也。”是其義也。倒言之則曰“隆穹”。李奇注漢書季布傳以“廣柳”爲“人隆穹”，是也。司馬相如大人賦：“詘折隆窮。”“窮”與“穹”，聲微轉耳。亦但謂之“簍”。玉篇：“簍，姑簍也，即車弓也。”“姑簍”，又“枸簍”之轉矣。

　　廣雅〔釋器〕：“笏、篡，軬帶也。”玉篇：“笏，軬帶。”又“篡”字注云：“笏篡，軬帶也。”蓋本廣雅而誤以爲聯文也。少儀云：“馬則執靮。”玉篇：“靮，韁也，所以繫制馬”也。義與車弓上約謂之笏相近也。軬帶亦謂之紘繩也。

　　“篡”注音“覛”，廣雅〔釋器〕：“繵，索也。”廣韻〔錫韻〕：“繵，綱繩”也。集韻〔錫韻〕云：“荊州謂帆索曰繵。”“繵”、“篡”聲同，義亦相近。

　　“楄”，説文作“輱”，云：“淮陽名車穹隆輱。符分切。”釋名〔釋車〕作“軬”，云：“軬，藩也，蔽雨水也。”或曰“車弓”。“軬”，曹憲音“步本反”。“楄”、“輱”、“軬”，字異義同。

　　廣雅〔釋器〕：“篷，軬也。”玉篇：“篷，船連帳也。亦軬也。”又作“篛”同。齊民要術引四民月令有上犢車篷法。廣韻〔東韻〕：“篷，織竹夾箬覆舟。”與車弓謂之篷義亦同也。

　　廣雅〔釋器〕“隆屈，軬也”，王氏云：“‘隆屈’，猶‘僂句’也。張衡西京賦‘終南太一，隆崛崔崒。’是其義也。釋名〔釋車〕謂‘車弓’爲‘隆强，言體隆而强也’。强亦屈也，猶漢書〔陸賈傳〕言‘屈强’矣。”

　　注“屈尾”，通行本並作“尾屈”，今從宋本訂正。説文：“屈，無尾也。”“趉，走也。讀若‘無尾’之‘屈’。”韓非子〔説林下〕曰：“鳥（之）有翩翩者，重首而屈尾。”高誘注淮南原道訓云：“屈，讀‘秋雞無尾’之‘屈’。”皆屈尾之義也。

**輪，**注 車輅也。**韓楚之間謂之軑，或謂之軝。** 注 詩曰：“約軝錯衡。”**關西謂之輚。** 音義 軑，音大。軝，音祇。輚，音摠。

**箋疏** 説文：“有輻曰輪，無輻曰軨。”釋名〔釋車〕：“輪，綸也，言彌綸也，周帀之言也。”考工記：“兵車之輪，六尺有六寸。田車之輪，六尺有三寸。乘車之輪，六尺有六寸。”案：“輪”之言侖理也，三十輻，兩兩相當而不迆，故曰輪。

注云“車輅”者，“輅”、“輪”，一聲之轉。

下文云：“軑，〔鍊〕鐕也。南楚曰軑。”説文：“軑，車輨也。輨，轂耑錔也。”廣雅〔釋器〕：“軑，輪也。”楚辭離騷“齊玉軑而並馳”，王逸注云：“軑，錮也。一云車轄也。”謝朓始出尚書省詩“青精翼紫軑”，李善注引此文，云：“天子之車，以紫爲蓋，故曰紫軑。”漢書揚子傳〔上〕“肆玉釱而下馳”，晉灼曰：“釱，車轄也。”“釱”與“軑”同。案：王逸、晉灼皆以爲車轄，非也。玉篇、廣韻〔泰韻〕皆云“車轄”，皆“輨”之訛，或沿王、晉二説之誤也。王氏念孫〔廣雅疏證釋器〕云：“軑之言鈐制也。史記平準書‘敢私鑄鐵器煮鹽者，釱左趾’，索隱引三蒼云：‘釱，踏腳鉗也。’‘軑’、‘鐕’，一聲之轉。踏腳鉗謂之釱，轂耑鐵謂之釱，其義一也。”

説文“軧，長轂之軧也，以朱約之”，引小雅采芑篇曰：“約軝錯衡。”或從“革”作“靳”。毛傳云：“軝，長轂之軝也，朱而約之。”大車轂長尺五寸、兵車、田車、乘車轂長三尺二寸，五分三尺二寸之長。一爲賢，得六寸四分。三爲軹，得尺九寸二分。虛其一者，留以置輻也〔1〕。參分三尺二寸之長，二在外，一在內，以置其輻。二在外而三爲軹者在是，一在內而一爲賢者在是。考工記此“軹”字，即毛詩之“軝”字，“軹”者，同音假借字也。取此尺九寸二分者，以革約之而朱其革，詩所謂“約軝”也。説詳程氏瑤田通藝録。

廣雅〔釋器〕：“轇，輪也。”釋名〔釋車〕作“葱”，云：“輪或曰葱，言輻總入轂中也。”“葱”與“軝”同。道德經無用章云：“三十輻共一轂。”是轇之義也。案：軑本轂輨，軝本轂幬，以其繫於輪也，亦通謂之輪，若轇則并合轂與輻牙矣。此皆就方俗之稱名耳。若分別言之，則軑自軑，軝自軝，且不得謂之

〔1〕　“留以置輻也”原無，據段玉裁説文解字注補。

轂，況於輪乎！

**輗謂之軸。**　音義　輗，牛岔反。

　　箋疏　説文：“軸，持輪也。”釋名〔釋車〕：“軸，抽也，入轂中〔可〕抽出也。”士喪禮下篇“遷于祖，用軸”，鄭注云：“軹軸也，軸狀如轉轔，刻兩頭爲軹。軹狀如長牀，穿程前後，著金而關軸焉。”説文：“舳，船尾也。”字亦作“軸”，義與持輪謂之軸同也。

　　廣雅〔釋器〕云：“輗謂之軸。”玉篇：“輗，車軸也。”王氏念孫〔廣雅疏證釋器〕曰：“輗之言關也，橫互（木）之名也。説文：‘輗，輈車前橫木也。’”是也。

**轅，楚衞之間謂之輈。**　音義　輈，張由反〔1〕。

　　箋疏　説文：“轅，輈也。輈，轅也。”“爰，籒文以爲〔車〕‘轅’字。”案：“轅”、“袁”、“爰”，三字古並通。釋名〔釋車〕：“轅，援也，車之大援也。”“輈，句也，轅上句也。”何休注僖元年公羊傳云：“輈，小車轅，冀州人以此名之。”是稱“輈”者，不獨楚衞之間也。

**箱謂之輫。**　音義　輫，音俳。

　　箋疏　説文：“箱，大車牝服也。”考工記車人“牝服二柯，有參分柯之二”，鄭注：“牝服，長八尺，謂較也。鄭衆云：‘牝服謂車箱。’”小雅大東篇“睆彼牽牛，不以服箱”，毛傳：“箱，大車之箱也。”許與司農及毛傳並合，後鄭云“較”者，以左右有兩較，故名曰箱，義亦同也。案：“箱”之言相也，夾輔之名也。篋謂之箱，太室兩夾謂之廂，猶車輫謂之箱也。

　　廣雅〔釋器〕：“輫、輧，箱也。”“輫”之言棐也。爾雅〔釋詁〕：“棐，俌也。”説文：“棐，輔也。”“騑，驂旁馬也。”“辈，兩壁耕也。”“扉，户扇也。”“屝，履也。”驂旁馬謂之騑、兩壁耕謂之辈、户扇謂之扉、履謂之屝，猶車輫謂之輫也。車輫謂之箱、亦謂之輫，猶篋謂之箱、亦謂之筐矣。

**軫謂之枕。**　注　車後橫木。

────────────

〔1〕　“音義輈張由反”原無，據廣本、徐本補。

**箋疏** 説文："軫，車後橫木也。"鄭注考工記輿人云："軫，輿後橫者也。"蓋輿下前後兩端之橫木，通謂之軫，故記〔輈人〕曰："軫之方〔也〕，以象地。"白虎通亦謂王者仰卽觀天，俛卽察地，爲輿教之道。若但在車後則軫不方，不得謂之象地，然則言"車後"者，舉此以槩彼耳。史記天官書云："軫爲車。"開元占經引石氏云："軫四星。"是其義也。

玉篇："枕，車後橫材"也。素問骨空論："頭橫骨爲枕。"義亦同也。

**車紂，自關而東周洛韓鄭汝潁而東謂之䋺，或謂之曲綯**，**注** 綯，亦繩名。詩曰："宵爾索綯。"**或謂之曲綸。** **注** 今江東通〔1〕呼索綸。**自關而西謂之紂。** **音義** 䋺，音秋。綸，音倫。

**箋疏** 説文："紂，馬緧也。緧，馬紂也。"又云："馬尾䩓，今之般緧。"釋名〔釋車〕："䩞，遒也，在後遒迫使不得〔卻〕縮也。"考工記輈人"必緧其牛後"，鄭注："故書'緧'作'䩕'。"鄭眾注："䩕，讀爲'緧'。關東謂紂爲緧。"家君曰：晉書〔潘岳傳〕潘岳疾王濟、裴楷乃題閣道爲謠曰："閣道東，有大牛。王濟鞅，裴楷䩞。"言濟在前楷在後也。"緧"、"䩞"、"䩕"，並與"䋺"同。荀子強國篇："巨楚縣吾前，大燕䱩吾後。""䱩"與"䋺"亦通。

〔詩豳風七月〕毛傳："綯，絞也。"釋言同。七月正義引李巡注云："綯，繩之絞也。"小爾雅〔廣器〕："綯，索也。"亦謂之"紛"。説文："紛，馬尾韜也。"釋名〔釋車〕："紛，放也，防其放弛以拘之也。"蓋以氂爲之在尾下，今世猶然也。"綯"、"韜"並與"綯"同。索謂之綯，猶編〔2〕絲繩謂之條矣。説文："條，編〔3〕緒也。""紂"、"䋺"、"綯"，古聲並相近。車紂謂之䋺、亦謂之曲綯，猶衣襟〔4〕謂之褗褕、亦謂之袖也。前卷四云"褗褕謂之袖"，注云："衣襟。"説文云："䩓，馬尾䩓也，今之般緧。""䩓"、"綯"，亦語之轉耳。

郭氏釋詁注云："綸者繩也，謂牽縛縮貉之。今俗語亦然。"

---

〔1〕 "通"原無，據廣本、徐本補。

〔2〕 "編"廣本、徐本作"絞"。

〔3〕 "編"今本説文作"扁"。

〔4〕 "襟"原作"標"，據文義改。

輨、軑，鍊錙也。關之東西曰輨，南楚曰軑，趙魏之間曰鍊錙。　音義
輨，音管。軑，音大。鍊，音柬。錙，度果反。

　　　　箋疏　"輨"之言管也。以鐵爲管，約轂外，兩端以金冒之曰輨。説文：
"輨，轂耑鐏也。"鐏以金有所冒也。顏師古急就篇〔卷三〕注："輨，轂耑之鐵
也。"趙岐孟子題辭云："五經之輨轄。"吳子論將篇："車堅管轄，舟利櫓楫。"
漢祝睦碑："七政舘鐏。""管"、"舘"〔1〕，並與"輨"通。

　　　　"軑"，説見前。

　　　　"錙"，宋本作"鎆"。"鎆"下通行本脱"也"字。案：衆經音義卷一引方
言："輨、軑，鍊錙也。關之東西曰輨，亦曰轄，謂軸頭鐵也。鐏，鍵也。"又卷
七引方言云："輨亦轄也。轄〔謂〕軸頭鐵也。"與今本異，疑有誤，惟"鍊鎆
也""也"字與宋本正合，今據以補正。

　　　　廣雅〔釋器〕："鍊錙，舘也。""釱"與"軑"同。"鍊"與"輨"、"錙"與"軑"，
古聲並同。蓋纍言之則謂之"鍊錙"矣。轂鐏謂之鍊，猶軸鐏謂之鋼也。説
文："鋼，車軸鐵也。"釋名〔釋車〕："鋼，間也，間釭軸之間，使不相磨也。"廣
雅〔釋器〕："鋼，鐏也。"考工記圖云："軸當轂釭，裹之以金，謂之鋼。"是也。
衆經音義卷十九云："軸鋼，方言作'鍊'同，歌鴈反。"盧氏文弨亦云："鍊，當
即説文之'鋼'，音'諫'。此音'柬'，誤。"是以"鋼"與"輨"爲同物異名矣。
今檢諸書，"鋼"與"鍊"判然各別，特以聲之相似，欲使"轂耑鐏"與"車軸鐵"
混而爲一，非也。

車釭，齊燕海岱之間謂之鍋，或謂之鋧。自關而西謂之釭，盛膏者乃
謂之鍋。　音義　鍋，音戈。鋧，袞衣。

　　　　箋疏　"釭"之言空也。轂口之內，以金嵌之曰釭。急就篇〔卷三〕云：
"釭鋼鍵鉆冶鋼鐏。"説文："釭，車轂中鐵也。"釋名〔釋車〕："釭，空也，其中
空也。"説文云："瓊，瑞玉大八寸，似車釭。"周官玉人"大瓊十有二寸，射四
寸"，鄭注云："射，其外鉏牙。"疏云："角各出二寸，兩相并四寸"也。案：尺

─────────────

〔1〕　"舘"原無，據文義補。

二寸除去射四寸，則大琮八方之徑八寸。如車釭者，蓋車轂空中不正圓爲八觚形，琮似之也。王氏念孫〔廣雅疏證釋器〕曰：“凡鐵之空中而受柄者謂之釭。新序雜事篇淳于髡謂鄒忌曰：‘方内而員釭。’是也。‘内’與‘柄’同。車釭空中，故又謂之穿。在内爲大穿，在外爲小穿。考工記輪人‘五分其轂之長，去一以爲賢，去三以爲軹’，鄭衆注云：‘賢，大穿。軹，小穿。’是也。”案：“穿”，亦空也。下文云“矛骹”“謂之銎”，“銎”音“凶”，注云：“卽矛刃下口。”説文：“銎，斤釜穿也。”矛骹謂之銎、斤釜穿亦謂之銎，猶車穿謂之釭也。衆經音義卷十二引方言云：“燕齊海岱之間名釭爲鍋。”又卷十九云“釭，又作‘軠’同”，引方言云：“自關而西謂之釭，燕齊海岱之間謂之鍋。”

　　“鍋”，釋名〔釋車〕作“䡼”，云：“䡼，裹也，裹軹頭也。”廣雅〔釋器〕又作“鐹”，云：“鐹、錕，釭也。”“䡼”、“鐹”，並與“鍋”同。“鍋”之亦言款也。釋器：“鼎”“款足者謂之鬲。”漢書郊祀志〔上〕作“空足曰鬲”。淮南原道訓“竅者主浮”，高誘注云：“竅，空也。讀如‘科條’之‘科’。”“鍋”、“款”，古同聲。是“鍋”亦以中空得名，與“釭”同也。中空而盛之以物，亦謂之鍋，義相因也。説文：“䊸盛膏器也。讀若過。”史記荀卿列傳“炙轂過髡”，集解云：“劉向別録〔曰〕‘過’〔字〕作‘䡼’。䡼者，車之盛膏器也。”“䊸”、“過”，亦與“鍋”同。邶風泉水云：“載脂載舝。”脂謂以膏裹軹也。軹有膏則滑澤利轉，故淳于髡曰狶膏棘軸，所以爲滑也。“狶”與“豨”同。案：膏施於車釭，故釭亦得鍋〔1〕名，而鍋自別有物，如今時御者亦系小油瓶於車也。

　　“錕”之言緄也。廣雅〔釋詁三〕：“緄，束也。”玉篇：“錕，車釭也。”“釭”、“鍋”、“錕”，皆一聲之轉。季弟侗曰：今人通謂以銅鐵裹物曰鍋。俗作“箍”字。又以布帛緣衣曰錕，讀若袞。皆卽“車釭”稱“鍋”、“錕”之義也。

**凡箭鏃胡合嬴者，**注 胡鏑在於喉下，嬴邊也。**四鐮，**注 鐮，稜也。**或曰拘腸，三鐮者謂之羊頭，其廣長而薄鐮謂之錍，或謂之鈀。** 注 江東呼錍箭。**其小而長中穿二孔者謂之鉀鑢，**注 今箭鉀鏨空兩邊者也。

---

〔1〕“鍋”廣本、徐本作“禍”。

其三鐮長尺六者謂之飛䖟，**注** 此謂今射箭也。厽者謂之平題。 **注**
今戲射箭題，頭猶羊頭也。 所以藏箭[1]弩謂之箙。 **注** 盛弩箭器也。
外傳曰："棄弧箕箙。"弓謂之鞬，或謂之䪍丸[2]。 **音義** 鞞，普蹄反。
鈀，音葩。鉀鑪，嗑盧[3]兩音。鞬，犍牛。䪍，牛犢。

　　**箋疏** 説文："族，矢鋒也。""鏃，利也。"經傳通作"鏃"。釋名[釋兵]云：
"齊人謂""鏑"爲"鏃"。

　　鄭衆注考工記冶氏云："胡，其孑。"説文："胡，牛顄垂也。"北山經："陽
山有獸焉，其狀如牛[而赤尾]，其頸[㿌]，其狀如句瞿，其名曰領胡。"深衣
釋文云："下垂曰胡。"頷下謂之胡、鞁頸下謂之胡、衣袂下謂之裪，其義一
也。

　　"鐮"之言棱[4]也。廣雅[釋言]："廉，棱也。"鄭注鄉飲酒禮云："側邊
曰廉。"小雅斯干篇"如矢斯棘"，毛傳："棘，[稜]廉也。"衆經音義卷十五引
方言曰："箭廣長而薄廉者謂之鞞。""鐮"作"廉"，"廉"與"鐮"通。

　　"拘腸"，廣雅[釋器]作"鉤腸"，云："鏑也。"舊本並作"拘"，戴本據廣雅
改作"鉤"。案：釋器疏引作"拘"，是原本作"拘"也，今仍從舊本。

　　下文"厽者謂之平題"，注云："今戲射箭題，頭猶羊頭也。"是羊頭卽所
謂厽者矣。秦風小戎篇"厽矛鋈錞"，毛傳："厽，三隅矛也。"矛有三隅謂之
厽，箭鏃三鐮亦謂之厽，其義同也。又案：玉篇："芨，白芨也。""芨，間及切，
又音及。""白芨"亦作"白及"。蜀本草圖經云："白及根如菱，三角。"釋草云
"茨，蒺藜"，郭注云："子有三角，刺人。"離騷"茨"作"薋"。廣雅[釋草]："白
芨，芨，薋也。"茨謂之芨，猶三鐮箭鏃謂之厽。茨謂之蒺藜，猶三鐮箭鏃謂
之羊頭。皆聲有緩急，非以形似得名也。

　　釋器云"金鏃翦羽謂之鍭"，郭注云："今之鞞箭是也。"是鞞爲鏃矢射物

───────────

〔1〕"箭"原作"弓"，據廣本、徐本改。
〔2〕"所以藏箭弩謂之箙"至"或謂之䪍丸"，廣本、徐本提行別爲一條。
〔3〕"盧"四部叢刊影宋本、盧文弨重校方言本作"嚧"。
〔4〕"棱"，廣本、徐本作"廉"。

之矢也。考工記矢人“〔矢人〕爲矢，鏃矢參分”，“一在前，二在後”，鄭注云：“參訂之而平者，前有鐵重也。”隱元年穀梁傳云：“聘弓鏃矢，不出竟場。”廣雅〔釋器〕“錍”與“鈀”並云：“鏑也。”衆經音義卷二云：“金中精剛爲錍。”是“錍”以堅剛得名也。説文：“鈭，〔鈭〕錍，釜也。”“鈀，兵車也。”箭謂之錍，或謂之鈀，義並相近。廣韻〔麻韻〕“鈀”字注引方言云：“江東呼鎞箭。”今無此語，蓋本此。

“或謂之鈀”注文，今本誤脱“江東呼鎞”，其“箭”字又誤入正文，遂別爲一條，今從戴本補正。惟戴本“其小而長”上仍衍“箭”字，今據釋器疏引删。

“錍鑪”，廣雅〔釋器〕作“鉾鑪”，曹憲音“牢”，並誤。玉篇：“錍鑪，箭”也。又云：“鑘鑪，箭”也。

音義内“盧”字，各本作“嚧”，今據釋器疏訂正。案：今[1]觕箭以寸木空中，簌竅發則受風而鳴，又謂之響箭，上加骨角小哨者曰鳴鏑。殆卽古稱“錍鑪”之遺制歟[2]。

廣雅〔釋器〕：“飛䖟，箭也。”“䖟”與“虻”同。潘岳間居賦“激矢虻飛”，李善注引東觀漢紀：“光武作飛虻箭，以攻赤眉。”

“其三鎌長尺六”，舊本並同。李善間居賦注引方言曰：“凡箭三鎌，謂之羊頭。三鎌長六尺，謂之飛虻。郭注曰：‘此謂今之射箭也。鎌，稜也。’”戴氏據之改“尺六”作“六尺”。考工記矢人“參分其長而殺其一”，注云：“矢槀長三尺。”又“五分其長而羽其一”，注云：“羽者六寸。”又“參分其羽以設其刃”，注云：“刃二寸。”又“刃長寸”，注云：“刃長寸，脱二字。”是矢之長總不過三尺。周尺三尺，當今工部營造尺得一尺八寸。漢尺三尺，當今一尺九寸五分。若作“六尺”，則今尺爲三尺九寸，斷乎無此長也。作“尺六”，今尺得一尺四分，或疑爲太短。然墨子備穴篇云“（次）〔以鉤客穴〕者爲短矛、短戟、短弩、虻矢，財自足穴。”矛、戟與弩並言“短”，矢獨稱“虻矢”，則“虻矢”本爲短矢明矣。案：魏志挹婁傳云：“矢用楛，長尺八寸。”又魯語〔下〕

─────────────

[1] “今”原作“金”，據廣本、徐本改。
[2] “曰鳴鏑”至“遺制歟”十三字原無，據廣本、徐本補。

云："肅慎氏貢楛矢、石砮，其長尺有咫。"以之相較，則尺六亦不爲短，則作"六尺"者誤也。

廣雅〔釋器〕："平題，鏑也。"

注內"題頭"二字，蓋以"頭"釋"題"。舊本誤倒作"頭題"，遂不可通矣，今訂正。

説文"砮，弓有臂者"，引周禮司弓矢四砮：夾砮、庾砮、唐砮、大砮。

"箙，矢弩箙也。"釋名〔釋兵〕云："受矢之器以皮曰箙，謂柔服用之也。"周官繕人云"凡乘車，充其籠箙"，鄭注云："充籠箙者以矢。"又司弓矢"仲秋獻矢箙"，注："箙，盛矢器〔也〕，以獸皮爲之。"通作"服"。李善注文選鮑照擬古詩引方言作"服"。注"麛弧箕箙"，今鄭語亦作"服"，韋昭注："服，矢房"也。小雅采薇篇"象弭魚服"，鄭箋："服，矢服也。"陸機義疏云："魚服，魚獸之皮也。魚獸似豬，東海有之，其皮背上斑文，腹下純青，今以爲可作弓鞬步叉者也。其皮雖乾燥，以爲弓鞬矢服，經年，海水潮及天將雨，其毛皆起。水潮還及天晴，其毛復如故。雖〔在〕數千里〔外〕，可以知海水之潮氣，〔自〕相感也。"釋名〔釋兵〕云："步叉，人所帶，以箭叉其中也。"劉昭注續漢書輿服志〔上〕引通俗文："箭箙謂之步叉。"衆經音義卷十一引作"步靫"。集韻〔佳韻〕引埤蒼："鞴靫，箭室"也。廣雅〔釋器〕："鞴靫，矢藏也。"廣韻〔屋韻〕："鞴，韋囊步靫"也。"鞴"即"襆"之重文，"韛"即"鞴"之異文，並與"箙"同。曹憲音"備"，失之。"靫"與"叉"亦同。"鞴"、"步"、"箙"，並聲之轉。亦謂之"蘭錡"，見西京、魏都、吳都三賦，劉逵注曰："受他兵曰蘭，受弩曰錡。"説文："蘭，所以盛弩（及）矢，人所負也。"史記信陵君列傳曰："平原君（自）負韊矢。"玉篇作"韊"，云："藏弩矢服也。""韊""韊"、並同"蘭"。

"鞬"之言建也。説文："鞬，所以戢弓矢。"釋名〔釋兵〕："馬上曰鞬。鞬，建也，弓矢並建立〔於〕其中也。"僖二十三年左氏傳云"左執鞭弭，右屬櫜鞬"，杜預注："櫜以受箭，鞬以受弓。"晉語〔四〕韋昭注："〔櫜，矢房。鞬，弓弢也。〕同通作'建'。"樂記曰"倒載干戈，包之以虎皮"，"名之曰建櫜"，鄭注曰："建，讀曰鞬。"是干戈之藏亦曰鞬也。李善注鮑照擬古詩引作"所以盛弓謂之韇”。

　　“韇”，猶“匵”也。馬融注論語子罕篇：“匵，匱也。”説文：“韇，弓矢韇
也。”廣雅〔釋器〕：“䪅觚，矢藏也。”“韇”、“韇”，並與“韇”同。亦作“櫝”。
“觚”與“丸”亦同。士冠禮“筮人執筴抽上韇”，鄭注：“韇，藏筴之器也。今
時藏弓矢者謂之韇丸也。”鄭風大叔于田篇曰“抑釋冰忌”，釋文引馬融注
云：“冰，櫝丸蓋也。”昭二十五年左氏傳云“公徒釋甲，執冰而踞”，賈逵、服
虔並云：“冰，櫝丸蓋也。”杜預注云：“冰，櫝丸蓋。或曰櫝丸是箭箭，其蓋可
以取飲。”“冰”與“掤”同。後漢書南匈奴傳云：“弓鞬韇丸一。”又案：説文：
“珊，車筐間皮匼也，古者使奉玉所以盛之。讀與‘服’同。”張衡東京賦“珊
弩重旃”，李善注引説文曰：“珊，車蘭間皮筐，以安其弩也。”續漢書輿服志
〔上〕“珊弩”誤作“韇輣弩”。李善〔注張衡東京賦〕引徐廣車服志云：“輕車”
“置弩於珊曰珊弩”。聘禮曰：“圭藏於櫝。”此云“所以藏箭弩”“或謂之韇
丸”，是“韇丸”即聘禮之“櫝”、説文之“珊”矣。“丸”，各本譌作“凡”，因誤移
在下條“矛”字上，今從戴氏據南匈奴傳注引及昭二十五年左傳疏引訂正。

　　**矛骹細如鴈脛者，謂之鶴厀。**　注　今江東呼爲鈴釘。**有小枝刃者謂之
鉤釨。矛或謂之釪。鏦謂之錟。**　注　今江東呼大矛爲錟。**骹謂之
銎。**　注　即矛刃下口。**鐏謂之釬。**　注　或名爲鐓。**音義**　鏦，音册。錟，
音彼。銎，音凶。釬，音扞。鐓，音頓。

　　**箋疏**“骹”之言較也。爾雅〔釋詁〕：“較，直也。”又釋畜云“馬四骹皆
白，驓”，郭注云：“骹，厀下也。”考工記輪人説殺輻之數云“參分其股圍，去
一以爲骹圍”，鄭眾注云：“股，謂近轂者也。骹，謂近牙者也。方言股以喻
其豐，故言骹以喻其細。人脛近足者細於股謂之骹，羊脛細者〔亦〕爲骹。”
又弓人後鄭注云：“齊人名手足擊爲骹。”薛綜西京賦注云：“青骹，鷹青脛
者。”通作“校”。士喪禮記〔下篇〕云“綴足用燕几，校在南”，鄭注：“校，脛
也。”祭統“夫人薦豆執校”，鄭注：“校，豆中〔央〕直者。”“校”與“骹”同。

　　“鴈”，見前卷。

　　“脛”之言莖也，載物之稱也。説文：“脛，胻也。胻，脛耑也。”褚少孫補

史記龜策傳云：“壯士斬其胕。”卽“斬朝涉之脛”也。

唐類函引春秋説題詞“鶴知夜半”注：“鶴，水鳥。夜半水位感其生氣，則益喜而鳴。”

説文：“䪻，脛頭卪也。”“䪻”、“膝”，古今字。左思吳都賦云“家有鶴膝”，劉逵注云：“鶴膝，矛也。矛骹如鶴脛，上大下小，謂之鶴膝。”釋名〔釋用器〕云：“鋤，齊人謂其柄曰槌”，“頭曰鶴，似鶴頭也”。今世亦謂鋤爲鶴嘴，義與“矛骹細如鴈脛者謂之鶴䪻”同，皆以形似得名也。

注“鈴”，舊本誤作“鈐”。案：説文：“鈴，令丁也。”“令丁”與“鈴釘”同，皆疊韻字。今人謂物之細長而孤特者爲令丁，言傾危不安之貌，義亦相近也。

上文云“戟，楚謂之釨。凡戟而無刃秦晉之閒謂之釨”，“其曲者謂之鉤釨鏝胡”，注云：“釨，取名於鉤釨也。鉤釨鏝胡，卽今雞鳴句子戟也。”義與此同。舊本“矛或謂之釨”句別爲一條，下三句亦分三條，今從戴本。

説文：“鈂，長矛也。讀若‘老聃’。”郭音“鈂”爲“聃”，從許讀也。宋本“聃”作“冉”，非是。廣雅〔釋器〕：“鈂，矛也。”史記秦始皇紀云“鉏櫌棘矜，非鈂於句戟長鎩也”，集解引如淳曰：“鈂，長刃矛也。”又曰：“矛刃下有鐵，橫方上鉤曲。”案：“鈂”之言剡。釋詁：“剡，利也。”史記蘇秦傳云“彊弩在前，鈂戈在後”，徐廣音“由冉反”。正義引劉伯莊音“四廉反”。

“鈹”之言破也。襄十七年左氏傳：“使賊殺其宰華吳。賊六人以鈹殺諸盧門合左師之後。”説文：“鈹，大鍼也。一曰劍而刀裝者。”靈樞經十二篇原云：“鈹鍼長四寸，廣二分半，末如劍鋒。”昭二十七年左氏傳“夾之以鈹”，正義引説文：“鈹，劍也。”廣雅〔釋器〕：“鑱謂之鈹。”説文：“鑱，鋭也。”鍼鋭謂之鑱，猶矛利謂之鈂也。大鍼謂之鈹，猶大矛謂之鈹也。

説文：“鏺，斤釜穿也。”豳風七月篇毛傳云：“斨，方鏺也。”破斧篇〔毛傳〕云：“隋鏺曰斧。”墨子備穴篇：“以金劍爲難，長五尺，爲鏺，木柂。”六韜軍用篇云：“方胸鋋矛千二百具。”“胸”與“鏺”同。亦謂之“室”。鄭風清人箋云：“喬，矛矜近上及室”也。正義曰：“矜謂矛柄也。室謂矛之鏺”也。

“喬”與“骹”同。矛刃下口謂之鐓，斧斤斯口亦謂之鐓，蟬蛻謂之蚥〔1〕，車轂口鐵謂之釭，其義一也。說文：“秦謂蟬蛻曰蚥。”“釭，車轂口鐵也。”是也。

說文：“鐏，柲下銅也。”釋名〔釋兵〕：“鐏，矛下頭曰鐏，鐏入地也。”曲禮〔上〕“進戈者前其〔鐏，後其刃。進矛戟者前其〕鐓”，鄭注云：“銳底曰鐏，取其鐏地。平底曰鐓，取其鐓地。”“鐓”與“鐏”對文則異，散文則通。秦風小戎篇“厹矛鋈錞”，毛傳云：“錞，鐏也。”說文：“錞，矛戟〔柲〕下銅鐏也。”眾經音義卷二十一引說文作“鐓”，而謂梵經作“錞”，乃樂器淳于字，是古本說文作“鐓”。玉篇：“鐓，鐏也。”又作“錞”同。淮南原道訓“猶錞之與刃，刃犯難而錞無患者，何也？以其託於後位也”，高誘注：“錞，〔矛〕戈之錞也。讀若‘頓’。”“頓”，猶鈍也。

舊本“音頓”二字在注文“鐓”字下，盧氏據說文“錞，徒對切；鐏，徂寸切”改爲正文“鐏”字之音，非是。

舊本“釬”誤作“釪”，“音扞”亦誤作“扜”，廣雅〔釋器〕“鐓、釬，鐏也”，誤正與此同。案：“釬”與“扞”並從“干”聲。“釪”即“盂”之或體字，本作“釫”，俗作“釪”，與“釬”音義各別，今訂正。王氏〔廣雅〕疏證〔釋器〕云：“釬之言榦也。廣雅〔釋詁三〕：‘榦，本也。’凡矛戟以足爲本，首爲末”也。

舟，自關而西謂之船，自關而東或謂之舟，或謂之航。南楚江湘凡船大者謂之舸，小舸謂之艖，注 今江東呼艖小底者也。艖謂之䑽艒，小䑽艒謂之艇，注 䑽也。艇長而薄者謂之艜〔2〕，短而深者謂之䑠，注 今江東呼艖䑠者。小而深者謂之㮩。 注 即長舼也。東南丹陽會稽之間謂艖爲欚。 音義 航，行伍。舸，姑可反。艖，音叉。䑽艒，目宿二音。艜，衣帶。䑠，音步。㮩，邛竹。欚，音禮。

箋疏 說文：“舟，船也。”古人名“舟”，漢人名“船”。釋名〔釋船〕：“舟，言周流也。”易繫辭〔下〕云：“刳木爲舟。”考工記“作舟以行水”，鄭注：“故書‘舟’作‘周’。鄭衆云：‘周’當作‘舟’。”“舟”、“周”，古通字。

説文：“船，舟也。”釋名〔釋船〕：“船，循也，循水而行也。”藝文類聚〔卷七一〕引韻集：“船，舩也。”案：“舩”卽“船”之異文，分爲二字，非也。

玉篇：“航，船也。”淮南主術訓“大者以爲舟航柱樑”，高誘注：“方兩〔小〕船並〔與共〕濟爲航。”又氾論訓“乃爲窬木方板以爲舟航”，注云：“舟相連爲航。”又説林訓：“釣魚者泛杭。”（注）“杭”、“航”通。衛風河廣篇“一葦杭之”，毛傳：“杭，渡也。”楚辭九章〔惜誦〕云“魂中道而無杭”，王逸注：“杭，度也。”“一作‘航’。”洪興祖補注：“‘杭’與‘航’同。”蓋舟所以渡，故謂渡爲杭。漢書地理志〔上〕餘杭縣，吳興記云秦始皇舍舟杭於此，因以爲名是也。説文作“斻”，云：“方舟也。”後漢書杜篤傳：“造舟於渭，北斻涇流。”又李南傳“向度宛陵浦里斻，馬踠足”，李賢注：“斻，以舟濟水也。”“斻”、“航”，古今字。俗又作“舡”。集韻〔唐韻〕：“舡，方舟也。”釋文序云：吳興大舡頭。又作“桁”。宋書臧質傳：“明旦，賊更方舫爲桁。”蓋又爲航之別矣。案：晉書五行志：海西公太和六年六月，京師大水，朱雀大航纜斷三艘，流入大江，是航卽今之浮橋，不止並兩船也，故水經漸江水注云：“江水又東南逕剡縣”，“江水翼縣轉注，故有東（度）〔渡〕”、南（度）〔渡〕、“西（度）〔渡〕焉。”“西（度）〔渡〕通東陽，併二十五船爲橋航”也。又云：“東南二（度）〔渡〕通臨海，並汎單船爲浮航。”是車船亦名爲航也。

衆經音義卷九、卷十九及吳都賦劉逵注引方言“湘”作“湖”，今從衆家本。

廣雅〔釋水〕：“舸，舟也。”玉篇：“舸，船也。”水經漉水注云：“或單舟采菱，或疊舸折芰。”左思吳都賦“弘舸連舳”，李善注〔引方言〕：“大船曰舸。”吳志董襲傳：“襲乘大舸船，突入蒙衝裏。”是大船謂之舸也。案：舸者，寬大之名。前卷五云：“杯〔其〕大者謂之閜。”説文：“閜，（門）大開也。”“訶，大言而怒也。”玉篇：“呵，大笑也。”〔1〕門大開謂之閜、大杯謂之閜、大言而怒謂之訶〔2〕、大船謂之舸，其義一也。案：裴松之注吳志董襲傳引江表傳云：劉備乘單車往見周瑜。風土記：船舸單乘。是單船亦謂之舸也。

廣雅〔釋水〕：“艖，舟也。”玉篇：“艖，小船。”又：“叙，音叉，艀也。”“叉”與“艖”同。

廣雅〔釋水〕：“䐉䑲，舟也。”玉篇：“䐉䑲，船名”也。“䐉，音冒，又音目。”亦但謂之“䐉”。宋書吳喜傳云：“從西還，大艑小䐉，爰及草舫，錢米布絹，無船不滿。”是也。

釋名〔釋船〕：“二百斛以上曰艇”，“其形徑挺，一人二人所乘行者也。”小爾雅〔廣器〕：“小船謂之艇。”廣雅〔釋水〕：“艇，舟也。”淮南俶真訓云“越舲蜀艇”，〔高誘注〕：“一板之舟，若今豫章是也。”案：高訓“蜀”爲“一”，雖本方言，然“蜀”與“越”對文，蓋以地言之。若以“蜀”爲“一”，於文不類，非其義也。

注云“舸也”者，廣雅〔釋水〕：“舸，舟也。”唐徐堅初學記〔卷二十五〕引周遷輿服雜事云：“其人欲輕行，則乘海舸，合木船也。”“舸”與“艇”，雙聲字。前卷六“侗，轉目也”，郭音“侹侗”。下卷十“姪，姪也”，注：“言恫姪也。”又卷十二云“恫，狀也”，音“挺桐”。淮南俶真訓“撢掞挺挏”，高誘注：“挺挏，猶上下也。”漢書百官公卿表〔上〕“更名家馬爲挏馬”，晉灼曰：“挏音挺挏。”顔氏家訓〔勉〕學篇引漢書禮樂志：“給太官挏馬酒。李奇注：‘以馬乳爲酒也，撞挏乃成。’”與“艇舸”並同。衆經音義卷十九引此注文與今本同。又卷九引“舸”作“舠”。〔釋名釋船〕：“舠，貂也；貂，短也，江南所名，短而廣，安不傾危者也。”太平御覽〔卷七七〇〕引“舠”皆作“刅”。玉篇：“刅，小船。”廣雅〔釋水〕：“舠，舟也。”初學記〔卷二十五〕引埤蒼：“舠，吳船也。音雕。”玉篇“音彫”。衛風河廣篇“曾不容刀”，鄭箋：“小船曰刀。”釋文及正義並云：“説文作‘舠’。”今考説文無“舠”字，蓋誤以釋名、埤蒼諸書爲説文

〔1〕“呵，大笑也”，今本玉篇無此文。
〔2〕“門大開謂之閜、大杯謂之閜、大言而怒謂之訶”原無，據文義及本書叙述體例補。

也。“舠”、“刀”，並與“舼”同。諸家釋“舼”與“小艒縮”之義並合，今姑從衆家本作“舼”，兩存其説可也。

廣雅〔釋水〕：“艜，舟也。”玉篇：“艜，艇船。”“艜”之言帶也。卷十三“帶，行也”，注云：“隨人行也。”又莊子齊物論釋文引崔譔注云：“帶，蛇也。”亦以長得名也。

小爾雅〔廣器〕：“艇之小者曰艀。”廣雅〔釋水〕：“艀、艖，舟也。”玉篇：“艀，艇短而深也。”下卷：“短，東陽之間謂之府。”“府”與“艀”聲相近，是“艀”以短得名也。

注“江東呼艖艀”者，合言之也。梁書侯景傳：“以舣艘貯石，沈塞淮口。”“舣艘”與“艖艀”同。倒言之則曰“艀艖”。釋名〔釋兵〕云：“步叉，人所帶，以箭叉〔於〕其中也。”劉昭注續漢書輿服〔上〕（注）引通俗文：“箭箙謂之步叉。”其義同也。

廣雅〔釋水〕：“舼，舟也。”玉篇：“舼，小船也。（又）艜，同上。”“艜”與“樑”亦同。淮南俶真訓：“越舲蜀艇。”御覽〔卷七七一〕引作“越舼蜀艇”。又引注云：“舼，小艇。”後漢書馬融傳“方餘皇，連舼舟”，李賢注引淮南子亦作“舼”，蓋所見皆許慎本也。晉傅玄正都賦云：“越舼泛，吳榜浮。”方密之通雅云：“今皖江之太湖呼船小而深者謂之舼艒。”前卷七注云：傑傯，羸小可憎之名。傑音卭竹。是凡言“傑”者，皆小之義也。

漢書地理志〔上〕：“丹陽郡，故鄣郡。”“武帝元封二年更名丹陽郡。”晉爲新安、宣城二郡，今江南鎮江府丹陽丹徒安徽徽州府甯國府宣城涇溪池州府貴池青陽石埭太平府當塗蕪湖繁昌及廣德州是。

海内東經：“會稽山在大楚南。”史記秦始皇紀：“二十五年，降越君，置會稽郡。”漢志〔上〕：“會稽郡，高帝六年爲荊國，十二年更名吳。景帝四年屬江都。屬揚州。”後志〔四〕：順帝分會稽之吳海鹽烏程餘杭毗陵丹徒曲阿由拳富春陽羨無錫婁置吳郡。晉太康二年，于丹徒置毗陵郡。永嘉五年，改晉陵郡，今江南鎮江揚州浙江嘉興湖州紹興處州福建福州興化等處是。

説文：“艫，江中大船也。盧啓切。”廣雅〔釋水〕作“艫”云“舟也”，曹憲音“禮”。玉篇同,云:“大舟也。”“艬”、“艬”,古今字。説文以“艬”爲大船,與方言異義。案:莊子人間世篇“宋有荆氏者,宜楸柏桑。”“三圍四圍,求高名之麗者斬之”,釋文:“麗,如字,又音禮。”司馬彪注:“麗,小船也。”又秋水篇“梁麗可以衝城,而不可以窒穴”,司馬彪注云:“梁麗,小船也。”列子湯問篇作“梁欐”。裴松之注魏志王朗傳引獻帝春秋:朗對孫策使者云:“獨與老母,共乘一欐。流矢始交,便棄欐就桴。”“欐”,玉篇音“力底切”,與“艬”同聲,義與方言“小舸”正合。是“欐”即“艬”之異文,“麗”爲“艬”之假借無疑矣。又越絶書〔越絶外傳記吴地傳〕云:“欐溪城者,闔閭所置船宫也。”曹植盤石篇云:“呼吸吞船欐。”則“欐”亦爲船之通稱。

## 泭謂之簰,簰謂之筏。筏,秦晉之通語也。江淮家居簰中謂之薦。

**音義** 泭,音敷。筏,音伐。薦,音箭。

**箋疏** 説文:“泭,編木以渡也。”釋言“舫,泭也”,孫炎注云:“方木置水中爲泭筏也。”釋文:“泭,字或作‘符’。”又作“桴”,“樊本作‘柎’”。周南漢廣釋文引郭氏音義云:“木曰簰,竹曰筏,小筏曰泭。”釋水“庶人乘泭”,李巡注云:“併木以渡也。”齊語“方舟設泭,乘桴濟河”,韋昭注並云:“編木曰泭,小泭曰桴。”吴志徐夫人傳云“宜伐蘆葦以爲泭,佐船渡軍”,裴松之注“泭,音敷”,引郭氏方言注曰:“泭,水中簰也。”今無此文,蓋誤脱耳。管子輕重甲篇:“冬不爲杠,夏不束泭。”楚辭九章〔惜往日〕“乘氾泭以下流兮”,王逸注云:“編竹木曰泭。楚人曰泭,秦人曰橃。”“符”、“桴”、“柎”,並與“泭”同。

“簰”,衆經音義卷十四、卷十五、卷十九引方言並作“簰”,廣雅〔釋水〕作“簰”云“筏也”,玉篇作“箄”,並與“簰”同。“簰”之言比次也。後漢書岑彭傳“乘枋箄下江關”,李賢注:“枋箄,以木竹爲之,浮於水上。”又鄧訓傳“縫革爲船,置于箄上以渡河”,注云:“箄,木筏也。”華嚴經音義云:“今編竹木以水運爲簰。秦人名筏,江東名簰。”又云:“北人名筏,南土名簰。”義同。又北堂書鈔〔卷一三八〕引東觀漢記云:“張堪爲蜀郡太守,公孫述〔遣〕擊之”,“三百人斬竹爲椑”,“渡水”“遂免”。“簰”、“箄”、“椑”,並與“簰”同。

衆經音義卷二云:“筏,扶月反,桴,編竹木也。大者曰筏,小者曰桴。

音方于反。江南名簿,浦佳反。經文從‘木’作‘枋’,非體也。”玉篇:“筏,箪也。”“筏”、“枋”,字異義同。馬融注論語公冶長篇云:“編竹木大者曰筏,小者曰桴。”“桴”、“筏”,一聲之轉。投壺篇“若是者浮”,鄭注云:“浮,罰也。”晏子春秋雜篇:“景公飲酒,田桓子侍,望見晏子,而復于公曰:‘請浮晏子。’”罰之轉爲浮,猶泭之轉爲筏矣。又案:説文“橃,海中大船也”,徐鉉曰:“今俗別作‘筏’,非是。”案:以“橃”爲古“筏”字,是也。若云橃卽筏,則筏爲編竹木,橃爲海中大船,義各別矣。

“薦”之言藉也。釋名〔釋牀帳〕云:“薦,所以自薦藉也。”卧席謂之薦,車茵謂之薦,履屟謂之薦,義並相近也。

“音箭”“箭”字,各本誤作“符”,今據宋本訂正。

舊本此條不提行,與前條爲一,下二條同,今並從戴本。

**方舟謂之湗,** 注 揚州人呼渡津舫爲杭,荆州人呼湗。 **艗舟謂之浮梁。** 注 卽今浮橋。 **音義** 湗,音横。

**箋疏** 説文“方,併船也。象兩舟省總頭形”,或從“水”作“汸”。釋水云:“大夫方舟。”宣十二年公羊傳疏引李巡注:“併兩船曰方舟也。”郭注云:“併兩船。”釋文:“方音舫,或作‘舫’。”管子小匡篇:“遂至于西河,方舟投柎。”國策云:“方船積粟,循江而下。”史記酈食其傳“蜀漢之粟,方船而下”,索隱云:“方船,謂並舟也。”御覽〔卷七七〇〕及北堂書鈔引説文並作“舫”,云:“併〔兩〕船也。”爾雅〔釋言〕“舫,舟也”,郭注:“併兩船也。”“舫”與“方”通。衆經音義卷二引通俗文:“連舟曰舫,併兩(船)〔舟〕也。”玉篇:“舫,並兩船。”史記張儀傳“舫船載卒”,索隱音“方”。又通作“枋”。後漢書岑彭傳“乘枋箄下江關”,李賢注:“枋,卽‘舫’字,古通用。”“方”、“舫”、“枋”,並字異義同。案:爾雅〔釋言〕又云:“舫,泭也。”併木以渡謂之舫,併船以渡謂之方,皆以併爲義也。鄉射禮云“不方足”,鄭注:“方,猶併也。”是其義也。

“湗”之言横也。横流而渡也。説文:“湗,以船渡也。”玉篇:“方舟謂之湗,航也。”廣韻〔庚韻〕:“湗,方舟也。”通作“横”。六韜軍用篇云:“天横,一名天船”,以濟大水。亦作“潢”。張衡思玄賦:“乘天潢之汎汎兮,浮雲漢之湯湯。”義並與“瀸”同。舊本此二句誤合上“泲謂之𣶬”條。廣雅〔釋水〕云：“𣶬、梣、瀸、筏也。”據方言、說文則“瀸”爲方舟之名，非筏名也，故玉篇、廣韻皆不訓爲“筏”，至集韻〔庚韻〕始引廣雅“瀸，筏也”，考衆經音義卷十四引廣雅“𣶬、箵、筏也”，而無“瀸”字，可知廣雅“瀸”字別爲一條。或有脫誤，後之校廣雅者，據誤本方言以“瀸”字廁入“筏也”條內，而集韻又沿俗本廣雅之訛，遂引之。其實“筏”與“方舟”不能混而爲一也。

　　說文“造，就也”，古文從“舟”作“艁”。潘岳閒居賦“浮梁黝以徑度”，李善注引此文作“造”。釋水云：“天子造舟。”大雅大明篇：“造舟爲梁。”郭氏注云：“比舟爲橋。”釋文引郭氏圖云：“天子並七船。”蓋言周制也。薛綜注東京賦云：“造舟，以舟相比次爲橋也。”廣雅〔釋水〕“艁舟謂之浮梁”，王氏疏證云：“造之言曹也，比次之名也。‘造’、‘次’，一聲之轉，故凡物之次謂之造〔1〕。昭十一年左氏傳‘僖子使助蕆氏之蕆’，杜預注：‘蕆，副倅也。’張衡西京賦‘屬車之蕆’，薛綜注云：‘蕆，副也。’”與先儒釋造舟之義並合。“昭元年左氏傳‘秦后子’‘造舟于河’，正義云：李巡、孫炎、郭璞‘皆不解“造”義，蓋“造”爲“至”義，言船相至而並比也。’按‘比’、‘舟’二字，正釋‘造’字之義，沖遠不得其解〔而〕轉訓爲‘至’，爾雅釋文訓‘造’爲‘作’，宣十二年公羊傳疏引舊說訓‘造’爲‘詣’，又轉訓爲‘成’，皆由不知‘造’爲‘比次’之義，故望文生訓，卒無一當矣。”

楫謂之橈，或謂之櫂。　注 今云櫂歌，依此名也。 所以隱櫂謂之籆。　注 搖楠小橛也。江東又名爲胡人。 所以縣櫂謂之緝。　注 繫櫂頭索也。 所以刺船謂之篙。 維之謂之鼎。　注 繫船爲維。 首謂之閤閭，注 今江東呼船頭屋謂之飛閭是也。 或謂之艗首。　注 鶂，鳥名也。今江東貴人船前作青雀，是其像也。 後曰舳，注 今江東呼柁爲舳。 舳，制水也。 偏謂之仡，注 船動搖之貌也。 仡，不安也。 音義 橈，如寮反。籆，音獎。緝，音七。篙，音高。艗，音亦。舳，音軸。偏，音訛。仡，吾敦反。

---

〔1〕“造”廣雅疏證作“蕆”。

**箋疏** 説文：“楫，舟櫂也。”釋名〔釋船〕：“楫，捷也，撥水使舟捷疾也。”玉篇：“楫，行舟具也。”衞風竹竿篇“檜楫松舟”，毛傳：“楫，所以櫂舟也。”釋文：“楫，本又作‘檝’。”左思吳都賦“橑工楫師”，劉逵注：“檝，橈也。”衆經音義卷一云“楫，又作‘艥’同”，引通俗文：“櫂謂之艥。”又作“輯”。漢書百官表〔上〕水衡都尉屬官有輯濯令丞，如淳云：“輯濯，船官也。”顔師古曰：“輯濯，皆所以行船。”“檝”、“艥”、“輯”，並與“楫”同。

小爾雅〔廣器〕云：“楫謂之橈。”玉篇：“橈，（船）小楫也。”楚辭九歌〔湘君〕“蓀橈兮蘭槳”，王逸注：“橈，船小楫也。”後漢書吳漢傳“裝露橈船”，李賢注：“橈，短檝也。”吳越春秋“得一橈而行歌道中”，注：“橈，小楫也。”衆經音義卷十九云：“江南櫂大於橈而檝殊小。作橈者，面向船頭立撥之。作櫂者，面向船尾坐撥之。”字亦作“撓”。淮南主術訓“夫七尺之撓，而制船之左右者，以水爲資”，高誘注：“撓，刺船棹也。”“撓讀‘煩嬈’之‘嬈’也。”“撓”與“橈”同。

釋名〔釋船〕云：“在旁撥水曰櫂。櫂，濯也，濯于水中也，且言使舟擢進也。”玉篇：“櫂，楫也。‘棹’同。”衆經音義卷一引通俗文：“檝”謂之“櫂”。又卷十九云：“棹，又作‘櫂’同。擢，〔面〕進之字從‘手’，經文作‘棹’，〔當世〕俗字。”案：説文：“擢，引也。”楫所以引舟而行，故謂之櫂，是“擢”爲正字，“櫂”、“棹”並俗字，古文借“濯”爲“櫂”。史記佞幸傳“鄧通以濯船爲黃頭郎”，集解引漢書音義曰：“能持濯[1]行船也。”索隱：“濯，音棹。”“濯”與“櫂”通。

注“櫂歌”者，張衡西京賦“齊栧女，縱櫂歌”，李善注：“櫂歌，引櫂而歌也。”是櫂歌依櫂爲名也。

“隱”之言穩，所以承簎使安穩也。

玉篇：“槳，楫屬。”廣韻〔養韻〕：“槳，檝屬。”亦作“樔”。“槳”、“樔”並與“簎”同。案：説文：“簎，剖竹未去節也。”蓋簎爲剖竹之稱，以竹行船因謂之

---

〔1〕 “濯”今本史記裴駰集解作“擢”。

籇。後乃用木，遂改其字更從"木"作"簥"也。

注"搖櫨小檝也，江東又名爲胡人"者，釋名〔釋船〕云："在旁曰櫓。櫓，膂也，用膂力然後舟行也。"吳志呂蒙傳："使白衣搖櫓，作商賈人服。"玉篇："艪，所以進船也。""櫓"、"艪"，並與"櫨"同。説文："檠，弋也。"北堂書鈔云："今繫舟木曰檠。"所以搖櫨謂之檝，故繫舟木亦謂之檠也。今世以鐵爲之，狀類小菌謂之櫨，人頭與胡人之名亦相近。案：簥爲檝屬，所以隱櫂者爲檝。此云"所以隱櫂謂之簥"者，蓋檝亦所以承簥，混言之耳。

大雅行葦篇鄭箋云："緝，猶續也。"正義："緝續者，連續之，故緝猶續也。"説文："緁，緶衣也。""緶，緁衣也。"漢書賈誼傳"緁以偏諸"，顏師古注："謂以偏諸緶著之也。"以絲編〔1〕纑謂之緁，以麻編索謂之緝。"緁"與"緝"，聲義並相近。

呂氏春秋異寶篇："見一丈人，刺小船，方將漁。"衆經音義卷十五云"篙，方言作'槁'，音高，謂刺船竹也"，引淮南説林訓"以篙測江"許叔重注曰："謂刺船竹，長二丈，以鐵爲鏃者也。"釋名〔釋船〕作"交"，云："所用斥旁岸曰交，一人前一人還相交錯也。"玉篇作"篙"，云："篙，竹刺船行也。"越絶書："子胥答闔閭曰：'篙工船師，可當君之輕足驃騎也。'"左思吳都賦："槁工楫師，選自閩禺。"又高誘淮南主術訓注："橈，刺船楎也。""槁"、"篙"、"槁"、"交"、"楎"，並字異義同。

廣雅〔釋詁二〕："維，係也。""係"與"系"同。亦作"繫"。小雅白駒篇"縶之維之"，毛傳："維，繫也。"繫船謂之維，猶車蓋繫謂之維也。説文："維，車蓋維也。"玉篇："纜，維舟也。"爾雅〔釋水〕："諸侯維舟。"義亦同也。

"鼎"之言定也。今吳俗謂船行止所在謂之鼎，其古之遺語與。

玉篇云："五比爲間。"説文："艫，舳艫也。一曰船頭。"李斐注漢書武帝紀云："艫，船〔前〕頭刺櫂處也。"字亦作"艫"。釋名〔釋船〕曰："舟其上屋曰廬，象廬舍也。其上重屋曰飛廬，在上，故曰飛也。""艫"、"廬"，即"間"一聲

---

〔1〕 "編"廣本、徐本作"纏"。下"編"同。

之轉也。

廣雅〔釋水〕:"艗艏,舟也。"藝文類聚〔卷七十一〕引韻集:"鷁首,天子船也。"淮南本經訓高誘注:"鷁,水鳥也。畫其像著船頭,故曰鷁首也。"張衡西京賦"浮鷁首",薛綜注云:"船頭象鷁鳥,厭水神,故天子乘之。""鷁首",與"艗首"同。亦但謂之"鷁"。司馬相如子虛賦"浮文鷁",史記集解引漢書音義云:"鷁,水鳥也。畫其象于(舟)〔船〕首。"是也。"首",戴、盧兩家本作"艏",今從宋本。

説文:"舳,舳艫也。漢律名船方長爲舳艫。一曰船尾。"漢書武帝紀"自潯陽浮江"而下,"舳艫千里",李斐曰:"舳,船後持柁處也。艫,船前頭刺櫂處也。"左思吴都賦:"弘舸連舳,巨(艦)〔檻〕接艫。"後漢書劉表傳贊云:"魚儷漢舳。"舟柁謂之舳,車軸謂之軸,機持經亦謂之軸[1],皆以節制爲義也。案:小爾雅〔廣器〕云:"船頭謂之舳。"劉逵注吴都賦同,並與此異義。李善注文選西征賦引此注文作"今江東人呼柂爲舵。"案:王逸楚辭〔九歌湘君〕注云:"柂,舩旁板也。一作'栧'。"蓋誤也。又江賦注引仍作"柁"。説文:"(柁)〔拕〕,曳也。"釋名〔釋船〕云:"船其尾曰柁。柁,拕也,在後見拕曳也。且弼正船使順流,不使他戾也。"玉篇:"柁,正船木。"又:"杕,船尾小(稍)〔梢〕也。"又:"舵,正船木。"北堂書鈔〔卷一三八〕引孫放别傳云:"不見船柁乎在後,所以正船也。"淮南説林訓"毁舟爲杕",高誘注:"杕,舟尾。""柁"、"杕"、"舵",字異義同。舳謂之舵,猶般緧謂之鞦也。説文:"鞦,馬尾鞦也。今之般緧。"是也。

"僞",舊本並同,戴氏據玉篇"舃謂之仡"改"僞"作"舃",又據曹毅之本改"仡"作"扤"。盧氏云:"僞"、"譌"古同音,"今人呼划,即'訛'之轉〔音也〕。"無煩改字,今並仍舊本。

大雅皇矣篇"崇墉仡仡",釋文引韓詩:"仡仡,摇也。"唐皮日休〔鹿門隱書六十篇〕云:"舟之有仡,猶人之有道。仡不安也,舟之行非仡不進,是不

〔1〕"軸"廣本、徐本作"柚"。

安而安也。人之行也，猶舟之有𣲐，非道不行，是不行而行也。”説文“圪，牆高貌”，亦引詩作“圪圪”。又：“抎，動也。”小雅正月篇“天之抎我”，毛傳：“抎，動也。”考工記輪人：“則是以大抎。”説文又云“𡎐𡎐，不安也”，引困九五“𡎐𡎐，困于赤芾”。今本作“臲卼”，釋文云：“荀、（陸）王肅本‘臲卼’作‘㩲㩲’，云：‘不安貌。’〔陸同〕。鄭云‘臲卼’當爲‘倪仉’。”説文又云：“𣸫，船行不安也。讀若兀。”張協七命云“搖𣸫峻挺”，李善注：“搖𣸫，危貌也。”是“𣸫”爲正字，“𣲐”爲借字。“圪”、“抎”、“仉”、“兀”，並古通字。又益稷云：“罔晝夜頟頟，罔水行舟。”案：“頟頟”卽“兀兀”；亦字異聲義並同。

媱、愓，遊也。江沅之間謂戲爲媱，或謂之愓，或謂之嬉。 **音義** 愓，音羊。嬉，香其反。

　　**箋疏** 廣雅〔釋詁三〕："媱、愓、遊、敖，戲也。""媱"，曹憲音"遙"，"愓"，音"陽"。楚辭九思〔傷時〕"音晏衍兮要媱"，王逸注："要媱，舞容也。"案："媱"之言逍遥也，"愓"之言儴佯也。廣雅〔釋訓〕："逍遥，儴佯也。"鄭風清人篇"河上乎逍遥"。文選南都賦注引韓詩〔外傳〕云："逍遥，遊也。"檀弓〔上〕作"消搖"。楚辭離騷"聊逍遥以相羊"，王逸注云："逍遥、相羊，皆遊也。'羊'，一作'佯'。"史記司馬相如傳"招搖乎襄羊"，索隱："郭璞曰：'襄羊，猶仿佯'"也。漢書作"消搖乎襄羊"，文選李善本作"消摇乎襄羊"，五臣本作"招摇乎儀佯"，並字異而義同。開元占經石氏中宫占引黄帝占云："招摇，尚羊也。""尚羊"與"儴佯"，古亦同聲。或作"徜徉"。廣雅〔釋訓〕又云："徜徉，戲蕩也。"宋玉風賦云："徜徉中庭。"楚辭惜誓云"託回飈乎尚羊"，王逸注云："尚羊，遊戲也。"淮南覽冥訓云："尚佯冀州之際。"漢書禮樂志郊祀歌云："周流常羊思所并。"後漢書張衡傳思玄賦"悵相佯而延佇"，文選作"徜徉"。並字異而義同。

　　説文："愓，放也。"音"徒朗切。"玉篇同。荀子榮辱篇："愓悍驕暴。"又修身篇"加愓悍而不順"，楊倞注："韓侍郎云：'愓'與'蕩'同。"通作"傷"。説文："傷，放也。""傷"與"愓"，聲義並同。連言之則曰"媱愓"。莊子大宗師篇云："女將何以遊夫遥蕩恣睢轉徙之塗乎？"遥蕩亦遊戲之意，與"媱愓"同。

曾、暫，何也。湘潭之原 **注** 潭，水名，出武陵。荆之南鄙謂何爲曾，或

謂之眘，注 今江東人語亦云眘，爲聲如斯。若中夏言何爲〔1〕也。 音
義 潭，音罩。一音淫。

箋疏 廣雅〔釋言〕：“曾，何也。”大雅蕩篇“曾是彊禦，曾是掊克，曾是在
位，曾是在服”，正義曰：“言曾者，謂何曾如此，今人之語猶然。”是“曾”與
“何”同義。

呂氏春秋權勳篇：“昔荆龔王與晉厲公戰於鄢陵，〔荆師敗，龔王傷。〕臨
戰，司馬子反渴而求飲，豎陽穀操黍酒而進之。子反叱曰：‘眘！退！酒
也。’”是“眘”爲何也。亦作“咨”。襄四年左氏傳：“訪問於善爲咨。”“問”亦
何也。何休公羊傳注：“疑問所不知曰何。”史記秦始皇紀“陳利兵而誰何”，
集解引如淳漢書注：“何猶問也。”是也。亦作“資”。廣雅〔釋詁二〕：“資，問
也。”“資”與“眘”、“咨”並通。

“湘”，已見卷一“謾台，懼也”條下。

漢書地理志〔上〕：“武陵郡鐔（城）〔成〕玉山，潭水所出，東至阿林入鬱，
過郡二，行七百二十里。”“潭”，應劭音“淫”。晉書地理志〔下〕武陵郡作“鐔
城”，今湖南沅州府黔陽縣鐔城故城在縣西南。“過郡二”者，謂武陵、鬱林
也，今廣西潯州府阿林廢縣漢縣也。潭水，即今福祿江，源出苗地，東南至
今貴州黎平府西爲古州江，東至永從縣南，合彩江爲福祿江，入廣西界，至
柳林縣爲柳江。又東南經象州至潯州府城北曰潯江，此爲廣西之右江，亦
曰北江，合廣西左江，亦曰南江，即所謂“入鬱”也。唐始置潯州，以北潯江
爲名。潯江，即古潭水。“潭”、“潯”，古同聲。高誘注淮南原道訓云“潯，讀
‘葛罩’之‘罩’，”是其例。

“音罩”，俗本誤作“潭”今從宋本。

云“一音淫”，蓋謂應劭也。

“中夏”，見前卷八“守宮”條下。

**央亡、嚜杘、姡，獪也。江湘之間或謂之無賴，或謂之㺢。** 注 惡怴，多

---

〔1〕 “爲”原無，據廣本、徐本補。

智也。凡小兒多詐而獪謂之央亡，或謂之嚘屎， 注 嚘屎，潛潛狡也。或謂之姡。 注 言黠姡也。姡，娙也， 注 言恫娙也。或謂之獪。皆通語也。 音義 嚘，音目。屎，丑夷反。姡，胡刮反。獠，恪交反。獪，音滑。

箋疏 廣雅〔釋訓〕“鞅罔，無賴也”，曹憲“鞅”音“烏朗反”、“罔”音“罔”。“鞅罔”與“央亡”同。

又〔廣雅釋詁二〕云：“嚘屎，欺也。”“嚘”，曹憲音“眉北反”、“屎”音“恥棃反”。廣韻〔至韻〕：“嚘屎，小兒多詐獪”也。列子力命篇云：“墨屎、單至、嘽咺、憋懯四人相與遊於世，胥如志也。窮年不相知情，自以智之深也。”“墨”與“嚘”通。“嚘”，玉篇音“丑利切”，云：“詐言也。”義亦同也。案：“央亡”為疊韻，“嚘屎”為雙聲，皆形容之詞也。

“獪”，各本並同，盧本誤作“膾”。説文：“獪，狡獪也。”釋言“覾，姡也”，舍人注：“覾，擅也。一曰面貌。”孫炎〔1〕、李巡並云：“覾，人面姡然也。”郭氏云：“面姡然。”説文“覾，面見也”，引小雅何人斯篇曰“有覾面目”，毛傳與釋言同。

説文“姡，面醜也”，詩〔小雅何人斯〕疏引作“面覾”。越語〔下〕曰“余雖覾然〔而〕人面哉，吾猶禽獸也”，韋昭注：“覾，面目之貌”也。説文徐鍇傳曰：“凡人所視瞻，心實見之，故有別識無恥之人，面見之而已，心實否也。”是獪之意也。“姡”、“獪”，古同聲。説文“話”，籀文從“會”作“譮”，是其證也。

“江湘”，張湛注列子力命篇引作“江淮”。

史記高帝本紀云“始大人常以臣無賴”，漢書作“亡賴”。又季布欒布田叔傳贊云“夫婢妾賤人，感槩而自殺，非能勇也，其畫無俚之至耳”，晉灼注引方言曰：“俚，聊也。”許慎曰：“賴也。”“此謂其計畫無所聊賴，至於自殺耳。”案：“俚”、“聊”、“賴”，並一聲之轉。

廣雅〔釋詁四〕：“獠，獪也。”玉篇同。列子力命篇云“獠忇、情露、謰亟、

────────────

〔1〕 “孫炎”原作“引舟”，據廣本、徐本改。

凌誶四人相與遊於世，胥如志也。窮年不相曉悟，自以爲才之得也”，殷敬順釋文引阮孝緒文字集略云：“惡忰，伏態貌。”“惡，口交切。”廣韻〔肴韻〕同。“惡”與“獢”，聲義並同。左思吳都賦“儓嚚㗌獢，交貿相競”，李善注引方言：“獢，獪也。”“獪”誤作“猥”。前卷三云：“膠，詐也。涼州西南之間曰膠。”郭氏爾雅序釋文、衆經音義卷二（十）並引方言云：“謬，詐也。”今無此文。説文：“謬，狂者之妄言也。”列子天瑞篇云：“向氏以國氏之謬己也，往而怨之。”義並與“獢”相近。

注“惡忰”，舊本作“恐悑”，形相似之譌也。戴氏據玉篇“俖悑鬼黠”之文改作“俖悑”，盧氏從之，並非是，今訂正。

衆經音義卷一引方言云：“凡小兒多詐或謂之狡獪。”又卷三引云：“凡小兒多詐而獪謂之狡獪。”又卷十四、卷十九引云：“凡小兒多詐謂之狡獪。”惟卷十一、卷二十二引與今本同。廣雅〔釋詁四〕：“狡，獪也。”昭二十六年左氏傳云：“無助狡獪。”是“狡”與“獪”同義，故建平人又呼爲姡矣。

注“潛潛狡也”，盧氏云：“似衍一‘潛’字。”今案：上“潛”字疑“言”字之譌，與下二句同例。

下文云“眠娗，欺謾之語也”，注云：“亦中國相輕易蚩弄之〔言也〕。”後十二云“媰、娗，慢也”，注：“爛慢健狡也。”列子力命篇又云：“眠娗、諈諉、勇敢、怯疑四人相與遊於世，胥如志也。窮年不相謫發，自以行無戾也。”通作“誔”。廣雅〔釋言〕：“誔，訑也。”説文：“沇州謂欺爲詑。”“詑”與“訑”同。燕策〔一〕云：“寡人甚不喜訑者言。”玉篇：“誔，詭言也。”衆經音義卷二十三引廣雅：“詭，誔也。”義並同也。

注“言恫娗也”，詳卷六“矔、瞲，轉目也”條下。

衆經音義卷一引三蒼云：“猾，黠惡也。”張衡東京賦“巨猾間釁”，薛綜注云：“猾，狡也。”義並相通也。

崽者，子也。湘沅之會 注 兩水合處也。凡言是子者謂之崽，若東齊言子矣。　音義 崽，音枲，聲之轉也。會，音獪。崽，聲如宰。

箋疏 廣雅〔釋言〕"崽,子也",曹憲音"所在〔1〕反,又音死"。玉篇:"子改、山皆二切。"廣韻〔皆韻〕引方言云:"江湘間凡言是子謂之崽,自高而侮人也。"又〔佳韻〕云:"呼彼之稱。"酈道元水經滾水注云:"至若孌婉㚻童及弱年崽子。"

湘沅會合處,漢爲長沙郡下雋縣,今湖南岳州府臨湘縣是。

舊本注"聲如宰"三字,在"若東齊言子矣"句下,盧本移列"謂之崽"下,云"子"音與"枲"相近,故注又云"聲之轉也"。注"崽,聲如宰"者,郭殆指湘沅之語,則然且一字無妨有兩音,如"苫"音"芧",亦音"昌改反",即其例也。中原言"子"自有本音,不得謂"子"聲如"宰",今大河以北謂畜類所生曰"崽子",聲正如"宰子"矣。

諛,不知也。沅澧之間 注 澧水,今在長沙。凡相問而不知,答曰諛;使之而不肎,答曰𥬠。 注 今中國語亦然。粃,不知也。 注 今淮楚間語呼聲如非也。 音義 諛,音癡眩,江東曰咨,此〔2〕亦癡聲之轉也。澧,音禮。𥬠,音茫〔3〕。

箋疏 "諛",舊本並同,戴氏據玉篇"諗,不知也。丑脂、丑利二切。諛,同上,又力代切,誤也"之文改"諛"作"諗"。盧氏云"來"、"黎"聲同,"來"亦可入"脂"、"至"韻,故定作"諛"。今案:依玉篇"諗"、"諛"二字皆可作,各本既作"諛",自應仍舊,戴改作"諗",亦通。以戴爲謬,非也。

"音癡眩",舊本誤作"瘕眩",今據宋本訂正。盧氏云:"'癡'(聲)舊本誤作'如',戴本改'知',亦未是。〔今〕案'癡'字俗作'痴'而脫其畫。"故今依盧本從上作"癡"。廣雅〔釋言〕"嘀,諛也",曹憲"諛,力代反"。玉篇引埤倉云:"嘀,不知是誰也。"是"諛"爲不知也。

"沅",詳卷三"蘇、芥,草也"條下。

漢書地理志〔上〕:"武陵郡充縣歷山,澧水所出,東至下雋入沅,過郡

─────────────

〔1〕 "在",今本曹憲音作"佳"。
〔2〕 "此"原無,據廣本、徐本補。
〔3〕 "澧音禮𥬠音茫"原無,據廣本、徐本補。

二,行一千二百里。"晉志長沙郡下雋。水經〔澧水〕云澧水出武陵充縣西歷
山,東過其縣南,又東至長沙下雋縣西北,東入於江",酈道元注云:"澧水流
注於洞庭湖,俗謂之澧江口。"漢志以爲入沅,水經以爲入江,其實則同,蓋
沅水亦至下雋,注洞庭湖方會於江也。下雋,今湖南岳州府臨湘縣是其地。

　　玉篇云:"使人問而不肯,答曰肎。"廣韻〔唐韻〕:"肎,不知也。"

　　案:不肯之合聲爲"佣",不知之合聲爲"粃"。廣雅〔釋詁四〕"佣、粃,不
也",曹憲"佣音朋,又普等反。粃,彼、比,俱得"。廣韻〔等韻〕:"佣,不肯
也。"説文:"粃,不成粟也。"定十年左氏傳"若其不具,用粃稗也",杜預注:
"粃,穀不成者。"釋文"音鄙",引字林音"比",又作"粃",又"必履反"。義亦
相近。衆經音義卷十四引方言云:"肎、粃,不也",郭氏曰:"聲如非也。"

煤,火也,楚轉語也,猶齊言焜火也。　音義 煤,呼隈反。焜,音毁。

　　箋疏 玉篇云:"楚人呼火爲煤。"廣韻〔賄韻〕音"賄"云:"南人呼火也。"

　　説文"焜,火也",引周南汝墳篇:"王室如焜。"又"燬,火也",引僖二十
五年左氏傳:"衛侯燬。"李賢注後漢書〔周磐傳〕引韓詩與説文同,今本作
"燬",毛傳:"燬,火也。"釋言同,李巡云:"燬,一名火。"孫炎云:"方言有輕
重,故謂火爲燬也。"郭氏云"燬,齊人語。"詩〔周南汝墳〕釋文云:"燬,音毁,
齊人謂火爲燬。郭璞又音貨。字書作'焜',音毁,説文同。一音火尾反。"
是"燬"即"焜"之異文,故方言"齊曰焜",爾雅郭注作"燬"也。説文"燬"字,
當是後人所增,陸德明所據不如此也。

噴、無寫,憐也。　注 皆南鄙之代語也。沅澧之原凡言相憐哀謂之噴,
或謂之無寫,江濱謂之思。　注 濱,水邊也。皆相見驩喜有得亡之
意也。九嶷湘潭之間謂之人兮。　注 九嶷,山名,今在零陵營道縣。
音義 噴,音䬡。

　　箋疏 説文"喟,大息也",或从"貴"作"噴"。論語兩云"喟然歎曰",何
晏云:"喟然,歎聲。"集韻〔怪韻〕引字林云:"噴,息憐也。"傅毅舞賦云"噴息
激昂",李善注引韓詩外傳曰:"魯哀公噴然大息。"案:凡言喟然歎、噴然息
者,皆謂大息而吟歎,乃憐哀之意。"哀"與"愛",聲近義同。詳卷一"悇、

憮、矜、悼、憐，哀也”條下。何晏以爲歎聲，失之。

　　釋詁云：“恙、寫，憂也”，郭注云：“今人云無恙謂無憂也。寫有憂者，思散寫也。”案：“恙”與“寫”並訓爲“憂”，郭以恙爲無恙，則無寫猶無恙也。又云“有憂者思散寫”，蓋就憂者言之耳。若從旁言之，則亦爲無憂矣。今人相存問，猶言無恙，卽無寫之意也。趙岐注孟子公孫丑篇〔上〕：“思，念也。”楊倞注荀子解蔽篇：“思，慮也。”念慮與憐哀義相近。説文：“諰，思之意。”廣韻〔止韻〕云：“言且思之。”義亦相近也。

　　注“濱，〔水〕邊也”者，“濱”、“邊”，一聲之轉。李賢注後漢書袁安傳云：“濱，邊也。”通作“瀕”。禹貢“海濱廣斥”，漢書地理志〔上〕作“海瀕廣潟”。

　　“人兮”，猶言“人也”。邶風日月篇“乃如之人兮”、鄘風蝃蝀篇“乃如之人也”、又君子偕老篇“邦之媛也”、鄭風羔裘篇“邦之彥兮”，文義並同。君子偕老“玉之瑱也”，説文引作“玉之瑱兮”；曹風鳲鳩篇“其儀一兮，心如結兮”，禮記緇衣引作“其儀一也”、淮南詮言訓引作“其儀一也，心如結也”；邶風旄丘篇“何其處也”，韓詩外傳引作“何其處兮”，是“也”與“兮”同。中庸云“仁者人也”，鄭注云：“人也，讀如相人偶之人，以人意相存問之言。”又表記“仁者人也”，注云“人也，謂施以人恩也”，引成十六年公羊傳曰：“執未有言舍之者，此其言舍之何？人也。”正義曰：“謂施以人恩，言施人以恩，正謂意相愛偶人也。”“引春秋傳者”，“證人是人偶相存愛之義也”。今本公羊傳“（人也仁）仁之也”，何休注云：“仁之者，若曰在招丘可悲矣，閔録之辭。”案：鄭云“相人偶”者，蓋古有是語。大射儀“揖以耦”，鄭注云：“以者，耦之事成於此，意相人耦也。”聘禮“每曲揖”，注云：“以相人耦爲敬也。”公食大夫禮“賓入三揖”，注云：“相人耦。”“耦”與“偶”同。亦曰“人偶”。檜風匪風篇鄭箋云：“人偶能”烹魚，“人偶能轉周道治民者”。正義曰：“人偶者，謂以人意尊偶之也。論語〔注〕人偶同位人偶之辭、禮注云人偶相與爲禮儀，皆同也。”案：獨則無偶，偶則相親，是相人偶，猶言相爾我親密之詞，與禮“人也”之義正合，故鄭讀從之。此“人也”義與“人兮”亦同，皆詞也，不爲義也。又案：檀弓〔下〕云“孔子謂爲俑者不仁，不殆於用人乎”，鄭注：“俑，偶人也。

有面目機發，似於〔生〕人。"孟子梁惠王篇〔上〕"仲尼曰：始作俑者，其無後乎"，趙岐注："俑，偶人也，用之送死。仲尼重人類。"説文："俑，痛也。"痛亦憐哀之意，是偶人謂之俑，以其有似於人憐哀而名之也。正義引皇氏云："機識發動踊躍，故謂之俑。"失之鑿矣。

　　漢書地理志〔上〕"零陵郡營道縣，九疑山在南"，晉志同。海内南經云"蒼梧之山，帝舜葬於陽"，郭注云："即九疑山也。禮記〔亦曰〕：‘舜葬於蒼梧之野。’"呂氏春秋安死篇"舜葬於紀市"，高誘注："傳曰：‘舜葬蒼梧九疑之山。’此云紀市，九疑山下〔亦〕有紀邑。"史記〔五帝本紀〕注引皇覽云："舜冢在零陵營浦縣。其山九谿皆相似，故曰九疑。"水經湘水注云："營水出營陽泠道縣南山，西流逕九疑山下，蟠基蒼梧之野，峰秀數郡之間，羅巖九舉，各導一谿，岫壑負阻，異嶺同勢，遊者疑焉，故曰九疑。"案〔1〕：在今湖南永州府寧遠縣南六十里。"嶷"，各本並同，惟戴本作"疑"，注同，今從衆家本。

　　注"南鄙之代語"，舊本作"秦漢之代語。"案：下文云"憮鰓，老也。皆南楚江湘之間代語也"，注云："凡以異語相易謂之代。"後卷十三注云："鼻、祖，皆始之別名也。轉復訓以爲居，所謂代語者也。"故此注云："皆南鄙之代語。"妄人誤以爲"時代"之"代"，遂改爲"秦漢"耳，今從宋本訂正。

## 婤、嫧、鮮，好也。南楚之外通語也。　音義 婤，魚踐反。嫧，音策。

　　箋疏 廣雅〔釋詁一〕："婤、鮮，好也。"玉篇同。集韻〔翰韻〕："婤，好也。謂婦人齊正貌。"玉篇"婤"，又音"午漢切"。前卷一云："自關而西秦晉之故都曰妍好，其通語也。""妍"，一作"忓"。廣雅〔釋詁一〕"忓，好也。善也"，曹憲並音"汗"。"忓"與"婤"，聲近義同。

　　説文："嫧，齊也。""齊"、"嫧"，一聲之轉。合言之則曰"婤嫧"。玉篇："婤嫧，鮮好貌。"列子力命篇"巧佞、愚直、婤斫、便辟四人相與遊於世"，殷敬順釋文："斫，音酌。婤斫，容止峭巘也。(引)字林云：‘婤，齊也。’""斫，齒略反"。家君曰："斫"與"嫧"，聲相近。"婤斫"，即"婤嫧"也。好謂之婤，

---

〔1〕 "案"原無，據廣本、徐本補。

亦謂之嫧;齊謂之媣,亦謂之嫧。廣雅〔釋詁四〕又云:“媣、嫧,齊也。”“整齊”與“鮮潔”義相近。〔説〕[1]卦傳云:“齊也者,言萬物之潔齊也。”是也。

廣雅〔釋詁一〕:“鮮,好也。”淮南俶真訓“華藻鎛鮮”,高誘注:“鮮,明好也。”小雅北山篇“鮮我方將”,毛傳:“鮮,美也。”[2]美亦好也。

**嘛哰、謰謱,拏也。** **注** 言譇拏也。**東齊周晉之鄙曰嘛哰。嘛哰亦通語也。** **注** 平原人好嘛哰也。**南楚曰謰謱,或謂之支註,或謂之詀謕,轉語也。拏,揚州會稽之語也。或謂之惹,** **注** 言情惹也。**或謂之淹。** **注** 言誣淹也。 **音義** 嘛哰,闌牢二音。謰謱,上音連,下力口反。拏,奴加反。支,之豉反。註,音注。詀謕,上託兼反,下音啼。惹,汝邪反,一音若。

**箋疏** 説文:“拏,牽引也。”“譇拏,羞窮也。”玉篇:“譇詉,言不可解也。”廣韻〔麻韻〕:“譇[3]詉,語不正也。”又〔寒韻〕云:“嘛哰,儋拏,語不可解。”〔又麻韻〕:“謶詉,語貌。”“儋”、“謶”與“譇”,“詉”與“拏”並同。

廣雅〔釋訓〕“嘛哰,謰謱也”,王氏疏證云:“此雙聲之相近者也。‘嘛’、‘謰’,聲相近。魏風伐檀篇:‘河水清且漣猗。’爾雅〔釋水〕‘漣’作‘瀾’,是其例也。‘哰’、‘嘍’,聲亦相近。士喪禮‘牢中旁寸’,鄭注云‘牢,讀爲樓’,是其例也。”案:説文“謰”、“謱”二字並云:“謰謱也。”玉篇:“謰謱,繁拏也。”廣韻〔厚韻〕:“謰謱,小兒語。”楚辭九思〔疾世〕云“媒女詘兮謰謱”,王逸注云:“謰謱,不正〔貌〕。”洪興祖補注云:“一曰:(貌)謰謱,語亂也。”亦作“連遱”。説文:“遱,連遱也。”集韻〔侯韻〕:“連遱,謂不絶貌。”亦作“嗹嘍”。玉篇:“嗹嘍,多言也。”廣韻〔先韻〕“嗹嘍,言語煩拏貌。”又作“連嶁”。淮南原道訓“終身運枯形于連嶁列埒之門”,高誘注云:“連嶁,猶離婁也,委曲之貌。”並與“謰謱”同。案:高誘以爲猶離婁,“離婁”即“謰謱”之聲轉耳。劉向熏鑪銘云:“彫鏤萬獸,離婁相加。”説文:“廔,屋麗廔也。”“離婁”、“麗

---

〔1〕“説”原無,據廣本、徐本補。

〔2〕案:今本詩毛傳無此文。鄭箋云:“嘉、鮮,皆善也。”

〔3〕“譇”今本廣韻作“謶”。

"廙",與"謰謱"聲義並相近。

　"東齊",舊本作"東南",今從曹毅之改正。

　注"平原人好噭咩","好"字,疑"呼"之訛,今姑從舊本。

　"支註",雙聲字。

　玉篇:"詀,多言也。謱,〔數〕諫也。"合言之則曰"詀謱"。

　廣雅〔釋詁三〕:"惹、諉,拏也。""惹",曹憲"汝奢"、"汝灼"二切。玉篇:"惹,人者切,亂也。"廣韻〔藥韻〕又"而灼切"。案:説文訓"諸拏"爲"羞窮",蓋謂羞澀辭窮而支離牽引也。"諸"音"陟加切",是"諸"、"惹"古今字。前卷六云"諏、諉,与也。吳〔越〕曰諏,荊齊曰諉与,猶秦晉言阿与",注云:"相阿与者,所以致諏諉也。"廣雅:諉,匿也。通作"揜"。説文:"揜,諏拏也。""揜"與"諉"同。

## 豷、嗇,貪也。　注 謂慳貪也。荊汝江湘之郊凡貪而不施謂之豷,注 亦中國之通語。或謂之嗇,或謂之惜。惜,恨也。注慳者多惜恨也。音義 豷,音懿。

　箋疏 廣雅〔釋詁二〕:"豷、嗇,貪也。""豷",曹憲音"阿㹴"、"於既"二反。玉篇音義並與廣雅同。震六二"震來厲,億喪貝",虞翻注:"億,惜辭也。"釋文:"本又作'噫'。"金縢某氏傳曰:"噫,恨辭。"釋文"馬本作'懿'",云:"懿,猶億也。"聲義並與"豷"相近。

　説文:"嗇,愛濇也。"襄二十六年左氏傳"小人之性釁於禍",杜預注:"嗇,貪也。"史記五宗世家"晚節嗇",正義:"嗇,貪悋也。"又貨殖傳"愈於纖嗇",正義曰:"嗇,吝也。"季弟同人云:"豷"與"壹"通,"嗇"與"稽"通。玉藻"壹食之人,一人徹",鄭注:"壹,猶聚也,爲赴事聚食也。"稽,亦聚斂之名。文十八年左氏傳"貪于飲食,冒于貨賄,侵欲崇侈,不可盈厭,聚斂積實,不知紀極","天下之民""謂之饕餮",賈逵、服虔、杜預並云:"貪財爲饕,貪食爲餮"。個謂"饕餮"總言其貪,"貪"、"冒"、"聚"分言其貪,非"饕餮"有愛財、愛食之義也。説文“饕”、“飻”〔1〕皆訓“貪”,得之。

　　文選陸機謝平原君内史表“豈臣蒙垢含吝,所宜忝竊”,李善注引方言曰:“貪而不施謂之吝。”衆經音義卷二十三云“吝,古文‘吝’。堅著多惜曰吝”,引方言曰:“荆汝江湘之間,凡貪而不施謂之吝。”(衆經音義卷二十三云吝古文吝堅著多惜曰吝引方言曰荆汝江湘之間凡貪而不施謂之吝)説文“吝,恨惜也”,古文從“文”作“吝”,引蒙初六:“以往吝。”辵部引作“遴”。廣雅〔釋詁二〕:“遴,貪也。”漢書魯恭王傳“晚節遴”,王莽傳〔下〕“性實遴嗇”,並與“悋”通。後卷十三云“釐,貪也”,廣雅〔釋詁二〕同。“釐”、“悋”,一聲之轉。大學“一人貪戾”,鄭注:“戾或爲吝。”是其例也。又説文云:“河内之北謂貪曰惏。”“惏”與“悋”,聲亦相近。説詳卷一“虔、劉、慘、琳,殺也”條下。

　　注“惜恨”,俗本誤作“情恨”,今據宋本訂正。

**遥、宛,淫也。九嶷荆郊之鄙謂淫曰遥,** 注 言心遥蕩也。**沅湘之間謂之宛。** 注 窈宛冶容。

　　箋疏“淫”之言淫泆也。通作“婬”。説文:“婬,私逸也。”

　　“遥”,通作“媱”。上文云:“江沅之間謂戲爲媱。”廣雅〔釋詁一〕:“媱、宛、婬也。”“媱”與“遥”、“婬”與“淫”,聲義並同。

　　荀子禮〔論〕篇云“故其立文飾也,不至於宛冶”,楊倞注:“宛,讀爲姚。姚冶,妖美也。”後漢書列女傳“出則窈宛作態”,李賢注云:“窈宛,妖冶之貌也。”

　　盧氏云:“荆郊”,疑“荆鄙”之誤。

**潛、涵,沈也。楚郢以南曰涵,或曰潛。潛又遊也。** 注 潛行水中,亦爲遊也。 音義 涵,音含,或古南反。

　　箋疏 廣雅〔釋詁一〕:“潛、沈,没也。”玉篇:“沈,没也。”趙策〔一〕:“智伯攻趙,圍晉陽而水之,城之不沈者三板。”是“没”與“沈”同也。

─────────

〔1〕“饕”今本説文作“飻”。

釋言："潛,深也。"説文："涔,漬也。""霪,久雨,涔濱也。"淮南主術訓"時有涔旱災害之患",高誘注："涔,〔久而〕水潦也。""涔"與"潛"通。禹貢"沱、潛既道",史記夏本紀作"沱、涔已道",是其證也。

説文："涵,水澤多也。"左思吴都賦"涵泳乎其中",劉逵注"涵,沈也",引方言曰："南楚謂沈爲涵。"衆經音義卷十六云"浛,又作'涵'同",引方言："浛,沈也。"云"字體作'匼',船没也。"説文："霽,久雨也。"釋天云："久雨謂之淫,淫謂之霖。"廣雅〔釋言〕："霽、霪,霖也。"聲義與"潛"、"涵"並相近。久雨謂之涔,又謂之霽,亦謂之霪,猶沈謂之潛,又謂之涵,亦謂之浛也。

**宋、安,静也。江湘九嶷之郊謂之宋。　音義 宋,音寂。**

　　箋疏"宋",舊本並同,戴本作"宋"。廣韻〔錫韻〕："寂,静也,安也。""宋"、"宋",並與"寂"同。盧氏云："楚辭遠遊:'野宋漠其無人。'莊子太宗師'其容宋',陸氏釋文云:'本亦作寂'。崔本作'宋'。又郭象注齊物論云'槁木,取其宋莫無情耳',釋文:'宋,音寂。'漢和平時張公神碑:'疆界宋静。'延熹時成皋令任伯嗣碑:'官朝宋静。'是'宋'字其來已古,戴氏以爲訛字,改作'宋',太泥。"又舊本並脱"音寂"二字,今據宋本補正。説文"宋,無人聲也",或作"詠"。廣雅〔釋詁四〕:"宋,静也。"楚辭大招:"湯谷宋只。"又九辯云:"蟬宋漠而無聲。""宋"與"宋"同。説文又云:"啾,嘆也。"又:"嫠,宋也。"釋詁"貉、嘆、安,定也",郭注云:"皆静定。"繫辭〔上〕云:"寂然不動。"文選潘岳西征賦李善注[1]引韓詩薛君章句云:"寂,無聲之貌。"字並與"宋"通。

　　説文:"安,静也。"釋名〔釋言語〕:"安,晏也,晏晏然和喜無動懼也。"廣雅〔釋詁四〕"安,静也",義本方言。李善注江淹別賦"道已寂而未傳",范蔚宗樂遊應詔詩"虚寂在川岑",並引此以"安静"聯文。

**拌,棄也。楚凡揮棄物謂之拌,或謂之敲。　注 今汝潁間語亦然。或云擻也。淮汝之間謂之投。　注 江東又呼擻。　音義 拌,音伴,又普槃反。**

〔1〕"注"原脱,據廣本、徐本補。

敲,恪校反。撖,音壓,又音揞。

　　**箋疏** 廣雅〔釋詁一〕"拌,棄也",王氏疏證云:"拌之言播棄也。吳語云
'播棄黎老',是也。'播'與'拌',古聲相近。士虞禮:'尸飯,播餘于篚。'古
文'播'爲'半','半',古'拌'字,謂棄餘飯于篚也。"

　　説文:"敲,橫擿也","擿,投也",莊子胠篋篇"擿玉毀珠",崔譔注云:
"擿,猶投弃〔之〕也。""弃"與"棄"同,是擿亦棄也。廣雅〔釋詁一〕作"墩",
曹憲音"苦孝"、"苦交"二反。"墩"與"敲"同。

　　注"或云撖"者,廣雅〔釋詁三〕:"撖,投也。""撖"、"敲",一聲之轉。

　　"敲",音"恪校反",各本作"恪交",今從宋本。

　　小雅巷伯篇"投畀豺虎",文十八年左氏傳"投諸四裔",楚辭天問"投之
于冰上",毛傳及杜、王注並云:"投,棄也。"曲禮〔上〕"無投與狗骨",疏云:
"投,致也。""棄其骨與犬"也。

　　注"江東又呼撖"者,"撖"與"厭"通。論語雍也篇"予所否者,天厭之",
釋文音"於琰反,又於豔反"。猶言天棄之也。

　　"又音揞",舊本誤作"又音狗音豹"五字,今從戴氏據廣韻〔陷韻〕"揞,
吳人云抛也,於陷反"改正。案:"揞",猶厭也,方俗語之侈弇耳。前卷六云
"揞、揜,藏也。荊楚曰揞,吳揚曰揜","揞"音"烏感反",是其例也。

諑,愬也。　注 諑、譖,亦通語也。**楚以南謂之諑。**

　　**箋疏** 説文"愬,告也",引論語憲問篇:"愬子路於季孫。"或作"謝",又
作"愬"。

　　廣雅〔釋言〕:"諑,愬也。"楚辭離騷云"謠諑謂余以善淫",王逸注:"謠,
謂毀也。諑,猶譖也。"又九思〔逢尤〕"被諑譖兮虛獲尤",注:"諑,毀也。"洪
興祖補注:"諑,音卓。"廣雅〔釋詁二〕又云:"諑、譖、愬,詍也。"〔又釋詁一〕:
"諑,責也。"義並相通也。"諑",通作"椓"。哀十七年左氏傳"太子又使椓
之",杜預注云:"椓,愬"也。案:"椓"〔1〕者,椎擊之名。説文:"椓,擊也。"

_____

〔1〕 "椓"原作"諑",據文義改。

“敊，擊也。”“毅，椎擊物也。”鄭注周官壺涿氏云“涿，擊之也”。以物有所椎擊謂之椓、又謂之敊、亦謂之毅、又謂之捸、亦謂之涿，猶以言語恩謂之諑、亦謂之椓也。

**戲、泄，歇也。楚謂之戲泄。奄，息也，楚揚謂之泄。** 音義 戲，音義〔1〕。

　　　　箋疏 説文：“歇，氣越泄也。”通作“愒”。高誘注淮南精神訓云：“愒，讀精神歇越〔無〕之歇。”

　　　　廣雅〔釋詁二〕：“戲、歇，泄也。”“戲”、“歇”，聲之轉耳。管子君臣下篇云：古言“牆有耳〔者〕，微謀外泄之謂也”。班固東京賦：“士怒未渫。”曹植七啟云“於是爲歡未渫”，李善注引方言作“渫”。又顏延之赭白馬賦云“畜怒未洩”，注引又作“洩”。“渫”、“渫”、“洩”，並與“泄”同。

　　　　廣雅〔釋詁二〕：“奄，息也。”漢書司馬相如傳〔下〕云“奄息蔥極”，張揖注：“奄然休息也。”文選李密陳情表云：“氣息奄奄。”又上林賦云“掩細柳”，枚乘七發云“掩青蘋”，李善注引方言“奄”並作“掩”。“掩”，與“奄”通。“泄”、“息”，亦聲之轉也。

**攓，取也。楚謂之攓。** 音義 攓，音蹇，一音騫。

　　　　箋疏 此條重出，已見前卷一。“音蹇”“蹇”字，舊本作“騫”，涉下“一音騫”“騫”字而訛，今據卷一訂正。宋本正作“蹇”。

**㫺、曬，乾物也。揚楚通語也。** 注 亦皆北方通語〔2〕。或云暵。 音義 㫺，音費。

　　　　箋疏 廣雅〔釋詁二〕：“㫺、曬，曝也。”“㫺”，曹憲音“拂”。玉篇：“㫺，乾物也。”列子周穆王篇云“視其前，則酒未清，肴未㫺”，殷敬順釋文音“扶貴反”。淮南地形訓云：“日之所㬥。”“㬥”與“㫺”同。“音費”，舊本誤作“曬”，今據宋本訂正。

────────────

〔1〕“義”盧文弨重校方言本作“羲”。
〔2〕“通語”戴震從永樂大典本作“常語耳”。

前卷七云"曬,暴也。暴五穀之類,秦晉之間謂之曬。"玉篇:"曬,暴乾物也。"

注"或云暶"者,廣雅〔釋詁二〕"暶,曝也",曹憲音"匹妙反"。玉篇:"暶,置風日中令乾也。"

棐,卒也。　注 謂倉卒也。江湘之間凡卒相見謂之棐相見,或曰突。

音義 棐,音斐。突,他骨反。

　　箋疏 漢書劉向傳"期日迫卒",顏師古注:"卒讀曰猝。"説文:"猝,犬從艸暴出逐人也。"又云:"踤,蒼踤。""猝"、"踤",並與"卒"通。

廣雅〔釋詁二〕:"棐、突,猝也。"小徐本説文云:"突,犬从穴中暫出也。一曰:匪,突也。""匪突"與"棐突"同。又云"𠬛,不順忽出也。從到子",引離九四"突如其來如",云:"不孝子突出,不容於内也。"易釋文云:"突,慙出"也。"𠬛",與"突"通。

迍迍、屑屑〔1〕,不安也。　注 皆往來之貌也。江沅之間謂之迍迍,秦〔2〕晉謂之屑屑,或謂之塞塞,或謂之省省,不安之語也。

　　箋疏 廣雅〔釋訓〕:"屑屑、迍迍、塞塞、省省,不安也。"説文:"屑,動作切切也。"重言之則曰"屑屑"。下卷十二云"屑、往,勞也"注云:"屑屑往來,皆劬勞也。"昭五年左氏傳云:"屑屑焉習儀以亟。"漢書董仲舒傳:"凡所爲屑屑,夙興夜寐,務法上古者。"王莽傳〔上〕云:"晨夜屑屑,寒暑勤勤。"後漢書王良傳:"何其往來屑屑,不憚煩也!"潘岳閒居賦"尚何能違郤下色養,而屑屑從斗筲之役乎",李善注引作"屑屑,不静也"。説文:"偰,聲也。讀若屑。"廣韻〔屑韻〕:"偰偰,伸吟也。""偰偰"與"屑屑",義亦相近。"屑屑"、"塞塞"、"省省",並一聲之轉,亦"迍迍"之變轉也。前卷六云"塞,安也",注云:"物足則定。"以相反爲義也。

瀾沐、征伀,遑遽也。江湘之間凡窘猝怖遽謂之瀾沐,注 喘唶貌也。

---

〔1〕 "屑屑"原作"息秦",據廣本、徐本改。

〔2〕 "秦"原作"息",據廣本、徐本改。

或謂之征伀。　**音義** 瀾，音闃。

**箋疏** 衆經音義卷三引倉頡篇：“惶，恐也。”廣雅〔釋詁二〕：“惶、怖、遽，懼也。”燕策〔三〕云：“卒惶急不知所爲。”“惶”與“遑”同。

楚辭九章〔惜誦〕云：“衆駭遽以離心兮。”大招：“覓乎歸徠，不遽惕只。”合言之則曰“遑遽”。廣雅〔釋訓〕：“佂躟，惶懅也。”玉篇：“恠忪，惶遽也。”“懅”與“遽”亦同。倒言之則曰“遽惶”。王逸九辯注云：“卒遇譖讒而遽惶。”

前卷一“脅閦，懼也。齊楚之間曰脅閦”，注云：“脅閦，猶瀾沐也。”衆經音義卷四、卷十一引“脅”並作“潝”。“潝”與“脅”、“瀾”與“閦”並通。廣雅〔釋訓〕：“瀾沐，怖懅也。”“懅”與“遽”亦同。廣韻〔錫韻〕：“瀾沐，遽也。”分言之則曰“瀾”、曰“沐”。郊特牲篇：“大夫强諸侯脅。”衆經音義卷十三引公羊傳“憎於齊”劉兆注曰：“憎，畏迫也。”廣雅〔釋詁四〕：“憎，怯也。”玉篇：“憎，以威力相恐憎也。”“怵，〔心〕不安”也，亦作“憪”同。廣韻〔業韻〕：“憎，以威力相恐也。”〔又錫韻〕：“憪，遑恐”也。“憎”、“憪”，並音“許激切”。説文：“怵，恐也。”並字異而義同。

説文：“窘，迫也。”

廣雅〔釋詁二〕：“怖，懼也。”吳子料敵篇云：“敵人”“心怖，可擊”。合言之則曰“怖遽”。

衆經音義卷八引方言云：“征伀，惶遽也。”卷十三引云：“征伀，惶遽也。江湘之間凡窘卒怖遽皆謂之征伀。”又卷十九引云：“征伀，惶遽也。江湘之間凡倉卒怖遽皆謂之征伀。”又卷二十引云：“征伀，惶遽也。”玉篇：“征，之成〔切〕，征伀，懼也。伀，職容切。”“征，征伀，懼貌。”王褒四子講德論云：“百姓征伀[1]，無所措其手足。”潛夫論救邊篇：“乃復征伀如前。”孔叢諫格虎賦：“怖駭内懷，迷冒征伀。”並字異而義同。分言之則曰“征”、曰“伀”。廣雅〔釋詁二〕：“征伀，懼也。”漢書王莽傳〔下〕：“人民正營。”後漢書蔡邕

---

〔1〕 “征伀”文選作“征伀”。

傳：“臣征營怖悸。”“正”、“征”，並與“佂”同。釋名〔釋親屬〕：“夫之兄曰兄公，俗間曰”“兄伀，言是己所敬，見之伀遽〔1〕，自肅齊也。”義亦同也。

**翥，舉也。　注** 謂軒翥也。**楚謂之翥。**

　　**箋疏** 説文：“翥，飛舉也。”廣雅〔釋詁一〕：“翥，舉也。”又〔釋詁三〕：“飛也。”飛亦舉也。釋蟲：“翥，醜罅。”楚辭遠遊：“鸞鳥軒翥而翔飛。”張衡西京賦：“鳳騫翥於甍標。”曹植七啟：“翔爾鴻翥。”潘岳射雉賦：“鬱軒翥以餘怒。”

**忸怩，慙眤也。　注** 眤，猶苦者。**楚郢江湘之間謂之忸怩，或謂之慼咨。　音義** 慼咨，子六、莊伊二反。

　　**箋疏** 説文：“慙，媿也。”“眤，不滑也。”楚辭七諫〔初放〕云“言語訥眤”，王逸注：“眤者，難也。”風俗通十反篇：“冷澀比如寒蠅。”“澀”與“眤”同。廣雅〔釋訓〕：“忸怩，慼咨也。”“忸怩”、“慼咨”，並雙聲字。晉語〔八〕“君忸怩顏”，韋昭注：“忸怩，慙貌。”孟子萬章篇〔上〕“象曰：‘鬱陶思君爾。’忸怩”，趙岐注云：“忸怩而慙。”下卷十一：“蚰蜒，自關而東謂之螾蚅，北燕謂之蚰蜒。”鄭注考工記梓人云：“卻行，螾衍之屬。”慙眤謂之忸怩，卻行亦謂之蚰蜒，其義一也。廣雅〔釋詁一〕又云：“愢、怩，慙也。”“愢”與“忸”同，單言之也。釋名〔釋言語〕：“辱，朒也，言折朒也。”説文：“朔而月見東方謂之縮朒。”“忸”、“朒”、“朒”，並音“女六反”。“縮朒”，周官保章氏疏、後漢書蔡邕傳注引書大傳並作“側匿”。廣雅〔釋詁三〕：“側匿，縮也。”前卷二“惬，媿也。梁宋曰惬”，注云：“敕惬，亦慙貌也。惬，音匿。”並聲近義同。

　　玉篇：“慼咨，慙也。”廣韻〔屋韻〕同。離釋文云：“喊咨，慙也。”“喊”與“慼”同。王氏懷祖〔廣雅疏證釋詁一〕曰：“‘忸怩’、‘慼咨’，皆局縮不伸之貌〔也〕。‘慼咨’，倒言之則曰‘資戚’。太玄親初一云：‘其志齟齬。’次二云：‘其志資戚。’‘資戚’，猶‘齟齬’，謂志不伸也。范望注訓‘資’爲‘用’、‘戚’爲‘親’，皆失之。”廣雅〔釋詁一〕又云：“慼咨，慙也。”又云〔釋詁三〕：

---

〔1〕 “伀遽”釋名作“佂忪”。

“蹴，縮也”玉篇：“噈，口噈也。”亦皆單言之也。“蹴”、“噈”，並與“噈”同。“縮”與“憗澀”義相近。

**埁、封，場也。楚郢以南蟻土謂之封。埁，中齊語也。**

　　箋疏　衆經音義卷七引方言曰：“楚鄭以南蟻土謂之埁。”又卷十九引云：“埁、封，場也。楚鄭以南蟻土謂之埁。埁，亦中齊語也。”與今本異。前卷六云：“坻、坥，場也。”此復申言之也。說文：“埁，螘封也。”豳風東山篇“鸛鳴于埁”，毛傳：“埁，螘冢也。”韓非子姦劫弒臣篇：“猶螘埁之比于大陵也。”“螘”與“蟻”同。淮南人間訓：“人莫蹪於山而蹪於埁。”下卷云“蚍蜉，其場謂之埁”，注云：“亦名冢也。”案：蟻起土成封若冢然，故亦謂之冢。埁之言胅起也凸也，蟻封凸起地上，如物腫起，因以爲名。廣雅〔釋詁二〕：“胅，腫也。”莊子逍遥遊篇“坳堂”釋文引支遁云：“謂（地）有坳埁形也。”漢書禮樂志蘇林注：“窅音窅胅之窅。”“窅胅”、“坳埁”，皆“凹凸”之異文。衆經音義卷五、卷十四並云：“凸，徒結切。抱樸子作‘凸’，凸起。倉頡篇作‘突’，不平也。經文作‘胅’。”又卷一云：“眣，徒結反。字書：目出也。經文作埁。”然則肉胅謂之胅，目出謂之眣，土突起謂之埁、或謂之凸，字異義並同也。

　　鄭注周官封人及檀弓篇〔上〕並云：“聚土曰封。”易林震之蹇云：“蟻封穴户。”案：封亦墳起高大之名。後漢書順帝紀李賢注引東觀漢紀云：“封牛，其領上肉隆起若封然，因以（爲）名〔之〕。”郭氏爾雅〔釋畜〕注云：“犎牛，領上肉〔犦〕胅起高二尺許。”是凡物墳起者，皆得納厥名焉。蟻土謂之埁，亦謂之封，不以大小限也。“謂之封”“封”字，舊本並作“埁”，戴氏據太平御覽及吳淑事類賦注改作“封”，今從之。

**譎，過也。**　注　謂罪過也。**南楚以南凡相非議人謂之譎，或謂之㵎。㵎，又慧也。**　注　今名點爲鬼㵎。　音義　譎，音䜴，亦音適，罪罰也。㵎，血脈〔1〕。

　　箋疏　案：“過”當讀爲“過責”之“過”。廣雅〔釋詁一〕：“過，責也。”呂氏

─────────

〔1〕　“脈”原作“㵎”，據廣本、徐本改。

春秋適威篇“煩爲教而過不識，數爲令而非不從”，高誘注：“過，責也。”趙策云“唯大王有意督過之也”，漢書高帝紀“聞將軍有意督過之”，皆是也。

“讁”者，列子力命篇“窮年不相讁發”，張湛注云：“讁，謂責〔其〕過也。”通作“適”，亦作“謫”。商頌殷武篇“勿予禍適”，毛傳：“適，過也。”孟子離婁篇〔上〕“人不足與適也，政不足與間也”，趙岐注云：“適，過也。詩云：‘室人交徧適我。’間，非也。時皆小人居位不足過責也。”音義：“適，丁音讁。”今邶風北風篇作“讁”，毛傳：“讁，責也。”説文：“讁，罰也。”成十七年左氏傳云：“國子讁我。”史記申屠嘉傳：“議以讁罰侵削諸侯。”義相通也。釋名〔釋姿容〕：“縣摘，猶譎摘也，如醫別人縣知疾之意，見事者之稱也。”下文云“脈蜴，欺謾之語也”，注云：“中國相輕易蚩弄之言也。”“脈”與“縣”同，義亦相近。

説文：“慧，儇也。”成十八年左氏傳：“周子有兄而無慧。”前卷一“虔、儇，慧也”，注云：“謂慧了。”

又云“自關而東趙魏之間謂之黠，或謂之鬼”，注云：“言鬼縣也。”玉篇：“偏恓，鬼黠也。”潘岳射雉賦云“靡聞而驚，無見自鷩”，徐爰注云“鷩音脈，字亦從‘脈’”。“言雉性驚鬼黠”也，引此注文作“脈，俗謂黠爲鬼〔脈〕”，誤。

**膊，兄也。荆揚之鄙謂之膊，桂林之中謂之舿。　注** 此音義所未詳。

　　**箋疏**“兄”，讀當爲“況”。小雅常棣篇“兄也永歎”，傳曰：“兄，茲”也。大雅桑柔篇“倉兄填兮”，傳曰：“兄，茲也。”又出車篇“僕夫兄瘁”，鄭箋同。桑柔篇又云“亂兄斯削”，箋云：“而亂茲甚。”“茲”與“滋”同。皆滋長之義也。“茲”者，草木多盛也。“滋”者，益也。“兄”之本義訓“益”，卽許所謂長也。矢部：“弦，況詞也。”謂增益之詞〔1〕。無逸篇“無皇曰”，今文尚書作“毋兄曰”，王肅本“皇”作“況”，注曰：“況，滋。”國語晉語〔一〕云“衆況厚之”，韋昭注：“況，益也。”是“兄”又訓爲“益”也。

　　“膊”通作“䨜”。説文“䨜，雨濡革也。讀若膊”，徐鍇傳曰：“皮革得雨

---

〔1〕　“茲者”至“謂增益之詞”三十五字原無，據廣本、徐本補。

霏然起也。"衆經音義卷二:"霏,音匹各反。"案:"雨濡革"與"滋益"同義,是"膊"爲"霏"同聲假借字。説文:"暴,晞也。从日、出、艸、米。""晞,乾也。"許君訓"霏"爲"雨濡革",而讀則從"膊"者,蓋義有相反而實相成者也。

"䰞",各本並同。案:"䰞"不成字,"劙"隸變作"劙","蠡"俗作"蠡",疑"䰞"即"劙"之訛,與初學記〔卷二十五〕引説文:"江中舟曰艖。"即"艖"之訛正相似。玉篇:"劙,解也,分割也。"又楊倞注荀子賦篇云:"'攦'與'劙'同。攦兮,分判貌。"又前卷六云"蠡,分也",注云:"謂分割也。""分割"與"賜予"義相近。説文:"膊,薄脯膊之屋上"也。成二年左氏傳云"殺而膊之城上",杜預注:"膊,磔也。"説文:"磔,辜也。"周官掌戮云"殺王之親者辜之",鄭注:"辜之言枯也,謂磔之。"大宗伯"以疈辜祭四方百物",鄭衆從故書作"罷辜",云:"罷辜,披磔牲以祭。"釋天云"祭風曰磔",郭注云:"今俗當大道中磔狗,云以止風。"謂剋其胸腹而張之,令其乾枯,義與"膊"同,故杜訓爲"磔"。"劙"之義爲"分割",與"膊"亦同。説文又云:"䏽,齊謂春曰䏽。讀若膊。"春去穀皮,義與"劙"亦相近。郭氏以爲"此音義所未詳",疏於考覈矣。舊本注文並在"兄也"下,今從盧本移正。"此"字各本作"皆",今從宋本改正。

讓、極,吃也。楚語也。　注　亦北方通語也。或謂之軋,　注　軮軋,氣不利也。或謂之𧩙。　注　語𧩙難也。今江南又名吃爲嗫。　音義　軋,烏〔1〕八反。嗫,苦葉反。

　　箋疏　説文:"吃,言蹇難也。"又:"欽,口不便言"也。"吃"、"欽",音義並同。衆經音義卷一引通俗文:"言不通利謂之蹇吃。"又引聲類云:"吃,重言也。"管子樞言篇:"吾畏言不欲爲言,故行年六十而老吃也。"史記韓非傳:"非爲人口吃,不能道説,而善著書。"

　　廣雅〔釋詁二〕:"讓,吃也。"衆經音義卷七、卷十九、卷二十一引方言"讓"並作"謇"。"謇"與"讓"同。通作"蹇"。蹇彖傳、序卦傳並云:"蹇,難

---

〔1〕　"烏"原作"鳥",據廣本、徐本改。

也。”前卷六云：“寋，難也。”字亦作“寋”。説文：“寋，跛也。”前卷六又云：“寋，擾也。人不静”，“秦晉曰寋”。言不利謂之讓，猶行不便謂之寋、人不静謂之寋也。

廣雅〔釋詁二〕：“極，吃也。”通作“悈”。列子力命篇“謬忇、情露、讓悈、凌誶四人相與遊於世，胥如志也”，張湛注云：“讓悈，納澀之貌。”連言之義亦同也。又引方言：“讓，吃也。悈，急也。謂語急而吃。”“悈”與“極”同。

廣雅〔釋詁二〕：“乙，吃也。”史記律書云：“乙者，言萬物生軋軋也。”通作“乙”。李善文賦注：“乙，難出之貌。”〔1〕襄十九年春秋：“取邿田，自漷水。”穀梁傳云“軋辭也”，范甯注：“委曲也。”疏云：“經言‘自漷水’者，委曲之辭也。”義亦相近。

注“軮軋，氣不利也”者，漢書揚子雲傳〔上〕甘泉賦“忽軮軋而亡垠”文選作“圠圠”，李善注枚乘七發云：“軋圠，無垠貌也。”又賈誼鵩鳥賦：“大均播物，圠圠無垠。”漢書如淳注曰：“陶者作器於鈞上，此以造化爲大鈞也。”應劭曰：“其氣圠圠，非有限齊也。”“軮圠”、“圠圠”，並與“軮軋”同。

説文：“澀，不滑也。”廣雅〔釋詁三〕：“澀，難也。”楚辭七諫〔初放〕云“言語訥澀兮”，王逸注云：“澀者，難也。”難謂之澀，亦謂之寋，口吃謂之讓，亦謂之澀，其義一也。風俗通十反篇云：“冷澀如寒蟬。”“澀”與“澀”，義亦相近。

注“今江南又名吃爲喋”者，集韻〔葉韻〕云：“江南謂吃爲喋。”“喋”與“喋”同。

齔、矲，短也。江湘之會謂之齔。凡物生而不長大亦謂之齔〔2〕，又曰瘵。 注 今俗呼小爲瘵。桂林之中謂短矲。 注 言矲雉也。矲，通語也。東陽之間謂之府。 注 言俯視之，因名云。 音義 齔，昨啟反。矲，蒲楷反。瘵，音薺菜。

---

〔1〕“李善文賦注乙難出之貌”原無，據廣本、徐本補。
〔2〕“齔”各本作“紫”。

**箋疏** 説文："呰，窳也。"漢書地理志〔下〕"呰窳媮生"，應劭曰："呰，弱也。"晉灼曰："呰，病也。窳，惰也。"〔史記貨殖列傳集解引〕徐廣曰："呰窳，苟且惰懶之謂也。"顏師古注云："呰，短也。窳，弱也。言短力弱材不能勤作"也。史記貨殖傳作"呰窳"。通作"訾"。管子形勢篇："訾讆之人，勿與任大。"又云："小謹者不大立，訾食者不肥體。""呰"、"呰"、"訾"，並字異義同。

廣雅〔釋詁二〕："孋，短也。"鄭興周官典同注云："陂，讀爲'人罷短'之'罷'。"鄭衆司弓矢注云："庳矢，讀爲'人罷短'之'罷'。"説文："竨，短人立竨竨貌。"又："猈，短脛狗"也。爾雅〔釋畜〕郭注"犤牛庳小。""罷"、"竨"、"猈"、"犤"，義並與"孋"同。合而倒言之則曰"孋呰"。廣雅〔釋詁二〕："婢㾗，短也。"玉篇、廣韻〔齊韻〕並同。玉篇："婢㾗，短小皃。"褚少孫續日者傳云："卑疵而前。"廣雅〔釋木〕云："木下枝謂之椑㯄。"聲義與"孋呰"相近。廣雅〔釋詁二〕又云："諀訾，毁也。"家君曰："諀訾"，猶"孋呰〔1〕"也。史記屈原傳"短屈平於頃襄王"，淮南人間訓"唐子短陳駢子於齊威王"，是其義也。初學記〔卷十九〕引方言："鮆、孋，短也。""呰"，亦作"鮆"。如淳漢書地理志〔下〕注云："呰音紫。或作'鮆'。"是"鮆"與"呰"同。

廣雅〔釋詁二〕："癠、鮆，短也。"釋詁："癠，病也。"鄭注玉藻同。莊二十年公羊傳"大災者何？大瘠也。大瘠者〔何〕？㾐也"，釋文云："瘠，在亦反，本或作'癠'，才細反。""癠"、"瘠"，聲轉字異耳。郭讀如"薺菜"。王氏懷祖〔廣雅疏證釋詁二〕曰："薺，亦菜之小者，故又謂之靡草。月令'靡草死'，鄭引舊説云：'靡草，薺，亭歷之屬。'正義云：'以其枝葉靡細，故云靡草'是也。'癠'，亦通作'濟'。襄二十八年左氏傳：'濟澤之阿，行潦之蘋藻，寘諸宗室，季蘭尸之，敬也。'濟澤，小澤也。若言澗溪沼沚之毛，蘋蘩薀藻之菜，可薦於鬼神，可羞於王公耳。正義乃釋'濟'爲'江淮河濟'之'濟'，失其義矣。"

〔1〕"呰"原作"訾"，據廣本、徐本改。

注"言罷雉也"，舊本涉音内"蒲楷"字誤"雉"爲"偕"，戴、盧兩家據廣韻〔蟹韻〕"罷矲，短也"之文改爲"矲"。今本周官典同釋文云："罷，皮買反，字亦作'矲'，音同。桂林之間謂人短爲矲矮。矮，苦買反。"案：王楙野客叢書〔卷二十四〕云："黄魯直詩'矲矮金壺肯持送'，注引玉篇：'矲，短也。矮，不長也。'不知'矲雉'二字見周禮典同〔附音〕注〔下〕，矲，皮買反。雉，苦買反。方言桂林之間謂人短爲矲雉。'雉'正作'矮'字呼也。"據此知典同釋文之"矮"，古本作"雉"，陸德明卽本此注文爲説，惟王楙誤以釋文爲注耳。載考集韻、類篇及宋余仲仁本周禮所載釋文、明葉林宗所寫釋文正作"矢"旁"隹"，不作"矮"亦作"雉"字，今據以訂正。

廣雅〔釋詁二〕"府，短也"，曹憲"附俱，付禹"二反。上卷云"艇短而深者謂之艀"，音"步"。"艀"與"府"，聲相近。短謂之府，艇短謂之艀，其義一也。

注"言俯視之，因名云"者，説文："府，俛病也。"玉篇同。"俛"與"俯"同。俯者多痺，是其義也。

**鉗**、注 鉗害，又惡也。**疲**、注 疲恎，惡腹也。**憋**，注 憋怤，急性也。**惡也。南楚凡人殘罵謂之鉗**，注 殘，猶惡也。**又謂之疲。** **音義** 疲，妨反反。憋，妨滅反。

**箋疏** 廣雅〔釋詁三〕"鉗，惡也"，曹憲又音"奇炎反"。後漢書梁冀傳妻孫壽"性鉗忌"，李賢注："言性(鉗)忌〔害〕，如鉗之鉗物也。"説文："拑，脅持也。""拑"與"鉗"通，皆惡之義也。

注"又惡"，疑"口惡"之誤。荀子解蔽篇"彊鉗而利口"，是"鉗"爲口惡也。

廣雅〔釋詁三〕："疲〔1〕，惡也。"玉篇同。又："㤇，芳萬切，惡心也，急性也。""㤇"與"疲"同。定三年左氏傳"莊公卞急而好潔"，杜預注："卞，躁疾也。""卞"與"疲"，亦聲近義同。

〔1〕"疲"原誤作"痓"，據廣本、徐本改。

注"疢恎，惡腹也"者，玉篇："恎，徒結切，惡性也。"廣雅〔釋詁三〕："痒，惡也。"玉篇同。"痒"與"恎"通。連言之則曰"疢恎"。"疢"、"恎"之並訓爲惡，猶"叝"、"晊"之並訓爲大也。釋詁："叝、晊，大也"，是也。

廣雅〔釋詁三〕："憋，惡也。""憋"與"弊"通。周官大司寇"以邦成弊之"，〔鄭玄注〕："故書'弊'爲'憋'。"又司弓矢云"句者謂之弊弓"，鄭注云："弊，猶惡也。"徐邈音"扶滅反"。是"弊"與"憋"同。又通作"敝"。後漢書董卓傳"敝腸狗態"，李賢注："言心腸敝惡，〔情態如狗〕也。續漢書'敝'作'憋'。"漢司隸校尉楊孟文石門頌云："惡虫蔽狩。"〔"蔽狩"〕與"憋獸"同。淮南覽冥訓"狡蟲死"，高誘注："蟲，狩也。"小雅車攻篇"搏獸于敖"，水經注引作"薄狩"，此其證，是"憋"爲惡也。

注"憋怤，急性也"者，列子力命篇云"嘿屎、單至、嘽咺、憋憸四人相與游於世"，張湛注云："此皆默詐輕發迁緩急速之貌。憋，音敝。""憋"與"怤"同。急性謂之憋、亦謂之憋怤，物之急性者謂之鷩、亦謂之鶬鴚，其義一也。釋名〔釋首飾〕云："鷩雉，山雉也。鷩，憋也，性急憋，不可生服，必自殺也。"潘岳射雉賦云："山鷩悍害。"南山經云"基山有鳥焉，其狀如雞而三首六目，六足三翼，其名曰鶬鴚"，郭注："鶬鴚，急性。敝孚二音。"皆是也。

釋名〔釋言語〕："罵，迫也，以惡言被迫人也。"惡謂之鉗、亦謂之疢，故以惡言迫人謂之鉗、亦謂之疢也。

下"癡，騃也"條，舊本即接此不提行，今從戴、盧本別爲一條。

**癡，騃也。** 揚越之郊凡人相侮以爲無知謂之眲。眲，耳目不相信也。

**注** 因字名也。**或謂之硈。** **注** 硈，頑直之貌，今關西語亦皆[1]然。**音義** 騃，吾駭反。眲，諾革反。硈，硈卻。

**箋疏** 衆經音義卷六引倉頡篇云："騃，無知也。"廣雅〔釋詁三〕："騃，癡也。"漢書息夫躬傳云"外有直項之名，內實騃不曉〔政〕事"，顏師古注："騃，愚也。"説文："佁，癡貌。讀若騃。"玉篇："疢，癡疾也。本作'獃'。""騃"、

---

"伋"、"疢"、"獃",聲義並同。説文:"癡,不慧也。"又:"儗,騃也。""儗"與
"癡"義同。漢書韋賢傳云:"今子獨〔壞容貌,蒙恥辱〕,爲狂癡,光曜晻而不
宣。"成十八年左氏傳"周子有兄而無慧",杜預注云:"不慧,蓋世所謂白癡"
也。説文云:"儗,騃也。五介切。"衆經音義卷十二引倉頡篇云:"儗,欺
也。"又引通俗文云:"大調曰儗。"廣雅〔釋詁四〕:"儗,調也。"案:調謂調欺,
大相調欺者,如癡騃然,義與"騃"相近。

　　玉篇:"睍,爾志切,耳目不相信也。"廣韻〔志韻〕同,音"餌"。列子黃帝
篇"顧見商丘開年老力弱,面目黎黑,衣冠不檢,莫不眲之",張湛注引方言
云:"揚越之間,凡人相輕侮以爲無知謂之眲。眲,耳目不相信也。"與今本
微異。

　　又力命篇云"巧佞、愚直、婩斫、便辟四人相與游於世,胥如志也","斫,
齒略反",注云:"婩斫,不解悟之貌。"

## 惃、愂、頓愍,憒也。　注 謂迷昏也。楚揚謂之惃,或謂之愂。江湘之

間謂之頓愍,注 頓愍,猶頓悶也。或謂之氐惆。南楚飲毒藥懣謂之
氐惆,亦謂之頓愍,猶中齊言眠眩也。愁恚憒憒,毒而不發,謂之
氐惆。　注 氐惆,猶懊憹也。　音義 惃,袞衣。愂,音敎。氐惆,丁弟、丁牢
二反。

　　箋疏 説文:"憒,不憭也。"玉篇:"憒,亂也,癡也。"孟子梁惠王篇〔上〕
"王曰:'吾憒'",趙岐注曰:"王言吾情思憒亂。"漢書劉向傳"臣甚憒焉",顏
師古注:"憒謂不了,言惑於此事也。"通作"昏"。晉語〔四〕云:"童昏不可使
謀。"

　　廣雅〔釋詁三〕:"惃,亂也。"玉篇又音"古魂切,憒也,亂也"。廣韻〔魂
韻〕"惃"音"昆","亂也"。

　　廣雅〔釋詁三〕:"愂,亂也。"玉篇:"愂,憒也,迷亂也。"説文:"誖,亂
也。"或作"悖"。衆經音義卷七云:"悖,古文'誖'、'愂'二形。"周語〔下〕云:
"於是乎有狂悖之言,有眩惑之明。"嵇康養生論:"喜怒悖其正氣。"通作
"勃"。莊子庚桑楚篇:"六者,勃志也。"荀子修身篇:"不由禮則勃亂提僈。"

淮南人間訓："其自養不勃。"鶡冠子王鈇篇："事從一二，終古不勃。"史記天官書："熒惑爲勃亂，殘賊。"〔後〕漢書吳漢傳："比勑公千條萬端，何意臨事勃亂。"史弼傳："二弟階寵，終身勃慢。""勃"與"愍"同。

　　淮南修務訓"精神曉泠，鈍聞條達"，高誘注："鈍聞，猶鈍愍也。""鈍"與"頓"同。淮南原道訓"猶錞之與刃"，高誘注云："錞，矛戈之錞也。讀若頓刃戈矛之刃也。"蓋刃銳而錞鈍，故讀若頓。是其證。文子精誠篇作"屯閔"，義並與"頓愍"同。單言之則曰"頓"、曰"愍"。廣雅〔釋詁三〕："頓、愍，亂也。"淮南要略云："終身顚頓乎混溟之中，而不知覺寤乎昭明之術。"是"頓"爲愍亂也。王氏〔廣雅〕疏證〔釋詁三〕曰："爾雅：'訰訰，亂也。''訰'與'頓'，聲近義同。'愍'，字本作'忞'，或作'暋'，又作'泯'，其義並同。說文引立政云'在受德忞'，今本作'暋'。康誥云：'天惟與我民彝大泯亂。''泯'亦亂也。呂刑云'泯泯棼棼'是也。傳訓'泯'爲'滅'，失之。莊子外物篇云：'慰暋沈屯。''屯'與'頓'通、'暋'與'愍'通。"

　　"氐惆"，雙聲字。前卷四云"汗襦，自關而西或謂之袛裯"，"袛，音氐。裯，丁牢反"。又"裯謂之襤"，注云："袛裯，弊衣。亦謂（之）襤褸。"說文："袛裯，短衣"也。王逸九辨注云："裯，袛裯也。"後漢書羊續傳："唯有布衾、敝袛裯。"汗襦謂之袛裯，弊衣謂之袛裯，愍亂謂之氐惆，皆爲形容之辭，無定字，亦無定名也。今吳人謂小兒煩懣懊惱聲如躋遭，卽"氐惆"之轉也。

　　說文："懣，煩也。"問喪篇："悲哀志懣氣盛。"史記倉公傳云："故煩懣食不下。"

　　注"氐惆猶懊憹"者，素問六元正紀大論篇云："甚則瞀悶懊憹。"案："懊憹"，轉言之卽"懊惱"矣。

　　"眠眩"，說詳卷三"凡飲藥敷藥而毒"條下。

　　說文："憒，亂也。"楚辭九思〔逢尤〕云"心煩憒兮意無聊"，王逸注："憒，亂也。"重言之義亦同也。廣雅〔釋訓〕："憒憒，亂也。"莊子大宗師篇："憒憒然爲世俗之禮。"蜀志蔣琬傳云："事不當理，則憒憒矣。"大雅召旻篇"潰潰回遹"，毛傳云："潰潰，亂也。""潰潰"與"憒憒"同。

悦、舒，蘇也。 注 謂蘇息也。楚通語也。

　　箋疏 樂記"蟄蟲昭蘇"，鄭注云："更息曰蘇。"宣八年左氏傳："殺諸絳市，六日而蘇。"孟子梁惠王篇〔下〕引書曰："后來其蘇。"通作"穌"。廣雅〔釋詁一〕："穌，生也。"玉篇："穌，更生也。"廣韻〔模韻〕："穌，息也。""穌"與"蘇"同。

　　"悦"之言脱也、蜕也。高誘注淮南精神訓云："脱，舒也。"昭十九年公羊傳云"復加一飯，則脱然愈"，何休注："脱然，疾除貌也。"莊子至樂篇云"胡蝶胥也化而爲蟲，生於竈下，其狀若脱，其名爲鴝掇"，司馬彪"脱音悦，云：新出皮悦好也"。説文："蜕，蛇蟬所解皮也。"曹風蜉蝣篇云"蜉蝣掘閲"，毛傳："掘閲，容閲也。"鄭箋云："掘閲，掘地解閲，謂其始生時也。"正義云："此蟲土裏化生。閲者，悦懌之意。掘閲者，言〔其〕掘地而出形容鮮悦也。""閲"，釋文音"悦"。皆蘇息之意也。

　　廣韻〔魚韻〕："舒，徐也。"召南野有死麕篇"舒而脱脱兮"，毛傳："舒，徐也。脱脱，舒遲也。""脱"與"悦"，古通字。廣雅〔釋詁三〕："舒，展也。"釋言"展，適也"，郭注云："得自申展，皆適意。"義亦與"蘇"相近。

眠娗、脈蝪、賜施、茭媞、讁謾、慧怟，皆欺謾之語也。楚郢以南東揚之郊通語也。 注 六者亦中國相輕易蛊弄之言也。 音義 眠娗，莫典、塗殄二反。蝪，音析。施，音輕易。茭媞，恪校、得儞二反。讁謾，託蘭、莫蘭二反。慧怟，麗醢二音。

　　箋疏 列子力命篇"眠娗、諈諉、勇敢、怯疑四人相與游於世"，張湛注引方言："眠娗，欺謾之語也。""謾"作"慢"。又引郭氏云："謂以言相輕蛊弄也。"今本微異，"輕"下疑誤脱"易"字。下卷十二云"媕娗，慢也"，注："爛媕健狡也。""媕娗"與"眠娗"，義亦相近。單言之則曰"眠"、曰"娗"。廣雅〔釋詁三〕："眠，亂也。"字或作"瞑"。玉篇："瞑"，音"眉田切，又音麫"。荀子非十二子"瞑瞑然"，楊倞注："瞑瞑，視不審之貌。"淮南覽冥訓"其視瞑瞑"。並與"眠"同。上文云"姡，獪也"。"凡小兒多詐而獪""謂之姡。姡，娗也。或謂之猾"，注云："言黠姡也。"義並相同也。"娗"音"塗殄反""塗"，舊本訛作"淦",今據宋本訂正。

"脈蜴",即"眠娗"之轉耳。釋魚:"蜥蜴、蝘蜓。"是其例也。釋名〔釋姿容〕云:"㽽摘,猶譎摘也。""㽽"與"脈"同。"㽽摘",又"脈蜴"之轉矣。王延壽王孫賦:"眙睆瞜而脈賜。"説文:"脈,目財視也。"又"覛,衺視也",籀文作"䁾"。"賜,目疾視也。""瘍,脈瘍也。"義與"脈蜴"並相近。單言之則曰"脈"、曰"蜴"。上文云"南楚以南凡非議人""或謂之㽽",注云:"今名黠爲鬼㽽。"漢書王子侯表〔下〕:"樂平侯訢,病狂易。""易"與"蜴"通。

"賜施""施",郭音"輕易",説文:"易,蜥易、蝘蜓、守宫也。象形。祕書説:日月爲易。"是"易"本"蜥易",借爲"難易"字,故鄭氏贊易曰:"易"之爲名也,一言而函三義:簡易一也,變易二也,不易三也。是"賜施"亦"脈易"之轉矣。

"茭"音"恪校反",舊本作"恪交",今據宋本改正。

"譠謾",猶"眠娗",方俗語之侈弇耳。玉篇:"譠謾,欺也。"史記龜策傳云"人或忠信而不如誕謾"。"誕謾",猶"譠謾"也。轉言之則曰"訑謾"。楚辭九章〔惜往日〕云:"或訑謾而不疑。"倒言之則曰"謾誕〔1〕"。韓詩外傳〔卷九第十九章〕云:"謾誕者,趨禍之路。"前卷一"虔、儇,慧也。秦謂之謾",注云:"言謾訑。"淮南説山訓云:"媒但者非學謾他。""他"與"訑"同,亦轉言之也。單言之則曰"譠"、曰"謾"。廣雅〔釋詁二〕:"譠,欺也。"衆經音義卷三云:"誕,謾也,欺也,不實也。"荀子修身篇:"易言曰誕。""誕"與"譠",聲近義同。説文:"謾,欺也。"荀子非相篇云"偕則謾之",楊倞注:"謾,欺毁也。"又榮辱篇云"汙僈突盜,常危之術也",注云:"僈當爲漫。""漫,欺誑之也。"韓子守道篇云:"所以〔使〕衆人不相謾也。"賈子道術篇云:"反信曰謾。""謾〔2〕"、"僈"、"漫",並字異義同。

廣雅〔釋訓〕:"愲惓,欺慢也。"玉篇:"愲惓,欺謾之語。"廣韻〔齊韻〕同,"謾"作"慢"。"惓"與"他"、"慢"與"謾"並同。單言之則曰"愲"、曰"他"。

〔1〕"誕"原作"訑",據廣本、徐本改。
〔2〕"謾"原作"慢",據文義改。

廣雅〔釋詁二〕又云:"憛,欺也。""怈"通作"詑"。説文云:"沇州(人)謂欺爲詑。"衆經音義卷八引纂文云:"兗州人以相欺人爲詵人。""詵",卽"詑"之俗字。廣雅〔釋言〕又云:"誔,詑也。""誔"與"姃"同。燕策〔一〕云:"寡人甚不喜詑者言也。""詑"、"詑"並與"怈"同。

## 顙、額、顏,顙也。江湘之間謂之顙,注 今建平人呼額爲顙。中夏謂之額,東齊謂之顙,汝潁淮泗之間謂之顏。　音義 顙,音旆裘。

箋疏 説文:"顙,額也。"説卦傳云:"其於人也,爲廣顙。"又云:"其於馬也,爲的顙。"爾雅〔釋畜〕:"的顙,白顛。"

廣雅〔釋親〕云:"顙、顏、顙,額也。"玉篇"顙,之延切,顙也",引方言作"江淮之間"。廣韻〔仙韻〕:"顙,江湘間人謂額也。"玉篇引方言"額"作"額"。"額"與"額"同。

説文:"額,顙也。"釋名〔釋形體〕:"額,鄂也,有垠鄂也,故幽州人謂之鄂也。"

鄘風君子偕老篇"揚且之顏也",毛傳云:"廣揚而顏角豐滿。"呂氏春秋遇合篇"陳有惡人焉,曰敦洽讐麋,椎顙廣顏,色如漆赬。"史記高祖紀"隆準而龍顏",集解引應劭曰:"顏,額顙也,齊人謂之顙,汝南淮泗之間曰顏。"與此正合,蓋皆就方俗之稱言之。若依説文,則"顏"爲眉間之名,卽醫經之所謂闕,道書之所謂上〔1〕丹田,相書〔2〕之所謂中正印堂,不得與"額"、"顙"混而一之也。"江湘"俗誤倒,今訂正。

## 頷、頤,頜也。　注 謂頷車也。南楚謂之頜。　注 亦今通語爾。秦晉謂之頜。頤,其通語也。

箋疏 馬融長笛賦"寒熊振頜〔3〕",李善注引方言曰:"頜,頤也。"郭氏云"頜車也","南楚之外謂之頜,秦晉謂之頜。頤,今亦通語耳",疑有脱誤。説文"頷,面黃也",非此義也。又:"頤,顊也。"廣雅〔釋親〕:"顊,頜也。"説

---

〔1〕 "上"原無,據廣本、徐本、段玉裁説文解字注"顏"字注補。
〔2〕 "書"廣本、徐本作"家"。
〔3〕 "頜"文選及李善注並作"頷"。

文“頷，頤也。”釋名〔釋形體〕云：“輔車”“或曰牙車”，“或曰頜。頜，含也，口含物之車也。”宣六年公羊傳云“絶其頷”，何休注云：“頷，口也。”漢書王莽傳〔中〕作“頤”。“頤”與“頷”通。玉篇引作“絶其頜”，又“頜”字注引方言作：“頷、頤，頜也。”

說文“𦣞，頤也”，篆文作“頤”，籀文作“𦣝”。釋名〔釋形體〕：“頤，養也，動於下，止於上，上下咀物以養人也。”廣雅〔釋親〕：“頤，頷也。”戴氏云：“頜”與“頤”說文同訓爲“頤”，蓋從口内言之也。若從口外言，則兩旁爲頷，頷前爲頤，不容相混，故内經無通稱者。

**紛怡，喜也。湘潭之間曰紛怡，或曰熙已。**　音義 熙已，嬉怡二音。

　　箋疏 衆經音義卷七引方言云：“怡，喜也。湘潭之間曰紛怡，或云熙怡。”又卷二十五引云：“怡，喜也。湘潭之間曰紛熙，或熙怡。”與今本並異。廣雅〔釋詁一〕：“紛怡，喜也。”後漢書延篤傳云：“紛紛欣欣兮其獨樂也。”荀子議兵篇云：“其民之親我歡若父母，其好我芬若椒蘭。”非相篇云：“欣驩、芬薌以送之。”下卷十三云“芬，和也”，注云：“芬香和調。”“芬”與“紛”，義亦相近。釋詁：“怡、喜，樂也。”衆經音義卷一引舊注云：“怡，〔心〕之樂也。”又云：“怡，古文‘嬰’同。”說文：“嬰，說樂也。”集韻〔之韻〕“嬰”或省作“熙”。襄十年左氏傳杜預注“子駟所殺公子嬰之黨”，釋文：“嬰，本亦作‘熙’；又音怡。”列子力命篇注引字林：“熙，歡笑也。”襄二十九年左氏傳“廣哉，熙熙乎”，杜預注：“熙熙，和樂聲。”“熙”、“嬰”、“熙”，並字異義同。說文“饎”或作“𩟄”。“熙”與“喜”，亦相近。“已”，郭音“怡”，是“熙已”猶“熙[1]怡”也。

**㳠，或也。沅澧之間凡言或如此者曰㳠如是。**　注 此亦“憨”聲之轉耳。

音義 㳠，酒酣。

　　箋疏 戴氏云：“‘或’、‘㳠’，一聲之轉。注‘此亦憨’三字有舛誤，‘㳠’、‘憨’，語輕重異耳，當是‘亦言憨’。”玉篇：“㰦，户甘切，沅湘人言也。”廣韻

---

〔1〕“熙”廣本、徐本作“熙”。

〔談韻〕:"邯,江湘人言也。""言"下疑並〔1〕脱一"或"字。案:玉篇:"憨,火含切,愚也,癡也。"今松江人讀"或"如"穫",與"㴸"、"憨"聲並相近。此條舊本卽接上條,並不提行,今從盧本。

愮、療,治也。江湘郊會謂醫治之曰愮。　注 俗云厭愮病。愮又憂也。注 博異義也。或曰療。　音義 愮,音曜。

　　箋疏 廣雅〔釋詁三〕:"搖、療,治也。""搖",曹憲音"亦笑反"。是"搖"與"愮"同。亦作"㢮"。後卷十五云"㢮,理也",音"遙"。廣韻〔宵韻〕"愮"又作"㢮"同。餘互見"㢮,理也"條。

　　説文"瘵,治也,讀若勞",或從"尞"作"療"。周官瘍醫"凡療瘍",鄭注:"止病曰療。"陳風衡門篇"泌之洋洋,可以樂飢",是鄭讀"樂"爲"瘵"。韓詩外傳作"療"。襄二十六年左氏傳"不可救療",杜預注:"療,治也。"案:"不可救療",猶大雅板篇云"不可救藥"耳。説文:"藥,治病草也。"治病謂之療,亦謂之愮,治病之草卽謂之藥。"藥"與"愮"、"療",古聲並相近,義亦相通也。

　　釋訓云"懂懂、愮愮,憂無告也",釋文:"愮,本又作'搖'。"王風黍離篇"中心搖搖",毛傳云:"搖搖,憂無所愬。"是"愮"所以〔2〕爲憂也。

屮、莽,草也。東越揚州之間曰屮,南楚曰莽。　音義 屮,凶位反。莽,媢母。

　　箋疏 説文:"屮,草之總名。"釋草云"屮草",舍人注云:"凡百草一名卉。"郭注云:"百草總名。"禹貢云"島夷卉服",鄭注云:"揚州下溼,故衣草衣。"小雅四月篇云:"百卉具腓。"

　　"草"之爲"莽",已見前卷三"音媢母"下。舊本衍"反"字,説並詳卷三,今删。

㦬、鰥、乾、都、耇、革,老也。　注 皆老者皮色枯瘁之形也。皆南楚江湘

---

〔1〕"疑並"原無,據廣本、徐本補。
〔2〕"所以"廣本、徐本作"又"。

之間代語也。　注 凡以異語相易謂之代也。　音義 憾，音良悼。䰞，音魚
䰞。乾，音干。耇，音垢。

　　箋疏 玉篇："憾，老也。"戴氏云："音'良悼''悼'，本作'諅'。說文云：
'飭也。讀若戒。'玉篇云：'或作悼。'廣韻〔麥韻〕：'悼，謹也。''良悼'之語，
蓋猶言'良謹'，楷革反。"

　　玉篇："䰞，魚頰也。相來切。"前卷一云"鮐，老也。秦晉之郊、陳兗之
會曰耇鮐"，注云："言背皮如鮐魚。"是"䰞"猶"鮐"也。

　　"都"之言赭也。說文："赭，赤土也。"邶風簡兮篇"赫如渥赭"，卽秦風
終南篇"顏如渥丹"也，故鄭箋訓"赭"爲"丹"，丹亦赤也。韓詩作"沰"，"沰"
與"都"，一聲之轉。

　　說文："耇，老人面凍黎若垢。"釋名〔釋長幼〕："耇，垢也，皮色驪悴，恆
〔如〕有垢者也。"君奭篇："耇造德不降。"魏志管寧傳裴松之注引鄭注曰：
"耇，老也。"論衡無形篇云："人少則髮黑，老則髮白，白久則黃。""人少則膚
白，老則膚黑，黑久則黯，若有垢矣。髮黃而膚有垢，故禮曰：'黃耇無疆。'"

　　蜀志彭羕傳云："老革荒悖，可復道邪！""革"與"諅"，聲義並同。

　　"代語"者，劉歆與揚雄書："三代周秦軒車使者、遒人使者，以歲八月巡
路，求代語、僮謠、歌戲。"又上文"嘖、無寫，憐也"，注云："皆南鄙之代語
也。"後卷十三注云："鼻、祖，皆始之別名也。轉復訓以爲居，所謂代語者
也。""南鄙"，諸刻作"秦漢"，蓋淺人不知，誤以"代"爲"時代"，遂改爲"秦
漢"，非其義矣。

**挋、扰，椎也。南楚凡相椎搏曰挋，或曰搇。沅涌潕幽之語 注 潕水今
在桂陽。涌水今在〔1〕南郡華容縣也。或曰攪。　注 今江東人亦名椎爲
攪。　音義 挋，神祕。扰，都感反，亦音甚。搇，苦骨反。潕，音扶。攪，音晃。**

　　箋疏 "椎"，舊本作"推"，一本作"椎"。案：說文："推，排也。""椎，擊
也。"眾經音義卷二引倉頡篇："椎，打物也。"是"推"爲形近之譌，今據以訂

---

〔1〕 "在"原無，據廣本、徐本補。

正。

廣雅〔釋詁三〕"挖，擊也"，曹憲音"步必反"。列子黃帝篇云："既而狎侮欺詒，攩挖挨扰，亡所不爲。"張衡西京賦："徒搏之所撞挖。"又云"竿殳之所揘畢"，薛綜注云："揘畢，謂撞挖也。""畢"與"挖"同。下卷〔十二〕云"柲，刺也"，注："矛戟之穜，所以刺物者也。"説文："柲，欑也。"椎搏謂之挖，猶刺物謂之柲也。"挖"，廣韻〔質韻〕引作"撶，亦作'挖'"。"音神祕"，與宋本正合。

説文："扰，深擊也。"廣雅〔釋詁一〕："扰，刺也。"列子黃帝篇注引方言："扰，擊背也。"今無此文，疑誤也。"扰"通作"揕"。燕策〔三〕云："臣左手把其袖，而右手揕其匈。"史記荆軻傳索隱云："揕，謂以劍刺其匈也。"義與"扰"亦相近。

廣雅〔釋詁三〕："搏、揔，擊也。"玉篇："揔，椎擊也。"

注云"澧水今在桂陽"者，漢書地理志〔上〕桂陽郡，漢置。今廣東韶州府曲江樂昌仁化乳源等縣是。

又"涌水今在南郡華容縣"者，漢志〔上〕"南郡華容縣，雲夢澤在南，荆州藪。夏水首受江，東入沔，行五百里"，應劭曰："春秋'許遷於容城'是。"晉志〔下〕南郡，漢置華容縣。今湖北荆州府江陵縣東南有涌水，實夏水之支流也。莊十八年左氏傳曰"閻敖游涌而逸"，杜預注云："在南郡華容縣。"

廣雅〔釋詁三〕："攩，擊也。"列子〔黃帝篇〕云"攩挖挨扰"，殷敬順釋文云："攩，搥打也。"西京賦云"竿殳之所揘畢"，薛綜注："揘畢，謂撞挖也。""揘"與"攩"，聲近義同。

食閻、慫慂，勸也。南楚凡己不欲喜，而旁人説之，不欲怒，而旁人怒之，謂之食閻，或謂之慫慂。 **音義** 閻，音鹽。慫慂，上子竦反，下音涌。

**箋疏** 廣雅〔釋詁一〕："食閻、慫慂，勸也。""慫慂"，廣韻〔腫韻〕引作"慫涌"。字亦作"從容"。史記衡山王傳"日夜從容王密謀反事"，漢書作"縱臾"，顔師古注云："縱臾，謂奬勸也。"汲黯傳："從諛承意。"並與"慫慂"同。王氏〔廣雅〕疏證〔釋詁一〕云："'慫慂'者，從旁動之也。因而物之自動者，

亦謂之慫㤵。漢書司馬相如傳〔下〕‘紛鴻溶而上屬’，張揖注云：‘鴻溶，竦
踊也。’‘竦踊’、‘鴻溶’，又語之轉矣。”案：“慫㤵”，疊韻字。單言之則曰
“聳”。前卷六云：“自關而西秦晉之間相勸曰聳，或曰獎。中心不欲，而由
旁人之勸語，亦曰聳。”昭六年左氏傳：“誨之以忠，聳之以行。”漢書刑法志
作“㩲”，顏師古注：“㩲，〔謂〕獎也。”楚語〔上〕云“爲之聳善而抑惡焉，以戒
勸其心”，是慫爲勸而抑爲戒也，韋昭注以爲“獎”。“獎”與“勸”同意。漢書
揚子雲傳〔下〕“整輿竦戎”，顏師古注：“竦，勸也。”“慫”、“聳”、“㩲”、“竦”，
並字異而義同。

**欸、譍，然也。南楚凡言然者曰欸，或曰譍。　音義　欸，音醫，或音塵埃。**
**譍，梟驚。**

　　箋疏　“然”，説文作“嘫”，云：“語聲也。”經傳通作“然”。下卷十二云
“誇、吘，然也”，注云：“皆應聲也。”

　　廣雅〔釋詁一〕：“欸、譍、然，𧪞也。”“𧪞”與“應”通。楚辭九章〔涉江〕云
“欸秋冬之緒風”，洪興祖補注：“欸，然也。”通作“誒”、“唉”。説文“誒，可惡
之辭。一曰：誒，然。許其切。”“然”下蓋誤脱“也”字。又云：“唉，應也。讀
若塵埃。”衆經音義卷十二引倉頡篇云：“唉，訡也。”“訡”亦應也。莊子知北
遊篇“狂屈曰：‘唉’”，釋文引李頤注云：“音熙，應聲也。”徐邈音“烏來反”。
案：今俗“欸”、“誒”二字俱音“愛”。相應之聲曰欸，相惡之聲曰誒。嗔、喜
祇在輕重之間耳。

　　玉篇：“譍，是也，發聲也。”廣韻〔齊韻〕：“譍，相言應詞”也。

**緤、末、紀，緒也。南楚皆曰緤。或曰端，或曰紀，或曰末，皆楚轉語**
**也。　音義　緤，音薛。**

　　箋疏　説文：“緒，絲耑也。”楚辭九章〔涉江〕“欸秋冬之緒風”，王逸注：
“緒，餘也。”莊子讓王篇“其緒餘以爲國家”，司馬彪注：“緒者，殘也，謂殘餘
也。”

説文“緤，系也”，或从〔1〕“枼”爲“緤”。“系”與“係”同，亦作“繫”。“緤”之言曳也。釋名〔釋車〕：“緤，制也，牽制之也。”玉篇云：“凡繫〔纆〕牛馬皆曰緤。”義與“緒”相近。

逸周書武順解：“元首曰末。”易卦爻初爲本，上爲末。説文：“木上曰末。”廣雅〔釋詁一〕：“耑、緒，末也。”是“末”與“緒”同也。説文：“耑，物初生之題也。上象生形，下象其根也。”“耑”與“端”同。禮器云“二者居天下之大端矣”，鄭注：“端，本也。”

説文：“紀，絲別也。”詩棫樸篇正義引作“別絲”，又云：“紀者，別理絲縷”也。是今本誤倒。“別絲”者，每絲必有其首，是爲緒也。

## 矄、矖、闚、貼、占、伺，視也。凡相竊視南楚謂之闚，或謂之矄，或謂之貼，或謂之占，或謂之矖。矖，中夏語也。 注 亦言瞜也。闚，其通語也。自江而北謂之貼，或謂之覘。凡相候謂之占，占猶瞻也。

音義 矄，音總。矖，音麗。貼，敕纖反。

箋疏 廣雅〔釋詁一〕：“矄，視也。”玉篇同。案：“矄”之言蔥也，小視之名也。前卷二云：“木細枝”，“青齊兗冀之間謂之蔥。”廣雅〔釋詁二〕：“蔥，小也。”王延壽王孫賦云：“眙睨矄而眽賜。”

郭景純江賦云：“爾乃矖霧禓禄於清旭，覘五兩之動靜。”是“矖”爲視也。

注“亦言‘瞜’”者，“瞜”，即“矖”聲之轉耳。廣雅〔釋詁一〕“瞜，視也”，曹憲音“力惟反”。玉篇：“瞜，視也。”廣韻〔脂韻〕作“矖”，云：“視皃。”“矖”、“瞜”，並與“瞜”同。

衆經音義卷六引方言：“凡相竊視，南楚謂之窺。”又班固西都賦“魚窺淵”，李善注引：“窺，視也。”“闚”，並作“窺”。説文：“窺，小視也。”廣雅〔釋詁一〕、玉篇並云：“覰，視也。”集韻〔寘韻〕引埤倉：“覰，眇視貌。”荀子非十二子篇“覰覰然”，楊倞注云：“小見之貌。”並字異義同。

説文：“覘，窺視也。”廣雅〔釋詁一〕：“覘，視也。”成十七年左氏傳曰：

---

"公使覘之,信。"檀弓篇〔下〕云"我喪也斯沾",鄭注云:"沾讀曰覘。覘,視也。"淮南俶真訓"其兄掩户而入覘之",高誘注同。學記篇"伸其佔畢",鄭注:"佔,視也。"字並與"貼"通。

説文:"占,視兆問也。"字與"貼"亦通。

"伺",各本並同,盧氏據廣雅〔釋詁一〕"覗,視也"之文改作"覗",且云:"下文作'覗',此處正文亦必爾。或本音'伺候'二字而文脱耳。"今從舊本,不敢擅改也。玉篇:"覗,視也。""伺"、"覗",古同字。

廣雅〔釋言〕:"占,瞻也。"爾雅〔釋詁〕云:"瞻,視也。"説文:"瞻,臨視也。"通作"詹"。魯頌閟宫篇"魯邦所詹",風俗通〔山澤〕引作"瞻"。"詹"與"瞻"通。

**䆵、貜、晠,多也。南楚凡大而多謂之䆵,或謂之貜。凡人語言過度及妄施行,亦謂之貜。** **音義** 䆵,惡孔反。貜,奴動反。

**箋疏** 廣雅〔釋詁三〕:"䆵、貜,多也。"玉篇:"䆵,大多也。或作'勜'。䆵貜,盛多皃。""貜",通作"繷"。後漢書崔駰傳"紛繷塞路,凶虐播流",李賢注引方言:"繷,盛多也。""繷"與"貜"同、"盛"與"晠"同。卷十二云:"焜、曅,晠也。"衆經音義凡四引"晠"並作"盛"。又卷〔十〕三"藴,晠也",廣雅〔釋詁二〕作"盛",是其證也。玉篇:"噥,多言不中也。"楚辭九思〔怨上〕云"羣司兮譨譨",洪興祖補注曰:"譨譨,多言也。奴侯切。""譨"、"貜",一聲之轉。洪範"次三曰農用八政",某氏傳:"農,厚也。"正義引鄭注云:"農讀爲醲。"説文:"醲,厚酒也。""厚"與"多",義相近。合言之則曰"䆵貜"。玉篇:"䆵貜,盛多皃。""䆵貜",疊韻字。春秋莊二十二年"肆大眚",公羊傳"肆者何?跌也",何休注:"跌,過度"也。解云:"肆,放肆也。""跌",穀梁傳作"失",皆過度之意也。廣雅〔釋訓〕又云:"紛繷,不善也。""繷",曹憲音"女交、奴孔二反"。大雅民勞篇"無縱詭隨,以謹惛怓",毛傳云:"惛怓,大亂也。""惛怓"與"紛繷",聲近而義同,卽語言過度與妄施行之義也。

**抯、摣,取也。南楚之間凡取物溝泥中謂之抯,或謂之摣。** **音義** 抯,柤棃。摣,仄加反。

箋疏　説文：“扭，挹也。讀若櫨棃之櫨。”“櫨”與“扭”同。又云“歔，又取也”，宋本作“叉卑”，段氏注云：“叉卑者，自高取下也。”此云“取物溝泥中”，是叉卑之義也，今俗語讀如“渣”。“歔”與“攄”亦同。釋名〔釋姿容〕：“攄，又也，五指俱往叉取也。”廣雅〔釋詁一〕：“攄、扭，取也。”張衡西京賦“攄狒猥，批窳㹠”，薛綜注云：“攄、批，皆謂戟撮之。”

**仉、儦，輕也。楚凡相輕薄謂之相仉，或謂之儦也。　音義　仉，音汎。儦，飄零。**

箋疏　“仉”，郭音“汎”。“汎”與“仉”通，亦作“泛”。説文：“汎，浮貌。泛，浮也。”廣雅〔釋詁三〕“仉，輕也”，曹憲音“凡”。玉篇“凡”字注及衆經音義卷二十三、華嚴經音義下並引廣雅“凡，輕也”，玄應云：“謂輕微之稱也。”孟子盡心篇〔上〕云“待文王而後興者，凡民也”，是“凡”與“仉”，聲義並同。

説文：“儦，輕也。”廣雅〔釋詁三〕同。荀子議兵篇云“輕利儦遬”，修身篇云“怠慢儦棄”，楊倞注：“儦，輕也。”後漢書班固傳：“雖輕迅與儦狡。”司馬相如傳：“飄飄有淩雲之氣。”“飄”與“儦”，聲義並同。“儦”，曹憲音“匹妙反”。玉篇同。説文：“嫖，輕也。”周官草人云：“輕㷱用犬。”考工記弓人云：“則其爲獸必剽。”亦字異義同。合言之則曰“仉儦”。左思魏都賦“過以汎剽之單慧”，張載注引方言：“汎剽，輕也。”“汎剽”與“仉儦”同。

# 輶軒使者絕代語釋別國方言箋疏卷第十一

蜓蚗，齊謂之螇螰，楚謂之蟪蛄，注 莊子曰："蟪蛄不知春秋也。"或謂之
蛉蛄，秦謂之蜓蚗。自關而東謂之蚗蟧，或謂之蝭蟧，或謂之蜓
蚞，西楚與秦通名也。江東人呼嗓蟧。 音義 蜓，音折。蚗，于列反，一音
玦。螇螰，奚鹿二音。蛉，音零。蚗蟧，貂聊二音。蝭，音帝。蜓蚞，廷木二
音。

　　箋疏 夏小正七月"寒蟬鳴"，傳云："蟬也者，蝭蝶也。""蝶"與"蟧"同。
爾雅〔釋蟲〕云"蜓蚞，螇螰"，郭注云："即蝭蟧也。一名蟪蛄，齊人呼螇螰。"
說文"螇鹿"、"蚸蚗"並云"蛁蟟也。""蛁蟟"與"蚗蟧"同。廣雅〔釋蟲〕："蜓
蚗，蛬也。蟪蛄、蛉蛄、蠑蟧，蛁蟟也。""蠑"與"蝭"同。玉篇："蜓，蜓蚗。"又
"蚗"下云："亦蟪蛄也。""螇，螇螰，即蟪蛄。一名蛁蟟，亦蜓蚞也。""蟪，蟪
蛄也，即蛁蟟蟲"，亦作"蚗"，同上。"蝭，蝭蟧，蟬也。"亦作"蟟"，同上。
"蚞，螇螰子。"本草謂之"蚱蟬"，陶弘景注："七月鳴者，名蛁蟟，色青。"玉
篇："蚱，蚱蟬，七月生。"亦但謂之"蛁"。太玄飾次八"蛁鳴喁喁"，范望注：
"蛁，蟬也，恆託于木。"楚辭招隱〔士〕"蟪蛄鳴兮啾啾"，王逸注："秋節將至，
悲嘹噍也。""嘹噍"與"蚗蟧"，聲並相近，是"蚗蟧"即以聲名之也。今東吳
人謂爲支遼，蟬聲如支遼，即"蝭蟧"之轉也。"蜓"郭音"折"，曹憲同。段氏
若膺曰："蜓，'多'聲，不當音'折'，疑方言有誤，當從說文作'蚸'，音'伊'。"
又丁氏升衢云：詩"蜉蝣掘閱"，此"蜓蚗"音同字異。案："折"古與"提"通。
檀弓篇〔上〕"吉事欲其折折爾"，鄭注云"安舒貌"，引魏風葛屨篇"好人提
提"，釋文於經文出"折折"，云："大兮反，注同。"則注引詩本亦作"折折"。
今本作"提提"者，後人以詩文作"提"，遂改"折"爲"提"耳。此"蜓"音"折"，
蓋讀亦當如"提"。下文"蝭"字，玉篇音"大兮、丁兮二切"，聲與"折"正同，

則"蛉蚗"之與"蜓蟟"，猶"蛉蛄"之與"蜓蚞"耳。若欲改方言以就説文讀同"掘閲"二音者，皆非也。廣雅〔釋蟲〕以"蛉蚗"爲"蛁"者。下文云"蟬，其小者謂之麥蚻，有文者謂之蜻蜻"，注云："如蟬而〔小〕，青色，今關西呼麥蠽，卽蚻也。爾雅云耳。"説詳下條。"蚵蟟"、"蜓蟟"、"蛁蟟"，並聲轉字異，與"蛁"皆微小之名也。小蟬謂之蛉蛄，猶小馬車謂之軨、小船謂之舲、小鐘謂之鈴也。漢書百官公卿表〔上〕注引伏儼曰："軨，今之小馬車曲輿也。"高誘注淮南俶真訓云："舲，小船也。"廣韻〔青韻〕云："鈴，似鐘而小。"小蟬謂之蚵蟟，猶小船謂之刀、小車謂之軺〔1〕、小鼓謂之鼗也。衛風河廣篇箋云："刀，小船也。"説文："軺，小車也。"顔師古注漢書揚子雲傳〔下〕云："鼗，小鼓也。"小蟬謂之蜓蟟，猶小蹋謂之踶、小盆謂之題、小甌亦謂之題也。莊子馬蹄篇釋文引通俗文云："小蹋謂之踶。"前卷五注云"今河北人呼小盆爲題"，御覽〔卷七五九〕引通俗文云"小甌曰題"，皆是也。

注引莊子者，逍遙篇文，司馬彪注云："蟪蛄，寒蟬也。一名蜓蟟，春生夏死，夏生秋死。"崔譔注云："蛁蟟也。或曰山蟬。秋鳴者不及春，春鳴者不及秋。"是不知春秋也。

又"江東人呼嗚蟟"者，亦"蛁蟟"之變轉也。注中"嗚"，初學記〔卷三十〕引作"蜓"，宋本作"蠔"〔2〕，盧本作"蟆"，今從舊本。

蟬，楚謂之蜩，宋衞之間謂之螗蜩，注 今胡蟬也，似蟬而小，鳴聲清亮，江南呼螗蛦。陳鄭之間謂之蜋蜩，秦晉之間謂之蟬，海岱之間謂之蟧。注 齊人呼爲巨蟧。其大者謂之蟧，或謂之蟪馬；注 案爾雅云蟪者馬蜩，非別名蟪馬也，此方言誤耳。其小者謂之麥蚻，注 如蟬而小，青色。今關西呼麥蠽。有文者謂之蜻蜻，注 卽蚻也，爾雅云耳。其鳴蜻謂之㘗，大而黑者謂之蟪，黑而赤者謂之蜺。蜩蟧謂之蘁蜩。 注 江東呼爲蘁蠽也。蠦謂之寒蜩，寒蜩，瘖蜩也。 注 案爾雅以蜺爲寒蜩，

---

〔1〕"軺"原作"鉊"，據廣本、徐本改。

〔2〕"蠔"廣本、徐本作"嗥"。

月令亦曰“寒蜩鳴”，知寒蜩非瘖者也。此諸蟬名通出爾雅而多駮雜，未可詳據也。寒蟬〔1〕，蜻也，似小蟬而色青。　**音義** 蜩，音調。蛦，音良。蜻，音技。蠽，音癰癢。怎，祖一反。椶，音棧。蜕，雲霓。蠯，音應。

**箋疏** 説文“蟬，以旁鳴者”，周官考工記梓人文也，鄭注：“旁鳴，蜩蜕屬。”荀子大略篇云：“飲而不食者，蟬也。”淮南説林訓：“蟬飲而不食，三十日而蜕。”初學記〔卷三十〕引作“蟬無口而鳴，三十日而死”。

説文“蜩，蟬也”，引豳風七月篇曰“五月鳴蜩”，或从“舟”作“蜩”。檀弓篇〔下〕“范則冠而蟬有緌”，鄭注：“蟬，蜩也。緌謂蜩喙，長在腹下”者也。小雅小弁篇“鳴蜩嘒嘒”，毛傳：“蜩，蟬也。”王褒洞簫賦云：“秋蜩不食。”

夏小正五月“唐蜩鳴”，傳云：“唐蜩鳴者，匽也。”“唐”與“螗”同。釋蟲云“螗蜩”，郭注引夏小正傳曰：“螗蜩者螗。”“俗呼爲胡蟬，江南謂之螗蜩。音黄。”“螗”與“匽”通。豳風七月篇毛傳：“蜩，螗也。”大雅蕩篇“如蜩如螗”，毛傳：“蜩，蟬也。螗，螗也。”疏引舍人爾雅注云：“三輔以西爲蜩，梁宋以東謂蜩爲螗。”

夏小正云“五月”，“良蜩鳴”，傳曰：“良蜩也者，五采具。”爾雅〔釋蟲〕注作“蛦”。“良”與“蛦”同。釋蟲“蜩，蛦蜩”，郭注引夏小正傳“良”作“蛦”，初學記〔卷三十〕引孫炎注亦云“五采具”。

廣雅〔釋蟲〕：“蜻，蟬也。”玉篇同。

廣雅〔釋蟲〕又云：“螃、蛓，馬蜩也。”案：“螃”之言倖也。玉篇：“倖，大也。”説文：“潦，雨水大貌。”玉篇：“亦作‘澇’。”木華海賦“飛澇相礧”，李善注：“澇，大波也。”廣韻〔号韻〕：“鐐，麻莖大也。”蟬大謂之螃，猶波大謂之澇、麻莖大謂之鐐，其義一也。

説文：“蛓，馬蜩也。”又：“蚔，蚚蚨，蟬屬。讀若周天子赧。”玉篇“蛓，（引）爾雅曰：‘蛓，馬蜩。’蜩中最大者”，又作“蚔”同上。廣韻〔仙韻〕：“蛓，馬蜩，蟬中最大者。”又“蚔”云上同，引説文曰：“蚔蚨，蟬屬。”今本作“蚚

---

〔1〕 “蟬”四部叢刊影宋本作“蜩”。

蚥”，蓋誤也，是説文之“蚚蚥”，即方言之“蛗馬”矣。案：“馬”亦大之名也。下文云：“蛆螻，其大者謂之馬蚿[1]。”釋蟲“蚹蠃，大螔”，注云：“大者俗呼爲馬蚹蠃。”釋草云“菥蓂，大薺”，廣雅[釋草]一名“馬辛”。又：“紅，蘢古，其大者蘻”，鄭風山有扶蘇傳：“蘢，紅草也。”陸機疏云：“一名馬蓼。”又“芣苢，馬舄”，注云：“今車前草，大葉，長穗。”顔氏家訓[書證]云：“馬莧，堪食，亦名豚耳，俗曰馬齒。”李時珍云：“馬齒莧，大葉，俗呼爲狗耳。”月令仲冬之月“荔挺出”，鄭注：“荔挺，馬薤也。”神農本草謂之“蠡實”，蘇頌圖經云：“蠡實，馬藺子也，葉似狗而長厚，三月間開紫[碧]花，五月結實作角子，如麻大而赤色，有稜。”皆是也。諸物並以“馬”字居上，此獨言“蛗馬”者，猶高誘注吕氏春秋仲夏紀以“螳蜋”爲“天馬”耳。郭氏據爾雅[釋蟲]“蛗，馬蜩”之文以相訾議，不思子雲所採乃異國殊語，當時必有“蛗馬”之稱，而後載入方言，不必盡與爾雅相合，故張揖著廣雅亦有此文，且其所進書表云：“八方殊語，庶物異[2]名，不在爾雅者，詳録品覈，以著於篇。”若以“馬蜩”爲句，則“蛗馬蜩”三字已見爾雅，必不然矣。

　　夏小正四月“鳴札”，傳云：“札者，寧縣也。鳴而後知之，故先鳴而後札。”“札”與“蚻”同。

　　釋蟲云“蚻，茅蜩”，郭注云：“江東呼爲茅蠘[3]，似蟬而小，青色。”釋文：“茅，本或作‘蔜’。”楚辭九思[怨上]云“蟊蠽兮號咷西”，王逸注云：“一作‘蔜蠽’。”説文：“蚻，小蟬蜩也。”案：“茅”、“麥”同聲、“蠽”、“蚻”同字，故下文又謂之“蔜蜩”互見前卷八“桑飛”條下。

　　釋蟲又云：“蜺，蜻蜻。”衛風碩人篇正義引舍人注云：“蜺，小蟬也。”某氏曰：“鳴蜺蜺。”郭注云“如蟬而小”，引方言云：“有文者謂之蟧。”又引夏小正曰：“鳴蜺，虎縣。”並與今本異。衛風碩人篇“蝤首蛾眉”，毛傳：“蝤首，顙廣而方。”鄭箋云：“蝤，謂蜻蜻也。”正義云“此蟲額廣而且方”，引舍人注云：

---

"小蟬〔也〕,青青者。""蠀"與"蜻",一聲之轉。

"鳵"字舊本並同,宋本作"鈚"。案:"鳵"、"鈚",疑皆"雌"之異文。前卷九云"三刃枝,南楚宛郢謂之匽戟",注云:"今戟中有小孑刺者所謂雄戟也。""匽",衆經音義卷十六引作"偃"。又引廣雅云:"匽戟,雄戟也。"釋鳥云:"鶠,鳳。其雌皇。"夏小正及毛傳並以"螗蜩"爲"蝘",蓋謂雄蟬,與雄戟謂之匽、雄鳳謂之鶠[1]義正同。

下文云"黑而赤者謂之蜺",音"雲霓"。蓋謂雌蟬耳。釋天"蜺爲挈貳",郭注云:"蜺,雌虹也。"月令正義及衆經音義卷一、卷十九並引郭氏爾雅音義云:"(云)虹,雙出色。鮮盛者爲雄,雄曰虹。暗者爲雌,雌曰蜺。"潛確〔居〕類書引尚書考靈曜云:"日傍氣白者爲虹,青赤爲蜺。"楚辭悲回風云:"處雌蜺之標顛。"遠遊云:"雌蜺便嬛以增撓。"宣十二年左傳正義引裴淵廣州記云:"鯨鯢長百尺,雄曰鯨,雌曰鯢。"雌蟬謂之蜺,雌鯨謂之鯢,義亦同也,據此是"鳵"爲"雌雄"字無疑。戴本改"鳵"爲"雌",亦不言所本,蓋謂古字從"鳥"從"隹"往往相易耳,今仍從舊本。

"尐",各本誤作"疋"。玉篇:"蚻,子栗切,蜻蚻也。"與"尐"同。今據此以訂正。凡物之雌者,必小於雄。下卷云:"尐,小也。"説文:"尐,少也。""少"與"小"同義。孟子告子篇〔下〕"力不能勝一匹雛",趙岐注:"言我力不能勝一小雛。"孫奭音義云"匹,丁作'疋'",引方言"尐,小也"云:"蓋與'疋'字相似,後人傳寫誤耳。"與此正同。廣韻〔屑韻〕:"䉆,尐〔小〕也。"前卷八"桑飛"條注作"懱截"。玉篇:"鸋,小鷄也。""尐"與"蠽",並音"姊列反"。小蟬謂之尐、亦謂之蠽,猶小雛謂之尐[2]、小鷄謂之鸋也。

"蝬",本或作"蟦"。玉篇:"蝬,仕板切,馬蝬也。"又"蟦,昨仙切",引方言云:"鳴蟬也。"廣韻二仙同音"錢",是玉篇、廣韻所據本作"蟦"。"蟦"與"蝬"通,今吴俗呼蟬聲正如"蟦"矣。釋蟲云"蜫,馬蝬",郭注:"馬蠲,蚼。俗呼馬蜒。"下文云:"馬蚿,北燕謂之蛆蝶,其大者謂之馬蚰。""蚰"與"蜒"

〔1〕"鶠"原作"匽",據文義改。

〔2〕"尐"原作"小",據廣本、徐本改。

同。廣雅〔釋蟲〕：“馬蠲，蠽蛆也。”又云：“蛆蝶、馬蚿，馬蚿也。”説文“蠲，馬
蠲也”，引明堂月令曰：“腐草爲蠲。”淮南時則訓作“腐草〔化〕爲蚈”，高誘
注：“蚈，馬蚿也。幽冀謂之秦渠。”馬蚿謂之馬蠲、亦謂之蠽蛆、亦謂之秦
渠，猶蟬謂之蠽、亦謂之蠚、亦謂之蟧，皆聲之轉也。

　　説文：“蜺，寒蜩也。”夏小正七月“寒蟬鳴”，傳曰：“〔寒〕蟬也者，蜈蝑
也。”釋蟲“蜺，寒蜩”，郭注“寒螿也。似蟬而小，青赤”，引月令曰“寒蟬鳴”，
鄭注云：“寒蟬，寒蜩，謂蜺也。”又考工記梓人注云：“旁鳴，蜩蜺屬。”説文：
“霓，屈虹青赤或白色，陰氣也。”虹青赤色謂之霓〔1〕、蟬黑赤色謂之蜺，其
義一也。

　　廣雅〔釋蟲〕“闒蜩，蟧也”，曹憲音“膺”。“闒”與“瘖”同。玉篇：“蟧，寒
蜩也，似蟬而小。”廣韻〔蒸韻〕：“蟧，寒蟬。”“蟧”之爲言，猶瘖也。後漢書杜
密傳“劉勝知善不薦，聞惡無言，隱情惜己，自同寒蟬”，李賢注云：“寒蟬，謂
寂默。”是寒蟬爲瘖蟬也。郭氏引爾雅、月令以議子雲，亦非也。家君曰：文
選〔曹植贈白馬王彪詩〕注引蔡邕月令章句云：“寒蟬應陰而鳴，鳴則天涼，
故謂之寒蟬。”高誘淮南子注云：“寒蟬，青蟬也。蟲陰類，感氣鳴也。”蓋此
蟬不鳴于夏，因有“瘖蜩”之名，至立秋陰氣鼓動，乃應候而鳴，故復號爲“寒
蜩〔2〕”。今池歙間人呼秋蟬爲寒蟧子。“蟧”之爲言，猶瘖也，迨秋深寒氣
過甚，則又無聲。楚辭九辨云：“悲哉秋之爲氣也，蟬寂寞而無聲。”是也。
今案：蟬有大小二種，並有雌雄。雄者于脅下左右生兩甲，能作聲，俗謂之
響版，考工記梓人疏〔3〕云“蟬鳴在脅”是也。雌者無之，不能鳴，卽謂之瘂
蟬，古謂之痄蟬，陶宏景本草注云“痄蟬”卽是“瘂蟬。瘂蟬，雌蟬，不能鳴
者”，是也。小者俗名時蠽，生蘆葦間，色青綠，最先鳴，聲甚清亮，惟不甚
長，聲與大蟬絕異，亦不能至秋，殆卽夏小正所謂“五月”“良蜩鳴”，“匽之興
五日翕，望乃伏”，傳云“良蜩也者，五采具。其不言生而稱興，何也？不知

─────────

〔1〕　“霓”原作“蜺”，據廣本、徐本改。
〔2〕　“蜩”原作“蟬”，據廣本、徐本改。
〔3〕　“疏”原作“傳”，據廣本、徐本改。

其生之時，故曰興。以其興也，故言之興。五日翕也。望也者，月之望也。
而伏云者，不知其死也，故謂之伏。五日也者，十五日也。翕也者，合也。
伏也者，入而不見也”，淮南子云“三十日而死”，是也。其大者嘗生柳樹下，
文子上德篇所謂“寒螿得木，〔各〕依其所生”，則由變化而成，故論衡無形篇
云“蠐螬化而爲復育，復育轉而爲蟬，蟬生兩翼，不類蠐螬”是也。其色赤
黑，聲更長而遠，俗稱之爲蛁蟟。蟬聲如支遼、蠽。“瘂”與“瘖”同義，然此
謂雌蟬不能鳴，非謂寒蜩也。戴本分“蜩蟟”句及“蟪謂之寒蜩”二句，皆提
行，今從眾家本。

**蛄𧍒謂之杜蛒。螻螲謂之螻蛄，或謂之蟓蛉。南楚謂之杜狗，或謂**
**之蛒螻。**　音義 蛒，音格。螲，音窒塞。蟓蛉，象鈴二音。

箋疏“諸”，各本並訛作“詣”，宋本作“諸”。爾雅〔釋蟲〕疏引作“者”，
蓋即“諸”之誤脫其半耳，今據以訂正。釋蟲“蝚，蛈螻”，郭注云：“蛈螻，螻
蛄類。”又云“螜，天螻”，注云“螻蛄也”，引夏小正曰：“螜則鳴。”埤雅〔釋蟲〕
引孫叔然爾雅注云：“螜是雄者，善鳴，善飛。雌者腹大羽小，不能飛翔，食
風與土也。”說文：“螻，螻蛄也。一曰：螜，天螻。蛄，螻蛄也。蠹，螻蛄也。”
月令孟夏之月“螻蟈鳴”，釋文引蔡邕月令章句云：“螻，螻蛄也。”孟子滕文
公篇〔上〕“蠅蚋姑嘬之”，孫奭音義云：“蚋，諸本或作‘蝺’。一說云：蝺姑，
〔即〕螻蛄也。”埤雅〔釋蟲〕又引廣志小學篇云：螻蛄，一名蝺蛄，一名天螻，
一名螜。廣雅〔釋蟲〕：“螻蟈、蟓蛉、蛒螻，螻姑也。”“姑”與“蛄”同。殷敬順
列子周穆王篇釋文引隋祕書郎王邵讀書記云：“螻蛄古本多作‘女’旁者，方
言亦同。”是本亦作“姑”也。螻蛄穴地而居，短翅四足，前別有二大足，畧似
螳臂，立夏後夜鳴，聲如蚯蚓，楚辭九思〔怨上〕云“螻蛄兮鳴東”是也。案：
“杜蛒”、“杜狗”，一聲之轉，“螻姑”疊韻字，轉言之則爲“螻蟈”，“螻蟈”與
“螻蟈”同。鄭注月令以“螻蟈”爲“蛙”，蓋據周官蟈氏言之，與諸家異說。
倒言之則爲“蛒螻”。李善洞簫賦注引作“南楚謂螻蛄爲括螻。”“括”與“蛒”
通。“螻蛄”又轉而爲“杜狗”。合言之則爲“蝚”，“杜蛒”合言之聲亦近
“蝚”。“螻蛄”亦但謂之“螻”，聲正與“蝚”相近。吕氏春秋應同篇“黄帝之

時，天先見大螾大螻”，高誘注：“螻，螻蛄”也。慎小篇“巨防容螻”，注云：
“隄有孔穴容螻蛄也”是也。案：今俗醫方名螻蛄爲土狗，亦卽“杜狗”之轉
也。

蜻蛚，注 卽趨織也。楚謂之蟋蟀，或謂之蚕。 注 梁國呼蚕。南楚之
間謂之蛬孫。 注 孫，一作“絲”。 音義 蜻蛚，精列二音。蚕，音鞏。

　　箋疏 説文：“蜻，蜻蛚也。蛚，蜻蛚也。”考工記梓人“以注鳴者”，鄭注：
“注鳴，精列屬。”“精列”與“蜻列”同。易通卦驗云“立秋蜻蛚鳴”，鄭注：“蜻
蛚，蟋蟀之名也。”鹽鐵論論菑篇：“涼風至，〔殺氣動〕，蜻蛚鳴。”“蟋蟀”疊
韻，亦隔標雙聲也。古音“率”讀如“律”，“蜻蛚”、“蟋蟀”，一聲之轉也。説
文：“螛，悉螛也。”“悉螛”與“蟋蟀”同。釋蟲：“蟋蟀，蚕。”廣雅〔釋蟲〕：“蛬、
趣織、蛬孫，蜻蛚也。”“蛬”與“蚕”、“蛚”與“蛚”並同。唐風蟋蟀篇“蟋蟀在
堂”，毛傳：“蟋蟀，蛬也。”“蛬”與“蚕”，古今字。疏引李巡爾雅〔釋蟲〕注云：
“蚕，一名蟋蟀。〔蟋蟀〕，蜻蛚也。”月令正義引孫炎注云：“蟋蟀，蜻蛚，梁國
謂(之)蚕。”郭注云：“今促織也。亦名青蛚。”呂氏春秋季夏紀“蟋蟀居宇”，
高誘注：“蟋蟀，蜻蛚。”“陰氣應，故居宇，鳴以促織。”淮南時則訓注云：“蟋
蟀，蜻蛚，促織也。”古今注〔魚蟲〕：“蟋蟀，一名吟蛬，〔一名蛬〕，秋初生，得
寒則鳴。一云濟南呼爲懶婦。”陸機詩義疏云：“蟋蟀，似蝗而小，正黑有光
澤如漆，有角翅，一名蚕，一名蜻蛚，楚人謂之王孫，幽州謂之趣織。里語
曰：‘趣織鳴，嬾婦驚。’是也。”文選古詩“趣織鳴東壁”，李善注引春秋考異
郵：“立秋趣織鳴，宋均注云：‘趣織，蟋蟀也。立秋女功急，故趣之。’”御覽
〔卷九四九〕引春秋説題詞云：“趣織之爲言趣織也，織興事遽，故趣織鳴，女
作兼也。”玉篇：“蚕，古勇切，蟋蟀也。亦名蜻蛚。又音卭。(又)蛬，同上。”
又淮揚人謂之“屈屈”、順天人謂之“蛆蛆”，皆“蚕”之轉聲也。吳下名曰“趙
織”，義同“促織”，亦聲之轉也。“趨”、“趣”、“促”、“趣”，並字異義同。“王
孫”與“蛬孫”亦同。亦但謂之“蛬”，玉篇“蛬，蜻蛚也”是也。“蛬孫”下各本
皆有“孫一作絲”四字，盧氏云：“當是後來校者所加。孔氏繼涵云：當作‘輕
絲’，卽‘絡緯’也。”

**螳螂謂之髦，**注有斧蟲也。江東呼爲石蜋，又名齕肬。**或謂之虰，**注案爾雅云“螳蜋，蜱”，“虰”義自應下屬，方言依此説，失其指也。**或謂之蚚蜱。**

箋疏 釋蟲“不過，蟷蠰。其子蜱蛸”，郭注：“蟷蠰，螗蜋別名。”又云“莫貈、螳蜋，蜱”，注云：“螳蜋，有斧蟲，江東呼爲石蜋。孫叔然以方言説此義亦不了。”釋文：“貈，本又作‘貉’。蜱，郭音牟，又亡牢反。”説文：“蟷，蟷蠰，不過也。蠰，蟷蠰也。蜋，堂蜋也；一名斫父。”月令仲夏之月“螳蜋生”，鄭注：“螳蜋，螵蛸母也。”藝文類聚〔卷九十七〕引鄭志答王瓚問云：“今沛魯以南謂之蟷蠰，三河之域謂之螳蜋，燕趙之際謂之食肬，齊濟以東謂之馬敫，然〔多名〕其子，則同云（名）螵蛸，是以注云‘螳蜋，螵〔蛸〕母也’。”高誘注吕氏春秋仲夏紀云：“螳蜋，一曰天馬，一曰齕疣，兗豫謂之拒斧。”淮南時則訓注同，惟“齕”誤作“齒”、“疣”作“肬”、“拒”作“巨”。“疣”與“肬”同。“巨斧”、“拒斧”與“斫父”，並一聲之轉。郭氏此注及爾雅〔釋蟲〕注並以爲“有斧蟲”，望文生義，皆非也。螳蜋有四翅，能飛，四足，〔前復有二臂，〕〔1〕性極摯悍，善搏物。莊子山木篇云：“覩一蟬，方得美蔭〔而忘其身〕，螳蜋執翳而搏之。”淮南人間訓云“齊莊公出獵，有一蟲舉足將搏其輪，問其御者曰：‘此何蟲？’對曰：‘此所謂螳蜋者也。’”是也。

齊濟以東曰馬敫，“髦”即“馬敫”之合聲也。

注“江東呼爲石蜋”者，今江東呼爲“斫郎”，即“石蜋”之轉也。

“又名齕肬”者，廣雅〔釋蟲〕：“齕肬，螗蜋也。”“齕”，曹憲音“痕之反”。“肬”舊本並同，戴氏據月令正義“食胧”之文改“肬”作“胧”，盧氏從之。又據藝文類聚反以“肬”爲誤，皆非也。王氏懷祖〔廣雅疏證釋蟲〕云：“‘肬’從‘尤’聲，古音當爲‘羽其反’。‘食肬’、‘齕肬’，並疊韻字也。”“諸書寫此字作‘胧’者，‘肬’之誤也。或作‘疣’者，‘疣’之譌也。本草云：‘桑螵蛸，一名蝕肬。’‘蝕’與‘食’同。食肬，螳蜋別名，〔非螵蛸也，〕本草誤耳。”

---

〔1〕 “前復有二臂”原無，據廣本、徐本補。

廣雅〔釋蟲〕:“芈芈,螗蜋也。”“芈”與“蚌”同。集韻〔紙韻〕:“蚌,母婢切,蚌蚌,螗蜋也。”世父詹事君曰:“髦”卽“蚌”之轉,“蚌蚌”卽“莫貈”之轉。説文“貈”,卽“狐貈”之“貈”,“貈”〔1〕有“貊”音,“莫”與“貊”古文又通用,則“莫”、“貈”異文而同音。“莫貈”猶“莫莫”,亦猶“蚌蚌”也。謹案:“螗蜋”卽“螳蠰”,孫炎注今雖失傳,然據方言以釋爾雅,可謂信而有徵矣。景純未喻古音,故輒相詬病,至注爾雅〔釋蟲〕“虰蛵”,仍復疑未能定,以爲“或云蜻蛉”,與説文亦不合,見下文“蜻蛉”條。

**姑螻謂之强蚌。**　注 米中小黑甲蟲也。江東謂之蛆,建平人呼羊子,羊卽蚌也〔2〕。　音義 蛆,音加。

　　箋疏 “蚌”,太平御覽引作“羊”,“羊”與“蚌”同。釋蟲“姑螻,强蚌”,郭注:“今米穀中蠹小黑蟲是也。建平人呼蚌子,音楚姓芈之芈。”釋文:“螻,字又作‘蝼’,式移反,又式豉反。字林弋豉反。强,巨良反。蚌,郭音芈,亡婢反。本或作‘芈’。説文作‘羊’,字林作‘蚌’,弋丈反,云:‘搔蚌也。’”説文:“螻,姑螻,强羊也。”今吳中謂麥中小黑蟲爲羊子,聲如陽,疑郭音誤也〔3〕。亦但謂之“强”。玉篇:“强,米中蠹小蟲也。”

　　注“江東謂之蛆”者,玉篇:“蛆,米中蟲。”“蛆”、“强”,一聲之轉。

　　盧氏云:“此條俗本連上,今依宋本別爲一條。注‘羊卽蚌也’,各本作‘羊卽姓也’,爾雅疏改作‘芈,楚姓’也,陳氏方言類聚本作‘羊卽蚌也’,云今吳會通呼羊子,作‘卽姓’者訛,今據以改正。”

**蟒,注 卽蝗也。宋魏**〔4〕**之間謂之蚚,南楚之外謂之蟷蟒,或謂之蟒,或謂之螣。**　音義 蟒,莫鯁反。蚚,音貸。蟷,音近詐,亦呼蚚蛒。螣,音滕。

　　箋疏 釋蟲“食苗心,螟。食葉,蟘。食節,賊。食根,蟊”,郭注:“分別

---

〔1〕 “貈”原無,據廣本、徐本補。
〔2〕 “建平人呼羊子羊卽蚌也”,廣本作“建平人呼蚌子,音芈,芈卽姓也”。
〔3〕 “今吳中”至“疑郭音誤也”二十字原無,據廣本、徐本補。
〔4〕 “魏”原誤作“謂”,據廣本、徐本改。

蟲唉食禾所在之名〔耳〕，皆見詩。”“蟘”，釋文本作“蚮”，云：“字又作‘蟘’，又作‘蚮’同，徒得反。”説文：“螟，蟲食穀心者。”“蟘，蟲食苗葉者”，引小雅大田篇曰：“去其螟蟘。”今詩作“螣”，毛傳：“食心曰螟，食葉曰螣。”釋文云：“螣字亦作‘蚮’，徒得反。”是“螣”爲假借字也。“蟒”、“螟”，一聲之轉，爾雅、説文分言之，方言渾言之耳。月令“仲夏行冬令，則”“百螣時起”，鄭注：“螣，蝗之屬。言百者，明衆類並爲害。”高誘注吕氏春秋仲夏紀云：“百螣，動股之屬。”“螣讀近殆，兗州人謂蝗爲螣。”又注淮南時則訓云：“百螣，動股，蝗屬也。”故注云“卽蝗也”。説文：“蝗，螽也。”藝文類聚〔卷一〇〇〕引洪範五行傳云：“螽，介蟲，有甲，能蜚揚之類，陽氣所生，於春秋爲螽，今謂之蝗。”案：“螽”、“蝗”，古今語也，是以春秋書“螽”，月令再言“蝗蟲”。釋蟲：“阜螽，蠜。”召南草蟲正義引李巡注云：“阜螽，蝗子也。”衆經音義卷十一引詩義疏云：“阜螽，蝗也，今人謂蝗子爲螽子。”又引張斐解音律云：“小曰蝩，大曰蝗。”又卷十云：“螽卽蝩也，今江北通謂螽蝗之類曰蝩，亦曰簸蝩。”“簸蝩”，卽“阜蝩”之轉聲也。衆經音義卷四云：“蝗，胡光、胡孟二反，螽也，謂蝗蟲也。”是“蟒”亦爲“蝗”之變轉矣。

説文：“蟆，蟲也。”廣雅〔釋蟲〕“蟆蟒，蚮也”，曹憲“蟆”音“柘”、“蟒”音“猛”。

注云“亦呼蚚蛪”，下文“春黍謂之䘉蝑”，注云：“江東呼蚚蛪。”玉篇：“蚚，竹百切，蚚蛪，蟆蟒蟲也。”“蚚蛪”、“蟆蟒”，一聲之轉。釋蟲又云“土螽，蟓䖤”，郭注云：“似蝗而小，今謂之土蟓。”釋文“蟓”字又作“蚚”，引誥㓜曰：“蚚，蚚蝱，善跳。”疏云：“江南呼蚚蛪，亦名蚱蜢。”今吴俗謂蝗類之小者爲蚱蜢，亦卽“蟆蟒”、“蚚蛪”之轉也。倒言之則曰“蛪蚚”。玉篇：“蛪，亡百切，蛪蚚”也。今北人謂之“蛪蚱”，亦倒言之也。戴氏云：“‘蚖’、‘螣’，字異音義同”，“不宜別立名。”“注‘音螣’，則”“與‘螣蛇’之‘螣’同音，未詳。”戴説非也。説文：“螣，神蛇也。”厠“蝮”、“蚺”之間，是“螣”之本義爲蛇，從“朕”聲，故與“滕”、“騰”、“滕”等字同音，毛詩假借爲“螟蟘”字。玉篇：“蟥，徒登切，蟲食禾葉。”廣韻〔登韻〕有“螣”無“蟥”，云：“螣蛇。或曰食禾蟲。”

音同,是"蟒"爲正字,方言作"螣"者,亦借"螣"爲"蟒",猶"蟒"爲蛇類,而"蚳"亦名蟒,不可謂"蟒"卽"蚳"也。或字本作"蟒",後訛爲"螣"耳。"螣"、"蚳",亦一聲之轉,方俗語有輕重也。盧氏云:"螣音滕,爲螣蛇。爾雅'蟒,王蛇',在釋魚。此厠諸蟲間,似乎不類,故注以"蝗"與"蚔蛖"爲解,然方言無魚類,〔疑〕此所指皆蛇耳。蚳乃蛇之有黃黑色如蚳蝐者,故以爲名。"召弓氏强爲異説,不可信。説文"蟓"字次于"蚣"、"蝐"之下"蝗"字之上,明非蛇類可知。

蜻蛉謂之螂蛉。　注 六足四翼蟲也。江東名爲狐黎,淮南人呼蟍蚲。　音義 蛉,音靈。蟍,音康。蚲,音伊。

　　箋疏 釋蟲"虹蛵,負勞",郭注云:"或曰卽蜻蛉也,江東呼狐黎,所未詳。"説文:"蛉,蜻蛉也。一名桑根。"又曰:"蛵,虹蛵,負勞也。"不與"蛉"相次,則許氏不謂"蜻蛉"可知,與郭異也。爾雅〔釋蟲〕釋文引字林云:"蜻蛉,一名桑根。"廣雅〔釋蟲〕:"蜻蛉、蜸蛉,倉螳也。""蜸"與"螂"同。楚策〔四〕云:"蜻蛉""六足四翼,飛翔乎天地之間,俛啄蚉蝱而食之,仰承甘露而飲之。"御覽〔卷九五〇〕引尸子云:"荆莊王命養由基射蜻蛉","拂左翼。"字亦作"青蛉〔1〕"。淮南齊俗訓云"水蠆爲蟌莣",高誘注云"青蛉也",又説林訓云"水蠆爲蟌",注"水蠆化爲蟌。蟌,青蛉也",並同。亦但謂之"蜻"。吕氏春秋精諭篇云"海上有好蜻者,每居海上,從蜻游",注云:"蜻,蜻蜓,小蟲,細腰四翅,一名白宿"是也。

　　注"江東名爲狐黎"者,列子天瑞篇云"厥昭生乎濕",殷敬順釋文引曾子云:"狐黎一名厥昭,恆翔繞其水,不能離去。"又引師説云:"狐黎,蜻蛉蟲也。"古今注〔魚蟲〕云"蜻蛉,一名青亭","色青而大者是也。小而黃者曰胡棃,一曰胡離。小而赤者曰赤卒,一名絳騶,一名赤衣使者,一名赤弁丈人,好集水上。"季弟同人氏曰:此蟲之名,以色而異。青者曰蜻蛉,蜻之言青也,又謂之蟌,蟌之言葱也,爾雅〔釋器〕"青謂之葱"是也。黃者曰胡棃,狐

---

〔1〕"蛉"原作"蜓",據廣本、徐本改。

黎〔1〕之言黄鷺也，又謂之桑根，桑根之言商庚也，爾雅〔釋鳥〕"倉庚，商庚"，郭注云"即鷺黄"，是也。赤者曰赤卒，卒之言赭也，前卷三云"楚東海之間"，"卒謂之赭〔2〕"，注云"言衣赤也"，是也。由此推之，蜥蛉亦青白相雜之名。小雅〔常棣〕正義引陸機義疏云："脊令大如鸚雀，長腳、長尾、尖喙，背上青灰色，腹下白，頸下黑如連錢。"埤雅〔釋鳥〕引物類相感志："鶺鴒，其色蒼白似雪。"義可相通矣。今案：此蟲止有四足，以爲六足者，皆誤也。有青有赤，亦有青白相間者。

　　蚅，蜻蚅。"淮南人呼蠊蚅"者，玉篇："蠊，蜻蛉也。"廣韻〔唐韻〕云"蠊"，其即所謂"蜥蛉"歟〔3〕。

## 春黍謂之蟔蝑。　注　又名蚣〔4〕蟔，江東呼虴蛨。　音義　蟔，音㖟。蝑，音思沮反。

　　箋疏　説文"蚣，蚣蝑，春黍也，以股鳴者"，或省作"蚣"。"蝑，蚣蝑也。"廣雅〔釋蟲〕："蟔蝑，蚤蛋也。"按："春黍"、"蟔蝑"皆雙聲，"春蟔"、"黍蝑"皆疊韻。"蝑"聲轉而爲"斯"。周南〔螽斯〕"螽斯羽，詵詵兮"，毛傳："螽斯，蚣蝑也。"考工記梓人"以股鳴者"，鄭注："股鳴，蚣蝑，動股屬。"春秋但謂之"螽"。桓五年"螽"杜預注："螽，蚣蝑之屬，爲災，故書。"藝文類聚〔卷一〇〇〕引洪範五行傳曰："介蟲，有甲，能飛揚之類，陽氣所生，於春秋爲螽，今謂之蝗。"又引春秋佐助期云："螽之爲蟲，赤頭甲身而翼，飛行，陰中陽也。螽之爲衆，暴衆也。"衆經音義卷十云："螽，古文'蝥'同，即螽也，俗名春黍。今江北通謂螽蝗之類曰螽，亦曰簸螽。""簸螽"，即爾雅〔釋蟲〕"阜螽"之轉聲也。螽斯正義引陸機義疏云："幽州人謂之春箕。春箕即春黍，蝗類也，長而青，長角長股，股鳴者也。或謂似蝗而小，班黑，其股似瑇瑁文，五月〔中〕以兩股相切作聲，聞數十步。"倒言之則曰"斯螽"。豳風七月

────────────

〔1〕　"狐黎"廣本、徐本作"胡黎"。
〔2〕　"赭"，今本方言作"褚"。
〔3〕　"廣韻云蠊其即所謂蜥蛉歟"廣本、徐本作"廣韻義同"。
〔4〕　"蚣"原作"蚣"，據廣本、徐本改。

篇“五月斯螽動股”，毛傳：“斯螽，蚣蝑也。”亦謂之“蜇螽”。釋蟲云“蜇螽，
蚣蝑”，郭注云：“蝍蝬也。俗呼舂黍。”釋文云：“蜇，本又作‘蛓’。”注“蚣”，
釋文本作“蜙”，云：“本亦作‘蜙’。舂黍，本或作‘蠢蝥’。”並字異義同。

　　注“又名蚣蝬”者，釋文：“蚣，字林先凶反，郭先工反。”則“蚣蝬”、“斯
螽”，亦一聲之轉也。

　　又云“江東呼虴蛨”者，説詳上文“蟒，宋魏之間謂之蚔”條下。

**蠖蝍謂之蚇蠖。**　注　又呼步屈。　音義　蠖蝍，卽蹴〔1〕二音。蠖，烏郭反。

　　箋疏　釋蟲云“蠖，蚇蠖”，郭注：“今蝍蝍。”“蝍”與“蠖”同。衆經音義卷
九、卷十八並引舍人注云：“宋地曰尋桑。”又引纂文云：“吳人以步屈名桑
闈，一名蝍蝍。”又云：“折樓蟲，一名尋桑，一名蚇蠖。或作桑闈，或云步
屈。”説文：“蠖，尺蠖，屈伸蟲也。”爾雅〔釋蟲〕釋文引字林云：“蝍蝍，蚇蠖。”
廣雅〔釋蟲〕：“尺蠖，蠖蝍也。”“尺”與“蚇”同。易繫辭〔下〕云：“尺蠖之屈，
以求信也。”考工記弓人“麋筋斥蠖濁”，鄭注：“斥蠖，屈蟲也。”王褒洞簫賦：
“蟋蟀蚸蠖，蚑行喘息。”“斥”、“蚸”，並與“蚇”同。晏子春秋外篇弦章謂景
公曰：“尺蠖食黃則身黃，食蒼卽身蒼。”衆經音義卷二引方言“尺蠖，又名步
屈”，蓋卽此注文而誤脱“注”字耳。王氏懷祖〔廣雅疏證釋蟲〕云：“尺蠖之
行，屈而後申，故謂之步屈。又謂之蠖蝍，蠖蝍者，趙趄之轉聲。説文云：
‘趙趄，行不進也。’廣韻‘蝍’作‘蜎’，音‘縮’，云：‘蝍蜎，尺蠖’也。則‘蝍
蜎’之名，正以退縮爲義矣。御覽引舍人爾雅注云：‘螟蛉，桑小青蟲也，似
步屈。’是‘尺蠖’與‘桑蟲’同類，故又有‘尋桑’、‘桑闈’之名。”案：太平御覽
〔卷九四八〕引郭注云：“尺蠖，有呼步屈，其色青而細小，或在草木葉上，今
蜾蠃所負爲子者。”此二十字今注無之，當是誤脱。其“有”字，卽“又”之譌
也。

**蠭，燕趙之間謂之蠓螉。其小者謂之蠮螉，**注　小細腰蠭也。**或謂之
蚴蛻。其大而蜜者謂之壺蠭。**　注　今黑蠭穿竹木作孔亦有蜜者，或呼

---

〔1〕　“蹴”別本方言郭注作“蹵”。

笛師。　**音義**　蠭螉，蒙翁二音。蠮，音鯁噎〔1〕。蚴蜕，幽税〔2〕二音。

　　**箋疏**　説文“蠭，飛蟲螫人者”，古文省作“蠢”。僖二十二年左氏傳云：“蜂蠆有毒。”釋蟲“土蠭”，郭注云：“今江東呼大蜂，在地中作房者爲土蜂，唹其子卽馬蜂也，今荆巴間呼爲蟺，音蟬。”“木蠭”注云：“似土蜂而小，在樹上作房，江東亦呼爲木蜂，又食其子。”“蜂”與“蠭”同。

　　“蠭”、“蠭螉”並疊韻字。廣雅〔釋蟲〕：“蠭螉，蜂也。蚴蜕、土蜂、蠮螉也。”釋蟲“果蠃，蒲盧”，郭注云：“卽細腰蜂也，俗呼爲蠮螉。”“蜕”，各本誤作“蟞”，字書所無，今訂正。“蜕”，曹憲音“悦”。説文“蠭，蠮蠃，蒲盧，細腰土蜂也，天地之性，細腰純雄無子”，引小雅小宛篇曰“螟蛉有子，蠮蠃負之”，毛傳：“螟蛉，桑蟲也。蜾蠃，蒲盧也。”鄭箋云：“蒲盧取桑蟲之子，負持而去，煦嫗養之以成其子。”中庸注曰：“蒲盧，果蠃，土蜂也。”“蒲盧取桑蟲之子〔去〕，而變化〔之〕以成爲己子。”法言學行篇云：“螟蛉之子，殪而逢蜾蠃，祝之曰：類我類我。久則肖之矣。”御覽〔卷九四五〕引詩義疏亦云：“果蠃，土蜂，一名蒲盧，似蜂而小腰，取桑蟲負之於木空中，筆筒中，七日而化其子。里語曰：祝云象我象我也。”列子天瑞篇云“純雄其名穉蜂”，張湛注：“穉，小也。此無雌而自化。”莊子天運篇云“細腰者化”，司馬彪注云：“蜂之屬也，取桑蟲祝使似己也。”庚桑篇云“奔蜂不能化藿蠋”，司馬彪云：“奔蜂，小蜂也。一云土蜂。”又淮南説山訓云“貞蟲之動以毒螫”，高誘注：“貞蟲，細腰蜂，蜾蠃之屬。無牝牡之合曰貞。”是舊説皆言此蜂取他蟲爲子也，而陶弘景注本草“蠮螉”云：“今一種〔蜂〕黑色，腰甚細，銜泥於人壁及器物邊，作房如併竹管，其生子如粟米大，置中，乃捕取草上青蜘蛛十餘枚，滿中，仍塞口，以擬其子大爲糧也。其一種入蘆竹管中者，亦取草上青蟲，一名蜾蠃。詩人云：‘螟蛉有子，蜾蠃負之。’言細腰物無雌，皆取青蟲教祝，便變成己子，〔斯爲〕謬矣。”蘇頌圖經云：“物類變化，固不可度。蚱蟬生於轉丸，衣魚生於瓜子，蟁生於蛇，蛤生於雀，白鷁之相視，負蠜之相應，其類非一，若

---

〔1〕　“蠮音鯁噎”原無，據廣本、徐本補。
〔2〕　“税”廣本、徐本作“悦”。

桑蟲蜘蛛之變爲蜂，不爲異矣。如陶所説卵如粟者，未必非祝蟲而成之也。”陶氏又云：“雖名土蜂，不就土中爲窟，謂揰土作房爾。”是與爾雅〔釋蟲〕所稱土蠭地中作房者同名而異實。今案：蠭之種類甚多，諸書所云取他蟲爲己子，固信而有徵，即陶所説卵如粟米者，亦實有其事，皆得之目驗，要不可以未經見識，遂謂必無。至名醫別録又云“蠮螉一名土蜂，生熊耳及牂柯，或人屋間”，似又一種矣。“蠮螉”、“蚴蜕”皆雙聲。“蠮螉”以其聲言之，“蚴蜕”以其形言之，並以小得名也。廣雅〔釋蟲〕：“蠭，蠸也。”玉篇：“蠸，蠸螉。蠸，同上。”“蠸，小蜂也。螉，小蜂也。”廣韻〔東韻〕：“螉，蠮螉，蟲名，細腰蠭也。”説文：“蠾，小黑子。”吕氏春秋士容篇“傲小物而志屬於大”，高誘注云：“輕畧叢脞嶷蔑之事，而志屬連於有大成功。”“蠾”、“嶷”，義並與“蠮”同。“蚴”之言幼也。説文：“幼，小〔1〕也。”“蜕”之言芮也。前卷二云：“芮，小也。”説文：“鋭，小饋也。”杜預注昭十〔六〕年左氏傳云：“鋭，細小也。”顏師古急就篇〔卷三〕注云：“桅，小梧也。今俗呼爲袖桅，言可藏於懷袖之中也。”義亦與“蚴蜕”同。合言之則曰“蚴蜕”，轉言之則曰“姚娧”。後卷十三云：“姚娧，好也。”“好”與“小”，義相近，説詳卷五“盂或謂之銚鋭”下。

　　説文“䖠，蠭甘飴也”，或从“宓”作“蜜”。海内北經云：“大蠭其狀如螽，朱蛾其狀如蛾。”“螽”，即古文“蠭”，今本訛作“螽”。

　　楚辭招魂云“赤蟻若象，玄蠭若壺些”，王逸注云：“壺，乾瓠也。言曠野之中”，“又有飛蠭，腹大如壺”也。釋木“壺棗”，郭注云：“今江東呼棗大而鋭上者爲壺。”蠭之大者謂之壺蠭，猶棗之大者謂之壺棗也。古字與“胡”通。逸周書諡法解曰：“胡，大也。”衆經音義卷十云“胡，論文作‘壺’”是也。又賈子禮篇云：“祜，大福也。”説文：“湖，大陂也。”下卷十三云：“吴，大也。”是凡言“壺”者，皆“大”之義也。陳藏器本草注云：“土蠭，穴居作房，赤黑色，最大，螫人至死，亦能釀蜜，其子亦大而白。”今蠭之習見者已有五：一爲釀食蜜之蠭，不甚有毒，人恆畜之，以千萬計，有君臣之别，世所用蠟，即其

---

〔1〕“小”今本説文作“少”。

房也，先作房後生卵，卵生後卽藏蜜於房中。又有一種名野蜜蠭，狀如蜜蠭而稍大，恆居土壁孔中。又有如陳藏器所言，亦穿木作窟，俗謂之鐵胡蠭，大有毒。此三者，皆非細腰。其小而黑細腰者，常居竹管中，能鳴，聲如蠮螉，俗謂之螵蛉子，蓋卽所謂"笛師"，以聲爲名也。又一種黃而黑者，在人屋間或竹木上，聚族而居其室，醫方謂之蠭房。此二者，皆取他蟲爲子，不能作蜜。

**蠅，東齊謂之羊。**　注　此亦語轉耳。今江東人呼羊聲如蠅。凡此之類，皆不宜別立名也。**陳楚之間謂之蠅。自關而西秦晉之間謂之羊。**

　　箋疏　釋蟲云"蠅，醜扇"，郭注云："好搖翅。"説文："蠅，蟲之大腹者。"又："蝇，蠅醜蝇。"小雅青蠅篇："營營青蠅。"

　　注云"此亦語轉。今江東人呼羊聲如蠅"者，説卦傳"爲羊"，鄭本作"陽"。逸周書皇門解云"乃維有奉，狂夫是陽是繩"，孔晁注云："言陽舉狂夫，以爲上人。"莊十四年左氏傳云"繩息嬀以語楚子"，猶言譽揚息嬀之美以告楚子也。吕氏春秋古樂篇云"周公旦乃作詩""以繩文王之德"，猶言作詩以頌揚文王之德也。"羊"、"陽"、"揚"、"繩"、"蠅"，古聲並同。"揚"之轉爲"繩〔1〕"，猶"蠅"之轉爲"羊"矣。

　　又云"凡此之類，皆不宜別立名"，此説非也。蓋音隨地異，遂成兩名，書中此類，十居七八。如郭所言，則方言之作皆爲不必，何煩更爲之注耶。盧氏云："蠅，從〔虫〕黽聲，古讀當近閔，與楚姓之'芈'聲相近。"是欲改"羊"爲"芈"，説更謬矣。案："蠅"説文在黽部，非形聲字，故云"蟲之大腹者。從黽、虫"。謂腹大如黽蟲也，爲會意字，讀"余陵反"，與"蒸"、"登"爲韻，故"繩"爲"蠅"省聲。若"閔"則與"準"、"吻"、"隱"、"混"、"很"爲韻，相去甚遠，不能强合也。

　　末"羊"字，俗本作"蠅"，誤，今從戴校。

**蚍蜉，注　亦呼螘蜉。齊魯之間謂之蚼蟓，西南梁益之間謂之玄蚼，注**

---

〔1〕　"繩"原作"純"，據廣本、徐本改。

法言曰“玄駒之步”，是。**燕謂之蛾蜂。** 注 建平人呼“蚔”〔1〕。**其場謂之蚔，或謂之埕。** 注 亦名冢也。 音義 蚍蜉，砒浮二音。蚼蠑，駒養二音。蛾蜂，蟻養二音。蚔，音侈。埕，直尸反。

箋疏 釋蟲“蚍蜉，大螘。小者螘”。“其子蚔”，郭注云：大者“俗呼爲〔馬〕蚍蜉。齊人呼螘爲蜂。蚔，螘卵也。”釋文“螘，本亦作‘蛾’，俗作‘蟻’同”，引字林：“北燕人謂蚍蜉爲蟻蜂。”説文：“螘，蚍蜉也。蚔，螘〔子〕也。”又“蠪，蠪蚳，大螘也”，或從“虫”作“蚍”。

廣雅〔釋蟲〕：“蛾蜂、玄蚼、蚼蠑、蟞蜉，螘也。”“蟞”，曹憲音“匹結反”。廣韻〔虞韻〕：“蚼蜂，蚍蜉”也。“蜂”與“蟞”同。“蟞”、“蚍”，一聲之轉。夏小正十有二月“玄駒賁”，傳云：“玄駒也者，螘也。賁者何也？走于地中也。”“駒”與“蚼”同。學記云“蛾子時術之”，鄭注：“蛾，蚍蜉也。蚍蜉之子，微蟲耳，時術蚍蜉之所爲，其功乃復成大垤。”

注引法言者，先知篇云：“吾見玄駒之步，雊之晨雊也，化其可以已矣哉。”

又云“建平人呼蚔”者，魯語〔上〕云“蟲舍蚔蠑”，韋昭注云：“蚔，螘子，可以爲醢。”

“蚔”，詳卷六“蚔、坥，場也”條。

“埕”，詳上卷“埕、封，場也”條。

**蠦蜰謂之蟥。自關而東謂之蜡蠀，或謂之蚕蠋，或謂之蝖蠜。** 注 亦呼當齊，或呼地蠶，或呼蟥蝖。**梁益之間謂之蛒，或謂之蝎，或謂之蛭蛒**〔2〕。**秦晉之間謂之蠹，或謂之天螻。** 注 按爾雅云“蠜，天螻”，謂螻蛄耳，而方言以爲蝎，未詳其義也。**四方異語而通者也。** 音義 蟥，翡翠。蜡蠀，酉資二音。蚕，書卷。蝖蠜，喧斛兩音。蛒，音格。蛭，音質。

箋疏 釋蟲“蟥，蠐蜰”，郭注云：“在糞土中。”説文：“螬，螬蠀也。”廣雅

---

〔釋蟲〕：“蝡，螼蚓也。”“螼蚓”與“蜸蚕”同，“螜蠤”與“蜸蚕”亦同。列子天瑞篇云：“烏足之根爲螼蚓。”御覽〔卷九四八〕引博物志云：“螼蚓以背行，駛於用足。”合言之則曰“蝡螼”。本草云：“螼蚓，一名蝡螼。”“螼蚓”雙聲，“蝡螼”疊韻也。“蝡螼”聲轉而爲“蜸齊”，亦爲“敫齊”。名醫別録云：“一名蜸齊，一名敫齊，生河內人家積糞草中。”皆是也。“螼蚓”倒言之則曰“蚓螼”。莊子至樂篇司馬彪注：“蚓螼，蝎也。”亦但謂之“蝎”。孟子滕文公篇〔下〕：“井上有李，蝎食實者過半矣。”

爾雅〔釋蟲〕“蝤蠐，蝎”，注云：“在木中。今雖通名爲蝎，所在異。”説文：“蝤，蝤齏也。”衛風碩人篇“領如蝤蠐”，毛傳：“蝤蠐，蝎蟲也。”正義引孫炎爾雅注云：“蝤蠐謂之蝡螼，關東謂之蝤蠐，梁益之間謂之蝎。”

“蚤蠾”各本並同，戴本“蚤”誤作“卷”。衆經音義卷二十引方言作“蚤蠾”，今訂正。

注“亦喚當齊”“當”字，疑“曹”字之譌，即司馬彪之所謂“蚓螼”也。

“亦呼地蠶”，“蠶”俗本作“蝨”，宋本作“蚕”，並不成字。廣雅〔釋蟲〕：“蛭蜦、蚤蠾、地蠶、蠱，螼蚓也。”今姑據改。惟永樂大典本又作“肥蚕”，“肥”與“地”、“蚕”與“齊”形並相似，或即名醫別録之所謂“蜸齊”，莫可知矣。

玉篇“蝖”、“蛒”並云：“螼蚓也。”爾雅〔釋蟲〕“蝎，桑蠹”，注云：“即蛣蜺。”又云“蝎，蛣蜺”，注云：“木中蠹蟲。”説文：“蝎，蝤齏也。”“蠹，木中蟲”，或從“木”作“蠹”。詩碩人正義云：“蝡螼也、蝤蠐也、蝤螼也、蛣蜺也、桑蠹也、蝎也，一物而六名。”是土中之蝡與木中之蠹，皆以同類而通名。

亦有異類而同名者。“或謂之天螻”注云“未詳其義”，案：爾雅〔釋蟲〕“轂，天螻”，注云“螻蛄也”，引夏小正曰：“轂則鳴。”螼蚓謂之天螻、亦謂之蝖轂，猶螻蛄謂之天螻、亦謂之轂，此異物而同名也。又案：本草陳藏器説以蝤蠐爲化蟬之蟲，蝤蠐化天牛者，蓋蝤蠐先化爲蛂蛢，再化爲蟬，故論衡無形篇云：“蝤蠐化而爲復育，復育轉而爲蟬。”李時珍本草綱目謂“蛂蛢、蜉蝣、蝮蛸、天牛，皆蝤蠐、蝎蟲所化”。“螻”與“蛢”、“蝣”並同聲，“牛”與“螻”

疊韻，是"天螻"猶言"天牛"也。

蚰蜒，自關而東謂之螾𧌒，或謂之入耳，或謂之蛝蠷。趙魏之間或謂之蚨虶。北燕謂之蚭蚭。　注 江東又〔1〕呼蚅。　音義 蚰蜒，由〔2〕延二音。螾，音引。蠷，音麗。蚨虶，扶于二音。蚭，奴六反。蚭，音尼。蚅，音鞏。

箋疏 "蜒"，俗本作"蚅"，蓋涉下文而訛，宋本作"蜒"。衆經音義卷二十引方言"蚰蜒，一名入耳"，正作"蜒"，今據以訂正。又卷十四云"蚰蜒，或作'蝣蜒'二形，由延二音"，引說文："亦名入耳，北燕曰蚭蚭。"蓋誤以方言爲說文也。玉篇："蚰，蚰蜒。又曰入耳也。蝣，同上。"陳藏器本草云："蚰蜒，色正黃，大者如釵股，其足無數，此蟲好脂油香，能入耳及諸竅中，以驢乳灌之，化爲水。"衆經音義卷六云："蚰蜒，江南大者卽蜈蚣。"

釋蟲"螾衡，入耳"，郭注云："蚰蜒。"釋文："衡，本又作'蚅'。"邢昺疏云，"此蟲象蜈蚣，黃色而細長，呼爲吐舌"，"喜入〔人〕耳者也。"鄭注考工記〔梓人〕云"卻行，螾𧌒之屬"，釋文云："此蟲能兩頭行，是卻行也。"又引劉昌宗云："螾𧌒，或作'衍蚓'，衍音延。今曲蟺也。"則非此蟲矣。淮南說林訓云"昌羊去蚤蝨而來蛉窮"，高誘注："昌羊，昌蒲。蛉窮，虫蜒入耳之蟲也。"又泰族訓云："昌羊去蚤蝨而人弗席者，爲其來蛉窮也。"御覽引高誘注云："蛉窮，幽冀謂之蜻蚭，入耳之蟲也。"又引"蚨虶"作"蚨虶"，音"扶于"作"缺于"，皆誤。

廣雅〔釋蟲〕："蛝蠷、蚭蚭，蚰蜒也。""蚨虶"，曹憲"梟紂"二音。玉篇"蛝"、"蠷"並云："蚰蜒也。""虶，蚨虶，蚰蜒也。"案："蚰蜒"、"螾𧌒"，聲之轉。"蜻蚭"與"蚭蚭"，聲相近。"蚭蚭"之聲轉而爲"入耳"。諸家附會"入耳"之說，恐非也。又案："蚰蜒"、"螾𧌒"並雙聲，皆言其行之蜿蜒也。

"蚭蚭"與"蜿蜒"同意。上卷云："忸怩，慙𧩙也。楚郢江湘之間"，"或謂之㦗㤁"。廣雅〔釋訓〕："忸怩，㦗㤁也。"又〔釋詁一〕云："㦗怩、㦗㤁，慙

---

〔1〕 "又"原無，據四部叢刊影宋本、盧文弨重校方言本補。
〔2〕 "由"原作"田"，據廣本、徐本改。

也。”“愿”與“忸”同。“忸怩”、“慼咨”亦雙聲，皆局縮不伸之貌。志不伸謂之忸怩，行而卻亦謂蚴蜿，其義一也。餘互見前。

玉篇：“蚴蜿，班蚝”也。“蚝”與“蛥”聲相近。

**鼅鼄，鼅蝥也。自關而西秦晉之間謂之鼄蝥。** 注 今江東呼蹶蝥。**自關而東趙魏之郊謂之鼅鼄，或謂之蠾蝓。蠾蝓者，侏儒，語之轉也。北燕朝鮮洌水之間謂之蝳蜍。** 注 齊人又呼社公，亦言冈工。 音義 鼅鼄，知株二音。蝥，音務。蹶，音掇。蠾蝓，燭臾二音。蝳蜍，音毒餘。

箋疏 釋蟲“次蟗，鼅鼄。鼅鼄，鼄蝥”，郭注云：“今江東呼蹶蝥，音掇。”“土鼅鼄”，注云：“在地中布網者。”“草鼅鼄”，注云：“絡幕草上者。”又考説文“鼅鼄，蝥也”，或从“虫”省作“蜘”。“鼄，鼅鼄”，或从“虫”作“蛛”。“蠱，蠱蝱，作冈蟲蝱也。蝱，蠱蝱也。”“鼅鼄”之言踟跦也。成公綏嘯賦云：“逍遥攜手，踟跦步趾。”亦作“踟躕”。邶風靜女篇：“搔首踟躕。”文選鸚鵡賦李善注引薛君章句云：“踟躕，躑躅也。”三年問云“蹢躅焉，踟躕焉”，釋文作“蹛躕”。易是類謀云“物瑞蹛躅”，鄭注云：“蹛躅，猶踟躕也。”並與“踟跦”同。是“鼅鼄”以其行動之象名之也。賈子禮篇云：“蛛蝥作罟。”“蝥”之言務也。太玄務次五曰：“蜘蛛之務，不如蠺之緰。”測曰：“踟跦之務，無益人也。”廣雅〔釋蟲〕：“蛛蝱、冈工、蠾蝡，蝳蜍也。”“冈”與“罔”同，“蝡”與“蝓”同。

玉篇：“蹶，䵴蝥也。”陶宏景名醫別録云：“蜘蛛，亦名蚰蟱。”案：“蚰蟱”，即“蹶蝥”之轉聲也。“蹶”之言裰也。淮南人間訓云“聖人之思修，愚人之思裰”，高誘注：“裰，短也。”後卷十三云“拙，短也”，注云：“蹶拙，短小貌。”莊子秋水篇“遥而不悶，掇而不跂”，郭象注：“遥，長也。掇，猶短也。”説文：“窡，短面也。”廣韻〔薛韻〕：“頮，頭短”也。衆經音義卷四引聲類云：“惙，短氣貌。”釋宮“梁上楹謂之棳”，郭注云：“侏儒柱也。”釋文：“棳，本或作‘梲’。”雜記〔下〕云“山節而藻梲”，鄭注：“梲，侏儒柱也。”釋名〔釋宮室〕：“棳儒，梁上短柱也。棳儒，猶侏儒。”晉語〔四〕“侏儒不可使援，”韋昭注：“侏儒，短者。”襄四年左氏傳云：“朱儒是使。”“朱”與“侏”同。淮南主術訓云:“修者以爲櫚榱,短者以爲朱儒枅櫨。”蔡邕短人賦云:“木門椳兮梁上柱,視短人兮形如許。”是也。爾雅〔釋鳥〕又云“鳥鼠同穴,其鳥爲鵌,其鼠爲鼵”,郭注云:“鼵,如人家鼠而短尾。鵌,似鵽而小。”又云“鵽鳩”注云:“鵽,大如鴿,似雌雉,鼠腳無後指。”俗名“突厥雉”。案:鼅鼄八足,身短腹大,善結網捕飛蟲以食,故抱朴子謂“太昊師蜘蛛而結網”。或謂之蝃蝥、或謂之蠾蝓、或謂之蝳蜍,皆以短爲名也。

“蝳蜍”、“蠾蝓”,亦一聲之轉。玉篇:“蝳蜍,肥大蜘蛛”也。“蝨,蠿蝨也。燕曰蝳蜍,齊曰松公。”“松公”,卽此注之“社公”〔1〕。短柱謂之棳儒、亦謂之侏儒,猶鼅鼄謂之蝃蝥、亦謂之蝳蜍、亦謂之蠾蝓。突厥雉謂之鵌,猶蠾蝓謂之蝳蜍也。

注“亦言罔工”,則又以作網立名矣。“罔工”舊本誤作“周公”,今據廣雅〔釋蟲〕改正。

**蜉蝣,秦晉之間謂之蟝螫。** **注** 似天牛而小,有甲角,出糞土中,朝生夕死。
**音義** 蜉蝣,浮由二音。

**箋疏** “蜉蝣”之言浮游也。楚辭離騷云:“聊浮遊以逍遥。”廣雅〔釋訓〕:“翱翔,浮游也。”齊風載驅篇毛傳云:“翱翔,猶彷徉也。”“彷徉”、“浮遊”,一聲之轉,是“蜉蝣”以飛翔立名也。夏小正五月“浮游有殷”,傳云:“殷,衆也,浮游殷之時也。浮游者,渠略也,朝生而暮死。”“浮游”與“蜉蝣”同,“渠略”與“蟝螫”亦同。曹風蜉蝣篇“蜉蝣之羽”,毛傳:“蜉蝣,渠略也,朝生夕死。”“蝣”與“蝣”亦同。爾雅〔釋蟲〕“蜉蝣,渠略”,釋文:“蝣,本又作‘蝣’。”詩〔曹風蜉蝣〕疏引舍人注云:“南陽以東曰蜉蝣,梁宋之間曰渠略。”藝文類聚〔卷九十七〕引樊光曰:“是糞中蟲,陰雨而爲之。”郭注云:“似結蜣,身狹而長,有角,黄黑色,叢生糞土中,朝生莫死,豬好啖之。”陸機義疏云:“蜉蝣,方土語也,通謂之渠略,似甲蟲,有角,大如指,長三四寸,甲下有翅,能飛。夏月陰雨時,地中出,今人燒炙噉之,美如蟬也。”說文:“𧕻,𧕻蟟

〔1〕“卽此注之社公”廣本、徐本作“疑卽此注‘社公’之譌。”

也。”“螏，蝱螏。一曰：蜉蝣，朝生莫死者。”玉篇：“蜉蟓，渠略。”皆字異義
同。荀子大略篇云：“不飲不食者，蜉蝣也。”論衡論死篇云：“蟬之未蛻也爲
復育，已蛻也去復育之體，更爲蟬之形。”又無形篇云：“蠐螬化爲復育，復育
轉而爲蟬；蟬生兩翼，不類蠐螬。”“復育”，卽“蜉蝣”一聲之轉。古書皆言蜣
蜋轉糞成丸，納土中〔1〕，後化爲蟬。蜉蟓形似蜣蜋，亦出糞土中，二物實爲
同類，皆糞土中蟲所化，其後皆化爲蟬。陶宏景名醫別録云“蜣蜋，其類有
三四種”，卽謂復育之類。蛣蜣謂之蜣蜋，蜉蟓謂之蝶蟹。“蝶蟹”、“蜣蜋”，
聲相近也。衆經音義〔卷十三〕引字林“復育”作“蝮蜟”，云：“蟬皮也。”廣雅
〔釋蟲〕亦云：“復育，蟬蛻也。”兩説皆淺解，論衡之文附會，誤也。説文：
“蛻，蛇蟬所解皮也。”則蟬所解皮謂之蟬蛻，復育尚未成蟬，何得有蟬蛻之
名乎？李時珍本草綱目謂“蜣蜋、蜉蟓、蝮蜟、天牛，皆蠐螬、蝎蟲所化。蜉
蝣亦蜣蜋之一種”，其説最確，特未知爲“復育”之轉聲耳。又案：傳記皆言
蜉蝣朝生夕死，而淮南詮言訓云“龜三千歳，蜉蝣不過三日”，大戴禮易本命
篇注引淮南子云“蜉蝣不飲不食，三日而終”，是蜉蟓不必皆朝生夕死。言
“朝夕”者，極言其受生之促。其云“死”，不必是死，卽云“三日而終”，不必
限以三日，猶“龜三千歳”，不必限以三千，皆約舉其數而言之也。

馬蚿，北燕謂之蛆蝶。其大者謂之馬蚰。　注 今關西云。　音義 蚿，音
弦。蛆，卿蛆。蚰，音逐〔2〕。

　　箋疏 釋蟲：“蛝，馬蝼。”禮記〔月令〕疏引李巡注云：“螢火夜飛，腹下
有光。”詩東山疏引舍人注云：“螢火，卽夜飛有火蟲也。”郭注云：“馬蠲，蚐，
俗呼馬蚿。”説文“蠲，馬蠲也”，引明堂月令云：“腐草爲蠲。”呂氏春秋〔季夏
紀〕作“腐草化爲蚈”，高誘注：“蚈，馬蚿也。一曰螢火也。”逸周書時訓解作
“腐草化爲螢”。今月令作“腐草爲螢”，鄭注：“螢火也。”淮南時則訓注：
“蚈，馬蚿也，幽冀人謂之秦渠。”又兵略訓云“若蚈之足”，注云：“蚈，馬蠸
也。”又氾論訓云“蚈足衆而走不若蛇”，高誘注云：“馬蚈，一名螢火。”莊子

秋水篇云“猶使”“商蚷馳河〔也〕，必不勝任矣”，司馬彪注云：“商蚷，蟲名，北燕謂之馬蚿。”又云“（蛇憐夔）夔憐蚿，〔蚿憐蛇〕”，“夔謂蚿曰：‘吾以一足趻踔而行，〔予無如矣。〕今子之使百足，〔獨〕奈何？’”“蚿謂蛇曰：‘吾以衆足行，而不及子之無足，何也’”，司馬彪注云：“蚿，馬蚿蟲也。夔，一足。蛇，無足。”文子上德篇：“若蚈之足衆而不相害。”博物志云：“馬蚿，一名百足。中斷則首尾異行而去。”蘇恭本草注云：“襄陽人名爲馬蚿”，“亦名刀環蟲，其死則側臥，狀如刀環也”。是皆言其多足，而亦或謂之螢火者，何耶？陳進士詩庭云：爾雅郭注亦以“馬蠲”爲“螢”，“蚼”卽“螢”字，古從“勻”字皆通從“熒”字。説文：“趶，讀若鶯。”周禮地官均人注引詩“螢螢原隰”，今詩〔小雅信南山〕作“昀昀”。籀文本從“勻”。古“旬”、“勻”多通用，故“旬”亦與“螢”通。詩江漢箋：“旬，當作‘營’。”史記天官書“旬始出於北方”，徐廣曰：“旬，一作‘營’。”薛綜注張衡東京賦：“旬始，妖氣也。”是“蚼”卽“螢”字，而“蚼”之有光可知矣。賈誼傳“烈士徇名”，應劭曰：“徇，營也。”左思吳都賦“徇蹲鷗之沃”，劉逵曰：“徇，營也。”注家以“蚈”、“蚿”爲螢，與郭注正同，且又可以目驗。求之螢有飛者，亦有行者，小者如米，大者長寸，多足，通體有光，俗名火百腳，又名香燋蟲。“燋”，卽“蚿”也。吾鄉猶名螢，則多足而有光者，何不可謂之螢乎？蠲也、蚈也、螢也，同物也。曰蚈、曰蠲、曰蚿、曰蚼，卽“蠲”、“蚈”、“螢”聲之轉而變也。玉篇：“姰，又音縣。”一切經音義大方廣佛華嚴經：“眩，古文‘姰’、‘迿’二形。”然則“蚿”亦卽“螢”字也。儀禮聘禮釋文“絇”今文作“約”，“絇，舊音縣。約，劉音圜”。又案：“姰”字音“縣”者，或當從“旬”旁，“旬”重文作“昫”，“旬”本從“勻”省聲。“蠲”之從“目”，目上爲明，與“明”同。釋言：“蠲，明也。”蠲明可稱螢也。馬蚿大者謂之馬蚰。“蚰”者，抽也。“蚈”者，根也。“蠸”者，綫也，言其細而長也。“蚈”者，妍也。史記外戚傳“婗娥”服虔曰：“婗聲近妍。”説文：“婗，長好也。”“鈃似鐘而頸長。”玉篇：“研，似鐘而頸長”，重文作“碀”。淮南時則訓注高氏有“蚈讀奚徑之徑”句。“蠲”者，蜎也。説文“蠲”字亦从“乑”，象形。“乑”卽“蜎”之本字。釋魚：“蜎，蠉。”故本草“馬蚿”又名“刀環”。“蚈”、

“蚢”、“蝬”、“蛧”，本以形而得名，而其偏旁從聲，字音皆相近。熒其有光亦似螢，故以螢名。以吕氏春秋、明堂月令“蠲”、“蚈”例之，知腐草爲螢乃行螢，非螢也。繹案：太平御覽〔卷九四八〕引吳普云：“馬蚿，一名馬軸。”又謂之“馬陸”。“軸”與“蚰”通。“馬陸”，猶“馬蚿”耳。又李當之本草云：“此蟲長五六寸，狀如大蛩，夏月登樹鳴，冬則蟄，今人呼爲飛蚿蟲。”故宋書王素傳云：“山中有蚿蟲聲清長，聽之使人不厭。”是又能飛能行且能鳴，特不言有火，想別是一種蟲，與此不同也。

# 輶軒使者絶代語釋別國方言箋疏卷第十二

爰、嗳，哀也。　注　嗳，哀而恚也。　音義　嗳，音段。

　　箋疏　前卷六云"爰、嗳，恚也。楚曰爰，秦晉曰嗳"，注云："謂悲恚也。"廣雅〔釋詁二〕："爰、嗳，恚也。""嗳"，曹憲音"呼館、虎元二反"，引方言音"段"。此宋本作"音喚"，非是。廣韻〔換韻〕："嗳，恚也。"玉篇："㤴，恨也。""㤴"與"嗳"同。"恚"、"恨"，與"哀"義亦相近，故注云"哀而恚也"。楚辭九章〔懷沙〕云："曾傷爰哀，永嘆喟兮。"王氏懷祖〔廣雅疏證釋詁二〕云："爰哀，猶曾傷，謂哀而不止也，王逸注訓'爰'爲'於'，失之。"按："爰"通作"咺"。齊策〔六〕"狐咺"，漢書古今人表作"狐爰"、吕氏春秋貴直篇作"狐援"，是其證。前卷一云："咺，痛也。凡哀泣而不止曰咺。"説文云："朝鮮謂兒泣不止曰咺。"漢書外戚傳〔上〕"悲愁於邑，喧不可止兮"，顔師古注云："朝鮮之間謂小兒泣不止名爲喧。""咺"、"喧"，與"爰"、"嗳"聲義並同。衛風淇澳篇"赫兮咺兮"，大學作"喧"、説文引作"愃"，古字並通。前卷二"苦，快也"，注云："今江東呼快爲愃。"快謂之愃，哀亦謂之爰、亦謂之嗳，以相反爲義也。彼注又云："苦而爲快者，猶以臭爲香、亂爲治、徂爲存，此〔訓〕義之反覆（爲）用〔之是〕也。"

儒輸，愚也。　注　儒輸，猶儒撰也。

　　箋疏　廣雅〔釋詁一〕："儒輸，愚也。"荀子修身篇云"勞苦之事，則偷儒轉脱"，楊倞注："偷謂苟避於事，儒亦謂儒弱畏事。""或曰'偷'當爲'輸'"，引此文及注。"輸儒"與"輸儒"同，倒言之也。玉藻"諸侯荼，前詘後〔直〕"，鄭注："荼讀爲舒遲之舒。舒儒者，所畏在前也。"釋文云："儒，怯弱也。又作'偄'，弱也。"漢書西南夷傳云"恐議者選耎，復守和解"，顔師古注云："選耎，怯不前之意。"後漢書西羌傳作"選懦"。"舒儒"、"選耎"、"選懦"，皆"輸儒”之轉。

注“懦撰”，倒言之則曰“撰懦”，亦同也。“懦撰”，各本作“儒撰”，戴氏云：“儒輸”疊韻，“懦撰”亦疊韻，楊倞注荀子引尚不誤，今據以訂正。

## 惬、諒，知也。

箋疏“知”，讀爲“㑦”。説文：“㑦，識詞也。”隸省作“知”。釋名〔釋言語〕，“智，知也，無所不知也。”

廣雅〔釋詁三〕：“惬、諒，智也。”“惬”，曹憲音“爰”。智而誤用之則爲欺詐。説文：“諼，詐也。”文〔十〕三年公羊傳云“此伐楚也，其言救江何？爲諼也”，何休注：“諼，詐”也。前卷六云：“爰、嗳，患也。皆不欲厭而强䛐之意也。”“諼”、“爰”、“嗳”，聲並與“惬”相近。智謂之惬、欺詐謂之諼、不欲厭而强䛐之謂之爰、亦謂之嗳，義並相因也。

“欺詐”與“信實”亦相反，説文：“諒，信也。”内則云“請肆簡諒”，鄭注：“諒，信也。”正義云：“謂言語信實。”是“諒”與“智”，義亦相通也。

## 拊、撫，疾也。　注 謂急疾也。　音義 拊，音府。

箋疏 釋言“疾，壯也”，郭注云：“壯，壯事謂速也。”

廣雅〔釋詁一〕：“拊、舞，疾也。”“舞”與“撫”通。説文：“駙，疾也。”“駙”與“拊”，聲近義同。

## 悲、怒，悵也。　注 謂悕惆〔1〕也。　音義 悲，音翡。

箋疏“悲”，各本作“菲”，宋本作“悲”。廣雅〔釋詁三〕“悲、怒，悵也”，曹憲音“翡，又芳尾反”，與宋本正合，今從宋本。

説文：“悵，望恨也。”玉篇：“悵，惆悵，失志也。”又云：“惆悵，悲愁也。”問喪云：“小悵焉愴焉。”

述而篇云“不憤不啟，不悱不發”，釋文音“芳匪反”。鄭注學記云“使之悱悱憤憤然後啓發”，釋文：“悱，芳鬼反。”“悱”與“悲”聲同，義亦相近。説文：“怫，鬱也。”漢書鄒陽傳云“太后怫鬱泣血”，顏師古注云：“怫鬱，蘊積

---

〔1〕“惆”原作“悵”，據廣本改。

也。音佛。”“悲”、“怫”，聲之轉耳。集韻〔怪韻〕引廣雅云“懟，恨也”，“下介切”，所見異本也。

前卷一云：“怒，憂也。自關而西秦晉之間凡志而不得、欲而不獲、高而有墜、得而中亡”，“或謂之怒”。義與“恨”同也。

**鬱、熙，長也。**　注 謂壯大也。　音義 熙，音怡。

箋疏 廣雅〔釋詁二〕：“鬱、熙，長也。”司馬相如長門賦云：“正殿塊以造天兮，鬱並起而穹崇。”班固西都賦云：“神明鬱其特起。”皆高出之意。“高”與“長”，義相近。“鬱”通作“蘊”。大雅雲漢篇“蘊隆蟲蟲”，釋文云：“蘊，韓詩作‘鬱’。”鬱隆，亦長大之意也。亦通作“菀”。小雅正月篇云：“有菀其特。”“鬱”、“蘊”、“菀”，並一聲之轉。

“熙”，舊本並同，戴氏據廣雅〔釋詁二〕改作“㷄”，今從舊本。衆經音義卷一云：“怡，古文‘㷄’同。”集韻〔之韻〕“㷄”或省作“㷄”。襄十年左氏傳杜預注“子駟所殺公子㷄之黨”釋文：“㷄，本亦作‘熙’，又音怡。”是“㷄”與“熙”同。堯典“庶績咸熙”，某氏傳云：“熙，廣也。”“廣”與“長”，義亦相近。

**娋、孟，姊也。**　注 外傳曰“孟啖我”，是也。今江東山越間呼姊聲如市，此因字誤遂俗也。娋，音義未詳。

箋疏 廣雅〔釋親〕“娋，姊也”，曹憲“娋”音“所交反”。玉篇作“娑”云“姊也”，音同。廣韻〔肴韻〕云：“娑，齊人呼姊。”說文“嬃，女字也”，引楚辭離騷曰：“女嬃之嬋媛。”“賈侍中説：‘楚人謂姊爲嬃。’”王逸注云：“屈原姊。”袁山松、酈道元説同。“嬃”、“娋”，語之轉。離騷“折若木以拂日兮，聊逍遙以相羊”，文選李善本“逍遙”作“須臾”、五臣本作“逍遥”。今吳俗言些微聲如稍，是其例矣。又歸妹六三“歸妹以須”，〔詩小雅桑扈〕正義引鄭注云：“須，有才智之稱。天文有須女，屈原之妹名女須。”釋文云荀爽、陸績作“嬬”。“嬬”與“嬃”亦同。史記吕后紀：“太后女弟吕嬃。”又樊噲傳：“噲以吕后女弟吕須爲婦。”是妹亦稱嬃也。

廣雅〔釋親〕：“孟，姊也。”晉語〔二〕“優施謂里克妻曰：‘主孟啗我，我教茲暇豫事君’”，韋昭注云：“大夫之妻稱主，從夫稱也。孟，里克妻字。啗，唻也。”釋詁：“孟，長也。”長謂之孟，故姊亦謂之孟矣。

　　注外傳云云，見魯語〔1〕。

**築娌，匹也。** 注 今關西兄弟婦相呼爲築娌。娌，耦也〔2〕。 **音義** 築，直六反，廣雅作“妯”。

　　**箋疏** 廣雅〔釋親〕“妯娌、娣姒，先後也”，曹憲“逐里”二音。“妯”與“築”同。爾雅〔釋親〕“長婦謂稚婦爲娣婦，娣婦謂長婦爲姒婦”，郭注云：“今相呼先後，或云妯娌。”孟康注漢書郊祀志〔上〕云：“兄弟妻相謂先後。”顏師古云：“古謂之娣姒，今關中俗呼之爲先後，吳楚俗呼之爲妯娌。”廣韻〔候韻〕“後”字注引方言云“先後猶娣姒”，今無此文，姑附於此，俟考。

　　注“娌”，一本作“里”，“里”與“娌”通。

　　音“直六反”“直”，俗本作“度”，今從宋本。

　　廣雅〔釋詁四〕：“耦、娌、匹，二也。”說文：“二，地之數也。从偶一。”“偶”與“耦”同。前卷二注云：“耦，亦匹”也。“娌”之言麗也。說文：“麗，旅行也。”通作“儷”。士冠禮、聘禮“儷皮”鄭注：“離，猶兩也。古文‘儷’爲‘離’。”月令云“宿離不貣”，鄭注云：“儷，讀爲儷偶之儷。”玉篇云字書“𠌯”與“儷”同。廣雅〔釋言〕：“𠌯，扶也。”說文：“扶，並行也。讀若伴侶之伴。”前卷三云：“陳楚之間凡人嘼乳而雙產謂之釐孳，秦晉之間謂之僆子。”“麗”、“儷”、“離”、“𠌯”、“釐”，聲並與“娌”相近。“僆”與“娌”，又聲之轉矣。“娌，耦也”句，舊本提行別爲一條，今從盧校本。

**礦、裔，習也。** 注 謂玩習也。 **音義** 礦，音盈。

　　**箋疏** 說文：“習，數飛也。”坎釋文引劉氏曰：“水流行而不休故曰習。”

　　廣雅〔釋詁二〕：“礦、裔，習也。”“礦”通作“嬴”，亦作“盈”。坎象傳曰“習坎，重險也，水流而不盈”，荀爽曰：“陽動陰中故流，陰陷陽中故不盈。”案：不盈，猶言不習，盈坎卽習坎之義也，解者訓“盈”爲“溢”，殆失之矣。

---

〔1〕 “注外傳云云見魯語”原無，據廣本、徐本補。
〔2〕 “娌，耦也”廣本、徐本提行別爲一條。

説文：“愗，習也。”案：小雅四月篇正義、桓十三年左傳正義並引説文：“伏，習也。”是唐初本説文“愗”作“伏”。衆經音義卷十二云“習伏，又作‘愗’”，引字林：“愗，習也。”是説文本作“伏”、字林作“愗”，實一字，後人以字林“愗”字改説文之“伏”字耳。説文：“狃，犬性伏也。”釋言：“狃，復也。”鄭風大叔于田正義引孫炎注云：“伏前事復爲也。”釋詁釋文云：“伏，張揖雜字音曳。”後漢書馮異傳云“狃伏小利”，李賢注云：“狃伏，猶慣習也。”是“裔”、“愗”、“伏”，聲義並同。又釋獸云：“闕洩，多狃。”魯公山不狃字子洩，蓋亦取慣習之義。“洩”，又“裔”聲之轉矣。

**躔、迻，循也。躔、歷，行也。　注　躔，猶踐也。日運爲躔，月運爲迻。**

**注**　運，猶行也。　**音義**　躔，度展反。循，迻巡。

　　**箋疏**　説文：“循，行也。”子罕“夫子循循然善誘人”，何晏注：“循循，（有）次序貌。”

　　廣雅〔釋詁四〕：“躔、迻，循也。”左思吴都賦云：“未知英雄之所躔。”是“躔”爲循也。

　　説文：“迻，復也。”“復，往來也。”漢書公孫弘傳“有功者上，無功者下，則羣臣迻”，李奇注云：“言有次第也。”史記游俠傳“迻迻有退讓君子之風”，漢書作“循循”。哀三年左氏傳云“外内以倿”，杜預注云：“倿，次也。”漢書王莽傳〔上〕云：“後倫隆約，以矯世俗。”並字異義同。

　　（音）“迻巡”音盧氏云：“謬，今移正。迻循即迻巡，見晏子春秋問下篇。説苑善説篇：‘林既迻循。’漢書游俠傳：‘萬章迻循甚懼。’外戚傳：‘迻循固讓。’又作‘迻遁’，音義亦同。”案：鄭注聘禮云：“退謂大夫降迻遁。”又云：“三退三迻遁也。”是也。

　　説文：“躔，踐也。”“歷，過也。”廣雅〔釋詁一〕：“躔、歷，行也。”“循”亦訓“行”，是“行”與“循”同也。左思吴都賦“未知英雄之所躔也”，李善注引方言：“躔、歷，行也。”張衡思玄賦云“躔建木於廣都兮，擥若華而躊躇”，李善注引淮南子曰：“建木在廣都，若木在建木西，末有十日，其華照下地。”謝莊月賦云：“北陸南躔。”是日運爲躔也。案：古今之言“歷”者，大率皆以周天爲三百六十五度四分度之一，日每日行一度，故一歲乃行一周天，月每月行十三度十九分度之七，故一月則行一周天，是月行較日爲疾。鄭注大傳云："逡，疾也。"故月運爲逡也。又案："躔"與"逡"對文則異，散文則通。呂氏春秋圜道篇云："月躔二十八宿。"是月行亦爲躔也。又漢書律曆志〔上〕云："日月初躔，星之紀也。"是"躔"通日月言之也。"躔、歷，行也"及下二句，舊本並提行別爲一條，今從盧校本。

**逭、遃，轉也。逭、遃，步也。** 注 轉相訓耳。 音義 逭，音換，亦音管。遃，陽六反。

　　箋疏 廣雅〔釋詁四〕"逭、遃，轉也"，玉篇、廣韻並同。楚辭天問云"斡維焉繫"，王逸注："斡，轉也。'斡'，一作'筦'。"漢書賈誼傳云"斡棄周鼎"，如淳注："斡，轉也。"匡謬正俗云："斡，聲類及字林並音管。"淮南時則訓云"員而不垸"，高誘注："垸，轉也。""逭"、"斡"、"垸"，聲義並同。

　　廣雅〔釋詁一〕："步、轉、逭、遃，行也。"玉篇"逭，步也。蓮，古文逭"。"遃，行也。"廣韻〔換韻〕："逭，步也。"〔屋韻〕："遃，步也。"説文"逭，逃也"，或從"兆"從"藋"作"𨓍"。緇衣篇引太甲曰"不可以逭"，鄭注："逭，逃也。"義亦相近也。

**燹、虞，望也。** 注 今云烽火是也。

　　箋疏 説文："燹，燹燧，候表也，邊有警則舉火。"廣雅〔釋詁一〕："燹，望也。"字亦作"烽"同。班固西都賦云："舉烽命釂。"後漢光武紀〔下〕云"築亭候，修烽燧"，李賢注引漢書音義曰："邊方備警急，作高土臺，臺上作桔皋，桔皋頭有兜零，以薪草置其中，常低之，有寇卽燃火舉之，以相告，曰烽。又多積薪，寇至卽燔之，望其烟，曰燧。晝則燔燧，夜迺舉烽。""燧"與"烽"雖異名，實則皆取於相望耳。

　　廣雅〔釋詁一〕"虞，望也"，王氏疏證云："虞，亦候望也。桓十一年左傳'且日虞四邑之至也'，杜預注：'虞，度也。'案：'虞，望也'，言日望四邑之至也。廣雅'虞'、'候'皆訓爲'望'，故古守藪之官謂之虞候。昭二十年左傳'藪之薪蒸，虞候守之'，正義云：'立官使之候望，故以虞候爲名'是也。昭六年左傳'始吾有虞於子,今則已矣',杜預注:'虞,度也。言準度子產以爲己法。'案:'虞,望也',言昔也吾有望於子,今則無望矣。"王説較杜爲長。今案:"虞"字亦作"壜"同。墨子備蛾傳篇云:"二十步一殺有壜。""壜"當卽"虞"之異文,亦備敵候望之事也。"虞"之又作"壜",猶"候"之別爲"堠"耳。廣韻〔候韻〕"堠"音"候",云:"今封堠也。"

## 揄、攆,脱也。

**箋疏** 廣雅〔釋詁四〕"揄、墮,脱也",曹憲"揄"音"以珠反"。枚乘七發云:"揄棄恬怠,輸寫澒濁。"下文云"輸,挩也",注云:"挩,猶脱也。"王氏懷祖〔廣雅疏證釋詁四〕云:"'揄'、'輸'聲相近,'輸'、'脱'聲之轉。'輸'之轉爲'脱',若'愉'之轉爲'悦'矣。"

"攆",廣雅〔釋詁四〕作"墮"。"墮"與"攆"通。又〔廣雅釋詁一〕云"攆,棄也",曹憲音"緣蘂反"。玉篇音"他果反"。下卷云"毻,易也",注云:"謂解毻也。音他卧反。"是"毻"與"攆"聲同,義亦相近。"揄攆"俗本作"榆楕",一本作"揄攆",蓋形近之譌,戴本據廣雅〔釋詁四〕改"攆"作"墮",盧刻從之,今從舊本。

## 解、輸,挩也。 注 挩,猶脱耳[1]。

**箋疏** "挩",舊本並同。説文:"挩,解挩也。"廣韻〔末韻〕"挩"字注云:"或作'脱'"同。戴氏據此改"挩"作"挩"。盧氏云:"荀子禮論篇:'凡禮始乎挩。'大戴禮、史記皆作'脱'。是'挩'與'脱'同。"今從衆家本。

説文:"解,判也。從刀判牛角。""輸"、"脱",聲之轉也。

廣雅〔釋言〕云:"輸,墮也。"小雅正月篇"載輸爾載",鄭箋云:"輸,墮也。"春秋隱六年"鄭人來輸平",公羊傳云:"輸平,猶隳成也。何言乎隳成?敗其成也。""隳"與"墮"同。昭四年左氏傳"寡君將墮幣焉",釋文引服虔注云:"墮,輸也。"皆與"脱"同義,故上文云:"揄、攆,脱也。""攆",廣雅〔釋詁四〕作"墮"。"揄",與"輸",聲相近。

---

[1] "耳"原作"也",據四部叢刊影宋本、盧文弨重校方言本改。

賦、與，操也。　注 謂操持也。

　　**箋疏** 説文：“操，把持也。”

　　晉語〔四〕云“賦職任功”，韋昭注：“賦，授也。”吕氏春秋分職篇云“出高庫之兵以賦民”，高誘注：“賦，予也。”“予”與“與”通。案：“賦”、“與”並訓爲“操”，蓋謂操以授之也。中平二年郃陽令曹全碑云“合匕首藥神明膏，親至離亭，部吏王宰、程横等賦與有疾者”，是其義也。

盝、歇，涸也。　注 謂渴也。　音義 盝，音鹿。歇，泄气。涸，音鶴。

　　**箋疏** 説文：“涸，渴也。讀若狐貈之貈。亦从水、鹵、舟”，作“灂”。

　　釋詁：“盝、歇、涸、竭也。”周語云：“水涸而成梁。”淮南主術訓云“不涸澤而漁”，高誘注：“涸澤，漉池也。”“盝”、“漉”，並與“盝”同。下卷云“漉，極也”，注：“滲漉，極盡也。”説文“漉，浚也。一曰水下貌”，或從“录”作“淥”，徐鍇傳曰：“水下所謂滲漉。”月令仲春之月“無竭川澤，無漉陂池”，釋文云：“漉，竭也。”

　　説文：“歇，氣越泄也。”宣十二年左氏傳云“得臣猶在，憂未歇也”，杜預注：“歇，盡也。”通作“渴”，亦作“竭”。周官草人云“凡糞種”，“渴澤用鹿”，疏云：“渴，故時停水，今乃渴也。”淮南本經訓云“竭澤而漁”，高誘注云：“竭澤，漏池也。”“漏”、“漉”，一聲之轉。漏池，猶言漉池耳。又通作“膈”。高誘注淮南精神訓云：“膈，讀〔精〕神歇越〔無〕之歇。”廣雅〔釋詁二〕：“歇、漏，泄也。”泄謂之漏，猶涸謂之盝也。泄謂之歇，猶涸謂之竭也。

　　郭讀“歇”爲“泄气”，“气”，古“氣”字，義正同也。盧氏云：“李文授本‘歇’下作‘許竭’二字，又注‘謂渴也’‘渴’作‘竭’。”今從衆家本。

潎、澂，清也。　音義 潎，匹計反。澂，音澄。

　　**箋疏** 説文：“清，朖也，澂水之貌。”

　　廣雅〔釋詁一〕：“澂、潎，清也。”司馬相如上林賦云：“轉騰潎洌。”按：“潎洌”皆清也。説文：“洌，水清也。”“潎洌”，猶言“澄列”。淮南泰族訓云：“澄列金木水火土之性。”是也。李善注以“潎洌”爲“相撇”，失其義矣。後漢書儒林傳贊云“千載不作，淵源誰澂”，本或作“澄”。左思詠史詩“左眄澄江湘"，李善注引方言："澄，清也。"考工記幌氏云"清其灰"，鄭注云："清，澄也。""澄"與"澂"同。

**逯、遡，行也。** 音義 逯，音鹿，亦錄。遡，音素。

    **箋疏** 説文："逯，行謹逯逯也。"廣雅〔釋詁一〕："逯，行也。"淮南精神訓云："逯然而來。"

    説文"遡，向也"，或作"遡"。爾雅〔釋水〕云："逆流而上曰泝洄，順流而下曰泝游。"廣雅〔釋詁一〕："遡，行也。"秦風兼葭篇云："遡洄從之。"又云："遡游從之。"是"遡"爲"行"也。

**墾、牧，司也。墾，力也。** 注 耕墾用力。**牧，飤也**[1]。 注 謂牧飤牛馬也。**監、牧、督，察也**[2]。

    **箋疏** 釋訓釋文、文選海賦注並引廣雅："墾，治也。"玉篇"墾，治也"，廣韻〔很韻〕同。周語〔上〕云："土不備墾，主使治之。"廣雅〔釋詁三〕："司，主也。"是"墾"爲"司"也。通作"鈘"。説文："鈘，有所治也。讀若狠。""狠"、"鈘"，聲義並與"墾"相近。

    廣雅〔釋詁一〕："牧，臣也。"邶風静女篇"自牧歸荑"，毛傳："牧，田官也。"周官太宰"一曰牧，以地得民"，鄭注："牧，州長也。"襄十四年左氏傳云："天生民而立之君，使司牧之。"是其義也。"司"與"治"同義，故司謂之墾、亦謂之牧，治謂之墾、亦謂之牧。荀子成相篇"請牧祺，明有基"，楊倞注："祺，祥也。請牧治吉祥之事。"是也。

    廣雅〔釋詁二〕："墾，力也。""墾"與"墾"同。釋訓釋文引倉頡篇"墾，耕也"，玉篇、廣韻〔很韻〕並同。周語〔中〕云"墾田若藝"，韋昭注云："發田曰墾。"後漢書光武紀〔下〕"檢覈墾田頃畝"，李賢注："墾，闢也。"皆謂耕墾用力也。

    説文："飤，糧也。"衆經音義卷一引聲類云"飤，哺也"，釋玄應云："從人

---

〔1〕"牧飤也"廣本、徐本提行別爲一條。
〔2〕"監牧督察也"廣本、徐本提行別爲一條。

仰食也，謂以食供設與人也，故字從食從人。”又卷十八引倉頡篇訓詁云：“飤，飽也。謂以食與人曰飤。”是飤爲養人之名，引而伸之，則凡養皆謂人飤。

説文：“牧，養牛人也。”廣雅〔釋詁一〕：“牧，養也。”杜預注僖二十八年左氏傳云“牛曰牧，馬曰圉”，釋文云：“養牛曰牧，養馬曰圉。”是牧專爲養牛之稱。案：“牧”與“圉”對文則異，散文則通，故周官序官〔牧人〕鄭注云：“牧人，養牲於野田者。”孟子公孫丑篇〔下〕云：“今有受人之牛羊而爲之牧之者。”列子黃帝篇“周宣王之牧正”，張湛注云：“牧正，養禽獸之長也。”則“牧”亦兼牛馬禽獸言之矣。

衆經音義卷三引注作“謂牧養牛馬也”。

此及下句，戴、盧兩刻並連上爲一條，不提行，今從之。

説文：“詧，言微親詧也。”經典通作“察”。

韋昭注周語〔上〕云：“監，察也。”呂氏春秋達鬱篇云：“王使衞巫監謗者。”周官太宰云“立其監”，鄭注：“監，謂公侯伯子男各監一國。”“牧”與“監”同義，故大司馬云“建牧立監”，鄭注云：“牧，州長也。監，監一國謂君也。”是“牧”亦有監察之意也。

衆經音義卷五引方言云：“督，察也，理也。”又卷七引方言：“督，察也，理也。”蓋合引二條之文也。今本卷六“督，理也”下無“察也”字，是此條內誤脱一“督”字，今據以補正。説文：“督，察也。”文選藉田賦、琴賦注並引字書同。史記李斯傳云：“行督責之術”，索隱云：“督者，察也。”漢書車千秋傳云：“詔丞相、御史督二千石求捕。”管子心術篇云“故事督乎法”，房玄齡注云：“督，察也。”蓋並本方言。

**奞，始也。萑，化也。　注 別異訓也。　音義 奞，音歡。**

**箋疏** 玉篇：“萑，化也。”廣韻〔桓韻〕云：“萑，化也，始也，出方言。”“萑”訓爲“始”，當即“萑”之異文。説文“萴，菿也。”“菿，萑之初生。一曰萴，一曰雞”，或作“茇”。又云：“薎，藋渝。讀若萌。”釋草云：“茇，萴。其萌薙萮。”案：“薙萮”，猶“權輿”也。釋詁云：“權輿，始也。”大戴禮誥志篇云：“孟春”“百草權輿。”太玄玄圖云：“百卉權輿。”左思魏都賦：“夫太極剖判，造化權輿。”揚子劇秦美新：“權輿天地未祛。”又羽獵賦：“萬物權輿於内，迉落於外。”權輿皆言其始，迉落言其終，萌芽初生曰蘆蔪，萬物始生統曰權輿，其義一也。郭氏注爾雅以“蔪”字屬下節，云“今江東呼蘆筍爲蘆”，釋文云：“郭音綣，丘阮反。”是單言之也。文選李康運命論云：“權乎禍福之門，終乎榮辱之箇。”“權”與“終”亦相對成文。事之始謂之權，猶蓳萑初生謂之蘆，皆以從“蓳”爲義也。凡從“蓳”之字，古並相通。説文云“舉火曰爟”，引周官司爟“掌行火之政令”，鄭注：“爟，讀如予若觀火之觀。”漢書郊祀志〔上〕云“通權火”，如淳曰：“權，舉也。”是“權火”、“觀火”與“爟火”並同，是其例矣。

　　廣雅〔釋詁三〕“蘁，匕也”，曹憲“蘁”音“歡”、“匕”音“化”。“蘁”與“奞”同。

　　説文：“匕，變也。化，教行也。”經典通作“化”。“化”之言造化也。高誘注吕氏春秋大樂篇云：“造，始也。”孟子萬章篇〔上〕引伊訓曰：“天誅造攻自牧宫。”義與“始”同也。“蘁”、“化”，聲之轉耳。化之轉爲蘁，猶化之轉爲譌、譌、譁也。前卷三云“譌、譌、譁，化也”，注云：“皆‘化’聲之轉也。”是也。

**鋪、脾，止也。**　注　義有不同，故異訓之。　音義　鋪，妨孤反。

　　箋疏　廣雅〔釋詁三〕：“鋪、脾，止也。”戴氏云：“詩大雅：‘匪安匪舒，淮夷來鋪。’言爲淮夷之故來止，與上‘匪安匪遊，淮夷來求’文義適合。舊説讀‘鋪’爲‘痛’，謂爲淮夷而來，當討而病之，失於迂曲。‘鋪’、‘脾’，一聲之轉。方俗或云‘鋪’，或云‘脾’也。”王氏懷祖〔廣雅疏證釋詁三〕云：“漢書天文志‘晷長爲潦，短爲旱，奢爲扶’，鄭氏注云：‘扶當爲蟠，齊魯之間聲如酺。’酺、扶聲近。蟠，止不行也。’案：齊魯言蟠聲如酺，與‘鋪’聲亦相近。”

**攘、掩，止也。**

　　箋疏　廣韻〔陽韻〕：“攘，止也。”曲禮〔上〕云“左右攘辟”，鄭注：“攘，卻也。”周官禁殺戮“掌司”“攘獄者”，鄭注：“攘，猶卻也。”高誘注吕氏春秋用民篇云：“卻，猶止也。”是“攘”爲“止”也。潘岳西征賦云：“捛細柳而撫劍。”

“揜”與“掩”同。宣十二年左氏傳云“二三子無淹久”，杜預注：“淹，留也。”“淹”與“掩”聲同。“止”與“留”〔1〕義並相近。

## 幕，覆也。

箋疏　説文：“帷在上曰幕，覆食案亦曰幕。”釋名〔釋牀帳〕：“幕，幕絡也，在表之稱也。”井上六“井收，勿幕”，王弼注：“幕，猶覆也。”周官幕人“掌帷、幕、幄、帟、綬之事”，鄭注云：“在旁曰帷，在上曰幕，幕或在地展陳于上。”

## 侗、胴，狀也。　注　謂形狀也。　音義　侗，他動反。胴，挺桐。

箋疏　説詳卷六“眮，轉目也”條下。

## 尐、杪，小也。　注　樹細枝爲杪也。

箋疏　廣雅〔釋詁二〕：“尐，小也。”説文：“尐，少也。从小，丶聲。”“少”與“小”，義相近。孟子告子篇〔下〕“力不能勝一匹雛”，趙岐注云：“言我力不能勝一小雛。”孫奭音義云：“匹，丁公著作‘疋’，方言‘尐，小也’，蓋與‘疋’字相似，後人傳寫誤耳。”此“尐”字各本誤作“疋”，正同，今據以訂正。説文“蠚，小蟬蜩也”，與“尐”同音。案：“蠚”從“戳”聲，“戳”從“雀”聲。説文：“〔雀〕，依人小鳥也。从小、隹，讀與爵同。”“爵”與“焦”，古同聲，故“咀嚼”之“嚼”或作“噍”、“爝火”之“爝”或作“燋”、“儳”從火雥聲，或從“隹”作“焦”。凡從“焦”之字，多有“小”義。説文：“糙，小也。”三年問云：“小者至於燕雀，猶有啁噍之頃焉。”呂氏春秋求人篇“啁噍巢於林，不過一枝”，高誘注云：“啁噍，小鳥也。”小鳥謂之啁噍，猶小蟬謂之蜩蠚也。説文：“鷦鷯，桃蟲也。”“鷦鷯”，猶“尐杪”，亦小也。説文又云：“糦，收束也。从韋，糙聲。”物收束乃小，故從“糙”，或從手秋聲作“揫”，揫亦斂物而細之名也。從“秋”之字亦多“小”義，故與“糙”通也。説見卷二“揫，細也”下。王氏懷祖〔廣雅疏證釋詁二〕云：“廣韻‘礦尐，小也’，方言注作‘懬戳’。玉篇：‘鸐，小雞也’，‘鸐’與‘尐’通。小雞謂之鸐，猶小蟬謂之蠚。爾雅‘蠚，茅蜩’〔注云〕：

---

〔1〕　“同止與留”原無，據廣本、徐本補。

'江東呼爲茅蟪，似蟬而小。'説文：'髮，束髮小也。'張衡西京賦云：'朱鬟
髮鬒。''小'、'鸙'、'蟪'、'髮'，並音'姊列反'，其義同也。方言謂小雞爲鷄
子。'鷄'、'鸙'，一聲之轉。廣韻：'吚，姊列切，〔鳴吚吚〕。''吚吚'，猶'啾
啾'。'啾'、'吚'，亦一聲之轉也。"

"杪，小也"已見卷二。説詳前。

# 屑、往，勞也。　注 屑屑往來，皆劬勞也。屑、恇，獪也〔1〕。　音義 恇，王

相。獪，市儈。

　　箋疏 説文："屑，動作切切也。"廣雅〔釋詁一〕："屑、往，勞也。"重言之
則曰"屑屑"。前卷十云"屑屑，不安也"，注云："皆往來之貌也。"説詳前。

　　王氏懷祖〔廣雅疏證釋詁一〕云："爾雅：'來，勤也。'往之爲勞，猶來之
爲勤也。孟子萬章篇：'舜往于田。'往者，勞也，即下文所云'竭力耕田'
也。"

　　書多方："大淫圖天之命，屑有辭。"多士云"大淫泆有辭"，釋文云"泆，
馬本作'屑'"，云："過也。"趙岐注孟子公孫丑篇〔下〕云："過，謬也。"爾雅序
釋文、衆經音義卷二十並引方言："謬，詐也。"列子天瑞篇云："向氏以國氏
之謬己也，往而怨之。""詐"與"獪"同義。

　　廣韻〔漾韻〕"恇，誤人"也，音"旺"。"恇"與"恇"同。説文："誆，欺也。"
曲禮〔上〕"幼子常視無誑"，鄭注云："以正教之，無誑欺。""誑"、"恇"，古今
字。季弟同人曰：今俗語猶謂詐獪曰王六，是其遺義。説者又以黃巢行六，
厥性欺詐，故稱"黃六"，非也。

　　"屑、恇，獪也"，各本並提行別爲一條，今從戴本。

　　音"市儈""儈"，舊本作"獪"，今從盧校本。

# 皦、烓，明也。　音義 皦，音皎。烓，口頰反。

　　箋疏 "皦"，各本誤作"效"，今從宋本。衆經音義卷四云"皦，今作'皎'
同"，引埤蒼："皦，明也。"陳風月出篇"月出皎兮"，釋文本作"皦"，云："本又

---

〔1〕 "屑恇獪也"廣本、徐本提行別爲一條。

作‘皎’。”王風大車篇“有如皦日”，釋文云：“本又作‘皎’。”文選潘岳寡婦賦李善注引韓詩作“皎”。論語八佾篇“皦如也”，何晏注云：“言其音節分明也。”皇侃義疏云：“其音節明亮皎皎然也。”廣雅〔釋詁四〕：“較、皎，明也。”玉篇：“皎，明也。”史記伯夷傳：“此其尤大彰明較著者也。”潘岳西征賦：“較面朝之炳焕。”劉峻廣絕交論：“較言其略。”鍾嶸詩品序：“若夫詩之爲技，較爾可知。”“皎”、“皎”、“較”，字並與“皦”通。

　　廣雅〔釋詁四〕“烓，明也”，曹憲音“烏攜、烏缺、圭惠、口井四反”。小雅白華篇“卬烘于煁”，毛傳：“煁，烓竈也。”正義云：“烓者，無釜之竈，其上燃火謂之烘”，“亦燃火照物，若今之火爐也”。王氏懷祖〔廣雅疏證釋詁四〕云：“說文：‘烓，讀若冋。’又云：‘炯，光也。’小雅無將大車篇‘不出于熲’，毛傳云：‘熲，光也。’‘烓’、‘炯’、‘熲’，聲近義同。說文：‘烓，從火，圭聲。’玉篇音‘口迥、烏圭二切。’爾雅：‘爥，明也。’‘爥’，古讀若‘圭’，亦與‘烓’聲近義同。”季弟同人云：廣雅〔釋詁四〕又云：“囧、耿，明也。”說文：“囧，窻牖麗廔闓明也。象形。賈侍中說，讀與‘明’同。”文選江淹雜體詩李善注引倉頡篇云：“囧，大明也。”爾雅〔釋詁〕：“熲，光也。”說文：“耿，光也。從光，聖省，杜林說。”立政云：“以覲文王之耿光。”楚辭離騷云：“耿吾既得此中正”，王逸注：“耿，明也。”並與“烓”聲近義同。

　　音“口類反”，當是“口熲”之譌。

## 湊、將，㞠也。

　　箋疏　說文“㞠，姑也”，引漢律曰：“婦告㞠姑。”家君說文解字統釋曰：“㞠姑”，即爾雅〔釋親〕之“君姑”。夫之母謂之㞠姑，猶夫之父謂之君公。君公，見淮南氾論訓。說文：“莙，牛藻也。從艸，君聲，讀若㞠。”字林“寯”亦音“巨畏反”，是“君”有“㞠”音。逸周書大聚解云：“合閭立教，以㞠爲長。”“長”與“君”同義。周語〔下〕云“古之長民者”，韋昭注：“長，猶君也。”謹案：“君”之言羣也。漢書刑法志云：“從之成羣，斯爲君矣。”

　　說文：“湊，水上人所會也。”淮南主術訓云“以身禱於桑林之際，而四海之雲湊”，高誘注：“湊，會也。”或作“蒸”。釋詁：“蒸，君也。”又云：“烝，衆也。”“烝”與“蒸”通。“湊”之訓爲“威”，與“君”之訓爲“羣”同意。通作“奏”。進書君上謂之“奏”，義相因也。

“將”，讀“卽諒反。”説文：“將，帥也。”將所以統軍旅，有威武之義。吕氏春秋執一篇〔高誘注〕云：“將，主也。”廣雅〔釋詁一〕：“將，君也。”威謂之湊、亦謂之將，猶君謂之烝、亦謂之將矣。

嫣、姃，僈也。　注 爛僈，健狡也。　音義 嫣，居偽反。姃，音挺。僈，博丹反。

箋疏 説文、玉篇俱無“僈”字。類篇：“僈，謨官切，健也。”又：“蔓晏切，惰也。”晏子春秋外篇云：“吾聞齊君蓋賊以僈，野以暴。”荀子修身篇云：“由禮則治通，不由禮則勃亂提僈。”不苟篇云“君子寬而不僈”，楊倞注云：“‘僈’與‘慢’同。”又榮辱篇云“汙僈突盜，常危之術也”，注云：“僈，當爲‘漫’。水冒物謂之漫。一曰：漫，欺誑之也。”説文：“慢，不畏也。”“謾，欺也。”“嫚，侮易也。”荀子非相篇云“偝則謾之”，楊倞注：“謾，欺毁也。”韓子守道篇云：“所以〔使〕衆人不相謾也。”賈子道術篇云：“反信曰慢。”“慢”、“漫”、“謾”、“嫚”，義並與“僈”相通。

説文：“僞，詐也。”周官大司徒：“以五禮防萬民之僞，而教之中。”楚辭九歎〔怨思〕云“若青蠅之僞質兮”，王逸注：“僞，變也。”前卷二云“剝、㿺，獪也。秦晉之間曰獪”，“楚鄭曰蔿”，“音指撝”，注云：“亦‘獪’聲之轉也。”又卷三云“蔿、譌，化也”，注云：“蔿、譌，皆‘化’聲之轉也。”凡狡獪者多變化，故“僞”、“蔿”、“譌”又訓爲“化”，字並與“嫣”通。衆經音義卷十四引三蒼云：“詭，譎也。”又引廣雅：“詭，欺也。”又卷十七、卷二十一、卷二十三、卷二十四引並同。“詭”與“嫣”，亦聲近義同。

音“居偽反”，各本作“居爲”，今從宋本。

前卷二云“獪，楚鄭或曰姃”，注云：“言黠姃也。今建平〔郡〕人呼狡爲姃。”又卷十云“姃，獪也。凡小兒多詐而獪”“或謂之姃。姃，姃也”，注云：“言黠姃也。”又云：“眠姃，欺謾之語也。”“姃”，通作“誔”。廣雅〔釋言〕：“誔，訑也。”“訑”與“詑”同。説文：“沇州（人）謂欺爲詑。”玉篇：“誔，詭言也。”衆經音義卷二十三引廣雅：“詭，誔也。”義並與“姃”同也。

“慢”，各本並同，戴氏改作“傷”，注同，云：“‘爛傷’，卽‘斕斒’。‘爛’讀如‘蘭’，乃與‘傷’爲疊韻。或‘斕’誤爲‘爛’耳。”案：玉篇“傷，博堅、步堅二切”，爲“斒”或體字，云：“足不正也。”又“斕，力寒切”，云：“斕斒。斒，方間切，斕斒，文也。”衆經音義卷七引通俗文云：“文章謂之斒斕。”又卷十二引埤蒼云：“斒斕，文貌也。”文章成謂文斒斕，與“嫣姢”、“健狡”義並各別，是作“傷”者非也，今從衆家本。

史記司馬相如上林賦云“爛曼遠遷”，正義引郭注云：“崩騰羣走貌也。”顏師古曰：“言其聚散不常，雜亂移徙。”漢書作“爛漫”，文選作“爛熳”，皆形容羣獸健狡之辭，疊韻字。“爛慢”，轉言之則曰“讀謾”。前卷十云：“眠姢、讀謾，皆欺謾之語也。”倒言之則曰“謾讀”。“謾讀”，猶“眠姢”也，方俗語有侈弇耳，皆輕易蚩弄之意，義與“健狡”同。説詳“眠姢”條下。

儇、虔，謾也。　注 謂惠黠也。　音義 謾，莫錢反。

　　箋疏 前卷一云“虔、儇，慧也。秦謂之謾”，“自關而東趙魏之間謂之黠”，注：“慧，謂慧了。謾，謂謾詑。”廣雅〔釋詁一〕：“虔、謾、黠、儇，慧也。”楚辭九章〔惜誦〕云：“忘儇媚以背衆兮。”淮南主術訓云：“辨慧懁給。”“懁”與“儇”通。“儇”之言翾也。荀子不苟篇“小人”“喜則輕而翾”，楊倞注云：“言輕佻如小鳥之翾。”“翾”與“儇”，聲義並相近。

　　注“惠黠”，戴本改作“慧黠”。説文：“慧，儇也。”今從衆家本作“惠”。“惠”與“慧”，古字多通用。論語衛靈公篇“好行小慧”，釋文云“魯讀‘慧’爲‘惠’”，皇侃義疏本作“惠”，文選陳琳檄吳將校部曲文李善注引亦作“惠”，老子道德經“智慧出焉，有大僞”，河上公作“智惠”，王弼本作“知惠”，是也。

　　儇、佻，疾也。　注 謂輕疾也。　音義 佻，音糶。

　　箋疏 按：荀子非相篇云“鄉曲之儇子”，楊倞注引方言：“儇，疾也，慧也。”左思吳都賦“儇佻坌並”，劉逵注引方言：“儇佻，疾也。”張衡南都賦“儇才齊敏”，李善注引方言：“儇，急疾也。”“呼緣切。”是今本脱“儇”字，今據以補正。廣雅〔釋詁一〕作“獧、挑，疾也”，曹憲“獧”音“絹”、“挑”音“大了反”。“獧”、“挑”與“儇”、“佻”同義，本方言也。齊風還篇“揖我謂我儇兮”，毛傳：

“儇,利也。”説文:“趨,疾也。”荀子不苟篇“小人”“喜則輕而翾”,楊倞注云:
“言輕佻如小鳥之翾。”“儇”、“趨”、“翾”,字異義同。

楚辭離騷云:“余猶惡其佻巧。”韓子詭使篇云:“躁佻反覆謂之智。”通
作“窕”。成十六年左氏傳云:“楚師輕窕。”亦作“跳”。史記荆燕世家:“遂
跳驅至長安。”“跳驅”,猶言疾驅耳。廣雅〔釋詁一〕又云“朓,疾也”,曹憲音
“天弔反”。漢書五行志〔下之下〕“晦而月見西方謂之朓”,“劉向以爲朓者
疾也,君舒緩則臣驕慢,故日行遲而月行疾”,孟康注云:“朓者,月行疾在日
前,故早見。”太平御覽〔卷四〕引書大傳云“晦而月見西方謂之朓,鄭注云:
朓,條也,條達行疾貌”。“朓”與“佻”,亦聲義並同。重言之則曰“佻佻”。
小雅大東篇“佻佻公子”,毛傳云:“佻佻,獨行貌。”釋訓云:“佻佻、契契,愈
遲急也。”義亦同也。

**鞅、㥩,强也。** 注 謂强戾也。 **鞅、㥩,懟也**[1]。 注 亦爲怨懟。鞅,猶快
也。 音義 㥩,音教。

箋疏“鞅”,説文作“怏”,云:“不服也。”“不服”,是“强”之義也。

廣雅〔釋詁一〕:“㥩、怏,强也。”“怏”,曹憲音“於亮反”。下文注云“鞅,
猶快也”,“快”與“鞅”、“㥩”與“㥩”並同。前卷十“憨,憎也”。楚揚謂“憎”
爲“憨”,音“教”。“憨”與“㥩”聲同,義亦相近。

音“教”,戴本改作“勃”,今從衆家本。

説文:“懟,怨也。”周語〔上〕云:“王其以我〔爲〕懟而怒乎!”孟子萬章篇
〔上〕:“則廢人之大倫,以懟父母。”與“憨”音義並同。

史記伍子胥傳:“常鞅鞅怨望。”淮陰侯傳:“由此日〔夜〕怨望,居常鞅
鞅。”通作“快”。衆經音義卷二引倉頡篇:“快,懟也。”説文同。廣雅〔釋
言〕:“勃、快,懟也。”史記高帝紀“此常怏怏,今乃事少主”,絳侯世家“此怏
怏者非少主臣也”,漢書並作“鞅鞅”,顔師古注云:“鞅鞅,不滿足也。”

廣雅〔釋詁四〕又云:“㥩,恨也。”玉篇:“㥩,恨也。”恨亦懟也。荀子不

---

〔1〕 “鞅㥩懟也”廣本、徐本提行别爲一條。

苟篇云："身之所長，上雖不知，不以悖君。""勃"、"悖"，並與"侼"同。懟謂之快、亦謂之悖，猶怒謂之快、亦謂之勃也。趙策〔三〕云："新垣衍快然不悅。"孟子萬章篇〔下〕："王勃然變乎色。"皆是也。

"鞅、侼，懟也"句，舊本提行別爲一條，今從戴、盧兩本。

## 追、末，隨也。

箋疏　說文："追，逐也。逐，追也。"廣雅〔釋詁三〕："追、末、隨，逐也。"楚辭離騷云："背繩墨以追曲。"

"末"，舊本作"未"，誤，今據廣雅訂正。

## 僉、怚，劇也。　注　謂勤劇。僉，夥也〔1〕。　注　僉者同，故爲多。　音義　劇，音驕怚。夥〔2〕，音禍〔3〕。

箋疏　玉篇："劇，巨戟切，甚也。"文選王粲詠史詩"同知埋身劇"，李善注引說文："劇，甚也。"今本作"劇，務也"，音"其據切"。案：務者，趣也，用力尤甚也。廣韻〔御韻〕："勮，勤務也。""勮"、"劇"古今字，聲轉體異耳。

前卷一云："自關而西秦晉之間，凡人語而過""或曰僉"。亦甚之意也。

說文："怚，驕也。""驕，野馬也。"野馬性常驕恣，義與"劇"同也。淮南氾論訓云"段干木，晉〔國〕之大駔也"，高誘注云："駔，驕怚。"說文又云："媉，嬌也。""嬌"卽"驕"之俗字。嵇康幽憤詩云："恃愛肆姐，不訓不師。""怚"、"駔"、"媉"、"姐"，並字異義同。

前卷一云："凡物盛多"，"齊宋之郊、楚魏之際曰夥。自關而西秦晉之間凡人語而過謂之遍，或曰僉。東齊謂之劍。"史記陳涉世家云"夥〔頤〕！涉之爲王沈沈者"，索隱引服虔云："楚人謂多爲夥。"〔後〕漢書張衡傳云："不恥祿之不夥。"字亦作"粿"。廣雅〔釋詁三〕"粿，多也"，曹憲又音"乎果反"。"劍"與"僉"，聲之微轉耳。廣雅〔釋言〕又云："僉，遍也。"遍亦多也。

"僉，夥也"句，舊本並提行別爲一條，今從戴、盧兩本。

---

〔1〕　"僉夥也"廣本、徐本提行別爲一條。
〔2〕　"夥"原作"夥"，據廣本、徐本改。
〔3〕　"禍"原作"多"，據廣本、徐本改。

夸、烝，婬也。　注 上婬爲烝。

　　　　箋疏 説文："婬，私逸也。"通作"淫"。釋詁："淫，大也。"小爾雅〔廣義〕云："男女不以禮交謂之淫。"廣雅釋詁一："夸、烝，婬也。"〔1〕

　　　　"夸"者，過中失正之名〔2〕，故説文訓爲"奢"。廣雅〔釋詁一〕又訓爲"大"。案："夸"之言誇也，荒婬悖亂謂之夸，猶大言無實謂之誇也。

　　　　"烝"，廣韻作"蒸"。"蒸"與"烝"通。小爾雅〔廣義〕云："上淫曰烝，下淫曰報，旁淫曰通。"桓十六年左氏傳云："衛宣公烝于夷姜。"邶風雄雉篇正義引服虔注云："上淫曰烝。烝，進也，自進上而與之淫也。"案："烝"、"通"、"報"，皆對文則異，散文並通，故鄘風牆有茨篇序云："公子頑通於君母。"左傳〔哀公十五年〕云孔悝之母，與其豎渾良夫通，是上淫亦謂之通也。又〔襄公二十五年〕齊莊公通於崔杼之妻、〔又襄公三十年〕蔡景侯爲太子般娶於楚，通焉，是下淫亦謂之通也。宣三年傳曰"文公報鄭子之妃"，服虔注云："鄭子，文公叔父子儀也。報，復也，淫親屬之妻曰報。漢律：淫季父之妻曰報。"是旁淫、上淫並謂之報也，故此混言之曰烝婬也〔3〕。

胇、額，懣也。　注 謂憒懣也。　音義 額，音頻。

　　　　箋疏 説文："懣，煩也。"問喪篇："悲哀志懣氣盛。"史記倉公傳："故煩懣食不下則脈絡有過。"

　　　　廣雅〔釋詁二〕："胇，懣也。"小雅節南山篇"天子是胇"，毛傳："胇，厚也。""厚"與"懣"，義相近。説文："胇，人臍也。从囟，囟取通氣也。"人臍可以通氣謂之胇、憒懣而氣不舒轉亦謂之胇，以相反爲義也。前卷二云"膹，盛也"，音"匹四反"，注云："膹呬，充壯也。"廣韻〔至韻〕"膹，盛肥也"，又"瘝，氣滿也"，並"匹備切"。又："奰，怒也。平秘切。"説文："奰，壯大也。"亦作"奰"。大雅蕩篇"内奰于中國"，毛傳云："不醉而怒曰奰。"正義云："奰者，怒而〔自作〕氣（滿）之貌。"聲義並與"胇"相近。

─────────────

〔1〕"廣雅夸烝婬也"原無，據廣本、徐本補。
〔2〕"過中失正之名"廣本、徐本作"淫泆過度之名"。
〔3〕"故此混言之曰烝婬也"原無，據廣本、徐本補。

廣雅〔釋詁二〕:"顮,懣也。"玉篇:"顮,憒懣也。"廣韻〔真韻〕:"顮,頭憒懣也。""憒",疑卽"憒"之訛。戴氏云:"説文作'顰',云:'涉水顰蹙也。'"前卷二云"憑,怒。楚曰憑",注云"恚盛貌",引楚辭天問曰:"康回憑怒。"楚辭離騷曰"憑不厭乎求索",王逸注云:"憑,滿也。楚人名滿曰憑。""憑"與"顮",聲義並相近。

**塋、激,清也。**

**箋疏** 下文云"清,急也",廣雅〔釋詁一〕同。

説文:"塋,回疾也。从卂,營省聲。""卂,疾飛也。从飛而羽不見。"疾之甚,故云回疾也。"疾"與"急"同意。

又云:"激,水礙衺疾波也。"衆經音義引作"水流礙邪急曰激",蓋水流不礙則不衺行,不衺行則不疾急。衆經音義卷十四引莊子司馬彪注曰:"流急曰激。"楚辭九章云:"我清激而無所通。"是"塋"、"激"皆清急也。

**紓、退,緩也。** **注** 謂寛緩也。 **音義** 紓,音舒。

**箋疏** 説文"緩,繛也",或作"緩"。釋名〔釋言語〕:"緩,浣也,斷也,持之不急,則動摇浣斷,自放縱也。"

小雅采菽篇"彼交匪紓",毛傳:"紓,緩也。"莊三十年左氏傳云"以紓楚國之難",又文十六年云"姑紓死焉",成三年云"而求紓其民",杜預注並云:"紓,緩也。"釋言:"舒,緩也。"文六年左氏傳云"難必抒矣",正義云:"服虔作'舒'。舒,緩也。""抒"、"舒",並與"紓"同。

"退",説文"很,卻也。一曰行遲也",古文作"退"。廣雅〔釋詁二〕:"退,緩也。"檀弓〔下〕云:"文子其中退然如不勝衣。"聘禮"退負右房而立",鄭注:"退爲大夫降逡遁。"又云"賓三退,負序",注云:"三退,三逡遁也。""逡遁"與"逡巡"同,皆紓緩也。

**清、躡,急也。**

**箋疏** 廣雅〔釋詁一〕:"清、躡,急也。"上文云:"塋、激,清也。"説文:"塋,回疾也。""激,水礙衺疾波也。""疾"與"急"同意,是清爲急也。

曹植七啟云:"急躡景而輕騖。"後漢書趙壹傳云:"捷懾逐物。""懾"與

“矖”同。

**抒、瘛、豸，解也。蔵、逞，解也**〔1〕。　注 蔵訓救，復言〔2〕解，錯用其義。

**音義** 抒，杼渫。瘛，胡計反。蔵，音展。

　　**箋疏** 廣雅〔釋詁一〕：“紓，解也。”莊三十年左氏傳：“以紓楚國之難。”又六年云“難必抒矣”，杜預注云：“抒，除也。”正義云：“服虔作‘舒’。”“紓”、“舒”，並與“抒”同。“抒”，舊本作“杼”，今從戴校。

　　音“杼渫”，通行本作“杼井”。盧氏云：“宋本作‘杼渫’，乃‘杼渫’之誤，見廣韻。”蓋涉正文“瘛”字耳，今從盧校。

　　廣雅〔釋詁一〕：“摯，解也”，曹憲音“貞二反，又音至”，疏證云：“摯，卽方言‘瘛’字也。玉篇‘瘛’音‘尺世、胡計二切’。‘摯’與‘瘈’、‘掣’同。音‘充世切’，‘充世’，卽‘尺世’，是‘摯’與‘瘛’同義。又案：‘摯’、‘摯’二字音義各別，‘摯’音‘充世反’，與‘掣’同，引也，又解也，字從手，執聲。‘摯’音‘至’，又音‘貞二反’，握持也，字從手，執聲。廣雅‘摯’訓爲‘解’，當音‘充世反’，曹憲音‘貞二反，又音至’，皆失之也。集韻、類篇‘摯’音‘至’，引說文：‘握持也。’又‘陟利切’，引廣雅：‘解也。’又‘尺制切’，與‘掣’同，是直不辨‘摯’、‘摯’之爲二字矣。考玉篇‘摯’從‘執’，音‘至’。‘摯’從‘執’，音‘充世切’，與‘掣’同。今據以辨正。”案：“瘛”通作“瘈”。說文：“瘈，引縱曰瘈。”“引，開弓也。”“縱，緩也。一曰舍也。”“瘈”與“瘛”，聲同義亦相近。

　　宣十七年左氏傳“庶有豸乎”，杜預注：“豸，解也。”正義曰：“豸，解。方言文。”釋文出“鳩乎”字，是釋文本作“鳩”，云：“徐音豸，直是反，解也。本又作‘豸’，注同。或音居牛反，非也。”又出“鳩解”二字，云：“音蟹，此訓見方言。”考唐石經初刻作“鳩”，磨改作“豸”。羣經音辨引作“庶有鳩乎”，云：“今文作‘豸’。”集韻四紙引同，云：‘徐邈讀通作豸’，與釋文合。”今本作“豸”，從徐邈讀也，釋文以爲“鳩，解”見方言，正義云“豸，解。方言文”，今本此及下條，又卷十三兩“解也”內皆無“豸”字，是脫文也，今據以補正。說

―――――――――

〔1〕 “蔵逞解也”廣本、徐本提行別爲一條。
〔2〕 “言”原作“訓”，據廣本、徐本改。

文“豸,〔獸〕長脊行豸豸然,欲有所司殺形”,音“池爾切”。古多借“豸”爲
“解廌”之“廌”。説文“廌,解廌獸也,似牛,一角,古者決訟,令觸不直者”,
音“宅買切”。神異經曰:“東北荒中有獸,見人鬥則觸不直,聞人論則咋不
正,名曰獬豸。”論衡〔是應篇〕云:“獬豸者,一角之羊,性識有罪。皋陶治
獄,有罪者令羊觸之。”史記司馬相如上林賦“弄解豸”,集解引漢書音義曰:
“解豸,似鹿而一角。人君刑罰得中則生於朝廷,主觸不直者。”廣韻〔蟹韻〕
“獬”字注云:“字林、字樣俱作‘解廌’,廣雅作‘貈貅’,陸作‘獬豸’也。”又
云:“廌,解廌。宅買切。豸貅,同上。”陸,蓋謂法言切韻也。今本廣雅〔釋
器〕作“解豸”。淮南主術訓云“楚文王好服解冠,楚國效之”,高誘注云:“解
豸之冠,如今御史冠。”漢書淮南王安傳作“法冠”,顏師古注云:“御史冠
也。”續漢書輿服志〔下〕云“法冠”,“執法者服之,侍御史、廷尉正監平也。
或謂之獬豸冠。獬豸神羊,能別曲直”,注引異物志,與神異經畧同。“廌”
與“解”疊韻。廌能正不直,故訓爲解。“豸”,與“廌”同音,故借“豸”爲“廌”
也。段氏若膺謂釋文“鳩”乃“廌”之譌,此上文“瘛”即“廌”之譌。既誤,後
乃反以“胡計”耳,恐未必然也。

　　廣雅〔釋詁一〕:“葴、呈,解也。”此音“展”。楚辭九歌〔東君〕云“展詩兮
會舞”,王逸注:“展,舒也。”“舒”與“紓”、“抒”並通,皆“解”之意也。

　　注“葴訓救”者,下卷云“葴、救,備也”,注云:“葴,亦訓救。”按:“葴”、
“救”,一聲之轉。文十七年左氏傳云“寡君又朝,以葴陳事”,賈逵、服虔、杜
預注並云:“葴,勑也。”“勑”與“救”同。

　　隱九年、文六年、成元年左氏傳並云“乃可以逞”,杜預注:“逞,解也。”
楚辭哀時命云“志憾恨而不逞兮”,王逸注同。通作“呈”。僖二十三年左傳
釋文云:“呈,勑景反,本或作‘逞’。”是“呈”與“逞”同。又與“裎”通。説文:
“裎,袒也。袒,衣縫解也。”廣雅〔釋詁一〕:“袒,解也。”“裎”與“逞”,聲近義
同。此句舊本提行別爲一條,今從戴、盧兩本。

**柢、柲,刺也。**　　注　皆矛戟之䥶,所以刺物者也。　　音義　柢,音觸抵。

　　箋疏　“柢”,舊本並同,戴氏據廣雅〔釋詁一〕“抵,刺也”改作“抵”。按:

注云“矛戟之䩮，所以刺物者”，當以“木”旁者爲得，今從衆家本。案：“柢”之言根柢也。釋器云“邸謂之柢”，郭注云：“根、柢，皆物之邸。邸卽底，通語也。”是“柢”卽“䩮”也。説文：“牴，觸也。”“柢”、“抵”、“牴”，古字並通。

　　“柲”，通作“抌”。前卷十云：“抌，椎也。南楚凡相椎搏曰抌。”廣雅〔釋詁一〕：“抌，刺也。”又〔釋詁三〕云：“抌，擊也。”列子黄帝篇云：“既而狎侮欺詒，攓抌挨抌，亡所不爲。”張衡西京賦云：“徒搏之所撞抌。”又云“竿殳之所撞畢”，薛綜注：“撞畢，謂撞抌。”廣韻〔質韻〕“撞”字注引方言“撞，刺也”，“亦作‘抌’。”廣韻〔質韻〕：“鈒，矛柄”也。“柲”、“抌”、“畢”、“撞”、“鈒”，並字異義同。前卷九云：“三刃枝”，“其柄自關而西謂之柲”。説文：“柲，欑也。欑，積竹杖也。”考工記廬人“爲廬器，戈柲六尺有六寸”，鄭注：“柲，猶柄也。”案：“柲”、“柄”，一聲之轉。昭十二年左氏傳云“君王命剥圭以爲戚柲”，杜預注：“柲，柄也。”前卷九又云“矛，其柄謂之矜”，注云：“今字作‘䩮’。”又云“矜謂之杖”，注云：“矛戟䩮，卽杖也。”廣韻〔真韻〕云：“䩮，古作‘矜’。”是柲也、柄也、矜也、杖也、䩮也實一物也。䩮謂之柢，以䩮刺物謂之柢、亦謂之牴；䩮謂之柲，以䩮刺物謂之柲、亦謂之抌，猶矛謂之鋋，以矛有所刺亦謂之鋋也；矛謂之鏦，以矛有所刺亦謂之鏦也。詳卷十“抌、扰，椎也”〔1〕、卷九“矛”條下。

**倩、荼，借也。**　注　荼，猶徒也。

　　**箋疏**　前卷三云“東齊之間智謂之倩”，注云：“言可借倩也。”是“倩”與“借”同義。

　　廣雅〔釋詁二〕：“荼，借也。”家君曰：説文：“賒，貰買也。貰，貸也。”“賒”與“荼”，古聲相近。

**懯朴，猝也。**　注　謂急速也。　音義　劈歷、打撲二音。

　　**箋疏**　説文：“猝，犬从艸暴出逐人也。”又：“踤，倉踤。”亦通作“卒”。漢書劉向傳“期日迫卒”，顏師古注云：“卒，讀曰猝。”

---

〔1〕　“卷十抌扰椎也”原無，據廣本、徐本補。

“懯朴”，雙聲字。廣雅〔釋詁二〕“懯朴，猝也”，疏證云：“今俗語狀聲〔響〕之急速者曰‘懯朴’，是其義也。”

## 麋、黎，老也。　注 麋，猶眉也。

箋疏 前卷一云：“眉、黎，老也。”古字並通。說見前。

## 莘、離，時也。

箋疏 “時”，舊本並同，戴氏據廣雅〔釋詁二〕“崒、離，待也”改作“待”，盧氏同。案：釋宮云：“室中謂之時。”玉篇引作“跱”，云：“止也。”廣雅〔釋詁三〕：“跱，止也。”“跱”與“時”，聲近義同。王氏伯申云：“大雅緜篇‘曰止曰時’，箋云：‘時，是。曰可止居於是。’正義曰：‘如箋之言，則上曰爲辭下曰爲於也。’案：經文疊用‘曰’字，不當上下異訓，二‘曰’字，皆語辭。時，亦止也，古人自有複語耳。爾雅：‘爰，曰也。’‘曰止曰時’，猶言‘爰居爰處’。爾雅又云：‘雞棲于弋爲榤，鑿垣而棲爲塒。’王風君子于役篇釋文‘塒’作‘時’。棲止謂之時，居止謂之時，其義一也。莊子逍遙遊篇‘猶時女也’，司馬彪注云：‘時女，猶處女也。’處，亦止也。爾雅：‘止，待也。’廣雅：‘止、待，逗也。’‘待’與‘跱’，亦聲近而義同。‘待’，又通作‘時’。廣雅：‘崒、離，待也。’方言‘崒’作‘莘’、‘待’作‘時’，皆古字假借。或以‘時’爲‘待’之譌，非也。”今從衆家本。

楚辭天問云“北至回水，萃何喜”，王逸注：“萃，止也。”通作“崒”。玉篇：“崒，待也。”“待”與“時”通。

序卦傳云：“離者麗也。”“麗”與“離”，古通字。杜預注宣十二年左氏傳云：“麗，著也。”著，亦止也，義並相通也。

## 漢、荞[1]，怒也。荞，發也[2]。

箋疏 廣雅〔釋詁二〕：“漢、赫，怒也。”“漢”之言暵也，熯也。說文：“熯，乾貌。”又云“暵，乾也”，引說卦傳“燥萬物者，莫暵乎火”，今本作“熯”。怒

---

〔1〕 “荞”四部叢刊影宋本作“苶”，下同。
〔2〕 “荞發也”廣本、徐本提行別爲一條。

氣如火之燷，故謂之曘。

怒謂之漢，猶赫謂之炙也。大雅桑柔篇毛傳云：“赫，炙也。”是也。“莁”，各本並同。莊子馬蹄篇“赫胥氏之時”，釋文作“莁”。“莁”卽“赫”之異文，戴本改作“赫”，說見卷三“東齊之間智謂之倩”下。大雅皇矣篇“王赫斯怒”，鄭箋云：“赫，怒意也。”趙岐注孟子梁惠王篇〔下〕云：“言文王赫然斯怒。”桑柔篇“反予來赫”，釋文：“赫，毛許白反，炙也。與‘王赫斯怒’同義。本亦作‘嚇’，鄭許嫁反，口距人也。”正義云：“嚇，張口瞋怒之貌。”莊子秋水篇“鴟得腐鼠，鵷鶵過之，仰而視之曰‘嚇’”，釋文：“嚇，許嫁反，又許白反。司馬云：‘嚇怒其聲，恐其奪己也。’”素問風論云：“心氣之狀善怒嚇。”“嚇”與“赫”，聲義並同。又廣韻四十禡云“嚇，笑聲”，音“呼訝切，又呼格切”。怒謂之嚇，笑亦謂之嚇，以相反爲義也。

廣雅〔釋詁四〕：“發，明也。”商頌長發篇“玄王桓撥”，韓詩作“發”，云：“發，明也。”齊風載驅篇“齊子發夕”，韓詩：“發，旦也。”旦，亦明也。楚辭招魂云“娛酒不廢，沈日夜些”，王逸注云“不廢，或曰不發。發，旦也”，引小雅小宛篇：“明發不寐。”

“莁，發也”句，舊本提行別爲一條，今從戴本。

廣雅〔釋詁四〕“赫，發也”，廣韻〔陌韻〕同。廣雅〔釋訓〕又云：“赫赫，明也。”義亦相通也。

## 誇、吁，然也。　注 皆應聲也。　音義 誇，呼瓜反。吁，音于。

箋疏 説文：“嘫，語聲也。”經傳多作“然”。

廣雅〔釋詁一〕：“誇、吁，應也。”“應”、“膺”，古今字。

説文：“吁，驚也。”衆經音義卷三引作“驚語也”，云：“吁，亦疑在之辭也。”堯典：“帝曰：吁。”是“誇”、“吁”皆然也。

## 猜、价，恨也。

箋疏 小爾雅〔廣言〕“猜，恨也”，玉篇同。昭七年左氏傳云：“雖吾子亦有猜焉。”潘岳馬汧督誄云：“忘爾大勞，猜爾小利。”衆經音義卷十三云：“猜，今作‘倸’同。”廣雅〔釋詁四〕：“倸，恨也。”

又云"价,恨也",玉篇同,音"古黠切"。前卷二云"齘,怒也。小怒曰
齘",注云:"言嗛齘也。"説文:"齘,齒相切也。"玉篇:"嗛齘,切齒怒也。"皆
"恨"之意也。"齘"與"价",字異聲義並同。

**㿁、磑,堅也。**　注 㿁、磑,皆名石物也。　音義 磑,五硊反。

　　**箋疏** 説卦傳:"艮爲山,爲小石。"今人猶謂物之堅而不弊者爲艮固,是
其義也。

　　宋玉高唐賦:"振陳磑磑。"張衡思玄賦:"行積冰之磑磑兮。"是"磑"爲
"堅"也。周官司甲注云"甲,今時鎧也",疏云:"今古用物不同,其名亦異。
古用皮謂之甲,今用金謂之鎧,從金爲字也。"釋名〔釋兵〕云:"鎧,猶塏也,
堅重之言也。"是"鎧"亦以堅得名也。

　　注"石物也"者,前卷五云"磑〔或〕謂之硙",注云:"卽磨也。"説文:"磑,
䃺也。䃺,石磑也。""䃺"與"磨"同。

　　注"名石"二字,舊本誤倒,今從戴校。

**鐮、䁑,明也。**　注 鐮,光也。　音義 鐮,音淫。

　　**箋疏** 説文"鐮,小爇也",引小雅節南山篇"憂心如鐮",今本作"惔",釋
文引韓詩作"炎"。説文:"炎,火光上也。"憂心如火之炎,故與"明"同義。
廣雅〔釋詁四〕"鐮,明也",曹憲音同。説文:"覢,察視也。讀若鐮。"漢書高
帝紀〔下〕詔曰"廉問,有不如吾詔者",顏師古注曰:"廉,察也。字本作
'覢',其音同耳。""覢"、"廉",與"鐮"並聲近義同。"鐮",舊本訛作"艻",注
同,今據廣雅〔釋詁四〕訂正。

　　玉篇"䁑,里尚切,目病兒",亦作"睖"同。廣韻〔漾韻〕亦同,與"亮"同
音。集韻〔蕩韻〕又音"里黨切",云:"明目也。"説文:"朖,明也。"玉篇"朗,
明也。亦作'朖'",古文作"朤"。又"朤,力蕩切",云:"古'朗'字。"是古文
"朖"作"朤",乃"朤"之訛。"䁑",卽"朖"之異文矣。"䁑",舊本誤作"睍",
戴據永樂大典本校改。

**惉愉,悦也。**　注 惉愉,猶呴愉也。　音義 惉,音敷。

　　**箋疏** 廣雅〔釋詁三〕:"惉愉,説也。""説"、"悦",古今字。又〔釋詁一〕

云："㥼愉，喜也。""喜"與"説"，義相近。玉篇："㥼，喜也，悦也，樂也。"唐風山有樞篇"他人是愉"，毛傳："愉，樂也"。禮〔記祭義〕云："有和氣者，必有愉色。"荀子王霸篇云"安重閒靜莫愉焉"，楊倞注："愉，樂也。"説文"惄"字注引周書金縢"有疾不惄"，"惄，喜也"。今本作"豫"，某氏傳曰："武王有疾，不悦豫。""惄"、"豫"，並與"愉"通。重言之則曰"愉愉"。論語鄉黨篇曰"私覿，愉愉如也"，鄭注："愉愉，顏色和也。"聘禮記作"俞俞"，義亦同也。連言之則曰"㥼愉"。衆經音義卷十三、卷十九並云："敷愉，篆文作'孚瑜'，言美色也。方言作'㥼愉，悦也'。㥼愉，言顏色和悦也。"悦貌謂之㥼愉，容貌可悦者亦謂之㥼愉。漢瑟調曲隴西行云："好婦出迎客，容貌正㥼愉。"是也。"孚"、"敷"並與"㥼"通，"瑜"與"愉"亦通。轉言之則曰"孚尹"。聘義云"孚尹旁達"，鄭注云"謂玉采色也"，義亦同也。

　　注云"猶呴愉也"者，王褒聖主得賢臣頌云"是以嘔喻受之"，文選李善注引應劭云："嘔喻，和悦貌。""嘔喻"與"呴愉"同。注"愉"，一本作"喻"。

**即、圉，就也。即，半也。** 注 即，一作"助"。

　　**箋疏** 玉篇："就，即也。"廣雅〔釋詁三〕："即、圉，就也。"舊本"就"下脱"也"字，今從戴本補。屯"即鹿无虞"，虞翻注："即，就也。"鄭風東門之墠篇毛傳同。王制"必即天倫"，鄉飲酒禮"衆賓序升即席"，鄭注並訓"即"爲"就"。論語子路篇"亦可以即戎矣"，包咸注："即戎，就兵也。"玉篇："圉，就也。"圉，猶匝也。鄭注周官典瑞云："一匝爲一就。"是圉爲就也。案：檀弓〔上〕云"夏后氏堲周"，鄭注云："燒土冶以周於棺也。""堲"，釋文作"即"同，"子栗反，又音稷。何云：冶土爲甎四周於棺。"周亦匝也。是"即"訓爲"就"，與"圉"同也。

　　説文："半，物中分也。从八，从牛。牛爲物大，可以分也。"廣韻〔職韻〕："即，半也。"説文"即，即食也"，段氏若膺云："即食"當作"節食"，"周易所謂節飲食也。節食者，檢制之使不過，故凡止於是之詞謂之即。"案："止於是"，是"就"之義也，故又訓爲"半"。

**惄、怵，中也。** 注 中宜爲忡；忡，惱怖意也。

筆疏 説文“忡，憂也”，引召南草蟲篇“憂心忡忡”，毛傳云：“忡忡，猶衝衝也。”下文：“衝，動也。”亦憂勞之意也。

釋詁“惙，憂也”，説文同，引草蟲篇“憂心惙惙”，毛傳：“惙惙，憂也。”釋訓云：“忡忡、惙惙，憂也。”衆經音義卷十九引字林：“惙，憂也。”晏子春秋外篇云：“歲云寒矣，而役不罷，惙惙矣若之何！”

玉篇：“怵，憂心也。”

注云“惱怖意也”者，説文：“惱，有所恨痛也。今汝南人有所恨曰大惱。”“惱”、“惱”，古今字。説文“怖，惶也”，或從“布”作“怖”。惱怖，亦憂恨之意也。

**幬、蒙，覆也。幬，戴也。**　注 此義[1]之反覆兩通者。　音義 幬，字或作“嶹”，音俱波濤也。

　　筆疏 廣雅〔釋詁二〕：“幭、幬，覆也。”“幭”，今作“幬”，與“幬”同。釋器云：“幬謂之帳。”説文：“幬，禪帳也。”帳爲下覆之義，故訓爲“覆”。中庸云“辟如天地之無不”“覆幬”，鄭注：“幬，亦覆也。”襄二十九年左氏傳云“如天之無不幬也”，史記吳世家作“嶹”，集解引賈逵注云：“嶹，覆也。”説文：“嶹，溥覆照也。”“嶹”與“幬”通。

　　小爾雅〔廣詁〕：“蒙，覆也。”鄘風君子偕老篇“蒙彼縐絺”，毛傳：“蒙，覆也。”襄十年左氏傳“狄虒彌建大車之輪而蒙之以甲以爲櫓”，杜預注同。通作“冡”。説文：“冡，覆也。”亦作“幏”，“幏，蓋衣也。”前卷四云“幏，巾也。陳潁之間謂之幏”，注云：“巾，主覆者，故名幏也。”書大傳云“下刑墨幏”，鄭注：“幏，巾也。”皆覆之義也。

　　釋名〔釋姿容〕：“戴，〔載也〕，載之於頭也。”小爾雅〔廣詁〕：“戴，覆也。”班固西都賦云：“上反宇以蓋戴。”太玄玄文“蒙，南方也，夏也，物之修長者也，皆可得而載也”，范望注云：“枝葉已成，蒙覆於上，皆可嶹載者也。”“戴”與“覆”同義，故“幬”又爲“戴”也。

―――――――――

〔1〕　“義”原作“字”，據四部叢刊影宋本、盧文弨重校方言本改。

堪、輂，載也。　注 輂，轝亦載物者也。　音義 輂，音釘鋦。

箋疏 廣雅〔釋詁二〕："堪、輂，載也。""輂"，曹憲音"恭録反"。"堪"之言龕也。前卷六"龕，受也。揚越曰龕。受，盛也，猶秦晉言容盛也"，注云："今云龕囊，依此名也。"爾雅〔釋言〕："洵，龕也。"世父詹事君曰："龕"與"堪"同聲。"洵"本訓"信"，"信"與"堪"義相因，信其堪斯任也，義並與"載"相近。

説文："輂，大車駕馬也。"周官鄉師云"正治其徒役，與其輂輦"，鄭注云："輂，駕馬；輦，人挽行，〔所〕以載任器也。"管子海王篇云："行服連軺輂者，必有一斤一鋸一椎一鑿，若其事立。"襄九年左氏傳"陳畚梮"，漢書五行志〔上〕作"輂"，應劭注云："輂，所以輿土也。"是"梮"即"輂"之或字。左傳正義以爲字從"手"，非也。史記夏本紀"山行乘樏"，河渠書作"山行即橋"，漢書溝洫志作"山行則梮"，韋昭注："梮，木器，如今輿牀，（皆）人舉以行也。"通作"轎"。漢書嚴助傳"輿轎而隃領"，薛瓚注："今〔竹〕輿車也。"是輂也、梮也、轎也、樏也實一物也。説文"㯥，舉食者"，徐鍇傳云："如今食牀，兩頭有柄，二人對舉之。"聲義並與"輂"同。又云"㯥，曲轅車也"，聲與"輂"同，義亦相近。

注"輂，轝亦載物者"也，疑當作"輂，亦輿載物者也"，或衍"亦"字。

音"釘鋦"，宋本作"封局"，戴氏云："玉篇'鋦'字注云'以鐵縛物'，故有釘鋦之語。"

搖、祖，上也。祖，搖也。祖，轉也。　注 互相釋也。動搖即轉矣。

箋疏 廣雅〔釋詁一〕："搖、祖，上也。"釋天云"扶搖謂之猋"，李巡注云："暴風從下升上。"管子君臣篇〔下〕云："夫水波而上，盡其搖而復下。"楚辭九章〔抽思〕云："願搖起而横奔兮。"漢書禮樂志云"將搖舉，誰與期"，顔師古注云："言〔當〕奮搖高舉，不可與期也。"班固西都賦："遂乃風舉雲搖。"是搖爲上也。

釋詁："祖，始也。"説文："祖，始廟也。"前卷六云："遙，遠也。""祖"訓爲"上"，又訓爲"搖"，亦訓爲"轉"，是自下而上皆旋轉之義也。舊本分爲三條,並提行,今從戴、盧兩本併。

## 括、關,閉也。　注 易曰:"括囊,无咎。"　音義 括,音适。

　　箋疏 説文:"括,絜也。"又云:"髻,絜髮也。"衆經音義卷十二云:"髻,古文'鬠'、'髻'二形,今作'括'同,古活反。字林:'髻,絜髮也。'謂括束髮也。"或作"結"。鄭注大學云:"絜,〔猶〕結也。"坤六四"括囊",虞翻注:"括,絜也。謂泰反成否。"王弼注云:"括,結。否,閉。賢人乃隱。"是括爲閉也。通作"昏"。説文:"昏,塞口也。"廣雅〔釋詁三〕"括、昏"並"塞也"。"昏"與"括",聲義並同。

　　音"适",舊本作"活",今從戴校。

　　"關"、"括",聲之轉耳。説文:"關,閉也。"[1]廣雅〔釋詁三〕:"關、閉,塞也。"

## 衝、俶,動也。

　　箋疏 廣雅〔釋詁一〕:"衝,動也。""衝"與"衝"同。説文:"憧,〔意〕不定也。""憧"與"衝",聲近義同。

　　"俶"與"衝",聲之轉也。釋詁:"動、俶,作也。"是"俶"與"動"同義。説文:"俶,氣出於土也。"廣雅〔釋詁三〕:"俶,動也。"義並與"俶"同也。重言之則曰"衝衝"、曰"俶俶"。召南草蟲篇"憂心忡忡",毛傳云:"忡忡,猶衝衝也。"皆憂勞之意也。廣雅〔釋訓〕:"衝衝,行也。"咸九四云:"憧憧往來。"孟子梁惠王篇〔上〕"於我心有戚戚焉",趙岐注云:"戚戚然心有動也。""戚"與"俶"聲近,義亦同也。

## 羞、屬,熟也。　注 熟食爲羞。

　　箋疏 "熟",衆經音義卷二十一引作"孰"。説文:"孰,食飪也。""飪,大孰也。"玉篇:"熟,爛也。""孰"、"熟",古今字。

　　廣雅〔釋詁三〕:"羞,熟也。"聘禮"燕與羞,俶獻無常數",鄭注云:"羞,謂禽羞,鴈鶩之屬,成熟煎和也。"爾雅〔釋言〕"饙、餾,稔也",郭注云:"今呼

---

〔1〕案:今本説文作"關,以木橫持門户也"。

餐飯爲饋。”釋文：“餐，音修。”案：説文：“稭，穀熟也”。“饋”訓爲“稭”，“餐飯”爲“饋”，是“餐”與“羞”聲義並同。衆經音義卷十九引此注文云：“羞，謂熟食也。”

　　“厲”之言烈也。楚辭招魂“露雞臛蠵，厲而不爽些”，王逸注云：“厲，烈也。爽，敗也。楚人名羹敗曰爽。言乃復烹露棲之〔肥〕雞，臛蠵龜之肉，則其味清烈不敗也。”大雅生民篇“取羝以軷，載燔載烈”，毛傳云：“貫之加于火曰烈。”鄭箋云：“烈之言爛也”，“取羝羊之體以祭神，又燔烈其肉爲尸羞焉。”“烈”與“厲”，古同聲通用。思齊篇“烈假不瑕”，毛傳作“烈”，鄭箋作“厲”。祭法云“是故厲山氏之有天下也”，鄭注云：“厲山氏，炎帝也，起于厲山。或曰有烈山氏。”周官〔大〕宗伯注：“有厲山氏之子曰柱。”昭二十九年左氏傳作“烈山氏”，史記五帝紀正義引括地志云：“厲山在隨州隨縣北百里，山東有石穴。曰神農生於厲鄉，所謂列山氏〔也〕。春秋時爲厲國。”是其例也。通作“礪”。廣雅〔釋詁三〕：“礪，熟也。”義亦同也。

# 厲，今也。

　　箋疏“今”，各本並同。案：“今”與“厲”義不相涉，“今”疑當爲“合”。廣雅〔釋詁二〕“繕、彌、厲，合也”，並本方言。“今”，與“合”形似之譌。文選西都賦“營厲天”，李善注引韓詩：“翰飛厲天。”又引薛君章句云：“厲，附也。”莊子大宗師篇云：“女夢爲鳥而厲乎天。”廣雅〔釋詁三〕：“附、厲，近也。”玉篇：“厲，附也，近也。”“附”與“近”，皆相合之意。衆經音義卷三、卷十四並引廣雅：“連，合也。”今本“合”訓内有“厲”無“連”。案：“連”與“厲”，古同聲通用。祭法：“是故厲山氏之有天下也。”周易正〔義〕序引世譜：“神農，一曰連山氏，亦曰列山氏。”史記五帝紀正義引帝王世紀：“炎帝，又曰連山氏，又曰列山氏。”是其例也。戴氏以此合上爲一條，不提行，今從舊本。又云：“‘今’當爲‘矜’。月令‘天子乃厲飾’，鄭注云：‘厲飾謂戎服，尚威武也。’春秋僖公九年公羊傳‘葵丘之會，桓公震而’‘矜之者何？猶曰莫我若也’，何休注云：‘色自美大之貌。’‘厲’與‘矜’又皆爲‘危’。春秋定公元年穀梁傳‘踰年即位，厲也’，范甯注云：‘厲，危也。’詩小雅〔菀柳〕‘居以凶

矜’，毛傳：‘矜，危也。’鄭箋云‘居我以凶危之地。’廣雅〔釋詁一〕：‘矜、厲，
危也。’”義似可通，姑存其説，以俟再考。

## 備、該，咸也。　注 咸，猶皆也。

　　箋疏 廣雅〔釋言〕：“備，咸也。”樂記云：“大章，章之也。咸池，備矣。
韶，繼也。夏，大也。”“大章”、“韶”、“夏”皆釋字義，是“備矣”猶“備也”，故
史記樂書“備矣”作“備也”，集解：“王肅曰：‘包容浸潤化行皆然，故曰備
也。’”是“備”與“咸”同義。説文：“福，備也。”祭統云：“福者，備也；備者，百
順之名也。”郊特牲云：“富〔也〕者，福也。”釋名〔釋言語〕云：“福，富也，其中
多品如富者也。”鄭注曲禮〔下〕云：“富之言備也。”“備”、“福”、“富”，古聲義
並同。説文：“葍，具也。”廣雅〔釋詁二〕：“具，備也。”“葍”與“備”亦同。

　　哀元年穀梁傳“此該郊之變而道之也”，楚辭離騷“甯戚之謳歌兮，齊桓
聞而該輔”，范甯、王逸注並云：“該，備也。”通作“晐”。説文：“晐，兼晐也。”
廣雅〔釋言〕“晐，咸也”，玉篇同。吴語“一介嫡女，執箕帚以晐姓於王宫”，
韋昭注：“晐，備也。”亦作“賅”。莊子齊物論“賅而存之焉”，釋文引司馬彪
注：“賅，備也。”“該”、“晐”、“賅”，字異義同。

　　注云“咸，猶皆也”者，釋詁“咸，皆也”，説文同。衆經音義卷三引方言
云：“該，咸也。郭曰：該咸，備告也。”與今本異。

## 噬，食也。噬，憂也〔1〕。

　　箋疏 説文：“噬，啗也。啗，食也。”廣雅〔釋詁二〕：“噬，食也。”又〔釋詁
一〕：“憂也。”噬嗑象傳云：“頤中有物，曰噬嗑。”是其義也。哀十二年左氏
傳云：“國狗之瘈，無不噬也。”左思蜀都賦云：“戟食鐵之獸，射噬毒之鹿。”

　　“噬，憂也”，舊本提行別爲一條，今從戴、盧兩本。

## 悷，悸也。　注 謂悚悷也。

　　箋疏 説文：“悸，心動也。”衆經音義卷四、卷十二並云：“悸，古文‘瘁’
同，其季反。字林：‘心動也。’説文：‘氣不定也。’”衞風芄蘭篇“垂帶悷兮”，

---

〔1〕 “噬憂也”廣本、徐本提行別爲一條。

毛傳云：“垂其紳帶悸悸然有節度”也。楚辭悼亂“惶悸兮失氣”，王逸注：
“悸，懼也。”素問氣交變大論“煩心躁悸，陰厥”，王冰注：“悸，心跳動也。”

　　玉篇“愧，祇佳、祇奚二切”，云：“悸也，悚也。”“愧、悸”以聲爲義也。衆
經音義卷十二引正文同，注文“悚”作“竦”，又有“愧，音葵”三字，疑今本脫
也，“竦”與“悚”，古字通。

## 虜、鈔，强也。　注 皆强取物也。鹵，奪也〔1〕。

　　箋疏 廣雅〔釋詁一〕“摛、鈔，强也”，曹憲音“魯”。“摛”與“虜”同。衆
經音義卷三云：“虜，古文作‘鹵’同。”又卷二云：“秒，古文‘抄’、‘勦’二形，
今作‘鈔’同，初效反。”又引字書：“抄，掠也。”通俗文：“遮取謂之抄。掠，謂
强奪取物也。”杜預僖二年左傳注云“以聚衆抄晉邊邑”，釋文云：“抄，强取
物。”“抄”與“鈔”同。説文“敹，强取也”，引呂刑“敹攘矯虔”，今本作“奪”。
“敹”與“奪”通。史記高帝紀：“毋得鹵掠。”又吳王濞傳云“鹵御物”，集解引
如淳曰：“鹵，抄掠也。”抄掠謂之鹵，抄掠之所獲亦謂之虜。曲禮〔上〕“獻民
虜者操右袂”，鄭注云：“民虜，軍所獲也。”義相因也。

　　“鹵，奪也”，舊本提行別爲一條，今從戴本。

## 鑷，正也。　注 謂堅正也。　音義 鑷，奴俠反。

　　箋疏 廣雅〔釋詁一〕：“鑷，正也。”玉篇“鑷，堅正也”，又作“鈂”同。

## 蒔、殖，立也。蒔，更也〔2〕。　注 謂更種也。　音義 蒔，音侍。

　　箋疏 廣雅〔釋詁四〕“蒔，立也”，曹憲音“時志反”。玉篇：“蒔，立也。”
晉書姚萇載記：“萇令其將于一柵孔中蒔樹一根，以旌戰功。”是“蒔”爲“立”
也。釋名：“事，俌也。俌，立也，凡所立之功也，故青徐人言立曰俌也。”周
官太宰注“任猶俌也”，釋文云：“猶立也。”疏云：“東齊人物立地中爲俌。”史
記張耳傳“莫敢俌刃公之腹中”，集解：“東方人以物插地皆爲俌。”漢書作
“剚”。字並與“蒔”通。〔3〕

---

〔1〕　“鹵奪也”廣本、徐本提行別爲一條。
〔2〕　“蒔更也”廣本、徐本提行別爲一條。
〔3〕　“釋名”至“並與蒔通”八十三字原無，據廣本、徐本補。

“殖”，各本並同，戴氏據曹本改作“植”，非是。按：“植，立”已見前卷七，若作“植”爲重出矣。今從衆家。廣雅〔釋詁四〕：“殖，立也。”周語〔下〕“以殖義方”，韋昭注：“殖，立也。”卷七云：“燕之外郊、朝鮮洌水之間凡言置立者謂之樹植。”“植”與“殖”，字異義同。

　　説文：“蒔，更別種也。”廣雅〔釋地〕：“蒔，種也。”音“石至切”，又音“時”。左思魏都賦云：“陸蒔稷黍。”潘岳秋興賦“覽花蒔之時育兮”，李善注引字林曰：“蒔，更別種也。”舜典：“播時百穀。”周頌思文正義引鄭注云：“時，讀曰蒔，種蒔五穀也。”今吳俗謂插秧爲蒔秧。蓋秧必先苗而復蒔之，是更之義也。通作“時”，亦作“樹”。晏子春秋諫篇云“于是景公出野居暴露，三日，天果大雨，民盡得種時”，説苑辨物篇“時”作“樹”。前卷七云：“樹植，立也。”上文：“蒔、殖，立也。”是“樹植”猶“蒔殖”也。

　　音“侍”，宋本作“恃”。

　　“蒔，更也”，舊本提行別爲一條，今從戴本。

**髻、尾、梢，盡也。** 注 髻，毛物漸落去之名。尾，梢〔1〕也〔2〕。 音義 髻，除〔3〕爲反。

　　箋疏 “髻”，舊本誤作“鬐”。玉篇：“鬐，渠祇切，鬐鬣也。”與“盡”義不相涉。案：廣雅〔釋詁一〕：“髻、稍，盡也。”今據以訂正。説文：“髻，髮隋也。”“隋”當作“墮”。玉篇：“髻，都果、徒果二切，小兒翦髮爲髻。又直垂切。”廣韻〔支韻〕云：“髻，髮落。”匡謬正俗引字林：“直垂反。”廣雅〔釋詁二〕又云：“髻，墮也”。〔又釋詁三〕：“髻，落也。”是“髻”爲落之盡也。上文云：“墥，脫也。”下卷云“毻，易也”，注云：“謂解毻也。”音“他臥反。”“髻”、“墥”、“毻”聲同，義並相近。毛髮落盡謂之髻，存髮不翦亦謂之髻，義相因也。內則“三月之末，擇日，翦髮爲髻，男角女羈”，鄭注云：“髻所遺髮也。”是也。

　　音“除爲反”，宋本作“渠脂反”，蓋淺人因正文訛作“鬐”而妄改也。

────────────

〔1〕 “梢”原作“捎”，據廣本、徐本改。
〔2〕 “尾梢也”廣本、徐本提行別爲一條。
〔3〕 “除”原作“徐”，據廣本、徐本改。

説文："尾，微也。""微"與"尾"通。晉語〔三〕云："歲之二七，其靡有微也。"是"盡"之義也。

"梢"，廣雅〔釋詁一〕作"稍"。"稍"與"梢"通。梢，猶尾也。玉篇："尾，末後稍也。"遯卦"遯尾"，王弼注云："尾之爲物，最在〔體〕後者也。"顏延之赭白馬賦"垂梢植髮"，李善注云："梢，尾之垂者。"是尾爲梢也。史記張儀傳"獻恆山之尾五城"，索隱："尾〔猶〕末也。"末亦梢也。尾謂之梢、亦謂之末，猶木末謂之梢矣。

"尾，梢也"句，舊本提行別爲一條，今從戴本。

碌〔1〕、欲，傛也。　注 今江東呼極爲殢。外傳曰："余病喙矣。"音義 殢，音喙。欲，音劇。

箋疏 説文"倦，罷也"，"券，勞也"，並"渠卷切"。鄭注考工記輈人云："券，今'倦'字也。"論語顏淵篇"居之無倦"，釋文："倦，亦作'券'。"後漢涼州刺史魏君碑："施舍不券。""券"、"倦"，並與"傛"同。通作"惓"。淮南人間訓云："是由病者已惓，而索良醫也。"廣雅〔釋詁一〕"券，極也"，曹憲音"去願反"。非也，蓋誤以爲"契券"字。

廣雅〔釋詁一〕"殢，極也"，曹憲音"凶穢反"。玉篇："殢，困極也。"下卷云"瘵，極也"，注云："江東呼極爲瘵，倦聲之轉也。"玉篇又云："瘵，困極也。"大雅緜篇"維其喙矣"，毛傳云："喙，困也。"晉語〔五〕"郤獻子傷，曰：'余病喙（矣）'"，韋昭注："喙，短氣貌。""殢"、"瘵"、"喙"，字異聲義並同。傛謂之殢，傛極而喘息亦謂之喙，義相因也。前卷二云："喙，息也。秦晉之間或曰喙。"是也。

説文"惄，微惄受屈也"，又云"惄，勞也"，並"其虐切"。史記司馬相如傳子虛賦"微矟受詘"，集解引徐廣："矟，音劇。"又引郭注云："矟，疲極也。言獸有倦游者，則微而取之。"索隱引司馬彪云："微，遮也。矟，倦也。謂遮其倦者。矟，音劇。説文：'矟，勞也。燕人謂勞爲矟。'"又上林賦云"與其

<hr />

〔1〕 編者注：碌，據《漢魏叢書》本作"殢"。

窮極倦㦫”，郭注云：“窮極倦㦫，疲憊者也。”“㒬”、“憁”、“㦫”，字異聲義並
同。廣雅〔釋詁一〕：“御，極也。”史記匈奴傳、漢書趙充國傳皆云“微極”，是
“微極”亦即“微㒬”矣。通作“卻”。趙策〔四〕云“恐太后玉體之有所卻也”，
史記趙世家“卻”作“苦”。“苦”、“卻”，聲之轉也。

　　“㱬”，通行本作“音劇”，今從宋本。案：“劇”字本作“勮”，音“其據切”。
字譌從“刀”作“劇”，聲轉爲“渠力切”。史記平準書云：“作業劇而財匱。”玉
篇：“劇，甚也。”是“劇”與“御”，聲義並同。蓋“劇”本爲“㒬”字之音，非誤
也。宋本作“音㱬”，則“㱬”下脱“㒬音”二字，通行本作“音劇”，則“劇”上脱
“御音”二字，今補正。

## 黽、律，始也。　　音義 黽，音蛙。

　　箋疏 廣雅〔釋詁一〕：“黽，始也。”玉篇云：“今作‘蛙’。‘鼃’，同上。”
按：黽爲蝦蟇之屬，黽之子常於暮春月生水中，以千萬計，釋魚謂之“科斗”。
上古造字之始，實取象焉。生數日而脱其尾，遂成黽。是科斗爲黽之始，因
而始即謂之黽，猶羽爲鳥羽之本，而本即謂之羽。下卷云“羽，本也”，注云：
“今（人）以鳥羽〔本〕爲羽。”是其例也。

　　説文：“庫，始開也。从户、聿。聿，亦始也。”“聿”與“律”通。太平御覽
〔卷十六〕引春秋元命包云：“律之爲言率也，所以率氣令達也。”續漢書律曆
志〔上注〕引月令章句云：“律者，清濁之率法也。”説文：“繂，素屬。”廣雅〔釋
器〕：“繂，素也。”案：太素者，質之本始也，故衆經音義卷二引方言：“素，本
也。”廣雅〔釋詁一〕：“本，始也。”義並相通也。廣雅〔釋詁一〕“䔞，始也”，曹
憲音“律”。玉篇：“䔞，草子甲。”廣韻〔術韻〕引音譜云：“䔞，草子甲”也。集
韻〔術韻〕：“䔞，始也。一曰：草孚甲出也。”“䔞”與“律”通。王氏懷祖〔廣雅
疏證釋詁一〕云：“凡事之始，即爲事之法，故始謂之方，亦謂之律；法謂之
律，亦謂之方矣。”

## 蓐、臧，厚也。

　　箋疏 説文“蓐，陳草復生也”，古文从“茻”作“薅”。廣雅〔釋詁三〕“蓐，
厚也”，玉篇同。説文又云：“緛，繁采飾也。”張衡西京賦云：“采飾纖緛。”

“縟”與“蓐”同義。王氏伯申云：“文七年左傳‘訓卒（厲）〔利〕兵，秣馬蓐食’，杜預注云：‘蓐食，早食於寢蓐也。’漢書韓信傳‘亭長妻’‘晨炊蓐食’，張晏注云：‘未起而牀蓐中食。’案：‘訓卒（厲）〔利〕兵秣馬’，非寢之時矣。‘亭長妻晨炊’，則固已起矣。而云‘早食於寢蓐’，云‘未起而牀蓐中食’，義無取也。蓐者，厚也，食之豐厚於常，因謂之蓐食。‘訓卒（厲）〔利〕兵秣馬蓐食’者，商子兵守篇云：‘壯男之軍，使盛食（利）〔厲〕兵，陳而待敵；壯女之軍，使盛食負壘，陳而待令。’是其類也。兩軍相攻，或竟日未已，故必厚食乃不飢。亭長妻欲至食時不具食以絕韓信，故亦必厚食，乃不飢也。成十六年傳：‘蓐食申禱。’襄二十六年傳：‘秣馬蓐食。’並與此同。”

廣雅〔釋詁三〕“臧，厚也”，廣韻〔唐韻〕同。王氏疏證云：“凡‘厚’與‘大’義相近。厚謂之敦，猶大謂之敦也。厚謂之醇，猶大謂之純〔也〕。厚謂之臧，猶大謂之將也。”

**遵、遄，行也。**　注 遄遄，行貌也。　音義 遄，魚偃反。

箋疏 說文：“遵，循也。”“循，行也。”太玄晦次七曰：“或遵之行。測曰：將遵行也。”

廣雅〔釋詁一〕：“遵、遄，行也。”“遄”，曹憲音“魚輦反”。玉篇音“魚偃切”，廣韻〔獼韻〕“魚蹇切”，並云：“行貌。”

音“魚偃”，通行本作“魚晚”，今從宋本。

**饍、餕，餽也。**　音義 饍，音攜。餕，祭酸。餽，音饋。

箋疏 說文：“吳人謂祭曰餽。”中山策“飲食餔饋”，高誘注：“吳謂祭鬼曰餽，古文通用，讀與‘饋’同。”衆經音義卷十一、卷二十並引方言：“餕，饋也。”案：文選祭顏光祿文李善注引倉頡篇曰：“饋，祭名也。”說文：“饋，餉也。”“饋”之言歸也。經傳多假“歸”爲“饋”，與“餽”義各別。作“饋”者，假借字耳。

說文：“餕，小餕也。”玉篇：“餕，始銳切，小餕也。又力外切。饍，同上。”廣韻〔祭韻〕：“餕，門祭也。”廣雅〔釋天〕‘祱，祭也”，玉篇同。“餕”、“祱”，並與“饍”同。“饍”，舊本誤作“鑴”，今據宋本訂正。

説文：“餟，祭酹也。”“酹，餟祭也。”廣雅〔釋天〕：“餟，祭也。”史記褚少孫補孝武紀云“其下四方地，爲餟食”，封禪書作“醊食”，漢書郊祀志作“腏”。易林豫之大畜云：“住馬醊酒。”“醊”、“腏”，並與“餟”同。亦作“禭”。玉篇：“禭，祭名”也。餟之或作禭，猶鷬之或作祝耳。“餟”，舊本誤作“錣”，今據宋本訂正。

音“祭醊”，舊本作“餟”，今從宋本。

**餼、饁，飽也。** 音義 餼，香既反。饁，音映。

箋疏 “餼”，卽“氣”之或體字。廣雅〔釋詁一〕：“愾、饁、飽，滿也。”“愾”，玉篇引作“嘅”。“嘅”、“愾”，並與“餼”通。説文“鎎，怒戰也”，引文四年左氏傳曰“諸侯敵王所鎎”，今本作“愾”，杜預注：“愾，恨怒也。”凡人喜則氣舒，怒則氣滿。食飽謂之餼、亦謂之饁，氣滿謂之鎎、亦謂之饁，其義一也。

玉篇“饁，飽滿也”，亦作“餲”同。合而倒言之則曰“饁餼”。前卷一云“凡陳楚之郊南楚之外相謁而殘”，“秦晉之際河陰之間曰㥯餲”，注云：“今關西人呼食〔欲〕飽爲㥯餲。”“㥯餲”與“饁餼”，聲近義同。“饁”，通行本誤作“鐶”，今據宋本訂正。

音“映”，宋本作“音影”。

**慄、者，嬴也。** 音義 慄，度協反。者，音垢。嬴，音盈。

箋疏 荀子非相篇“與世偃仰，緩急嬴絀”，楊倞注：“嬴，餘也。”通作“贏”。説文：“贏，賈有餘利也。”昭元年左氏傳云：“賈而欲贏，而惡囂乎？”

玉篇：“慄，盈也。”文選古詩十九首“盈盈樓上女”，李善注云：“‘盈’與‘嬴’古字通。”

左思魏都賦“繁富夥夠”，李善注引廣雅：“夠，多也。”玉篇音“苦侯切”。“夠”與“者”，聲義並相近。

**趙、肖，小也。**

箋疏 周頌良耜篇“其鎛斯趙”，毛傳云：“趙，刺也。”正義云：“鎛是鋤類，故趙爲刺地。”釋草云“茦，刺”，注云：“草刺針也。”前卷三云：“凡草木刺人，北燕朝鮮之間謂之茦。”廣雅〔釋詁二〕：“茦，小也。”是刺之名趙，以小爲義也。釋木云“休，無實李”，郭注云：“一名趙李。”無實必不大，義亦同也。前卷五云“牀杠”，“南楚之間謂之趙”，注云：“趙當作兆，聲之轉也。中國亦呼杠爲桃牀。”案：周頌小毖篇“肇允彼桃蟲，拚飛維鳥”，毛傳云：“桃蟲，鷦也，鳥之始小終大者。”説文：“挑，〔羊〕未卒歲（羊）也。”周官小師注云：“鼗，如鼓而小。”釋魚云：“蜃，小者珧。”又云：“魵，小者鰍。”又穆天子傳〔卷四〕“盜驪”，郭注云：“爲馬細頸。驪，黑色也。”玉篇作“桃驪”，廣雅〔釋獸〕作“駣驪”，御覽引廣雅亦作“桃”。凡从“兆”之字，皆訓爲“小”也。“趙”從“肖”聲，蓋以聲爲義也。

廣雅〔釋詁二〕：“肖，小也。”莊子列禦寇篇云：“達生之情者傀，達於知者肖。”傀者，大也；肖者，小也。漢書刑法志“肖”皆作“宵”。學記“宵雅肄三”，鄭注云：“宵之言小也。”考工記梓人“大智燿後”，鄭注云：“燿讀曰哨。哨頃，小也。”馬融廣成頌作“大匈哨後”。説文：“哨，不容也。”不容，亦小之意也。投壺“某有枉矢哨壺”，鄭注云：“枉、哨，不正貌。”大戴記〔投壺篇〕作“峭”同。“哨”，玉篇音“且醮切，又先焦切”。史記太史公自序云“申、呂肖矣”，徐廣注云：“肖，音痟。痟，猶衰微”也。是凡言“肖”者，皆“小”之義也。

**蜳、愮，悖也。**　注　謂悖惑也。　音義　愮，音遙。

篹疏　上文“愑，强也”，注云：“謂强戾也。”廣雅〔釋詁一〕作“悖”。又前卷十云：“愍，惛也。楚揚謂惛爲愍。”義並與“悖”相近。

張衡西京賦云：“蜳眩邊鄙，鬻良雜苦。”是蜳爲悖也。

廣雅〔釋詁三〕：“愮，亂也。”“亂”與“悖”，義相近。重言之則曰“蜳蜳”、曰“愮愮”。法言重黎篇云：“六國蜳蜳。”釋訓云“灌灌、愮愮，憂無告也”，釋文引廣雅：“愮，亂也。”是義亦同也。王風黍離篇：“中心搖搖。”楚策〔一〕云：“心搖搖如懸旌，而無所終薄。”“搖”與“愮”通。

**吹、扇，助也。**　注　吹噓扇拂，相[1]佐助也。

---

〔1〕　“相”原作“皆”，據四部叢刊影宋本、盧文弨重校方言本改。

　　**箋疏** 説文："吹，嘘也。"廣雅〔釋詁二〕："吹、扇，助也。"莊子逍遥遊篇云："野馬也，塵埃也，生物之以息相吹也。"

　　前卷五云："扇，自關而東謂之箑。"白虎通〔封禪〕云："孝道至則萐莆生庖厨。萐莆者，樹名也，其葉大於門扇，不搖自扇，於飲食清涼，助供養也。"是其義也。

## 焜、曅，晠也。　注 韡曅焜燿，盛貌也。

　　**箋疏**"晠"，即"盛"之異文。故方言"晠"字，廣雅並作"盛"。又衆經音義卷十二引方言："焜，盛也。"卷一、卷十三並引方言："曅，盛也。"卷十二、卷十三引此注云："煒爆，盛貌。"卷四、卷八、卷十二引注云："焜煌，盛貌。"是"晠"與"盛"同。

　　説文："焜，煌也。"昭三年左氏傳"焜燿寡人之望"，服虔注云："焜，明也。燿，照也。"釋文："焜，胡本反，又音昆。"廣雅〔釋詁二〕："韡、爆、昆，盛也。"鄭注王制云："昆，明也。"司馬相如封禪文云："煥炳煇煌。""昆"、"煇"，並與"焜"通。

　　説文："曅，光也。"張衡思玄賦舊注云："曄，光貌。""曄"與"曅"同。張協七命云"觀聽之所煒曄也"，李善注引方言曰："煒，盛也。郭注曰：煒曄，盛貌也。"與今本不同，蓋別本也。

## 苦、翕，熾也。

　　**箋疏** 説文："熾，盛也。"

　　廣雅〔釋詁三〕："苦、翕，熾也。"洪範云"炎上作苦"，某氏傳云："焦氣之味。"月令云："其臭焦，其味苦。"蓋臭之曰氣，在口曰味，於義爲熾，故"苦"訓爲"熾"。

　　張衡思玄賦云："温風翕其增熱。"揚子甘泉賦"翕赫曶霍"，李善注云："翕赫，盛貌。"下卷云："煬、翕，炙也。""炙"與"熾"義相近，故注云"今江東呼熾猛爲煬"。廣雅〔釋詁二〕又云："爛，爇也。""爛"與"翕"通。"爇"與"熾"，義亦相近。

**蕴，崇也。蕴、啬，積也。** **注** 嗇者貪，故爲積也。**嗇、弥，合也**[1]。

**箋疏** 任昉百辟勸進牋云"近以朝命蘊策"，李善注云："謂尊崇而加策命也。"是蘊爲崇也。隱六年左氏傳"芟夷蘊崇之"，杜預注："蘊，積也。"通作"薀"。説文"薀，積也"，廣雅〔釋詁一〕同。説文引昭十年左氏傳"薀利生孽"，今本作"蘊"。又通作"煴"。漢書蘇武傳"置煴火"，顔師古注云："煴，謂聚火無焱者也。"下卷云"蘊，晠也"，注云："蘊，藹茂貌。"又云："蘊，饒也。"義並相近。互見"饒也"條下。

廣雅〔釋詁一〕："嗇，積也。"洪範云"土爰稼穡"，某氏傳曰："種曰稼，斂曰穡。"正義曰："鄭注周禮〔地官序官司稼〕云：'種穀曰稼，若嫁女之有所生。'然則穡是惜也，言聚蓄之可惜也。"魏風伐檀篇"不稼不穡"，毛傳云："種之曰稼，斂之曰穡。"石經魯詩殘碑"穡"作"嗇"。特牲饋食禮"主人出寫嗇于房"，鄭注云："嗇者，農〔力〕之成功。"少牢饋食禮"宰夫以籩受嗇黍"，注云："收斂曰嗇。"字並是"禾"，是"穡"與"嗇"同。

注"嗇者貪，故爲積也"者，上卷〔十〕云："嗇，貪也。荆汝江湘之郊凡貪而不施或謂之嗇。"襄二十六年左氏傳云"小人之性"，"嗇於禍"，杜預注："嗇，貪也。"

廣雅〔釋詁二〕："繬、彌，合也。"又云："繬、彌，縫也。""繬"與"嗇"同。説文："穀可收曰穡。"小雅信南山篇鄭箋云："斂税曰穡。"説文："轖，車籍交革也。"枚乘七發云："中若結轖。"急就篇〔卷三〕"革轖髤漆油黑蒼"，顔師古注云："革轖，車籍之交革也。"皆合之義也。"弥"，舊本誤作"殄"，戴氏改作"镾"，盧氏據廣雅〔釋詁二〕改作"彌"。案：玉篇"彌"亦作"弥"，廣韻〔支韻〕同。後漢書楊震傳："灾害發起，弥弥滋甚。"漢巴郡太守張納碑陰："有宕渠沈弥。"是"弥"乃"彌"之異文。"殄"，乃"弥"之譌字。竊謂"弥"字當亦相傳古本如此，故各本無從"長"作"镾"者，必改"弥"作"镾"，或作"彌"，皆屬不必。説詳前卷三"東齊之間聟謂之倩"條下。繫辭傳〔上〕云："故能彌綸天

〔1〕"蘊嗇積也嗇弥合也"廣本、徐本各提行别爲二條。

地之道。”僖二十六年左氏傳云：“彌縫其闕。”又昭二年傳“敢拜子之彌縫敝邑”，杜預注云：“彌縫，猶補合也。”以上三條，舊本並提行另起，今從盧本併。

翬、翺，飛也。　注 翬翬，飛貌也。　音義 翬，音揮。

　　箋疏 説文：“翬，大飛也。”廣雅〔釋詁三〕：“翬，飛也。”小雅斯干篇：“如翬斯飛。”釋鳥：“鷹隼醜，其飛也翬。”王氏懷祖云：“翬之言揮也。説文：‘揮，奮也。’爾雅：‘〔雉〕絶有力，奮。’又云：‘魚有力〔者〕徽。’北山經‘獄法之山有獸焉，其狀如犬而人面’，‘其名曰山獋，其行如(疾)風’，郭注云：‘言疾也。’又‘歸山有獸焉，其狀如麢羊而四角，馬尾而有距，其名曰驒，善還’，注云：‘還，旋旋舞也。’是凡言‘揮’者，其義皆與‘飛’相近也。”重言之則曰“翬翬”。廣雅〔釋訓〕：“翬翬，飛也。”舍人爾雅注云：“翬翬，其飛疾羽聲也。”

　　廣雅〔釋詁三〕：“矯，飛也。”“矯”與“翺”通。玉篇：“翺，飛貌。”類篇：“翺，高飛也。”孫綽遊天台山賦“哂夏蟲之疑冰，整輕翺而思矯”，郭景純江賦“琴高之所靈矯”，李善注引方言並作“矯”。江淹雜體詩“思乘扶搖翰，卓然凌風矯”，李善注引廣雅：“矯，飛也。”

憤、目，盈也。

　　箋疏 周語〔上〕云“陽癉憤盈”，韋昭注云：“憤，積也。盈，滿也。”蔡文姬〔悲憤〕詩：“心吐思兮胷憤盈。”石崇王明君辭：“積思常憤盈。”通作“賁”。樂記“粗厲、猛起、奮末、廣賁之音作，而民剛毅”，鄭注云：“賁，讀爲憤。憤，怒氣充實也。”

　　“目”，舊本並誤作“自”，今從盧氏據宋本訂正。小畜九三：“夫妻反目。”白虎通情性篇引春秋元命包云：“目者，肝之使，肝主怒。凡人喜則氣舒，怒則氣滿，而先見於目。”故目爲盈也。

謑、諻，音也。　音義 謑，唤謑。諻，從横。

　　箋疏 鄭注樂記云：“雜比曰音，單出曰聲。”案：“音”與“聲”對文則異，散文則通，故説文云：“音，聲也。”

又〔説文〕云："譟，擾也。"玉篇："譟，羣呼煩擾也。"周官大司馬"車徒皆譟"，鄭注云："譟，讙也。書曰：'前師乃鼓、鐸譟。'"

"譟"音"唤譟"，盧氏云："唤譟，即讙譟。"

玉篇："諻，音也。"通作"瑝"。説文："瑝，玉聲也。"亦作"喤"。左思吳都賦"諠譁喤呷"，李善注引方言"諻，吁橫切"，"音"誤作"通"。是"喤"與"諻"同。重言之則曰"喤喤"。小雅斯干篇"其泣喤喤"，釋文音"橫"，云："沈又呼彭反，聲也。"諠譁謂之諻，鐘鼓之聲諠譁亦謂之喤。釋訓"韹韹，樂也"，舍人注云："喤喤，鐘鼓之樂也。"周頌執競篇"鐘鼓喤喤"，説文引作"鍠"。並與"諻"通。

## 攎、遫，張也。　音義 攎，音盧。遫，音敕。

箋疏 玉篇："攎，張也"，廣雅〔釋詁一〕作"攄"，云："張也。"楚辭九章〔悲回風〕云："攄青冥而攎虹兮。"史記司馬相如傳云："攄之無窮。""攄"亦與"攎"聲近義同。廣雅〔釋詁一〕："攎，引也。"引亦張也，故張弓亦謂之引弓矣。張謂之攎、引亦謂之攎，猶張謂之攄、舒亦謂之攄也。廣雅〔釋詁四〕："攄，舒也。"是也。

"遫"，舊本並訛作"遬"。廣雅〔釋詁一〕"遫，張也"，曹憲音"丑力反"，玉篇同，云："張也。"今據以訂正。

## 岑，夤，大也。岑，高也〔1〕。　注 岑崟，峻貌也。

箋疏 廣雅〔釋詁一〕："岑、夤，大也。"淮南地形訓"九州之外，乃有八夤"，高誘注："夤，猶遠也。"八夤，即八埏之轉聲也。釋山云"山小而高，岑"，説文同。廣雅〔釋詁四〕："岑，高也。"孟子告子篇〔下〕"方寸之木，可使高於岑樓"，趙岐注："岑樓，山之鋭嶺者。"

注"岑崟，峻貌"者，説文："崟，山之岑崟也。"司馬相如子虛賦云："岑崟參差，日月蔽虧。"謝靈運雜體詩："岑崟還相蔽。"是岑崟爲峻貌也。張衡南都賦、揚子蜀都賦皆有"礜崟"字，蕭該音義引字詁云："礜，古文'岑'字。"

---

〔1〕"岑，高也"廣本、徐本提行別爲一條。

舊本“岑，高也”句，提行別爲一條，今從戴、盧兩本。

**效、旷，文也。**　注　旷旷，文采貌也。　　音義　旷，音户〔1〕。

　　箋疏　“效”之言交也，其文相交錯也。開元占經馬占引禮斗威儀云：“君（王）乘火而王，其政和平，則南河輸駮馬。注云：“駮馬者，黃赤色馬也。”逸周書王會解云：“犬戎文馬，赤鬣縞身，目若黃金，名古黃之乘。”是也。“駮”與“效”，聲近義同。廣雅〔釋詁四〕：“較，明也。”潘岳西征賦云：“較面朝之炳焕。”“明”與“文”，義亦相近。

　　廣雅〔釋詁三〕：“旷，文也。”玉篇：“旷，文彩也。”張衡西京賦“赫旷旷以弘敞”，李善注引埤蒼云：“旷，赤文也。音户。”司馬相如上林賦云：“煌煌扈扈，照耀鉅野。”淮南俶真訓“蕐蒩炫煌”，高誘注云：“采色貌也。”“旷”、“扈”、“蒩”並通。王氏懷祖〔廣雅疏證釋詁三〕云：“亦通作‘户’。初學記引論語摘衰聖云：‘鳳有九苞，八曰音激揚，九曰腹文户。’户，亦文采貌也。宋均注云：‘户，所由出入也。’失之。”

**鈵、董，錮也。**　注　謂堅固也。　　音義　鈵，音柄。

　　箋疏　説文：“錮，鑄塞也。”凡銷鐵以塞穿穴謂之錮，取堅固之義，故字作“金”旁“固”。成二年左氏傳“子反請以重幣錮之”，杜預注云：“禁錮勿令仕。”通作“固”。曹植求通親親表“禁固明時”，李善注云：“‘錮’與‘固’通。”小雅天保篇“亦孔之固”，毛傳：“固，堅也。”是“固”與“錮”同。

　　廣雅〔釋詁二〕“鈵、董，固也”，玉篇同。“錮”，各本並同，戴本改作“固”，非是。今從舊本。

**扜、搷，揚也。**　注　謂播揚也。　　音義　搷，音填。

　　箋疏　説文：“扜，指麾也。”廣雅〔釋詁四〕：“扜、搷，揚也。”廣韻〔模韻〕：“扜，揚也。”玉篇：“搷，揚也。”揚謂之扜、亦謂之搷，猶張謂之扜、亦謂之瞋也。廣雅〔釋詁一〕：“扜、瞋，張也。”“扜”與“扜”、“瞋”與“搷”，聲義並相近。

**水中可居爲洲。三輔謂之淤，**　注　上林賦曰：“行乎洲淤之浦。”蜀漢謂之

────────────

〔1〕　“音義旷音户”原無，據四部叢刊影宋本、盧文弨重校方言本補。

㳻。　**音義** 淤，血瘀。㳻，手臂。

　　**箋疏** 釋水云“水中可居〔者〕曰洲”，釋名〔釋水〕同，又云：“洲，聚也，人及鳥獸所聚息〔之處〕也。”

　　説文：“淤，澱滓濁泥也。”衆經音義卷二引字林云：“淤，澱滓也。”今謂水中泥爲淤，是也。玉篇：“淤，水中泥草”也。史記司馬相如傳集解引郭氏曰：“淤亦洲名，蜀人云，見方言。”後漢書杜篤傳云：“畎瀆潤淤。”

　　禹貢雍州之域，周武王都此爲鎬京，東遷後屬秦，後爲都邑，始皇時置内史，漢元年項羽分置雍塞二國，尋皆併於漢，二年改爲渭南、河上、中地三郡，五年定都於此，九年罷郡，復爲内史，景帝二年分爲左、右内史，武帝太初元年改右内史爲京兆尹、左内史爲左馮翊、主爵都尉爲右扶風，謂之三輔，統於司隸校尉。漢書地理志稱左馮翊高陵，左輔都尉治，右扶風郿，右（扶風）〔輔〕都尉治，獨不言京輔都尉治。所考三輔皇圖稱京輔都尉治華陰，蓋班史漏也。後漢遷於洛陽，置雍州於此，尋罷州，以三輔屬司隸如故，建安中復爲雍州。三國魏改京兆尹爲太守，仍屬司隸。晉初仍置雍州治京兆郡，今陝西西安同州鳳翔三屬是其處。

　　“㳻”，舊本誤作“㜪”。玉篇：“㳻，水洲也。”廣韻〔寘韻〕云：“蜀漢人呼水洲曰㳻。”今據以訂正。

殴，幕也。　**注** 謂蒙幕也。　**音義** 殴，音醫。

　　**箋疏** 説文：“帷在上曰幕，覆食案亦曰幕。”上文：“幕，覆也。”又云：“蒙，覆也。”是蒙幕猶言覆蔽也。

　　玉篇：“殴，烏計切。”“翳，屏蔽也，又障也。”“翳”與“殴”，同聲通用[1]。前卷六“翳，薆也”，注云：“謂蔽薆也。詩曰：‘薆而不見。’”釋言“薆，隱也”，郭注云：“謂隱蔽。”説文：“薆，蔽不見也。”下卷云“翳，掩也”，注云：“謂掩覆。”“薆”、“隱”、“掩”皆“翳”聲之轉也。爾雅〔釋言〕“翿，纛也”，注云：“今之羽葆幢。”又云“纛，翳也”，注云：“舞者所以自蔽翳。”又〔釋木〕云“蔽者

────────────

〔1〕“用”原作“見”，據文義改。

翳”，注云：“樹蔭翳覆地者。”義並相近也。幕謂之殿，猶巾謂之幦也。前卷四云“幦，巾也。”“陳潁之間”“謂之幦”，注云：“巾，主覆者，故名幦也。”盧氏不解“殿，幕”之義，疑“幕”爲“冪”之誤，非也。

## 刉，狄也。　音義 刉，音枯。狄，宜音剔。

箋疏 “狄”，衆經音義卷十四、卷二十引並作“𢾓”，音“他歷反”。廣雅〔釋詁三〕“𢾓，刉，屠也”，玉篇“剔，解骨也”〔1〕，亦作“𢾓”同。是“𢾓”爲“剔”之或體，“狄”乃“𢾓”之省字也。魯頌泮水篇“狄彼東南”，鄭箋云：“狄，當作‘剔’。剔，治也。”韓詩作“鬄”，云：“除也。”士喪禮“四鬄去蹄”，鄭注：“今文‘鬄’爲‘剔’。”大雅抑篇“用遏蠻方”，鄭箋：“遏，〔當〕作‘剔’。剔，治也。”潛夫論引詩作“𨒪”。說文“𨒪”古文作“遏”。“狄”、“剔”、“𨒪”、“遏”，古字並通。

說文：“刉，判也。”衆經音義卷九引倉頡篇云：“刉，屠也。”燕策〔三〕云：“燕王必當殺子，刉子腹。”墨子明鬼篇：“昔者殷王紂”，“刉剔孕婦”。淮南本經訓：“刉諫者，剔孕婦。”繫辭傳〔下〕“刳木爲舟”，九家本作“挎”，注云：“挎，除也。”鄉飲酒禮“相者二人，皆左何瑟，後〔首〕，挎越，内弦”，疏云：“瑟底有孔越，以指深入，謂之挎也。”義與“刉”相近。

“刉”，郭音“枯”，周官掌戮“殺王之親者辜之”，鄭注：“辜之言枯也，謂磔之。”荀子正論篇云：“斬斷枯磔。”“枯”與“刉”亦通。“枯磔”，猶“刉磔”也。

## 度高爲揣。　音義 揣，裳絹反。

箋疏 說文：“揣，量也。”廣雅〔釋詁一〕：“揣，度也。”孟子告子篇〔下〕：“不揣其本，而齊其末。”杜預注昭三十二年左傳云：“度高曰揣，度深曰仞。”案：說文云：“度高（下）曰揣。”左氏傳〔昭公三十二年〕云：“揣高卑。”是度下亦曰揣也。此獨言“度高”者，舉高而下可通矣。又荀子非相篇云：“不揣長，不揳大。”是度長亦謂之揣也。陳平曰：“生揣我何念。”淮南人間訓：“凡

―――――――

〔1〕 “玉篇剔解骨也”原無，據廣本、徐本補。

人之舉事，莫不先以其知規慮揣度，而後敢以定謀。”是揣又爲量度之通名，故後卷十三云“揣，試也”，注云“揣度試之”。是也。通作“𢱬”，亦作“敠”。說文“𢱬，𢱬度也”。道德經運夷章云“𢱬而梲之，不可長保”，傅奕本作“敠”，云：“敠音揣，量也。”“𢱬”、“敠”，並與“揣”同。

半步爲跬。　音義　跬，羌箠反。

　　　箋疏　説文：“𧾷，半步也。讀若跬同。”“𧾷”、“跬”，古今字。玉篇“跬，羌棰切”，云“舉一足”，亦作“頃”。司馬法云：“一舉足曰跬，跬三尺。兩舉足曰步，步六尺。”荀子勸學篇“故不積頃步，無以至千里”，王霸篇“此夫過舉頃步而覺跌千里者夫，哀哭之”，楊倞注並云：“半步曰頃。”祭義作“頃”。又通作“窺”。漢書息夫躬傳云“未有能窺左足而先應者也”，蘇林曰：“窺，音跬。”顏師古曰：“跬，半步也，言一舉足也。”案：“跬”之言奎也。説文：“奎，兩髀之間也。”又云：“胯，股也。”釋畜釋文引倉頡篇云：“胯，兩股間也。”“胯”與“胯”同。廣雅〔釋言〕：“胯，奎也。”莊子徐無鬼篇“奎蹄曲隈”，向秀注云：“股間也。”股間是半步之義也。

　　　音“羌箠”，舊本作“差棰”，誤。今據玉篇訂正。

半盲爲䁽。　音義　䁽，呼鉤反，一音猴。

　　　箋疏　玉篇云：“半盲爲䁽。”廣韻〔侯韻〕“䁽，半盲也。又胡溝切”，同。

未陞天龍謂之蟠龍。

　　　箋疏　衆經音義卷二引“陞”作“昇”，卷二十四同，“謂之”二字作“曰”。文選蜀都賦、魯靈光殿賦李善注引“陞”又作“升”。廣雅〔釋詁一〕“陞，上也”，衆經音義卷二十四引亦作“昇”。玉篇：“陞，與‘升’同。”序卦傳云：“聚而上者謂之升。”太甲〔下〕云：“若升高必自下。”

　　　説文：“龍，鱗蟲之長，能幽能明，能細能巨，能短能長，春分而登天，秋分而潛淵。”

　　　書大傳云“蟠龍賁信於其藏”，鄭注云：“蟠，屈也。”是蟠爲屈伏之名，故法言問神篇云：“龍蟠於泥，蚖其肆矣。”班固答賓戲云：“故夫泥蟠而天飛者，應龍之神也。”左思蜀都賦云：“潛龍蟠於沮澤。”袁宏三國名臣序贊云：

“初九龍蟠。”淮南本經訓云“盤紆刻儼”，高誘注云：“盤，盤龍也。”“盤”與
“蟠”通。後漢書張衡傳“龍德泥蟠”，李賢注引方言無下“龍”字，蓋別本也。

裔，夷狄之總名。　注 邊地爲裔，亦四夷通以爲號也。

　　　箋疏 説文“裔，衣裾也”，徐鍇傳曰：“裾，衣邊也，故爲四裔。”文十八年
左氏傳“投諸四裔”，杜預注：“裔，邊〔1〕也。”淮南原道訓“遊於山澤海裔”，
高誘注同。是四裔猶四荒四極也。

　　　王制云：“東方曰夷，南方曰蠻，西方曰戎，北方曰狄。”是四方各有名
號，言“夷狄”者，舉東北以該西南耳。

考，引也。

　　　箋疏 釋詁“引，長也”，大雅召旻篇“職兄斯引”，毛傳同。案：“引”之言
延也。前卷一云：“延，長也。凡施於年者謂之延。”

　　　玉篇云：“考，壽考，延年也。”義並相通也。

弼，高也。

　　　箋疏 釋詁：“弼、崇，重也。”説文：“弻，重也。”廣雅〔釋詁四〕：“弼、尚、
高也。”又〔釋詁一〕：“弼，上也。”“上”與“尚”通，皆“高”之意也。

上，重也。

　　　箋疏 緇衣篇云“不重辭”，鄭注：“重，猶尚也。”廣雅〔釋詁一〕：“尚，上
也。”義相通也。孟子離婁篇〔上〕云“故善戰者服上刑”，趙岐注：“上刑，重
刑也。”史記主父偃傳云：“賤權利，上篤厚。”漢書匡衡傳云：“治天下者，審
所上而已。”是上爲重也。通作“尚”。魏風陟岵篇“尚慎旃哉”，漢石經作
“上”。論語顏淵篇“草上之風”，孟子滕文公篇〔上〕作“尚”。

箇，枚也。　注 謂枚數也。　音義 箇，古餓反。

　　　箋疏 下卷云：“枚，凡也。”廣雅〔釋言〕：“枚、箇，凡也。”襄十八年左氏
傳：“以枚數闔。”又二十一年傳云：“識其枚數。”

　　　説文“箇，竹枚也”，戴侗六書故〔植物三〕引唐本有“箇，或作个，半竹

────────

〔1〕　“邊”今本左傳杜預注作“遠”。

也”七字。玉篇：“箇，數之一枚也。”大射儀“挾一个”，鄭注云：“个，猶枚
也。”特牲饋食禮“俎釋三个”，注云：“个，猶枚也。今俗言物數有若干個者，
此讀然。”又士虞禮注云：“个，猶枚也。今俗或名枚曰個，音相近。”漢書刑
法志“負矢五十个”，顔師古注云：“个，讀曰箇。箇，枚也。”“个”、“個”，並與
“箇”同。

蜀，一也。南楚謂之獨。　注 蜀，猶獨耳。

　　箋疏 舊本作“一，蜀也”，本亦作“蜀，一也”。按：自宜以“一”釋“蜀”，
不當以“蜀”釋“一”。廣雅〔釋詁一〕：“蜀，弌也。”“弌”，古文“一”字。今據
以訂正。且下云“南楚謂之獨”，則作“蜀，一也”與全書之例正合。戴本改
句末“獨”字作“蜀”，以就上文之誤倒，非是。淮南俶真訓云“越舲蜀艇，不
能無水而浮”，高誘注：“蜀艇，一版之舟。”“訓“蜀”爲“一”，義實本此，但彼文
以地言之，訓爲“一版”，非其義耳〔1〕。管子形勢篇云“抱蜀不言，而廟堂既
修。”惠氏定宇云：“抱蜀”，即老子“抱一”也。釋山云“獨者蜀”，郭注云：“蜀
亦孤獨。”案：“蜀”又有“大”義。釋畜云：“雞，大者蜀。”莊子庚桑楚篇云“魯
雞固能矣”，釋文引向秀云：“魯雞，大雞，今蜀雞也。”説文“蜀，葵中蠶也”，
引豳風東山篇“蜎蜎者蜀”，今本作“蠋”，正義引郭氏爾雅注云：“大蟲如指
似蠶。”是“蜀”有“大”義也。王氏懷祖〔廣雅疏證釋詁一〕又云：“凡物之大
者，皆有獨義。蠋，獨行無羣匹，故詩以比敦然獨宿者，鄭箋云‘蠋蜎蜎然特
行’，是也。”案：釋詁：“介，大也。”廣雅〔釋詁三〕：“介，獨也。”前卷六云：
“介，特也。物無耦曰特，獸無耦曰介。”韋昭晉語〔二〕注：“特，一也。”獨謂
之蜀、亦謂之介，大謂之介、亦謂之蜀，一謂之蜀、亦謂之獨，特謂之獨、亦謂
之一，義並相通也。

---

〔1〕 “訓蜀爲一”至“非其義耳”二十三字原無，據廣本、徐本補。

# 輶軒使者絶代語釋別國方言箋疏卷第十三

裔、歴,相也。裔、旅,末也〔1〕。

箋疏 釋詁“艾、歴,相也”,邵氏二雲曰:“‘裔’、‘艾’,聲之轉也。郊特牲云:‘簡其車賦,而歴其卒伍。’歴謂相閲也。”

小爾雅〔廣言〕云:“裔,末也。”晉語〔二〕“延及寡君之紹續昆裔”,楚辭離騷云“帝高陽之苗裔兮”,韋昭、王逸注並同。襄十四年左氏傳云“是四嶽之裔胄也”,杜預注:“裔,遠也。”義亦同也。

周頌載芟篇“侯亞侯旅”,毛傳云:“旅,子弟也。”檀弓〔上〕“司徒旅歸四布”,鄭注云:“旅,下士也。”周官宰夫云“使其旅帥有司而治之”,注云:“冢宰,下士”也。子弟謂之旅,下士亦謂之旅,義與“裔胄”同也。

“裔、旅,末也”四字,舊本提行別爲一條,今從盧本。

毗、緣,廢也。

箋疏 釋詁“毗、劉,暴樂也”,郭注云:“謂樹木葉缺落,蔭疏暴樂。見詩。”大雅桑柔篇云“捋采其劉”,毛傳云:“劉,爆爍而希也。”鄭箋云:“及已捋采之(時),則葉爆爍而疏。”是廢之意也。季弟同人云:説文:“槖,木葉陊也。從木,㐬聲。讀若薄。”卽“毗”字。“毗”、“暴”、“樂”,皆雙聲之轉。又轉而爲“仳離”。“薄”,卽“暴”聲之轉。唐韻“槖”,音“他各切”。徐鍇以爲詩“十月隕蘀”,古當用“槖”字,非也。又云:宣六年公羊傳云:“子某時所食活我于暴桑下者也。”“暴桑”當訓“暴樂”之“暴”,亦“毗,廢”之意。吕氏春秋報更篇云:“趙宣孟將上之絳見骫桑之下,有餓人。”淮南人間訓:“趙宣孟活饑人於委桑之下。”“骫”,古“委”字。委讀若萎,言桑之既萎者,與“暴桑”

---
〔1〕 “裔旅末也”廣本、徐本提行別爲一條。

之義正合。何休注以"暴桑"爲蒲蘇之桑,亦失之。

管子侈靡篇"好緣而好駔",房玄齡注云:"緣,卽捐也。駔,馬之壯健者,怯惡者必亂,故弃之。"説文:"捐,棄也。"衆經音義卷六引倉頡篇同。"捐"與"緣"同音,"棄"與"廢"義亦相近。

## 純、䨲,好也。　注 䨲䨲〔1〕,小好貌也。　音義 䨲,音沐。

箋疏 廣雅〔釋詁一〕:"純,好也。"楚辭離騷云"昔三后之純粹兮",王逸注:"至美曰純。"漢書地理志〔下〕,織作冰紈綺繡純麗之物",顏師古注云:"純,精好也。"通作"醇",亦作"酏"。廣雅〔釋詁一〕:"酏,美也。"

又云:"眊,好也。"廣韻〔覺韻〕"䨲"、"眊"並音"莫角切"。是"眊"與"䨲"同。張衡西京賦"眄䁤流眄,一顧傾城",薛綜注:"䁤,好視容也。"釋詁:"䁤䁤,美也。"大雅崧高篇"既成䁤䁤",毛傳:"䁤䁤,美貌。"説文:"懇,美也。""䁤"與"懇",廣韻〔覺韻〕並音"莫角切",並與"䨲"同。

## 藐、素,廣也。　注 藐藐,曠遠貌。藐,漸也〔2〕。　音義 藐,音邈。

箋疏 廣雅〔釋詁二〕:"藐、素,廣也。"大雅瞻卬篇:"藐藐昊天。"楚辭九章〔悲回風〕云:"藐蔓蔓之不可量兮。"通作"邈"。前卷六:"邈,離也。楚謂之越,或謂之遠。"離騷"神高馳之邈邈",王逸注:"邈邈,遠貌。"廣雅〔釋詁四〕又云:"廣、素,博也。"玉篇:"博,廣也。"義相通也。衆經音義卷二十云"扈從,胡古反。扈,廣大也",引爾雅亦使也,養馬也。方言廣也。今無此文。案:爾雅釋山注:"扈,廣也。"豈誤以爲方言歟? 姑附於此,俟再考。

何休注隱元年公羊傳云:"漸者,物事之端,先見之辭。"廣雅〔釋詁二〕:"藐,小也。"僖九年左氏傳云:"以是藐諸孤。"凡物之始者必小,故藐爲漸也。

舊本"藐,漸也"句,提行別爲一條,今從戴本。

## 蹢、扸,拔也。　出伏爲扸,出火爲蹢也。　音義 蹢,踯躅。扸,拯拔。扸,一

---

〔1〕 "䨲䨲"原作"䨲",據四部叢刊影宋本、盧文弨重校方言本補。
〔2〕 "藐漸也"廣本、徐本提行別爲一條。

作“拯”。躥，一作“踚”。

　　**箋疏** 廣雅〔釋詁三〕：“躥、扚，拔也。”玉篇：“踚，拔也。”“踚”與“躥”同，下文“躥，行也”，注云：“言跳躥。”廣韻〔藥韻〕“躥”與“躍”同音。廣雅〔釋詁二〕：“躍，跳也。”〔釋詁一〕：“上也。”“躍”與“躥”通。前卷一云：“躥，登也。”義亦相近。説文：“爚，爇也。”火爇謂之躥，出火亦謂之躥，義相因也。

　　説文“扚，上舉也”，引易“扚馬壯吉”。今明夷六二、渙初六“扚”並作“拯”，漢孔彪碑“拯”作“扚”，王肅注“拯，拔也”，子夏作“扚，音升”。艮六二“不拯其隨”，釋文作“承”。玉篇“扚，音烝，又上聲，救助也。‘撜’、‘拯’並同”，引聲類作“承”。宣十二年左氏傳“目于眢井而拯之”，杜預注：“出溺爲拯。”莊子達生篇云“使弟子並流而拯之”，列子黄帝篇作“承”，張湛注音“拯”，引方言“㳅”作“溺”、“扚”作“承”，云：“諸家直作‘拯’，又作‘撜’。”淮南齊俗訓云：“子路撜溺而受牛謝。”揚子羽獵賦：“丞民乎農桑。”並字異而義同。

　　説文：“㳅，没水也。讀與溺同。”玉篇“㳅，孔子曰：‘君子㳅于口，小人㳅于水。’”今緇衣作“溺”。“溺”，古通字。

炖、烍、煓，蘇也。　**注** 皆火盛熾之貌。　**音義** 炖，託孫反。烍，音閲。煓，波湍。

　　**箋疏** “蘇”，即“赫”之異文，舊本並同，戴本改作“赫”，與上卷“莃，怒也。莃，發也”並同，非是。説詳前“怒也”條下。説文：“赫，大赤貌。”“蘇”下舊有“貌”字，全書無此例，當是涉注文誤衍，今從戴本删。

　　玉篇：“炖，風與火也。”

　　廣雅〔釋器〕：“烍，赤也。”玉篇：“烍，光也。煓，火熾也。”

憒、窭，阸也。　**注** 謂迫阸。　**音義** 窭，孔窭。阸，烏革反。

　　**箋疏** 周官鄉師“以歲時巡國及野，而賙萬民之囏阸”，鄭注：“囏阸，饑乏。”

　　王逸注楚辭惜誦云：“憒，懣也。”孟子公孫丑篇〔上〕“阸窮而不憫”，趙岐注云：“憫，懣也。”言阸窮者，必煩懣，而柳下惠則否也。“憫”與“憒”，聲近義同。

說文:"窾,空也。空,窾也。"廣雅〔釋言〕:"窾,孔也。"道德經"孔德之容",王弼注:"孔,空也。"空乏亦阨之意也。

## 杪、眇,小也。

箋疏 "杪"訓爲"小",已見前卷二及卷十二。說見前。

說文:"眇,一目小也。"釋名〔釋疾病〕:"目匡陷急曰眇。眇,小也。"廣雅〔釋詁二〕:"眇,小也。"履六三"眇能視",虞翻注:"離目不正,兌爲小,故眇而視。"顧命:"眇眇予末小子。"漢書律曆志〔上〕:"究其微眇。"釋樂云"管小者謂之篎",舍人注云:"篎,小者,聲音清妙也。"說文:"鶹鷅,桃蟲也。"周頌小毖篇毛傳云:"桃蟲,鳥之始小終大者。"是凡言"眇"者,皆"小"之義也。餘互見卷二"杪,小也"條下。

## 譖、咎,謗也。　注 謗言噂譖也。　音義 譖,音沓。

箋疏 說文:"謗,毁也。"玉篇:"謗,對他人道其惡也。"衆經音義卷六引賈逵國語注云:"對人道其惡曰謗。"

廣雅〔釋詁三〕:"謗、咎、譖,惡也。""譖",曹憲音"讀"。下文"譖,痛也",注云:"謗誣怨痛也。亦音讀。"說文"譖,痛怨也",引昭元年左氏傳云"民無怨譖",今本作"謗讟"。又八年傳曰"怨譖動於民",蓋合二文引之也。〔後〕漢書王梁傳"百姓怨譖",李賢注:"譖,謗也。"是"譖"與"謗"同義。案:小雅十月之交篇云"噂沓背憎",毛傳云:"噂,猶噂噂。沓,猶沓沓。"鄭箋云:"噂噂沓沓,相對談語,背則相憎逐。"正義曰:"憎言背者,則噂沓爲未背時,故云相對談語,則背憎爲椓譖矣。"僖十五年左氏傳引作"傳沓背憎",杜預注云:"傳沓面語,背相憎疾。"與毛、鄭同。注以"謗"爲"噂譖",音"沓",義與毛異,蓋本三家也。

釋詁云:"咎,病也。"謂訴病也。書西伯戡黎序云:"殷始咎周。"鄭注書大傳云:"咎,惡也。"小雅伐木篇毛傳:"咎,過也。"北山篇鄭箋云:"咎,猶罪過也。"義並與"謗"相近。說文:"偘,毁也。""慦,怨慦也。""偘"、"慦",與"咎"並聲義相同。

蔵、敕、戒，備也。　**注** 蔵亦訓敕。

　　**箋疏** 廣雅〔釋詁二〕："蔵、敕、戒，備也。"又〔釋詁四〕云："蔵，敕也。"文十七年左氏傳"寡君又朝，以蔵陳事"，賈逵、服虔、杜預注並云："蔵，敕也。""敕"、"飭"，並與"敕"通。"蔵"、"敕"，語之轉耳。

　　説文："敕，誡也。"謂告誡之使備也。釋名〔釋書契〕："敕，飭也，使自警飭，不敢廢慢也。"

　　説文："戒，警也。从収，持戈以戒不虞。"鄭注曾子問云："戒，猶備也。"荀子儒效篇"周公勝敵而愈戒"，張衡東京賦"雖萬乘之無戒，猶怵惕於一夫"，楊倞注、李善注並云："戒，備也。"通作"誡"。説文："誡，敕也。"義亦同也。小雅采菽篇"載驂載駟，君子所屆"，鄭箋："屆，極。"案：晏子春秋諫上篇晏子諫景公欲厚禄御夫引此詩，云："夫駕八，固非制也，今又重此，其爲非制也，不滋甚乎！""屆"作"誡"，較鄭義爲長。

撼、撤，到也。　**音義** 撼，音縮。撤，音致。

　　**箋疏** 廣雅〔釋詁一〕："撤、撼，至也。"家君曰："撼"通作"俶"。説文："俶，至也。""俶"與"撼"，聲義並同。王氏懷祖云："撼之言造也。造，亦至也。'造'與'撼'，古同聲。孟子'舜見瞽瞍，其容有蹙'，韓子忠孝篇作'其容造焉'。大戴禮保傅篇：'靈公造然失容。'造然，卽蹙然，是其例也。"

　　説文："撤，刺之財至也。"漢書揚子甘泉賦"洪臺掘其獨出兮，撤北極之嶟嶟"，應劭注："撤，至也。"前卷一云："傲，會也。凡會物謂之傲。"廣雅〔釋詁一〕："會，至也。""傲"與"撤"聲同，義亦相近。

聲、賆，忘也。

　　**箋疏** "忘"，讀如士冠禮辭"承天之休，壽考不忘"之"忘"，鄭注："不忘，長有令名"也。案：長有令名，蓋言令名之無盡也。

　　"聲"從"殸"聲，"殸"，籀文"磬"字，古文作"硜"。釋詁："磬、空，盡也。"説文："窒，空也。"義與"忘"相近。"聲"，舊本並同，戴、盧兩本據廣雅〔釋詁二〕"謦，忘也"改作"謦"。説文："謦，忘而息也。"玉篇："謦，謦然忘也。"案：若原本作"謦"，郭氏何以無音？知作"謦"者未必然也，今從舊本，姑存其説，以俟再考。

廣雅〔釋詁二〕："腆，忘也。"又〔釋詁三〕云："腆，久也。"久則忘矣，故又訓爲"忘"。邶風新臺篇"籧篨不殄"毛傳："殄，絶也。"鄭箋云："殄，當作'腆'。"燕禮注云："古文'腆'皆作'殄'。""殄"、"腆"，古字通用。説文："殄，盡也。"義亦相近也。

**黕、朧，私也。** 注 皆冥闇，故爲陰私也。 音義 黕，度感反。朧，莫江反。

箋疏 廣雅〔釋詁四〕："黕、朧，私也。"楚辭九辯云："彼日月之照明兮，尚黯黕而有瑕。"衆經音義卷十七引倉頡篇云："黮黕，深黑不明也。"説文："黕，桑葚之黑也。"文選魏都賦注引聲類云："黕，深黑（色）也。"靈樞經通天篇云："大陰之人，其狀黕黕黑色。"淮南主術訓云："問瞽師曰：'黑何若？'曰：'黕然'。""黑"與"冥闇"、"陰私"義並相近，故釋名〔釋采帛〕云："黑，晦也，如晦冥時色也。"

玉篇："朧，冥暗，故曰陰私也。"廣韻〔江韻〕："朧，陰私事也。"

**龕、喊、喊、唏，聲也。** 音義 龕，音堪，喊，音減。喊，荒麥反，亦音郁。唏，虛几反。

箋疏 玉篇"龕"、"喊"並云："聲也。"法言問神篇吳祕注云："喊，聲也。"今吳人謂呵爲喊，讀呼陷切，蓋古之遺語也。

玉篇"喊"音"呼麥、於六二切"，云："聲也。或作'欬'。"説文："欬，吹氣也。於六切。"玉篇："嘯，嘯嘖，叫呼。"法言問神篇吳祕注："嘯，呼陌切，叫呼也。""嘯"與"喊"，字異義同。

前卷一云："唏，痛也。哀而不泣曰唏。於方：則楚言哀曰唏。"淮南説山訓云："紂爲象箸而箕子唏。"張衡思玄賦："慨含唏而增愁。"枚乘七發云："噓唏煩酲。"通作"欷"。衆經音義卷五引倉頡篇云："欷歔，泣餘聲也。"楚辭離騷"曾歔欷余鬱邑兮"，王逸注："歔欷，哀泣之聲也。"説文："唏，笑也。"泣謂之欷，笑亦謂之唏，猶痛謂之唏、哀而不泣亦謂之唏也。

**籧、箄，析也。析竹謂之籧。** 注 今江東呼篾竹裏爲籧，亦名爲籧之也。 音義 籧，音涂。箄，方婢反。

　　**箋疏** 説文“筄，析竹笢也。讀若絮”，大徐本作“絮”。又云“篙，筄也。笢，竹膚也”，徐鍇傳曰：“笢，竹青也。”釋草云“箇，筄中”，郭注云：“言其中空竹類。”釋文云字或作“憼”。玉篇同。廣雅〔釋言〕：“筄，析也。”玉篇：“筄，竹中空也。亦析竹。”廣雅〔釋草〕又云：“竺，竹也。其表曰笢。”

　　案：注云“江東呼篾竹裏爲筄”，“篾竹”二字，疑誤倒。“篾”、“笢”，一聲之轉。衆經音義卷十引埤蒼云：“篾，析竹膚也。”顧命云“敷重篾席”，正義引鄭注云：“篾，析竹之次青者。”亦謂之“幹”。士喪禮云“繫用幹”，鄭注云：“幹，竹篾也。”“篾”與“篾”同。聲又轉而爲“篙”。衆經音義卷十引聲類云：“篙，篾也。”又云：“今蜀土及關皆呼竹篾爲篙。”又名“筍”。禮器云“如竹箭之有筍也”，正義曰：“筍是竹外青皮。顧命云‘敷重筍席’，鄭云：‘筍，析竹青皮也’，引禮記曰：‘如竹箭之有筍。’”“筍”通作“縜”。鄭衆注考工記梓人云：“縜，讀爲竹中皮之縜。”然則筄也、篙也、笢也、篾也、幹也、筍也，實一物也。説文、廣雅〔釋草〕作“笢”、爾雅〔釋草〕作“箇”、別本作“憼”，實一字也。醫方則謂之“竹茹”，名醫別録云：“竹皮茹，微寒。”“茹”古用“筄”，故許君讀若“絮”也。

　　注又云“亦名爲筄之”者，蓋析篾謂之筄，析之卽謂之筄之，與“筄中”同意，猶塗爲泥塗，以泥塗物卽謂之塗之。内則云：“塗之以謹塗。”是也。爾雅〔釋草〕：“箇，筄中。”亦謂析去外皮，則肉薄好大，是“筄”義之相因者也。注文各本並同，初無誤字，戴氏臆改“筄之”二字爲“笢”字，非是。

　　“箄”之言捭也。廣雅〔釋詁三〕：“捭，開也。”鬼谷子捭闔篇云：“捭之者開也。”張衡西京賦云“置互擺牲”，薛綜注：“擺，謂破磔懸之。”後漢書馬融傳〔上〕注引字書云：“擺，亦‘捭’字。”義與“箄”同。説文：“箄，筡箄也。”又云：“筡箄，竹器也。”下文云“箄，籭也。自關而西秦晉之間謂之箄”，注云：“今江南亦名籠爲箄。”又後漢書岑彭傳“采枋箄下江關”，李賢注云：“枋箄，以木竹爲之，浮於水上。”析謂之箄，析竹爲器亦謂之箄，編竹浮水亦謂之箄，義並相因也。

**偯、宵，使也。** 　　**音義** 偯，音逮。宵，音蕭。

**箋疏** 玉篇："偈，使也。"

戴氏云："'宵'、'嗾'，一聲之轉。嗾，音漱，説文云：'使犬聲。'"案：前卷七云"秦晉之西鄙自冀隴而西使犬曰哨"，注："音騷。"玉篇引作"嗾"。宣二年左氏傳"公嗾夫獒焉"，釋文云："服本作'啾'。"正義引服虔云："啾，取也。公乃啾夫獒，使之噬趙盾。""哨"、"嗾"、"啾"，聲並相近。音"蕭"，舊本作"蹢"，今從宋本。

**蠢，作也。** **注** 謂動作也。

**箋疏** 釋詁"蠢，作也"，郭注："蠢，動作也。"小雅采芑篇"蠢爾蠻荆"，毛傳："蠢，動也。"考工記梓人云"則春以功"，鄭注："春，讀爲蠢。蠢，作也。"鄉飲酒義云"春之爲言蠢也"，鄭注云："蠢，動生之貌也。"漢書律曆志〔上〕云："春，蠢也，物蠢生迺動運。"重言之則曰"蠢蠢"。昭二十四年左氏傳"今王室實蠢蠢焉"，杜預注："蠢蠢，動擾貌。"義亦同也。

**忽、達，芒也。** **注** 謂草杪芒躲出。

**箋疏** "忽"之言翻忽也。史記太史公自序"間不容翲忽"，索隱曰："忽者，總文之微也。翲者，輕也。"正義曰："翲，字當爲'秒'。秒，禾芒表也。忽，一蠶口出絲也。"一絲謂之忽，猶草杪謂之芒也。

周頌載芟篇"驛驛其達"，毛傳："達，射也。"鄭箋云："達，出地也。"正義曰："苗生達也。"則射而出是達爲芒也。大雅生民篇"先生如達"，毛傳云："達，生也。"鄭箋云："達，羊子也。"説文作"羍"，云："羍，小羊也。讀若達。"羔羊謂之羍，草芒亦謂之達，其義一也。

**芒、濟，滅也。** **注** 外傳曰："二帝用師以相濟也。"

**箋疏** "芒"、"滅"，一聲之轉。淮南精神訓云"芒芠漠閔"，高誘注："芒，讀王莽之'莽'。芠，讀'枚滅'之'枚'。皆無形之象。"是"芒"與"滅"同義。廣韻〔陽韻〕："亡，滅也。""亡"與"芒"通。

晉語〔四〕云"二帝用師以相濟也"，韋昭注云："濟當爲擠。擠，滅也。"荀子仲尼篇："抑有功而擠有罪。"莊子人間世篇"故其君因其脩而擠之"，釋文引方言"濟"作"擠"。史記項羽紀云"爲楚所擠"，集解引服虔云："擠，音

‘濟民’之‘濟’。”是“擠”與“濟”同。戴氏以此合上爲一條，不提行。今從舊本。

**劇、劉，解也。**　音義　劇，音廓。劉，音儷。

箋疏　廣雅〔釋詁一〕：“劇、劉，解也。”玉篇“劇，解也”，籀文作“劀”。廣韻〔鐸韻〕：“劇，解（木）也。”廣雅〔釋詁二〕又云：“劀，裂也。”“劀”與“劀”同。釋名〔釋兵〕：“矟矛，長九尺者也。矟，霍也，所中霍然卽破裂也。”荀子議兵篇：“霍然離耳。”並字異義同。

玉篇：“劉，解也，分割也。”廣韻〔霽韻〕“劉，割破”也，又作“劖”同。荀子彊國篇“劉盤盂，刎牛馬”，楊倞注：“劉，割也。”前卷六云“蠡，分也。楚曰蠡，秦晉曰離”，注云：“謂分割也。”玉篇云：“蠡蠡，行列貌。薄之而欲破也。”荀子賦篇“攇兮其相逐而反也”，楊倞注：“攇兮，分判貌。”士冠禮“離肺實于鼎”，鄭注：“離，割也。”列子仲尼篇云“形名離也”，張湛注：“離，猶分也。”説文：“劈，劃也。”是凡言“劉”者，皆“解”之義也。

**魏，能也。**

箋疏　盧氏云：“逸周書諡法：‘克威捷行曰魏，克威惠禮曰魏。’”是魏爲能也。

**舲，刻也。**

箋疏　“舲”，舊本誤作“舲”，今從李文授本、永樂大典本訂正。玉篇：“舲，夷世切。亦作‘筬’，所以合版際也。”廣韻〔祭韻〕“舲”云：“合板舲縫。”集韻〔薛韻〕引方言：“舲，刻也，謂相難折。”案：“謂相難折”，疑卽此注文，今本脫耳。

一本以此條合上二條爲一，今從衆家本。

**聳，悚也。**　注　謂警聳也。　音義　聳，山項反。

箋疏　“悚”，與“愯”、“竦”音義並同。説文：“愯，驚也。”釋詁：“竦，懼也。”商頌長發篇“不戁不竦”毛傳同。説文“慫，懼也。从心，雙省聲”，引昭十九年左氏傳曰“馹氏慫”，音“息拱切”。今本作“聳”，杜預注：“聳，懼也。”廣韻〔腫韻〕引作“慫”。又昭六年傳云“聳之以行”，杜預注：“聳，懼也。”漢書刑法志作“懜之以行”，晉灼曰：“懜，古‘悚’字。”周語〔下〕云“身聳除潔”，韋昭注：“聳，懼也。”楚語〔上〕云“能聳其德”，注云：“聳，敬也。”訓聳爲敬，亦以敬爲懼也。揚子長楊賦云“整輿聳戎”，李善注引此文，云：“‘聳’與‘悚’，古字通。”

音“山項反”，俗本“項”誤作“頂”，今訂正。宋本作“山拱反”。

**跌，蹷也。** 注 偃地也。江東言跢。 音義 跢，丁賀反。

箋疏 說文：“跌，越也。”廣雅〔釋言〕：“跌，蹷也。”“跌”之言失也。莊〔二〕十二年公羊傳“肆者何？跌也”，何休注云：“跌，過度”也。穀梁傳“跌”作“失”。“失”與“跌”同。荀子王霸篇“此夫過舉蹞步而覺跌千里者夫，哀哭之”，楊倞注：“跌，差也。”淮南繆稱訓云“若跌而據”，高誘注：“跌，仆也。”賈子容經篇云：“胕不差而足不跌。”漢書朱博傳云：“常戰慄，不敢蹉跌。”義並同也。說文：“胅，骨差也。讀若跌。”義與“跌”亦相近。

注“偃地也”“也”字，舊本誤作“反”，今從戴本改正。

玉篇：“跢，小兒行貌。”“跌”、“蹷”、“跢”，並語之轉耳。

**蘪，蕪也。** 注 謂草穢蕪也。 音義 蕪，音無。

箋疏 “蕪”，舊本誤作“無”，今從戴校。說文：“蕪，薉也。薉，蕪也。”“蕪”與“蕪”、“薉”與“穢”並同。

說文：“蘪，蘪蕪也。”釋草“蘄茝，蘪蕪”，郭注云：“香草。”淮南説林訓云：“蛇牀似蘪蕪而不能香。”“蘪”、“蕪”雙聲，香草謂之蘪蕪，草穢亦謂之蘪蕪，此義之相反者也。

音“無”，俗本作“音務”，今從宋本。

**漫、淹，敗也。淫澉爲漫，水澉爲淹。** 注 皆謂水潦漫潦壞物也。

箋疏 廣雅〔釋詁三〕：“漫、淹，敗也。”荀子榮辱篇楊倞注云：“水冒物謂之漫。”“漫”義互見前卷三“洿”訓下。眾經音義卷二引方言“漫，販也”，“販”，卽“敗”之譌。

鄭注儒行云：“淹，謂浸漬之。”說文：“腌，漬肉也。”玉篇“腌，漬肉”，引倉頡篇云：“酢淹肉也。”廣韻〔葉韻〕：“腌，鹽腌魚。”今俗作“醃”。前卷四云："淹謂之襦。""襦"之言濡也，濡亦淹也，義並相通也。

**釐、挴，貪也。　音義** 釐，音狸。挴，忘改反。

　　**箋疏** 廣雅〔釋詁二〕："挴、釐，貪也。"昭二十八年左氏傳"貪惏無饜"，賈逵注云："惏，嗜食也。其人貪嗜財利飲食，無知饜足。""惏"，釋文音"力耽反"。説文云："河内之北謂貪曰惏。"又云："婪，貪也。杜林説：卜者黨相詐驗爲婪。"楚辭離騷"衆皆競進以貪婪兮"，王逸注："愛財曰貪，愛食曰婪。""婪"與"惏"同。

　　"釐"、"婪"，聲之轉。婪之轉爲釐，猶釐之轉爲孿也。前卷三云"陳楚之間凡人罾乳而雙産（者）謂之釐孳，自關而東趙魏之間謂之孿生"，是其例矣。

　　玉篇："挴，貪也。"楚辭天問篇云"穆王貪〔1〕挴，夫何爲周流"，王逸注："挴，貪也。"莊子人間世篇"無門無毒"，崔譔本"毒"作"每"，云："貪也。"史記伯夷列傳引賈生語"衆庶馮生"，鄒誕生本"馮"作"每"。漢書賈誼傳作"品庶每生"，孟康注："每，貪也。""每"與"挴"通。司馬貞索隱曰："每者，冒也。""冒"、"每"，亦聲之轉。貪冒，猶言貪挴也。"挴"，俗本誤作"挴"，今訂正。

**擸、挻，竟也。　音義** 擸，恪穎反。挻，音延。

　　**箋疏** 廣雅〔釋詁三〕："擸、挻，竟也。"玉篇，"擸，竟也。"説文："挻，長也。"玉篇同，音"丑連、式連二切"。"長"與"竟"，義相近。"挻"，舊本並同，戴本改作"挺"，云："廣雅：'擸、挺，竟也。''挻'亦'挺'之訛。'挻'與'挺'皆無'延'音。"今案：廣雅〔釋詁三〕："擸、挺、挻、梃，竟也。"俗本"挺"字亦誤作"挻"。其實四字，皆本方言，"擸挻"即此文。衆家本作"挻"，初無訛誤。其"挺梃"二字，即前卷六"綖、筵，竟也"之文，惟變其體而互倒作"挺綖"耳。戴氏不察，反改不誤之"挻"作"挺"，俱矣。

**讉喘，轉也。　注** 讉喘，猶宛轉也。

------

〔1〕"貪"今本楚辭作"巧"。

箋疏 廣雅〔釋詁四〕："譴喘,轉也。"荀子臣道篇云"喘而言,臑而動", 楊倞注:"喘,微言也。臑,微動也。"勸學篇作"端而言",楊倞注:"端,讀爲喘。喘,微言也。"是宛轉之意也。

困、胎、僷,逃也。　**注** 皆謂逃叛也。　**音義** 僷,音鞭撻。

　　箋疏 廣雅〔釋詁二〕:"困、胎、僷,逃也。""胎"、"僷",一聲之轉。玉篇"僷,他達切",引方言云:"逃也,叛也。"蓋兼注文也。

隋、毻,易也。　**注** 謂解毻也。　**音義** 毻,他卧反。

　　箋疏 説文:"隋,裂肉也。"通作"墮"。上卷云:"墮,脱也。"

　　"毻",猶"隋"也。"毻",玉篇音"湯果切"。廣韻音"湯卧、他外"二切,云:"鳥易毛也。"或作"㲈"。郭氏江賦云"産毻積羽",李善注引字書曰:"㲈,落毛也。"管子輕重〔甲〕篇云:"請文皮㲈服〔而〕以爲幣。""㲈"與"毻"同。今俗語猶謂鳥獸易毛爲毻毛,卽"蜕"聲之轉也。説文:"蜕,蛇蟬所解皮也。"義亦同也。餘互見上卷"髥,盡也"條下。文選七發李善注引方言注曰:"墮,憜墮也。"卽此注文,蓋別本也。

姚娧,好也。　**注** 謂姝悦也。　**音義** 姚,音遥。

　　箋疏 説文:"姚,史篇以爲姚易也。"荀子非相篇"莫不美麗姚冶",楊倞注引説文:"姚,美好貌。"今無此文。又禮論篇:"故其立文飾也,不至於窕冶。"前卷二云:"窕,美也。美狀爲窕。""窕"與"姚"同。"易"、"冶",聲之轉耳。説文:"瑤,石之美者。"大雅公劉篇"維玉及瑤",毛傳云:"瑤,言有美德也。"義與"姚"亦同。説文:"娧,好也。"召南野有死麕篇"舒而脱脱兮",毛傳云:"脱脱,舒遲也。"謂舒遲之好也。宋玉神女賦"娧薄裝",李善注:"娧,好也。""脱"、"娧",並與"娧"同。合言之則曰"姚娧"。舊本"姚"譌作"朓"、"娧"譌作"説"。案:廣雅〔釋詁一〕"姚娧,好也",曹憲"姚"音"遥"、"娧,通外反"。今據以訂正。廣韻〔泰韻〕:"娧,他外反。"又與"悦"同音,〔宵韻〕云:"姚娧,美好也。"前卷五云"盂或謂之銚鋭",又下文云"盂謂之銚鋭,椀謂之桮桮",注並云:"銚,音謠。桮桮,蠲決兩音。"案:五音集韻〔薛韻〕"鋭,弋雪反",音"悦"。是"銚鋭"與"姚娧"同。蓋"銚鋭"、"桮桮"並雙聲,皆形容美好之辭，義存乎聲，原無定字。故楚辭九辯云“心摇悦而日幸兮”，王逸注云：“意中私喜。”喜謂之摇悦、物之美好者謂之銚鋭、人之美好者亦謂之姚娧，其義一也。聲轉而爲“容閲”，亦爲“容悦”。曹風蜉蝣篇云“蜉蝣掘閲”，毛傳：“掘閲，容閲也。”正義云：“言其掘地而出形容鮮閲也。”孟子盡心篇〔上〕云：“事是君，則爲容悦者也。”倒言之則爲“悦容”。晏子春秋諫上篇云：“今與左右相悦頌也。”“頌”與“容”同。又轉而爲“幽悦”。前卷十一云“鼅，其小者或謂之蚴蜕”，注：“幽悦二音。”“小”與“好”義相近，故孟喜中孚注云：“好，小也。”

注“謂妦悦也”者，“妦”，舊本訛作“妌”。案：前卷一云“凡好而輕者”，“趙魏燕代之間或曰妦”，注云：“言妦容也。”今據以訂正。“妦”，同“丰”。鄭風丰篇“子之丰兮”，毛傳云：“丰，豐滿也。”廣韻〔鍾韻〕云：“丰茸，美好”也。“妦悦”、“丰容”、“丰茸”，亦語之轉耳。

**憚、怛，惡也。** **注** 心怛懷，亦〔1〕惡難也。

**箋疏** 説文：“惡，過也。烏各切。”“憎惡”字作“證”，云：“相毁也。一曰畏證。宛古切。”今經典相承亦作“惡”。王氏懷祖〔廣雅疏證釋詁三〕云：“昭七年左傳‘魯衛惡之’，杜預注云：‘受其凶惡。’爾雅‘居居、究究，惡也’，郭注云：‘皆相憎惡。’是‘美惡’之‘惡’，與‘愛惡’之‘惡’，義本相通也。”

説文：“憚，忌難也。”廣雅〔釋詁三〕：“憚，惡也。”大雅雲漢篇“我心憚暑”，鄭箋：“憚，猶畏也。”釋文：“鄭徒旦反，毛丁佐反。韓詩云：‘苦也。’”義並與“惡”相近。又考工記矢人“則雖有疾風，亦弗之能憚矣”，鄭注云：“故書‘憚’或作‘怛’。鄭司農云：‘當讀爲憚之以威之憚，謂風不能驚憚箭也。’”釋文：“憚，音怛，李直旦反。”楚辭招魂“君王親發兮，憚青兕”，王逸注：“憚，驚也。”漢書司馬相如傳〔上〕“警憚讋伏”，顔師古音“丁曷反”。李善文選注同。是“憚”與“怛”同也。

列子周穆王篇云：“知其所由然，則無所怛。”莊子大宗師篇：“子來將

〔1〕“亦”原作“言”，據廣本、徐本改。

死,〔其〕妻子環〔而〕泣〔之〕。子型往問之,曰:'叱!避,無怛化。'"前卷一:
"怛,痛也。"檜風匪風篇"中心怛兮",毛傳:"怛,傷也。"義亦與"惡"相近。

　　注"心怛懷,亦惡難也"者,前卷七云"懷,憚也",注云:"相畏憚也。"廣
雅〔釋詁三〕"懷、畏、憚,難也。""懷",曹憲音"人尚反"。玉篇:"懷,憚也,
相畏也。""惡難"與"畏憚"同意,故屯釋文引賈逵國語注云:"難,畏憚也。"
"懷",舊本訛作"懷",今訂正。盧氏云:"注'惡難',當音'烏路'、'乃旦'二
反。"

## 吴,大也。

　　箋疏 説文:"吴,大言也。"周頌絲衣篇"不吴不敖",毛傳、魯頌泮水篇
"不吴不揚",鄭箋並云:"吴,譁也。"譁亦大也。史記武帝紀引作"不虞不
敖"。"虞"、"吴",古同聲。晉世家唐叔虞字子于,前卷〔一〕云"于,大也",
是其義也。釋名〔釋兵〕云:"盾,大而平者曰吴魁,本出於吴,爲魁帥所持
也。"廣雅〔釋器〕:"吴魁,盾也。"太平御覽〔卷三五六〕引作"吴科"。楚辭九
歌〔國殤〕云"操吴戈兮被犀甲",王逸注云:"或曰操吾科。吾科,楯之名
也。""吾"與"吴"、"科"與"魁",皆聲之轉。吴之轉爲吾,猶吴之轉爲俁也。
説文:"俁,大也。"邶風簡兮篇"碩人俁俁",毛傳云:"俁俁,容貌大也。"
"吴"、"吾"、"俁",聲近義同。然則吴魁猶言大盾,不必出於吴,亦不必爲魁
帥所持矣。釋木"壺棗",郭注云:"今江東呼棗大而銳上者爲壺。"前卷十一
云:"蠱,其大而蜜者謂之壺蠱。"逸周書謚法解云:"胡,大也。"僖二十二年
左氏傳"雖及胡耇",杜預注云:"胡耇,元老之稱。""壺"、"胡",義並與"吴"
同。是凡言"吴"者,皆"大"之義也。

## 灼,驚也。　注猶云恐㷇[1]也。

　　箋疏 風俗通義十反篇云:"人數恐灼。"廣雅〔釋詁一〕"怊,驚也",曹憲
"怊"音"灼"。"怊"與"灼"通。家君曰:或説"怊"當爲"悼"。説文:"悼,懼
也。陳楚謂懼爲悼。"書傳"卓"、"勺"互通,説文"焯"字注引立政篇"焯見三

---

〔1〕"㷇"原作"煏",據廣本、徐本改。

有俊心”，今本作“灼”，此其證也。前卷二云：“逴，驚也。”“逴”、“悼”並從
“卓”，古聲亦相近。

注“恐爛”，舊本並同，“爛”，字書所無，戴、盧兩本改作“灼”。今案：
“爛”當是“爤”字之訛，“爤”、“灼”同音。姑存舊本，俟再考。

賦，動也。　注 賦斂所以擾動民也。

箋疏 廣雅〔釋詁一〕：“賦，動也。”玉篇：“賦，賦斂擾動也。”上卷云“賦，
操也”，注：“謂操持也。”“操持”與“動作”義相近。後漢書明帝紀云“亦復是
歲更賦”，李賢注云：“更，謂戍卒更相代也。賦，謂雇更之錢也。”動作謂之
賦、雇更之錢卽謂之賦，猶斂取財物謂之賦、分職授事亦謂之賦也。晉語
〔四〕云“賦職任功”，韋昭注云：“賦，授也。”是也。

瘃，極也。　注 江東呼極爲瘃，“倦”聲之轉也。　音義 瘃，巨畏反。

箋疏 “瘃”義見上卷“瘃，傛也”下。

盧氏從宋本作“許畏反”，云：“與前卷‘瘃’音義正同。”然玩注文，似當
從“巨畏反”爲得，今從衆家本。

煎，盡也。

箋疏 前卷七云：“煎，火乾也。凡有汁而乾謂之煎。”是煎爲汁之盡也。
成二年左氏傳“余姑翦滅此而朝食”，襄八年傳“翦焉傾覆”，杜預注並云：
“盡也。”“翦”與“煎”，聲有輕重耳。

爽，過也。　注 謂過差也。

箋疏 釋言“爽，差也”，又“爽，忒也”，郭注云：“皆謂用心差錯不專一。”
廣雅〔釋詁三〕：“爽，過也。”衛風氓篇：“女也不爽。”張衡東京賦“今捨純懿
而論爽德”，薛綜注云：“舍〔四帝〕純大懿美之德，而專論爽差之過失。”是爽
爲過也。

蟬，毒也。

箋疏 說文“憯，毒也”，廣雅〔釋言〕同。大雅民勞篇“憯不畏明”，釋文
本作“憯”，云：“本亦作‘憯’。”漢書陳湯傳：“憯毒行於民。”谷永傳：“榜箠瘄
於炮烙。”“憯”、“瘄”，並與“憯”同。莊子庚桑楚篇“兵莫憯於志，鏌鋣爲

下”，釋文“憯”本亦作“潛”。“蟬”與“慘”，方俗語有輕重耳。慘之轉爲蟬，猶憯之轉爲潛也。

**傪，憏也。憏，惡也〔1〕。**　注 慘悴，惡事也。　音義 憏，音遒〔2〕。

箋疏 “傪”，舊本並同。説文“傪，好貌”，音“倉含切”。玉篇又“七感切”。與“憏”義不相近，蓋借“傪”爲“慘”也。盧本竟改作“慘”，今從衆家本。爾雅〔釋詁〕：“慘，憂也。”説文：“慘，毒也。”義並與“憏”相近。

音“遒”，舊本作“酒”，戴本改作“酉”，今從宋本。

廣雅〔釋詁三〕：“憏，惡也。”玉篇：“憏，悒也。”

舊本“憏，惡也”句，提行別爲一條，今從戴本。

**還，積也。**

箋疏 襄十年左氏傳云“諸侯之師還鄭而南”，杜預注：“還，繞也。”釋文云：“還，本亦作‘環’，户關反；徐音患。”又哀三年傳“道還公宫”，杜預注云：“開除道，周匝公宫。”釋文與襄十年同。荀子成相篇云“比周還主黨與施”，楊倞注：“還，繞”也。“還”與“環”，古字通用，故鄭注士喪禮云：“古文‘環’作‘還’。”環繞，卽積聚之意也。

**宛，蓄也。**　音義 宛，音宛樂也。

箋疏 説文：“蓄，積也。”廣雅〔釋詁三〕：“蓄，聚也。”

説文“宛，屈草自覆也”，或从“心”作“惌”。内則云“麋鹿〔魚〕爲菹，麕爲辟雞，〔野豕爲軒，〕兔爲宛脾，切葱若薤，實諸醢以柔之”，鄭注云：“此軒、辟雞、宛脾，皆菹類也。釀菜而柔之以醢，殺腥肉及其氣，今益州有鹿𥠃者，近由此爲之矣。‘宛’或作‘鬱’。”釋文云：“益州人取鹿殺而埋之地中，令臭，乃出食之，名鹿𥠃是也。”正義云：“辟雞、宛脾，其義未聞。”又少儀略同，注云：“其作之狀，以醢與葷菜淹之。”餘亦同。案：鄭雖不解“宛脾”之名，第以“鹿𥠃”相況，知“宛脾”亦淹漬而藏之，與“蓄”義正合。又釋丘云：“宛中

---

〔1〕 “憏惡也”廣本、徐本提行別爲一條。

〔2〕 “音義憏音遒”原無，據廣本、徐本補。

宛丘。"陳風宛丘篇正義引<u>李巡</u>、<u>孫炎</u>注皆云："中央下。"<u>元和郡縣志</u>〔卷八〕引舊注云"四方高，中央下，曰宛"，<u>毛傳</u>同。蓋謂宎其中宛宛然也。釋"宛丘"者，舊無異説，惟<u>郭氏</u>注以爲"中央隆高"。蓋以下文又云"丘上有丘，爲宛丘"。又釋山云"宛中，隆"，隆是高峻之貌耳，殊不知所以謂之"宛"者，由中高者積聚使然。積聚謂之宛，其中宎而可積聚者亦謂之宛，義固有反覆兩通者也。<u>史記倉公傳</u>云："寒溼氣宛。"<u>春秋繁露循天之道篇</u>："泰佚則氣宛至。"又云："鶴之所以壽者，無宛氣於中。"又<u>五行順逆篇</u>云："則民病心腹宛黃。"皆積聚之意也。又<u>考工記函人</u>云"眡其鑽空，欲其惌也"，<u>鄭衆</u>云："惌，小孔貌。'惌'，讀若'宛彼<u>北林</u>'之'宛'。"今<u>秦風晨風篇</u>作"鬱彼<u>北林</u>"，<u>毛傳</u>云："鬱，積也。"正義云："鬱者，林木積聚之貌。""鬱"、"宛"，一聲之轉。"宛"，亦音"於云切"，通作"蘊"。<u>荀子富國篇</u>云"使民夏不宛暍"，<u>楊倞</u>注云："宛讀爲蘊，暑氣也。"案：暑氣，卽<u>大雅雲漢篇</u>所謂"旱既大甚，蘊隆蟲蟲"也。"蘊"、"宛"，亦聲之轉也。舊本"蓄也"下有"謂宛樂也，音婉"六字，<u>戴氏</u>云："其語未詳所出。<u>廣韻</u>'俒'、'宛'同音，云：'歡樂。'然'歡樂'與'宛，蓄'絕不相蒙。'謂'字或'音'之訛。"<u>盧氏</u>以爲"音婉"二字，亦後人所增。今從<u>盧</u>本。案：下文云"俒，歡也"，注云："歡樂也。""俒"與"宛"通。

**類，法也。**

　　**箋疏** 通行本皆無此條，蓋因卷七內已有此文而刪，殊不知書中重見者，豈獨此耶！今據<u>宋</u>本及<u>永樂大典</u>本補正。

**樢、素，本也。**　　**注** 今人以鳥羽本爲樢。　　**音義** 樢，音佚。

　　**箋疏** <u>説文</u>："樢，羽本也。"<u>九章算術粟米章</u>"買羽二千一百樢"，<u>劉徽</u>注云："樢，羽本也。數羽稱其本，猶數草木稱其根株耳。"<u>廣雅</u>〔釋詁三〕"樢、素，本也"，義本此。"樢"，<u>曹憲</u>音"佚"，"樢"卽"樢"之譌。

　　<u>哀元年左氏傳</u>云"夫屯晝夜九日，如<u>子西</u>之素"，<u>杜預</u>注云："<u>子西</u>本計，〔爲壘當用〕九日而成。"<u>列子天瑞篇</u>云："太素者，質之（本）始也。"<u>易乾鑿度</u>同，<u>鄭</u>注云："地質之所本始也。"是素爲本也。<u>王襃洞簫賦</u>"惟詳察其素體兮"，<u>李善</u>注引<u>方言</u>曰："素，本也。"<u>衆經音義</u>卷二引<u>方言</u>曰："素，本也。"各

本並脱“素”字,今據以補正。

## 懼,病也。驚也。

箋疏 “病”,讀如“孟僖子病不能相禮”之“病”。荀子解蔽篇云“故有知非以慮是,則謂之懼”,楊倞注云:“自知其非以圖慮於是,則謂之能戒懼也。”是病之意也。

釋詁云:“驚,懼也。”是“懼”與“驚”同義。後漢書申屠剛傳云“懷邪之臣,懼然自刻者也”,李賢注:“懼,驚也。”通作“懅”。莊子庚桑楚篇“南榮趎懼然顧其後”,釋文云:“向紀俱反。本又作‘懅’,音同。”魏策:“秦王懅然。”又通作“瞿”。玉藻篇“視容瞿瞿梅梅”,釋文:“瞿,紀具反,又紀力反。”正義曰:“瞿瞿,驚遽之貌。”後漢書袁安傳“從事瞿然而止”,注:“音九具反。”“懅”、“瞿”,並與“懼”同。

戴、盧兩本“驚”上並重出“懼”字,今從衆家本。

## 菿,薄也。　注 謂薄裹物也。菿猶纏也。　音義 菿,音决的。

箋疏 説文:“薄,林薄也。”楚辭九章〔涉江〕云“露申辛夷,死林薄兮”,王逸注云:“叢生曰林,草木交錯曰薄。”李善注文選江賦引字林:“薄,叢生也。”左思吳都賦“傾藪薄”,劉逵注云:“薄,不入之叢”也。林木相迫不可入謂之薄,釋名〔釋言語〕云“薄,迫也,單薄相逼迫也”,是其義也。因而事之相迫者皆謂之薄。如益稷云“外薄四海”,某氏傳:“薄,迫也。”漢書劉向傳“日月薄蝕而無光”,顔師古注云:“薄,迫也。謂被掩迫。”皆是也。周官羽人:“十羽爲審,百羽爲摶,十摶爲縛。”〔1〕襄二十五年左氏傳云:“閭丘嬰以帷縛〔2〕其妻而載之。”昭二十六年傳“以幣錦二兩,縛一如瑱”,杜預注:“縛,卷也。”考工記鮑人云“卷而摶之”,鄭衆注:“摶,讀爲‘縛一如瑱’之‘縛’,謂卷縛韋革也。”〔3〕“摶”與“縛”通。“縛”、“薄”,聲之轉。故釋名〔釋

〔1〕 “百羽爲摶十摶爲縛”今本周禮作“百羽爲摶,十摶爲縛”。

〔2〕 “縛”今本左傳作“縛”。下昭二十六傳及杜注同。

〔3〕 周禮注疏阮元校勘記曰:“‘卷而摶之’,唐石經、余本、嘉靖本‘摶’作‘摶’,當據正。‘摶讀爲縛一如瑱之縛’,余本、嘉靖本作‘摶讀爲縛’。”

言語〕云：“縛，薄也，使相薄著也。”皆薄裹之義也。

　　潘岳射雉賦：“首葯綠素。”前卷九云“車枸簍，其上約謂之葯”，注云：“卽靷帶也。音瓜㼌。”廣雅〔釋器〕：“葯，靷帶也。”（音瓜㼌）〔1〕廣韻〔覺韻〕“葯，靷帶也”，玉篇同。少儀云：“牛則執紖，馬則執靮。”玉篇：“靮，韁也，所以繫制馬”也。“葯”、“葯”、“靮”聲同，義並相近。定九年左氏傳云：“陽虎借邑人之車，鍥其軸，麻約而歸之。”麻約亦相迫不可入也。“約”與“葯”通，是葯爲薄也。

　　注“葯猶纏也”者，説文：“約，纏〔束〕也。纏，繞也。”廣雅〔釋詁三〕“約、纏、束也”，曹憲“纏”音“篆”〔2〕。考工記輪人“陳篆必正”，鄭注云：“篆，轂約也。”“篆”與“纏”，聲義並同。

　　“約”與“的”，古通字。李善注枚乘七發引字書曰：“約，亦‘的’字，都狄切。”故此音“葯”爲“決的”之“的”。舊本正文及注並同，惟“音決的”脱“的”字。戴氏據射雉賦徐爰注引方言曰“葯，纏也，猶纏裹也”改正文“薄”字及注“薄裹物”之“薄”並作“纏”，又改“音決”“決”字爲“約”，非是。盧氏不從，云：“若作‘纏’字，其義易明，何用費詞如此乎！”今從宋本併補正。

腞，短也。　注 便旋，庳小貌也。

　　箋疏 廣雅〔釋詁二〕“腞，短也”，曹憲音“旋”。顏師古匡謬正俗〔卷六〕云：“今謂小羊未成爲旋子。”“案：呂氏字林：‘㹔，音選，未睟羊也。’今言‘旋’者，蓋語訛耳，當言㹔子也。”廣雅〔釋獸〕：“㹔，羔也。”後漢書王渙傳注引韓詩章句云：“小者曰羔，大者曰羊。”説文：“嫙，好也。”齊風還篇“子之還兮”，韓詩作“嫙”，云：“嫙，好貌。”“好”與“短”、“小”同義，故孟喜中孚注云：“好，小也。”釋木云“還味，棯棗”，郭注云：“還味，短味”也。“還”與“旋”古同聲，故義亦同也。廣雅〔釋蟲〕：“沙蝨，蜎蜁也。”太平御覽〔卷九五〇〕引廣志云：“沙蝨，色赤，大不過蟣。”是“蜎蜁”亦以“小”得名也。“蜎蜁”與“便旋”通。

---

〔1〕 “廣韻”上原衍“音瓜㼌”三字，據文義刪。
〔2〕 “纏音篆”今本曹憲博雅音作“縛音篆”。

掊〔1〕,深也。　注 掊尅深能。

　　　箋疏 説文:"掊,把也。今鹽官人水取鹽爲掊。"義與"㓣"同。廣雅〔釋詁三〕:"㓣,深也。"又云:"掊,深也。"史記封禪書"見地如鉤狀,掊視得鼎",漢書郊祀志〔上〕同,顔師古注云:"掊,謂手杷土也。"劉昭注續漢書百官志〔五〕引胡廣曰:"鹽官掊坑而得鹽。"

　　　注"掊尅深能"者,大雅蕩篇云"曾是掊克",釋文云:"掊克,聚斂也。""克"與"尅"同,言以掊克爲深能也。

涅,伮也。

　　　箋疏 説文:"伮,没水也。讀與溺同。"廣雅〔釋詁一〕:"涅,没也。"玉篇:"没,溺也。""溺"與"伮"通。是涅〔2〕爲伮也。

撈,取也。　注 謂鉤撈也。　音義 撈,音料〔3〕。

　　　箋疏 廣雅〔釋詁一〕"撈,取也",曹憲〔音〕"牢,又力幺反"。玉篇:"撈,取也。"衆經音義卷五引通俗文曰:"沈取曰撈。"今人謂人水取物曰撈,讀"力幺切",是其義也。王氏懷祖〔廣雅疏證釋詁一〕云:"'撈'通作'勞'。齊語'犧牲不略,則牛羊遂',管子小匡篇作'犧牲不勞,則牛羊育'。'勞'、'略',一聲之轉,皆謂奪取也。尹知章注云'過用謂之勞',失之。"

摸,撫也。　注 謂撫順也。　音義 摸,音莫。

　　　箋疏 "摸",舊本誤作"膜",今從戴、盧本。廣雅〔釋言〕:"摸,撫也。"今人猶謂撫爲摸,是其義也。

　　　注"撫順",一本作"撫循"。説文:"撫,循也。""循,行順也。"義亦同。今從衆家本。

由,式也。

　　　箋疏 釋言云:"式,用也。"廣雅〔釋詁四〕:"由,式也。"王風君子陽陽篇

〔1〕 "掊"原作"培",據廣本、徐本改。
〔2〕 "涅"廣本作"溺"。
〔3〕 "音義撈音料"原無,據四部叢刊影宋本、盧文弨重校方言本補。

毛傳云："由,用也。"是"由"與"式"同義。

猷,詐也。　注 猶者言,故爲詐。

　　　箋疏 説文:"詐,欺也。"

　　　廣雅〔釋詁二〕:"猶,欺也。""猶"與"猷"同,是猷爲詐也。戴氏云:"猷之爲詐,卽匿謀之謂。"

莄,隨也。

　　　箋疏 廣雅〔釋詁三〕:"隨,逐也。"廣韻〔陽韻〕"莄"音"去王切"。案:衆經音義卷十四出"脏肘"二字,釋玄應云:"相承區放反,橫舉肘也。未詳所出。禮記云'並坐不脏肱'是也。律文作'軀',未見所出也。"今本曲禮〔上〕作"橫",鄭注云:"爲害旁人。"釋文無音。玉篇"脏"與"莄"同音,據玄應説,唐時有作"並坐不脏肱"者,"脏"與"莄"通。橫舉肘,是逐之意也,今吳俗猶有此語。又説文"隨,從也",段氏若膺云:"行可委曲從迹,謂之委隨。"案:枚乘七發云"四支委隨",李善注云:"隨,不能屈伸也。"説文"匡"或從"竹"作"筐"。古人從"草"從"竹"之字,往往相溷,疑"莄"卽"筐"之異文,亦卽"匡"字也。考工記輪人"則輪雖敝不匡",鄭衆云:"匡,枉也。"説文:"枉,衺曲也。"又云:"軖,車戾也。"廣雅〔釋詁四〕:"軖,憼也。""憼"與"戾"同,戾亦枉也。素問〔通評虛實論〕云"尺虛者,行步恇然",王冰注:"恇然,不足"也。管子輕重甲篇云"弓弩多匡軦者",尹知章注云:"匡軦,戾礙也。"衆經音義卷十五云:"尪腳,謂腳曲也。"荀子王霸篇"百姓賤之如尪",楊倞注云:"字書無'尪'字,蓋當爲'尫',病人也。禮記曰:'吾欲暴尫而奚若。'"又正論篇"是猶傴巫跛尫大自以爲有知也",注與王霸篇略同。説文"尢,尢尳,曲脛也。從大,象偏曲之形",古文從"㞷"作"尪"。皆隨事異名,聲並與"莄"相近,其義則皆爲枉曲之意,與"隨"義並相近。戴氏以爲"今人蒙窗櫺檩格曰莄。隨者,隨其大小也"。姑存其説可也。

揣,試也。　注 揣度試之。

　　　箋疏 廣雅〔釋言〕:"揣,試也。"淮南人間訓云:"凡人之舉事,莫不先以其規慮揣度而後敢以定謀。"是揣爲試也。説文:"揣,量也。度高(下)曰揣。"道德經運夷章云"揣而梲之，不可長保"，傅奕本作"敠"，云："敠，音揣，量也。""敠"與"揣"同。昭三十二年左氏傳云"揣高卑"，釋文音"丁果反，云：度高曰揣。又初委反"。説文又云："椯，揣度也。""娷，量也。"玉篇："椯，市專切，木名。又丁果切。""娷，當果切，量也，揣也。"廣雅〔釋詁三〕"揲，量也"，曹憲音"都果反"。莊子知北遊篇"大馬之捶鉤者，年八十矣，而不失豪芒"，司馬彪注："捶者，玷捶鐵之輕重也。"釋文："捶，丁果反。""揣"、"椯"、"揲"、"捶"，聲義並同。集韻〔沾韻〕："敁揲，以手稱物"也。玉篇："敁掇，稱量也。""敁掇"，即"敁揲"之轉矣。

**齻，怒也。**　注　齻齻，恚貌也。　音義　齻，巨廩反。

　　　箋疏　廣雅〔釋詁二〕："齻，怒也。"廣韻〔寢韻〕："齻，切齒怒也。"玉篇："噤齡，切齒怒貌。""噤"與"齻"同。

**埝，下也。**　注　謂陷下也。　音義　埝，音坫肆。

　　　箋疏　廣雅〔釋詁一〕"埝、顉，下也"，曹憲"埝"音"乃頰反"、"顉，都念反"。玉篇"埝，乃頰、都念二切"，云："下也。"又"墊"亦"都念切"，引虞書曰："下民昏墊。"是"埝"、"顉"、"墊"，字異聲義並同。靈樞經通天篇云："太陰之人，其狀念然下意。""念"與"埝"通。互見前卷六"埋、墊，〔下〕也"條。

**讃，解也。**　注　讃訟所以解釋理物也。

　　　箋疏　小爾雅〔廣詁〕："讃，明也。"説卦傳："幽贊於神明而生蓍。"孔龢碑"贊"作"讃"。"贊"與"讃"同。漢書郊祀志〔上〕孟康注云："贊，説也。"廣雅〔釋詁三〕："解，説也。"是"讃"與"解"同義。

**賴，取也。**

　　　箋疏　廣雅〔釋詁一〕："賴，取也。"莊子讓王篇云："若伯夷、叔齊者，其於富貴也，苟可得已，則必不賴。"太玄達次七云："達于砭割，前亡後賴。"是賴爲取也。

**扲，業也。**　注　謂基業也。　音義　扲，音鉗。

　　　箋疏　廣雅〔釋詁四〕："扲，業也。"玉篇："扲，記也。"是扲爲記識之業也。

帶，行也。　注 隨人行也。

　　箋疏 廣雅〔釋詁一〕“帶，行也”，王氏懷祖云：“‘帶’當讀爲‘遰’。説文：‘遰，去也。’夏小正‘九月，遰鴻鴈’，傳云：‘遰，往也。’去、往，皆行也。史記屈原傳‘鳳漂漂其高遰兮’，漢書作‘逝’。逝，亦行也。鄭氏易大有‘明辯遰也’，陸績作‘逝’。‘帶’、‘遰’、‘逝’，古聲並相近。”

㵑，空也。　注 㵑㵎，空貌。㵑，或作歁虛字也。

　　箋疏 “㵑”、“空”，聲之轉也。釋詁“㵑，虛也”，郭注引方言云：“㵑之言空也。”廣韻〔唐韻〕引作“㵑”，云：“本亦作‘㵑’。”説文：“㵑，水虛也。”“歁，飢虛也。”“康，屋康㝗也。㝗，康也。”“穅，穀皮也”，或省作“康”。穀皮去米則康，亦空也。小雅賓之初筵篇“酌彼康爵”，鄭箋：“康，虛也。”襄二十四年穀梁傳云“四穀不升曰康”，范甯注：“康，虛”也。廣雅〔釋天〕作“歁”。淮南天文訓“十二歲而一康”，韓詩外傳〔卷八第十五章〕作“荒”。荒亦㵑也。郭氏爾雅音義云：“㵑，本或作‘荒’。”泰九二“包荒”，鄭讀爲“康”。急就篇〔卷三〕：“轑䡴轅軸輿輪康。”“康”，顏師古本作“䡔”，注云：“䡔，謂輿中空處，所用載物也。”司馬相如長門賦云“委參差以㯫梁”，李善注云：“委積參差，以承虛梁。”蓋字異義同。爾雅〔釋詁〕釋文引此文作“㝗”，長門賦注引同文“空”作“虛”，蓋誤也。戴本改正文及注“㵑”字並作“㝗”。今從衆家本。又左思魏都賦云“峻危之窾也”，張載注引方言：“窾，空也。”案：衆經音義卷二引方言曰：“素，本也，空也，謂空虛也。”今皆無此文，疑並脱也。然別無他證，未敢輒補。

湛，安也。　注 湛然，安貌。

　　箋疏 廣雅〔釋詁一〕“湛，安也”，曹憲音“丈減反”。謝混遊西池詩“水木湛清華”，李善注引倉頡篇：“湛，水不流也。”不流，即安之義也。

嘕，樂也。　注 嘕嘕，歡貌。　音義 嘕，音儇。

　　箋疏 廣雅〔釋詁一〕：“嘕，樂也。”集韻〔僊韻〕“嘕”或作“嫣”，引廣雅作“嫣”。“嫣”與“嘕”同。楚辭大招“宜笑嫣只”，王逸注：“嫣，笑貌也。”重言之則曰“嫣嫣”。廣雅〔釋訓〕：“嫣嫣，喜也。”義亦同也。

怮，歡也。　注 歡樂也。　音義 怮，音婉。

　　　箋疏 廣韻〔阮韻〕“怮”音“宛”，“歡樂”也。“怮”與“歡”，方俗語有侈弇耳。上文“宛，蓄也”，注“音宛樂”。“宛”與“怮”通。亦作“婉”。陸機於承明（殿）作與士龍詩“婉變居人思，紆鬱遊子情”，李善注引此文，云：“‘怮’與‘婉’同，古字通。説文：‘變，慕也。’”“婉變”與“紆鬱”對文，是婉變爲喜慕之意。漢書敍傳〔下〕云：“婉變董公，惟亮天功。”亦謂喜慕董賢任以三公之職耳，顏師古注云“婉變，美貌”，非其義矣。

衎，定也。　注 衎然，安定貌也。　音義 衎，音看。

　　　箋疏 檀弓〔上〕云：“居處言語飲食衎爾。”漢國三老袁良碑云“其節衎然，忠臣之義”，是所謂安也。通作“刊”。廣雅〔釋詁四〕：“刊，定也。”刊者，削之定也。今人言刊定，宋人書刊定曰看定，是其義也。

臊，䏏也。　注 謂息肉也。　音義 臊，魚自反〔1〕。

　　　箋疏 “䏏”，説文作“瘜”，云：“寄肉也。”亦作“息腥”字，注云：“星見食豕，令肉中生小息肉。”衆經音義卷十八云：“瘜，方言作‘䏏’同，思力反。三蒼：‘惡肉也。’論文作‘息’。”廣韻〔職韻〕：“瘜，惡肉”也。“瘜”、“息”，字異義同。

　　　前卷二云“臊，盛也”，注云：“臊呬，充壯也。”義與“䏏”相近。

讟，痛也。　注 謗誣怨痛也。　音義 讟，亦音讀。

　　　箋疏 説文：“讟，痛怨也。”廣雅〔釋詁二〕：“讟，痛也。”宣十二年左氏傳云：“君無怨讟。”又昭元年傳云：“民無謗讟。”漢書五行志〔上〕顏師古注云：“讟，痛怨之言也。”上文“讟，謗也”，注“讟”讀爲“噂沓”之“沓”。故此云“亦音讀”。

鼻，始也。嘼之初生謂之鼻，人之初生謂之首。梁益之間謂鼻爲初，或謂之祖；祖，居也。　注 鼻、祖，皆始之別名也。轉復訓以〔2〕爲居，所謂

―――――――――――――――

〔1〕 “臊魚自反”原無，據廣本、徐本補。
〔2〕 “以”原無，據四部叢刊影宋本、盧文弨重校方言本補。

代語者也。

箋疏　廣雅〔釋詁一〕："鼻,始也。"漢書揚子雲傳〔上〕"或鼻祖於汾隅",
劉德注："鼻,始也。"莊子天地篇"誰其比憂",司馬彪本"比"作"鼻",云："始
也。"說文："自,鼻也。"又"皇"字注云："自,始也。自讀若鼻。今俗以始生
子爲鼻子。"是人之初生亦謂之鼻也。

釋詁云："初、首、祖,始也。"干寶乾初九注云："位始故稱初。"說文"百,
頭也",古文作"𦣻"。又云："祖,始廟也。"檀弓〔上〕云"夫祖者,且也",釋文
云："且,始也。"案："自"與"鼻"、"且"與"祖",古並同聲。且之訓爲始,猶自
之訓爲始也。古器款識"祖"並作"且",且之借爲祖,猶自之讀若鼻也。漢
書食貨志〔上〕"舜命后稷,以黎民祖饑",孟康注："祖,始也。"史記五帝紀作
"始飢"。是"祖"與"鼻"、"初"、"首"並同也。

鄭注檀弓〔上〕云："居,讀如'姬姓'之'姬',齊魯之間語助也。"釋詁又
云："基,始也。""居"、"姬"、"基",並同聲,故"祖"復訓爲"居"。

注"代語"義,見前卷十"噴、無寫,憐也"條。

## 充,養也。

箋疏　廣雅〔釋詁一〕："充,養也。"鄭注周官充人云："充,猶肥也,養繫
牲而肥之。"案："充人"、"牧人",皆養牲之官。上卷云"牧,飤也",注云："謂
放飤牛馬也。"是充爲養也。"充",舊本誤作"㣎",今訂正。

## 𦜕,掩也。　注　謂掩覆也。

箋疏　前卷六云"掩、𦜕,薆也",注云："謂蔽薆也。"月令"處必掩身",鄭
注云："掩,猶隱𦜕也。"陸機文賦李善注、又衆經音義卷八引方言並作"奄"。
魯頌閟宮篇鄭箋云："奄,〔猶〕覆也。""奄"與"掩"同。"掩"、"𦜕",語之轉。
互見"掩、𦜕,薆也"條下。

## 臺,支也。

箋疏　周語〔下〕云"天之所支,不可壞也",韋昭注："支,柱也。"後漢書
蘇竟傳同,李賢注："支,持也。"

釋名〔釋宮室〕云："臺,持也,築土堅高能自勝持也。"是"臺"與"支"同

義。釋草云："臺，夫須。"小雅都人士篇"臺笠緇撮"，毛傳云："臺，所以禦暑。笠，所以禦雨也。"鄭箋云："臺，夫須也。都人之士，以臺皮爲笠。"吳語云"簦笠相望於艾陵"，韋昭注引唐固云："簦，夫須也。"說文："簦，笠蓋也。笠，簦無柄也。"是簦爲有柄之笠，卽臺也。"臺"、"簦"、"笠"，皆以夫須爲之。惟簦謂之臺者，義取於支也。前卷二云："臺，匹也。"廣雅〔釋詁三〕："儓，當也。""儓"與"臺"同義，亦與"支"相近。

# 純，文也。

篋疏 廣雅〔釋詁三〕："純，文也。"漢書地理志〔下〕云："織作冰紈綺繡純麗之物。"揚子雲羽獵賦云："光純天地。"是純爲文也。

# 祐，亂也。　注 亂宜〔1〕訓治。

篋疏 釋詁云："亂，治也。"說文："亂，治也。从乙；乙，治之也。"又云："𤔔，治也。幺子相亂，𤔲治之也。讀若亂同。"

"祐"之言右也。釋詁"右，道也"，郭注云："謂教導之。"論語學而篇"道千乘之國"，包咸注云："道，治也。"荀子正名篇云："道也者，治之經理也。"是祐爲亂也。說文"祐，助也"，衆經音義卷一引字林同。釋詁又云"右、助，勴也"，注云："勴，謂贊勉。"義與"亂"亦相近。

# 恌，理也。　注 謂情理也。　音義 恌，音遥。

篋疏 說文"理，治玉也"，段氏若膺云："戰國策：'鄭人謂玉之未理者爲璞。'是理爲剖析也。玉雖至堅，而治之得其鰓理以成器不難，謂之理。凡天下一事一物，必推其情至於無憾而後卽安，是之謂天理。是之謂善治，此引伸之義也。"戴氏孟子字義疏證曰：理者，察之而幾微必區以別之名也，是故謂之分理。在物之質曰肌理，曰腠理，曰文理，得其分則有條而不紊，謂之條理。鄭注樂記曰：理者，分也。許叔重曰：知分理之可相別異也，古人之言天理何謂也？曰理也者，情之不爽失也，未有情不得而理得者也。天理云者，言乎自然之分理也。自然之分理，以我之情絜人之情，而無不得其

---

〔1〕"宜"原作"當"，據廣本、徐本改。

平是也。

前卷十（六）“愮，治也。江湘（之）郊會謂醫治之曰愮”，音“曜”。廣雅〔釋詁三〕作“搖，治也”。廣韻〔蕭韻〕“愮，吐彫切”，云：“轉薄。”又〔宵韻〕爲“愮”之別體字，音“餘昭切”。是“愮”與“愮”同。廣雅作“搖”者，通字也。愮訓爲治，亦訓爲理。凡醫者必推病者之情而後治之，乃能得其分理，是情理之謂也。

**蘊，賦也。**　注 蘊藐，茂貌。

箋疏 “賦”與“盛”同，説見前卷十“繇、纆、賦，多也”條下。

“蘊”，宋本作“薀”。廣雅：“薀，盛也。”〔1〕説文“薀，積也”，引昭十年左氏傳“薀利生孽”，今本作“蘊”。“蘊”與“薀”同。大雅雲漢篇“蘊隆蟲蟲”，釋文：“蘊，韓詩作‘鬱’。”秦風晨風篇“鬱彼北林”，毛傳：“鬱，積也。”正義云：“鬱者，林木積聚之貌。”考工記函人鄭衆注云：“惌，讀若‘宛彼北林’之‘宛’。”説文“宛，屈草自覆也”，或從“心”作“惌”。上文：“宛，蓄也。”荀子富國篇“使民夏不宛暍”，楊倞注：“宛，讀爲‘蘊’，暑氣也。”“蘊”、“鬱”、“宛”，並語之轉。皆“賦”之意也。上卷云：“蘊，積也。”下文云：“蘊，饒也。”義亦相近也。互見前“宛，蓄也”條〔2〕。

**搪，張也。**　注 謂穀張也。　音義 搪，音堂。

箋疏 “張”，讀當爲“棖”。衆經音義卷十四引字苑云：“棖，觸也。”謝惠連祭古冢文“以物棖撥之”，李善注云：“南人（謂）以物觸物爲棖。”

廣雅〔釋詁四〕“觸、搪、敳、捝也”，曹憲“搪”音“唐”，“敳，長庚反”。又〔釋言〕云：“搪，捝也。”玉篇：“搪，達郎切，搪捝也。”廣韻〔唐韻〕作“傏”，云：“傏捝，不遜。”集韻〔沒韻〕：“搪捝，觸也。”小雅漸漸之石箋云：“豕之性〔能〕水，又唐突難禁制。”後漢書桓帝紀：“水所唐突。”馬融圍棊賦：“守規不固兮爲所唐突。”應瑒奕勢云：“紛拏相救，不量進退。羣聚俱隉，力行唐突。”並

---

〔1〕 “廣雅薀盛也”原無，據廣本、徐本補。
〔2〕 “互見前宛蓄也條”原無，據廣本、徐本補。

與"搪挨"同。皆根觸之意也。

注"穀張"，舊本並同。"穀"，疑卽"敦"之訛。"張"，亦"根"之假借。衆經音義卷三引三蒼云："敦，撞也。"又卷二十一云："敦，古文'㪣'、'敦'、'捊'同。"並與"敦"通。荀子正論篇云"故魯人以搪，衞人用柯"，楊倞注引方言云："盌謂之搪，孟謂之柯。""或曰方言'搪，張也'，郭云：'謂穀張也。'"今本卷五作"盌謂之㰍"，且"搪"作"手"旁"唐"。注"穀"作"穀"，與楊所引無一合者，疑未能明也。戴本據之改注文"穀"作"穀"，盧氏從之，於義亦無取，今仍從舊本，不敢妄改，以俟再考。

**憚，謀也。**　注 謂議也。　音義 憚，嘔憤反。

箋疏 廣雅〔釋詁四〕："憚，謀也。"玉篇："憚，謀也，議也。"説文："憚，重厚也。"僖三十三年左氏傳云："輕則寡謀。"憚訓爲謀，蓋以重厚爲義也。

**陶，養也。**

箋疏 此條重出，説見前卷一。

**㰍，格也。**　注 今之竹木格是也。　音義 㰍，音禁惡。

箋疏 小爾雅〔廣詁〕："格，止也。"荀子議兵篇云"格者不舍"，楊倞注："格，謂相拒捍者。"

玉篇："㰍，恪也。""恪"，卽"格"之譌。廣韻〔沁韻〕："㰍，格也。"類篇云："㰍，今竹木格。一曰：所以杆門。"案："㰍"之言禁止也，"格"之言杆格也。説文："垎，堅也。"學記云"發然後禁，則扞格而不勝"，鄭注曰："格，讀如凍垎之垎。扞格，堅不可人之貌。"此與㰍之爲格義相通也。

**毗、曉，明也。**

箋疏 廣雅〔釋詁四〕："毗，明也。"

説文"曉，明也"，小爾雅〔廣詁〕、廣雅〔釋詁四〕同。

**扱，攫也。**　注 扱，猶汲也。

箋疏 周官雍氏"春令爲阱，攫溝瀆之利于民者，秋令塞阱杜攫"，鄭注："攫，柞鄂也。堅地阱淺，則設柞鄂于其中，〔秋〕而杜塞阱攫，收刈之時，爲其陷害人也。"釋文："攫，胡化反。"中庸"驅而納諸罟攫陷阱之中"，釋文引

尚書傳云：“攫，捕獸機檻。”張衡西京賦云“攫獑猢”，薛綜注：“攫，謂掘取之
也。”李善音“於白切”。廣韻〔陌韻〕：“攫，手取也。”

　　説文：“扱，收也。”又云：“跋，進足有所擷取也。”“跋”與“扱”通。廣雅
〔釋詁一〕“扱、汲，取也”，王氏疏證云：“‘扱’之爲言挹取之也。少牢下篇云
‘二手執桃匕枋以挹湆’，鄭注云：‘今文挹爲扱。’‘扱’、‘挹’聲相近，故古或
通用。取水於井謂之汲，聲與‘扱’亦相近也。”

　　注中“汲”字，各本誤作“級”，今從宋本。

# 挾，護也。　　注　扶挾將護。

　　箋疏　説文：“護，救視也。”史記蕭何世家：“何數以吏事護高祖。”

　　廣雅〔釋詁四〕：“挾，護也。”又云：“挾，輔也。”漢書季布傳爲人“任俠”，
顏師古注云：“俠之言挾也，以權力俠輔人也。”“俠”與“挾”通。“挾”，衆家
本並作“扶”，蓋涉注文“扶”字而誤。案：衆經音義卷一、卷十三並引方言：
“挾，護也。”今據以訂正。

# 淬，寒也。　　注　淬，猶净也。　　音義　淬，作憒反。

　　箋疏　玉篇、廣韻〔隊韻〕並云：“淬，寒也。”廣雅〔釋詁四〕作“淬，寒也”，
曹憲音“七碎反”，家君義疏云：“玉篇無‘淬’字，‘淬’卽‘淬’之訛。”

　　注“淬，猶净也”者，下文“澌”訓爲“净”，注以爲“皆冷貌”。廣雅〔釋詁
四〕：“冷，寒也。”義相通也。

# 澌，净也。　　注　皆冷貌也。　　音義　澌，初兩、禁耕二反。

　　箋疏　“净”，説文作“瀞”，云：“無垢薉也。”經傳通作“净”。

　　玉篇：“澌，净也，冷也。”説文“瓶，磋垢瓦石也”，徐鍇傳曰：“以碎瓦石
瓶去瓶内垢也。”西山經“錢來之山，其下多洗石”，郭注云：“澡洗可以碳體
去垢坋。”木華海賦“飛澇相碳”，李善注引方言注云：“澌，錯也。”卽此注文，
今本誤脱耳。“皆”，疑“亦”字之訛。“澌”、“瓶”、“碳”，聲義並同。郭氏江
賦云“奔溜之所碳錯”，李善注引廣雅：“錯，摩也。”“澌”、“錯”，一聲之轉。

# 瀝，極也。　　注　滲瀝，極盡也。

　　箋疏　説文“瀝，水下貌也”，或作“淥”，徐鍇傳曰：“水下所謂滲瀝。”月

令仲春之月“毋竭川澤，毋漉陂池”，釋文：“漉，竭也。”爾雅〔釋詁〕：“盝，竭也。”上卷云：“滲，涸也。”“盝”、“滲”，並與“漉”同。説文又云：“滲，下漉也。”廣雅〔釋詁一〕：“滲、滲，盡也。”史記司馬相如傳：“滋液滲漉。”皆極盡之意也。

## 枚，凡也。

　　**箋疏** 説文：“凡，最括也。”案：“凡”之言泛也，包舉氾濫一切之稱也。“枚”之言每也，非一端之辭也。廣雅〔釋言〕：“枚，凡也。”昭十二年左氏傳云“南蒯枚筮之”，杜預注云：“不指其事，汎卜吉凶。”正義云：“或以爲汎卜吉凶，謂枚雷總卜。”哀十七年傳云“王與葉公枚卜子良以爲令尹”，注云：“枚卜，不斥言所卜以令龜。”是枚爲凡也。又襄十八年傳云：“以枚數闔。”二十一年傳：“識其枚數。”皆以枚爲箇。上卷云：“箇，枚也”，注云：“謂枚數也。”玉篇云：“枚，箇也。”廣雅〔釋言〕：“箇，凡也。”是“枚”與“箇”同也。

## 易，始也。　注 易代更始也。

　　**箋疏** 戴氏云：“‘易’取更新義，書堯典‘平在朔易’，王肅引詩‘日爲改歲’解之是也，不必如注所説。

## 逌，周也。　注 謂周轉也。

　　**箋疏** 上卷云：“逌，轉也。”“旋轉”與“周匝”同義，故“逌”又訓爲“周”。互見上卷。

## 黤，色也。　注 黤然，赤黑貌也。　音義 黤，音奭。

　　**箋疏** 廣雅〔釋詁二〕：“黤，色也。”玉篇：“黤，赤黑色也。”廣韻〔職韻〕“黤，赤黑貌。”通作“奭”。説文：“奭，盛也。讀若郝。”小雅采芑篇“路車有奭”，毛傳：“奭，赤貌。”又瞻〔彼〕洛〔矣〕篇“韎韐有奭”，白虎通義引作“赩”。廣雅〔釋詁二〕：“赩，色也。”又〔釋器〕云：“赩，赤也。”玉篇：“赩，許力切，大赤也。”楚辭大招“逴龍赩只”，王逸注云：“赩，赤色也。”左思蜀都賦：“丹砂赩熾”。王延壽魯靈光殿賦：“丹柱歙赩。”“赩”與“黤”亦通。

　　注“赤黑貌”，通行本誤作“赤毛貌”，宋本及永樂大典本作“赤色貌”。今從戴校。案：宋玉神女賦“穎薄怒以自持兮”，李善注引廣雅：“穎，色也。”

又引方言曰："頩,怒色青貌。"今廣雅〔釋詁二〕"頩"作"艴",而方言無此文。竊謂〔廣雅釋詁二〕"靤、嘔,色也"蓋本方言,"靤"即此文,"嘔"即下文"嫗,色也"。"嘔"與"嫗"同。疑方言本有"頩"字,李所引即注文,今本並脱耳。別無他證,未敢擅補,姑附識之,俟考。

**恬,静也。**　注 恬淡安静。

　　**箋疏** 廣雅〔釋詁四〕:"恬,静也。"吳語"大夫老,而又不自安恬逸",韋昭注:"恬,〔猶〕静也。"道德經云:"恬澹爲上。"淮南原道訓:"大丈夫恬然無恙,澹然無慮。"又人間訓:"清静恬愉。"王褒洞簫賦:"時恬淡以綏肆。"張華答何劭詩:"恬曠苦不足。"説文:"恬,安也。"義亦同也。

**禔,福也。**　注 謂福祚也。　**禔,喜也**[1]。　注 有福即喜。　音義 禔,音祇。

　　**箋疏** 説文"禔,安福也",引坎九五"禔既平"。今本作"祇",釋文云:"祇,京作'禔'。"廣雅〔釋言〕:"禔,福也。"漢書司馬相如傳〔下〕"中外禔福",史記作"提"。"提"與"禔"通。

　　廣雅〔釋詁一〕"禔,喜也",廣韻〔支韻〕同。

　　舊本"禔,喜也",提行別爲一條,今從戴、盧兩本。

**擽、隓,壞也。**　音義 擽,洛旱反。隓,許規反。

　　**箋疏** 廣雅〔釋言〕"擽,墮也",曹憲音"賴"。太玄度次三云:"小度差差,大擽之階。測曰:小度之差,大度傾也。"是擽爲墮壞也。玉篇、廣韻〔泰韻〕並作"攋",云:"墮壞也。""攋"與"擽"同。

　　説文"敗城阜曰隓",篆文作"隓"。皋陶謨:"萬事墮哉。"春秋定十二年"叔孫州仇帥師墮郈。""季孫斯、仲孫何忌帥師墮費",杜預注:"墮,毀也。"潘岳西征賦"豈斯宇之獨隳",李善注引方言:"隳,壞也。""隋"、"隳",古今字。

**息,歸也。**

　　**箋疏** 廣雅〔釋詁二〕:"息,歸也。"戴氏云:"息者,作勞而休止,故有退

---

〔1〕 "禔喜也"廣本、徐本提行別爲一條。

歸之義。”

抑，安也。

　　箋疏　廣雅〔釋詁一〕“抑，安也”，家君義疏云：“墨子親士篇：‘三子之能達名成功于天下也，皆于其國抑而大醜也。’案：抑而大醜，卽安其大衆也，是抑爲安也。”王氏云：“爾雅：‘抑抑，密也。’大雅抑篇正義引舍人注云：‘威儀靜密也。’方言：‘諲，審也，謐也。’與‘抑’聲近而義同，故大雅抑篇楚語謂之懿戒矣。”又案：前卷六云：“猒，安也。”洛誥云：“萬年猒于乃德。”秦風小戎篇“猒猒良人”，毛傳：“猒猒，（安也毛傳猒猒）安靜也。”釋訓“愔愔，安也”，郭注云：“安詳之容。”説文“愔，安也”，引詩曰“愔愔夜飲”。小雅湛露篇作“厭厭”，毛傳：“厭厭，安也。”“猒”“厭”“愔”，古字並通。“抑”“猒”，一聲之轉也。

潛，亡也。

　　箋疏　乾初九“潛龍勿用”，崔憬注曰：“潛，隱也。龍下隱地，潛德不彰。”洪範“沈潛剛克”，馬融注：“潛，伏也。”“隱伏”與“逃亡”，義相近。

曉，過也。曉，嬴也。〔1〕

　　箋疏　廣雅〔釋詁三〕：“曉、嬴，過也。”逸周書常訓解云：“六極不嬴，八政和平。”通作“嬴”。考工記弓人“撟幹欲孰於火而無嬴”，鄭注：“嬴，過孰也。”淮南時則訓：“孟春始嬴，孟秋始縮。”開元占經順逆略例篇引七曜云：“超舍而前，過其所當舍之宿以上一舍二舍三舍，謂之嬴；退〔舍以下〕一舍二舍三舍，謂之縮。”項岱注幽通賦亦云：“嬴，過也。縮，不及也。”亦通作“盈”。坎象傳曰：“水流而不盈。”月者水精，月在天，滿則虧，不盈溢之義也。“盈”與“嬴”同。廣雅〔釋詁三〕“曉”亦訓爲“過”，是“曉”與“嬴”同義。

　　舊本“曉，嬴也”句，提行別爲一條，今從戴本。

粙，短也。　注　鵬粙，短小貌。　音義　粙，音胱贅。

　　箋疏　廣雅〔釋詁二〕“粙，短也”，曹憲“竹律”、“徵劣”二音。玉篇“叕，

────────

〔1〕“曉嬴也”廣本、徐本提行別爲一條。

知劣切。'鈯'，同上"，云："吳人呼短物也。"又："䎱，短也。"廣韻六術："鈯，吳人呼短。側律切。"又："䎱，短貌。"莊子秋水篇"遙而不悶，掇而不跂"，郭象注："掇，猶短也。"淮南人間訓"聖人之思脩，愚人之思叕"，高誘注："叕，短也。"說文："窡，短面也。"眾經音義卷四、卷二十二並引聲類云："惙，短氣貌。"廣韻〔薛韻〕："頒，頭短"也。並字異而義同。王氏懷祖〔廣雅疏證釋詁二〕云："'鈯'與'侏儒'，語之轉也，故短謂之侏儒，又謂之鈯；梁上短柱謂之棳，又謂之（鈯梁上短柱謂之棳又謂之）侏儒，又謂之棳儒；蜘蛛謂之蝃，又謂之蝃蝥，又謂之侏儒。爾雅'梁上楶謂之棳'，釋文：'棳，本又〔或〕作"梲"。'雜記'山節〔而〕藻梲'，鄭注：'梲，侏儒柱也。'釋名云：'棳儒，梁上短柱也。棳儒，猶侏儒，短，故以名之也。'方言'蠶龜，〔龜〕蝥也。自關而西秦晉之間謂之龜蝥。自關而東趙魏之郊謂之蠶龜，或謂之蠾蝓。蠾蝓者，侏儒，語之轉也'，注云：'今江東呼蝃蝥，音棳。'玉篇云：'蝃，蛷蚅也。'蓋凡物形之短者，其命名〔卽〕相似，故屢變其物，而不易其名也。"

注云"蹶鈯，短小貌"者，蹶亦短也。漢書王莽傳〔中〕"莽爲人侈口蹷頤"，顏師古注："蹷，短也。""蹷"與"蹶"同。列子黃帝篇"吾處身也，若厥株駒"，張湛引崔譔莊子注云："厥株駒，斷樹也。"爾雅〔釋宮〕"橛謂之杙"，注云："橜也。"又"橜謂之闑"，注云："門閫"也。玉藻正義云："闑，謂門之中央所豎短木也。"說文："鼨，鼠也。一曰：西方有獸，前足短，與蛩蛩巨虛比，其名謂之鼨。"淮南道應訓"北方有獸，其名曰蹶，鼠前而兔後，趨則頓，走則顛"，高誘注云："鼠前足短，〔兔〕後足長，故謂之蹶。"又爾雅〔釋鳥〕"鶨鳩"，注云："鶨，大如鴿，似雌雉，鼠腳無後指。"俗名突厥雉。又"鳥鼠同穴，其鳥〔爲〕鵌，其鼠爲鼵"，注云："鼵，如人家鼠而短尾。鵌，似鵽而小。"義並與"蹶"同。又說文："屈，無尾也。"玉篇："屈，短尾也。"高誘注淮南原道訓云："屈，讀'秋雞無尾屈'之'屈'。"眾經音義卷十二引許君淮南子注云："屈，短也。"集韻〔迄韻〕、類篇並引廣雅："屈，短也。"史記天官書"白虹屈短"，集解引韋昭漢書注云："短而直"也。韓非子說林篇〔下〕云："鳥有周周者，重首而屈尾。"爾雅〔釋鳥〕"鶌鳩，鶻鵃"，郭注云："似山鵲而小，短尾。"又云〔釋獣〕：“豽，無前足。”前卷四云：“自關而西秦晉之間無緣之衣謂之袘襦。”廣韻〔物韻〕：“袘襦，短衣也。”説文：“崛，山短高也。”集韻〔迄韻〕引埤蒼云：“屈，短尾犬也。”義亦與“豽”同。合言之則曰“蹶豽”。廣韻十七薛云：“倔豽，短貌。”“倔”與“蹶”，聲相近。轉言之則曰“孑孓”。廣雅〔釋詁二〕：“孑孓，短也。”

　　音“肒贅”，説文“肒，贅也”，玉篇同。廣韻〔尤韻〕“疣，結病也”，又“肒”同上。釋名〔釋疾病〕説“贅”字之義云：“贅，屬也，橫生一肉屬著體也。”玉篇：“贅，屬也。”大雅桑柔篇“具贅卒荒”，毛傳：“贅，屬”也。荀子宥坐篇云：“今學曾未如肒贅。”衆經音義卷十五引通俗文：“體肉曰肒贅。”莊子大宗師篇：“彼以生爲附贅縣疣。”孟子〔梁惠王下〕“屬其耆老”，書傳作“贅其耆老”。是“贅”與“屬”通。豽之讀爲贅，猶蝭之轉爲蠲耳。前卷十一云“籠𪓐，𪓐蝭也。自關而東趙魏之郊”，“或謂之蠲蝓。蠲蝓者，侏儒，語之轉也”，注云：“今江東呼蝭螤。”玉篇：“蝭，智蚤也。”名醫別錄云：“蜘蛛，亦名蚰蠏。”“蚰蠏”，亦即“蝭螤”之轉也。俗本作“音剝”，蓋淺人不曉讀“豽”爲“贅”之義，以字書“豽”無“贅”音，遂改作“音剝”，非是。戴本作“疣贅”，“肒”、“疣”古今字，今依宋本訂正。

陭，碕也。　注 江南人呼梯爲陭，所以陭物而登者也。　音義 陭，音剴切。

　　箋疏 説文“碕，上黨陭氏阪也”，漢書〔地理志上顏師古注〕“音於義切”，玉篇音“於奇切”，郡國志〔五〕作“猗”字。小雅節南山篇“有實其猗”，毛傳：“猗，長也。”“猗”與“碕”通。淮南本經訓：“積礫旋石，以純脩碕。”文選吳都賦注引許君注云：“碕，長邊也。”“碕”與“陭”，亦聲近義同。

　　廣雅〔釋言〕：“陭，碕也。”又〔釋詁二〕云“陭，長也”，曹憲音“牛哀反”。司馬相如傳“臨曲江之陭州兮”，史記集解引漢書音義云：“陭，長也。”索隱曰：“陭，音祈。陭即碕（字），謂曲岸頭也。”是“陭”與“碕”同義。案：上文云“豽，短也”，下文“远，長也”，文義正相承。

　　注云“江南人呼梯爲陭”者，當是別一義，亦可相通也。玉篇“陭，巨慨切，又五哀切”，云：“梯也。”

远，長也。　注 謂長短也。 远，迹也[1]。　注 爾雅以爲兔迹。　音義 远，胡郎反。[2]

　　箋疏 廣雅〔釋詁二〕：“远，長也。”玉篇：“远，長道也。”說文：“魟，大貝也。讀若岡。”“沆，莽沆，大水也。一曰：大澤〔貌〕。”“大”與“長”，義相近。說文“远，獸迹也”，或從“足”、“更”作“踁”。案：“远”者，所過之名，故道亦謂之远。

　　廣雅〔釋宫〕：“远，道也。”張衡西京賦“远杜蹊塞”，薛綜注云：“远，道也。”

　　注“爾雅以爲兔迹”者，釋獸云：“兔其跡，远。”又云：“鹿其跡，速。”其餘麕、麝亦有專名。“跡”與“迹”同。邢疏引字林云：“远，兔道也。”說文：“麤，鹿迹也。”是也。案：“远”與“速”對文則異，散文則通。釋名〔釋道〕云：“鹿兔之道曰亢，行不由正，亢陌山谷草野而過也。”“亢”與“远”通。鹿迹亦謂之远也。太玄居次四云“見豕在堂，狗繫之远”，范望注云：“远，迹也。”是狗迹亦謂之远也，故說文序曰：“黄帝之史倉頡，見鳥獸蹏远之迹，知分理之可相别異也。”是凡獸迹皆稱远，不專謂兔也。

　　舊本“远，迹也”，提行别爲一條，今從戴本。

賦，臧也。

　　箋疏 戴氏云：“此義别無可考。”案：“臧”，古“藏”字。顔師古漢書禮樂志注云：“古〔書〕懷藏之字本皆作‘臧’，漢書例爲臧耳。”說文：“賦，斂也。”“斂，收也。”周官太宰：“以九賦斂財賄。”僖二十七年左氏傳“賦納以言”，杜預注：“賦，猶取也。”哀十二年公羊傳“譏始用田賦也”，何休注云：“賦者，斂取其財物也。”微子篇“用乂讎斂”，釋文引馬、鄭注云：“謂賦斂也。”是“賦”與“斂”同義。聘禮“斂鑢”，鄭注：“斂，藏也。”周官繕人“既射則斂之”，注云：“斂，藏之也。”然則賦者亦謂取而藏之，與“斂”同也。上文云“賦，動

------

〔1〕 “远迹也”廣本、徐本提行别爲一條。
〔2〕 “音義远胡郎反”原無，據四部叢刊影宋本、盧文弨重校方言本補。

也”，注云：“賦斂所以擾動民也。”賦之訓爲臧，猶賦之訓爲動，皆義之相因而成者也。

**蘊，饒也。** 音義 蘊，音温。

　　箋疏 “蘊”，廣雅〔釋詁四〕作“緼”，云：“饒也。”“緼”與“蘊”通。王氏懷祖云：“漢書禮樂志郊祀歌云‘后土富媪，昭明三光’，張晏注云：‘坤爲母，〔故〕稱媪。’吳仁傑兩漢刊誤補遺云：‘媪，當作熅，字書熅有兩義：一曰煙熅，天地合氣也；一曰鬱煙也。富熅以煙熅爲義，后土富熅，昭明三光，卽賈誼新書“天清澈，地富熅，物時熟”之意，晏説謬矣。’案：〔吳〕所引賈誼新書見禮篇。‘媪’、‘熅’並與‘緼’通。史記高〔祖〕紀索隱引班固泗水亭長碑‘媪’字作‘温’。集韻‘媪，烏浩切’，又‘於云’、‘烏昆’、‘委隕’、‘紆問’四切，是‘媪’與‘熅’、‘緼’同聲。‘后土富媪’、‘地富熅’，皆謂生殖饒多也。吳説‘富熅以煙熅爲義’，亦未確。”季弟同人曰：漢書蘇武傳“置熅火”，師古注：“熅，謂聚火無焱者也。”熅訓爲聚，亦與“蘊”通。上卷云：“蘊，積也。”積聚則饒裕。昭十年左氏傳“蘊利生孽”，謂饒于利者，亦致孽也。説文引作“薀”，云：“積也。”“薀”與“蘊”同。富熅，猶富饒，吳解失之。

**芬，和也。** 注 芬香和調。

　　箋疏 廣雅〔釋詁三〕：“芬，和也。”小雅信南山篇：“苾苾芬芬。”楚茨篇“苾芬孝祀”，鄭箋云：“苾苾芬芬，有馨香矣。”大雅鳧鷖篇“旨酒欣欣，燔炙芬芬”，毛傳：“欣欣〔然〕樂也。芬芬，香也。”鄭注周官鬯人云：“鬯，釀秬爲酒，芬香條暢於上下也。”皆芬香和調之意也。前卷十云：“紛怡，喜也。”後漢書延篤傳云：“紛紛欣欣兮，其獨樂也。”義亦相近也。和謂之芬，與人相和亦謂之芬。荀子議兵篇：“其民之親我歡若父母，其好我芬若椒蘭。”又非相篇云“欣驩芬香以送之”，楊倞注：“‘薌’與‘香’同。”義相通也。

**擣，依也。** 注 謂可依倚之也。**依，禄也**〔1〕。 注 禄位可依憑〔2〕也。

────────────

〔1〕 “依禄也”廣本、徐本提行別爲一條。
〔2〕 “依憑”原作“憑依”，據四部叢刊影宋本、盧文弨重校方言本改。

箋疏　廣雅〔釋詁四〕：“擣，依也。”廣韻〔晧韻〕“擣，都晧切”，又作“搗”，云：“俗字。”説文“海中往往有山可依止曰㠀”，廣韻〔晧韻〕與“擣”同音，又音“鳥”。釋木云“寓木，宛童”，郭注云：“寄生樹。一名蔦。”小雅頍弁篇“蔦與女蘿”，毛傳云：“蔦，寄生也。”説文“蔦”，或从“木”作“樢”。寓木，故从“木”耳。義並與“擣”相近。丁氏升衢云：史記龜策傳“上有擣蓍，下有神龜”，索隱：“擣，音逐留反。擣蓍，卽藂蓍，擣是古‘稠’字。”案：稠概，是相爲依倚也。

廣韻〔微韻〕：“依，祿也。”舊本“依，祿也”，提行別爲一條，今從戴本。

臌，脂也。　注　脂脂，肥充也。　音義　脂，音豚，亦突。

箋疏　廣雅〔釋詁二〕：“脂，盛也。”“臌”與“盛”，義相近。“臌，脂”，字疑誤倒，自當以“臌”釋“脂”，廣雅義本此[1]。説文：“脂，牛羊曰肥，豕曰脂。”曲禮〔下〕曰“豚曰脂肥”，鄭注云：“脂，亦肥也。”釋文云：“脂，徒忽切，本亦作‘腞’。”“腞”，卽“豚”之訛。“豚”與“脂”同。桓六年左氏傳“吾牲牷肥脂”，杜預注與鄭同。正義云：“重言‘肥脂’者，古人自有複語耳。服虔云：‘牛羊曰肥，豕曰脂。’案：禮記豚亦稱肥，非獨牛羊也。”今案：傳下文云“備脂咸有”，周頌我將篇鄭箋云“我奉養我享祭之牛羊，皆充盛肥脂”，則脂不專屬之豕矣。音義當作“亦作腞，音突”，今本疑誤，惟各本並同，今姑仍舊[2]。

鹽、雜，猝也。　注　皆倉猝也。　音義　鹽，音古。

箋疏　廣雅〔釋詁二〕：“鹽、雜，猝也。”玉篇：“鹽，倉猝也，姑也。”下文云：“鹽，且也。”姑且者，不及細審之意，卽倉猝之義也。

越語〔下〕：“范蠡對曰：‘逆節萌生，天地未形，而先爲之征，其事是以不成，雜受其刑。王姑待之。’”是雜爲猝也。

躟，行也。　注　言跳躟也。　音義　躟，音藥。

〔1〕　“臌脂”至“義本此”十七字原無，據廣本、徐本補。
〔2〕　“音義”至“仍舊”二十二字原無，據廣本、徐本補。

　　**箋疏** 説文"趫，趠趫也"，玉篇同，音"弋約切"。廣韻〔藥韻〕："趕趫，行貌。"是"趫"即"躍"之異文。上文："躍，拔也。出火爲躍。"廣韻〔藥韻〕："躍，出走也。"義亦相近。前卷一云："踰，登也。"廣雅〔釋詁二〕："躍，跳也。"〔釋詁一〕："上也。"説文："趯，躍也。以灼切。"並與"躍"通。廣雅〔釋詁一〕"踰，行也"，玉篇、廣韻並同。家君曰：廣雅之訓多本方言，今"行"訓內有"踰"無"躍"，"踰"即"躍"之譌。曹憲不能是正，誤音爲"倫"，致玉篇、廣韻遂並踵其失耳。

## 鹽，且也。　注 鹽，猶盬也。

　　**箋疏** 玉篇："鹽，姑也。"案："鹽"之言姑且也。唐風鴇羽篇毛傳云："鹽，不攻緻也。"小雅四牡篇傳云："鹽，不堅固也。"漢書息夫躬傳"器用鹽惡，孰當督之"，鄧展注云："鹽，不堅牢也。"是也。廣雅〔釋詁三〕："媕，且也。"玉篇："苟且也。"內則篇"姑與之而姑使之"，鄭注："姑，猶且也。"越語〔上〕云"請姑無庸戰"，韋昭注："姑，且也。"孟子梁惠王篇〔下〕"姑舍女所學而從我"，趙岐注同。檀弓篇〔上〕"以爲沽也"，鄭注云："沽，猶略也。"釋文："沽，音古。"周官典婦功"辨其苦良"，鄭衆注："苦，讀爲鹽。"漢書禮樂志"則夫婦之道苦"，孟康曰："苦，音鹽。夫婦之道行鹽不固也。"並字異而義同。

　　注"鹽，猶盬也"者，廣雅〔釋詁二〕"盬，息也"，曹憲音"姑"。玉篇、廣韻〔模韻〕並云："盬，息也。"爾雅〔釋詁〕："苦，息也。"檀弓〔上〕："細人之愛人也以姑息。""苦"、"姑"，亦與"盬"同，是"鹽猶盬也。""盬"，舊本誤作"盬"，宋本作"盬"，與廣雅及玉篇、廣韻正合，今據以訂正。

## 抽，讀也。

　　**箋疏** 説文："讀，誦書也。"鄘風牆有茨篇"不可讀也"，毛傳："讀，抽也。"説文"擂，引也"，或從"由"作"抽"，或從"秀"作"挏"。通作"由"。立政篇云："克由繹之。"廣韻〔尤韻〕："抽，或作'紬'，紬引其端緒也。"史記太史公自序"紬史記石室金匱之書"，集解引徐廣曰："紬，音抽。"索隱引如淳曰："抽徹舊書故事〔而〕次述之也。"是抽爲讀也。説文"籀，讀書也"，引春秋傳曰"卜籀云"。段氏太令注本據此改"讀"字注"誦書"爲"籀書"，云："太史公作史記,曰余讀高祖矦功臣,曰太史公讀列封至便矦,曰太史公讀秦楚之際,曰余讀諜記,曰太史公讀春秋厤諩諜,曰太史公讀秦記,皆謂紬繹其事以作表也。漢儒注經,斷其章句爲讀,如周禮注鄭司農讀火絶句,儀禮注舊讀昆弟在下,舊讀合大夫之妾爲君之庶子女子子嫁者未嫁者是也。擬其音曰讀,凡言讀如、讀若皆是也。易其字以釋其義曰讀,凡言讀爲、讀曰、當爲皆是也。人所誦習曰讀,如禮記注云周田觀文王之德博士讀爲厥亂勸寧王之德是也。”“諷誦可云讀,而讀之義不止於諷誦,諷誦止得其文辭,讀乃得其義蘊。”“孟子云誦其詩,讀其書,則互文見義也。”“敍目曰:‘尉律:學僮十七已上始試,諷籀書九千字,乃得爲吏。’試字句絶,諷籀連文,謂諷誦而抽繹之。滿九千字皆得六書之恉,乃得爲吏也。此‘籀’之本義,經傳尟用。周宣王時,太史以爲名,因以名所著大篆曰籀文,迄今學者絶少知其本義者,故於‘讀’下‘籀書’改爲‘誦書’,於敍目釋爲籀文九千字,重悝貤繆,可勝嘆哉!”蓋“籀”、“抽”古通用,毛傳、方言之“抽”,“皆‘籀’之假借。籀者,抽也。讀者,續也。抽引其緒相續而不窮也。亦借‘紬’字爲之,太史公自序‘紬石室金匱之書’,是也。亦借‘繇’字爲之,春秋〔傳〕卜筮繇辭,今皆作‘繇’,俗作‘䌛’,據許則作‘籀’,服虔曰:繇,抽也。抽出吉凶也。”

## 䞉,託也。

箋疏 前卷二云:“託、䞉,寄也。凡寄爲託,寄物爲䞉。”廣雅〔釋詁三〕:“䞉、侂,寄也。”“侂”與“託”同。説見前。

## 適,牾也。　注 相觸迕也。

箋疏 説文:“牾,逆也。”“逆,迎也。”相迎者,必相屰。“屰”、“逆”,古字互通。“牾”,亦作“啎”。管子七臣七主篇:“事無常而法令申,不啎則失國勢。”呂氏春秋明理篇“亂世之民,長短頡啎,百疾”,高誘注:“啎,逆也。”“啎”與“牾”同。説文又云:“午,牾也,五月陰氣午逆陽冒地而出。”史記律書曰:“午者,陰陽交,故曰午。”漢書律曆志〔上〕曰:“咢布於午。”〔釋名釋天〕曰:“午,仵也,陰氣從下上與陽相仵逆也。”“午”與“牾”,聲近義同。“仵”,卽“牾”字也。廣雅〔釋言〕:“適,牾也。”“牾”與“牾”通。史記韓非傳云：“大忠無所拂悟。”是“悟”與“牾”同。<u>王氏懷祖</u>云：“適之言枝也，相枝牾。‘枝’、‘適’，語之轉。<u>小雅我行其野篇</u>傳云：‘祇，適也。’祇之轉爲適，猶枝之轉爲適矣。”案：牾，亦枝也。<u>後漢書方術趙炳傳</u>云“<u>炳</u>乃故升茅屋，牾鼎而爨”，<u>李賢</u>注云：“牾，支也。”“支”與“枝”通。適之訓爲牾，與牾之訓爲支亦同也。

**埤，予也。** 注 予，猶與也。 音義 埤，音界。

　　**箋疏** 説文：“予，推予也。”廣雅〔釋詁三〕：“埤，予也。”<u>邶風北門篇</u>：“政事一埤益我。”<u>説文</u>：“埤，增也。”又“裨”、“禆”並訓爲“益”。“推予”與“增益”，義相通。

　　注云“予，猶與也”者，<u>説文</u>“與”本作“与”，云：“賜予也。”<u>鄭衆</u>注<u>周官太卜</u>云：“與，予人物也。”<u>郭氏</u>注<u>爾雅</u>云：“與，猶予也。”是“予”與“與”同。“埤”，舊本誤作“掉”，今據<u>廣雅</u>〔釋詁三〕改正。

**彌，縫也。**

　　**箋疏** 説文：“縫，以鍼紩衣也。”

　　廣雅〔釋詁二〕：“彌、縫，合也。”“合”與“縫”，義相通。“彌”，舊本並同，上卷云“弥，合也”，“弥”即“彌”之異文。舊本誤作“殄”，<u>戴本</u>與此並改作“彌”，非是。説見前。

**譯，傳也。譯，見也**[1]。 注 傳宣語，即相見。

　　**箋疏** 説文：“譯，傳譯四夷之語者。”案：<u>王制</u>云：“五方之民，言語不通，嗜欲不同，達其志，通其欲，東方曰寄，南方曰象，西方曰狄鞮，北方曰譯。”然則譯爲北方傳語之名，然<u>淮南泰族訓</u>云“夷狄之國，重譯而至”，<u>鹽鐵論</u>云“<u>越人夷吾</u>、<u>戎人由余</u>待譯而後通”，是譯亦不專屬北方也，故<u>漢書百官公卿表</u>〔上〕典客有譯官、令丞屬也。

　　廣雅〔釋詁三〕：“譯，見也。”案：見者，明著之意，謂傳宣四夷之言使相明著也。小爾雅〔廣詁〕：“斁，明也。”廣雅〔釋詁四〕：“暉，明也。”<u>洪範</u>“曰

────────────

〔1〕“譯見也”<u>廣本</u>、<u>徐本</u>提行别爲一條。

圍”，史記宋世家集解引鄭注云：“圍者，色澤而光明也。”王延壽魯靈光殿賦
“赫燡燡而爤坤”，李善注：“燡燡，光明貌。”義並與“譯”同。又釋天云“繹，
又祭也。周曰繹”，李巡注云：“明日”“又祭”。義亦同也。是“譯”訓爲
“見”，未必如郭所云也。舊本“譯，見也”，提行別爲一條，今從戴本。

**梗，略也。**　注　梗概，大略也。

　　箋疏　廣雅〔釋言〕：“梗，略也。”張衡東京賦“故粗爲賓言其梗概如此”，
薛綜注云：“梗概，不纖密，言粗舉大綱如此之言也。”後漢書杜篤傳云“故略
其梗概”，李賢注：“梗概，猶粗略也。”揚子答劉歆書：“翁孺梗概之法略有。”
轉言之則曰“辜較”。孝經〔天子章〕云“蓋天子之孝也”，孔傳云：“蓋者，辜
較之辭。”劉炫述義云：“辜較，猶梗概也。孝道既廣，〔此纔〕舉其大略也。”
是也。

**臆，滿也。**　注　愊臆，氣滿也。

　　箋疏　釋名〔釋形體〕：“臆，抑也，抑氣所塞也。”是臆爲滿也。説文：
“薏，滿也。”廣雅〔釋詁一〕：“臆，滿也。”漢書陳湯傳“策慮愊億”，顏師古注
云：“愊億，憤怒之貌。”

　　注“愊臆，氣滿也”者，前卷六云“愊，滿也。腹滿曰愊”，注：“言勅愊
也。”餘互見前。又王氏懷祖〔廣雅疏證釋詁一〕云：“凡怒而氣滿謂之愊臆。
史記扁鵲傳：‘噓唏服億，悲不能自止。’服億，即愊臆。問喪云：‘悲哀志懣
氣盛。’是也。憂而心懣亦謂之愊臆。馮衍顯志賦云：‘心愊憶而紛紜。’是
也。‘臆’、‘臆’、‘憶’、‘億’、‘薏’，五字並通。司馬相如長門賦‘心憑噫而
不舒兮’，李善注：‘憑噫，氣滿貌。’憑噫，即‘愊臆’之轉。説文：‘十萬曰
薏。’玉篇云：‘今作億。’億，亦盈數之名也，故小雅楚茨篇云：‘我倉既盈，我
庾維億。’易林乾之師云：‘倉盈庾億。’‘盈’、‘億’，亦語之轉也。”舊本“氣
滿”下衍“之”字，今删。

**禡，益也。**　注　謂增益也。　音義　禡，音罵。

　　箋疏　廣雅〔釋詁一〕“禡，益也”，王氏疏證云：“爾雅：‘是類是禡，師祭
也。’周官肆師‘凡四時之大甸獵，祭表貉，則爲位’，鄭注云：‘貉，師祭也。

貊，讀爲十百之百。於所立表之處爲師祭，祭造軍澻者，禱氣勢之增倍也。’釋文：‘貊，莫駕反。’甸祝‘掌四時之田表貊之祝號’，杜子春注云：‘貊，讀百爾所思之百。書亦或爲禡。禡，兵祭也。’鄭注云：‘禡者，禱氣勢之十百而多獲。’‘貊’、‘禡’，與‘陌’同聲，皆有增益之意，故又讀爲十百之百也。漢書律曆志云：‘數紀於一，協於十，長於百，大於千，衍於萬。’長，卽增益之意。”案：古音“百”與“貊”同聲，“貊”卽“貉”字，故杜與鄭俱讀如“百”也。

**空，待也。**　注 來則實也。

　　**箋疏** 説文：“待，竢也。”爾雅〔釋詁〕：“竢、止，待也。”論語微子篇“齊景公待孔子”，史記孔子世家作“止孔子”。晉語〔九〕“其誰能待之”，説苑正諫篇作“其誰能止之”。是“待”與“止”同義。

　　鄭風大叔于田篇“抑磬控忌”，毛傳云：“止馬曰控。”鄭注樂記云：“椌、楬，謂祝敔也。”説文：“椌，柷樂也。”又：“柷，樂木空也，所以止音爲節。”“控”、“椌”，義並與“空”相近，是未必如郭所云也。案：釋樂云“所以鼓柷謂之止”，與許異義，所未聞也。〔1〕

**珇，好也。珇，美也〔2〕。**　注 美好等互見〔3〕義耳。　音義 珇，音祖。

　　**箋疏** 廣雅〔釋詁一〕：“珇，好也；美也。”説文：“珇，琮玉之瑑。”又“瑑，圭璧上起兆瑑也”，引周禮典瑞曰：“瑑〔圭〕璧。”案：考工記玉人云：“駔琮五寸，宗后以爲權。”“駔琮七寸”，“天子以爲權”。又典瑞云“瑑圭璋璧琮”，鄭衆云：“瑑有圻鄂瑑起”也。是許意讀駔爲珇，謂兆瑑，與先鄭説合。然“駔琮”上文已先言“瑑圭璋八寸，璧琮八寸”，則“駔琮”非謂瑑明矣。故後鄭訓“瑑”爲“文飾”，讀“駔”爲“組”，云：“以組繫之，因名焉。”二君之説互異，自當以後鄭爲長。“文飾”與“美好”義相近。説文又云：“祖，事好也。”又云“緟，會五采鮮貌”，引曹風蜉蝣篇“衣裳緟緟”。今本作“楚楚”，毛傳云：“鮮明貌。”管子侈靡篇“好緣而好駔”，房玄齡注：“駔，馬之壯健者。”晏子春秋

---

〔1〕 “案”至“未聞也”十九字原無，據廣本、徐本補。
〔2〕 “珇美也”廣本、徐本提行別爲一條。
〔3〕 “見”下原衍“其”字，據四部叢刊影宋本、盧文弨重校方言本删。

諫篇云:“聖人之服中,俛而不駔,可以導衆”,“今君之服駔華”。法言吾子篇:“霧縠之組麗。”字並異,義與“珇”相近。

舊本“珇,美也”句,提行别爲一條,今從盧本。

**嫗,色也。** **注** 嫗煦,好色貌。

**箋疏** 逸周書官人解云“欲色嫗然以愉”,大戴禮“嫗”作“嘔”。廣雅〔釋詁二〕:“嘔煦,色也。”漢書王褒傳“是以嘔喻受之”,應劭注:“嘔喻,和悦貌。”莊子駢拇篇“呴俞仁義”,釋文:“呴俞,本又作‘傴呴’。謂呴喻顔色爲仁義之貌。”“嫗”、“嘔”、“傴”並通。漢書東方朔非有先生論云:“説色微辭,愉愉煦煦。”又韓信傳“言語姁姁”,史記索隱引鄧展注云:“姁姁,和好貌。”傅毅舞賦云:“姁媮致態。”説文:“欨,笑意也。”“煦”、“姁”、“欨”,字亦通。合言之則曰“嫗煦”。“嫗煦”、“嘔喻”、“姁媮”,聲轉字異耳。又轉而爲“怤愉”。上卷云“怤愉,悦也”,注云:“怤愉,猶呴愉也。”

**閻,開也。** **注** 謂開門也。

**箋疏** 前卷六云“閻苫,開也。東齊開户謂之閻苫,楚謂之闓”,注云:“亦‘開’字也。”分言之亦爲開,此復引申之。説互見前。

**靡,滅也。** **音義** 靡,音糜,或作摩滅字。

**箋疏** 説文:“靡,披靡也。”中孚九二云“吾與爾靡之”,孟、王注皆云:“散也。”釋文:“靡,本又作‘縻’同,亡池反,散也。徐又武寄反。”楚辭九歎〔怨思〕云“名靡散而不彰”,王逸注云:“靡散,猶消滅也。”是靡爲滅也。考工記梟氏云“于上之攠謂之隧”,鄭注云:“攠,所擊之處。攠,弊也。”釋文:“攠,音摩。劉亡奇反,又莫賀反。”〔後〕漢書杜篤傳“東攠烏桓”,李賢注云“字書‘攠’,亦‘靡’字也,音摩”,引方言云:“摩,滅也。”是本或作“摩”也。莊子徐無鬼篇“循古而不摩”,釋文引王叔之義疏云:“摩,消滅也。”“靡”、“攠”、“摩”,古字並通。

舊本並同,戴氏據漢書注改正文“靡”爲“摩”,又改注“或作‘摩’”爲“攠”,今從舊本。其注中“摩”字,原誤作“靡”,今訂正。

**菲,薄也。** **注** 謂微薄也。 **音義** 菲,音翡。

箋疏　説文：“薄，林薄也。”左思吴都賦云“傾藪薄”，劉逵注云：“薄，不入之叢”也。蓋林木相迫不可入曰薄。釋名〔釋言語〕：“薄，迫也，單薄相逼迫也。”是其義也。凡相迫則無間可入，物之單薄者亦無間可入，故爲厚薄字。通作“襮”。玉篇：“襮，菲也。”

論語泰伯篇“菲飲食而致孝乎鬼神”，馬融注云：“菲，薄也。”張衡東京賦云：“文又躬自菲薄。”蜀志諸葛亮傳云：“不宜妄自菲薄。”廣雅〔釋詁一〕“菲，襮也”，曹憲“菲”音“佛匪反”，云：“世人以此爲芳菲之菲，失之。”“襮”，音“步各反”，云：“世人作禪襮之襮，艸下著薄，亦失之。”案：“菲”、“襮”二字，説文所無，古但作“菲薄”，不得爲後人之失也。

## 腜，厚也。

箋疏　小爾雅〔廣言〕：“腜，厚也。”僖三十三年左氏傳云“不腜敝邑，爲從者之淹（留）”，昭二十五年公羊傳云“寡人有不腜先君之服”，杜預、何休注並云：“腜，厚也。”前卷六云“錪，重也。東齊之間曰錪”，音“吐本反”。廣雅〔釋詁三〕“錪，重也”，曹憲音“腜”。説文：“重，厚也。”廣雅〔釋木〕云：“重皮，厚朴也。”高誘注吕氏春秋振亂篇云：“厚，重也。”是“重”與“厚”義同也。説文：“腜，設膳腜腜多也。”“多”與“厚”，義亦相近。

## 媟，狎也。　注　相親狎也。

箋疏　説文：“媟，嬻也。嬻，媟嬻也。”賈子新書道術篇：“接遇慎容謂之恭，反恭爲媟。”衆經音義卷十四云“媟嬻，謂鄙媟也”，引此文及注作“（謂）相親狎也”。又引通俗文曰：“相狎習謂之媟嬻。”漢書枚乘傳云：“以故得媟嬻貴幸。”又賈山傳云“古者大臣不媟”，顔師古注云：“媟，狎也。”衆經音義卷二十云：“媟嬻，經文作‘泄媟’。”荀子榮辱篇云“橋泄者，人之殃也”，楊倞注：“‘泄’與‘媟’同，嫚也。”亦通作“褻”。廣雅〔釋言〕“褻、黷，狎也”。

## 芌，大也。　注　芌，猶訏耳。　音義　芌，香于反。

箋疏　小雅斯干篇“君子攸芌”，毛傳云：“芌，大也。”“芌”，又音“王遇切”。説文：“芌，大葉實根駭人故謂之芌。”衆經音義卷四引李登聲類云“芌，大葉著根之菜，見之駭人，故曰芌。大者謂之蹲鴟”，義同。

注云"猶訏"者,前卷一云:"訏,大也。"説見前。

**煬、翕,炙也。** **注** 今江東呼火熾猛爲煬。煬、烈,暴也。〔1〕 **音義** 煬,音恙。

**箋疏** 説文:"〔煬,〕炙燥也。"噬嗑六三"噬腊肉",釋文引馬融注云:"晞於陽而煬於火曰腊肉。"趙策〔三〕云:"前之人煬,則後之人無從見也。"管子禁藏篇:"夏日之不煬,非愛火也。"莊子盜跖篇云:"冬則煬之。"淮南齊俗訓云"冬則短褐不掩形而煬竈口",高誘注云:"煬,炙也。"揚子雲甘泉賦云:"南煬丹厓。"

注"今江東呼〔火〕熾猛爲煬"者,張衡東京賦云:"颺槱燎之炎煬。"周官卜師云"揚火以作龜",鄭注云:"揚,猶熾也。""揚"與"煬"通,是火熾猛爲煬也。

上卷云"翕,熾也",廣雅〔釋詁三〕同。張衡思玄賦云:"溫風翕其增熱兮。"揚子甘泉賦云"翕赫曶霍",李善注云:"翕赫,盛貌。"嵇康琴賦云"瑤瑾翕艴",李善注:"翕艴,盛貌。"義並與"炙"相近。廣雅〔釋詁二〕又云:"熻、炙,爇也。""熻"與"翕"通,"爇"與"炙"義亦通也。

説文:"暴,晞也。从日、出、𠬞、米。"又云:"爆,灼也。""爆"與"暴"通。考工記幌氏:"湅絲以涗水,漚其絲七日,去地尺暴之。"墨子親士篇:"靈龜近灼,神蛇近暴。""暴"與"爆"同。

廣雅〔釋詁二〕:"煬、烈,曝也。""暴"、"曝",古今字。淮南精神訓云"抱德煬和,以順于天",高誘注:"煬,讀供養之養。"説文:"烈,火猛也。"大雅生民篇"載燔載烈",毛傳云:"貫之加于火曰烈。"鄭箋云:"烈之言爛也。"義與"暴"同。舊本"煬、烈,暴也",提行別爲一條,今從盧本。

**馺,馬馳也。** 注 馺馺,疾貌也。 **音義** 馺,索答反。

**箋疏** 説文:"馺,馬行相及也。"廣雅〔釋言〕:"馺,馳也。"劉向九歎〔遠游〕云:"雷動電發,馺高舉兮。"揚子雲(賦)甘泉賦"〔輕〕先疾雷而馺遺風",

---

〔1〕 "煬烈暴也"廣本、徐本提行別爲一條。

郭注云:"駆,疾也。"説文:"澀,行貌。一曰:此與'駆'同。"玉篇:"澀,衆行貌。"左思吴都賦:"澀嚞泉廖。"嵇康琴賦"飛纖指以馳鶩,紛澀嚞以流漫",李善注:"澀,不及也。"是"澀"與"駆"同。説文:"彶,急行也。"漢書司馬相如傳〔下〕:"汩减靸以永逝兮。"義亦與"駆"同。重言之則曰"駆駆"。廣雅〔釋訓〕:"跋跋,行也。"説文:"跋,進足有所撷取也。"駆駆,猶跋跋耳。

## 選、延,徧也。

　　箋疏 説文:"徧,匝也。"廣雅〔釋詁二〕"匝、選、延,徧也",王氏疏證云:"選之言宣也。爾雅:'宣,徧也。'吕刑云:'延及于平民,罔不寇賊。'""徧",舊本誤作"偏",今據廣雅訂正。

## 澌,索也。　注 盡也。

　　箋疏 衆經音義卷三引倉頡篇:"索,盡也。"説文:"澌,水索也。""澌"、"索",一聲之轉。餘詳卷三"澌,盡也"條下。

## 晞,燥也。

　　箋疏 説文:"晞,乾也。""乾"與"燥"同義,故説文云:"燥,乾也。"秦風兼葭篇"白露未晞",小雅湛露篇"匪陽不晞",玉藻"髮晞用象櫛",毛傳、鄭注並云:"晞,乾也。"燥謂之晞,暴所以燥物亦謂之晞。前卷七云:"晞,暴也。"衆經音義卷十八引方言曰"晞,燥也。北燕海岱之間謂暴爲晞",蓋合"晞,暴也"之文引之也。廣雅〔釋詁二〕"晞,暵,乾也",王氏疏證云:"'晞'、'暵',語之轉耳。'暵',〔與'罕'同聲。〕'晞',〔與'希'〕同聲。晞之轉爲暵,猶希之轉爲罕矣。"

## 梗,覺也。　注 謂直也。

　　箋疏 小雅斯干篇"有覺其楹",鄭箋:"覺,直也。"大雅抑篇"有覺德行",毛傳同。緇衣篇引作"有梏德行。"案:"梏"與"覺",古同聲。史記五帝紀"帝嚳",三代世表作"帝倍",是其例也。釋詁:"梏、梗,直也。"廣雅〔釋詁四〕:"梗,覺也。""梗"、"覺"、"梏",並語之轉耳。

## 萃,集也。

　　箋疏 "萃"訓"集"已見卷三,此重出。

睍、睪，明也。　音義　睍，俾倪。睪，音亦。

　　箋疏　説文：“睍，裹視也。”李頤注莊子天下篇云：“睍，側視也。”合一目以一目視物則用力專，而視尤明。中庸云“執柯以伐柯，睍而視之”，是也。今世木工猶然，是睍爲明也。

　　音“俾倪”，舊本並同，“俾倪”見史記信陵君傳，宋本作“睥睨”。中庸釋文云：“睍，睥睨也。”史記灌夫傳索隱引埤蒼云：“睥睨，邪視也。”“睥睨”與“俾倪”同。今從舊本。

　　廣雅〔釋詁四〕“睪，明也”，曹憲音“亦”。案：上文云：“譯，見也。”小爾雅〔廣詁〕：“斁，明也。”洪範“曰圛”，史記宋世家作“曰涕”，集解引鄭注云：“圛者，色澤而光明也。”齊風載驅篇“齊子豈弟”，鄭箋云：“此豈弟，猶言發夕也。豈，讀當爲闓。弟，古文尚書以弟爲圛。圛，明也。”“譯”、“斁”、“圛”，義並與“睪”同。王氏懷祖〔廣雅疏證釋詁四〕云：“爾雅：‘愷悌，發也。’發，亦明也。司馬相如封禪文‘昆蟲闓懌’，亦是發明之意，猶言蟄蟲昭蘇耳。王延壽魯靈光殿賦‘赫燡燡而爥坤’，李善注云：‘燡燡，光明貌。’何晏景福殿賦云：‘鎬鎬鑠鑠，赫奕章灼。’集韻〔陌韻〕引字林云：‘焲，火光也。’見凡與‘睪’同聲者，皆光明之意也。”案：釋天云“繹，又祭也。周曰繹”，李巡注云：“明日復祭也。”義亦同也。“睪”，各本並作“睪”，蓋因上文“睍”字而訛，今據廣雅訂正。

　　音“亦”，宋本作“釋”。案：玉篇：“睪，視也。式赤切。”廣韻〔昔韻〕“睪，視貌”，音與“釋”同。蓋正文既訛作“睪”，淺人遂改“亦”爲“釋”耳，今從舊本。

暟、臨，照也。暟，美也〔1〕。　注　暟暟，美德也。　音義　暟，呼亥反。

　　箋疏　廣雅〔釋詁三〕：“暟、臨，照也。”玉篇：“暟，口亥切，照也。”爾雅〔釋言〕“愷悌，發也”，舍人、李巡、孫炎、郭氏並訓“愷”爲“明”。齊風載驅篇作“豈弟”。廣雅〔釋詁四〕：“闓，明也。”義並與“暟”相近。

〔1〕“暟美也”廣本、徐本提行別爲一條。

大雅皇矣篇云：“臨下有赫。”晉語〔五〕“臨長晉國者”，韋昭注：“臨，監也。”監亦照察之意也。“照”，舊誤作“昭”，今據廣雅訂正。

音“呼亥反”，舊本作“呼凱”，誤，今從宋本。

廣雅〔釋詁一〕“暟，美也”，玉篇同。廣韻〔海韻〕：“膉，肉美”也。“膉”與“暟”，聲義並同。舊本“暟，美也”，提行別爲一條，今從戴本。

**筥、籅、籅，筤，籅也。** 注 籅，古“筥”字。**江沔之間謂之籅，趙代之間謂之筤，淇衞之間謂之牛筐。** 注 淇，水名也。籅，其通語也。籅小者，南楚謂之籅，自關而西秦晉之間謂之筥。 注 今江南亦名籠爲筥。 **音義** 筥，必氏反。籅，音縷。籅，音餘。筤，弓叟。

**箋疏** 説文：“籅，飤牛筐也。方曰筐，圜曰籅。”召南采蘋篇“維筐及筥”，毛傳同。説文又云：“籍，飯筥也，受五升。”聘禮云“米百筥，筥半斛。”呂氏春秋季春紀“具栚曲籅筐”，高誘注云：“員底曰籅，方底曰筐，皆受桑器也。”月令作“籧筐”，淮南時則訓作“筥筐”，是“籅”爲古“筥”字，亦或作“籧”，並同。以上諸籅，異用同名，皆謂筐之圜者也。圜筐謂之籅，刈稻聚把亦謂之筥。聘禮記注云：“筥，穧名也。今泒陽之間刈稻聚把有名爲筥者。”疏云：“筥、穧一也，即今人謂之一鋪兩鋪也。”是筐之名籅，以積聚爲義也。

急就篇〔卷三〕：“筵筥箕帚筐篋籅。”説文：“筵，筵筥也。”又云：“筥，筵筥也。”又云：“筵筥，竹器也。”廣雅〔釋器〕：“筥，籅也。”上文云：“簇、筥，析也。析竹謂之簇。”析謂之筥，析竹爲器即謂之筥，義相因也。又後漢書岑彭傳“乘枋筥下江關”，李賢注云：“枋筥，以木竹爲之，浮於水上。”義亦同也。

注云“今江南亦名籠爲筥”者，玉篇“筥，必匙、必是二切”，云：“江東呼小籠爲筥。”説文：“筨，栖筨也”，徐鍇傳云：“筨籠也。”廣雅〔釋器〕：“豆籅，栖落也。”“落”與“筨”同。是籠猶籅也。籅謂之筥，故籠亦謂之筥矣。

音“必氏反”，舊本誤作“方氏反”，今據宋本訂正，與玉篇正合。

廣雅〔釋器〕：“籅，籅也。”説文：“籅，竹籠也。”籅謂之籅，竹籠亦謂之籆。竹籠亦謂之籆，猶篿謂之簞矣。案："籆"之言纑也，小而細密之名也。
前卷五云："飤馬橐，自關而西"，"或謂之樓筂"。"樓"與"籆"，聲義相近。
"淇衛之間謂之牛筐，南楚謂之籆"，猶"飤馬橐，關西謂之樓筂"，皆以細密
爲義也。顔師古急就篇〔卷三〕注云："籆者，疏目之籠，言其孔樓樓然也。"
失之。

　　注"淇，水名也"者，説文："淇，淇水出河內共北山，東入河。或曰出隆
慮〔西〕山。"漢書地理志〔上〕："河內郡共縣北山，淇水所出，東至黎陽入
河。""隆慮"，後志作"林慮"。晉志汲郡共縣北山，淇水所出，"隆慮"，亦作
"林慮"。水經〔淇水〕云："淇水出河內隆慮縣西大號山，東過內黃縣南爲白
溝。""淇"字亦作"瀅"。北山經云"沮洳之山，瀅水出焉，南流注于河"，郭注
"音其"，云："今淇水出汲郡隆慮縣大號山，東過河內縣南爲白溝。""瀅"與
"淇"同。郭蓋本水經爲説也。案：今河南衛輝府輝縣治，古共城也。北九
里，有共山。又縣西北有淇山，一名沮洳山，亦名大號山。隆慮，今彰德府
林縣是其地。西山者，今林縣西北二十五里，隆慮山是也。蓋山皆相近，故
各指言之。若地形志〔上〕又稱"王莽嶺，源河，〔東〕流爲淇"，又別是一説，
所未詳也。

　　廣雅釋器"簨、筲，篿也"，王氏念孫曰："簨之言輿也〔1〕。廣雅卷二：
'輿，載也。'筲之言轁也。自上覆物謂之轁，自下盛物亦謂之轁。〔方言注
云〕'筲，音弓弢'，蓋得其義矣。"案：玉篇："筲，託勞切，牛筐也。"廣韻〔豪
韻〕"筲，牛篿"，與"弢"同音。

**籠，南楚江沔之間謂之篣，** 注 今零陵人呼籠爲篣。 **或謂之筊。** 注 亦呼
籃。 音義 篣，音彭。筊，那墓反。

　　**箋疏** 説文："籠，舉土器也。一曰：笭也。""笭"、"籠"，一聲之轉。
　　廣雅〔釋器〕："篣、筊，籠也。""篣"，曹憲亦音"彭"，"筊，女加、奴慕"二
音。玉篇："篣，籠也。"

------

〔1〕　"廣雅"至"輿也"十八字原無，據廣本、徐本補。

説文：“筊，鳥籠也。”楚辭九章〔懷沙〕“鳳皇在筊兮”，王逸注：“筊，籠落也。”洪興祖補注引説文：“筊，籠也。南楚謂之筊。”與今本異。

注“亦呼籃”者，説文：“籃，大篝也。”廣雅〔釋器〕：“篝，籠也。”史記陳涉世家云“夜篝火”，滑稽傳“甌窶滿篝”，徐廣音義並云：“篝，籠也。”是籃爲籠之別名也。

音“那墓反”，舊作“都墓”，誤，又脱“反”字，今從戴校。

**簏**，注 盛餅筥也。**南楚謂之筲**，注 今建平人呼筲。**趙魏之郊謂之笭簏**。　注 今通語也。　音義 筲，音鞭鞘。

箋疏 衆經音義卷十五云“筥，又作‘簏’同，力與、紀與二反”，引字林云：“筥，箱也，飯器，受五升。秦謂之箱。”引此文及注，正文末句無“笭”字，蓋誤脱也。“筥”與“簏”同。説文“呂”，或作“膂”。大雅皇矣篇：“以按徂旅。”孟子梁惠王篇〔下〕作“莒”。是其例也。説文：“筥，箱也。箱，飯筥也，受五升。秦謂筥曰箱。”又：“箱，陳留謂飯帚曰箱。一曰：飯器，容五升。”“箱”、“箱”，並與“筥”同。廣雅〔釋器〕：“筲，簏也。”士喪禮下篇：“筲三，黍稷麥。”是筲爲簏也。論語子路篇“斗筲之人”，鄭注云：“筲，竹器，容斗二升。”與説文、字林異義。説文：“盧，飯器也。”又凵部云“凵盧，飯器，以柳爲之。去魚切”，或從“竹”、“去”聲作“笭”。士昏禮“婦執笲棗栗”，鄭注云：“笲，竹器而衣者，其形蓋如今之筥笭盧矣。”釋文本作“莨蘆”，云：“莨，劉羌居反。蘆，音盧。”案：“盧”與“旅”，古同聲。士冠禮注云：“古文‘旅’作‘臚’。”是其證也。説文凵部云：“凵，器也。”廣韻〔魚韻〕：“笭，飯器”也。蓋單言之則爲“簏”，亦爲“笭”，絫言之則爲“笭簏”。“笭簏”，即“凵盧”，皆疊韻字。廣雅〔釋器〕又云“嵠峽，簏也”，音“溪桂”。御覽引纂文云：“嵠峽[1]，大筥也。”案：“嵠峽”、“笭簏”，亦一聲之轉也。衆經音義以“筥”、“簏”爲同字，音“力與”、“紀與”二反，是“簏”字兩讀：讀若“簏”者，轉而爲“凵盧”；讀若“筥”者，轉而爲“嵠峽”也。

─────────────

〔1〕“簏也”至“嵠峽”十三字原無，據廣本、徐本補。

注“盛餕筥”，舊本“餕”誤作“餅”，宋本作“餯”。案：釋言釋文引字林云：“餯，扶晚反，飯也。”玉篇、廣韻〔願韻〕“飯”或作“餯”。韓子外儲說云“糲餯菜羹”，是“餯”即“飯”字。周頌良耜篇云“載筐及筥，其饟伊黍”，是“筥”爲盛餯器也。“餯”與“餅”，字形相近之訛。衆經音義引作“飯”，與宋本正合。

又“音鞭鞘”“音”字，舊本誤作“爲”。前卷五云“箸筩，陳楚宋衞之間謂之筲”，注：“音鞭鞘。”今並據以訂正。

## 錐謂之鍣。　注 廣雅作“銷”字。

**箋疏** 說文：“錐，銳也。”釋名〔釋用器〕：“錐，利也。”說苑雜言：“獨不聞”“干將鏌邪，拂鐘不錚，試物不知”，“然以之綴履，曾不若兩錢之錐。”

廣雅〔釋器〕“鍣，錐也”，曹憲音“昭”。

注云“廣雅作‘銷’”，與今本異。“鍣”之言芀也。說文“芀，葦華也”，段氏注云：“釋草：‘葦，醜芀。’顏注漢書云‘蒹錐者’，是也。取其脫穎秀出故曰芀。”是“錐謂之鍣”，以是立名也。

## 無升謂之刁斗。　注 謂小鈴也。　音義 刁，音貂，見漢書。

**箋疏** 衆經音義卷十五云：“銚，餘招反，溫器也。律文有作‘鐎’，子消反。聲類：溫器也，（三足，）有柄。”史記李廣傳“夜擊刁斗以自衞”，集解引孟康曰：“以銅作鐎器，受一斗，晝炊飯食，夜擊持行，名曰刁斗。”索隱：“刁，音貂。荀悅云：‘刁斗，小鈴，如宮中傳夜鈴也。’蘇林曰：‘形如銷，以銅作之，無緣，受一斗，故云〔刁斗〕。’鐎，即鈴也。埤倉云：‘鐎，溫器，有柄斗，似銚無緣。音焦。’”漢書〔李廣傳〕顏師古注云：“鐎，音譙郡之譙，溫器也。銷，即銚也。今俗〔或〕呼銅銚，音挑。”據以上諸說，“刁斗”即說文“鐎斗”。“無升”，疑“無緣”之誤。“無升”上當有“銚”字。說文“銚，溫器也”，音“以招切”。今俗以銅與瓦爲之以煮物謂之銚子，讀徒弔切，即銚也。或“無”下脫“緣之”二字。廣韻〔蕭韻〕引纂文曰：“刁斗，持時鈴也。”無緣之升謂之刁斗，猶無緣之衣謂之裯、無裥之袴謂之袑也。前卷四云：“裯謂之襤。無緣之衣謂之襤。”說文：“裯謂之襤褸。”又云：“襤，無緣也。”又云：“幱，楚謂無緣衣也。”卷四又云“無裥之袴謂之襣”，注云：“袴無踦者，卽今犢鼻褌也。”
廣雅〔釋器〕：“裯、襣，〔幝也。〕”“幝”與“褌”同。物無緣則小，“小”與“短”同
義。“刁”，通作“紹”。晉書張天錫傳韓博嘲刁彝云：“短尾者〔則〕爲刁。”玉
篇：“紹，犬短尾者。”“刁”，古字作“刀”。衛風河廣篇“曾不容刀”，鄭箋云：
“小船曰刀。”釋名〔釋船〕：“䑠，三百斛曰䑠。䑠，貊也；貊，短也。江南所
名，短而廣，安不傾危者也。”義亦相近也。

## 匕謂之匙。　音義　匙，音祇。

　　箋疏　說文：“匕，相與比敘也。从反人。匕亦所以用比取飯，一名柶。”
又木部云：“禮有柶。柶，匕。”所以取飯。又皀部云：“匕，所以扱之。”又云：
“匙，匕也。”衆經音義卷十四云“匕，卑以反”，引通俗文：“匕或謂之匙。”廣
雅〔釋器〕“匙，匕也”，王氏疏證云：“古者匕或以匕黍稷，或以匕牲體，吉事
用棘匕，喪事用桑匕。小雅大東篇‘有捄棘匕’，傳云：‘匕，所以載鼎實。’士
昏禮‘匕俎從設’，注云：‘匕，所以別出牲體也。’特牲饋食禮記‘棘心匕刻’，
注云：‘刻，若今龍頭。’少牢饋食禮云：‘雍人概鼎匕〔俎〕于雍爨。’又云‘廩
人概甑甗匕與敦于廩爨’，注云：‘匕，所以匕黍稷。’疏云：上雍人云，匕者，
所以匕肉。此廩人所掌米，故云匕黍稷也。’少牢下篇‘覆二疏匕于其上’，
注云：‘疏匕，匕柄有刻飾者。’又‘二手執桃匕柄以挹湆，注于疏匕’，注云：
‘此二匕者，皆有淺升，狀如飯操。桃，長枋，可以抒物於器中者。’雜記‘枇
以桑，長三尺，或曰五尺’，‘刊其柄與末’，注云：‘枇，所以載牲體者，此謂喪
祭也。吉祭枇用棘。’‘枇’與‘匕’同。太平御覽引三禮圖云：‘匕以載牲體，
長二尺四寸，葉博三寸，長八寸，漆丹柄頭。疏匕形如飯操，以棘心爲之。’
案：三禮圖記匕之長短，與雜記不合，失之。”案：“匕”字又作“枇”。管子弟
子職云：“左執〔虛〕豆，右執挾枇。”“枇”與“匕”亦同。匕之爲名，蓋亦以
“長”與“薄”爲義，故矢鏃亦謂之匕。昭二十六年左氏傳云“匕入者三寸”，
杜預注云：“匕，矢鏃也。”正義云：“今人猶謂箭鏃薄而長濶者爲匕”是也。
劍亦謂之匕首。考工記桃氏注云：“下制長二尺，重二斤一兩三分兩之一，
此今之匕首也”是也。衆經音義卷十五云：“匙匕，方言作‘提’同，是移反。”

又云："匙，方言從‘木’作‘梶’同，是支反，謂拘飯者也。"蓋別本也。又卷十二云："踚匙，方言作‘提’。"與此"匙"作"提"正同。後漢書隗囂傳云"奉盤錯鍉"，李賢注云："鍉，卽‘匙’字。"曲禮〔上〕云"羹之有菜者用梜"，鄭注云："梜，猶箸也。今人或謂箸爲梜提。"顏師古急就篇〔卷三〕注云："梜所以夾食也。"然則"梜梶"猶弟子職之"梜枇"矣。"梶"、"提"、"鍉"，並與"匙"同。又漢書匈奴傳〔下〕云"漢遣〔車騎將軍〕韓昌等"，"與單于及大臣俱登""諾水東山，刑白馬，單于以徑路刀金留犁撓酒"，應劭曰："留犁，飯匕也。""撓，攪也。"以匕攪血而歃之，今亦奉盤措匙而歃也。是匈奴謂匙爲留犁，亦語之轉也。

**盂謂之櫨。河濟之間謂之盌盨。椀謂之蚕。盂謂之銚鋭。椀謂之桮抉。**　注 椀，亦盂屬，江東名盂爲凱，亦曰甌也。　音義 櫨〔1〕，子殄反。銚，謡音。桮抉，蠲決兩音。

　　箋疏 說文："盂，飯器也。"士喪禮下篇"兩敦兩杅"，鄭注："杅以盛湯漿。"急就篇〔卷三〕"橢杅槃案桮閜盌"，顏師古注云："盌，似盂而深長。"前卷五云："盂，宋楚魏之間或謂之盌。盌謂之盂。""杅"與"盂"、"盌"與"椀"並同。

　　廣雅〔釋器〕："櫨、盌盨、銚鋭、桮抉、蚕、椀，盂也。"廣韻〔軫韻〕引埤蒼云："櫨，盂也。"玉篇云："盌盨，大盂也。"太平御覽〔卷七六〇〕引李尤安殘銘云："安殘令名，甘旨是盛。埏埴之巧，甄陶所成。""安殘"與"盌盨"同。玉篇："蚕，椀也。""盌盨"爲疊韻，"銚鋭"、"桮抉"爲雙聲。"銚鋭"，說詳上文"姚娆，好也"條下。人之美好者謂之姚娆，器之美好者亦謂之銚鋭，義存乎聲，初無定字也〔2〕。"桮抉"，以圓好得名也。衆經音義卷二十引通俗文："圓曰規，規模曰桮。"韋昭晉語注云："抉，如環而缺。""抉"與"抉"通。"桮抉"，猶"孑孓"也。廣雅〔釋蟲〕云："孑孓，蜎也。"爾雅〔釋蟲〕"蜎，蠉"，

〔1〕"櫨"原作"橢"，據廣本、徐本改。
〔2〕"人之"至"定字也"二十八字原無，據廣本、徐本補。

郭注云：“井中小蛣蜋赤蟲。一名子孑。”“子孑”、“蛣蜋”，聲之轉也。又轉言之則爲“桪柍”。玉篇云：“椀謂之桪，盂屬也。”又云：“柍，椀也。”一名而分爲二，非也。舊本“椀謂之桪柍”句，“椀”誤作“木”，今從宋本作“椀”。“桪柍”誤作“涓抉”，今據廣雅及玉篇訂正。

注云“江東名盂爲凱”，他無所見。

“亦曰甌”者，急就篇〔卷三〕云“甑甞甂甌瓽甖盧”，顔師古注：“甂甌，盆杅也。”是盂亦名甌也。

## 餌謂之餻，或謂之餈，或謂之餰，或謂之餢，或謂之餪。　音義　餰，音鈴。餢，央怯反。餪，音元。

**箋疏**　説文“䬽，粉餅也”，或作“餌”。釋名〔釋飲食〕：“餌，而也，相黏而也。”

廣雅〔釋器〕：“餻、餈、餰、餢、餪，餌也。”“餻”，曹憲音“高”。宋玉招魂“粔籹蜜餌，有餦餭些”，洪興祖補注引方言曰：“餌謂之餻。”玉篇“餻，古刀切，餻麋也”，廣韻〔豪韻〕同，與“高”同音。太平御覽〔卷八六〇〕引方言“餻”作“餻”，又引郭注“音羔”。玉篇“餻，餘障切，餌也”，廣韻〔漾韻〕同。集韻〔漾韻〕引方言“餻，餌也”，或作“餻”。與今本異。案：自唐以來，未見有“餻”字，玉篇始有“餘障”之音，後人以誤傳誤，遂改方言之“餻”爲“餻”，而并及注文耳，非是。

説文“餈，稻餅也”，或从“齊”作“餈”，或从“米”作“粢”。釋名〔釋飲食〕：“餈，漬也，烝糝屑使相潤漬餅之也。”玉篇“餈，餻也”，又作“餈”，同上。周官籩人“糗餌粉餈”，鄭注云：“此二物（者），皆粉稻米黍米所爲也，合烝曰餌，餅之曰餈。”疏云：“今之餈糕名出於此。”“糕”與“餻”同。高誘注吕氏春秋〔仲秋〕紀云：“今〔之〕八月，比户賜高年鳩杖粉粢。”

玉篇：“餰，餌也。餢，餈也。餪，餌也。”程氏易疇云：“今吾歙猶呼社餈爲社餢。”

王氏懷祖〔廣雅疏證釋器〕云：“‘餪’之言圓也，今人通呼餌之圓者爲餪。”案：洪興祖招魂補注云：“粔籹，蜜餌也。吴謂之膏環。”其即餪之謂歟！

餅謂之飥，或謂之餦餛。　　音義　飥，音託。餦餛，長渾兩音。

箋疏　説文：“餅，麪餈也。”釋名〔釋飲食〕：“餅，并也，溲麪使合并也。”
玉篇云：“餺，餺飥，餅屬。”又“飥，他各切”，云：“餺飥。”“餦，豬良切”，云：
“餌曰餦餛。”楚辭招魂“粔籹蜜餌，有餦餛些”，洪興祖補注引下文：“餳謂之
餦餛。”又云：“一曰餅也，一曰餌也。”初學記〔卷二十六〕全引此文，“餦”下
多“或謂之”三字。案：衆經音義卷十五引廣雅“餛飩，餅也”，又北户録注
同。集韻〔魂韻〕、類篇引作“腒肫”，今本無此文，誤脱也。竊謂方言“餅謂
之飥”“飥”字，卽“飩”之譌。注音“毛”，乃“屯”之譌。宋本作“託”者，又後
人以正文既誤作“飥”，遂改“屯”爲“託”。廣雅合言之則曰“餛飩，餅也”，義
本方言，而後乃誤“飩”爲“飥”耳。齊民要術有水引餛飩法。顏之推曰：“今
之餛飩，形如偃月，天下通食者也。”“餛飩”之言倱伅也。衆經音義卷十二
引通俗文云：“大而無形曰倱伅。”莊子〔應〕帝王篇釋文引崔譔云：“渾沌，無
孔竅也。”簡文云：“混沌以合和爲貌。”西山經：“天山有神焉”，“六足四翼，
混敦無面目”。又史記〔五帝本紀〕正義引神異經云：“昆侖西有獸焉”，“有
目而不見，有兩耳而不聞，有腹無五藏，有腸直短，食徑過，名渾沌。”義並與
“餛飩”相近。蓋“餛飩”疊韻爲形容之辭，原無定字，故北户録注引齊民要
術作“渾屯”，字苑作“餫飩”，集韻〔魂韻〕、類篇引廣雅作“腒肫”，並字異義
同。此“餛飩”爲“餅”之義也，惟各本並同，今姑仍舊，未敢妄改。

餳[1]謂之餦餛。　注卽乾飴也。　飴謂之餃。　餦謂之餚。　注以豆屑雜
餳也。　餳謂之餹。　注江東皆言餹。凡飴謂之餳，自關而東陳楚宋
衛之通語也。　音義餃，音該。餚，音髓。餹，音唐。

箋疏“餳”，舊本並同。急就篇〔卷二〕云“棗杏瓜棣饊飴餳”“餳”，王應
麟音“唐”。説文：“餳，飴和饊者也。从食，易聲。徐盈切。”原本正文作
“食”旁“易”，注文作“易”聲，不誤。廣雅〔釋器〕：“餦餛、飴、餃、餹，餳也。”
“餳”，曹憲音“辭精反”。詩釋文“夕精反”。周官小師注：“管，如今賣飴

〔餳〕所吹者。”釋文“餳，辭盈反”，云：“李音唐。”案：“夕精”、“辭盈”、“辭精”諸反，與“音唐”古聲並相近。諸書“餳”字作“食”旁“易”者，皆不誤。説文云“易聲”者，“餳”之入聲爲“夕”，“夕”、“易”同韻，故曰“易聲”也。説文有“餳”無“餹”，玉篇有“餳”、“餹”，並“徒當反”。廣韻庚韻有“餳”，陽韻有“餹”、“糖”，並無“餳”字。詩經、周禮釋文並云“餳，一音唐”，則“餳”本有“徐盈”、“徒當”兩音，不必另出“餹”字也。自元戴侗臆造“餹”字，從“易”，“徒當反”之説，於是誤分兩字。明梅鼎祚轉以庚韻“徐盈反”爲陽韻“徒當反”之誤，欲刪去之，已屬非是。盧氏爲其所惑，改此“餳”作“餹”，且紛紛置辨，其謬甚矣。衆經音義卷十三“餳，音似盈、徒當二反”，引説文：“以飴和饊曰餳。”又引方言：“凡飴謂之餳。”又卷二十引同，亦音“似盈反”，字並作“食”旁“易”，是其明證也。

　　楚辭招魂“粔籹蜜餌，有餦餭些”，王逸注：“餦餭，餳也”。説文：“饊，熬稻粻程也。”顔師古急就篇〔卷二〕注：“饊，古謂之張皇。亦目其開張而大也。以藥消米取汁而煎之，溲弱者爲飴，”“厚强者爲餳。”周頌有瞽篇釋文及正義引方言並作“張皇”。“粻程”、“張皇”，並與“餦餭”同。

　　説文“飴，米糵煎也”，籀文從“異省”作“粦”。釋名〔釋飲食〕云：“飴，小弱於餳，形怡怡然也。”内則云：“棗栗飴蜜以甘之。”後漢書皇后紀〔上〕：“吾但當含飴弄孫。”淮南氾論訓：“柳下惠見飴曰：可以養老。盜跖見飴曰：可以黏牡。見物同而用之異。”

　　玉篇“餩”字注云：“飴曰餩餷。”蓋誤讀方言連下“餷”字耳。廣韻〔咍韻〕：“餩，飴也。”

　　太平御覽〔卷八五三〕引倉頡解詁云：“餷，飴中著豆屑也。”説文作“豎”云：“豆飴也。”玉篇“餷，於勿、於月二切”，云‘鎬也，飴和豆也。亦作‘豎’”，又作“飻”，並同。説文：“䵂，黑有文也。讀若飴豎字。”周官染人“夏纁玄”，鄭注云：“故書‘纁’作‘䵂’。”淮南時則訓“天子衣苑黄”，高誘注：“苑，讀豎飴之豎。”春秋繁露五行順逆篇云：“民病心腹宛黄。”“餷”、“䵂”、“䵂”、“苑”、“宛”，聲並相近。蓋“䵂”之爲物，以色得名，故許君與高誘讀並從之也。

　　玉篇：“餚，豆屑雜糖也。”衆經音義卷十五引字書云：“餚，餈也。餈，豆飴也。”廣韻四紙“餚”字注云：“餹餕。方言云‘餳’。”衆經音義卷十一云“蔗餹，又作‘糖’，徒郎反。以甘蔗爲餳餹，今沙糖是也。”又〔卷十六〕云：“糖，煎甘蔗作之也。”今人以甘蔗作之者，通謂之餹。以米蘖作之，謂之餳餹。亦讀“辭精切”。

　　“陳楚宋衞之通語”句，舊本並同。戴本“通”上增“間”字，非也，今從舊本。

**䰬、麷、䴴、䴷、** 注 大麥麴。 **䴸、** 注 細餅麴。 **䊤、** 注 有衣麴。 **䴿，** 注 小麥麴爲䴷，卽䴿也。 **麴也。自關而西秦豳之間曰䰬，** 注 豳，卽邠。 **晉之舊都曰麷，** 注 今江東人〔1〕呼麴爲麷。 **齊右河濟曰䴴，或曰䴸，北燕曰䴷。麴，其通語也。** 音義 䰬，音哭。麷，音才。䴴，于八反。䴸，音牟。䴷，音脾。䊤，音蒙。䴿，音餒。豳，音斌。

　　**箋疏** 説文“䴬，酒母也”，或作“鞠”。今經傳皆作“麴”。釋名〔釋飲食〕：“麴，朽也，鬱之使生衣朽敗也。”

　　説文：“䰬，餅鞠也。讀若庫。”廣雅〔釋器〕：“麷、䴴、䴷、䴸、䰬、䊤，麴也。”“䰬”之言殻也。説文：“殻，素也。”列子天瑞篇云：“太素者，質之（本）始也。”王褒洞簫賦李善注引方言：“素，本也。”説文：“㲉，未燒瓦器也。”廣雅〔釋言〕：“㲉，培也。”“培”與“坏”通。説文：“䊤，未練治繬也。”廣雅〔釋器〕：“䊤，綃也。”説文：“綃，生絲也。”“䊤”字通作“㲉”。論衡量知篇云：“無染練之治，名曰㲉麤。”玉篇：“㲉，土墼也。”“䰬”、“殻”、“䊤”、“㲉”、“㲉”，並音“苦谷反”，義與酒母皆相近。

　　説文：“麷，餅鞠也。”“麷”之言才也。説文：“才，艸木之始（生）也。”義與“䰬”同也。

　　説文：“䴴，餅鞠也。”玉篇：“䴴，麴麥。”“〔䴸，〕春麥也”，又作“䴫”同。

---

“麰”之言牟也。太平御覽引淮南子注云：“牟，大也。”廣雅〔釋草〕：“大麥，麰也。”李善注班固典引引韓詩章句云：“麰，大麥也。”大麥謂之麰，大麥之麴亦謂之麰，義相因也。周官媒氏注云：“今齊人名麴麨曰媒。”“媒”與“麰”，聲轉字異耳。

玉篇：“䴄，細餅麴。”“䴄”之言卑也，以細小爲義也。

説文：“䴈，籬生衣也。”玉篇：“䴈，有衣麴也，女麴也。”“酟”、“䴈”，並與“䴅”同。“䴅”之言蒙也，義與“麰”、“麳”亦同也。

玉篇：“䴉，胡瓦切，麴也。”廣雅〔釋器〕：“䴈、䴉，糐也。”玉篇：“糐，碎米也。”“糐”與“屑”通。麴謂之䴅，亦謂之䴉，猶糐謂之䴈，亦謂之䴉，義與“䴄”同，亦細小之義也。

“北燕”“燕”字，舊本並作“鄾”，今據集韻〔支韻〕所引改。

注云“邠，卽邰”者，説文云：“邰，周太王國，在右扶風美陽。”又作“邠”云：“美陽亭卽邠也，民俗以夜市，有邠山。”經典多作“邠”，惟孟子作“邰”。周官籩師經文作“邠”，注作“邰”，是“邠”卽“邰”也。段氏若膺説文注云：“此二篆説解可疑，邠者，公劉之國。史記云慶節所國，非太王國，疑一；漢地理志、毛詩箋、郡國志皆云邠在右扶風栒邑，不在美陽，疑二；地理、郡國二志皆云栒邑有邠鄉，徐廣曰：新平漆縣之東北有邠亭。漢右扶風之漆與栒邑皆是邠域，不得美陽有邠亭，疑三；从山、豩聲，非有關也，而云‘从豩，闕’，疑四；假令許〔果〕以‘邠’合‘邰’當云或‘邰’字，而不言及，疑五。蓋古地名作‘邰’，山名作‘邠’，而地名因於山名，同音通用，如‘邠’、‘岐’之比”，是以“漢人地名用‘邰’不用‘邠’，許氏原書當是‘邠’、‘岐’本在山部，而後人移之，併古今字爲一字，抑或許書之變例有然，未能定也。”

注又云“小麥麴爲麳，卽䴐也”者，玉篇：“麳，胡瓦切，麴也。”“䴐，胡昆切，麥麴也。又户版切。”“麳”、“䴐”，亦聲之轉耳。“䴐”，舊本誤作“麲”。“音餗”，誤作“䭵音”。今並據宋刻本訂正。

**屋梠謂之櫺。** 注 雀梠，卽屋檐也。亦呼爲連綉。 **音義** 櫺，音鈴。

　　**箋疏** 衆經音義卷六引方言云“屋梠謂之櫺，郭注云：卽屋檐也，亦呼爲連縣，亦名槶”，引說文：“梠，楣通語也。”又卷十六引說文云：“檐，槶也。亦名屋梠，亦名連縣。”今案：說文木部云：“梠，楣也。”“檐，槶也。”“槶，梠也。讀若枇杷之枇。”“楣，秦名屋櫋聯也。齊謂之厃，楚謂之梠。”“櫋，屋櫋聯也。”又厂部云：“厃，屋梠也。秦謂之楣，齊謂之厃。”是梠也、楣也、檐也、槶也、屋櫋聯也，一物而五名也。“厃”與“檐”同。釋名〔釋宮室〕云：“梠，旅也，連旅之也。或謂之櫋；櫋，縣也，縣連檐頭，使齊平也。上入曰爵頭，形如爵頭也。”士喪禮“置于宇西階上”，鄭注：“宇，梠也。”特牲饋食禮記“饎爨在西壁”，注引舊說云：“南北直屋梠。”釋宮云：“檐謂之樀。”特牲饋食禮記疏引孫炎注云：“謂屋梠也。周人謂之梠，齊人謂之檐。”明堂位“復廟重檐”，鄭注云：“重檐，重承壁材也。”案：檐者，障蔽之名。屋梠謂之槶、亦謂之檐，猶嗛謂之幌、亦謂之帴也。廣雅〔釋器〕：“幌、帴，嗛也。”“帴”與“襜”同。釋器云：“衣蔽前謂之襜。”太平御覽〔卷六九九〕引通俗文云：“障牀曰襜。”釋名〔釋牀帳〕云：“牀前帷曰襜，言襜襜而垂也。”“檐”與“襜”，聲近而義同。今本作“櫩”，與玄應所見本異，義亦同也。“櫩”，即“梠”聲之轉耳。廣雅〔釋宮〕：“櫩，梠也。”“櫩”與“櫩”同。王氏疏證云：“櫩之言闌也，與‘檻謂之櫩’同義。”

**瓵謂之甍。**　注　即屋櫋也。今字作“甍”。　音義　甍，音萌。瓵，音雷。

　　箋疏　說文：“甍，屋棟也。”“棟，極也。”釋名〔釋宮室〕云：“屋脊曰甍。甍，蒙也，在上覆蒙屋也。”廣雅〔釋宮〕云：“甍謂之瓵。”玉篇“甍，屋棟也”，又作“瓵”同。“甍”、“瓵”，古今字。按：“棟”與“極”自屋中言之，故字從“木”。“瓵”與“甍”自屋表言之，故字從“瓦”。說文：“脢，背肉也。”咸九五“咸其脢”，子夏傳云：“在脊曰脢。”鄭注云：“脢，背脊肉也。”虞翻曰：“脢，夾脊肉也。”釋文云：“王肅音灰。”內則“取牛羊麋鹿麕之肉必脄”，鄭注：“脄，脊側肉。”楚辭招魂“敦脄血拇”，王逸注云：“脄，背也。‘脄’，一作‘脢’。”洪興祖補注云：“脄、脢，音梅，又音妹，脊側之肉。”“脄”與“脢”同。集韻〔灰韻〕“脢或作臕。”鄭眾周官內饔注云：“刑臕，謂夾脊肉。”是“臕”與“脢”亦同。脊肉謂之脢，屋脊亦謂之瓵，其義一也。襄二十八年左氏傳“猶援廟桷，動於甍”，晉語〔二〕“既鎮其甍矣”，杜、韋注並與説文同。程氏易疇通藝録云：甍者，蒙也。凡屋通以瓦蒙之曰甍，故其字從瓦。晉語〔二〕“譬之如室，既鎮其甍矣，又何加焉”，謂蓋構既成，鎮之爲甍，則不復有所加矣。若以甍爲屋極，則當施榱桷，覆茅瓦，安得云無所加？左傳慶舍援廟桷而動於甍，則甍爲覆桷之瓦可知，言其多力，引一桷而屋宇爲之動也。若以甍爲屋極，則太公之廟，必非容埶之廬，所援之桷，必爲當檐之題，題之去極甚遠，安得援題而動？於極也，天子廟制，南北七筵，諸侯隆殺以兩，則五筵也。陂陀下注，又加長焉，極之去檐，幾三丈矣，況題接於交，交至於極，亦〔必〕非一木，何能遠動之乎？程氏謂以瓦覆屋曰甍，與内、外傳皆合，確不可易。

　　甋之言雷也，説文：“雷，屋水流也。”釋名〔釋宫室〕：“中央曰中霤，古者復穴後室之霤，當今之棟下直室之中，古者霤下之處也。”左思魏都賦“齊龍首而涌霤”，張載注：“謂畫爲龍首於椽，承檐四隅，而以瀉霤也。”屋極爲中央分水之脊，雨水各從高霤瓦而下，又謂之甋，與先儒訓“甍”爲“棟”，義可相通也。通作“溜”。晏子春秋外篇云：“臣請輤尸車而寄之於國門外宇溜之下。”“溜”與“甋”同。

　　注云“屋檼也”者，玉篇：“檼，屋檼也。”説文：“甋，棼也。”“棼，〔複〕屋棟也。”釋名〔釋宫室〕云：“檼，隱也，所以隱桷也。或謂之棟；棟，中也，居屋之中也。”

冢，秦晉之間謂之墳，**注** 取名於大防也。或謂之培，或謂之𡑷，或謂之埰，**注** 古者卿大夫有采地，死葬之，因名也。或謂之埌，或謂之壠。 **注** 有界埒似耕壠，因名之。自關而東謂之丘，小者謂之塿，**注** 培塿，亦堆高之貌。大者謂之丘，**注** 又呼冢爲墳也。凡葬而無墳謂之墓，**注** 言不封也。墓，猶慕也。所以墓謂之墲。 **注** 墲，謂規度墓地也。漢書曰“初陵之墲”，是也。 **音義** 培，音部。𡑷，音奄〔1〕。埌，波浪。塿，洛〔2〕口

---

〔1〕“奄”原作“叟”，據廣本、徐本改。
〔2〕“洛”原作“落”，據廣本、徐本改。

反。

　　**箋疏**　説文：“冢，高墳也。”周官冢人：“掌公墓之地。”郭氏西山經注云：“冢者，神鬼之所舍也。”釋山云：“山頂，冢。”釋詁云“冢，大也”，〔周禮春官序官〕鄭注云：“冢，封土爲丘壟，象冢而爲之。”釋名〔釋喪制〕云“冢，腫也，象山頂之高腫起也”，是其義也。顔延之拜陵廟詩李善注引方言“冢”作“塚”。“塚”與“冢”同。

　　説文：“墳，墓也。”廣雅〔釋丘〕：“墳、㙮、埰、埌、壠、培塿、丘、墓，冢也。”檀弓篇〔上〕：“孔子曰：古者墓而不墳。”漢書霍光傳：“將軍墳土未乾。”邯鄲淳孝女曹娥碑云：“丘墓起墳。”冢人注引漢律曰：“列侯墳高四丈，關内侯以下至庶人各〔有〕差。”又疏引春秋緯云：“天子墳高三仞，樹以松；諸侯半之，樹以柏；大夫八尺，樹以藥草；士四尺，樹以槐；庶人無墳，樹以楊柳。”是“墳”與“冢”同也。釋丘云“墳，大防”，李巡注云：“謂厓岸狀如墳墓。”前卷一云“墳，地大也。青幽之間凡土而高且大者謂之墳”，是取名於大防也。集韻〔東韻〕引方言作“秦晉之間凡大貌謂之朦”，蓋誤也。

　　“培”，猶下“塿”，皆小而高之名也。説文“附婁，小土山也”，引襄二十四年左氏傳曰“附婁無松柏”。今本作“部婁”，〔杜預注：“部婁，〕小阜。”高誘淮南原道訓注作“崊嶁”，玉篇作“培塿”，廣韻〔厚韻〕作“培塿”。藝文類聚〔卷六〕、北堂書鈔〔卷一五七〕、太平御覽〔卷五六〕並引墨子云：“培塿之側，則生松柏。”“附婁”、“培塿”，聲之轉。“部婁”、“崊嶁”並與“培塿”同，皆連言之也。分言之則曰“培”、曰“塿”。風俗通義〔山澤〕云：“部者，阜之類。”小冢謂之培，猶小缶謂之㑊、小甊謂之瓬、小席謂之菩、小將謂之部也。説文：“㑊，小缶也。”顔師古注漢書揚子雲傳〔下〕云：“瓬，小甊也。”豐六二“豐其蔀”，鄭本作“菩”，云：“小席”。後漢書寇恂傳注云“部將，〔謂軍部之下〕小將也”，是也。小冢謂之塿，猶小山謂之樓、小籢謂之簍、小甖謂之甊也。孟子告子篇〔下〕“可使高於岑樓”，趙岐注云：“岑樓，山之鋭嶺者。”鋭亦小也。上文云：“籢小者，南楚謂之簍。”郭氏釋器注云“瓬甊，小甖也”，是也。王氏懷祖〔廣雅疏證釋丘〕云：“‘培’、‘塿’、‘㙮’，聲之轉。冢謂之㙮、亦謂之培塿,罌謂之瓵、亦謂之瓵甀,北陵謂之西隃、小山謂之部婁,義並相近也。"又云:"'垜'之言宰也。宰,亦高貌也。列子天瑞篇云:'望其壙,宰如也。'僖三十三年公羊傳'宰上之木拱矣',何休注云:'宰,冢也。''宰'與'冢'聲相近,故冢謂之垜,亦謂之宰。""事謂之采,亦謂之縡。〔方言〕注云:'古者卿大夫有采地,死葬之,因名曰垜。'其失也鑿矣。""垜",舊本誤作"采",今據廣雅〔釋丘〕、廣韻〔代韻〕引及宋本訂正。

　　衆經音義卷七云"冢埌,力宕反",引通俗文云:"丘冢謂之壙埌。"通作"良"。莊子列禦寇云"闐胡嘗視其良",釋文云:"良,或作'埌',冢也。"〔集韻宕韻:"埌,冢也。〕一曰:壙埌,原野迥貌。"莊子應帝王篇云"游無何有之鄉,以處壙埌之野",義亦相近也。案:"壙埌",即荀子禮論篇之"壙壠"。"埌"、"壠",語之轉耳。

　　說文"壠,丘壠也",玉篇引作"壟",廣雅〔釋丘〕同,廣韻〔腫韻〕引作"壠",云:"亦作'壟'。"鄭注周官冢人云:"冢,封土爲丘壠也。"曲禮〔上〕云"適墓不登壠",注云:"壠,冢也。"淮南説林訓云:"或謂冢,或謂隴,名異實同也。"又地形訓云"后稷壠在建木西",高誘注:"壠,冢也。"東方朔七諫〔沈江〕云"封比干之丘壠",王逸注:"大曰壠。'壠',一作'隴'。""壟"、"隴",並與"壠"同。段氏若膺云謂"有界埒似耕壠以名之,此恐方言而非經義也"。

　　釋名〔釋喪制〕云:"丘,象丘形也。"曲禮〔下〕云"爲宮室,不斬於丘木",鄭注:"丘,壟也。"水經渭水注引春秋説題辭云:"丘者,墓也。"吕氏春秋孟冬紀"營丘壟之小大高卑",高誘注云:"丘,壟。"淮南時則訓注云:"丘壟,冢也。"阮籍詠懷詩云"丘墓蔽山岡",是丘爲冢之大者也。按:"丘"之言丘虚也。檀弓篇〔下〕云"虚墓之間,未施哀於民而民哀",是也。虚墓,猶丘墓也。"丘",舊本誤作"廾",今據宋刻訂正。廣韻引方言云"墳、瑜、培塿、垜、埌、堥、壠,皆冢別名","堥",疑即"丘"之譌。

　　注"又呼冢爲墳""又"字,當爲"猶",聲之譌也。説文:"墓,丘也。"周官有"墓大夫",鄭注云:"墓,〔冢〕塋之地,孝子所思慕之處。"王制云"庶人不封不樹",注云:"謂聚土爲墳。"然則"墳"自其高者言之,"墓"自其平者言之，是墓葬而無墳之名也。

　　注云“言不封”、“猶慕”，並本鄭義也。通行本皆脱“墓猶慕也”四字，今從宋刻及永樂大典本補正。

　　玉篇“墲”，音“莫胡切”，引此注文。廣韻〔模韻〕：“墲，規墓度地曰墲。”通作“橅”。漢書劉向傳云“初陵之橅，宜從公卿大臣之議”，應劭曰：“橅，音規摹之摹。”顏師古曰：“謂規度墓地。”“橅”與“墲”同。

# 劉歆與揚雄書

舊本簡末或附劉歆與揚子往返書二篇。案:<u>常璩華陽國志</u>云:"<u>林閭</u>字<u>公孺</u>,<u>臨邛</u>人。<u>揚雄</u>師之,見<u>方言</u>。"又云:"尚書郎<u>楊壯</u>,<u>成都</u>人,見<u>揚子方言</u>。"即指<u>子雲</u>此書,而並以言<u>方言</u>,則在<u>東晉</u>時已然,故<u>李善</u>注<u>文選</u><u>任昉南蘭陵郡蘭陵縣蕭公行狀</u>,引此書亦稱<u>揚雄方言</u>也。惟首列緣起云"<u>雄</u>爲郎一歲,作繡補、靈節、龍骨之銘詩三章,及天下上計孝廉,<u>雄</u>問異語紀十五卷。積二十七年,<u>漢成帝</u>時,<u>劉子駿</u>與<u>雄</u>書從取<u>方言</u>曰"五十二字,則更不知爲何人所記,<u>宋</u>刻本亦有之,其中稱<u>漢成帝</u>時句,極爲謬妄,<u>宋洪邁</u><u>容齋隨筆</u>據此及<u>答書</u>中稱<u>莊遵</u>爲<u>嚴君平</u>一條斷爲僞書,非也。今依<u>戴</u>本刪去,免滋疑惑。

<u>歆</u>叩頭。昨受詔宓五官郎中<u>田儀</u><u>戴</u>氏云:"<u>常璩華陽國志</u>:'<u>前漢</u>有侍郎<u>田儀</u>。'"與官婢<u>陳徵</u>、<u>駱驛</u>等私通"通",<u>戴</u>本作"逋",今從<u>盧</u>本。盜刷越巾事,"刷",通作"啟"。<u>説文</u>:"啟,拭也。"<u>内則</u>云"左佩紛帨",<u>鄭</u>注:"紛帨,拭物之巾也。"<u>禮運</u>云"與其越席",<u>鄭</u>注:"越席,翦蒲席也。"<u>左思吳都賦</u>"蕉葛升越",<u>劉逵</u>注:"蕉葛,葛之細者。升越,越之細者。"刷越巾,蓋以越爲拭物之巾也。即其夕竟歸府。詔問<u>三代</u><u>周秦</u>軒車使者、遒人使者,以歲八月巡路,求代語、僮謠、歌戲,"軒車",即輶軒車,謂輕車也。<u>釋言</u>云:"輶,輕也。"<u>説文</u>:"輶,輕車也。"是也。但稱"軒車",猶<u>秦風駟鐵</u>篇云"輶車鑾鑣"耳。<u>左思吳都賦</u>云:"輶軒蓼擾。"<u>顏延之赭白馬賦</u>云:"飛輶軒以戒道。"<u>説文</u>丌部注云:"遒人以木鐸記詩言。"<u>襄</u>十四年<u>左氏傳</u><u>師曠</u>引<u>夏書</u>曰:"遒人以木鐸徇于路。官師相規,工執藝事以諫。""正月孟春,於是乎有之",<u>杜預</u>注云:"木鐸徇于路,求歌謠之言"也。<u>何休公羊傳</u>〔<u>宣公十五年</u>〕注云:"五穀畢入,民皆居宅","男

女同巷，相從夜績”，“從十月盡，正月止，男女有所怨恨，相從而歌，飢者歌其食，勞者歌其事。男年六十，女年五十，無子者官衣食之，使之民間求詩。鄉移於邑，邑移於國，國以聞於天子。故王者不出牖户，而知天下。”漢書食貨志〔上〕云：“孟春之月”，“行人振木鐸徇於路以采詩，獻之太師，比其音律，以聞于天子。故曰王者不窺牖户，而知天下。”行人，卽輶軒使者及遒人也。玉篇：“求，索也。與‘求’同，音渠留切。”廣韻〔尤韻〕同。舊音“求”，又“於加切”。方言卷十云“皆南楚江湘之間代語”，注云：“凡以異語相易謂之代。”又卷十三注云：“鼻、祖，〔皆〕始之別名。轉復訓以爲居，所謂代語者也。”盧氏云：“玉海引古文苑‘遒人’二字在‘軒車使者’上，無下‘使者’二字。”欲得其最目。周官太宰鄭注曰：“凡簿書之最目。”因從事郝隆求之有日，篇中但有其目，無見文者。歆先君數爲孝成皇帝言：當使諸儒共集訓詁，爾雅所及，五經所詁，不合爾雅者詁籀爲病；“詁籀”，疑“詁籀”之誤。及諸經氏之屬，皆無證驗，博士至以窮世之博學者。偶有所見，非徒無主而生是也。會成帝未以爲意，先君又不能獨集。至於歆身，脩軌不暇，何偟更創？盧氏云：“‘脩軌’當本是‘循軌’。”案：釋言云：“偟，暇也。”屬聞子雲獨採集先代絕言，異國殊語，以爲十五卷，其所解略多矣，而不知其目。非子雲澹雅之才，丁氏升衢云：“‘澹’，古‘贍’字。”按：荀子王制篇“物不能澹”，楊倞注云：“澹當讀爲贍。”“澹”與“贍”同。沈鬱之思，盧氏云：“古文苑‘思’作‘志’，李善注任昉王文憲集序引此亦作‘志’。”不能經年銳精以成此書，良爲勤矣！歆雖不遭過庭，亦克識先君雅訓，三代之書蘊藏於家，直不計耳。今聞此，甚爲子雲嘉之已。今聖朝留心典誥，發精於殊語，欲以驗考四方之事，不勞戎馬高車之使，坐知偪俗，適子雲攘意之秋也。不以是時發倉廩以振贍，殊無爲明，語將何獨掣一作“絜”。之寶？上以忠信明於上，下以置恩於罷朽，所謂知蓄積，善布施也。蓋

**蕭何造律，張蒼推曆，**漢書刑法志云："相國蕭何攈摭秦法，取其宜於時者，作律九章。"説文示部引漢律曰"祠祀司命"，是也。又漢書律曆志〔上〕云："漢興，北平侯張蒼首律曆事。"又傳云："蒼尤好書，無所不觀，無所不通，而尤邃律曆。"**皆成之於帷幕，貢之於王門，功列於漢室，名流乎無窮。誠以隆秋之時，收藏不殆，**盧氏云："'殆'與'怠'同。"**饑春之歲，散之不疑，故至於此也。今謹使密人奉手書，願頗與其最目，使得入錄，令聖朝留明明之典。**歆叩頭叩頭。

# 揚雄答劉歆書

雄叩頭。賜命謹至，又告以田儀事，事窮竟白，案顯出，甚厚甚厚。田儀與雄同鄉里，幼稚爲鄰，長艾相愛，"愛"，舊本誤作"更"，今據七十二家集及文章辨體訂正。視覯動精采，似不爲非者。故舉至日，雄之任也。七十二家集、百三名家集"日"並誤作"之"。盧氏云："舉者、任者各是一人，觀下文可見。"不意淫迹"迹"下舊有"汙"字，今依盧本據七十二家集删。暴於官朝，令舉者懷赧而低眉，任者含聲而苑[1]舌。"令"，舊本誤作"今"，茲依戴本改正。"苑舌"，舊本作"宛[2]舌"。盧氏云："雄傳云：'欲談者苑[3]舌而固聲。'今據此改正。"知人之德，堯猶病諸，雄何慚焉！叩頭叩頭。又敕以殊言十五卷，君何由知之？謹歸誠底裏，不敢違信。雄少不師章句，亦於五經之訓所不解。常聞先代輶軒之使奏籍之書，皆藏於周秦之室；"常"，各本並同，文選宣德皇后令"輶軒莘止"李善注引此文作"常"。又謝瞻王撫軍庚西陽集別詩"輶軒命歸僕"，陸機辨亡論上篇"輶軒騁於南荒"，李善注並引此文作"甞"。"甞"、"常"，古通用。及其破也，遺棄無見之者。獨蜀人有嚴君平、戴氏云："常璩華陽國志云：'高尚逸民嚴遵字君平，成都人。'又云：'嚴君平經德秉哲。'漢書地理志：'後有王褒、嚴遵、揚雄之徒，文章冠天下。'又王貢兩龔鮑傳：'蜀有嚴君平'，'博覽亡不通'，'揚雄少時從遊學'，'蜀人愛敬，至今稱焉。'嚴遵，即莊遵。漢顯宗孝

---

〔1〕"苑"廣本、徐本作"宛"。
〔2〕"宛"廣本、徐本作"宛"。
〔3〕"苑"廣本、徐本作"宛"。

明皇帝諱莊,始改爲'嚴'。揚雄法言問明篇'蜀莊沈冥,蜀莊之才之珍也',吳祕注云:'莊遵字君平。'洪邁容齋隨筆以法言不諱'莊'字,何獨至此書而曰'嚴',不知本書不諱,而後人改之者多矣。此書下文'蜀人有楊莊者',不改'莊'字,獨習熟於嚴君平之稱而妄改之,與後'石室'改爲'石渠'同。"臨卭林閭翁孺者,戴氏云:"廣韻:'林閭氏出自嬴姓。文章志云:後漢有蜀郡林閭翁孺,博學善書。'而華陽國志乃云:'林閭字公孺,臨卭人,揚雄師之,見方言。'又云:'林翁孺訓詁玄遠。'似以爲林姓閭名,且'公孺'、'翁儒'訛舛互異。據此書,林閭定是複姓。"案:王應麟姓氏急就篇云:"漢揚雄書:'林閭婦,蜀郡掌氏子。'其誤與常璩同。"深好訓詁,猶見輶軒之使所奏言。翁孺與雄外家牽連之親。又君平過誤,有以私遇;少而與雄也,君平財有千言耳。"財",與"才"通。翁孺梗概之法略有。方言卷十三云"梗,略也",注云:"梗概,大略也。"張衡東京賦"故粗爲賓言其梗概如此",薛綜注云:"梗槩,不纖密,言粗舉大綱如此之言也。"後漢書杜篤傳云"故略其梗概",李賢注:"梗概,猶言粗略也。"左思魏都賦云:"時梗概於滮池。"聲轉而爲"辜較"。孝經〔天子章〕云"蓋天子之孝也",孔傳云:"蓋者,辜較之辭。"劉炫述義云:"辜較,猶梗概也。孝道既廣,〔此纔〕舉其大略也。"翁孺往數歲死,婦蜀郡掌氏子,無子而去。戴氏曰:"王應麟姓氏急就篇云:'掌氏,晉有掌同,前涼有掌據,宋掌禹錫。'漢揚雄書:'林閭婦,蜀郡掌氏子。'"而雄始能草文,先作縣邸銘、王佴頌、階闥銘及成都城四隅銘。蜀人有楊莊者爲郎,誦之於成帝,成帝好之,以爲似相如,雄遂以此得外見。戴氏云:"華陽國志云:'尚書郎楊壯,成都人。見揚子方言。'又云:'其次楊壯、何顯得意之徒,恂恂焉。''莊'之爲'壯',蓋避諱改。文選甘泉賦李善注云:'雄答劉歆書曰:"雄有成都城四隅銘,蜀人有楊莊者,爲郎,誦之於成帝,以爲似相如,雄遂以此得見。"'李周翰注云:'揚雄家貧,好學,每製作,慕相如之文,嘗作縣竹頌。成帝時,直宿郎楊莊誦此文,帝曰:此似相如之文。莊曰：非也，臣邑人揚子雲。帝即召見，拜爲黃門侍郎。'”案：據李善所引無“外”字，此疑衍。**此數者皆都水君嘗見也，故不復奏。**漢書劉向傳：“向字子政”，“成帝即位”，“召拜爲中郎，使領護三輔都水”使者，蘇林曰：“三輔多灌溉渠，悉主之，故言都水。”古文苑章樵注云：“歆書多稱先君，故此答之”，“前所爲文，向既嘗見，歆宜習知之。”**雄爲郎之歲，**戴氏引古文苑章樵注云：“雄年四十餘，自蜀來游京師。歲餘，奏羽獵賦，除爲郎。年七十一，卒於天鳳五年。計爲郎之歲，當在成帝元延年間。”案：章氏第就傳文言之耳，不知此傳前後多所牴牾，不足取信也。如傳言年四十餘游京師，天鳳五年卒，年七十一。則逆推之，當成帝永始四年，子雲年四十一，王音既召爲門下吏，又薦雄待詔，當亦梢稽歲月而紀載。王音之薨，乃在永始二年正月，則子雲之游京師，斷在永始之前明矣。永始之前年已四十餘，復以年七十一推之，則其卒當在孺子嬰居攝之年，何得謂之天鳳五年始卒乎？又云三世不徙官，則子雲之仕漢，歷成、哀、平是也。後復有爲莽大夫及投閣事，則合孺子嬰爲五世矣，皆其不可信者也。**自奏少不得學，而心好沈博絕麗之文；願不受三歲之奉，且休脫直事之縣，得肆心廣意，以自克就。有詔可不奪奉，**盧氏云：“可者免其直事之役，仍不奪其郎奉。”**令尚書賜筆墨錢六萬，得觀書於石室。**戴氏云：“‘室’，各本訛作‘渠’，蓋後人所改。左思魏都賦：‘闚玉策於金縢，案圖錄於石室。’文心雕龍事類篇曰：‘夫以子雲之才，而自奏不學，及觀書石室，乃成鴻采。表裏相資，古今一也。’今據以訂正。**如是後一歲作繡補、靈節、龍骨之銘詩三章，**古文苑章樵注云：“繡補，疑是裲襠之類，加繡其上。靈節，靈壽杖也。漢書‘靈壽杖’注：‘木似竹，有枝節，長不過八九尺，圍三四寸，自然合杖制，不須削治。’龍骨，水車也。禁苑池沼中，或用以引水。銘詩今亡不可復考。”丁氏升衢云：“華陽國志巴志：‘竹木之貴者，有桃支、靈壽。’巴東郡：‘朐忍縣有靈壽木。’蜀志廣漢郡：‘五城縣出龍骨，云龍升其山，值天門閉，不達，墮死於此，後沒池中，故掘取得龍骨。'"**成帝**好之,遂得盡意。故天下上計孝廉及内郡衞卒會者,雄常把三寸弱翰,齎油素四尺,以問其異語。歸卽以鉛摘[1]次之於槧,二十七歲於今矣。西京雜記〔第三〕云:"揚子雲好事,常懷鉛提槧,從諸計吏,訪殊方絕域四方之語,以爲裨補輶軒所載。"亦洪意也。説文:"槧,牘樸也。"釋名〔釋書契〕曰:"槧,版之長三尺者也。"又曰:"槧,漸也,言漸漸然長也。"論衡〔量知篇〕曰:"斷木爲槧。"西京雜記〔第三〕曰:"懷鉛提槧。"而語言或交錯相反,方覆論思,詳悉集之,燕其疑。"覆",戴本作"復"。古文苑章樵注云:"會集所未聞,使疑者得所安。"**張伯松**不好雄賦頌之文,然亦有以奇之。常爲雄道,言其父及其先君憙典訓,盧氏云:"'言'字疑衍。"案:張伯松名竦,張敞孫,其父吉。杜鄴從受學焉。見漢書張敞杜鄴陳遵傳。屬雄以此篇目,頗示其成者,伯松曰:"是縣〔諸〕[2]日月不刊之書也。"盧氏云:"'頗示其成者',一本作'頗示之'三字。李善注任昉蕭公行狀作'煩示其成者','煩'字恐誤。"又言恐雄爲太玄經,由鼠坻之與牛場也;方言卷六云:"坻,場也。梁宋之間,蚍蜉犎鼠之場謂之坻。"衆經音義卷十一引埤蒼云:"塲,鼠垤也。""塲"、"場",古今字。如其用,則實五稼,飽邦民;否則,爲坻糞,弃之於道矣。而雄般之。古文苑章樵注云:"般蒲官切,樂也。"案:章訓"般"爲"樂",蓋謂子雲自以爲有樂乎。此聞伯松之言而自若,與傳所云"時方草太玄,有以自守,泊如也"意正合。戴本改爲"服",云:"古'服'字。"非是。伯松與雄獨何德慧,古文苑章樵注云:"漢人用'慧'字,多與'惠'通。"而君與雄獨何謵陳,而當匼[3]乎哉!"陳"與"隙"同。管子七臣七主篇云"故上惛則陳不計",房玄齡注云:"上

---

〔1〕 "摘"原作"鏑",據廣本、徐本改。

〔2〕 "諸"原無,據廣本、徐本補。

〔3〕 "當匼"原作"匼當",據廣本、徐本改。

既惽暗，雖〔有〕危亡之隙，不能計度而知之。”太玄干篇：“鑽於內隙厲。”其不勞戎馬高車，令人君坐幃幕之中，知絕遐異俗〔1〕之語，典流於昆嗣，言列於漢籍，誠雄心所絕極，至精之所想遭也，扶聖朝遠照之明。盧氏云：“此足上語耳。”戴本改“扶”作“夫”，非。使君求此，如君之意，誠雄散之之會也。卽謂歆書中“散之不疑”句也。死之日，則今之榮也。不敢有貳，不敢有愛。少而不以行立於鄉里，長而不以功顯於縣官，著訓於帝籍，但言詞博覽，翰墨爲事，誠欲崇而就之，不可以遺，不可以怠。卽君必欲脅之以威，陵之以武，欲令人之於此，此又未定，未可以見；今君又終之，則縊死以從命也。“令”，戴本改作“令”。而可且寬假延期，必不敢有愛。戴氏云：“‘而’、‘如’，古通用。”雄之所爲，得使君輔貢於明朝，則雄無恨，何敢有匿？唯執事圖之。長監於規繡之，就死以爲小，雄敢行之。古文苑注云：“言當長以所規爲監，得緝成其書，以死爲輕。”謹因還使，雄叩頭叩頭。

---

〔1〕　“俗”原作“域”，據廣本、徐本改。

# 參 校 書 目

周易　十三經注疏本　中華書局出版

周易口訣義　唐史徵撰　叢書集成本

尚書　十三經注疏本　中華書局出版

古文尚書疏證　清閻若璩撰　皇清經解續編本

尚書大傳　叢書集成本

詩經　十三經注疏本　中華書局出版

韓詩外傳　漢韓嬰撰　許維遹集釋本　中華書局出版

毛鄭詩考正　清戴震撰　皇清經解本

周禮　十三經注疏本　中華書局出版

儀禮　十三經注疏本　中華書局出版

禮記　十三經注疏本　中華書局出版

大戴禮記　清王聘珍解詁本　中華書局出版

三禮圖集注　宋聶崇義撰　上海古籍出版社出版

左傳　十三經注疏本　中華書局出版

公羊傳　十三經注疏本　中華書局出版

穀梁傳　十三經注疏本　中華書局出版

春秋繁露　漢董仲舒撰　四部叢刊本

孝經　十三經注疏本　中華書局出版

論語　十三經注疏本　中華書局出版

孟子　十三經注疏本　中華書局出版

孟子字義疏證　清戴震撰　中華書局出版

通藝録　清程瑤田撰　安徽叢書本

經典釋文　唐陸德明撰　通志堂經解本　中華書局出版

古微書　明孫毂輯　叢書集成本

經傳釋詞　清王引之撰　黃侃、楊樹達批本　岳麓書社出版

爾雅　十三經注疏本　中華書局出版

爾雅新義　宋陸佃撰　叢書集成本

爾雅翼　宋羅願撰　叢書集成本

小爾雅　漢孔鮒撰　叢書集成本

方言疏證　清戴震撰　四部備要本

重校方言　清盧文弨撰　叢書集成本

釋名　漢劉熙撰　清畢沅疏證本　上海古籍出版社出版

廣雅疏證　清王念孫撰　中華書局出版

匡謬正俗　唐顏師古撰　叢書集成本

埤雅　宋陸佃撰　叢書集成本

通雅　明方以智撰　上海古籍出版社出版

急就篇　叢書集成本

説文解字　漢許慎撰　中華書局出版

説文解字繫傳　南唐徐鍇撰　中華書局出版

説文解字注　清段玉裁撰　上海古籍出版社出版

玉篇　梁顧野王撰　張氏澤存堂本　北京中國書店出版

類篇　宋司馬光等撰　中華書局出版

六書故　元戴侗撰　乾隆四十九年李氏刊本

隸辨　清顧藹吉撰集　北京中國書店出版

廣韻　宋陳彭年等撰　北京中國書店出版

集韻　宋丁度等撰　北京中國書店出版

五音集韻　金韓道昭撰　元至正庚寅重刊本

一切經音義　唐釋慧琳撰　上海古籍出版社出版

史記　漢司馬遷撰　中華書局出版

漢書　漢班固撰　中華書局出版

後漢書　南朝宋范曄撰　中華書局出版

兩漢刊誤補遺　宋吳仁傑撰　知不足齋叢書本

三國志　晉陳壽撰　中華書局出版

晉書　唐房玄齡撰　中華書局出版

宋書　梁沈約撰　中華書局出版

魏書　北齊魏收撰　中華書局出版

舊唐書　後晉劉昫等撰　中華書局出版

宋史　元脫脫等撰　中華書局出版

逸周書　叢書集成本

通志　宋鄭樵撰　萬有文庫本

國語　上海古籍出版社出版

戰國策　上海古籍出版社出版

晏子春秋　吳則虞集釋本　中華書局出版

吳越春秋　漢趙曄撰　漢魏叢書本

越絕書　漢袁康撰　上海古籍出版社出版

華陽國志　晉常璩撰　四部叢刊本

三輔黃圖　陳直校證本　陝西人民出版社出版

元和郡縣圖志　唐李吉甫撰　中華書局出版

剡錄　宋高似孫撰　清光緒刊本

水經注　王國維校本　上海人民出版社出版

北戶錄　唐段公路撰　叢書集成本

嶺表録異　唐劉恂撰　叢書集成本

家語　四部叢刊本

荀子　清王先謙集解本　中華書局出版

孔叢子　叢書集成本

新語　四部叢刊本

新書　漢賈誼撰　四部叢刊本

鹽鐵論　漢桓寬撰　王利器校注本　天津古籍出版社出版

新序　漢劉向撰　叢書集成本

説苑　漢劉向撰　向宗魯校證本　中華書局出版

法言　漢揚雄撰　四部叢刊本

潛夫論　漢王符撰　清汪繼培箋本　中華書局出版

六韜　四部叢刊本

孫子　諸子集成本　中華書局出版

吳子　四部備要本

管子　清戴望校正本　中華書局出版

鄧析子　四部備要本

商子　四部叢刊本

韓非子　陳奇猷集釋本　中華書局出版

齊民要術　後魏賈思勰撰　四部叢刊本

黃帝素問　人民衛生出版社出版

靈樞經　人民衛生出版社出版

傷寒論　晉王叔和編　四部叢刊本

神農本草經　中醫古籍出版社出版

本草衍義　宋寇宗奭撰　叢書集成本

重修政和經史證類備用本草　宋唐慎微等撰　四部叢刊本

本草綱目　明李時珍撰　人民衛生出版社出版

九章算術　四部叢刊本

太玄經　漢揚雄撰　四部叢刊本

唐開元占經　唐瞿曇悉達撰　四庫全書影印本

易林　四部叢刊本

墨子　諸子集成本　中華書局出版

鶡冠子　四部備要本

鬼谷子　百子全書本　浙江人民出版社出版

呂氏春秋　陳奇猷校釋本　學林出版社出版

淮南子　漢淮南王劉安撰　四部叢刊本

人物志　魏劉邵撰　四部叢刊本

顏氏家訓　北齊顏之推撰　王利器集解本　上海古籍出版社出版

白虎通義　漢班固撰　叢書集成本

獨斷　漢蔡邕撰　漢魏叢書本

古今注　晉崔豹撰　叢書集成本

容齋隨筆　宋洪邁撰　上海古籍出版社出版

論衡　漢王充撰　上海人民出版社出版

風俗通義　漢應劭撰　吳樹平校釋本　天津人民出版社出版

齊東野語　宋周密撰　中華書局出版

意林　唐馬總輯　四部叢刊本

藝文類聚　唐歐陽詢撰　上海古籍出版社出版

北堂書鈔　唐虞世南撰　光緒十四年南海孔氏刊本

初學記　唐徐堅等撰　中華書局出版

事類賦　宋吳淑撰　四庫全書本

太平御覽　宋李昉等撰　中華書局出版

玉海　宋王應麟撰　浙江書局刊本

姓氏急就篇　宋王應麟撰　叢書集成本

唐類函　明俞安期撰　明萬曆刊本

潛確居類書　明陳仁錫撰　明崇禎五年長洲陳氏刊本

西京雜記　晉葛洪撰　中華書局出版

澠水燕談錄　宋王闢之撰　叢書集成本

墨客揮犀　宋彭乘撰　說郛本　商務印書館出版

家世舊聞　宋陸游撰　中華書局出版

山海經　袁珂校注本　上海古籍出版社出版

穆天子傳　叢書集成本

博物志　晉張華撰　中華書局出版

酉陽雜俎　唐段成式撰　中華書局出版

老子　朱謙之校釋本　中華書局出版

列子　楊伯峻集釋本　中華書局出版

莊子　郭慶藩集釋本　中華書局出版

文子　四部備要本

抱朴子　晉葛洪撰　百子全書本　浙江人民出版社出版

楚辭　宋洪興祖補注本　中華書局出版

文選　六臣注本　四部叢刊本

文心雕龍　梁劉勰撰　郭晉稀注釋本　甘肅人民出版社出版

詩品　梁鍾嶸撰　四部備要本

古文苑　叢書集成本

曹植集　趙幼文校注本　人民文學出版社出版

陸機集　中華書局出版

樂府詩集　宋郭茂倩編　中華書局出版

# 筆畫索引